DICCIONARIO BÁSICO

INGLÉS-ESPAÑOL
ESPAÑOL-INGLÉS

DICCIONARIO BÁSICO
INGLÉS-ESPAÑOL
ESPAÑOL-INGLÉS

SEXTA EDICIÓN
(Reimpresión)
JUNIO 1992

BIBLOGRAF /A

Calabria, 108
08015 BARCELONA

© BIBLOGRAF, S. A.
Calabria, 108
08015 Barcelona

Impreso en España - Printed in Spain

ISBN 84-7153-155-0
Depósito Legal: B. 19.570-1992

Impreso por LITOGRAFÍA ROSÉS, S. A.
Cobalto, 7-9
08038 BARCELONA

PRÓLOGO

Editorial Biblograf, S. A. presenta este «**Diccionario Básico Inglés-Español/Español-Inglés**» con tres novedades dignas de mención: a) Hemos seleccionado las 8.000 palabras de uso más frecuente en ambas lenguas basándonos en las listas de frecuencia tanto inglesas como españolas; b) La otra novedad es la transcripción fonética de todas las entradas, inglesas y españolas, según el **Alfabeto Fonético Internacional (A.F.I.)**. Quien estudie con cuidado las claves de pronunciación inglesas y españolas descubrirá con sorpresa que es capaz de pronunciar correctamente sin ayuda de profesor; c) Por último, hemos escogido tipos de imprenta grandes para facilitar la lectura a los jóvenes estudiantes.

Un asterisco antepuesto a una palabra española indica que se trata de un americanismo. El mismo signo antepuesto a una palabra inglesa significa que se usa sólo en Norteamérica.

El lector tiene a su disposición un resumen de gramática de ambas lenguas que le facilitará el empleo de las reglas fundamentales. Los verbos regulares tienen su conjugación modelo en los resúmenes. Los irregulares, tanto ingleses como españoles, tienen su enunciado o conjugación propia al final de su entrega respectiva.

Finalmente, unas tablas de equivalencia de monedas, pesas y medidas pueden ser útiles a los usuarios, especialmente a los que residan temporalmente en el otro país.

PRÉFACE

Biblograf, S. A. presents this **«Diccionario Básico Inglés-Español/ Español-Inglés»** with three quite specific features: a) We have chosen the 8.000 most frequently used words of both languages according to the Spanish and English frequency lists; b) Another feature is the phonetic transcription of all the entries of both languages, English and Spanish, according to the **International Phonetic Alphabet (I.P.A.).** By carefully studying the pronunciation keys, any English or Spanish word can be correctly pronounced without any help from a teacher; c) Thirdly, we have enlarged the print to make reading easier for young students.

An asterisk before a Spanish word indicates it to be of Latin-American usage; the same before an English word means its use is confined to the U. S. A.

A summary of English and Spanish grammar enables the reader to use the basic rules for correct speaking and writing. There is a model conjugation for the regular verbs in the summaries. The irregular verbs, both English and Spanish, have their irregularities at the end of their respective entry.

Finally, there are money, weight and measure conversion tables which will be found most useful, especially by the traveller who spends a short time in the other country.

ÍNDICE

ÍNDICE

INGLÉS-ESPAÑOL

ABREVIATURAS USADAS EN ESTE DICCIONARIO

a.	adjetivo.
adv.	adverbio.
AGR.	agricultura.
ANAT.	anatomía.
ARQ.	arquitectura.
ARQUEOL.	arqueología.
art.	artículo.
ASTR.	astronomía.
aux.	verbo auxiliar.
B. ART.	bellas artes.
BIB.	Biblia.
BIOL.	biología.
BOT.	botánica.
CINEM.	cinematografía.
CIR.	cirugía.
COC.	cocina.
COM.	comercio.
compar.	comparativo.
Cond.	condicional.
conj.	conjunción.
CONJUG.	conjugación.
def.	defectivo.
DEP.	deportes.

DER.	derecho.
dim.	diminutivo.
ECLES.	eclesiástico.
ECON.	economía.
E. U.	Estados Unidos.
ELECT.	electricidad.
ENT.	entomología.
f.	femenino.
FERROC.	ferrocarriles.
FIL.	filosofía.
FÍS.	física.
FISIOL.	fisiología.
GEOGR.	geografía.
GEOL.	geología.
GEOM.	geometría.
GER.	gerundio.
GRAM.	gramática.
HIST.	historia
ICT.	ictiología.
IMPERAT.	imperativo.
impers.	verbo impersonal.
IMPR.	imprenta.
IND.	industria.
indef.	indefinido.
INDIC.	indicativo.
INF.	infinitivo.
ING.	ingeniería.
Ingl.	Inglaterra.
interj.	interjección.
i.	verbo intransitivo.
irreg.	irregular.
JOY.	joyería.
LIT.	literatura.
m.	masculino.

MAR.	marina.
MAT.	matemáticas.
MEC.	mecánica.
MED.	medicina.
METAL.	metalurgia.
MIL.	militar.
MIN.	minería.
MINER.	mineralogía.
MÚS.	música.
ORN.	ornitología.
PART. P.	participio pasado.
pers.	personal.
pl.	plural.
pos.	posesivo.
p. p.	participio pasado.
prep.	preposición.
Pres.	presente.
Pret.	pretérito.
pron.	pronombre.
QUÍM.	química.
RADIO.	radiotelefonía, radiotelegrafía.
ref.	verbo reflexivo.
REL.	religión.
s.	nombre substantivo
SUBJ.	subjuntivo.
superl.	superlativo.
TEAT.	teatro.
t.	verbo transitivo.
V.	véase.
ZOOL.	zoología.

CLAVE DE LOS SIGNOS DEL A. F. I. EMPLEADOS EN LA TRANSCRIPCIÓN FONÉTICA DE ESTE DICCIONARIO

CLAVE DE LOS SIGNOS DEL A. F. I. EMPLEADOS EN LA TRANSCRIPCIÓN FONÉTICA DE ESTE DICCIONARIO

Es bien sabido que las palabras inglesas se pronuncian de manera muy diferente de como se escriben. Incluso una misma letra se pronuncia de diferente modo según las circunstancias. La letra *a*, por ejemplo, se puede pronunciar de siete maneras:

$$\begin{array}{llll}
\text{como} & \text{[ei]} & \text{en } \textit{name} & \text{[neim]} \\
\text{»} & \text{[æ]} & \text{en } \textit{cat} & \text{[kæt]} \\
\text{»} & \text{[ɑ:]} & \text{en } \textit{card} & \text{[kɑ:d]} \\
\text{»} & \text{[ɛə]} & \text{en } \textit{fare} & \text{[fɛə}^\text{r}\text{]} \\
\text{»} & \text{[e]} & \text{en } \textit{any} & \text{['eni]} \\
\text{»} & \text{[ɔ]} & \text{en } \textit{what} & \text{[wɔt]} \\
\text{»} & \text{[ɔ:]} & \text{en } \textit{call} & \text{[kɔ:l].}
\end{array}$$

Hemos salvado este escollo adoptando el Alfabeto Fonético Internacional que emplea un signo para cada sonido. Por tanto, el lector debería hacer caso omiso del alfabeto corriente inglés, ya que rara vez una letra inglesa se pronuncia como su correspondiente española. Quizá resultará algo penoso el aprendizaje de los signos que a continuación se exponen, pero su esfuerzo se verá compensado con creces, pues, si los estudia debidamente, podrá alcanzar una correcta pronunciación del inglés.

VOCALES INGLESAS

signo fonético	explicación del sonido
[i:]	Como una /i/ española muy larga y tensa, como en la i de un sí insistente: sea [si:], pieces ['pi:siz].
[i]	Como una /i/ corta española en sílaba no acentuada y más relajada: big [big], witty ['witi].
[e]	Como una /e/ corta española, pero bastante más abierta. Similar a la e francesa en même o la e catalana en paret: get [get], any ['eni].
[æ]	No existe en español. Es un sonido breve de /a/ española tirando a /e/, y hacer, al mismo tiempo, una contracción en la garganta: man [mæn], flatter ['flætər].
[ɑ:]	No existe en español. Como una /a/ doble española poniendo la lengua baja y hacia atrás, y redondear los labios: far [fɑ:ʳ], father ['fɑ:ðəʳ].
[ɔ]	Como una /o/ breve española, pero bastante más abierta. Como Paul en francés, o en catalán roc: cost [kɔst], body ['bɔdi].

signo fonético	explicación del sonido
[ɔ:]	Como una /o/ española de doble duración, algo más abierta. Labios redondeados y algo abocinados, como la **o** francesa en *drôle*: *law* [lɔ:], *daughter* ['dɔ:tər].
[u]	Como uno /u/ breve española en sílaba no acentuada, pero más abierta y relajada: *full* [ful], *woman* ['wumən].
[u:]	Como una /u/ doble, más cerrada y de doble duración que la española: *fool* [fu:l], *ruler* ['rulər].
[ʌ]	Como una /a/ corta española relajada y algo más oscura: *much* [mʌtʃ], *nothing* ['nʌθiŋ].
[ə:]	No existe en español. Se logra poniendo la boca para una **a** y pronunciar una **e**. Sonido intermedio entre **a** y **e**. En catalán es semejante a la **a** de *porta*, pero más alargada: *girl* [gə:l], *worker* ['wə:kər].
[ə]	El mismo sonido anterior, pero más corto. Es un sonido muy corriente en inglés: *about* [ə'baut], *doctor* ['dɔktər].

DIPTONGOS INGLESES

Son: /ei/, **day** [dei]; /əu/, **go** [gəu]; /ai/ *night* [nait]; /au/, **out** [aut]; /ɔi/, **boy** [bɔi]. (En estos diptongos el segundo elemento *i, u* es mucho más débil que en su correspondiente español.) /iə/, **hear** [hiəʳ]; /ɛə/ (el primer elemento es mucho más abierto que la *e* española): **fair** [fɛəʳ]; /ɔə/, **four** [fɔəʳ, fɔ:ʳ]. Muchos ingleses lo reemplazan por el sonido [ɔ:]; /uə/, **poor** [puəʳ].

TRIPTONGOS INGLESES

Los lingüistas opinan que no existen en inglés. La **i** y **u** centrales son tan débiles que llegan a desaparecer.

Son: /aiə/, **fire** ['faiəʳ, 'faəʳ]; /auə/, **power** ['pauəʳ]; /eiə/, **player** ['pleiəʳ]; /ɔiə/, **employer** [im'plɔiəʳ].

CONSONANTES INGLESAS

signo fonético	explicación del sonido
[p]	Tiene una fuerte aspiración, sobre todo, en sílaba acentuada: pencil ['pensl], happy ['hæpi]. Sin aspiración cuando precedida de s-: spend [spend].
[b]	Hay que cerrar los labios antes de soltar el aire, sobre todo, si va entre vocales. De lo contrario, se pronunciaría la b fricativa española [β]: bee [bi:], about [ə'baut], tribe [traib].
[t]	Póngase la lengua en los alveolos superiores y no detrás de los dientes superiores como en español. Tiene una fuerte aspiración, sobre todo en sílaba acentuada: tea [ti:]. Sin aspiración, cuando precedida de s-: star [stɑ:].
[d]	Póngase la lengua en los alveolos superiores y no detrás de los dientes superiores como en español, sobre todo si va entre vocales. De lo contrario, se pronunciaría la d fricativa española [ð]: dog [dɔg], order ['ɔ:də], wood [wud].
[k]	Tiene una fuerte aspiración, sobre todo, en sílaba acentuada: car [kɑ:ʳ], pocket

signo fonético	explicación del sonido
	['pɔkit], *book* [buk]. Sin aspiración, cuando precedida de s-: *sky* [skai].
[g]	Apriétese el postdorso de la lengua contra el velo del paladar y suéltese el aire de golpe, sobre todo si va entre vocales. De lo contrario, se pronunciará la *g* fricativa española [ɣ]: *govern* ['gʌvən], *suggar* ['ʃugəʳ], *egg* [eg].
[m]	Igual que en español: *among* [ə'mʌŋ]. En posición final hay que cerrar bien los labios; de lo contrario, se pronunciará -n: *sum* [sʌm] / *sun* [sʌn]. El grupo final -sm se pronuncia [-zəm]: *communism* ['kɔmjunizəm].
[n]	Poner la punta de la lengua en los alveolos: *now* [nau]. Procúrese no pronunciarla como [m] ante f y v: *inform* [in'fɔ:m], *invite* [in'vait].
[ŋ]	Se produce este sonido cuando la *n* va seguida de /g/ o /k/: *spring* [spriŋ], *drink* [driŋ].
[l]	En inglés hay dos tipos de /l/, una *clara* y otra *oscura*. La /l/ *clara* es igual que la española y

signo fonético	explicación del sonido
	ocurre ante vocal y la semiconsonante /j/: **let** [let], *million* ['miljən]. La /l/ *oscura* no existe en español. En catalán y portugués siempre es oscura. Se logra elevando el postdorso de la lengua hacia el velo del paladar. En inglés es oscura: 1) en final de palabra: *fool* [fu:l]. 2) seguida de consonante y la semiconsonante /w/: **milk** [milk], *always* ['ɔ:lweiz].
[f]	Equivale a la /f/ española. Recuérdese que **ph** se pronuncia [f]: *farm* [fɑ:m], **philosophy** [fi'lɔsəfi].
[v]	Poner el labio inferior bajo los incisivos superiores: *vivid* ['vivid]. En inglés hay que diferenciar escrupulosamente la *v* de la *b* y de la *f*: **vote** [vəut] / **boat** [bəut]; *save* [seiv] / *safe* [seif].
[θ]	Equivale al sonido español **ce, ci, za, zo, zu** en *hacer*, *plaza*, etc.: **thin** [θin], *method* ['meθəd].
[ð]	Equivale al sonido de /z/ en *hallazgo* o *juzgar*. Es menos acertado decir que equivale a la /d/ intervocálica españo-

signo fonético	explicación del sonido
	la en *madera*: **the** [ðə], *father* ['fɑːðə]. En inglés hay que diferenciar escrupulosamente /d/ de /ð/: **day** [dei] / **they** [ðei]; *dare* [dɛə] / **there** [ðɛə].
[s]	La /s/ inglesa equivale, con ligeras diferencias, a la española: **s**in**g** [siŋ]. En palabras inglesas que empiezan por s- seguida de consonante, téngase especial cuidado en no añadir una e antes de la s, ya que la palabra aumentaría en una sílaba: st*ation* ['steiʃə], **smile** [smaiɪ].
[z]	Equivale a la /s/ sonora española en *mismo, isla*. En francés z*èle*; en catalán la /s/ de *casa*: **zoo** [zuː], *lose* [luːz]. Diferénciese bien /s/ de /z/: **ice** [ais] / *eyes* [aiz]; *peace* [piːs] / *peas* [piːz].
[ʃ]	No existe en español. Semejante a la **ch** andaluza en *mucho*. Parecida a la **ch** francesa en *chapeau* o a la x catalana en *això*: **ship** [ʃip], *fish* [fiʃ].
[tʃ]	Es semejante a /ch/ española: *much* [mʌtʃ]. Procúrese diferenciar bien /ʃ/

signo fonético	explicación del sonido
	de /tʃ/: **sh**ip [ʃip] / **ch**ip [tʃip]; **sh**eep [ʃi:p] / **ch**eap [tʃi:p].
[ʒ]	No existe en español. Semejante a la **y** fricativa en *mayo* [máʒo], *ayer* [aʒér], con pronunciación enérgica y vibración de las cuerdas vocales, como se hace en varias partes de Castilla la Nueva, Andalucía y, sobre todo, en Argentina: *mea***s**ure ['meʒə]. Es semejante a la **j** francesa en **j**our y a la **g** catalana en *pagès*.
[dʒ]	El mismo sonido anterior anteponiéndole una *d*. Semejante a la **y** española pronunciada con energía en *cónyuge*, *inyección*. Parecido a la **g** italiana de *gente*, *cortigiani*, o a **tg** catalana en *jutge*: **j**ump [dʒʌmp], **b**ri**dg**e [bridʒ]. Diferénciese bien el sonido sordo /tʃ/ del sonoro /dʒ/: **ch**est [tʃest] / **j**est [dʒest]; **r**i**ch** [ritʃ] / **ri**dg**e** [ridʒ].
[r]	La /r/ inglesa puede estar representada por **r** o **rr**. Su pronunciación es completamente diferente de la española. Se logra doblando la lengua hasta detrás de los alveolos superiores sin tocarlos, dejando un pasaje por donde sale el

signo fonético	explicación del sonido

aire sin fricción. El resto de la lengua, baja y cóncava respecto al paladar. Es importante abocinar ligeramente los labios.

LA /r/ INGLESA SÓLO SE PRONUNCIA:

1) cuando va seguida de vocal: *very* ['veri], *red* [red]. Es muda en *iron* ['aiən].

2) cuando una palabra termina en **-r** seguida de palabra que empiece por vocal (linking *r*): *far away* [fɑ:ʳ ə'wei], *more and more* [mɔ:ʳ ən mɔ:]. Esta *r* final se indica en este diccionario así: [ʳ].

LA /r/ INGLESA NO SE PRONUNCIA:

1) cuando va seguida de consonante: *card* [kɑ:d], *horse* [hɔ:s].

2) cuando está en final de palabra acabada en *-r* seguida de punto: *call the doctor!* [kɔ:l ðə 'dɔktə!].

NOTA 1. La /r/ americana o retrofleja tiene un sonido especial. Se curva mucho la lengua hacia el postpaladar.

NOTA 2. En Escocia y Norte de Inglaterra suena como una *r* simple española.

NOTA 3. Los grupos /tr/ y /dr/ ingleses no se pronuncian como en español. Hay que poner la punta de la

signo fonético	explicación del sonido
	lengua en la parte de atrás de los alveolos superiores y, luego, soltar el aire lentamente. Labios algo abocinados. En el grupo /tr/ no suenan las cuerdas vocales, pero sí en el grupo /dr/: tree [tri:], train [trein]; drill [dril], address [ə'dres].
[h]	La /h/ inglesa so equivale a la jota española [x]. Se logra con una simple aspiración de aire sin vibración de la cuerdas vocales, como cuando se respira anhelosamente por cansancio: hot [hɔt], inhabit [in'hæbit]. No se pronuncia en hour ['auər], hora; heir [ɛə], heredero, y honour ['ɔnər], honor, y sus derivados.
[w]	Los órganos de la boca pasan rápidamente de la posición [u:] a una vocal más abierta como en español cuanto [kwánto]: well [wel], swim [swim].
[j]	Los órganos de la boca pasan rápidamente de la posición [i:] a una vocal más abierta, como en español siete [sjéte]: yes [jes], year [jə:r].

signo fonético	explicación del sonido
	Acento en la transcripción fonética
[']	EL ACENTO PRIMARIO se indica con una línea vertical colocada en la parte superior izquierda de la sílaba que se acentúa. Así en *photography* [fə'tɔgrəfi] la sílaba acentuada es [...'ɔ...].
[ˌ]	EL ACENTO SECUNDARIO se indica con una línea vertical colocada en la parte inferior izquierda de la sílaba que se acentúa. Así en *administration* [ədˌminis'treiʃn] la sílaba [...ˌmi...] lleva acento secundario, que es de menor intensidad que el PRIMARIO.

RESUMEN DE GRAMÁTICA INGLESA

ARTÍCULO

El inglés tiene el artículo *definido* y el *indefinido*.

Artículo definido: **the.** Es invariable y corresponde a *el, la, lo, los, las.*

Artículo indefinido: **a** o **an** = *un, una.* Sólo tiene singular. Su plural es **some** o **any.**

NOMBRE

Género:

a) Son *masculinos* los nombres que significan varón o animal macho: *man, bull.*

b) Son *femeninos* los nombres que significan mujer o animal hembra: *woman, cow.*

c) Son *neutros* en los demás casos: *table, pencil.*

EXCEPCIONES: Son neutros *child* y *baby,* y femeninos *ship, engine.*

FORMACIÓN DEL FEMENINO. El femenino se forma de tres maneras: 1) con una palabra diferente *father / mother; son / daughter.* 2) con una palabra compuesta: *manservant / maidservant.* 3) con desinencias: *actor / actress; hero / heroine.*

Plural:

El plural se forma añadiendo una **-s** al singular: *book,* pl. *books; pen,* pl. *pens.*

EXCEPCIONES.

a) Los nombres terminados en **s, sh, ch** (con sonido de ch=tʃ), **x** y **z** toman **-es** para formar el plural: *glass / glasses; church / churches.*

b) Los terminados en **-o** toman **-es,** pero algunos sólo **-s:** *potato / potatoes; piano / pianos.*

c) 1) Los terminados en **-y,** precedidos de vocal, toman **-s:** *boy / boys.*

   2) Los terminados en **-y,** precedidos de consonante, cambian **-y** en **-ies:** *lady / ladies.*

d) 1) Algunos nombres terminados en **-f,** o **-fe,** forman el plural cambiando **-f** por **-ves:** *calf / calves; knife / knives.*

   2) Otros, toman **-s:** *roof / roofs; cliff / cliffs.*

   3) Otros tienen doble plural: *beef / beefs* y *beeves: scarf / scarfs* y *scarves.*

e) Plurales irregulares: *man / men* (hombre

-s); *woman / women* (mujer, -es); *child /
children* (niño, -s); *foot / feet* (pie, -s);
tooth / teeth (diente, -s); *goose / geese* (ganso, -s); *die / dice* (dado, -s); *mouse / mice*
(ratón, -es); *louse / lice* (piojo, -s).

Genitivo sajón:

Se emplea cuando el poseedor es nombre de persona, animal y medida. Se forma colocando primero el nombre del poseedor con apóstrofe seguido
de **'s**, y luego el objeto poseído sin artículo: *the
boy's father* (el padre del muchacho); *a horse's
tail* (cola de un caballo); *an hour's walk* (paseo de
una hora). Los nombres del poseedor en plural terminados en -s sólo toman el apóstrofe; *the boys'
father* (el padre de los muchachos).

ADJETIVO

El adjetivo es invariable y precede al sustantivo
que califica: *an old man* (un hombre viejo); *an
old woman* (una mujer vieja); *an old house* (una
casa vieja); *old houses* (casas viejas).

Comparativo y superlativo:

El comparativo de inferioridad español *menos ...
que* se forma en inglés con **less ... than**: *John is
less tall than Peter* (Juan es menos alto que
Pedro).

El comparativo de igualdad español *tan ... como*
se forma en inglés con **as ... as** en frases afirmativas. En negativas, se suele formar con **so ... as**:

John is **as** *tall* **as** *Peter*; *John is* **not so** *tall* **as**
Peter (Juan [no] es tan alto como Pedro).

El comparativo de superioridad español *más ... que*
se forma en inglés con **more ... than** con todos los
adjetivos de más de dos sílabas y con algunos bisílabos: *your car is* **more** *expensive* **than** *mine* (tu
coche es más caro que el mío).

A los adjetivos monosílabos y a la mayoría de
los bisílabos se les añade -er al positivo: *John is*
taller than *Peter* (Juan es más alto que Pedro).

El superlativo absoluto español *muy alto, altísimo,*
se forma en inglés con **very** o **most**: **very** *tall*;
most *tall*.

El superlativo relativo español *el más (el menos)*
se forma en inglés con **the most** *(the least)* seguido de ... **in** (con nombres de lugar); de **of** (si
no es de lugar) en los adjetivos de más de dos
sílabas: **the most** *populous quarter* **in** *the town.*

A los monosílabos y a la mayoría de los bisílabos
se añade la desinencia -*est* al positivo: *John is* **the**
tallest *of the boys.*

Al agregar las desinencias -er y -est al positivo,
éste sufre algunas modificaciones: a) si termina
en **-e**, ésta desaparece: *nice*, **nicer, the nicest;**
b) si termina en **-y**, precedida de consonante, **-y**
cambia en **-i**: *happy*, **happier, the happiest;** c) si
terminan es una consonante precedida de vocal
corta, doblan dicha consonante: *big*, **bigger, the**
biggest; *fat*, **fatter, the fattest.** Pero *great*, **greater,**
the greatest; *deep*, **deeper, the deepest.**

XXXVI

COMPARATIVOS Y SUPERLATIVOS IRREGULARES

positivo		comparativo		superlativo	
good bueno **well** bien	}	**better** mejor		**the best**	el mejor
bad malo **ill** enfermo	}	**worse** peor		**the worst**	el peor
little poco		**less** menor		**the least**	el menos
far lejos	{	**father** más lejos **further**..............		**the farthest** **the furthest**	el más lejano
old viejo	{	**older** más viejo **elder** mayor		**the oldest** **the eldest**	el más viejo el mayor
much mucho **many** muchos	}	**more**		**the most**	el más

ADJETIVOS NUMERALES CARDINALES: *one, two, three, four, five, six, seven, eight, nine, ten, eleven, twelve, fourteen, fifteen, sixteen, seventeen, eighteen, nineteen, twenty, twenty-one, -two, etc.: thirty, forty, fifty, sixty, seventy, eighty, ninety, a o one hundred; 232, two hundred and thirty two; a o one thousand; 4.573, four thousand, five hundred and seventy three; a o one million.*

Dozen, score (una veintena), *hundred, thousand, million* toman *-s* en plural cuando se emplean como sustantivos.

ADJETIVOS NUMERALES ORDINALES: *first, second, third, fourth, fifth, sixth, seventh, eighth, ninth, tenth, eleventh, twelfth, thirteenth, fourteenth, fifteenth, sixteenth, seventeenth, eighteenth, nineteenth, twentieth, twenty-first, thirtieth, fortieth, fiftieth, sixtieth, seventieth, eightieth, ninetieth, hundredth, thousandth, millionth.*

ADJETIVOS POSESIVOS, DEMOSTRATIVOS, INDEFINIDOS:
V. PRONOMBRE.

PRONOMBRE

PRONOMBRES PERSONALES COMO SUJETO: **I,** yo (siempre en mayúscula); **you,** tú, usted; **he,** él; **she,** ella; **it,** ello; **we,** nosotros, -as; **you,** vosotros, -as, ustedes; **they,** ellos, -as.

PRONOMBRES PERSONALES COMO COMPLEMENTO: **me,** a mí, me; **you,** a ti, te, a usted; **him,** a él, le, lo; **her,** a ella, la, le; **it,** a ello, lo, le; **us,** a nosotros, -as, nos; **you,** a vosotros, -as, os, a ustedes; **them,** a ellos, -as, les, las, los.

ADJETIVOS POSESIVOS: **my** (*book, -s*), mi (libro), mis (libros); **your,** tu, tus; su, sus (de usted); **his,** su, sus (de él); **her,** su, sus (de ella); **its,** su, sus (de cosas); **our,** nuestro, -a, -os, -as; **your,** vuestro, -a, -os, -as; su, sus (de ustedes); **their,** su, sus (de ellos, -as).

NOTA. El adjetivo posesivo inglés de 3.ª persona sing. concuerda con el género del posesor, al revés del español, que concuerdan con la cosa poseída: su libro (de Juan): **his book;** su libro (de María): **her book;** su libro (de la biblioteca): **its book.**

PRONOMBRES POSESIVOS: **mine,** mío, -a, -os, -as; **yours,** tuyo, -a, -os, -as; suyo, -a-, -os, -as (de usted); **his,** suyo, -a, -os, -as (de él); **hers,** suyo, -a, -os, -as (de ella); **its,** suyo, -a, -os, -as (de cosas); **ours,** nuestro, -a, -os, -as; **yours,** vuestro, -a, -os, -as; suyo, -a, -os, -as (de ustedes);

theirs, suyo, -a, -os, -as (de ellos, -as). En cuanto a la concordancia de la 3.ª pers. sing., véase
NOTA de ADJETIVOS POSESIVOS.

PRONOMBRES REFLEXIVOS Y ENFÁTICOS: **myself,** yo
(a mí) mismo; **yourself,** tú, usted (a sí, a usted)
mismo; **himself,** él (a él) mismo; **herself,** ella (a
ella) misma; **itself,** ello (a ello) mismo; **ourselves,**
nosotros, -as (a nosotros) mismos; **yourselves,** vosotros, -as, ustedes (a vosotros, a ustedes) mismos;
themselves, ellos, -as (a ellos, -as) mismos.

ADJSTIVOS Y PRONOMBRES DEMOSTRATIVOS:

	como adj.	como pron.
this,	este, -a —	este, -a, esto
these,	estos, -as —	estos, -as
that	ese, -a —	ese, -sa, eso
	aquel, aquella —	aquel, aquella, aquello
those	esos, -as —	esos, -as
	aquellos, -as —	aquellos, -as

PRONOMBRES RELATIVOS:

that, que; el, la, los, las cual(es. Su antecedente puede ser persona o cosa. Se emplea en
oraciones de relativo especificativas. Suele suprimirse cuando no es sujeto: *The boy* **(that)**
I saw is short.

who, que, quien, -es; el, la, los, las cual(es.
Su antecedente siempre es persona. Se emplea
como sujeto.

whom, que, quien, -es; al que, etc. Se emplea

como complemento. Su antecedente es persona. Suele suprimirse.

whose, cuyo, -a, -os, -as. Su antecendente puede ser persona, animal o cosa.

which, que; el, la, lo, los, las cual(es. Su antecedente sólo puede ser animal o cosa.

what, (lo) que. Es neutro. No tiene antecedente. Todos ellos se pueden convertir en relativos indefinidos añadiéndoles los adverbios *-ever* o *-soever*: **whatever, whatsoever,** lo que, cualquier cosa que.

VERBO

El verbo inglés sólo tiene tres desinencias: **-s,** en 3.ª pers. sing. del presente de indicativo; **-ed,** en el pretérito y participio; **-ing,** en el gerundio o participio de presente.

MODIFICACIONES GRÁFICAS

a) Los verbos monosilábicos terminados en una sola consonante precedida de vocal corta, duplican dicha consonante al tomar las desinencias **-ed** e **-ing:** *to stop;* pret. y part. pret., *stopped;* ger., *stopping.* La consonante final de un verbo polisilábico también se duplica cuando lleva el acento en la última sílaba: *to prefer* [pri'fə:]; pret. y part. pret., *preferred;* ger., *preferring.* Pero no se duplica si el verbo no es agudo: *to offer* ['ɔfə]; pret. y part. pret., *ofered;* ger., *ofering.* Sin embargo, cuando la consonante final es **-l,** puede concluir en **-ll** aunque no sea agudo: *to travel;* pret. y part., *travelled* o *traveled;* ger., *travelling* o *traveling.*

b) Los verbos terminados en **-y** precedida de consonante, cambian dicha **-y** en **-ies** en la 3.ª pers. sing. del pres. indic., y en **-ied** en el pret. y part. pret.: **to try**; pres., he *tries*; pret. y part., *tried*. Pero se conserva en el gerundio: *trying*.

c) Los verbos terminados en **-ss, -sh, -ch, -x, -z**, y los verbos *to do* y *to go*, toman **-es**, en vez de **-s**, en la 3.ª pers. sing. pres. indic.: *to pass* [pɑːs], he *passes* ['pɑːsiz]; *to do he* he *does*; *to go*, *she goes*.

Obsérvese que estos verbos aumentan en una sílaba al ser pronunciados (excepto *to do* y *to go*). Lo mismo ocurre con los que terminan en **-ce, -se** y **-ge**: *to dance* [dɑːns], he *dances* ['dɑːnsiz]; *to advise* [ədˈvaiz), he *advises* [ədˈvaiziz].

CONJUGACIÓN

A continuación se desarrolla la conjugación completa en forma afirmativa, negativa e interrogativa-negativa de los verbos auxiliares *to have* y *to be*, de un verbo regular o débil, *to look*, y de un verbo irregular o fuerte, *to go*.

El pretérito y participio pasado de los verbos regulares terminan en **-ed**.

El enunciado de los verbos irregulares se halla al final de la entrada. Si no hay enunciado, se supone que el verbo es regular.

Conjugación de **to have** *(tener),* **had** *(tenía, tuve),* **had** *(tenido)*

INDICATIVO

afirmación	negación	interrogación (negación)

Presente

yo tengo	*yo no tengo*	*¿(no) tengo yo?*
I have	I have not	have I (not)?
he has	he has not	has he (not)?
we, you, they have	we, you, they have not	have we, you, they (not)?

Pretérito (Past)

yo tenía, tuve	*yo no tenía, tuve*	*¿(no) tenía, tuve yo?*
I had	I had not	had I (not)?
you had, etc.	you had not, etc.	had you (not)?, etc.

Futuro simple

yo tendré	*yo no tendré*	*¿(no) tendré yo?*
I, we shall have	I, we shall not have	shall I, we (not) have?
you, he, they will have	you, he, they will not have	will you, he, they (not) have?

afirmación	negación	interrogación (negación)

Condicional simple

yo tendría	*yo no tendría*	*¿(no) tendría yo?*
I, we should have	I, we should not have	should I, we (not) have?
you, he, they would have	you, he, they would not have	would you, he, they (not) have?

Pretérito perfecto

yo he tenido	*yo no he tenido*	*¿(no) he tenido yo?*
I, we, you, they have had	I, we, you, they have not had	have I, we, you, they (not) had?
he has had	he has not had	has he (not) had?

Pretérico pluscuamperfecto

yo había tenido	*yo no había tenido*	*¿(no) había tenido yo?*
I, you... had had	I, you... had not had	had I, you... (not) had?

Futuro perfecto

yo habré tenido	*yo no habré tenido*	*¿(no) habré tenido yo?*
I, we shall have had	I, we shall not have had	shall I, we (not) have had?
you, he, they will, have had	you, he, they will not have had	will he, you, they (not) have had?

afirmación	negación	interrogación (negación)

Condicional compuesto

yo habría tenido	*yo no habría tenido*	*¿(no) habría tenido yo?*
I, we should have had	I, we should not have had	should I, we (not) have had?
you, he, they would have had	you, he, they would not have had	whould you, he, they (not) have had?

afirmación	negación

IMPERATIVO

tenga yo	*no tenga yo*
let me have	don't let me have
have	don't have, etc.
let him (her, it) have	
let us have	
have	
let them have	

PARTICIPIO PRES. GERUNDIO	} having *teniendo*
PARTICIPIO PAS.	had *tenido*
INFINITIVO SIMPLE	(not) to have *(no) tener*
INFINITIVO COMP.	to have had *haber tenido*

Conjugación de **to be** *(ser, estar),* **was** *(era, fui),*
been *(sido)*

INDICATIVO

afirmación	negación	interrogación (negación)
Presente		
yo soy	*yo no soy*	¿(no) soy yo?
I am	I am not	am I (not)?
he is	he is not	is he (not)?
we, you, they are	we, you, they are not	are we, you, they (not)?
Pretérito (Past)		
yo era, fui	*yo no era, fui*	¿(no) era, fui yo?
I, he was	I, he was not	was I, he (not)?
we, you, they were	we, you, they were not	were we, you, they (not)?
Futuro simple		
yo seré	*yo no seré*	¿(no) seré yo?
I, we shall be	I, we shall not be	shall I, we (not) be?
he, you, they will be	he, you, they will not be	will you, he, they (not) be?
Condicional simple		
yo sería	*yo no sería*	¿(no) sería yo?
I, we should be	I, we should not be	should I, we (not) be?
he, you, they would be	he, you, they would not be	would you, he, they (not) be?

afirmación	negación	interrogación (negación)

Pretérito perfecto

yo he sido	*yo no he sido*	¿(no) he sido yo?
I, we, you, they have been	I, we, you, they have not been	have I, we, you, they (not) been?
he has been	he has not been	has he (not) been?

Pretérito pluscuamperfecto

yo había sido	*yo no había sido*	¿(no) había sido yo?
I, you... had been	I, you... had not been	had I, you... (not) been?

Futuro perfecto

yo habré sido	*yo no habré sido*	¿(no) habré sido yo?
I, we shall have been	I, we shall not have been	shall I, we (not) have been?
you, he, they will have been	you, he, they will not have been	will you, he, they (not) have been?

Condicional compuesto

yo habría sido	*yo no habría sido*	¿(no) habría sido yo?
I, we should have been	I, we should not have been	should I, we (not) have been?
you, he, they would have been	you, he, they would not have been	would, you, he, they (not) have been?

afirmación	negación

IMPERATIVO

sea yo	*no sea yo*
let me be	don't let me be
be	don't be, etc
let him (her, it) be	
let us be	
be	
let them be	

PARTICIPIO PRES. ⎫ GERUNDIO ⎬	being *siendo*

PARTICIPIO PAS.	been *sido*

INFINITIVO SIMPLE	(not) to be *(no) ser*

INFINITIVO COMP.	to have been *haber sido*

Conjugación de un verbo regular

to look (mirar), **looked** (miraba, miré),
looked (mirado)

INDICATIVO

afirmación	negación	interrogación (negación)

Presente

yo miro	*yo no miro*	*¿(no) miro yo?*
I look	I do not look	do I (not) look?
you look	you do not look	do you (not) look?
he looks	he does not look	does he (not) look?
we, you, they look	we, you, they do not look	do we, you, they (not) look?

Pretérito (Past)

yo miré, miraba	*yo no miré, miraba*	*¿(no) miré, miraba yo?*
I looked	I did not look	did I (not) look?
you looked	you did not look	did you (not) look?
he looked, etc.	he did not, look, etc.	did he (not) look?, etc.

afirmación	negación	interrogación (negación)
Futuro simple		
yo miraré	*yo no miraré*	*¿(no) miraré yo?*
I, we shall look	I, we shall not look	shall I, we (not) look?
you, he, they will look	you, he, they will not look	will you, he, they (not) look?
Condicional simple		
yo miraría	*yo no miraría*	*¿(no) miraría yo?*
I, we should look	I, we should not look	should I, we (not) look?
you, he, they would look	you, he, they would not look	would you, he, they (not) look?
Pretérito perfecto		
yo he mirado	*yo no he mirado*	*¿(no) he mirado yo?*
I, we, you, they have looked	I, we, you, they have not looked	have I, we, you, they (not) looked?
he has looked	he has not looked	has he (not) looked?
Pretérito pluscuamperfecto		
yo había mirado	*yo no había mirado*	*¿(no) había mirado yo?*
I, you... had looked	I, you... had not looked	had I, you...(not) looked?

afirmación	negación	interrogación (negación)

Futuro perfecto

yo habré ido	*yo no habré ido*	*¿(no) habré ido yo?*
I, we shall have gone	I, we shall not have gone	shall I, we (not) have gone?
you, he, they will have gone	you, he, they will not have gone	will, you, he, they (not) have gone?

Condicional compuesto

yo habría ido	*yo no habría ido*	*¿(no) habría ido yo?*
I, we should have gone	I, we should not have gone	should I, we (not) have gone?
you, he, they would have gone.	you, he, they would not have gone	would you, he, they (not) have gone?

afirmación	negación

IMPERATIVO

vaya yo	*no vaya yo*
let me go	don't let me go
go	don't go, etc.
let him (her, it) go	
let us go	
go	
let them go	

| PARTICIPIO PRES. | } | looking |
| GERUNDIO | | *mirando* |

| PARTICIPIO PAS. | looked |
| | *mirado* |

| INFINITIVO SIMPLE | (not) to look |
| | *(no) mirar* |

| INFINITIVO COMP. | to have looked |
| | *haber mirado* |

Conjugación de un verbo irregular

to go (ir), **went** (iba, fui), **gone** (ido)

INDICATIVO

afirmacion	negación	interrogación (negación)
	Presente	
yo voy	*yo no voy*	*¿(no) voy yo?*
I go	I do not go	do I (not) go?
you go	you do not go	do you (not) go?
he goes	he does not go	does he (not) go?
we, you, they go	we, you, they do not go	do we, you, they (not) go?
	Pretérito (Past)	
yo iba, fui	*yo no iba, fui*	*¿(no) fui, iba yo?*
I went	I did not go	did I (not) go?
you went	you did not go	did you (not) go?
he went, etc.	he did not go, etc.	did he (not) go?, etc.

afirmación	negación	interrogación (negación)

Futuro simple

yo iré	*yo no iré*	*¿(no) iré yo?*
I, we shall go	I, we shall not go	shall I, we (not) go?
you, he, they will go	you, he, they will not go	will you, he, they (not) go?

Condicional simple

yo iría	*yo no iría*	*¿(no) iría yo?*
I, we should go	I, we should not go	should, I, we (not) go?
you, he, they would go	you, he, they would not go	would you, he, they (not) go?

Pretérito perfecto

yo he ido	*yo no he ido*	*¿(no) he ido yo?*
I, we, you, they have gone	I, we, you, they have not gone	have I, we, you, they (not) gone?
he has gone	he has not gone	has he (not) gone?

Pretérito pluscuamperfecto

yo había ido	*yo no había ido*	*¿(no) había ido yo?*
I, you... had gone	I, you... had not gone	had I, you... (not) gone?

afirmación	negación	interrogación (negación)

Futuro perfecto

yo habré mirado	*yo no habré mirado*	*¿(no) habré mirado yo?*
I, we shall have looked	I, we shall not have looked	shall I, we (not) have looked?
you, he, they will have looked	you, he, they will not have looked	will you, he, they (not) have looked?

Condicional compuesto

yo habría mirado	*yo no habría mirado*	*¿(no) habría mirado yo?*
I, we should have looked	I, we should not have looked	should I, we (not) have looked?
you, he, they would have looked	you, he, they would not have looked	would you, he, they (not) have looked?

afirmación	negación

IMPERATIVO

mire ya	*no mire yo*
let me look	don't let me look
look	don't look, etc.
let him (her, it) look	
let us look	
look	
let them look	

| PARTICIPIO PRES. | going |
| GERUNDIO | *yendo* |

| PARTICIPIO PAS. | gone |
| | *ido* |

| INFINITIVO SIMPLE | (not) to go |
| | (no) ir |

| INFINITIVO COMP. | to have gone |
| | *haber ido* |

VERBOS ESPECIALES

Suelen emplearse como auxiliares: *to have, to be, do, shall, will, should, would, ought to, must, can* y *may*.

to have. 1) Se conjuga **sin** *do* en oraciones negativas e interrogativas:

a) cuando significa *tener, poseer de forma permanente* un objeto o característica:
> *Mary hasn't any handkerchiefs*
> *A circle hasn't any corners*

b) como verbo auxiliar de tiempos compuestos:
> *Have you seen my pen?*

2) Se conjuga **con** do en oraciones negativas e interrogativas.

a) cuando significa *tener ocasionalmente* un objeto:
> *Mary doesn't have any handkerchiefs every day.*

b) cuando *to have* no significa tener, sino tomar (comidas, bebidas): *ta have breakfast, lunch, tea, a drink,* etc.; otros significados que no sean «tener»; *to have a look,* echar un vistazo; *to have a smoke,* fumar; *to have a try,* intentar, etc.

c) cuando significa *tener alguna experiencia,* como *to have a good time,* divertirse; *to have trouble, difficulty, good* o *bad fourney, opportunity of, occasion to,* etc.

d) cuando significa *mandar o pedir a alguien hacer algo,* seguido de un sustantivo y un participio pasado: *Yesterday I didn't have my car cleaned,* ayer no me hice limpiar el coche (no mandé que me limpiaran el coche).

3) Se conjuga **con** o **sin** *do* en *to have to* = must.

En inglés americano *to have* se conjuga siempre con *do* en oraciones negat. e interrog., excepto cuando actúa como auxiliar de tiempos compuestos.

to be. Véase conjugación completa. Nunca se conjuga con *do*.

to do. 1) Como verbo principal significa *hacer* y se conjuga con *do*: *what does he do for a living?,* ¿en qué se gana la vida?

2) Como verbo auxiliar no tiene traducción y se usa para formar las conjugaciones negativas e interrogativas de los verbos principales en el presente y en el pretérito:

I do not go, does he go?, you did not go.

shall, will. Auxiliares para formar el futuro: *shall* se emplea para las primeras personas y *will* para las segundas y terceras: *I, we shall go; you, he they will go.*

shall empleado en 2.ª o 3.ª persona indica obligación: *you shall not murder,* no matarás.

will empleado en 1.ª persona indica voluntad o deber del sujeto: *I will go,* iré, quiero ir. En inglés americano se usa *will* en todas las personas del futuro.

should, would. Auxiliares para formar el condicional.

should se emplea para las primeras personas y *would* para las segundas y terceras: *I, we should go; you, he, they would go.*

should empleado en 2.ª o 3.ª persona se traducirá por deberías, -a *you should study more,* deberías estudiar más.

would empleado en 2.ª y 3.ª persona se traduce por quería, quisiera o solía: *he would not do it,* no quería hacerlo; *would you tell your name?,* ¿quisiera (me hace el favor de) decirme cómo se llama?; *he would paint it every year,* solía pintarlo cada año.

ought to, yo debería. Sólo tiene este tiempo. Forma negativa, *I ought not,* e interrogativa, *ought I?* Tiene sentido de obligación moral: *such things ought not to be allowed,* no deberían permitirse tales cosas.

must, significa *deber.* Sólo tiene presente. Negativo, *I mut not go,* no debo ir. Interrog., *must he go?,* ¿debe ir? No lleva *-s* en 3.ª persona. Se une al infinitivo que le sigue sin *to*. Indica necesidad u obligación. Los tiempos que le faltan se suplen por *to have to* seguido de infinitivo: *he had to go soon*, debía ir pronto.

can, puedo; **could**, podía, pude, podría. Sólo tiene presente y pretérito. Forma negativa: *I cannot* o *can't*, *I could not* o *couldn't*. Forma interrogativa: *can I go?*, *could you come?* No lleva -s en 3.ª persona pres. Se une al infinitivo que le sigue sin *to*. Los tiempos que le faltan se suplen por *to be able to* seguido de infinitivo: *I shall no be able to do this*, no podré hacer esto.

may, puedo; **might**, podía, pude, podría. Como *can* sólo tiene pres. y pret. y se conjuga igual que él. Los tiempos que le faltan se suplen por *to be allowed, possible or permitted*. *Can* significa poder en sentido físico o moral que depende del sujeto; *may* significa *poder* en sentido de posibilidad o permiso: *may I go out?*, ¿puedo salir (con su permiso)?

PESOS Y MEDIDAS BRITÁNICAS
Y NORTEAMERICANAS

Pesos (Sistema avoirdupois)

1 ounce (oz.) = 28'35 gramos
1 pound (lb.) = 16 oz. = 454 gr.
1 stone (st.) = 14 lb. = 6'35 kg.
1 hundredweight (cwt.) = 112 lb. = 50'8 kg.
1 ton (t.) = 20 cwts. = 1.017 kg.
    Am. 25 pound = 11'34 kg.
    Am. 100 pounds = 45'36 kg.
    Am. short ton = 907'18 kg.
    Am. Central, Quintal = 45'36 kg.

Medidas de longitud

1 inch (in.) = pulgada = 0'0254 m.
1 foot (ft.) = 12 inches = 0'3048 m.
1 yard (yd.) yarda = 3 feet = 0'9144 m.
    1 fathom (fthm.) braza = 2 yards, 1'8288 m.
    1 mile (1760 yd.) = milla, 1.609 m.
    1 nautic mile = milla marina, 1.853 m.

Para convertir millas en kilómetros, aproximadamente, se multiplica el número de millas por 8 y se divide por 5.

Medidas de superficie

1 square inch = 6'451 cm²
1 square foot = 929 cm²
1 square yard = 0'8361 m²
1 acre = 40'46 áreas

Medidas de capacidad

1 gill	0'142	litros
1 pint (4 gills)	0'567	»
1 quart (2 pints)	1'135	»
1 gallon (4 quarts)	4'543	»
1 bushel (8 gallons)	36'347	»
1 quarter (8 bushels)	290'780	»
Am. dry pint	0'551	»
» dry quart	1'11	»
» dry gallon	4'41	»
» peck	8'81	»
» bushel	35'24	»
» liquid gill	0'118	»
» liquid pint	0'473	»
» liquid quart	0'946	»
» liquid gallon	3'785	»
» barrel	119	»
» » petroleum	158'97	»

Medidas cúbicas

$$\text{cubic inch} = 16'387 \text{ cm}^3$$
$$\text{cubic foot} = 28'315 \text{ dm}^3$$
$$\text{cubic yard} = 764 \quad \text{dm}^3$$

Termómetro

Para convertir los grados centígrados en grados Fahrenheit, se multiplica por 9, se divide por 5 y se añade 32.

TALLAS Y MEDIDAS BRITÁNICAS Y EUROPEAS
BRITISH AND CONTINENTAL SIZES AND MEASURES

Zapatos para hombre Men's shoes	**39** 6	**41** 7	**42** 8	**43** 9	**44** 10	**45** 11
Calcetines Socks	**38-39** 9½	**39-40** 10	**40-41** 10½	**41-42** 11	**42-43** 11½	
Camisas Shirts	**37** 14½	**38** 15	**39** 15½	**41** 16	**42** 16½	**43** 17
Zapatos para señora Ladies' shoes	**37** 4	**38** 5	**39** 6	**41** 7	**42** 8	**43** 9
Medias Stockings	**0** 8	**1** 8½	**2** 9	**3** 9½	**4** 10	**5** 10½
Vestidos para señora Ladies' dresses	**42** 36	**44** 38	**46** 40	**48** 42	**50** 44	**52** 46
Vestidos juveniles Teenagers' dresses	**38** 32	**40** 33	**42** 35	**44** 36	**46** 38	**48** 39
Kilómetros Miles	**1** 0.6	**2** 1.2	**5** 3.1	**10** 6.2	**50** 31	
Litros Gallons	**5** 1.1	**10** 2.2	**20** 4.4	**30** 6.6	**40** 8.8	
Kilos por cm.² Lbs. per sq. inch	**1.76** 25	**1.97** 28	**2.18** 30	**2.46** 35	**2.81** 40	
Centígrado Fahrenheit	**16°** 60°	**21°** 70°	**27°** 80°	**37°** 98.4°	**100°** 212°	

1 metro = 1.09 yardas; 1 yarda = 91.4 cms.
1 hectárea = 2.47 acres; 1 acre = 4040 m.2
1 kilógramo = 2.2 lbs.; 1 libra = 454 gramos
1 litro = 1.8 pintas; 1 pinta = 0.57 litros

a [ei, ə] *art. indef.* un, una.

abandon [ə'bændən] *s.* naturalidad; descaro. 2 *t.-i.* abandonar(se.

abandonment [ə'bændənmənt] *s.* abandono, desenfreno.

abash [ə'bæʃ] *t.* avergonzar.

abate [ə'beit] *t.* rebajar. 2 *i.* menguar.

abbey ['æbi] *s.* abadía.

abbot ['æbət] *m.* abad.

abbreviate [ə'bri:vieit] *t.* abreviar.

abdicate ['æbdikeit] *i.* abdicar.

abduct [æb'dʌkt] *t.* raptar, secuestrar.

abeyance (in) [ə'beiəns] en espera, vacante.

abhor [əb'cɔ:] *t.* aborrecer.

abhorrent [əb'hɔrənt] *a.* detestable.

abide [ə'baid] *i.* habitar. 2 permanecer. 3 *t.* esperar. 4 sufrir, tolerar. ¶

Pret. y p. p.: *abode* [ə'bəud] o *abided* [ə'baidid].

ability [ə'biliti] *s.* habilidad, talento.

abject ['æbdʒekt] *a.* abyecto.

able ['eibəl] *a.* capaz: *to be ~ to*, poder.

abnormal [æb'nɔ:məl] *a.* anormal.

abnormity [æb'nɔ:miti] *s.* anomalía.

aboard [ə'bɔ:d] *adv.* a bordo.

abode [ə'bəud] V. TO ABIDE. 2 *s.* morada.

abolish [ə'bɔliʃ] *t.* abolir, suprimir.

abolition [,æbə'liʃən] *s.* abolición.

A-bomb ['eibɔm] *s.* bomba atómica.

abort [ə'bɔ:t] *t.* abortar.

abound [ə'baund] *i.* abundar.

about [ə'baut] *prep.* cerca de, junto a, alrededor de. 2 por, en. 3 sobre, acerca de. *4* hacia, a eso de: *5 to be ~ to*, estar a punto de. *6 adv.* alrededor, en torno. *7* casi, aproximadamente.

above [ə'bʌv] *prep.* sobre. *2* más de, más que. *3 adv.* arriba, en lo alto.

abrade [ə'breid] *t.* desgastar.

abreast [ə'brest] *adv.* de frente.

abroad [ə'brɔːd] *adv.* afuera, en el extranjero.

abrogate ['æbrəugeit] *t.* abrogar.

abscess ['æbsis] *s.* MED. absceso.

abscond [əb'skɔnd) *i.* esconderse.

absence ['æbsəns] *s.* ausencia.

absent ['æbsənt] *a.* ausente.

absent [æb'sent] *t. to ~ oneself*, ausentarse.

absolute ['æbsəluːt] *s.* absoluto.

absolve [əb'zɔlv] *t.* absolver.

absorb [əb'sɔːb] *t.* absorber(se.

absorbing əb'sɔːbiŋ) *a.* absorbente.

absorption [əb'sɔːpʃən] *s.* absorción.

abstain [əb'stein] *i.* abstenerse.

abstinence ['æbstinəns] *s.* abstinencia.

abstract ['æbstrækt] *a.* abstracto.

abstract [æb'strækt] *t.* abstraer. *2* hurtar. *3* distraer. *4 i.* hacer abstracción [de]. *5 t.* resumir.

absurd [əb'səːd] *s.* absurdo.

abundance [ə'bʌndəns] *s.* abundancia.

abundant [ə'bʌndənt] *a.* abundante.

abuse [ə'bjuːs] *s.* abuso. *2 t.* abusar de.

abyss [ə'bis] *s.* abismo.

academic [ˌækə'demik] *a.-s.* académico.

accede [æk'siːd] *i.* acceder.

accent ['æksənt] *s.* acento.

accent [æk'sent] *t.* acentuar.

accentuate [æk'sentjueit] *t.* intensificar.

accept [ək'sept] *t.* aceptar.

acceptation [ˌæksep'teiʃən] *s.* acepción.

access ['ækses] *s.* acceso. *2* aumento.

accesible [ək'sesibl] *a.* accesible. *2* asequible.

accessory [ək'sesəri] *a.* accesorio.

accident ['æksidənt] *s.* accidente.

acclaim [ə'kleim] *t.-i.* aclamar.

acclivity [ə'kliviti] s. cuesta.

accommodate [ə'kəmədeit] t.-i. acomodar(se, alojar(se.

accommodating [ə'kəmədeitiŋ] a. servicial.

accompany [ə'kʌmpəni) t. acompañar.

accomplish [ə'kəmpliʃ] t. efectuar, llevar a cabo.

accord [ə'kəd] s. acuerdo, concierto, armonía. 2 t. conceder.

according [ə'kə:diŋ] a. acorde, conforme. 2 ~ to, según, conforme a.

accordingly [ə'kə:diŋli] adv. de conformidad [con]. 2 por consiguiente.

account [ə'kaunt] s. cuenta. 2 t. tener por, estimar.

accumulate [ə'kju:mjuleit] t.-i. acumular(se.

accuracy ['ækjurəsi] s. exactitud.

accurate ['ækjurit] a. exacto, correcto.

accursed [ə'kə:sid] a. maldito.

accusation [,ækju:'zeiʃən] s. acusación.

accuse [ə'kju:z] t. acusar.

accustom [ə'kʌstəm] t. acostumbrar.

ache [eik] s. dolor; achaque. 2 i. doler.

achieve [ə'tʃi:v] t. realizar.

achievement [ə'tʃi:vmənt] s. logro.

acid ['æsid] a.-s. ácido.

acidity [ə'siditi], **acidness** ['æsidnis] s. acidez. 2 acritud.

acknowledge [ək'nəlidʒ] t. reconocer. 2 agradecer.

acorn ['eikə:n] s. bellota.

acquaint [ə'kweint] t. enterar, informar.

acquaintance [ə'kweintəns] s. conocimiento.

acquiesce [,ækwi'es] i. asentir, consentir.

acquiescence [,ækwi'esəns] s. aquiescencia, conformidad.

acquire [ə'kwaiəʳ] t. adquirir.

acquit [ə'kwit] t. absolver.

acre ['eikəʳ] s. acre [40.47 áreas].

acrobatics [,ækrə'bætiks] s. acrobacia.

across [ə'krəs] prep. a través de; al otro lado de.

act [ækt] s. acto, hecho, acción. 2 i. obrar, actuar.

acting ['æktiŋ] a. interino.

action ['ækʃən] s. acción.

active ['æktiv] a. activo.

activity [æk'tiviti] s. actividad.

actor ['æktər] s. actor.

actress ['æktris] s. actriz.

actual ['æktʃuəl] a. real, 2 actual (muy raro).

actually ['æktʃuəli] adv. realmente.

acuity [ə'kju:iti] s. agudeza.

acumen [ə'kju:men] s. perspicacia.

acute [ə'kju:t] a. agudo.

adage ['ædidʒ] s. adagio.

adamant ['ædəmənt] a. inexorable.

adapt [e'dæpt] t. pr. adaptar(se.

add [æd] t. añadir.

adder ['ædər] s. ZOOL. víbora.

addition [ə'diʃən] s. adición, suma.

addle ['ædl] a. podrido.

address [ə'dres] s. discurso. 2 dirección, señas. 3 t. hablar, dirigirse a.

adequate ['ædikwit] a. adecuado.

adhere [əd'hiər] i. adherir(se.

adipose ['ædipəus] a. adiposo.

adjacent [ə'dʒeisənt] a. adyacente.

adjective ['ædʒiktiv] a.-s. adjetivo.

adjoin [ə'dʒɔin] t. unir.

adjourn [ə'dʒə:n] t. aplazar, suspender.

adjudge [e'dʒʌdʒ) t. adjudicar.

adjunct ['ædʒʌŋkt] a. adjunto.

adjust [ə'dʒʌst] t. ajustar.

adjutant ['ædʒutənt] s. ayudante.

administer [əd'ministər] t.-i. administrar.

admirable ['ædmərəbl] a. admirable.

admiral ['ædmərəl] s. almirante.

admiration [,ædmi'reiʃən] s. admiración.

admire [əd'maiər] t.-i. admirar(se.

admission [əd'miʃən] s. admisión.

admit [əd'mit] t. admitir.

admonish [əd'mɔniʃ] t. amonestar.

ado [ə'du:] s. ruido.

adolescent [,ædəu'lesənt] a.-s. adolescente.

adopt [ə'dɔpt] t. adoptar.

adoration [,ædɔ:'reiʃən] s. adoración.

adore [ə'dɔ:r] t. adorar.

adrift [ə'drift] adv.-a. a la deriva.

adult ['ædʌlt] a.-s. adulto.

adulterate [ə'dʌltəreit] a. adúltero, falso. 2 t. adulterar.

advance [əd'va:ns] s. avance. 2 t.-i. adelantar(se, avanzar(se

advantage [əd'va:ntidʒ] s. ventaja; provecho. 2 t. adelantar.

advent ['ædvənt] s. advenimiento. 2 adviento.

adventure [əd'ventʃər] s. aventura. 2 t. aventurar-(se.

adverb ['ædvə:b] s. adverbio.

adversary ['ædvəsəri] s. adversario.

adverse ['ædvə:s] a. adverso.

adversity [əd'və:siti] s. adversidad, infortunio.

advert [əd'və:t] t. referirse.

advertise ['ædvətaiz] t. anunciar.

advertisement [əd'və:tismənt] s. anuncio.

advice [əd'vais] s. consejo.

advisable [əd'vaizəbl] a. aconsejable, prudente.

advise [əd'vaiz] t. aconsejar.

adviser [əd'vaizər] s. consejero.

advocate ['ædvəkit] s. abogado.

advocate ['ædvəkeit] t. abogar por; defender.

aerial ['ɛəriəl] a. aéreo. 2 s. RADIO. antena.

aeroplane ['ɛərəplein] s. aeroplano.

afar [ə'fa:r] adv. lejos, a lo lejos.

affair [ə'fɛər] s. asunto, negocio.

affect [ə'fekt] t. afectar.

affectionate [ə'fekʃənit] afectuoso, cariñoso.

affiliate [ə'filieit] t. afiliar.

affinity [ə'finiti] s. afinidad.

affirm [ə'fə:m] t. afirmar.

affix [ə'fiks] t. pegar, añadir.

afflict [ə'flikt] t. afligir

afford [ə'fɔ:d] t. dar. 2 permitirse [un gasto].

affront [ə'frʌnt] s. afrenta. 2 t. afrentar.

afloat [ə'fləut] a.-adv. a flote.

afoot [ə'fut] adv. a pie.

afraid [ə'freid] a. temeroso.

after ['a:ftər] prep. después de.

afternoon ['a:ftə'nu:n] s. tarde.

afterwards ['a:ftəwədz] adv. después, luego.

again [ə'gən, ə'gein] prep. de nuevo, otra vez

against [ə'gənst] prep contra.

age [eidʒ] s. edad. 2 i.-t. envejecer.

agency ['eidʒənsi] s. agencia.

agent ['eidʒənt] a. - s. agente.

agglomerate [ə'glɔmereit] *t.-i.* aglomerar(se.

aggravate ['ægrəveit] *t.* agravar.

aggregate ['ægrigit] *a.-s.* conjunto, total.

aggregate ['ægrigeit] *t.* agregar, juntar. 2 sumar.

agility [ə'dʒiliti] *s.* agilidad.

agitate ['ædʒiteit] *t.* agitar.

ago [ə'gəu] *adv.* atrás, hace, ha.

agonize ['ægənaiz] *i.* agonizar.

agony ['ægəni] *s.* agonía.

agree [ə'gri:] *i.* asentir.

agreeable [ə'griəbl] *a.* agradable.

agreement [ə'gri:mənt] *s.* acuerdo. 2 armonía.

agriculture ['ægrikʌltʃər] *s.* agricultura.

agriculturist [‚ægri'kʌltʃərist] *s.* agricultor.

ague ['eigju:] *s.* fiebre intermitente. 2 escalofrío.

ahead [ə'hed] *adv.* delante.

aid (eid) *s.* ayuda. 2 *t.* ayudar.

ail [eil] *t.* afligir, aquejar. 2 *i.* estar indispuesto.

aim [eim] *s.* puntería. 2 *t.* apuntar.

ain't [eint] *contr. vulg.*

de *am not, is not, are not* y *has not.*

air [ɛər] *s.* aire. 2 *t.* airear, orear.

aircraft ['ɛəkrɑ:ft] *s.* avión.

airline ['ɛəlain] *s.* línea aérea.

airman ['ɛəmæn] *s.* aviador.

airplane ['ɛə-plein] *s.* aeroplano.

airship ['ɛə-ʃip] *s.* aeronave.

airtight ['ɛə-tait] *a.* hermético.

airway ['ɛəwei] *s.* línea aérea.

airy ['ɛəri] *a.* oreado. 2 ligero, vivo.

aisle [ail] *s.* pasillo [en un teatro]; nave lateral.

alarm [[ə'lɑ:m] *s.* alarma. 2 *t.* alarmar.

alarm-clock [ə'lɑ:mklɔk] *s.* despertador.

alcove ['ælkəuv] *s.* alcoba.

ale [eil] *s.* cerveza.

alert (ə'lə:t] *a.* vigilante. 2 vivo, listo.

alien ['eiljən] *a.* ajeno, extraño.

alight [ə'lait] *a.-adv.* encendido. 2 *i.* bajar, apearse.

alike [ə'laik] *a.* igual, semejante.

alive [ə'laiv] *a.* vivo, viviente.

all [ɔ:l] *a.-pron.* todo, -da; todos, -das: *at ~*, absolutamente, del todo; *not at ~*, de ningún modo; no hay de qué; *for ~ that*, con todo; *~ right!*, ¡está bien!, ¡conformes!; *~ round*, por todas partes; *~ the better*, tanto mejor; *~ the same*, igualmente, a pesar de todo.

allegation [ˌæleˈgeiʃən] *s.* alegación.

allege [əˈledʒ] *t.* alegar.

allegiance [əˈli:dʒəns] *s.* obediencia, fidelidad [a un soberano].

allegory [ˈæligəri] *s.* alegoría.

allergy [ˈælədʒi] *s.* alergia.

alleviate [əˈli:vieit] *t.* aliviar.

alley [ˈæli] *s.* calleja.

alliance [əˈlaiəns] *s.* alianza.

allied [əˈlaid] *a.* aliado.

allocate [ˈæləkeit] *t.* señalar.

allocution [ˌæləuˈkju:-ʃən] *s.* alocución.

allot [əˈlɔt] *t.* repartir.

allow [əˈlau] *t.* conceder.

alloy [əˈlɔi] *t.* alear.

allude [əˈl(j)u:d] *i.* aludir.

allusion [əˈlu:ʒən] *s.* alusión.

ally [əˈlai, ˈælai] *s.* aliado.

ally [əˈlai] *t.-i.* aliar(se.

almighty [ɔ:lˈmaiti] *a.* omnipotente, todopoderoso.

almond [ˈɑ:mənd] *s.* almendra.

almost [ˈɔ:lməust] *adv.* casi.

aloft [əˈlɔft] *adv.* arriba, en alto.

alone [əˈləun] *a.* solo. 2 *adv.* sólo, solamente.

along [əˈlɔŋ] *prep.* a lo largo de. 2 *adv.* a lo largo.

aloud [əˈlaud] *adv.* en voz alta.

already [ɔ:lˈredi] *adv.* ya.

also [ˈɔ:lsəu] *adv.* también.

altar [ˈɔ:ltər] *s.* altar.

alter [ˈɔ:ltər] *t.-i.* alterar(se, modificar(se.

alternate [ɔ:lˈtə:nit] *a.* alternativo, alterno.

alternate [ˈɔ:ltəneit] *t.-i.* alternar(se.

alternative [ɔ:lˈtə:nətiv] *a.* alternativo; el otro. 2 GRAM. disyuntivo.

although [ɔ:lˈðəu] *conj.* aunque.

altitude [ˈæltitju:d] *s.* altitud.

altogether [ˌɔ:ltəˈgəðər] *adv.* enteramente, del todo.

always [ˈɔ:lweiz, -əz, -iz] *adv.* siempre.

amass [ə'mæs] *t.* acumular.

amaze [ə'meiz] *t.* asombrar.

ambassador [æm'bæsədəʳ] *s.* embajador.

amber ['æmbəʳ] *s.* ámbar.

ambiguous [æm'bigjuəs] *a.* ambiguo.

ambition [æm'biʃən] *s.* ambición.

ambitious [æm'biʃəs] *a.* ambicioso.

ambulance ['æmbjuləns] *s.* ambulancia.

ambush ['æmbuʃ] *s.* emboscada, acecho. 2 *t.* emboscar. 3 *i.* estar emboscado.

amend [ə'mend] *t.-i.* enmendar(se.

amends [ə'mendz] *s.* satisfacción, reparación.

amiable ['eimjəbl] *a.* amable.

amid [ə'mid], **amidst** [-st] *prep.* en medio de, entre.

amiss [ə'mis] *adv.-a.* mal; impropio.

among (st) [ə'mʌŋ, -st] *prep.* entre, en medio de.

amount [ə'maunt] *s.* cantidad. 2 *i.* to ~ to, ascender a.

ample ['æmpl] *a.* amplio.

amuse [ə'mju:z] *t.* entretener(se, divertir(se.

an [ən] *art. indef.* un, una.

analyse, -ze ['ænəlaiz] *t.* analizar.

anarchy ['ænəki] *s.* anarquía.

anatomy [ə'nætəmi] *s.* anatomía.

ancestor ['ænsistəʳ] *s.* progenitor, antepasado.

anchor ['æŋkəʳ] *s.* ancla, áncora. 2 *t.* sujetar con el ancla. 3 *i.* anclar.

ancient ['einʃənt] *a.* antiguo.

and [ænd, ənd] *conj.* y, e.

anecdote ['ænikdəut] *s.* anécdota.

anew [ə'nju:] *adv.* de nuevo.

angel ['eindʒəl] *s.* ángel.

anger ['æŋgəʳ] *s.* cólera, ira. 2 *t.* encolerizar.

angle ['æŋgl] *s.* ángulo. 2 *t.-i.* pescar con caña.

angry ['æŋgri] *a.* colérico.

anguish ['æŋgwiʃ] *s.* angustia.

animal ['æniməl] *a.-s.* animal.

ankle ['æŋkl] *s.* tobillo.

annals ['ænəlz] *s. pl.* anales.

annex ['æneks] *s.* anexo.

annex [ə'neks] *t.* añadir.

annihilate [ə'naiəleit] *t.* aniquilar.

anniversary [ˌæni'və:səri] *s.* aniversario.

announce [ə'nauns] *t.* anunciar.

annoy [ə'nɔi] *t.* molestar.

annual ['ænjuəl] *a.* anual.

anon [ə'nɔn) *adv.* luego.

anonym ['ænənim] *s.* anónimo.

anonymous [ə'nɔniməs] *a.* anónimo.

another [ə'nʌðəʳ] *a.-pron.* otro.

answer ['ɑ:nsəʳ] *s.* respuesta, contestación. 2 *t.-i.* responder, contestar.

ant [ænt] *s.* hormiga.

antagonize [æn'tægənaiz] *t.* oponerse a.

antenna [æn'tenə], *pl.* **-næ** (-ni:] *s.* ZOOL., RADIO antena.

anterior [æn'tiəriəʳ] *a.* anterior.

anticipate [æn'tisipeit] *t.* anticiparse a. 2 gastar antes. 3 prever. 4 gozar de antemano.

antiquity [æn'tikwiti] *s.* antigüedad. 2 vejez. 3 *pl.* antigüedades.

antler ['æntləʳ] *s.* asta, cuerna.

anxiety [æŋ'zaiəti] *s.* ansiedad.

anxious ['æŋkʃəs] *a.* ansioso.

any ['eni] *a -adv.-pron.* cualquier, todo, todos los,

algún, alguno; [en frases negativas] ningún, ninguno. 2 A veces no se traduce.

anybody ['eni‚bɔdi] *pron.* alguien, alguno; [en frases negativas] ninguno, nadie. 2 cualquiera.

anyhow ['enihau] *adv.* de cualquier modo.

anyone ['eniwʌn] *pron.* ANYBODY.

anything ['eniθiŋ] *pron.* algo, alguna cosa, cualquier cosa, todo cuanto; [con negación] nada.

anyway ['eniwei] *adv.* de todos modos, con todo.

anywhere ['eniwɛəʳ] *adv.* doquiera; adondequiera.

apart [ə'pɑ:t] *adv.* aparte; a un lado.

apartment [ə'pɑ:tmənt] *s.* aposento. 2 apartamento.

ape [eip] *s.* mono, mico. 2 *t.* imitar, remedar.

aperture ['æpətjuəʳ] *s.* abertura.

apostle [ə'pɔsl] *s.* apóstol.

appal(l [ə'pɔ:l] *t.* espantar.

apparel [ə'pærəl] *s.* vestido. 2 *t.* vestir.

apparent [ə'pærənt] *a.* evidente. 2 aparente.

appeal [ə'pi:l] *s.* apelación. 2 llamamiento; súplica. 3 atractivo. *4 i.* apelar. 5 suplicar. 6 atraer.

appear [ə'piə^r] *i.* aparecer.

appendage [ə'pendidʒ] *s.* dependencia, accesorio, aditamento.

appetite ['æpitait] *s.* apetito.

applause [ə'plɔ:z] *s.* aplauso.

apple ['æpl] *s.* BOT. manzana, poma. 2 ~ *of the eye*, pupila.

applicant ['æplikənt] *s.* solicitante.

application [ˌæpli'keiʃən] *s.* aplicación. 2 petición, solicitud.

apply [ə'plai] *t.-i.* aplicar(se.

appoint [ə'pɔint] *t.* fijar.

apposite ['æpəsit] *a.* apropiado.

appreciate [ə'pri:ʃieit] *t.* apreciar, valuar.

apprise [ə'praiz] *t.* informar.

approach [ə'prəutʃ] *s.* aproximación. 2 entrada. 3 *t.-i.* acercar(se.

appropriate [ə'prəupriit] *a.* apropiado. 2 propio, peculiar.

appropriate [ə'prəuprieit] *t.* destinar [a un uso]. 2 apropiarse.

approval [ə'pru:vəl] *s.* aprobación.

approve [ə'pru:v] *t.* aprobar, sancionar.

apricot ['eiprikɔt] *s.* BOT. albaricoque.

April ['eiprəl] *s.* abril.

apron ['eiprən] *s.* delantal.

apt [æpt] *a.* apto. 2 listo.

arbitrary ['ɑ:bitrəri] *a.* arbitrario. 2 despótico.

arbour ['ɑ:bə^r] *s.* glorieta.

arch [ɑ:tʃ] *s.* ARQ. arco; bóveda. 2 *a.* travieso, socarrón. 3 *t.-i.* arquear(se, abovedar(se.

archbishop ['ɑ:tʃ'biʃəp] *s.* arzobispo.

archives ['ɑ:kaivz] *s. pl.* archivo.

arctic ['ɑ:ktik] *a.-s.* ártico.

ardent ['ɑ:dənt] *a.* ardiente.

ardo(ur ['ɑ:də^r] *s.* ardor. 2 celo.

are [ɑ:^r, ɑ^r, ə^r] 2.ª *pers. sing.* y *pl.*; 1.ª y 3.ª *pers. pl. del pres. indic.* de TO BE.

are [ɑ:^r] *s.* área [medida].

area ['ɛəriə] *s.* área.

argue ['ɑ:gju:] *i.* argüir. 2 *t.-i.* discutir.

argument ['ɑ:gjumənt] *s.* argumento. 2 discusión.

arid ['ærid] *a.* árido.

arise [ə'raiz] *i.* subir,

elevarse. ¶ Pret.: *arose* [ə'rəuz]; p. p.: *arisen* [ə'rizn].

arm [ɑ:m] *s.* brazo. 2 rama [de árbol]. 3 arma. 4 *t.-i.* armar(se.

arm-chair ['ɑ:m'tʃɛər] *s.* sillón.

armour ['ɑ:mər] *s.* armadura.

armpit ['ɑ:mpit] *s.* sobaco, axila.

army ['ɑ:mi] *s.* ejército.

aromatics [ˌærəu'mætiks] *s. pl.* aromas, especias.

around [ə'raund] *adv.* alrededor.

arouse [ə'rauz] *t.* despertar.

arrange [ə'reindʒ] *t.* arreglar.

array [ə'rei] *s.* orden, formación. 2 *t.* formar.

arrest [ə'rest] *s.* arresto. 2 *t.* arrestar, detener.

arrival [ə'raivəl] *s.* llegada.

arrive [ə'raiv] *i.* llegar.

arrogance, -cy ['ærəgəns, -i) *s.* arrogancia, soberbia.

arrow ['ærəu] *s.* flecha, saeta.

art [ɑ:t] *s.* arte.

artful ['ɑ:tful] *s.* artero, ladino.

article ['ɑ:tikl] *s.* artículo. 2 objeto.

artillery (ɑ:'tiləri] *s.* artillería.

artist ['ɑ:tist] *s.* artista.

artistic [ɑ:'tistik] *a.* artístico.

as [æz, əz] *adv.* como. 2 (en comparativos) ~ *big* ~, tan grande como. 3 ~ *for,* ~ *to,* en cuanto a; ~ *much* ~, tanto como; ~ *well* ~, así como; ~ *yet,* hasta ahora. 4 *conj.*: mientras, cuando. 5 ya que.

ascend [ə'send] *i.* ascender.

ascent [ə'sent] *s.* subida.

ascertain [ˌæsə'tein] *t.* averiguar, hallar.

ash [æʃ] *s.* ceniza.

ashamed [ə'ʃeimd] *a.* avergonzado.

ashore [ə'ʃɔ:, ə'ʃɔə] *adv.* en tierra, a tierra.

aside [ə'said] *adv.* al lado, a un lado, aparte.

ask [ɑ:sk] *t.* preguntar. 2 pedir, solicitar, rogar que. 3 invitar, convidar.

asleep [ə'sli:p] *a.-adv.* dormido.

asparagus [əs'pærəgəs] *s.* BOT. espárrago.

aspect ['æspekt] *s.* aspecto.

aspirate ['æspəreit] *t.* aspirar.

ass [æs, ɑ:s] *s.* asno.

assail [ə'seil] *t.* asaltar.

assault [ə'sɔ:lt] *s.* asalto. 2 *t.* asaltar.

assay [ə'sei] *s.* ensayo. 2 *t.* ensayar.

assemble [ə'sembl] *t.* congregar, reunir.

assembly [ə'sembli] *s.* asamblea, junta.

assent [ə'sent] *s.* asentimiento. 2 *i.* asentir.

assert [ə'sə:t] *t.* aseverar, afirmar.

assign [ə'sain] *t.* asignar.

assimilate [ə'simileit] *t.-i.* asimilar(se.

assist [ə'sist] *t.* socorrer. 2 *i.* asistir.

associate [ə'səuʃiit] *a.* asociado.

associate [ə'səuʃieit] *t.-i.* asociar(se, juntar(se.

assort [ə'sɔ:t] *t.* clasificar.

assume [ə'sju:m] *t.* asumir. 2 suponer.

assumption [ə'sʌmpʃən] *s.* suposición.

assurance [ə'ʃuərəns] *s.* seguridad, certeza.

assure [ə'ʃuər] *t.* asegurar.

astonish [əs'tɔniʃ] *t.* asombrar.

astound [əs'taund] *t.* pasmar, sorprender.

astronomy [əs'trɔnəmi] *s.* astronomía.

asylum [ə'sailəm] *s.* asilo. 2 manicomio.

at [æt, ət] *prep.* en, a, de, con, cerca de, delante de.

ate [et] *pret.* de TO EAT.

atoll ['ætɔl] *s.* atolón.

atom ['ætəm] *s.* átomo.

attach [ə'tætʃ] *t.-i.* atarse, ligarse. 2 granjearse el afecto de. 3 dar, atribuir [importancia, etc.].

attack [ə'tæk] *s.* ataque. 2 *t.* atacar.

attain [ə'tein] *t.* lograr.

attempt [ə'tempt] *s.* intento. 2 atentado. 3 *t.* intentar. 4 atentar contra.

attend [ə'tend] *t.* atender a. 2 servir, escoltar. 3 asistir, concurrir. 4 aguardar.

attention [ə'tenʃən] *s.* atención.

attentive [ə'tentiv] *a.* atento, cuidadoso.

attic ['ætik] *s.* ático, buhardilla.

attire [ə'taiər] *s.* traje, vestidura. 2 *t.* vestir.

attitude ['ætitju:d] *s.* actitud.

attorney [ə'tə:ni] *s.* apoderado. 2 procurador, abogado.

attract [ə'trækt] *t.* atraer.

attraction [ə'trækʃən] *s.* atracción. 2 atractivo.

attractive [ə'træktiv] *a.* atractivo. 2 agradable.

attribute ['ætribju:t] *s.* atributo.

attribute [əˈtribjuːt] *t.* atribuir.

auburn [ˈɔːbən] *a.* castaño.

auction [ˈɔːkʃən] *s.* subasta.

audacity [ɔːˈdæsiti] *s.* audacia.

audience [ˈɔːdjəns] *s.* auditorio, público. 2 audiencia [entrevista].

augment [ɔːgˈment] *t.-i.* aumentar(se.

August [ˈɔːgəst] *s.* agosto.

aunt [ɑːnt] *s.* tía.

auspice [ˈɔːspis] *s.* auspicio.

austere [ɔsˈtiəʳ] *a.* austero.

author [ˈɔːθəʳ] *s.* autor, escritor.

authoritative [ɔːˈθɔritətiv] *a.* autorizado. 2 autoritario.

authority [ɔːˈθɔriti] *s.* autoridad: *on good* ~, de buena tinta. 2 *pl.* autoridades.

authorize [ˈɔːθəraiz] *t.* autorizar.

automatic [ˌɔtəˈmætik] *a.* automático.

automobile [ˈɔːtəməbiːl] *s.* automóvil.

autumn [ˈɔːtəm] *s.* otoño.

auxiliary [ɔːgˈziljəri] *a.* auxiliar.

avail [əˈveil] *s.* provecho.

2 *i.* servir, ser útil. 3 *t.* aprovechar, servir [a uno].

available [əˈveiləbl] *a.* disponible.

avarice [ˈævəris] *s.* avaricia.

avaricious [ˌævəˈriʃəs] *a.* avaro.

avenge [əˈvendʒ] *t.* vengar.

avenue [ˈævənjuː] *s.* avenida, paseo, alameda.

average [ˈævəridʒ] *s.* promedio. 2 *t.* determinar el promedio de.

averse [əˈvəːs] *a.* contrario.

aversion [əˈvəːʃən] *s.* aversión.

aviation [ˌeiviˈeiʃən] *s.* aviación.

aviator [ˈeivieitəʳ] *s.* aviador.

avoid [əˈvɔid] *t.* evitar, eludir. 2 anular.

avow [əˈvau] *t.* confesar, reconocer.

await [əˈweit] *t.-i.* aguardar, esperar.

awake [əˈweik] *a.* despierto. 2 *t.-i.* despertar(se. ¶ Pret.: *awoke* [əˈwəuk]; p. p.: *awaked* [əˈweikt] o *awoke.*

award [əˈwɔːd] *s.* adjudicación; premio. 2 *t.* conceder, otorgar.

aware [əˈwɛəʳ] *a.* sabedor, enterado.

away [ə'wei] *adv*. lejos, fuera. 2 Indica libertad o continuidad en la acción: *they fired* ~, fueron disparando.

awe [ɔ:] *s*. temor. 2 asombro. 3 *t*. atemorizar.

awful ['ɔ:ful] *a*. atroz, horrible.

awhile [ə'wail] *adv*. un rato.

awkward ['ɔ:kwəd] *a*. torpe, desgarbado.

awoke [ə'wəuk] V. TO AWAKE.

ax, axe [æks] *s*. hacha.

azure ['æʒə'] *a.-s*. azul celeste. 2 *s*. azur.

B

babble ['bæbl] *s.* charla. 2 murmullo [del agua]. 3 *i.* charlar. 4 murmurar [el agua].

baby ['beibi] *s.* criatura, bebé.

bachelor ['bætʃələʳ] *s.* soltero. 2 [UNIV.] licenciado.

back [bæk] *s.* espalda. 2 *a. - adv.* posterior; de vuelta, de regreso. 3 *t.* apoyar, sostener.

background ['bækgraund] *s.* fondo.

backside ['bæk'said] *s.* espalda.

backward ['bækwəd] *a.* retrógrado. 2 atrasado.

backward(s ['bækwədz] *adv.* hacia atrás. 2 al revés.

bacon ['beikən] *s.* tocino.

bad [bæd] *a.* malo, mal.

bade [beid] V. TO BID.

badge [bædʒ] *s.* insignia.

badger ['bædʒəʳ] *s.* ZOOL. tejón. 2 *t.* molestar.

baffle ['bæfl] *t.* confundir. 2 burlar.

bag [bæg] *s.* bolsa, bolso. 2 maleta. 3 *t.* embolsar.

baggage ['bægidʒ] *s.* equipaje.

bail [beil] *s.* DER. fianza. 2 *t.* dar fianza por [uno].

bait [beit] *s.* cebo, carnada. 2 *t.* cebar.

bake [beik] *t.-i.* cocer(se, asar(se.

baker ['beikəʳ] *s.* panadero.

balance ['bæləns] *s.* balanza. 2 equilibrio. 3 *t.-i.* pesar, equilibrar(se.

bald [bɔ:ld] *a.* calvo.

bale [beil] *s.* bala. 2 *t.* embalar.

balk [bɔ:k] *s.* viga. 2
obstáculo. 2 *t.* evitar.
ball [bɔ:l] *s.* bola. 2 pelota.
ballad ['bæləd] *s.* balada.
balloon [bə'lu:n] *s.* globo.
ballot ['bælət] *s.* balota.
2 votación. 3 *i.-t.* votar.
balmy ['ba:mi], **balsamic**
[bɔ:l'sæmik] *a.* balsá-
mico, suave.
ban [bæn] *s.* proscrip-
ción. 2 *t.* proscribir.
banana [bə'na:nə] *s.* plátano.
band [bænd] *s.* faja, tira.
2 MÚS. banda. 3 pandilla.
4 *t.* atar, fajar.
bandage ['bændidʒ] *s.*
venda. 2 *t.* vendar.
bandit ['bændit] *s.* bandido.
bang [bæŋ] *s.* golpe, porrazo. 2 *t.* golpear [con
ruido].
banish ['bæniʃ] *t.* desterrar.
bank [bæŋk] *s.* ribazo,
talud. 2 COM. banco. 3
t. amontonar. 4 deposi-
tar en un banco.
banker ['bæŋkər] *s.* banquero.
banking ['bæŋkin] *s.*
banca.
bankrupt ['bæŋkrʌpt] *a.*
quebrado, insolvente.

bankruptcy ['bæŋkrəptsi]
s. quiebra, bancarrota.
banner ['bænər] *s.* bandera.
banquet ['bæŋkwit] *s.*
banquete.
banter ['bæntər] *s.* burla.
2 *t.* burlarse de.
baptism ['bæptizəm] *s.*
bautismo.
baptize [bæp'taiz] *t.* bautizar.
bar [ba:r] *s.* barra. 2
obstáculo. 3 bar; mos-
trador de bar. 4 *t.*
atrancar [una puerta]. 5
obstruir.
barbarian [ba:'bɛəriən]
a.-s. bárbaro.
barbarous ['ba:bərəs] *a.*
bárbaro.
barber ['ba:bər] *s.* barbero.
bard [ba:d] *s.* bardo. 2
barda.
bare [bɛər] *a.* desnudo. 2
t. desnudar, despojar.
barefaced ['bɛəfeist] *a.*
descarado.
barefoot(ed ['bɛəfut,
'bɛə'futid] *a.* descalzo.
barely ['bɛəli] *adv.* apenas.
bargain ['ba:gin] *s.* trato. 2 ganga, buen ne-
gocio. 3 *i.* regatear.
barge [ba:dʒ] *s.* barca-
za.
bark [ba:k] *s.* corteza.

2 ladrido. 3 barca. *4 t.* descortezar. *5 i.* ladrar.

barley ['ba:li] *s.* BOT. cebada.

barn [ba:n] *s.* granero, pajar.

barn-yard ['ba:n-'jad] *s.* patio.

baron ['bærən] *s.* barón.

barracks ['bærəks] *s. pl.* cuartel.

barrel ['bærəl] *s.* barril. 2 cañón [de un arma]. *3 t.* embarrilar, entonelar.

barren ['bærən] *a.* estéril.

barrier ['bæriəʳ] *s.* barrera.

barrow ['bærəu] *s.* carretilla.

barter ['ba:təʳ] *s.* trueque, cambio. *2 t.-i.* trocar, cambiar.

base [beis] *a.* bajo, vil. 2 *s.* base. *3 t.-i.* basar(se, fundar(se.

baseball ['beisbɔ:l] *s.* béisbol.

basement ['beismənt] *s.* sótano.

bashful ['bæʃful] *a.* vergonzoso, tímido.

basic ['beisik] *a.* básico.

basin ['beisn] *s.* jofaina.

basis ['beisis] *s.* fundamento.

bask [ba:sk] *i.* calentarse, tostarse.

basket ['ba:skit] *s.* cesto, canasta.

basket-ball ['ba:skitbɔ:l] *s.* baloncesto.

bastard ['bæstəd] *a.-s.* bastardo.

bat [bæt] *s.* ZOOL. murciélago. 2 DEPORT. bate. *3 t.* golpear.

batch [bætʃ] *s.* hornada.

bath [ba:θ] *s.* baño. 2 bañera.

bathe [beið] *t.-i.* bañar(se.

bath-room ['ba:θrum] *s.* cuarto de baño.

bath-tub ['ba:θtʌb] *s.* bañera.

battalion [bə'tæljən] *s.* batallón.

batter ['bætəʳ] *s.* COC. batido. *2 t.* batir. 3 demoler.

battery ['bætəri] *s.* batería. 2 pila eléctrica.

battle ['bætl] *s.* batalla, combate. *2 i.* combatir.

battleship ['bætlʃip] *s.* acorazado.

bay [bei] *a.-s.* bayo [caballo]. 2 *s.* bahía. 3 ladrido. *4* laurel. *5 i.* ladrar.

bayonet ['beiənit] *s.* bayoneta.

baza(a)r [bə'za:ʳ] *s.* bazar.

be (bi:) *i.* ser; estar. 2 hallarse. 3 existir. ¶ CONJUG.: INDIC. Pres.: *I am* [æm, əm, m], *you* *are* [ɑ:ᵣ, ɑʳ, əʳ] [*art*], *he is* [iz, z, s], *we are*, etc. | Pret.: *I, he was* [wɔz, wəz], *you, we, they were* [wə:ʳ, wəʳ]. || SUBJ. Pres.: *be*. | Pret.: *were*. || PART. PAS.: *been* [bi:n, bin]. || GER.: *being* ['bi:iŋ].

beach [bi:tʃ] *s.* playa. 2 *i.-t.* varar.

beadle ['bi:dl] *s.* alguacil.

beak [bi:k] *s.* pico [de ave, etc.].

beam [bi:m] *s.* viga. 2 rayo [de luz, calor, etc.]. 3 *t.* emitir [luz, etc.].

bean [bi:n] *s.* judía.

bear [bɛəʳ] *s.* ZOOL. oso, osa. 2 *t.* llevar, cargar. 3 soportar. 4 dar a luz: *he was born in London,* nació en Londres. || Pret. *bore* [bɔ:ʳ]; p. p.: *borne* o *born* [bɔ:n].

beard [biəd] *s.* barba. 2 *t.* desafiar.

beast [bi:st] *s.* bestia, animal.

beastly ['bi:stli] *a.* bestial.

beat [bi:t] *s.* golpe; latido. 2 *t.* pegar; golpear. ¶ Pret.: *beat* [bi:t]; p. p.: *beaten* ['bi:tn].

beautiful ['bju:tiful] *a.* hermoso, bello. 2 lindo.

beautify ['bju:tifai] *t.-i.* hermosear(se, embellecer(se.

beauty ['bju:ti] *s.* belleza, hermosura.

beaver ['bi:vəʳ] *s.* castor.

became [bi'keim] V. TO BECOME.

because [bi'kɔz] *conj.* porque. 2 ~ *of*, a causa de.

beckon ['bekən] *t.* llamar por señas. 2 *i.* hacer señas.

become [bi'kʌm] *t.* convenir, sentar, caer o ir bien. 2 *i.* volverse, hacerse, convertirse en; ponerse. ¶ Pret.: *became* [bi'keim]; p. p.: *become* [bi'kʌm].

bed [bed] *s.* cama, lecho. 2 *t.-i.* acostar(se.

bedroom ['bedrum] *s.* dormitorio.

bee [bi:] *s.* abeja.

beech [bi:tʃ] *s.* BOT. haya.

beef [bi:f] *s.* carne de vaca.

beefsteak ['bi:f'steik] *s.* bisté.

been [bi:n, bin] V. TO BE.

beer [biəʳ] *s.* cerveza.

beet [bi:t] *s.* remolacha.

beetle ['bi:tl] *s.* ENT. escarabajo.

befall [bi'fɔ:l] *i.-t.* ocurrir.

befit [bi'fit] *i.* convenir.

before [bi'fɔ:ʳ, -fɔəʳ] *adv.* antes. 2 delante. 3 *prep.* antes de o que.

beforehand [bi'fɔ:hænd] *adv.* de antemano.

befriend [bi'frend] *t.* favorecer, proteger.

beg [beg] *t.* pedir, solicitar.

began [bi'gæn] V. TO BEGIN.

beget [bi'get] *t.* engendrar, originar. ‖ *begot* [bi'gɔt]; *-gotten* [-'gɔtn] o *-got*.

beggar ['begəʳ] *s.* mendigo, -ga. 2 *t.* empobrecer, arruinar.

begin [bi'gin] *t.-i.* empezar. ‖ Pret.: *began* [bi'gæn]; p. p.: *begun* (bi'gʌn]; ger.: *beginning*.

beginning [bi'giniŋ] *s.* principio.

beguile [bi'gail] *t.* engañar.

begun [bi'gʌn] V. TO BEGIN.

behalf [bi'hɑ:f] *s.* cuenta, interés; *on ~ of,* en nombre de.

behave [bi'heiv] *i.-pr.* proceder; comportarse.

behavio(u)r [bi'heivjəʳ] *s.* conducta, comportamiento.

behead [bi'hed] *t.* decapitar.

beheld [bi'held] TO BEHOLD.

behind [bi'haind] *adv.* detrás. 2 *prep.* detrás de; después de.

behold [bi'həuld] *t.* contemplar. ‖ Pret. y p. p.: *beheld* [bi'held].

being ['bi:iŋ] *ger.* de TO BE. 2 *s.* ser, existencia. 3 persona.

belated [bi'leitid] *a.* tardío.

belch [beltʃ] *s.* eructo. 2 *i.* eructar.

belie [bi'lai] *t.* desmentir.

belief [bi'li:f] *s.* creencia.

believe [bi'li:v] *t. - i.* creer.

believer [bi'li:vəʳ] *s.* creyente.

bell [bel] *s.* campana.

bellow ['beləu] *s.* bramido, mugido. 2 *i.* bramar, mugir.

belly ['beli] *s.* vientre, panza. 2 *t.* combar, abultar.

belong [bi'lɔŋ] *i.* pertenecer.

belongings [bi'lɔŋiŋz] *s. pl.* bienes.

beloved [bi'lʌvd] *a.* querido, amado.

below [bi'ləu] *adv.* abajo, debajo. 2 *prep.* bajo, debajo de.

belt [belt] *s.* cinturón, faja.

bench [bentʃ] *s.* banco. 2 tribunal.

bend [bend] *s.* inclinación. 2 *t.-i.* inclinar(se. ¶ Pret. y p. p.: *bent* [bent].

beneath [bi'ni:θ] *adv.* abajo, debajo. 2 *prep.* bajo, debajo de.

benefactor ['benifæktər] *s.* bienhechor. 2 donador.

benefit ['benifit] *s.* beneficio, favor. 2 beneficio, bien. 2 *t.-i.* beneficiar(se.

benevolence [bi'nevələns] *s.* benevolencia.

bent [bent] *pret.* y *p. p.* de TO BEND. 2 *a.* torcido, doblado. 3 *s.* curvatura. 4 inclinación.

bequeath [bi'kwi:ð] *t.* legar.

bequest [bi'kwest] *s.* legado.

bereave [bi'ri:v] *t.* privar, desposeer de. ¶ Pret. y p. p.: *bereaved* [bi'ri:vd] o *bereft* [bi'reft].

berry ['beri] *s.* baya; grano.

berth [bə:θ] *s.* MAR. amarradero. 2 *t.* MAR. amarrar. 3 *i.* fondear.

baseech [bi'si:tʃ] *t.* implorar; suplicar. ¶ Pret. y p. p.: *besought* [bi'sɔ:t].

beset [bi'set] *t.* asediar. ¶ Pret. y p. p: *beset; besetting.*

beside [bi'said] *adv.* cerca, al lado. 2 *prep.* al lado de, cerca de.

besides [bi'saidz] *adv.* además. 2 *prep.* además de.

besiege [bi'si:dʒ] *t.* sitiar.

besought [bi'sɔ:t] V. TO BESEECH.

best [best] *a. superl.* de GOOD; mejor, óptimo, superior. 2 *adv. superl.* de WELL: mejor; mucho; más.

bestow [bi'stəu] *t.* otorgar.

bet [bet] *s.* apuesta 2 *t.-i.* apostar.

bethink [bi'θiŋk] *t.-pr.* pensar.

betimes [bi'taimz] *adv.* a tiempo.

betray [bi'trei] *t.* traicionar.

betrayal [bi'treiəl] *s.* traición.

betroth [bi'trəuð] *t.-i.* desposar, prometer.

betrothal [bi'trəuðəl] *s.* desposorio; esponsales.

better ['betər] *a.-adv.* mejor. 2 *s.* lo mejor: *so much the* ~, tanto mejor. 3 *pl.* superiores. 4 *t.-i.* mejorar(se.

between [bi'twi:n] *adv.* en medio. 2 *prep.* entre [dos].

beverage ['bevəridʒ] *s.* bebida.

bewail [bi'weii] *t.-i.* llorar, lamentarse.

beware [bi'wɛəʳ] *i.* guardarse de, precaverse.

bewilder [bi'wildəʳ] *t.* desconcertar.

bewitch [bi'witʃ] *t.* embrujar.

beyond [bi'jɔnd] *adv.* más allá de.

bias ['baiəs] *s.* sesgo, oblicuidad. 2 parcialidad, prejuicio. 3 *t.* predisponer.

bib [bib] *s.* babero.

Bible ['baibl] *s.* Biblia.

bicycle ['baisikl] *s.* bicicleta.

bid [bid] *s.* licitación, puja.

bid [bid] *t.* decir. 2 ofrecer [un precio], pujar. 3 ordenar. 4 invitar. ¶ Pret.: *bade* [beid]; p. p.: *bidden* ['bidn].

bier [biəʳ] *s.* andas, féretro.

big [big] *a.* grande, importante.

bigot ['bigət] *s.* fanático.

bigotry ['bigətri] *s.* fanatismo, intolerancia.

bill [bil] *s.* pico [de ave]. 2 pica, alabarda. 3 cuenta, nota, factura, lista: ~ *of fare*, minuta, lista de platos. 4 letra, pagaré. 5 patente, certificado. 6 cartel, programa [de teatro], prospecto. 7 proyecto de ley; ley. 8 *t.* cargar en cuenta. 9 anunciar por carteles.

billion ['biljən] *s.* [ingl.] billón. 2 (E. U.) mil millones.

billow ['biləu] *s.* oleada. 2 ola. 3 *i.* ondular.

bin [bin] *s.* caja, cubo.

bin [bin] *s.* lazo, ligadura. 2 *t.* ligar, atar, unir. 3 vendar. 4 ribetear. 5 encuadernar. 6 obligar, compeler. ¶ Pret. y p. p.: *bound* [baund].

biography [bai'ɔgrəfi] *s.* biografía.

biology [bai'ɔlədʒi] *s.* biología.

birch [bə:tʃ] *s.* [vara de] abedul. 2 *t.* azotar.

bird [bə:d] *s.* ave, pájaro.

birth [bə:θ] *s.* nacimiento. 2 cuna, origen. 3 linaje.

birthday ['bə:θdei] *s.* cumpleaños.

biscuit ['biskit] *s.* galleta, bizcocho.

bishop ['biʃəp] *s.* ECLES. obispo. 2 AJED. alfil.

bison ['baisn] *s.* ZOOL. bisonte.

bit [bit] *s.* trozo, pedacito, un poco. 2 bocado [de comida].

bit [bit] *pret* de TO BITE.

bitch [bitʃ] s. ZOOL. perra.

bite [bait] s. mordedura. 2 bocado, tentempié. 3 t.-i. morder. ¶ Pret.: *bit* (bit); p. p.: *bit* o *bitten* ['bitn].

biting ['baitiŋ] a. mordaz; picante.

bitten ['bitn] V. TO BITE.

bitter ['bitər] a. amargo.

bitterness ['bitənis] s. amargura.

bizare [bi'zɑ:ʳ] a. raro, original.

black [blæk] a. negro. 2 t.-i. ennegrecerse.

blackberry ['blækbəri] s. BOT. zarza. 2 zarzamora.

blackbird ['blækbə:d] s. ORN. mirlo.

blackboard ['blækbɔ:d] s. pizarra.

blackish ['blækiʃ] a. negruzco.

blackmail ['blækmeil] s. chantaje. 2 t. hacer un chantaje a.

blackness ['blæknis] s. negrura.

black-out ['blækaut] s. apagón.

blacksmith ['blæksmiθ] s. s. herrero.

blade [bleid] s. hoja, cuchilla. 2 pala [de remo, etc.]. 3 hoja [de hierba].

blame [bleim] s. censura, culpa. 2 t. censurar.

blanch [blɑ:ntʃ] t. blanquear. 2 i. palidecer.

bland [blænd] a. blando, suave.

blank [blæŋk] a. en blanco. 2 vacío; sin interés. 3 desconcertado, confuso. 4 s. blanco, espacio, laguna. 5 diana [de un blanco].

blanket ['blæŋkit] s. manta.

blare [blɛəʳ] s. trompeteo. 2 i. sonar [como la trompeta]. 3 t. gritar.

blaspheme [blæs'fi:m] i.- t. blasfemar.

blasphemy ['blæsfimi] s. blasfemia.

blast [blɑ:st] s. ráfaga. 2 soplo; chorro. 3 sonido. 4 explosión, voladura. 5 ～ *furnace*, alto horno. 6 t. agostar, marchitar. 7 maldecir.

blaze [bleiz] s. llama. 2 hoguera. 3 i. arder, llamear. 4 brillar, resplandecer. 5 t. encender, inflamar.

blazer ['bleizəʳ] s. chaqueta de deporte.

bleach [bli:tʃ] s. lejía. 2 t. blanquear.

bleak [bli:k] a. desierto, frío.

blear [bliəʳ] t. empañar.

bleat [bli:t] s. balido. i. balar.

bleed [bli:d] t.-i. sangrar. ¶ Pret. y p. p.: *bled* [bled].

blemish ['blemiʃ] s. tacha, defecto. 2 t. manchar, afear.

blend [blend] s. mezcla, combinación. 2 t.-i. mezclar(se, combinar(se. 3 t. matizar, armonizar. ¶ *blended* ['blendid] o *blent* [blent].

blew [blu:] V. TO BLOW.

blight [blait] t. marchitar.

blind [blaind] a. ciego. 2 oscuro. 3 ~ *alley*, callejón sin salida. 4 s. pantalla, mampara, persiana. 5 engaño, disfraz, pretexto. 6 t. cegar.

blindness ['blaindnis] s. ceguera.

blink [bliŋk] s. pestañeo, guiño. 2 i. parpadear.

bliss [blis] s. bienaventuranza.

blissful ['blisful] a. bienaventurado, dichoso.

blister ['blistəʳ] t.-i. ampollar(se. 2 s. vejiga.

blithe [blaið], **blithesome** [-səm] a. alegre, gozoso, jovial.

blizzard ['blizəd] s. ventisca.

block [blɔk] s. bloque. 2 manzana [de casas]. 3 bloc [de papel]. 4 obstáculo. 5 t. obstruir, bloquear.

blockade [blɔ'keid] s. MIL. bloqueo. 2 t. MIL. bloquear.

blond(e [blɔnd] a.-s. rubio, -a.

blood [blʌd] s. sangre.

bloodshed ['blʌdʃəd] s. matanza.

bloody ['blʌdi] a. sangriento. 2 (vul.) maldito; muy.

bloom [blu:m] s. flor. 2 floración. 3 frescor, lozanía. 4 i. florecer.

blossom ['blɔsəm] s. flor. 2 i. florecer.

blot [blɔt] s. borrón, mancha. 2 t. manchar.

blotch [blɔtʃ] s. mancha, borrón. 2 t. emborronar.

blouse [blauz] s. blusa.

blow [bləu] s. golpe. 2 desgracia. 3 soplo [de aire]. 4 t. soplar. 5 to ~ out, apagar. 6 impers. hacer viento. ¶ Pret.: *blew* [blu:]; p. p.: *blown* [bləun].

blue [blu:] a. azul.

bluff [blʌf] a. escarpado. 2 s. escarpa, risco. 3 farol, envite falso. 4 i. hacer un farol; fanfarronear.

bluish ['blu(:)iʃ] a. azulado.

blunder ['blʌndəʳ] s. disparate, yerro, plancha. 2 i. equivocarse.

blunt [blʌnt] a. embotado. 2 t.-i. embotar(se.

blur [bləʳ] s. borrón. 2 t. manchar.

blush [blʌʃ] s. rubor, sonrojo. 2 i. ruborizarse, sonrojarse.

bluster ['blʌstəʳ] i. enfurecerse. 2 fanfarronear.

boar [bɔːʳ] s. jabalí.

board [bɔːd] s. tabla, tablero [de madera]. 2 t. entarimar, enmaderar. 3 abordar.

boarder ['bɔːdəʳ] s. huésped.

boast [bəust] s. jactancia. 2 i. jactarse.

boastful ['bəustful] a. jactancioso.

boat [bəut] s. bote, barca.

boatman ['bəutmən] s. barquero.

bob [bɔb] s. lenteja [de péndulo]. 2 t.-i. menear-(se).

bodily ['bɔdili] a. corporal. 2 adv. en persona.

body ['bɔdi] s. cuerpo. 2 persona, individuo.

bog [bɔg] s. pantano, cenagal.

boil [bɔil] s. ebullición. 2 i. hervir. 3 t. cocer.

boiler ['bɔiləʳ] s. olla, caldero.

boisterous ['bɔistərəs] a. estrepitoso, ruidoso, bullicioso.

bold [bɔuld] a. atrevido.

boldness ['bəuldnis] s. audacia.

bolster ['bəulstəʳ] s. cabezal, travesaño [de cama]. 2 t. apoyar.

bolt [bəult] s. saeta, virote. 2 rayo, centella. 3 salto; fuga. 4 cerrojo, pestillo. 5 t. echar el cerrojo a. 6 engullir. 7 i. salir, entrar, etc., de repente; huir.

bomb [bɔm] s. bomba. 2 t.-i. bombardear.

bombard [bɔm'bɑːd] t. bombardear.

bombardment [bɔm'bɑːdmənt] s. bombardeo.

bond [bɔnd] s. atadura. 2 lazo, vínculo. 3 trabazón. 4 pacto, compromiso. 5 fiador [pers.]. 6 com. bono, obligación. 7 pl. cadenas, cautiverio.

bondage ['bɔndidʒ] s. esclavitud.

bone [bəun] s. hueso. 2 espina [de pescado]. 3 t. deshuesar.

bonfire ['bɔnˌfaiəʳ] s. fogata.

bonnet ['bɔnit] s. gorro; gorra. 2 AUTO. capó.

bonny ['bɔni] a. hermoso, lindo.

bonus ['bəunəs] s. prima, gratificación.

bony ['bəuni] a. huesudo.

book [buk] s. libro. 2 cuaderno. 3 t. anotar, inscribir.

bookbinding ['buk¸baind-iŋ] *s.* encuadernación.

bookcase ['bukkeis] *s.* estante para libros, librería.

book-keeper ['buk¸ki:pər] *s.* tenedor de libros.

booklet ['buklit] *s.* folleto.

bookshop ['bukʃɔp], **bookstore** [-tɔ:ʳ] *s.* librería [tienda].

boom [bu:m] *s.* estampido. 2 fig. auge repentino. 3 *i.* retumbar. 4 prosperar.

boon [bu:n] *s.* don, dádiva. 2 *a.* alegre, jovial.

boor [buəʳ] *s.* patán. 2 grosero.

boot [bu:t] *s.* bota.

boothblack ['bu:tblæk] *m.* limpiabotas.

booty ['bu:ti] *s.* botín, presa.

border ['bɔ:dəʳ] *s.* borde, orilla. 2 frontera.

bore [bɔ:ʳ] *s.* taladro, barreno. 2 *t.* horadar, taladrar. 3 V. TO BEAR.

born, borne [bɔ:n] V. TO BEAR.

borough ['bʌrə] *s.* villa; burgo, municipio.

borrow ['bɔrou] *t.* tomar o pedir prestado.

bosom ['buzəm] *s.* pecho, seno.

boss [bɔs] *s.* protuberancia, giba. 2 amo, capataz. 2 *t.-i.* mandar.

bossy ['bɔsi] *a.* mandón.

botany ['bɔtəni] *s.* botánica.

both [bəuθ] *a.-pron.* ambos, entrambos, los dos.

bother ['bɔðəʳ] *s.* preocupación. 2 *t.-i.* preocupar(se, molestar(se.

bottle ['bɔtl] *s.* botella, frasco. 2 *t.* embotellar.

bottom ['bɔtəm] *s.* fondo. 2 base, fundamento. 3 *a.* fundamental. 4 del fondo, más bajo. 5 *t.* poner asiento a. 6 *t.-i.* basar(se.

bough [bau] *s.* rama [de árbol].

bought [bɔ:t] V. TO BUY.

boulder ['bəuldəʳ] *s.* canto rodado.

bounce [bauns] *s.* salto, bote. 2 fanfarronada. 3 *t.* hacer botar. 4 *i.* lanzarse, saltar. 5 fanfarronear.

bound [baund] V. TO BIND. 2 *a.* obligado. 3 encuadernado. 4 destinado a. 5 *s.* límite, confín. 6 salto, brinco. 7 *t.* limitar. 8 *i.* lindar. 9 saltar, brincar.

boundary ['baundəri] *s.* límite.

boundless ['baundlis] *a.* ilimitado, infinito.

bounteous ['bauntiəs],

bountiful ['bauntiful] *a.* dadivoso, generoso. 2 amplio, abundante.

bounty ['baunti] *s.* liberalidad, generosidad. 2 subvención.

bouquet ['bukei] *s.* ramillete. 2 aroma [del vino].

bout [baut] *s.* vez, turno. 2 ataque. 3 encuentro.

bow [bau] *s.* inclinación, saludo. 2 *t.* saludar.

bow [bəu] *s.* arco [arma, violín]. 2 *t.-i.* arquear-(se.

bowel ['bauəl] *s.* intestino; entrañas.

bower ['bauər] *s.* glorieta.

bowl [bəul] *s.* cuenco, escudilla. 2 *t.* hacer rodar. 3 *i.* jugar a bochas o a los bolos.

bowler ['bəulər] *s.* sombrero hongo.

bowling ['bəulin] *s.* bolera.

bowman ['bəumən] *s.* arquero.

box [bɔks] *s.* caja, arca, baúl. 2 TEAT. palco. 3 bofetón, puñetazo. 4 *t.* encajonar. 5 abofetear. 6 *i.* boxear.

boxer ['bɔksər] *s.* boxeador.

boxing ['bɔksiŋ] *s.* boxeo.

boxwood ['bɔkswud] *s.* boj.

boy [bɔi] *s.* chico, muchacho.

boycott ['bɔikət] *s.* boicot. 2 *t.* boicotear.

boyhood ['bɔihud] *s.* muchachez; juventud.

boyish ['bɔiiʃ] *a.* de muchacho; juvenil.

brace [breis] *s.* abrazadera; *pl.* tirantes.

bracelet ['breislit] *s.* brazalete.

bracket ['brækit] *s.* ménsula, repisa. 2 anaquel, rinconera. 3 IMPR. corchete; paréntesis.

brag [bræg] *s.* jactancia. 2 *i.* jactarse.

braid [breid] *s.* trenza. 2 galón. 3 *t.* trenzar. 4 galonear, guarnecer.

brain [brein] *s.* ANAT. cerebro, seso. 2 *pl.* inteligencia.

brake [breik] *s.* freno [de vehículo, etc.]. 2 helecho. 3 matorral. 4 *t.* frenar.

bramble ['bræmbl] *s.* zarza.

bran [bræn] *s.* salvado.

branch [brɑ:ntʃ] *s.* rama; ramo; ramal. 2 *i.* echar ramas. 3 bifurcarse.

brand [brænd] *s.* tizón, tea. 2 marca. 3 *t.* marcar [con hierro].

brandish ['brændiʃ] *t.* blandir.

brandy [ˈbrændi] s. coñac, brandy.

brass [brɑ:s] s. latón, metal. 2 descaro.

brave [breiv] a. bravo, valiente. 2 t. desafiar.

bravery [ˈbreivəri] s. bravura.

brawl [brɔ:l] s. reyerta, riña. 2 i. alborotar.

bray [brei] s. rebuzno. 2 i. rebuznar.

brazen [ˈbreizn] a. de latón. 2 descarado.

breach [bri:tʃ] s. brecha. 2 fractura. 3 hernia. 4 t. hacer brecha en.

bread [bred] s. pan.

breadth [bredθ] s. anchura.

break [breik] s. break [coche]. 2 rotura, ruptura. 3 comienzo. 4 interrupción, pausa. 5 t. romper, quebrar. 6 interrumpir. 7 to ~ down, demoler. 8 to ~ ground, comenzar una empresa. 9 to ~ up, desmenuzar, romper. 10 i. aparecer, salir, nacer, brotar; apuntar [el alba]. 11 to ~ away, soltarse; escapar. 12 to ~ down, parar por avería. 13 to ~ out, estallar, desatarse. ¶ Pret.: broke [brəuk]; p. p.: broken [ˈbrəukən].

breakfast [ˈbrekfəst] s. desayuno. 2 i. desayunarse, almorzar.

breast [brest] s. pecho, seno.

breath [breθ] s. aliento, respiración. 2 soplo.

breathe [bri:ð] i. respirar. 2 exhalar. 3 soplar.

breathless [ˈbreθlis] a. muerto. 2 jadeante.

bred [bred] V. TO BREED.

breeches [ˈbri:ʃiz] s. pl. pantalones.

breed [bri:d] s. casta, raza. 2 t. engendrar. ¶ Pret. p. p.: bred [bred].

breeding [ˈbri:diŋ] s. cría, producción. 2 crianza, educación.

breeze [bri:z] s. brisa, airecillo.

brethren [ˈbreðrin] s. pl. hermanos, cofrades.

brew [bru:] s. infusión [bebida]. 2 t. hacer [cerveza]. 3 preparar [el té, un ponche, etc.].

bribe [braib] s. soborno. 2 t. sobornar.

brick [brik] s. ladrillo. 2 t. enladrillar.

bridal [ˈbraidl] a. nupcial. 2 s. boda.

bride [braid] s. novia, desposada.

bridegroom [ˈbraidgrum] s. novio, desposado.

bridge [bridʒ] s. puente. 2 t. tender un puente.

bridle [ˈbraidl] s. EQUIT.

brida. 2 freno, sujeción.
3 *t.* embridar. 4 refre-
nar.

brief [bri:f] *a.* breve,
conciso. 2 *s.* resumen.

brier ['braiə'] *s.* zarza;
brezo.

brigade [bri'geid] *s.* bri-
gada.

brigantine ['brigəntain]
s. bergantín goleta.

bright [brait] *a.* brillante. 2 *t.* abrillantar.

brightness ['braitnis] *s.*
brillo.

brilliance, -cy ['briljəns,
-i] *s.* brillantez, res-
plandor.

brilliant ['briljənt] *a.*
brillante 2 *s.* brillante
[piedra].

brim [brim] *s.* borde [de
un vaso, etc.]. 2 ala [de
sombrero]. 3 *t.* llenar
hasta el borde. 4 *i.* rebosar.

bring [briŋ] *t.* traer, llevar. 2 acarrear, causar.
3 inducir [persuadir]. 4
aportar, aducir. 5 poner
[en un estado, condición,
etc.]. ¶ Pret. y p. p.:
brought [brɔ:t].

bringing-up ['briŋiŋʌp] *s.*
crianza, educación [de
un niño].

brink [briŋk] *s.* borde,
orilla.

brisk [brisk] *a.* vivo, activo.

bristle ['brisl] *s.* cerda,
porcipelo. 2 *t.-i.* erizar-
(se.

brittle ['britl] *a.* quebradizo.

broach [brəutʃ] *s.* espe-
tón. 2 *t.* espetar.

broad [brɔ:d] *a.* ancho.
2 amplio.

broadcast ['brɔ:dka:st]
s. emisión de radio. 2 *t.*
radiar.

broadcasting ['brɔ:d-
ka:stiŋ] *s.* radiodifu-
sión: ~ *station,* emisora
de radio.

broaden ['brɔ:dn] *t.-i.*
ensanchar(se.

brocade [brə'keid] *s.* bro-
cado.

broil [brɔil] *s.* asado a
la parrilla. 2 riña, tu-
multo. 3 *t.* asar a la parrilla. 4 *t.-i.* asar(se,
achicharrar(se.

broken ['brəukən] V. TO
BREAK.

broker ['brəukə'] *s.* COM.
corredor, agente. 2 bol-
sista.

bronze [brɔnz] *s.* bronce.
2 *t.-i.* broncear(se.

brooch [brəutʃ] *s.* broche.

brood [bru:d] *s.* cría, po-
llada, nidada. 2 proge-
nie. 3 casta. 4 *t.* empollar, incubar.

brook [bruk] *s.* arroyo,
riachuelo. 2 *t.* sufrir,
aguantar.

broom [bru(:)m] *s.* escoba.

broth [brɔθ] *s.* coc. caldo.

brother ['brʌðəʳ] *s.* hermano.

brotherhood ['brʌðəhud] *s.* hermandad. 2 cofradía.

brother-in-law ['brʌðərinlɔ:] *s.* cuñado, hermano político.

brotherly ['brʌðəli] *a.* fraternal.

brought [brɔ:t] V. TO BRING.

brow [brau] *s.* ANAT. ceja. 2 frente, entrecejo. 3 cresta, cumbre.

brown [braun] *a.* pardo, moreno. 2 *t.* tostar.

browse [brauz] *t.* rozar.

bruise [bru:z] *s.* magulladura. 2 *t.* magullar.

brush [brʌʃ] *s.* cepillo. 2 *t.* cepillar.

brutal ['bru:tl] *a.* brutal.

brutality [bru:'tæliti] *s.* brutalidad, crueldad.

brute [bru:t] *s.* bruto, bestia. 2 *a.* brutal, bruto.

bubble ['bʌbl] *s.* burbuja. 2 *i.* burbujear.

buck [bʌk] *s.* gamo. 2 macho.

bucket ['bʌkit] *s.* cubo, balde.

buckle ['bʌkl] *s.* hebilla. 2 *t.* abrochar.

buckskin ['bʌkskin] *s.* ante.

bud [bʌd] *s.* yema, capullo. 2 *i.* brotar, florecer.

budge [bʌdʒ] *t.-i.* mover[se.

budget ['bʌdʒit] *s.* presupuesto. 2 *t.-i.* presupuestar.

buff [bʌf] *a.* de ante 2 *s.* ante.

buffet ['bʌfit] *s.* bofetada. 2 *t.* abofetear. 3 ['bufei] bar [de estación]. 4 aparador [mueble].

bug [bʌg] *s.* insecto; chinche.

bugle ('bju:gl] *s.* clarín, corneta.

build [bild] *s.* estructura. 2 forma, figura, talle. 3 *t.* construir, edificar. 4 fundar, cimentar. ¶ Pret. y p. p.: *built* [bilt].

builder ['bildəʳ] *s.* constructor.

building ['bildiŋ] *s.* construcción, edificación. 2 edificio, casa.

built [bilt] V. TO BUILD.

bulb [bʌlb] *s.* BOT., ZOOL. bulbo. 2 ELECT. bombilla.

bulge [bʌldʒ] *i.* hacer bulto.

bulk [bʌlk] *s.* bulto. volumen, tamaño. 2 mole.

3 la mayor parte. *4 i.* abultar.

bulky ['bʌlki] *a.* voluminoso.

bull [bul] *s.* ZOOL. toro: ~ *ring*, plaza de toros. 2 bula [pontificia].

bulldozer ['bul‚douzəʳ] *s.* excavadora, buldozer.

bullet ['bulit] *s.* bala.

bulletin ['bulitin] *s.* boletín.

bullfight ['bulfait] *s.* corrida de toros.

bullfighter ['bulfaitəʳ] *s.* torero.

bully ['buli] *s.* matón, valentón. 2 *t.* intimidar con amenazas; maltratar.

bulwark ['bulwək] *s.* baluarte.

bump [bʌmp] *s.* choque, porrazo. 2 *t.-i.* golpear.

bun [bʌn] *s.* bollo [panecillo]. 2 moño, castaña.

bunch [bʌntʃ] *s.* manojo. 2 racimo. 3 *t.-i.* juntar(se, arracimar(se.

bundle ['bʌndl] *s.* atado, manojo. 2 *t.* liar, atar.

bungalow ['bʌngələu] *s.* casita.

bunny ['bʌni] *s.* fam. conejito.

buoy [bɔi] *s.* boya, baliza. 2 *t.* mantener a flote.

burden ['bəːdn] *s.* carga, peso. 2 *t.* cargar, agobiar.

bureau ['bjuərəu] *s.* escritorio [mesa]. 2 oficina.

burglar ['bəːgləʳ] *s.* ladrón.

burial ['beriəl] *s.* entierro.

burn [bəːn] *s.* quemadura. 2 *t.* quemar, abrasar. 3 *i.* arder, quemarse. ¶ Pret. y p. p.: *burned* [bəːnd] o *burnt* [bəːnt].

burner ['bəːnəʳ] *s.* mechero.

burnish ['bəːniʃ] *s.* bruñido. 2 *t.* bruñir.

burnt [bəːnt] V. TO BURN.

burrow ['bʌrəu] *s.* madriguera. 2 *t.-i.* minar.

burst [bəːst] *s.* explosión. 2 *t.-i.* reventar. ¶ Pret. y p. p.: *burst*.

bury ['beri] *t.* enterrar.

bus [bʌs] *s.* autobús.

bush [buʃ] *s.* arbusto.

bushy ['buʃi] *a.* matoso.

busily ['bizili] *adv.* diligentemente; activamente.

business ['biznis] *s.* oficio, ocupación, trabajo, asunto. 2 negocio, comercio, tráfico. 3 negocio, empresa, casa, establecimiento.

bust [bʌst] s. busto.

bustle ['bʌsl] s. movimiento, agitación. 2 t.-i. bullir, menearse.

busy ['bizi] a. ocupado, atareado. 2 t.-ref. ocupar(se.

but [bʌt, bət] conj. mas, pero; sino; [con cannot, could not + inf.] no puedo [evitar] menos de, sino. 2 adv. sólo. 3 prep., conj. excepto, salvo; menos.

butcher ['butʃər] s. carnicero. 2 t. matar.

butler ['bʌtlər] s. mayordomo.

butt [bʌt] s. cabo grueso; culata. 2 t.-i. topetar, topar.

butter ['bʌtər] s. mantequilla. 2 t. untar con mantequilla.

butterfly ['bʌtəflai] s. ENT. mariposa.

button ['bʌtn] s. botón. 2 t.-i. abrochar(se.

buy [bai] t.-i. comprar. ¶ Pret. y p. p.: bought [bɔːt].

buyer ['bai-ər] s. comprador.

buzz [bʌz] s. zumbido. 2 i. susurrar, zumbar.

by [bai] prep. junto a, cerca de, al lado de, cabe. 2 a, con, de, en, por, etc. 3 ~ the way, de paso, a propósito. 4 a. lateral, apartado. 5 adv. cerca, al lado, por el lado. 6 aparte.

C

cab [kæb] *s.* cabriolé. *2* taxi. *3* cabina.

cabbage ['kæbidʒ] *s.* col.

cabin ['kæbin] *s.* cabaña, choza. *2* MAR. camarote. *3* cabina.

cabinet ['kæbinit] *s.* gabinete; escritorio. *2* vitrina.

cable ['keibl] *s.* cable. *2* *t.* cablegrafiar.

cackle ['kækl] *s.* cacareo. *2* *i.* cacarear.

cadence ['keidəns] *s.* cadencia.

café ['kæfei] *s.* café [local].

cage [keidʒ] *s.* jaula. *2* *t.* enjaular.

cajole [kə'dʒəul] *t.* engatusar, lisonjear.

cake [keik] *s.* pastel, bollo. *2* pastilla [de jabón, etc.].

calamity [kə'læmiti] *s.* calamidad.

calculate ['kælkjuleit] *t.-i.* calcular; hacer cálculos.

calendar ['kælində'] *s.* calendario, almanaque.

calf [ka:f] *s.* ternero, -ra. *2* pantorrilla.

caliph ['kælif] *s.* califa.

call [kɔ:l] *s.* grito, llamada. *2* toque de señal. *3* reclamo [de caza]. *4* exigencia. *5* derecho, motivo. *6* visita corta.

call [kɔ:l] *t.* llamar. *2* citar. *3* invocar. *4* considerar. *5* pregonar. *6* to ~ *at*, detenerse en; to ~ *attention to*, llamar la atención sobre; to ~ *back*, hacer volver; to ~ *for*, ir a buscar; pedir; to ~ *forth*, ser la causa de; *to* ~ *names,* insultar; *to* ~ *off,* cancelar; *to* ~ *on,* visitar; exhortar; *to* ~ *the roll,* pasar lista; *to* ~ *up,* llamar por teléfono; poner a debate. 7 *i.* gritar. 8 hacer una visita a. 9 [de un barco] hacer escala; [del tren] parar.

caller ['kɔ:lər] *s.* visitante.

calling ['kɔ:liŋ] *s.* profesión, oficio. 2 vocación, llamamiento.

calm [ka:m] *s.* calma, sosiego. 2 *a.* sosegado, tranquilo. 3 *t.* sosegar. 4 *i. to* ~ *down,* calmarse.

calmness ['ka:mnis] *s.* tranquilidad. 2 serenidad.

came [keim] V. TO COME.

camel ['kæməl] *s.* camello.

camera ['kæmərə] *s.* cámara. 2 máquina fotográfica.

camp [kæmp] *s.* campamento. 2 *t.-i.* acampar.

campaign [kæm'pein] *s.* campaña.

camping ['kæmpiŋ] *s.* campamento.

can [kæn] *s.* lata. 2 *t.* enlatar. 3 [kæn, kən] *aux.* poder, saber. ¶ Pret. y cond: *could* [kud].

canal [kə'næl] *s.* canal.

canary [kə'nɛəri] *s.* canario.

cancel ['kænsəl] *t.* cancelar. 2 tachar.

cancer ['kænsər] *s.* cáncer.

candidate ['kændidit] *s.* candidato. 2 aspirante.

candle ['kændl] *s.* vela.

candour ['kændər] *s.* candor.

candy [kændi] *s.* confite.

cane [kein] *s.* caña.

canker ['kæŋkər] *s.* úlcera, cáncer. 2 *t.-i.* gangrenar(se.

cannibal ['kænibəl] *a.-s.* caníbal.

cannon ['kænən] *s.* cañón.

cannot ['kænɔt], **can't** [ka:nt, kænt] de *can* y *not.*

canoe [kə'nu:] *s.* canoa.

canopy ['kænəpi] *s.* dosel.

canvas ['kænvəs] *s.* lona.

canyon ['kænjən] *s.* desfiladero, cañón.

cap [kæp] *s.* gorra. 2 cima. 3 *t.* cubrir [la cabeza]. 4 coronar.

capable ['keipəbl] *a.* capaz.

capacity [kə'pæsiti] *s.* capacidad.

cape [keip] *s.* cabo. 2 capa.

caper ['keipər] *s.* cabriola. 2 *i.* cabriolar.

capital ['kæpitl] *a.* capital. 2 *a.-s.* mayúscula. 3 *s.* capital [población].

capitalism ['kæpitəlizəm] *s.* capitalismo.

capitalist ['kæpitəlist] *a.-s.* capitalista.

captain ['kæptin] *s.* capitán.

captive ['kæptiv] *a.-s.* cautivo.

captivity [kæp'tiviti] *s.* cautividad, cautiverio.

capture ['kæptʃər] *s.* captura. 2 *t.* capturar, apresar.

car [kɑ:ʳ] *s.* coche, automóvil.

caravan ['kærəvæn] *s.* caravana.

carburet(t)or ['kɑ:bjuretə] *s.* carburador.

carcase ['kɑ:kəs] *s.* carroña.

card [kɑ:d] *s.* naipe. 2 tarjeta, cédula, ficha. 3 *t.* cardar.

cardboard ['kɑ:dbɔ:d] *s.* cartón.

cardinal ['kɑ:dinl] *a.* cardinal. 2 *s.* cardenal.

care [kɛəʳ] *s.* cuidado. 2 *i.* preocuparse; cuidar [de].

career [kə'riəʳ] *s.* carrera. 2 *i.* galopar.

careful ['kɛəful] *a.* cuidadoso.

careless ['kɛəlis] *a.* descuidado, negligente.

caress [kə'res] *s.* caricia, halago. 2 *t.* acariciar.

cargo ['kɑ:gəu] *s.* MAR. carga, cargamento.

carnation [kɑ:'neiʃən] *s.* clavel.

carol ['kærəl] *s.* villancico.

carpenter ['kɑ:pintəʳ] *s.* carpintero.

carpet ['kɑ:pit] *s.* alfombra. 2 *t.* alfombrar.

carriage ['kæridʒ] *s.* carruaje. 2 transporte.

carrier ['kæriəʳ] *s.* portador. 2 portaaviones. 3 transportista.

carrot ['kærət] *s.* zanahoria.

carry ['kæri] *t.* llevar, transportar; acarrear. 2 *to ~ away*, llevarse; *to ~ forward*, sumar y seguir; *to ~ off*, llevarse, lograr; *to ~ on*, seguir; *to ~ out*, llevar a cabo; *to ~ through*, completar.

cart [kɑ:t] *s.* carro, carreta. 2 *t.* acarrear.

cartoon [kɑ:'tu:n] *s.* caricatura. 2 dibujos animados.

cartridge ['kɑ:tridʒ] *s.* cartucho.

carve [kɑ:v] *t.* tallar, esculpir. 2 trinchar.

case [keis] *s.* caso. 2 pleito. 3 caja. 4 maleta. 5 t. encajonar.

cash [kæʃ] s. dinero en efectivo. 2 t. pagar al contado.

cashier [kæˈʃiəʳ] s. cajero. 2 [kəˈʃiə] t. destituir. 3 degradar.

cask [kɑːsk] s. barril.

cast [kɑːst] s. tiro, lanzamiento. 2 fundición. 3 molde. 4 tendencia. 5 matiz. 6 TEAT. reparto; actores. 7 ~ iron, hierro colado. 8 t. arrojar. 9 derramar. 10 desechar. 11 proyectar [sombra]. 12 formar. 13 fundir. 14 TEAT. repartir [los papeles]. 15 to ~ away, desechar. 16 to ~ lots, echar suertes. ¶ Pret. y p. p.: cast.

castanets [ˌkæstəˈnets] s. pl. castañuelas.

castaway [ˈkɑːstəwei] a.-s. náufrago. 2 fig. réprobo.

caste [kɑːst] s. casta.

castle [ˈkɑːsl] s. castillo. 2 AJED. torre.

casual [ˈkæʒjuel] a. casual. 2 distraído. 3 -ly adv. casualmente, etc.

casualty [ˈkæʒjuəlti] s. accidente. 2 MIL. baja. 3 víctima.

cat [kæt] s. gato.

catalogue [ˈkætələɡ] s. catálogo. 2 t. catalogar.

catapult [ˈkætəpʌlt] s. catapulta.

catch [kætʃ] s. redada. 2 trampa. 3 cierre, pestillo. 2 t. coger, agarrar. 3 contraer. 4 sorprender. 5 i. engancharse. ¶ Pret. y. p. p.: caught [kɔːt].

catching [ˈkætʃiŋ] a. contagioso, pegadizo.

category [ˈkætiɡəri] s. categoría.

cater [ˈkeitəʳ] i. abastecer.

cathedral [kəˈθiːdrəl] s. catedral.

catholicism [kəˈθɔlisizəm] s. catolicismo.

cattle [ˈkætl] s. ganado.

caught [kɔːt] TO CATCH.

cauliflower [ˈkɔliflauəʳ] s. coliflor.

cause [kɔːz] s. causa, razón. 2 t. causar.

causeway [ˈkɔːzwei] s. calzada. 2 arrecife.

caution [ˈkɔːʃən] s. cautela, precaución. 2 t. advertir, avisar.

cautious [ˈkɔːʃəs] a. cabalgata.

cavalry [ˈkævəlri] s. caballería.

cave [keiv] s. cueva. 2 i. to ~ in, hundirse.

cavern [ˈkævən] s. caverna.

cavity [ˈkæviti] s. hoyo.

caw [kɔː] s. graznido. 2 i. graznar.

cease [si:s] *i.-t.* cesar, dejar de.

ceaseless ['si:slis] *a.* continuo.

cede [si:d] *t.* ceder.

ceiling ['si:liŋ] *s.* techo.

celebrate ['selibreit] *t.-i.* celebrar.

celebration [ˌseli'breiʃən] *s.* celebración.

celebrity [si'lebriti] *s.* fama.

celestial [si'lestjəl] *a.* celestial, celeste.

celibacy ['selibəsi] *s.* celibato.

cell [sel] *s.* celda. 2 célula.

cellar ['selər] *s.* sótano.

cement [si'ment] *s.* cemento. 2 *t.* unir con cemento.

cemetery ['semitri] *s.* cementerio.

censure ['senʃər] *s.* censura. 2 *t.* censurar.

census ['sensəs] *s.* censo.

cent [sent] *s.* centavo.

central ['sentrəl] *a.* central; céntrico.

centre ['sentər] *s.* centro. 2 *t.* centrar. 3 concentrar.

century ['sentʃəri] *s.* siglo.

cereal ['siəriəl] *a.-s.* cereal.

ceremonial [ˌseri'məunəl] *a.-s.* ceremonial.

ceremony ['seriməni] *s.* ceremonia.

certain ['sə:tn, -tin] *a.* cierto. 2 fijo.

certainty ['sə:tnti] *s.* certeza.

certificate [sə'tifikit] *s.* certificado. 2 [sə'tifikeit] *t.* certificar.

chafe [tʃeif] *t.* frotar. 2 *t.-i.* rozar(se. 3 irritar(se.

chagrin ['ʃægrin] *s.* desazón, disgusto. 2 *t.* disgustar.

chain [tʃein] *s.* cadena. 2 *t.* encadenar.

chair [tʃɛər] *s.* silla.

chairman ['tʃɛəmən] *s.* presidente.

chalk [tʃɔ:k] *s.* yeso. 2 *t.* enyesar.

challenge ['tʃælindʒ] *s.* reto, desafío. 2 *t.* retar.

chamber ['tʃeimbər] *s.* cámara, aposento.

champion ['tʃæmpjən] *s.* campeón; paladín. 3 *t.* defender.

chance [tʃɑ:ns] *s.* casualidad; ocasión, oportunidad; riesgo. 2 *i.* suceder, encontrarse con.

chancellor ['tʃɑ:nsələr] *s.* canciller.

change [tʃeindʒ] *s.* cambio. 2 *t.* cambiar, variar, mudar.

channel ['tʃænl] s. canal. 2 t. acanalar.

chaos ['keiɔs] s. caos.

chap [tʃæp] s. sujeto; chico, tipo. 2 grieta. 3 t.-i. resquebrajar(se.

chapel ['tʃæpəl] s. capilla.

chapter ['tʃæptəʳ] s. capítulo [de un libro].

char [tʃɑ:ʳ] t. carbonizar. 2 i. trabajar a jornal.

character ['kæriktəʳ] s. carácter. 2 personaje. 3 tipo.

characterize ['kæriktəraiz] t. caracterizar.

charcoal ['tʃɑ:kəul] s. carbón de leña.

charge [tʃɑ:dʒ] s. carga. 2 obligación, cometido. 3 cargo, acusación. 4 ataque. 5 t. cargar. 6 encargar. 7 m a n d a r. 8 adeudar. 9 to ~ with, acusar. 10 t.-i. atacar.

charity ['tʃæriti] s. caridad.

charm [tʃɑ:m] s. encanto, hechizo. 2 amuleto. 3 t. encantar, cautivar.

charming ['tʃɑ:miŋ] s. encantador.

chart [tʃɑ:t] s. mapa. 2 t. trazar [un mapa, etc.].

charter ['tʃɑ:təʳ] s. fuero, privilegio. 2 t. fletar. 3 alquilar.

chase [tʃeis] s. caza. 2 t. dar caza a.

chasm ['kæzəm] s. abismo.

chaste [tʃeist] a. casto.

chastise [tʃæs'taiz] t. castigar, corregir.

chat [tʃæt] s. charla. 2 i. charlar.

chatter ['tʃætəʳ] s. charla: ~ box, parlanchín. 2 i. charlar.

cheap [tʃi:p] a.-adv. barato.

cheat [tʃi:t] s. estafa. 2 t. estafar. 3 i. hacer trampas.

check [tʃek] s. represión, obstáculo. 2 comprobación. 3 COM. cheque. 4 AJED. jaque. 5 t. detener. 6 comprobar.

checkup ['tʃekʌp] s. MED. reconocimiento general.

cheek [tʃi:k] s. mejilla. 2 fig. descaro.

cheer [tʃiəʳ] s. alegría, ánimo. 2 viva, vítor. 3 t.-i. animar(se. 4 t. vitorear.

cheese [tʃi:z] s. queso.

chemist ['kemist] s. químico. 2 farmacéutico.

chemistry ['kemistri] s. química.

cheque [tʃek] s. V. CHECK.

cherish ['tʃeriʃ] t. acariciar. 2 apreciar.

chest [tʃest] s. pecho. 2 cofre, arca.

chestnut ['tʃesnʌt] s. BOT. castaña. 2 a. [color] castaño.

chew [tʃu:] t. mascar. 2 t.-i. rumiar.

chick [tʃik], **chicken** ['tʃikin] s. pollo, polluelo.

chide [tʃaid] t. regañar. ¶ Pret.: *chid* [tʃid]; p. p.: *chidden* ['tʃidn].

chief [tʃi:f] a. principal. 2 s. jefe, cabeza, caudillo.

chiffon ['ʃifon] s. gasa [tela]

child [tʃaild], pl. **children** ['tʃildrən] s. niño, criatura. 2 hijo: ~ hood, niñez.

childish ['tʃaildiʃ] a. infantil.

chill [tʃil] s. frío [sensación]. 2 escalofrío. 3 frialdad. 4 t. enfriar. 5 desalentar.

chime [tʃaim] s. repiqueteo de campanas. 2 t. tocar [campanas]. 3 i. sonar.

chimney ['tʃimni] s. chimenea.

chin [tʃin] s. barbilla.

chink [tʃiŋk] s. grieta. 2 t. agrietar.

chip [tʃip] s. astilla, pedacito. 2 pl. patatas fritas. 3 t.-i. astillar(se.

chirp [tʃə:p] s. chirrido. 2 i. chirriar, gorjear.

chisel ['tʃizl] s. cincel. 2 t. cincelar.

chivalrous ['ʃivəlrəs] a. caballeresco.

chivalry ['ʃivəlri] s. caballería.

choice [tʃois] s. preferencia. 2 opción. 3 a. escogido.

choir ['kwaiəʳ] s. coro.

choke [tʃəuk] t.-i. ahogar(se, sofocar(se. 2 t. to ~ up, obstruir.

cholera ['kɔlərə] s. MED. cólera.

choose [tʃu:z] t. escoger. ¶ Pret.: *chose* [tʃəuz]; p. p.: *chosen* ['tʃəuzn].

chop [tʃɔp] s. chuleta. 2 t. tajar; picar [carne].

chord [kɔ:d] s. MÚS., GEOM. cuerda. 2 MÚS. acorde.

chorus ['kɔ:rəs] s. coro.

chose [ʃəuz] V. TO CHOOSE.

chosen ['tʃəuzn] V. TO CHOOSE.

christen ['krisn] t. bautizar.

Christendom ['krisndəm] s. cristiandad.

Christian ['kristjən] a.-s. cristiano: ~ name, nombre de pila.

Christmas ['krisməs] s. Navidad.

chronic ['krɔnik] a. crónico.

chronicle [ˈkrɔnikl] *s.* crónica. 2 *t.* narrar.

chubby [ˈtʃʌbl] *a.* regordete.

chuck [tʃʌk] *s.* mamola. 2 echada. 3 MEC. mandril.

chuck [tʃʌk] *t.* dar un golpecito [debajo de la barba]. 2 echar, tirar, arrojar.

chum [tʃʌm] *s.* fam. camarada.

church [tʃəːtʃ] *s.* iglesia.

churchyard [ˈtʃəːtʃˈjaːd] *s.* cementerio.

churn [tʃəːn] *s.* mantequera. 2 *t.* batir.

cigar [siˈgaːr] *s.* cigarro puro [tabaco].

cigarette [ˌsigəˈret] *s.* cigarrillo, pitillo.

cinder [ˈsindər] *s.* brasa. 2 *pl.* cenizas.

cinema [ˈsinəmə] *s.* cine.

cipher [ˈsaifər] *s.* cifra. 2 *t.* cifrar, calcular.

circle [ˈsəːkl] *s.* círculo. 2 *t.* rodear. 3 *i.* girar.

circuit [ˈsəːkit] *s.* circuito. 2 vuelta.

circulate [ˈsəːkjuleit] *t.* poner en circulación.

circulation [ˌsəːkjuˈleiʃən] *s.* circulación.

circumference [səˈkʌmfərəns] *s.* circunferencia.

circumstance [ˈsəːkəmstəns] *s.* circunstancia.

circus [ˈsəːkəs] *s.* circo.

cite [sait] *t.* citar.

citizen [ˈsitizn] *s.* ciudadano, vecino.

citizenship [ˈsitiznʃip] *s.* ciudadanía.

civic [ˈsivik] *a.* cívico.

civil [ˈsivl] *a.* civil: ~ *servant,* funcionario público.

civility [siˈviliti] *s.* cortesía.

civilization [ˌsivilaiˈzeiʃən] *s.* civilización.

claim [kleim] *s.* demanda, reclamación. 2 *t.* reclamar.

clamber [ˈklæmbər] *i.* trepar.

clamorous [ˈklæmərəs] *a.* clamoroso, ruidoso.

clamo(u)r [ˈklæmər] *s.* clamor. 2 *i.-t.* clamar.

clamp [klæmp] *s.* tornillo de sujeción. 2 *t.* sujetar.

clang [klæŋ], **clank** [klæŋk] *i.* resonar. 2 *t.* hacer sonar.

clap [klæp] *s.* golpe seco; trueno. 2 aplauso. 3 *t.* golpear, aplaudir.

clash [klæʃ] *s.* fragor. 2 choque. 3 conflicto. 4 *i.* chocar. 5 oponerse.

clasp [klaːsp] *s.* broche, cierre. 2 abrazo. 3 *t.* abrochar, cerrar. 4 asir.

class [klaːs] *s.* clase. 2 *t.* clasificar.

classic ['klæsik] *a.-s.* clásico.

classify ['klæsifai] *t.* clasificar.

clatter ['klætər] *s.* estrépito. 2 alboroto. 3 *i.* hacer ruido, meter bulla.

clause [klɔ:z] *s.* cláusula.

claw [[klɔ:] *s.* garra. 2 *t.-i.* desgarrar.

clay [klei] *s.* arcilla.

clean [kli:n] *a.* limpio. 2 *t.* limpiar. 3 purificar.

cleanly ['klenli] *a.* aseado. 2 [kli:nli] *adv.* limpiamente.

cleanse [klenz] *t.* aclarar.

clear [kliər] *a.* claro. 2 limpio. 3 *s.* claro, espacio. 4 *t.* aclarar. 5 limpiar. 6 *i.* ~ *up*, despejarse, aclarar. 7 ~ *off, out*, largarse.

clearing ['kliəriŋ] *s.* claro [en un bosque]: ~ *house,* cámara de compensación.

1) **cleave** [kli:v] *t.-i.* pegarse, adherirse. ¶ Pret. y p. p.: *cleaved* [kli:vd].

2) **cleave** [kli:v] *t.-i.* hender(se, rajar(se, partir-(se. ¶ Pret.: *cleft* [kleft], *cleaved* [kli:vd] o *clove* [kləuv]; p. p.: *cleft, cleaved* o *cloven* [kləuvn].

cleft [kleft] *a.* hendido. 2 *s.* raja. 3 V. TO CLEAVE 2).

clench [klentʃ] *t.* apretar. 2 agarrar.

clergy ['klə:dʒi] *s.* clero.

cleric ['klerik] *s.* clérigo.

clerk [klɑ:k] *s.* empleado, dependiente.

clever ['klevər] *a.* listo.

click [klik] *s.* golpecito seco. 2 *i.* sonar.

cliff [klif] *s.* risco.

climate ['klaimit] *s.* clima.

climb [klaim] *s.* subida. 2 *t.* subir, escalar.

clinch [klintʃ] *s.* remache. 2 agarro. 3 *i.* agarrarse. 4 *t.* apretar.

cling [kliŋ] *i.* asirse. 2 persistir. ¶ Pret. y p. p.: *clung* [klʌŋ].

clinic ['klinik] *s.* clínica.

clink [kliŋk] *t.* hacer tintinear. 2 *i.* tintinear.

clip [klip] *s.* grapa. 2 corte. 3 *t.* sujetar. 4 cortar.

clipping ['klipiŋ] *s.* recorte, retal.

cloak [kləuk] *s.* capa. 2 *t.* encubrir.

clock [klɔk] *s.* reloj [de pared].

clod [klɔd[*s.* terrón, gleba.

clog [klɔg] *s.* zueco. 2 obstáculo. 3 *t.-i.* obstruir(se.

cloister ['klɔistər] *s.* claustro.

1) **close** [kləus] *s.* recinto. 2 *a.* cerrado. 3 apretado. 4 secreto. 5 espeso.

6 riguroso. 7 íntimo. 8 *adv*. cerca; ~ *by*, muy cerca.

2) **close** [kləuz] *t*. cerrar. 2 tapar, obstruir. 3 apretar, tupir. 4 cercar, rodear. 5 concluir, ultimar. 6 clausurar. 7 *i*. cerrarse. 8 acercarse. 9 luchar, agarrarse. 10 terminarse. 11 *s*. conclusión.

closet ['klɔzit] *s*. armario. 2 retrete.

cloth [klɔθ] *s*. tela.

clothe [kləuð] *t*. vestir. ¶ Pret. y p. p.: *clothed* [kləuðd] o *clad* [klæd].

clothes [kləuðz] *s. pl.* prendas de vestir, ropa.

cloud [klaud] *s*. nube. 2 *t.-i.* nublar(se.

cloudy ['klaudi] *a*. nublado. 2 oscuro.

clown [klaun] *s*. payaso.

club [klʌb] *s*. clava, porra. 2 DEP. bate; palo[de golf]. 3 trébol o bastos [de la baraja]. 4 club, círculo, sociedad.

club [klʌb] *t*. apalear. 2 *i*. unirse, escotar [para un fin].

clue [klu:] *s*. pista.

clump [klʌmp] *s*. grupo [de árboles]. 2 masa. 3 *t.-i.* agrupar(se.

clumsy ['klʌmzi] *a*. torpe.

clung [klʌŋ] V. TO CLING.

cluster ['klʌstər] *s*. ramo. 2 grupo; racimo. 3 *i*. agruparse. 4 *t*. apiñar.

clutch [klʌtʃ] *s*. agarro. 2 MEC. embrague. 3 *t.-i.* asir, agarrar.

coach [kəutʃ] *s*. coche, diligencia. 2 instructor. 3 *t.-i.* adiestrar.

coal [kəul] *s*. carbón. 2 *t.-i.* proveer de carbón.

coarse [kɔ:s] *a*. tosco.

coast [kəust] *s*. costa. 2 *t*. navegar costeando.

coat [kəut] *s*. abrigo; chaqueta. 2 cubierta. 3 *t*. cubrir.

coax [kəuks] *t*. engatusar.

cobweb ['kɔbweb] *s*. telaraña.

cock [kɔk] *s*. gallo. 2 espita. 3 *i*. gallear. 4 *t*. amartillar [un arma]. 5 levantar.

cocktail ['kɔkteil] *s*. cóctel.

cocoa ['kəukəu] *s*. cacao.

coconut ['kəukənʌt] *s*. coco.

cod [kɔd] *s*. bacalao.

code [kəud] *s*. código.

coffee ['kɔfi] *s*. café [bebida].

coffin ['kɔfin] *s*. ataúd.

coil [kɔil] *s*. rollo, rosca. 2 *t*. enrollar. 3 *i*. enroscarse.

coin [kɔin] *s*. moneda. 2 *t*. acuñar. 3 forjar.

coincidence [kəu'insidəns] *s.* coincidencia.

coke [kəuk] *s. cok,* coque.

cold [kəuld] *a.-s.* frío. 2 resfriado.

collapse [kə'læps] *s.* fracaso. 2 MED. colapso. 3 *i.* derrumbarse. 4 sufrir colapso.

collar ['kɔləʳ] *s.* cuello [de una prenda]. 2 collar.

colleague ['kɔli:g] *s.* colega.

collect [kə'lekt] *t.* recoger, coleccionar. 2 cobrar. 3 reponerse. 4 *i.* congregarse.

collection [kə'lekʃən] *s.* reunión. 2 colecta. 3 colección.

college ['kɔlidʒ] *s.* colegio.

collide [kə'laid] *t.* chocar.

colliery ['kɔljəri] *s.* mina de carbón.

collision [kə'liʒən] *s.* colisión. 2 oposición.

colloquial [kɔ'ləukwiəl] *a.* familiar [lenguaje].

colony ['kɔləni] *s.* colonia.

colour ['kʌləʳ] *s.* color. 2 *pl.* bandera. 3 *t.* pintar. 4 colorear. 5 enrojecer.

colourless ['kʌləlis] *a.* descolorido.

column ['kɔləm] *s.* columna.

comb [kəum] *s.* peine. 2 *t.* peinar. 3 rastrillar.

combat ['kɔmbət] *s.* combate. 2 *t.-i.* combatir.

combination [,kɔmbi'neiʃən] *s.* combinación.

combine [kəm'bain] *t.-i.* combinar(se. 2 tramar.

combustible [kəm'bʌstibl] *a.-s.* combustible.

come [kʌm] *i.* venir. 2 provenir. 3 aparecer. 4 suceder. 5 *to ~ about,* ocurrir. 6 *to ~ back,* retroceder. 7 *to ~ forward,* avanzar. 8 *to ~ in,* entrar. 9 *to ~ off,* despegarse. 10 *to ~ on,* entrar. 11 *to ~ out,* salir. ¶ Pret.: *came* [keim]; p. p.: *come* [kʌm].

comedy ['kɔmidi] *s.* comedia.

comely ['kʌmli] *a.* gentil.

comet ['kɔmit] *s.* cometa.

comfort ['kʌmfət] *s.* comodidad. 2 *t.* consolar.

comfortable ['kʌmfətəbl] *a.* confortable, cómodo.

comic ['kɔmik] *a.* cómico. 2 *s.* historieta cómica.

coming ['kʌmiŋ] *a.* próximo. 2 *s.* llegada.

command [kə'mɑ:nd] *s.* mandato. 2 mando. 3 *t.-i.* mandar, ordenar.

commander [kə'mɑ:ndəʳ] *s.* comandante, jefe.

commemorate [kə'meməreit] *t.* conmemorar.

commence [kə'mens] *t.-i.* comenzar, empezar.

commencement [kə'mensmənt] *s.* comienzo.

commend [kə'mend] *t.* encomendar. 2 recomendar.

comment ['kɔment] *s.* comentario. 2 *i.* comentar.

comentary ['kɔmentəri] *s.* comentario.

commerce ['kɔmə:s] *s.* comercio.

commercial [kə'mə:ʃəl] *a.* comercial.

commission [kə'miʃən] *s.* comisión. 2 *t.* encargar, delegar.

commit [kə'mit] *t.* cometer. 2 encargar. 3 comprometerse.

committee [kə'miti] *s.* comisión, comité.

common ['kɔmən] *a.* común. 2 vulgar.

commonwealth ['kɔmənwelθ] *s.* comunidad de naciones.

commotion [kə'məuʃən] *s.* conmoción, agitación.

communicate [kə'mju:nikeit] *t.* comunicar(se, transmitir. 2 comulgar.

communication [kə,mju:ni'keiʃən] *s.* comunicación.

communist ['kɔmjunist] *a.-s.* comunista.

community [kə'mju:niti] *s.* comunidad.

compact ['kɔmpækt] *s.* pacto. 2 polvera. 3 [kəm'pækt] *a.* denso. 4 conciso. 5 *t.* condensar.

companion [kəm'pænjən] *s.* compañero; camarada.

company ['kʌmpəni] *s.* compañía.

comparative [kəm'pærətiv] *a.* comparativo. 2 comparado.

compare [kəm'pɛər] *t.* comparar. 2 confrontar.

comparison [kəm'pærisn] *s.* comparación.

compartment [kəm'pɑ:tmənt] *s.* departamento.

compass ['kʌmpəs] *s.* ámbito. 2 brújula. 3 *pl.* compás. 4 *t.* planear. 5 conseguir. 6 rodear.

compassion [kəm'pæʃən] *s.* compasión.

compassionate [kəm'pæʃənit] *a.* compasivo.

compel [kəm'pel] *t.* obligar, forzar.

compensate ['kɔmpenseit] *t.* compensar.

compete [kəm'pi:t] *i.* competir, rivalizar.

competent ['kɔmpitənt] *a.* competente, capaz.

competition [,kɔmpi'tiʃən] *s.* competición. 2 certamen. 3 oposicion(es.

competitive [kəm'petitiv] *a.* competitivo.

compile [kəm'pail] *t.* re-
copilar.

complain [kəm'plein] *i.*
quejarse.

complaint [kəm'pleint] *s.*
queja. 2 demanda.

complement ['kɔmpli-
mənt] *s.* complemento.

complete [kəm'pli:t] *a.*
completo. 2 *t.* comple-
tar. 3 llenar.

complex ['kɔmpleks] *a.-
s.* complejo.

complexion [kəm'plekʃən]
s. cutis. 2 aspecto.

complicate ['kɔmplikeit]
t. complicar, enredar.

complicated ['kɔmplikeit-
id] *a.* complicado.

compliment ['kɔmpli-
ment] *t.* felicitar. 2
[-mənt] *s.* cumplido, saludo.

comply [kəm'plai] *i.* acceder. 2 cumplir.

compose [kəm'pəuz] *t.*
componer. 2 calmar.

composed [kəm'pəuzd] *a.*
compuesto. 2 sosegado.

composition [ˌkɔmpə'zi-
ʃən] *s.* composición.

compound ['kɔmpaund]
s. mezcla. 2 [kəm-
'paund] *t.* componer. 3
i. avenirse.

oomprehend [ˌkɔmpri-
'hend] *t.* comprender.

comprehensive [ˌkɔmpri-
'hensiv] *a.* extenso.

compress [kəm'pres] *t.*
comprimir. 2 apretar.

comprise [kəm'praiz] *t.*
comprender, incluir.

compromise ['kɔmprə-
maiz] *t.* arreglar [por
transacción]. 2 compro-
meter. 3 *i.* transigir.

compulsory [kəm'pʌlsəri]
a. obligatorio.

compute [kəm'pju:t] *t.*
computar, calcular.

computer [kəm'pju:tər]
s. computadora.

conceal [kən'si:l] *t.* ocultar, encubrir.

concede [kən'si:d] *t.*
conceder.

conceit [kən'si:t] *s.* vanidad. 2 concepto.

conceited [kən'si:tid] *a.*
engreído, presuntuoso.

conceive [kən'si:v] *t.-i.*
concebir. 2 *t.* compren-
der.

concentrate ['kɔnsentreit]
t.-i. concentrar(se.

concentration [ˌkɔnsən-
'treiʃən] *s.* concentra-
ción.

concept ['kɔnsept] *s.* concepto.

concern [kən'sə:n] *s.* interés. 2 preocupación. 3
asunto. 4 *t.* concernir. 5
importar. 6 preocupar.

concert ['kɔnsə(:)t] *s.*
acuerdo. 2 ['kɔnsət] con-
cierto.

concert [kən'sə:t] *t.* concertar, planear. 2 *i.* con-
certarse.

conclude [kən'klu:d] *t.* concluir. 2 decidir.

conclusion [kən'klu:ʒən] *s.* conclusión.

concord ['kɔnkɔ:d] *s.* acuerdo.

concrete ['kɔnkri:t] *a.* concreto. 2 *s.* hormigón.

condemn [kən'dem] *t.* condenar.

condense [kən'dens] *t.-i.* condensar(se.

condescend [ˌkɔndi'send] *i.* condescender.

condition [kən'diʃən] *s.* condición. 2 *t.* condicionar. 3 convenir.

conduct ['kɔndʌkt] *s.* conducta.

conduct [kən'dʌkt] *t.* conducir. 2 dirigir, mandar.

conductor [kən'dʌtər] *s.* conductor: *lightning* ~, pararrayos. 2 MÚS. director. 3 cobrador [de autobús; (E. U.) revisor de tren.

confer [ken'fə:ˈ] *t.* conferir. 2 *i.* conferenciar.

conference ['kɔnfərəns] *s.* conferencia, entrevista.

confess [kən'fes] *t.* confesar. 2 reconocer.

confidant *m.*, **confidante** *f.* [ˌkɔnfi'dænt] confidente.

confide [kən'faid] *t.-i.* confiar.

confident ['kɔnfidənt] *a.* seguro.

confine [kən'fain] *i.* confinar. 2 *t.* limitar.

confirm [kən'fə:m] *t.* confirmar, corroborar.

confiscate ['kɔnfiskeit] *t.* confiscar.

conflict ['kɔnflikt] *s.* conflicto.

conflict [kən'flikt] *i.* chocar, estar en conflicto.

conform [kən'fɔ:m] *t.-i.* conformar(se.

confound [kən'faund] *t.* confundir. 2 frustrar.

confront [kən'frʌnt] *t.* confrontar. 2 comparar.

confuse [kən'fju:z] *t.* confundir.

confusion [[kən'fju:ʒən] *s.* confusión.

congenial [kən'dʒi:njəl] *a.* simpático, agradable.

congenital [kən'dʒenitl] *a.* congénito.

congest [kən'dʒest] *t.-i.* congestionar(se. 2 aglomerar(se.

congestion [kən'dʒestʃən] *s.* congestión.

congratulate [kən'grætjuleit] *t.* felicitar.

congregate ['kɔngrigeit] *t.-i.* congregar(se.

congregation [ˌkɔngri'geiʃən] *s.* reunión.

congress ['kɔngres] *s.* congreso.

conjecture [kən'dʒektʃər] *s.* conjetura. 2 *t.* conjeturar, presumir.

conjure [kən'dʒuəʳ] *t.* implorar. 2 ['kʌndʒəʳ] *to ~ up*, evocar. 3 *i.* hacer juegos de manos.

connect [kə'nekt] *t.-i.* unir(se, enlazar(se, relacionar(se. 2 *t.* conectar.

connection, connexion [kə'nekʃən] *s.* conexión, enlace. 2 relación.

conquer ['kɔŋkəʳ] *t.* conquistar. 2 vencer, dominar.

conquest ['kɔŋkwest] *s.* conquista.

conscience ['kɔnʃəns] *s.* conciencia.

conscientious [ˌkɔnʃi'enʃəs] *a.* concienzudo. 2 de conciencia.

conscious ['kɔnʃəs] *a.* consciente.

consciousness [ˌkɔnʃəsnis] *s.* FIL., PSIC. conciencia. 2 sentido.

consecrate ['kɔnsikreit] *t.* consagrar.

consent [kən'sent] *s.* consenso.

consequence ['kɔnsikwəns] *s.* consecuencia, resultado.

conservation [ˌkɔnsə'veiʃən] *s.* conservación.

conservative [kən'sə:vətiv] *a.* conservativo. 2 *a.-s.* POL. conservador.

conserve [kən'sə:v] *s.* conserva. 2 *t.* conservar, mantener.

consider [kən'sidəʳ] *t.* considerar, pensar.

considerate [kən'siderit] *a.* considerado [para con los demás].

considering [kən'sidəriŋ] *prep.* considerando [que].

consign [kən'sain] *t.* consignar, confiar, depositar.

consist [kən'sist] *i.* consisir.

consistent [kən'sistənt] *a.* consistente, sólido. 2 compatible. 3 consecuente.

consolation [ˌkɔnsə'leiʃən] *s.* consolación, consuelo, alivio.

console [kən'səul] *t.* consolar.

consolidate [kən'sɔlideit] *t.-i.* consolidar(se.

consort ['kɔnsɔ:t] *s.* consorte. 2 [kən'sɔ:t] *i.* juntarse, acompañarse.

conspicuous [kəns'pikjuəs] *a.* conspicuo, eminente. 2 visible.

conspiracy [kən'spirəsi] *s.* conspiración.

conspire [kəns'paiəʳ] *i.* conspirar, conjurarse. 2 *t.* tramar.

constable ['kʌnstəbl] *s.* condestable. 2 policía [uniformado].

constancy ['kɔnstənsi] *s.* constancia [firmeza, perseverancia].

consternation [ˌkɔnstə(:)-ˈneiʃən] s. consternación; terror.

constipate [ˈkɔnstipeit] t. to be ~d, estar estreñido.

constipation [ˌkɔnstiˈpeiʃən] s. estreñimiento.

constituency [kənˈstitjuənsi] s. distrito electoral. 2 electores.

constitute [ˈkɔnstitjuːt] t.-i. constituir(se.

constituent [kənˈstitjuənt] a. constitutivo. 2 POL. constituyente. 3 s. componente. 4 elector.

constrain [kənsˈtrein] t. constreñir, obligar.

construct [kənˈstrʌkt] t. construir, fabricar, hacer.

consult [kənˈsʌlt] t.-i. consultar. 2 i. deliberar.

consume [kənˈsjuːm] t.-i. consumir(se.

consummate [kənˈsʌmit] a. consumado. 2 perfecto. 3 [ˈkɔnsəmeit] t. consumar.

consumption [kənˈsʌmpʃən] s. consumo. 2 MED. tisis.

contact [ˈkɔntækt] s. contacto. 2 [kənˈtækt] t. ponerse o estar en contacto con.

contagious [kənˈteidʒəs] a. contagioso, pegadizo.

contain [kənˈtein] t. contener; tener cabida para.

contaminate [kənˈtæmineit] t. contaminaɪ. 2 impurificar.

contemplate [ˈkɔntempleit] t. contemplar. 2 proponerse. 3 i. meditaɪ.

contemporaneous [kənˌtempəˈreinjəs] a., **contemporary** [kənˈtempərəri] a.-s. contemporáneo.

contempt [kənˈtempt] s. desprecio, menosprecio, desdén.

contemptible [kənˈtemptəbl] a. despreciable. 2 desdeñable.

contend [kənˈtend] i. contender. 2 competir, oponerse.

content [ˈkɔntent] s. contenido.

content [kənˈtent] a. contento. 2 t. contentar, satisfacer.

contention [kənˈtenʃən] s. contienda, disputa. 2 afirmación.

contentment [kənˈtentmənt] s. satisfacción, contento.

contest [ˈkɔntest] s. contienda, lucha, lid. 2 disputa. 3 [kənˈtest] t. disputar, luchar por.

continual [kənˈtinjual] a. continuo, incesante.

continue [kənˈtinju(ː)] t. continuar. 2 i. seguir, durar.

contour ['kɔntuəʳ] s. contorno.

contract [kən'trækt] t.-i. escoger(se. 2 t. contratar, pactar. 3 contraer [matrimonio]. 4 ['kɔntrækt] s. contrato.

contradict [‚kɔntrə'dikt] t. contradecir. 2 desmentir, negar.

contrary ['kɔntrəri] a. contrario. 2 adverso. 3 díscolo, terco.

contrast ['kɔntrɑːst] s. contraste. 2 [kən'trɑːst] t. hacer contrastar. 3 i. contrastar.

contribute [kən'tribjut] t. contribuir con, aportar. 2 i. contribuir a.

contrivance [kən'traivəns] s. inventiva. 2 traza, invención.

contrive [kən'traiv] t. idear, inventar. 2 tramar.

control [kən'trəul] s. mando, autoridad. 2 gobierno, dirección. 3 sujeción, freno. 4 inspección. 5 comprobación. 6 MEC. mando, control, regulación. 7 t. sujetar, reprimir. 8 gobernar, dirigir. 9 controlar.

convent ['kɔnvənt] s. convento.

convention [kən'venʃən] s. convocación. 2 asamblea, convención. 3 convenio.

conventional [kən'venʃənəl] a. convencional.

converse ['kɔnvəːs] a. opuesto. 2 [kən'vəːs] i. conversar.

conversion [kən'vəːʃən] s. conversión.

convert ['kɔnvəːt] s. converso. 2 [kən'vəːt] t.-i. convertir(se.

convey [kən'vei] t. llevar, transportar. 2 trasmitir.

conveyance [kən'veiəns] s. transporte. 2 trasmisión.

convict ['kɔnvikt] s. presidiario. 2 [kən'vikt]. DER. declarar culpable. 3 condenar.

convince [kən'vins] t. convencer.

convoy ['kɔnvɔi] s. convoy. 2 t. convoyar, escoltar.

coo [kuː] s. arrullo. 2 i. arrullar(se.

cook [kuk] s. cocinero, -ra. 2 t.-i. cocer, guisar, cocinar.

cookery ['kukəri] s. cocina [arte].

cool [kuːl] a. fresco. 2 frío, tibio. 3 sereno, osado. 4 t.-i. refrescar(se, enfriar(se.

copper ['kɔpəʳ] s. cobre. 2 penique; calderilla. 3 caldera.

copy ['kɔpi] *s.* copia, reproducción, imitación. 2 ejemplar [de un libro]; número [de un periódico]. 3 IMPR. original. 4 *rough* ~, borrador. 5 *t.* copiar. 6 imitar, remedar.

copyright ['kɔpirait] *s.* [derechos de] propiedad literaria.

coral ['kɔrəl] *s.* coral.

cord [kɔːd] *s.* cordel; cuerda.

core [kɔːʳ] *s.* corazón, centro. 2 *t.* despepitar.

cork [kɔːk] *s.* corcho. 2 tapón de corcho. 3 ~-*oak*, alcornoque. 4 *t.* tapar [con corcho], encorchar.

corn [kɔːn] *s.* grano, trigo. 2 (E. U.) maíz. 3 mies. 4 callo. 5 *t.* salar, curar.

corner ['kɔːnəʳ] *s.* ángulo, esquina, recodo. 2 rincón. 3 *t.* arrinconar, poner en un aprieto.

coronet ['kɔrənit] *s.* corona [de noble]. 2 diadema.

corporal ['kɔːpərəl] *a.* corporal. 2 *s.* MIL. cabo.

corps [kɔːʳ, *pl.* kɔːz] *s.* cuerpo de ejército.

corpse [kɔːps] *s.* cadáver.

correct [kəˈrekt] *a.* correcto. 2 *t.* corregir.

correspond [ˌkɔrisˈpɔnd] *i.* corresponder, corresponderse [en analogía]. 2 escribirse.

corridor ['kɔridəːʳ] *s.* corredor, pasillo.

corrugate ['kɔrugeit] *t.* arrugar. 2 plegar, ondular.

corrupt [kəˈrʌpt] *a.* corrompido. 2 *t.-i.* corromper(se. 3 *t.* adulterar, falsear.

corsair ['kɔːsɛəʳ] *s.* corsario.

corset ['kɔːsit] *s.* corsé.

cosmonaut ['kɔzmənɔːt] *s.* cosmonauta.

cosmopolitan [ˌkɔzməˈpɔlitən] *a.* cosmopolita.

cost [kɔst] *s.* coste, precio. 2 *i.* costar, valer. ¶ Pret. y p. p.: *cost* [kɔst].

costly ['kɔstli] *a.* costoso, caro.

costume ['kɔstjuːm] *s.* traje, vestido. 2 *pl.* TEAT. vestuario.

cosy ['kəuzi] *a.* cómodo.

cot [kɔt] *s.* choza. 2 camita.

cottage ['kɔtidʒ] *s.* casita de campo.

cotton ['kɔtn] *s.* algodón.

couch [kautʃ] *s.* cama, lecho. 2 *t.-i.* acostar(se, tender(st.

cough [kɔf] *s.* tos. 2 *i.* toser.

could [kud, kəd] V. CAN.

council ['kaunsil] s. concilio. 2 consejo, junta. 3 ayuntamiento.

council(l)or ['kaunsilər] s. concejal.

counsel ['kaunsəl] s. consejo, parecer; deliberación, consulta. 2 asesor; abogado. 3 t. aconsejar, asesorar.

counsel(l)or ['kaunsələr] s. consejero. 2 abogado.

count [kaunt] s. cuenta, cálculo. 2 conde. 3 t. contar, computar. 4 considerar, tener por.

countenance ['kautinəns] s. rostro, semblante. 2 t. favorecer, apoyar, aprobar.

counter ['kauntər] s. ficha, tanto. 2 computador. 3 mostrador [mesa]. 4 t. oponerse a.

counteract [ˌkauntə'rækt] t. contrarrestar.

counterfeit ['kauntəfit] a. falso. 2 fingido. 3 s. falsificación. 4 t. falsificar, contrahacer. 5 fingir.

countess ['kauntis] s. condesa.

countless ['kauntlis] a. incontable, innumerable.

country ['kʌntri] s. país, nación, región. 2 tierra, patria. 3 campo, campiña.

county ['kaunti] s. condado. 2 distrito.

couple ['kʌpl] s. par, pareja. 2 t.-i. aparear(se, emparejar(se.

courage ['kʌridʒ] s. valor.

courageous [kə'reidʒəs] a. valeroso, valiente

courier ['kuriər] s. correo, mensajero.

course [kɔ:s] s. curso, marcha. 2 camino, trayecto. 3 rumbo. 4 transcurso [del tiempo]. 5 línea [de conducta]. 6 carrera [en la vida]. 7 curso [de estudios], asignatura. 8 plato, servicio [de una comida]. 9 ALBAÑ. hilada. 10 adv. of ~, naturalmente, desde luego, por supuesto. 11 t. perseguir. 12 i. correr.

court [kɔ:t] s. patio: atrio; plazuela cerrada. 2 pista [de tenis]. 3 corte. 4 tribunal. 5 t. cortejar.

courteous ['kə:tjəs] a. cortés.

courtesy ['kə:tisi] s. cortesía.

courtier ['kɔ:tjər] s. cortesano.

courtly ['kɔ:tli] a. cortesano.

court-martial ['kɔ:t'mɑ:ʃəl] s. consejo de guerra.

courtship ['kɔ:t-ʃip] s. cortejo, galanteo. 2 noviazgo.

courtyard ['kɔ:tjɑ:d] s. patio.

cousin ['kʌzn] s. primo, -ma.

cove [kəuv] s. cala, ensenada.

covenant ['kʌvinənt] s. pacto. 2 t.-i. pactar.

cover ['kʌvər] s. tapa, tapadera. 2 cubierta. 3 abrigo, cubierto, techado. 4 t. cubrir. 5 proteger.

coverlet ['kʌvəlit] s. colcha.

covert ['kʌvət] a. encubierto, disimulado. 2 s. ['kʌvər] refugio.

covet ['kʌvit] t. codiciar.

covetous ['kʌvitəs] a. codicioso.

cow [kau] s. vaca. 2 t. acobardar.

coward ['kauəd] a.-s. cobarde.

cowardice ['kauədis] s. cobardía.

cowardly ['kauədli] a. cobarde.

cowboy ['kaubɔi] s. vaquero.

cower ['kauər] i. agacharse, encogerse.

cowl [kaul] s. cogulla. 2 capucha.

cowslip ['kauslip] s. BOT. primavera.

crab [kræb] s. cangrejo.

crack [kræk] s. crujido. 2 hendidura. 3 a. fam. de primera. 4 i. crujir. 5 reventar.

cracker ['krækər] s. petardo. 2 galleta. 3 pl. chiflado.

crackle ['krækl] s. crujido. 2 i. crujir.

cradle ['kreidl] s. cuna. 2 t. acunar.

craft [krɑ:ft] s. arte, destreza. 2 oficio; gremio.

craftsman ['krɑ:ftsmən] s. artesano.

crafty ['krɑ:fti] a. astuto, artero.

crag [kræg] s. risco, despeñadero.

cram [kræm] t. henchir, atestar.

cramp [kræmp] s. calambre. 2 t. dar calambres.

crane [krein] s. ORN. grulla. 2 t. MEC. grúa. 3 t. levantar con grúa.

crash [kræʃ] s. estallido. 2 choque, accidente. 3 t.-i. romper(se, estallar.

crater ['kreitər] s. cráter.

cravat [krə'væt] s. corbata.

crave [kreiv] t.-i. pedir.

craving ['kreiviŋ] s. deseo, anhelo, ansia.

crawl [krɔ:l] s. reptación, arrastramiento. 2 NAT. crol. 3 i. reptar, arrastrarse; gatear.

craze [kreiz] s. manía.

crazy ['kreizi] a. loco, insensato.

creak [kri:k] i. crujir.

cream [kri:m] s. crema, nata.

crease [kri:s] s. pliegue, doblez. 2 t. plegar, doblar, arrugar.

create [kri(:)'eit] t. crear.

credit ['kredit] s. crédito. 2 honor, honra. 3 t. dar crédito a.

creditor ['kreditər] s. acreedor.

creed [kri:d] s. credo; creencia.

creek [kri:k] s. abra, cala.

creep [kri:p] i. arrastrarse, gatear. 2 correr [los insectos]; trepar [las plantas]. ¶ Pret. y p. p.: *crept* [krept].

crept [krept] V. TO CREEP.

crescent ['kresnt] a. creciente. 2 s. media luna.

crest [krest] s. cresta. 2 penacho.

crevice ['krevis] s. raja.

crew [kru:] s. MAR., AVIA. tripulación, equipaje. 2 equipo, cuadrilla. 3 *pret. anticuado* DE TO CROW.

crib [krib] s. pesebre. 2 cama infantil. 3 plagio. 4 t. encerrar. 5 plagiar.

cricket ['krikit] s. ENT. grillo. 2 DEP. criquet.

crime [kraim] s. delito. 2 crimen.

crimson ['krimzn] a.-s. carmesí.

cringe [krindʒ] s. adulación servil. 2 i. encogerse [ante un peligro, etc.]. 3 arrastrarse [servilmente].

cripple [kripl] s. cojo, lisiado. 2 t. encojar, lisiar. 3 i. cojear.

crisp [krisp] a. crespo, rizado. 2 crujiente. 3 t. encrespar, rizar. 4 tostar bien.

criticize ['kritisaiz] t.-i. criticar.

croak [krəuk] s. graznido. 2 i. croar. 3 t. graznar. 4 gruñir.

crochet ['krəuʃei] s. ganchillo.

crocodile ['krɔkədail] s. cocodrilo.

crook [kruk] s. curva, curvatura. 2 gancho, garfio. 3 cayado. 4 trampa. 5 fam. estafador. 6 t.-i. torcer(se, encorvar-(se.

crop [krɔp] s. cosecha. 2 cabello corto. 3 buche [de ave]. 4 pl. campos, mieses. 5 t. cosechar, recolectar.

cross [krɔs] s. cruz. 2 signo de la cruz. 3 cruce [de caminos, etc.]. 4 t. atravesar. 5 cruzar [cheque; razas]. 6 to ~ one-self, santiguarse.

crossroads ['krɔsrəudz] s. encrucijada.

cross-word (puzzle) ['krɔswə:d-'pʌzl] s. crucigrama.

crouch [krautʃ] i. agacharse, agazaparse. 2 arrastrarse [servilmente].

crow [krəu] s. ORN. cuervo. 2 i. cantar [el gallo]. 3 jactarse, bravear.

crowd [kraud] s. multitud, gentío. 2 t.-i. agolpar(se, apiñar(se.

crown [kraun] s. corona. 2 cima, cumbre. 3 t. coronar.

crucify ['kru:sifai] t. crucificar; atormentar.

cruel [kruəl] a. cruel.

cruelty ['kruəlti] s. crueldad.

cruise [kru:z] s. crucero, viaje. 2 t. MAR., AVIA. cruzar, navegar.

cruiser ['kru:zəʳ] s. crucero.

crumb [krʌm] s. miga. 2 t. migar.

crumble ['krʌmbl] t. desmenuzar, deshacer.

crumple ['krʌmpl] t.-i. arrugar(se, ajar(se.

crusade [kru:'seid] s. cruzada.

crusader [kru:'seidəʳ] s. cruzado.

crush [krʌʃ] s. aplastamiento, machacamiento. 2 t. aplastar, machacar.

crust [krʌst] s. corteza. 2 mendrugo.

crutch [krʌtʃ] s. muleta.

cry [krai] s. grito. 2 lamento. 3 i.-t. gritar. 4 llorar, lamentarse. 5 to ~ down, rebajar, desacreditar.

crystal ['kristl] s. cristal. 2 a. de cristal, cristalino.

crystallize ['kristəlaiz] t.-i. cristalizar(se.

cub [kʌb] s. cachorro.

cube [kju:b] s. GEOM., MAT. cubo. 2 t. cubicar.

cuckoo ['kuku:] s. ORN. cuclillo.

cucumber ['kju:kʌmbəʳ] s. BOT. cohombro; pepino.

cuddle ['kʌdl] t. abrazar, acariciar.

cudgel ['kʌdʒəl] s. garrote. 2 t. apalear, aporrear.

cue [kju:] s. señal, indicación.

cuff [kʌf] s. puño [de camisa o vestido]: ~ links, gemelos. 2 t. abofetear.

cull [kʌl] t. escoger, elegir. 2 coger [frutos, etc.].

culminate ['kʌlmineit] t. culminar.

culprit ['kʌlprit] s. culpable, reo.

cult [kʌlt]. s. culto.

cultivate ['kʌltiveit] t. cultivar. 2 civilizar.

culture ['kʌltʃər] s. cultura.

cunning ['kʌniŋ] a. hábil, ingenioso. 2 s. habilidad, ingenio.

cup [kʌp] s. taza, copa.

cupboard ['kʌbəd] s. aparador.

curb [kə:b] s. barbada. 2 freno. 3 bordillo. 4 brocal. 5 t. refrenar.

curd [kə:d] s. cuajada.

curdle ['kə:dl] t.-i. cuajar(se.

cure [kjuər] s. cura, curación. 2 t.-i. curar(se.

curfew ['kə:fju:] s. toque de queda.

curing ['kjuəriŋ] s. curación.

curio ['kjuəriəu] s. curiosidad, antigüedad [objeto].

curious ['kjuəriəs] a. curioso.

curl [kə:l] s. rizo, bucle. 2 t.-i. rizar(se, ensortijar(se.

currant ['kʌrənt] s. pasa de Corinto. 2 grosella.

currency ['kʌrənsi] s. curso, circulación. 2 moneda corriente.

curry ['kʌri] t. cari. 2 t. adobar [pieles]. 3 almohazar.

curse [kə:s] s. maldición. 2 t. maldecir.

curt [kə:t] a. breve, conciso.

curtail [kə:'teil] t. acortar.

curtain ['kə:tn] s. cortina.

curtsy ['kə:tsi] s. reverencia. 2 i. hacer una reverencia.

curve [kə:v] s. curva. 2 t.-i. encorvar(se, torcer(se.

cushion ['kuʃən] s. cojín.

custard ['kʌstəd] s. natillas.

custody ['kʌstədi] s. custodia, guarda. 2 prisión, detención.

custom ['kʌstəm] s. costumbre. 2 parroquia, clientela. 3 pl. aduana; derechos de aduana.

customary ['kʌstəməri] a. acostumbrado, habitual, usual.

customer ['kʌstəmər] s. parroquiano, cliente.

cut [kʌt] s. corte, incisión. 2 labra, tallado. 3 trozo [de carne], tajada. 4 hechura, corte [de un vestido]. 5 p. p. de TO CUT. 6 t. cortar, partir. 7 labrar, tallar. 8 herir. 9 to ~ down, cortar, rebajar, reducir. 10 to ~ out, cortar, quitar; desconectar. 11 to ~ short, interrumpir. 12 i. cortar.

13 salir [los dientes]. *14 to ~ in*, meter baza. ¶ Pret. y p. p.: *cut* [kʌt].

cute [kju:t] *a.* listo, astuto; mono, bonito.

cutlery ['kʌtləri] *s.* cuchillería.

cutlet ['kʌtlit] *s.* chuleta.

cycle ['saikl] *i.* ir en bicicleta.

cycling ['saikliŋ] *s.* ciclismo.

cyclone ['saikləun] *s.* METEOR. ciclón.

cylinder ['silindər] *s.* GEOM., MEC. cilindro.

cymbal ['simbəl] *s.* MÚS. címbalo.

cynical ['sinikəl] *a.* cínico.

cynicism ['sinisizəm] *s.* cinismo.

cypress ['saipris] *s.* BOT. ciprés.

czar [zɑ:ʳ] *s.* zar.

D

dabble ['dæbl] *t.* rociar.
dad [dæd], **daddie, daddy** ['dædi] *s. fam.* papá, papaíto.
daffodil ['dæfədil] *s.* narciso.
dagger ['dægər] *s.* daga, puñal.
daily ['deili] *a.* diario, cotidiano. 2 *s.* periódico diario. 3 sirvienta. 4 *adv.* diariamente.
dainty ['deinti] *a.* delicado, exquisito. 2 elegante. 3 *s.* golosina.
dairy ['dɛəri] *s.* lechería.
daisy ['deizi] *s.* вот. margarita.
dale [deil] *s.* cañada, vallecito.
dam [dæm] *s.* dique, presa. 2 *t.* embalsar.
damage ['dæmidʒ] *s.* daño, perjuicio. 2 *t.* dañar, perjudicar,
damn [dæm] *s.* maldición. 2 *a.* maldito. 3 *t.* condenar. 4 maldecir.
damp [dæmp] *a.* húmedo, mojado. 2 *s.* humedad. 3 *t.* humedecer, mojar. 4 apagar, amortiguar. 5 desalentar.
dance [dɑːns] *s.* danza, baile. 2 *i.-t.* danzar, bailar.
danger ['deindʒər] *s.* peligro.
dangerous ['deindʒrəs] *a.* peligroso.
dare [dɛər] *s.* reto, desafío. 2 *t.* atreverse a, osar. ¶ Pret.: *dared* [dɛəd] o *durst* [dəːst]; p. p.: *dared*.
dark [dɑːk] *a.* oscuro. 2 *s.* oscuridad, tinieblas.

darken ['dɑ:kən] *t.-i.* oscurecer(se; nublar(se.

darkness ['dɑ:knis] *s.* oscuridad.

darling ['dɑ:liŋ] *a.* amado.

darn [dɑ:n] *s.* zurcido. 2 *t.* zurcir.

dart [dɑ:t] *s.* dardo, flecha. 2 *t.-i.* lanzar(se, arrojar(se.

dash [dæʃ] *s.* arremetida. 2 guión. 3 *t.-i.* lanzar(se, arrojar(se.

dashing ['dæʃiŋ] *a.* enérgico.

data ['deitə] *s. pl.* datos.

date [deit] *s.* fecha. 2 cita. 3 dátil. 4 *t.* fechar, datar. 5 *i.* anticuarse.

daughter ['dɔ:tər] *s.* hija.

daughter-in-law ['dɔ:tərinlɔ:] *s.* nuera, hija política.

daunt [dɔ:nt] *t.* intimidar.

dauntless ['dɔ:ntlis] *a.* impávido.

dawn [dɔ:n] *s.* alba, aurora. 2 *i.* amanecer, alborear.

day [dei] *s.* día.

day-break ['dei-breik] *s.* amanecer.

daylight ['deilait] *s.* luz del día.

daze [deiz] *s.* deslumbramiento. 2 *t.* deslumbrar, aturdir.

dazzle ['dæzl] *s.* deslumbramiento. 2 *t.* deslumbrar.

deacon ['di:kən] *s.* diácono.

dead [ded] *a.* muerto. 2 difunto.

deadly ['dedli] *a.* mortal. 2 *adv.* mortalmente; sumamente.

deaf [def] *a.* sordo.

deafen ['defn] *t.* ensordecer.

deal [di:l] *s.* porción, cantidad. 2 *t.* dar. 3 tratar. 4 comerciar. ¶ Pret. y p. p.: *dealt* [delt].

dealer ['di:lər] *s.* comerciante, tratante.

dealings ['di:liŋz] *s.* trato, relaciones.

dean [di:n] *s.* deán. 2 decano.

dear [diər] *a.* caro, querido.

dearth [də:θ] *s.* carestía, hambre.

death [deθ] *s.* muerte.

debate [di'beit] *s.* debate, discusión. 2 *t.-i.* debatir, discutir.

debris ['debri:] *s.* ruinas, escombros; desecho.

debt [det] *s.* deuda, débito.

debtor ['detər] *s.* deudor.

decade ['dekeid] *s.* década.

decay [di'kei] *s.* decaimiento. 2 *i.* decaer.

decease [di'si:s] *s.* defunción. 2 *i.* morir.

deceit [di'si:t] *s.* engaño.

deceitful [di'si:tful] *s.* engañoso.

deceive [di'si:v] *t.* engañar.

December [di'sembər] *s.* diciembre.

decency ['di:snsi] *s.* decencia.

decent ['di:snt] *a.* decente.

deception [di'sepʃən] *s.* engaño, decepción.

deceptive [di'septiv] *a.* engañoso, falaz.

decide [di'said] *t.-i.* decidir.

decision [di'siʒən] *s.* decisión.

decisive [di'saisiv] *a.* decisivo. 2 decidido, firme.

deck [dek] *s.* MAR. cubierta. 2 *t.* adornar.

declaim [di'kleim] *i.-t.* declamar.

declaration [,deklə'reiʃən] *s.* declaración. 2 manifiesto.

declare [di'klɛər] *t.-i.* declarar.

decline [di'klain] *s.* declinación, decadencia. 2 *t.-i.* inclinar(se, bajar. 3 *t.* rehusar.

declivity [di'kliviti] *s.* declive.

decompose [,di:-kəm-'pəuz] *t.-i.* descomponer(se.

decorate ['dekəreit] *t.* decorar, adornar. 2 condecorar.

decorative ['dekərətiv] *a.* decorativo.

decoy ['di:kɔi] *s.* señuelo, reclamo. 2 [di'kɔi] *t.* atraer con señuelo. 3 seducir.

decrease ['di:kri:s] *s.* decrecimiento, disminución. 2 [di:'kri:s] *i.* decrecer. 3 *t.-i.* menguar.

decree [di'kri:] *s.* decreto, orden. 2 *t.* decretar.

decry [di'krai] *t.* desacreditar, rebajar.

dedicate ['dedikeit] *t.* dedicar. 2 consagrar.

deduce [di'dju:s] *t.* deducir, inferir.

deduct [di'dʌkt] *t.* deducir, rebajar.

deed [di:d] *s.* hecho; acción.

deem [di:m] *t.-i.* juzgar, creer, estimar.

deep [di:p] *a.* hondo, profundo.

deepen ['di:pən] *t. - i.* ahondar(se, intensificar-(se.

deer [diər] *s.* ciervo, venado.

defame [di'feim] *t.* difamar, infamar.

default [di'fɔ:lt] *s.* falta, carencia. 2 t.-i. faltar.

defeat [di'fi:t] s. derrota. 2 t. derrotar, vencer.

defect ['di:fekt] s. defecto. 2 [di'fekt] i. desertar.

defective [di'fektiv] a. defectivo, defectuoso.

defence [di'fens] s. defensa.

defenceless [di'fenslis] a. indefenso, inerme.

defend [di'fend] t. defender.

defendant [di'fendənt] s. DER. demandado; acusado.

defer [di'fə:ʳ] t. diferir, aplazar, retardar.

deference ['defərəns] s. deferencia; consideración.

defiance [di'faiəns] s. desafío.

defiant [di'faiənt] a. desafiador.

deficiency [di'fiʃənsi] s. deficiencia.

defile ['di:fail] s. desfiladero.

defile [di'fail] t. ensuciar. 2 manchar, profanar.

define [di'fain] t. definir.

definite ['definit] a. definido. 2 claro, terminante.

definition [,defi'niʃən] s. definición.

deflate [di'fleit] t.-i. desinflar(se, deshinchar(se.

defy [di'fai] t. desafiar.

degenerate [di'dʒenərit] a.-s. degenerado.

degenerate [di'dʒenəreit] i. degenerar.

degrade [di'greid] t.-i. degradar(se. 2 t. minorar, rebajar.

degree [di'gri:] s. grado.

deign [dein] i. dignarse.

deity ['di:iti] s. deidad.

deject [di'dʒekt] t. abatir, desanimar.

delay [di'lei] s. dilación, retraso. 2 t. diferir, aplazar.

delegate ['deligit] a.-s. delegado.

delegate ['deligeit] t. delegar, comisionar.

deliberate [di'libərit] a. deliberado, premeditado.

deliberate [di'libəreit] t. reflexionar, considerar. 2 i. deliberar, consultar.

delicacy ['delikəsi] s. delicadeza.

delicate ['delikit] a. delicado.

delicious [di'liʃəs] a. delicioso.

delight [di'lait] s. deleite, delicia. 2 t.-i. deleitar(se, encantar(se.

delightful [di'laitful] a. deleitable, delicioso.

delinquent [di'liŋkwənt] a.-s. delincuente, culpable.

delirious [di'liriəs] a. delirante.

deliver [di'livər] *t.* libertar. 2 librar, salvar. 3
entregar.

deliverance [di'livərəns]
s. liberación, rescate.

delivery [di'livəri] *s.* liberación, rescate. 2 en-
trega.

dell [del] *s.* vallecito, cañada.

delude [di'lu:d] *t.* engañar.

deluge ['delju:dʒ] *s.* diluvio. 2 *t.* inundar.

delusion [di'lu:ʒən] *s.*
engaño.

delusive [di'lu:siv], **de-
lusory** [di'lu:səri] *a.* engañoso; ilusorio.

delve [delv] *t.-i.* cavar.

demand [di'ma:nd] *s.* demanda. 2 *t.* demandar,
pedir.

demeano(u)r [di'mi:nər]
s. comportamiento.

demolish [di'mɔliʃ] *t.* demoler. 2 arrasar.

demon ['di:mən] *s.* demonio.

demonstrate ['demэns-
treit] *t.* demostrar. 2 *i.*
manifestarse.

demonstrator ['demэns-
treitər] *s.* demostrador.
2 manifestante.

demoralize [di'mɔrəlaiz]
t. desmoralizar.

demur (di'mə:ʳ] *s.* irre-
solución. 2 objeción. 3 *i.*
objetar, poner dificulta-
des.

den [den] *s.* caverna. 2
guarida.

denial [di'naiəl] *s.* negación.

denominate [di'nɔmineit]
t. denominar, llamar.

denote [di'nəut] *t.* denotar.

denouement [dei'nu:-
ma:ŋ] *s.* desenlace.

denounce [di'nauns] *t.*
denunciar. 2 anunciar.

dense [dens] *a.* denso.

density ['densiti] *s.* densidad.

dental ['dentl] *a.* dental.

dentist ['dentist] *s.* dentista.

deny [di'nai] *t.* negar.

depart [[di'pa:t] *i.* partir.

department [di'pa:tmənt]
s. departamento.

departure [di'pa:tʃəʳ] *s.*
partida, marcha, salida.

depend [di'pend] *i.* depender.

dependable [di'pendəbl]
a. formal, digno de confianza.

dependence [di'pəndəns]
s. dependencia. 2 con-
fianza.

depict [di'pikt] *t.* pintar,
representar.

deplorable [di'plɔ:rəbl]
a. deplorable, lamenta-
ble.

deplore [di'plɔ:ʳ] *t.* deplorar, lamentar.

deport [di'pɔ:t] t. deportar, desterrar.

deportment [di'pɔ:tmənt] s. conducta, proceder.

depose [di'pəuz] t. deponer, destituir.

deposit [di'pɔzit] s. depósito, sedimento. 2 t.-i. depositar(se, sedimentar-(se.

depot ['depəu] s. depósito, almacén.

depreciate [di'pri:ʃieit] t. depreciar. 2 despreciar.

depress [di'pres] t. deprimir.

depression [di'preʃən] s. depresión. 2 abatimiento, desánimo.

deprive [di'praiv] t. privar.

depth [depθ] s. profundidad, hondura.

deputy [de'pjuti] s. diputado.

deride [di'raid] t. burlarse.

derive [di'raiv] t. derivar.

descend [di'send] i.-t. descender.

descent [di'sent] s. descenso. 2 linaje, descendencia.

describe [dis'kraib] t. describir.

description [dis'kripʃən] s. descripción.

descry [dis'krai] t. descubrir, divisar.

desert ['dezət] a. desierto. 2 s. desierto, yermo.

desert [di'zə:t] t. abandonar. 2 t.-i. desertar.

deserts [di'zə:ts] s. pl. lo merecido.

deserve [di'zə:v] t. - i. merecer.

design [di'zain] s. plan. 2 intención. 3 dibujo. 4 t. destinar. 5 proyectar. 6 trazar, diseñar.

designate ['dezigneit] t. indicar, señalar.

designer [di'zainər] s. dibujante. 2 inventor.

desirable [di'zaiərəbl] a. deseable, apetecible.

desire [di'zaiər] s. deseo. 2 t. desear.

desirous [di'zaiərəs] a. deseoso.

desk [desk] s. pupitre.

desolate ['desəlit] a. desolado.

desolate ['desəleit] t. desolar, devastar.

despair [dis'pɛər] s. desesperación; desesperanza. 2 i. desesperar; desesperanzarse.

despairingly [dis'pɛəriŋli] adv. desesperadamente.

despatch = DISPATCH.

desperate ['despərit] a. desesperado. 2 arriesgado.

desperation [,despə'reiʃən] s. desesperación; furor.

despicable ['despikəbl] *a*. despreciable, bajo.

despise [dis'paiz] *t*. despreciar, menospreciar.

despite [dis'pait] *prep*. ~ *of*, *in* ~ *of*, a pesar de.

despondent [dis'pɔndənt] *a*. desalentado, desanimado.

despot ['despɔt] *s*. déspota.

dessert [di'zə:t] *s*. postres.

destination [,desti'neiʃən] *s*. destinación, destino.

destine ['destin] *t*. destinar.

destiny ['destini] *s*. destino, sino.

destitute ['destitju:t] *a*. indigente, desamparado.

destroy [dis'trɔi] *t*. destruir. 2 demoler.

destruction [dis'trʌkʃən] *s*. destrucción. 2 ruina, perdición.

detach [di'tætʃ] *t*. separar, desprender.

detail ['di:teil] *s*. detalle, pormenor. 2 *t*. detallar, especificar.

detain [di'tein] *t*. retener, detener.

detect [di'tekt] *t*. descubrir, averiguar.

deter [di'tə:'] *t*. detener, disuadir.

determine [di'tə:min] *t*.-*i*. determinar(se, decidir(se.

deterrent [di'terənt] *a*. disuasivo. 2 *s*. freno.

detest [di'test] *t*. detestar.

detonate ['detəuneit] *i*. estallar. 2 *t*. hacer estallar.

detour ['deituə'] *s*. desvío; rodeo.

detract [di'trækt] *t*. quitar. 2 detraer, detractar.

devalue [di:'vælju:] *t*. desvalorizar.

devastate ['devəsteit] *t*. devastar, asolar.

develop [di'veləp] *t*. fomentar. 2 *t*.-*i*. desenvolver(se, desarrollar(se.

device [di'vais] *s*. artificio, invención.

devil ['devl] *s*. demonio, diablo.

devilish ['deviliʃ] *a*. diabólico. 2 endiablado.

devise [di'vaiz] *t*. inventar.

devoid [di'vɔid] *a*. falto, exento.

devote [di'vəut] *t*. consagrar, dedicar.

devotee [,devəu'ti:] *s*. devoto, beato.

devour [di'vauə'] *t*. devorar.

devout [di'vaut] *a*. devoto, piadoso.

dew [dju:] *s*. rocío; relente. 2 *t.-i.* rociar, refrescar.

dexterity [deks'teriti] *s.* destreza.

diagnosis [ˌdaiəg'nəusis] *s.* diagnosis.

diagram ['daiəgræm] *s.* diagrama, esquema.

dial ['daiəl] *s.* reloj de sol. 2 esfera [de reloj]. 3 disco [de teléfono, etc.]. 4 *t.* TELEF. marcar.

dialect ['daiəlekt] *s.* dialecto.

dialogue ['daiəlɔg] *s.* diálogo.

diameter [dai'æmitəʳ] *s.* diámetro.

diamond ['daiəmənd] *s.* diamante. 2 GEOM. rombo.

diary ['daiəri] *s.* diario, dietario.

dice [dais] *s.* dados.

dictate ['dikteit] *s.* mandato.

dictate [dik'teit] *t.* dictar. 2 mandar.

dictation [dik'teiʃən] *s.* dictado.

dictionary ['dikʃənəri] *s.* diccionario, léxico.

did [did] *pret.* de TO DO.

didn't [didnt] *contr.* de DID y NOT.

die [dai], *pl.* **dice** [-s] *s.* dado [para jugar]. 2 cubito.

'ie [dai] *i.* morir, fallecer. ¶ Pret. y p. p.: *died*

[daid]; ger.: *dying* ['daiin].

diet ['daiət] *s.* dieta.

differ ['difəʳ] *i.* diferir.

difficult ['difikəlt] *a.* difícil.

diffidence ['difidəns] *s.* timidez.

diffident ['difidənt] *a.* tímido.

diffuse [di'fju:s] *a.* difuso.

diffuse [di'fju:z] *t.-i.* difundir(se.

dig [dig] *s.* empujón, codazo. 2 *t.* cavar, ahondar. ¶ Pret. y p. p.: *dug* [dʌg].

digest ['daidʒest] *s.* compendio.

digest [di'dʒest] *t.-i.* digerir(se. 2 *t.* resumir.

dignify ['dignifai] *t.* dignificar.

digress [dai'gres] *i.* divagar.

dike [daik] *s.* dique, malecón.

dilate [dai'leit] *t.-i.* dilatar(se, hinchar(se.

diligence ['dilidʒəns] *s.* diligencia, aplicación.

dilute [dai'lju:t] *t.-i.* diluir(se.

dim [dim] *a.* oscuro, opaco. 2 *t.* oscurecer.

dime [daim] *s.* (E. U.) diez centavos.

dimensión [[di'menʃən] *s.* dimensión.

diminish [di'miniʃ] *t.* disminuir.

dimness ['dimnis] *s.* semioscuridad, penumbra.

din [din] *s.* fragor, estrépito. 2 *t.* golpear con ruido.

dine [dain] *i.* comer, cenar.

diner ['dainər] *s.* comensal. 2 vagón restaurante.

dinghy, dingey ['diŋgi] *s.* botecito; lancha.

dingy ['dindʒi] *a.* oscuro, sucio.

dining-room ['daininrum] *s.* comedor [pieza].

dinner ['dinər] *s.* cena: *to have* ~, cenar.

dip [dip] *s.* zambullida. 2 *t.* sumergir, bañar.

dire ['daiər] *a.* horrendo.

direct [di-, dai'rekt] *a.* directo. 2 *t.* dirigir.

directory [di'rektəri] *s.* directorio. 2 guía [telefónica, etc.].

dirge [də:dʒ] *s.* canto fúnebre.

dirt [də:t] *s.* suciedad.

dirty ['də:ti] *a.* manchado, sucio. 2 cochino, indecente. 3 *t.-i.* ensuciar(se.

disability [,disə'biliti] *s.* impotencia, incapacidad.

disable [dis'eibl] *t.* inutilizar.

disadvantage [,disəd'va:ntidʒ] *s.* desventaja.

disagree [,disə'gri:] *i.* discordar, discrepar.

disagreeable [,disə'griəbl] *a.* desagradable, ingrato.

disagreement [,disə'gri:mənt] *s.* discordancia, discrepancia.

disappear [,disə'piər] *i.* desaparecer.

disappoint [,disə'point] *t.* defraudar, decepcionar.

disapproval [,disə'pru:vəl] *s.* desaprobación.

disapprove ['disə'pru:v] *t.* desaprobar.

disarm [dis'a:m] *t.-i.* desarmar(se. 2 calmar.

disaster [di'za:stər] *s.* desastre.

disastrous [di'za:strəs] *a.* desastroso.

disband [dis'bænd] *i.* dispersarse, desbandarse.

disc [disk] *s.* disco.

discard [di'ka:d] *t.-i.* descartarse [de]. 2 *t.* descartar.

discern [di'sə:n] *t.* discernir, distinguir.

discharge [dis'tʃa:dʒ] *s.* descarga. 2 *t.* descargar.

disciple [di'saipl] *s.* discípulo.

discipline ['disiplin] *s.* disciplina. 2 castigo. 3 *t.* disciplinar. 4 castigar.

disclose [dis'kləuz] *t.* descubrir.

discomfort [dis'kʌmfət] s. incomodidad, molestia.

disconcert [ˌdiskən'sə:t] t. desconcertar.

disconnect ['diskə'nekt] t. separar; desconectar.

discontent ['diskən'tent] s. descontento, disgusto. 2 a. descontento. 3 t. descontentar, disgustar.

discontinue ['diskən'tin-ju:] t. interrumpir.

discontinuous ['diskən-'tinjues] a. discontinuo.

discord ['disko:d] s. discordia.

discord [dis'ko:d] i. desconvenir, discordar.

discount ['diskaunt] s. descuento; rebaja 2 t. descontar, rebajar.

discourage [dis'kʌridʒ] t. desalentar. 2 disuadir.

discourse [di'ko:s] s. discurso. 2 i. discurrir, disertar.

discover [dis'kʌvər] t. descubrir, hallar.

discovery [dis'kʌvəri] s. descubrimiento, hallazgo.

discredit [dis'kredit] s. descrédito; deshonra. 2 t. desacreditar, desprestigiar.

discreet [dis'kri:t] a. discreto.

discrepance, -cy [dis'krepəns, -i] s. discrepancia.

discretion [dis'kreʃən] s. discreción.

discriminate [dis'krimineit] t. distinguir, diferenciar.

discuss [dis'kʌs] t.-i. discutir.

disdain [dis'dein] s. desdén, menosprecio. 2 t. desdeñar.

disdainful [dis'deinful] a. desdeñoso. 2 altanero.

disease [di'zi:z] s. enfermedad.

disembark ['disim'ba:k] t.-i. desembarcar.

disengage ['disin'geidʒ] t. desenredar, desembarazar.

disentangle ['disin'tæŋgl] t. desenredar. 2 zafar.

disfigure [dis'figər] t. desfigurar, afear.

disgrace [dis'greis] s. desgracia, disfavor.

disgrace [dis'greis] t. deshonrar.

disgraceful [dis'greisful] a. deshonroso, vergonzoso.

disguise [dis'gaiz] s. disfraz. 2 t. disfrazar.

disgust [dis'gʌst] s. aversión. 2 t. hastiar, repugnar.

dish [diʃ] s. plato, fuente. 2 t. servir. 3 burlar, frustrar.

dishearten [dis'ha:tn] t. descorazonar, desanimar.

dishevel [di'ʃevəl] t. desgreñar, despeinar.

dishonest [dis'ɔnist] a. tramposo, falso. 2 poco honrado.

dishono(u)r [dis'ɔnəʳ] s. deshonor, deshonra. 2 t. deshonrar.

disillusion [ˌdisi'luːʒən] s. desilusión. 2 t. desilusionar.

disinterested [dis'intrist.d] a. desinteresado. 2 imparcial.

disjoint [dis'dʒɔint] t. desarticular, descoyuntar.

disk [disk] s. disco.

dislike [dis'laik] s. aversión. 2 t. tener antipatía a, detestar

dismal ['dizməl] a. triste, sombrío.

dismay [dis'mei] s. desmayo. 2 t. desanimar, espantar.

dismiss [dis'mis] t. despedir. 2 disolver.

dismissal [dis'misəl] s. despido. 3 disolución.

dismount ['dis'maunt] t. desmontar. 2 i. bajar, apearse.

disobedience [ˌdisə'biːdjəns] s. desobediencia.

disobey ['disə'bei] t.-i. desobedecer.

disorder [dis'ɔːdəʳ] s. trastorno. 2 t. desordenar.

disorderly [dis'ɔːdəli] a. desordenado. 2 confuso.

dispatch [dis'pætʃ] s. despacho. 2 t. despachar.

dispel [dis'pel] t.-i. dispersar(se, disipar(se.

dispense [dis'pens] t. dispensar, distribuir.

disperse [dis'pəːs] t.-i. dispersar(se.

displace [dis'pleis] t. cambiar de sitio, remover.

display [dis'plei] s. despliegue, exhibición, manifestación. 2 t. desplegar, abrir, extender.

displease [dis'pliːz] t. desagradar, disgustar.

displeasure [dis'pleʒəʳ] s. desagrado, descontento.

disposal [dis'pəuzəl] s. disposición, arreglo.

dipsose [dis'pəuz] t. disponer [arreglar, ordenar; establecer; disponer el ánimo de].

disprove ['dis'pruːv] t. refutar, confutar.

dispute [dis'pjuːt.] s. disputa, discusión. 2 t.-i. disputar, discutir. 3 controvertir.

disqualify [dis'kwɔlifai] t. inhabilitar.

disquiet [dis'kwaiət] s. inquietud. 2 t. inquietar.

disregard ['disri'gaːd] s. desatención, descuido. 2 t. desatender, descuidar.

disreputable [dis'repju-təbl] *a.* desacreditado. 2 deshonroso.

disrespect ['disris'pekt] *s.* falta de respeto, desacato.

disrespectful [ˌdisris'pekful] *a.* irrespetuoso.

dissatisfaction ['disˌsætis-'fækʃən] *s.* descontento.

dissatisfy ['dis'sætisfai] *t.* descontentar.

dissect [di'sekt] *t.* disecar.

dissemble [di'sembl] *t. t.* disimular, disfrazar.

dissension [di'senʃən] *s.* disensión, discordia.

dissent [di'sent] *s.* disentimiento. 2 *i.* disentir, diferir. 3 disidir.

dissipate ['disipeit] *t.* dispersar. 2 disipar.

dissolute ['disəlu:t] *a.* disoluto.

dissolve [di'zɔlv] *t.-i.* disolver(se.

dissuade [di'sweid] *t.* disuadir.

distance ['distəns] *s.* distancia. 2 *t.* distanciar.

distaste ['dis'teist] *s.* hastío, aversión, repugnancia.

distasteful [dis'teistful] *a.* desagradable, repugnante.

distemper [dis'tempər] *s.* mal humor. 2 enfermedad. 3 *t.* perturbar, enfermar.

distil(l [dis'til] *t.* destilar.

distinct [dis'tiŋkt] *a.* distinto.

distinctive [dis'tiŋktiv] *a.-s.* distintivo.

distinguish [dis'tiŋgwiʃ] *t.-i.* distinguir(se.

distort [dis'tɔ:t] *t.* torcer.

distract [dis'trækt] *t.* distraer, apartar.

distress [dis'tres] *s.* pena. 2 *t.* afligir.

distressing [dis'tresiŋ] *a.* penoso.

distribute [dis'tribju(:)t] *t.* distribuir.

district ['distrikt] *s.* distrito.

distrust [dis'trʌst] *s.* desconfianza. 2 *t.* desconfiar.

disturb [dis'tə:b] *t.* turbar.

disturbance [dis'tə:bəns] *s.* perturbación, alteración.

ditch [ditʃ] *s.* zanja, foso.

dive [daiv] *s.* zambullida, inmersión. 2 buceo. 3 *i.* zambullirse, sumergirse.

diver ['daivər] *s.* buzo.

diverse [dai'və:s] *a.* diverso, diferente.

diversion [dai'və:ʃən] *s.* diversión, pasatiempo.

divert [dai'və:t] *t.* desviar, apartar. 2 divertir.

divide [di'vaid] t.-i. dividir(se; separar(se.

divine [di'vain] a. divino: sublime. 2 s. sacerdote; teólogo. 3 t.-i. adivinar. 4 conjeturar.

diviner [di'vainəʳ] s. adivino.

diving ['daiviŋ] s. buceo.

divinity [di'viniti] s. divinidad. 2 teología.

divorce [di'vɔ:s] s. divorcio. 3 t.i-. divorciarse de.

divulge [dai'vʌldʒ] t. divulgar; publicar.

dizziness ['dizinis] s. vértigo, mareo, vahído.

dizzy ['dizi] a. vertiginoso, que marea.

do [du:] t. [en sentido general] hacer [justicia; un favor, etc.]. 2 concluir, despachar. 3 cumplir con [un deber, etc.]. 4 producir, preparar. arreglar. 5 cocer, guisar. 6 i. obrar, portarse; estar: how ~ you ~?, ¿cómo está usted? 7 servir, bastar: that will ~, esto basta. ¶ INDIC. Pres., 3.ª pers.: does [dʌz, dəz]. | Pret.: did [did]. | Part. p.: done [dʌn].

dock [dɔk] s. dique; dársena. 2 t. cortar, cercenar.

doctor ['dɔktəʳ] m. doctor. 2 t. doctorar.

doctrine ['dɔktrin] s. doctrina.

document ['dɔkjumənt] s. documento. 2 [-ment] t. documentar.

dodge [dɔdʒ] s. regate. 2 argucia, artificio. 3 i. regatear; evitar, burlar.

doe [dəu] s. ZOOL. gama.

doer ['du(:)əʳ] s. autor, agente.

does [dʌz, dəz] V. TO DO.

dog [dɔg] s. perro, perra, can. 2 t. perseguir, seguir.

dogged ['dɔgid] a. terco, obstinado.

doing ['du(:)iŋ] ger. de TO DO. 2 s. pl. hechos, acciones.

doleful ['dəulful] a. doloroso.

doll [dɔl] s. muñeca, muñeco.

dollar ['dɔləʳ] s. dólar.

dolly ['dɔli] s. muñequita.

dolphin ['dɔlfin] s. ZOOL. delfín.

dolt [dəult] s. tonto, zote.

domain [də'mein] s. finca.

dome [dəum] s. ARQ. cúpula.

domestic [də'mestik] a. doméstico. 2 casero. 3 s. criado.

dominant ['dɔminənt] a. dominante.

dominate ['dɔmineit] t.-i. dominar. 2 i. predominar.

dominion [də'minjən] *s.* dominación, señorío.

don [dɔn] *t.* vestirse.

done [dʌn] *p. p.* de TO DO.

donkey ['dɔŋki] *s.* asno, burro.

doom [du:m] *s.* sentencia, condena. 2 destino. 3 *t.* condenar.

door [dɔ:ʳ, dɔəʳ] *s.* puerta.

door-bell ['dɔ:bel] *s.* timbre.

door-keeper ['dɔ:ˌki:pəʳ] *s.* portero.

doorway ['dɔ:wei] *s.* puerta, entrada, portal.

dope [dəup] *s.* droga, narcótico. 2 *t.* drogar, narcotizar.

dose [dəus] *s.* dosis, toma. 2 *t.* medicinar. 3 dosificar.

dot [dɔt] *s.* punto, señal. 2 *t.* puntear, salpicar.

double ['dʌbl] *a.* doble, duplo. 2 doble [de dos partes; insincero, ambiguo]. 3 *t.* doblar, duplicar.

doubt [daut] *s.* duda. 2 *t.-i.* dudar.

doubtful ['dautful] *a.* dudoso.

doubtless ['dautlis] *a.* indudable.

dough [dəu] *s.* masa [del pan].

doughnut ['dəunʌt] *s.* buñuelo.

dove [dʌv] *s.* palomo, paloma.

down [daun] *s.* plumón. 2 bozo, vello. 3 pelusa. 4 duna. 5 loma. 6 *ups and downs*, altibajos. 7 *adv.-prep.* abajo, hacia abajo, por. 8 *t.* derribar.

downfall ['daunfɔ:l] *s.* caída [de agua o nieve]. 2 fig. ruina.

downright ['daunrait] *a. a.* claro, categórico.

downstars ['daun'stɛəz] *adv.* abajo [en el piso inferior].

downward ['daunwəd] *a.* descendente. 2 *adv.* DOWNWARDS.

downwards ['daunwədz] *adv.* hacia abajo.

downy ['dauni] *a.* velloso.

dowry ['dauəri] *s.* dote.

doze [dəuz] *s.* sueño ligero. 2 *i.* dormitar.

dozen ['dʌzn] *s.* docena.

drab [dræb] *s.* pardusco.

draft, draught [drɑ:ft] *s.* acción de sacar. 2 corriente [de aire]. 3 tiro [de chimenea]. 4 inhalación, trago; bebida. 5 atracción, tracción, tiro. 6 redada. 7 trazado; boceto, dibujo. ¶ En las acepciones 4 y 6 úsase de preferencia *draught*.

draft, draught [drɑ:ft] *t.*

hacer el borrador de, redactar.

drag [dræg] s. rastra, grada. 2 t. arrastrar.

dragon ['drægən] s. dragón.

drain [drein] s. drenaje. 2 t. desaguar, drenar.

drainage ['dreinidʒ] s. desagüe.

drake [dreik] s. pato [macho].

dramatist ['dræmətist] s. dramaturgo.

drank [dræŋk] V. TO DRINK.

drape [dreip] s. colgadura. 2 t. entapizar.

drapery ['dreipəri] s. pañería.

drastic ['dræstik] a. drástico.

draught [drɑːft] s. DRAFT.

draughtsman ['drɑːftsmən] s. dibujante, delineante.

draw [drɔː] s. arrastre, tracción. 2 t. arrastrar. 2 dibujar. ¶ Pret.: *drew* [druː]; p. p.: *drawn* [drɔːn].

drawback ['drɔːbæk] s. inconveniente, desventaja.

drawbridge ['drɔːbridʒ] s. puente levadizo.

drawer [drɔːʳ, drɔəʳ] s. cajón.

drawing ['drɔːiŋ] s. dibujo. 2 tracción, arrastre.

drawl [drɔːl] s. enunciación lenta. 2 t.-i. arrastrar las palabras.

drawn [drɔːn] p. p. de TO DRAW. 2 a. de aspecto fatigado.

dread [dred] s. miedo, temor. 2 a. temible, terrible. 3 t.-i. temer [a].

dreadful ['dredful] a. terrible, espantoso.

dream [driːm] s. sueño. 2 t.-i. soñar. ¶ Pret. y p. p.: *dreamed* o *dreamt* [dremt].

dreamt [dremt] V. TO DREAM.

dreary ['driəri] a. triste.

drench [drentʃ] t. mojar.

dress [dres] s. vestido, indumentaria. 2 t.-i. vestir(se, ataviar(se. 3 peinar, arreglar [el cabello].

dresser ['dresəʳ] s. cómoda con espejo.

dressmaker ['dres,meikəʳ] s. modista, costurera.

drew [druː] V. TO DRAW.

dried [draid] V. TO DRY.

drier ['draiəʳ] s. secador.

drift [drift] s. lo arrastrado por el mar, el viento, etc. 2 rumbo, dirección, giro. 3 t. impeler, llevar, amontonar. 4 i. flotar, ir a la deriva.

drill [dril] s. taladro. 2 ejercicio. 3 t. taladrar.

drink [driŋk] s. bebida. 2 trago. 3 t. beber. 4 i.

emborracharse. ¶ Pret.: *drank* [dræŋk]; p. p.: *drunk* [drʌŋk].

drinking ['driŋkiŋ] *s.* bebida.

drip [drip] *s.* goteo. 2 gotera. 3 *i.* gotear, chorrear.

drive [draiv] *s.* paseo en coche. 2 *t.* impeler, impulsar, mover, llevar. 3 guiar, conducir. ¶ Pret.: *drove* [drəuv]; p. p.: *driven* ['drivn].

driven ['drivn] TO DRIVE.

driver ['draivər] *s.* conductor.

driving ['draiviŋ] *s.* conducción. 2 impulso.

drizzle ['drizl] *s.* llovizna. 2 *i.* lloviznar.

drone [drəun] *s.* ENT. y fig. zángano. 2 zumbido. 3 *t.* zumbar.

droop [dru:p] *s.* inclinación, caída. 2 *t.-i.* inclinar(se, bajar(se.

drop [drɔp] *s.* gota [de líquido]. 2 JOY. pendiente. 3 *t.* dejar caer, soltar, echar, verter. 4 *i.* gotear, chorrear.

drought [draut] *s.* sequía.

drove [drəuv] V. TO DRIVE. 2 *s.* manada, rebaño.

drown [draun] *t.-i.* ahogar(se, anegar(se. 2 *t.* inundar.

drowsy ['drauzi] *a.* soñoliento.

drudgery ['drʌdʒəri] *s.* trabajo penoso.

drug [drʌg] *s.* droga; medicamento. 2 *t.* narcotizar; medicinar.

druggist ['drʌgist] *s.* (Ingl.) droguero, farmacéutico; (E. U.) dueño de un DRUG-STORE.

drug-store ['drʌgstɔ:r] *s.* (E. U.) tienda a la vez farmacia, perfumería, colmado, comedor, etcétera.

drum [drʌm] *s.* tambor. 2 *i.* tocar el tambor.

drunk [drʌŋk] *p. p.* de TO DRINK. 2 *a.* borracho, embriagado.

drunkard ['drʌŋkəd] *s.* borrachín.

drunken ['drʌŋkən] *a.* borracho.

drunkenness ['drʌŋkənnis] *s.* embriaguez.

dry [drai] *a.* seco; árido. 2 *t.-i.* secar(se, enjugar(se.

dubious ['dju:bjəs] *a.* dudoso.

duchess ['dʌtʃis] *s.* duquesa.

duchy ['dʌtʃi] *s.* ducado [territorio].

duck [dʌk] *s.* ORN. ánade, pato. 2 *t.-i.* zambullir(se. 3 agachar(se rápidamente.

due [dju:] *a.* debido: ~ *to*, debido a.

duel ['dju(:)əl] *s.* duelo, desafío.

dug [dʌg] V. TO DIG. 2 *s.* teta, ubre.

dug-out ['dʌgaut] *s.* piragua. 2 refugio subterráneo.

duke [dju:k] *s.* duque.

dull [dʌl] *a.* embotado, obtuso. 2 torpe, lerdo. 3 *t.* embotar.

dullness ['dʌlnis] *s.* embotamiento. 2 torpeza, estupidez.

duly ['dju:li] *adv.* debidamente.

dumb [dʌm] *a.* mudo, callado.

dump [dʌmp] *s.* vertedero; depósito 2 *t.* descargar, verter.

dunce [dʌns] *s.* zote, ignorante.

dune [dju:n] *s.* duna.

dung [dʌŋ] *s.* estiércol. 2 *t.* estercolar.

dungeon ['dʌndʒən] *s.* calabozo.

duplicate ['dju:plikit] *a.-s.* duplicado.

duplicate ['dju:plikeit] *t.* duplicar.

durable ['djuərəbl] *a.* durable, duradero.

duration [djuə'reiʃən] *s.* duración, permanencia.

during ['djuəriŋ] *prep.* durante.

dusk [dʌsk] *s.* crepúsculo. 2 sombra.

dusky ['dʌski] *a.* oscuro. 2 sombrío.

dust [dʌst] *s.* polvo. 2 restos mortales. 3 basura. 4 *t.* desempolvar.

duster ['dʌstər] *s.* paño, plumero.

dusty ['dʌsti] *a.* polvoriento.

duty ['dju:ti] *s.* deber, obligación. 2 obediencia, respeto.

dwarf [dwɔ:f] *a.-s.* enano, -na. 2 *t.* impedir el crecimiento de. 3 empequeñecer; achicar.

dwell [dwel] *i.* habitar, residir, vivir. 2 permanecer. ¶ Pret. y p. p.: *dwelt* [dwelt].

dweller ['dwelər] *s.* habitante, inquilino.

dwelling ['dweliŋ] *s.* morada, vivienda, casa, domicilio.

dwindle ['dwindl] *i.* menguar, disminuirse.

dye [dai] *s.* tintura, tinte, color. 2 *t.-i.* teñir(se.

dynamite ['dainəmait] *s.* dinamita.

dynasty ['dinəsti] *s.* dinastía.

E

each [i:tʃ] *a.-pr.* cada, todo; cada uno: ~ *other*, uno a otro, los unos a los otros.

eager [ˈi:gəʳ] *a.* ávido, ansioso.

eagerness [ˈi:gənis] *s.* avidez, ansia, afán, ardor.

eagle [ˈi:gl] *s.* águila.

ear [iəʳ] *s.* oreja. 2 oído, oídos. 3 вот. espiga, mazorca [de cereal].

earl [ə:l] *s.* conde [título].

early [ˈə:li] *a.* primitivo, antiguo, remoto. 2 *adv.* temprano, pronto.

earn [e:n] *t.* ganar, merecer, lograr.

earnest [ˈə:nist] *a.* serio. 2 sincero.

earnestness [ˈə:nistnis]

s. seriedad, buena fe. 2 ahínco, ardor.

earnings [ˈə:niŋz] *s. pl.* ganancias; sueldo, salario.

earpiece [ˈiəpi:s] *s.* auricular.

ear-ring [ˈiəriŋ] *s.* pendiente.

earshot [ˈiə-ʃɔt] *s.* alcance del oído.

earth [ə:θ] *s.* tierra, barro. 2 tierra [mundo; país; suelo]. 3 madriguera.

earthen [ˈə:θən] *a.* de barro.

earthenware [ˈə:θənwɛəʳ] *s.* ollería, vasijas de barro.

earthly [ˈə:θli] *a.* terrestre. 2 terrenal. 3 mundano, carnal.

earthquake ['ə:θkweik] s. terremoto.

earthworm ['ə:θ-wə:m] s. lombriz de tierra.

ease [i:z] s. alivio, descanso. 2 t. aliviar, moderar.

easily ['i:zili] adv. fácilmente.

east [i:st] s. este, oriente, levante. 2 a. oriental, del este.

Easter ['i:stər] s. Pascua de Resurrección.

eastern ['i:stən] a. oriental.

easy ['i:zi] a. fácil. 2 sencillo. 3 cómodo.

eat [i:t] t.-i. comer. ‖ Pret.: *ate* [et, eit]; p. p.: *eaten* ['i:tn].

eaves [i:vz] s. pl. alero.

ebb [eb] s. MAR. menguante, reflujo. 2 i. menguar [la marea]. 3 decaer.

ebony ['ebəni] s. BOT. ébano.

eccentric [ik'sentrik] a.-s. excéntrico. 2 s. MEC. excéntrica.

ecclesiastic [i,kli:zi'æstik] a.-s. eclesiástico.

echo ['ekəu] s. eco. 2 t. hacer eco a. 3 i. repercutir, resonar.

economic(al [,i:kə'nɔmik, -əl] a. económico.

economics [,i:kə'nɔmiks] s. economía [ciencia].

economist [i'kɔnəmist] s. economista.

economy [i'kɔnəmi] s. economía.

ecstasy ['ekstəsi] s. éxtasis.

eddy ['edi] s. remolino. 2 i. arremolinarse.

edge [edʒ] s. filo, corte. 2 canto, borde, esquina. 3 t. afilar, aguzar. 4 ribetear.

edgeways ['edʒweiz], **edgewise** [-waiz] adv. de filo, de lado.

edict ['i:dikt] s. edicto, decreto.

edifice ['edifis] s. edificio.

edify ['edifai] t. edificar moralmente.

edit ['edit] t. revisar, preparar para la publicación. 2 redactar, dirigir [un periódico].

edition [i'diʃən] s. edición.

editor ['editər] s. director, redactor [de una publicación].

editorial [,edi'tɔ:riəl] a. de dirección o redacción: ~ *staff*, redacción [de un periódico]. 2 s. editorial, artículo de fondo.

educate [e'djukeit] t. educar.

education [,edju:'keiʃən] s. educación. 2 enseñanza.

eel [i:l] *s.* ICT. anguila.

efface [i'feis] *t.* borrar.

effect [i'fekt] *s.* efecto. 2 *t.* efectuar, realizar.

effective [i'fektiv] *a.* efectivo.

effeminate [i'feminit] *a.* afeminado.

efficient [i'fiʃənt] *a.* eficiente.

effort ['efət] *s.* esfuerzo. 2 obra, trabajo.

egg [eg] *s.* huevo. 2 *t.* cubrir con huevo. 3 *to ~ on,* incitar, instigar.

egress ['i:gres] *s.* salida.

eight [eit] *a.-s.* ocho; **-h** [eitθ] octavo; **-een** ['eiti:n] dieciocho; **-eenth** [-θ] decimoctavo; **-y** ['eiti] ochenta; **-ieth** ['eitiiθ] octogésimo.

either ['aiðər, 'i:ðər] *a.-pr.* [el] uno o [el] otro; [el] uno y [el] otro. 2 *adv.* también; [con negación] tampoco. 3 *conj.* ~ ... *or,* o ... o.

ejaculate [i'dʒækjuleit] *t.* eyacular. 2 exclamar, proferir.

eke out [i:k aut] *t.* añadir.

elaborate [i'læbərit] *a.* trabajado, detallado. 2 complicado.

elaborate [i'læbəreit] *t.* elaborar. 2 *i.* extenderse.

elastic [i'læstik] *a.* - *s.* elástico.

elbow ['elbəu] *s.* codo. 2 recodo. 3 brazo [de sillón].

elder ['eldər] *a.* mayor [en edad]. 2 *s.* persona mayor. 3 saúco.

elderly ['eldəli] *a.* mayor, anciano.

eldest ['eldist] *a. superl.* mayor [en edad]. 2 primogénito.

elect [i'lekt] *a.* elegido, escogido. 2 electo. 3 *t.* elegir.

election [i'lekʃən] *s.* elección.

electrician [ilek'triʃən] *s.* electricista.

electricity [ilek'trisiti] *s.* electricidad.

electrify [i'lektrifai] *t.* electrizar. 2 electrificar.

elegance ['eligəns] *s.* elegancia.

elegant ['eligənt] *a.* elegante.

element ['elimənt] *s.* elemento. 2 *pl.* elementos [rudimentos; fuerzas naturales].

elementary [,eli'mentəri] *a.* elemental.

elephant ['elifənt] *s.* ZOOL. elefante.

elevate ['eliveit] *t.* elevar, levantar, alzar.

elevation [,eli'veiʃən] *s.* elevación. 2 exaltación. 3 altura. 4 GEOGR. altitud.

elevator ['eliveitə'] s. elevador. 2 montacargas. 3 (E. U.) ascensor. 4 (Ingl.) escalera mecánica. 5 almacén de granos.

eleven [i'levn] a.-s. once; ~th [θ] a. undécimo.

elf [elf] s. duende. 2 diablillo.

elicit [i'lisit] t. sacar, arrancar, sonsacar.

eligible ['elidʒəbl] a. elegible.

eliminate [i'limineit] t. eliminar.

elk (elk] s. ZOOL. anta, alce.

elm [elm] s. BOT. olmo.

eloquence ['eləkwəns] s. elocuencia.

eloquent ['eləkwənt] a. elocuente.

else [els] a. más, otro: *nobody* ~, nadie más. 2 adv. de otro modo. 3 *conj.* si no.

elsewhere ['els'wɛə'] adv. en [cualquier] otra parte.

elucidate [i'lu:sideit] t. elucidar, dilucidar.

elude [i'lu:d] t. eludir.

elusive [i'lu:siv] a. huidizo, esquivo.

emaciate [i'meiʃieit] t.-i. enflaquecer(se, adelgazar(se.

emancipate [i'mænsipeit] t. emancipar. 2 libertar.

embankment [im'bæŋkmənt] s. terraplén, dique, presa.

embark [im'ba:k] t.-i. embarcar(se.

embarrass [im'bærəs] t. turbar, desconcertar. 2 embarazar, estorbar. 3 poner en apuros.

embassy ['embəsi] s. embajada.

ember ['embə'] s. ascua, pavesa.

embezzle [im'bezl] t. desfalcar, malversar.

embezzlement [im'bezlmənt] s. desfalco, peculado, malversación.

embitter [im'bitə'] t. amargar. 2 enconar.

emblem ['embləm] s. emblema.

embody [im'bɔdi] t. encarnar, personificar. 2 incorporar.

embolden [im'bəuldən] t. animar, envalentonar.

embrace [im'breis] s. abrazo. 2 t.-i. abrazar(se. 3 t. abarcar.

embroider [im'brɔidə'] t. bordar, recamar. 2 adornar.

embroidery [im'brɔidəri] s. bordado, bordadura.

embroil [im'brɔil] t. embrollar, enredar.

emend [i:'mend] t. enmendar, corregir.

emerald ['emərəld) s. esmeralda.

emerge [i'mə:dʒ] i. emerger.

emergence [i'mə:dʒəns] s. emergencia; salida, aparición.

emergency [i'mə:dʒənsi] s. emergencia, apuro.

emery ['eməri] s. esmeril.

emigrant ['emigrənt] s. emigrante, emigrado.

emigrate ['emigreit] i. emigrar.

eminence ['eminəns] s. eminencia, altura. 2 distinción.

eminent ['eminənt] a. eminente. 2 relevante; manifiesto.

emission [i'miʃən] s. emisión. | No en emisión de radio.

emit [i'mit] t. emitir.

emotion [i'məuʃən] s. emoción.

emotional [i'məuʃənl] a. emotivo.

emperor ['empərər] s. emperador.

emphasis ['emfəsis] s. énfasis

emphasize ['emfəsaiz] t. dar énfasis a. 2 recalcar, acentuar.

emphatic(al [im'fætik, -əl] a. enfático. 2 enérgico, fuerte.

empire ['empaiər] s. imperio.

employ [im'plɔi] s. empleo, servicio. 2 t. emplear. 3 ocupar.

employee [ˌemplɔi'i:] s. empleado, dependiente.

employer [im'plɔiər] s. patrón, amo, jefe.

employment [im'plɔimənt] s. empleo. 2 trabajo, colocación.

empower [im'pauər] t. autorizar, facultar.

empress ['empris] s. emperatriz.

empty ['empti] a. vacío. 2 vacante. 3 t.-i. vaciar(se.

enable [i'neibl] t. habilitar, facultar. 2 facilitar.

enact [i'nækt] t. aprobar y sancionar [una ley]. 2 TEAT. representar [una escena]; desempeñar [un papel].

enactment [i'næktmənt] estatuto. 2 ejecución.

enamel [i'næməl] s. esmalte. 2 t. esmaltar.

enamo(u)r (to) [i'næmər] t. enamorar.

encamp [in'kæmp] t.-i. acampar.

enchain [in'tʃein) t. encadenar.

enchant [in'tʃɑ:nt] t. encantar, hechizar. 2 deleitar.

enchantment [in'tʃa:ntmənt] s. encantamiento, hechicería. 2 encanto, hechizo, embeleso.

enchantress [in'tʃa:ntris] s. encantadora, hechicera.

encircle [in'sə:kl] t. abrazar. 2 rodear.

enclose [in'kləuz] t. cercar, rodear. 2 incluir.

enclosure [in'kləuʒər] s. cercamiento. 2 cerca, vallado.

encounter [in'kauntər] s. encuentro 2 choque, combate. 3 t. encontrar, tropezar con. 4 combatir, luchar con. 5 i. encontrarse, entrevistarse.

encourage [in'kʌridʒ] t. alentar, animar.

encroach [in'krəutʃ] i. pasar los límites de, invadir.

encumber [in'kʌmbər] t. embarazar, estorbar.

encyclop(a)edia [en,saikləu'pi:dje] s. enciclopedia.

end [end] s. fin, cabo, extremo: on ~, derecho; de punta, erizado; seguido, consecutivo. 2 colilla. 3 conclusión, muerte. 4 fin, objeto. 5 resultado. 6 FÚTBOL extremo. 7 t. acabar, terminar.

endanger [in'deindʒər] t. poner en peligro, comprometer.

endear [in'diər] t. hacer amar, hacer querido o amado.

endearing [in'diəriŋ] a. cariñoso.

endearment [in'diəmənt] s. expresión cariñosa, terneza.

endeavo(u)r [in'devər] s. esfuerzo, empeño, tentativa. 2 i. esforzarse, empeñarse.

ending ['endiŋ] s. fin, final, conclusión. 2 GRAM. terminación.

endless ['endlis] a. inacabable, interminable. 2 continuo.

endorse [in'dɔ:s] t. endosar.

endorsement [in'dɔsmənt] s. endoso.

endow [in'dau] t. dotar [una fundación; de cualidades].

endurance [in'djuərəns] s. sufrimiento. 2 resistencia, aguante.

endure [in'djuər] t. soportar, sufrir, resistir. 2 i. durar.

enemy ['enimi] s. enemigo.

energetic(al [,enə'dʒetik, -əl] a. enérgico, vigoroso.

energy ['enədʒi] *s.* energía.

enforce [in'fɔːs] *t.* hacer cumplir. 2 imponer.

engage [in'geidʒ] *t.-i.* comprometer(se, empeñarse. 2 tomar, contratar. 3 ocupar(se, absorber(se. 4 trabar.

engagement [in'geidʒmənt] *s.* compromiso, cita. 2 palabra de casamiento; noviazgo. 3 ajuste, contrato. 4 MIL. encuentro, combate.

engaging [in'geidʒiŋ] *a.* atractivo, simpático.

engender [in'dʒendər] *t.* engendrar.

engine ['endʒin] *s.* máquina, motor; locomotora.

engineer [ˌendʒi'niər] *s.* ingeniero. 2 (E. U.) maquinista. 3 *t.* proyectar. 4 arreglar.

engineering [ˌendʒi'niəiŋ] *s.* ingeniería. 2 dirección, manejo.

engrave [in'greiv] *t.* grabar, cincelar.

engraving [in'greiviŋ] *s.* grabado. 2 lámina, estampa.

engross [in'grəus] *t.* absorber. 2 poner en limpio.

enhance [in'hɑːns] *t.* acrecentar, realzar.

enjoin [in'dʒɔin] *t.*

mandar, ordenar, encargar.

enjoy [ind'dʒɔi] *t.* gozar o disfrutar de.

enlarge [in'lɑːdʒ] *t.-i.* agrandar(se; aumentar. 2 ampliar(se.

enlighten [in'laitn] *t.* iluminar, alumbrar. 2 ilustrar.

enlightenment [in'laitnmənt] *s.* ilustración, cultura.

enlist [in'list] *t.-i.* alistar(se.

enliven [in'laivn] *t.* avivar.

enmity ['enmiti] *s.* enemistad.

ennoble [i'nəubl] *t.* ennoblecer.

enormous [i'nɔːməs] *a.* enorme.

enough [i'nʌf] *a.* bastante, suficiente. 2 *adv.* bastante.

enquire = TO INQUIRE.

enrage [in'reidʒ] *t.* enfurecer, encolerizar.

enrapture [in'ræptʃər] *t.* arrebatar, entusiasmar.

enrich [in'ritʃ] *t.* enriquecer. 2 AGR. fertilizar.

enrol(l [in'rəul] *t.* alistar, matricular. 2 *i.* alistarse.

ensing ['ensain. *in the navy* 'ensn] *s.* bandera, pabellón, enseña. 2 insignia. 3 (E. U.) alférez [de marina]. *4 ensign--bearer,* abanderado.

ensnare [in'snɛəʳ] *t.* entrampar; tender un lazo a.

ensue [in'sju:] *i.* seguirse; suceder. *2* resultar.

entail [in'teil] *s.* vinculación. *2 t.* vincular [bienes]. *3* ocasionar.

entangle [in'tæŋgl] *t.* enredar, enmarañar.

enter ['entəʳ] *i.* entrar.

enterprise ['entəpraiz] *s.* empresa. *2* energía. resolución.

enterprising ['entəpraiziŋ] *a.* emprendedor.

entertain [,entə'tein) *t.* entretener, divertir. *2* hospedar, agasajar. *3* tomar en consideración. *4* tener, abrigar [ideas, sentimientos]. *5 i.* recibir huéspedes, dar comidas o fiestas.

entertainment [,entə'teinmənt] *s.* acogida, hospitalidad; fiesta. *2* entretenimiento, diversión; función, espectáculo.

enthral(l [in'θrɔ:l] *t.* hechizar, cautivar.

enthusiasm [in'θju:ziæzəm] *s.* entusiasmo.

entice [in'tais] *t.* atraer, tentar, incitar, seducir.

entire [in'taiəʳ] *a.* entero, completo, íntegro.

entitle [in'taitl] *t.* titu-

lar. *2* dar derecho a, autorizar.

entourage [,ɔntu'rɑ:ʒ] *s.* medio ambiente. *2* séquito, cortejo.

entrance ['entrəns] *s.* entrada, acceso, ingreso: *no ~,* se prohíbe la entrada.

entrance [in'trɑ:ns] *t.* extasiar, hechizar.

entreat [in'tri:t] *t.-i.* suplicar, rogar, implorar.

entreaty [in'tri:ti] *s.* súplica.

entrust [in'trʌst] *t.* confiar.

entry ['entri] *s.* entrada, ingreso. *2* puerta, vestíbulo, zaguán. *3* asiento, anotación.

ennumerate [i'nju:məreit] *t.* enumerar. *2* contar, numerar.

enunciate [i'nʌnsieit] *t.* enunciar. *2* pronunciar.

envelop [in'veləp] *t.* envolver, cubrir, forrar.

envelope ['enveləup] *s.* sobre [de carta]. *2* envoltura, cubierta.

enviable ['enviəbl] *a.* envidiable.

envious ['enviəs] *a.* envidioso.

environment [in'vaiərənmənt] *s.* ambiente, medio ambiente. *2* alrededores.

environs [in'vaiərənz] s. pl. contornos, alrededores.

envisage [in'vizidʒ] t. mirar cara a cara. 2 enfocar.

envoy ['envɔi] s. mensajero.

envy ['envi] s. envidia. 2 t. envidiar.

epic ['epik] a. épico. 2 s. epopeya; poema épico.

epidemic [,epi'demik] a. epidémico. 2 s. epidemia.

epigram ['epigræm] s. epigrama.

epilepsy ['epilepsi] s. MED. epilepsia.

epilogue ['epilɔg] s. epílogo.

episcopal [i'piskəpəl] a. episcopal.

episode ['episəud] s. episodio.

epitaph ['epitɑf] s. epitafio.

epoch ['i:pɔk] s. época, edad.

equal ['i:kwəl] a. igual. 2 justo, imparcial. 3 t. igualar.

equality [i:'kwɔliti] s. igualdad.

equalize ['i:kwəlaiz] t. igualar.

equation [i'kweiʒən] s. ecuación.

equator [i'kweitəʳ] s. ecuador.

equilibrium [,i:kwi'libriəm] s. equilibrio.

equip [i'kwip] t. equipar.

equipage ['ekwipidʒ] s. equipo.

equipment [i'kwipmənt] s. equipo, equipaje. 2 pertrechos.

equipoise ['ekwipɔiz] s. equilibrio.

equitable ['ekwitəbl] a. justo, equitativo, imparcial.

equivalence [i'kwivələns] s. equivalencia.

equivocate [i'kwivəkeit] t. hacer equívoco. 2 i. usar equívocos, mentir.

era ['iəre] s. era [de tiempo].

eradicate [i'rædikeit] t. desarraigar, extirpar.

erase [i'reiz] t. borrar. 2 tachar, rayar, raspar.

erect [i'rekt] a. derecho, levantado, erguido, enhiesto. 2 t. erigir.

ermine ['ə:min] s. armiño.

erode [i'rəud] t. corroer.

erosion [i'rəuʒən] s. erosión.

err [ə:ʳ] i. errar, equivocarse, pecar. 2 vagar.

errand ['erənd] s. encargo, recado, mandado.

erratum [e'rɑ:təm] pl. **-ta** [-tə] s. errata.

erroneus [i'rəunjəs] a. erróneo.

error ['erər] s. error.

eructate [i'rʌkteit] i. eructar.

escalade [,eskə'leid] s. MIL. escalada. 2 t. escalar [una pared, etc.].

escalator ['eskəleitər] s. escalera mecánica.

escapade [,eskə'peid] s. evasión.

escape [is'keip] s. escape, fuga. 2 t. escapar(se; huir. 3 t. evitar, rehuir.

escort ['eskɔ:t] s. escolta, convoy; acompañante.

escort [is'kɔ:t] t. escoltar, convoyar, acompañar.

Eskimo ['eskiməu] a.-s. esquimal.

especial [is'peʃəl] a. especial. 2 -ly adv. especialmente.

espionage [,espiə'nɑ:ʒ] s. espionaje.

espouse [is'pauz] t. desposarse, casarse con.

espy [is'pai] t. divisar, columbrar.

esquire [is'kwaiər] s. título pospuesto al apellido en cartas [Esq.]. Equivale a Señor Don.

essay ['esei] s. tentativa, esfuerzo. 2 ensayo [literario].

essay [e'sei] t. ensayar, examinar. 2 intentar.

essence ['esns] s. esencia.

essential [i'senʃəl] a. esencial. 2 vital, indispensable.

establish [is'tæbliʃ] t. establecer. 2 probar, demostrar.

establishment [is'tæbliʃmənt] s. establecimiento. 2 fundación.

estate [is'teit] s. estado [orden, clase de pers.]. 2 bienes. 3 heredad, finca. 4 herencia [bienes].

esteem [is'ti:m] t. apreciar.

estimate ['estimit] s. estimación, apreciación.

estimate ['estimeit] t. estimar, evaluar, juzgar.

estrange [is'treindʒ] t. extrañar, alejar, enajenar.

estuary ['estjuəri] s. estuario, ria.

eternal [i'tə:nl] a. eterno.

eternity [i'tə:niti] s. eternidad.

ether ['i:θər] s. éter.

ethereal [i'θiəriəl] a. etéreo.

ethic(al ['eθik, -əl] a. ético.

ethics ['eθiks] s. ética.

etiquette ['etiket] s. etiqueta.

eulogy ['ju:lədʒi] s. elogio.

evade [i'veid] *t.* evadir.

evaporate ['ivæpəreit] *t.-i.* evaporar(se.

evasion [i'veiʒən] *s.* evasión.

eve [i:v] *s.* víspera, vigilia.

even ['i:vən] *a.* llano. 2 uniforme. 3 ecuánime. 4 equilibrado. 5 igual. 6 par [número]. 7 en paz, desquitado. 8 *adv.* aun, hasta, también, incluso: ~ *if,* aunque, aun cuando; ~ *so,* aun así. 9 siquiera: *not* ~, ni siquiera. 10 *t.* igualar, allanar, nivelar.

evening ['i:vniŋ] *s.* tarde [después de la merienda].

event [i'vent] *s.* caso, suceso.

eventful [i'ventful] *a.* lleno de acontecimientos, memorable.

eventual [i'ventʃuəl] *a.* final, definitivo. 2 **-ly** *adv.* finalmente.

ever ['evər] *adv.* siempre. 2 alguna vez.

evergreen ['evəgri:n] *s.* siempreviva.

everlasting [ˌevə'lɑ:stiŋ] *a.* eterno, sempiterno, perpetuo.

evermore ['evə'mɔ:ʳ] *adv.* eternamente, siempre.

every ['evri] *a.* cada, todo, todos.

everybody ['evribədi] *pron.* todos, todo el mundo; cada uno.

everyday ['evridei] *a.* diario, cotidiano, ordinario.

everyone ['evriwʌn] *pron.* EVERYBODY.

everything ['evriθiŋ] *pron.* todo, cada cosa.

everywhere ['evriwɛəʳ] *adv.* por todas partes; a todas partes.

evidence ['evidəns] *s.* evidencia. 2 prueba.

evident ['evidənt] *a.* evidente.

evil ['i:vl] *a.* malo. 2 maligno. 3 *s.* mal; desastre. 4 *adv.* mal, malignamente.

evil-doer ['i:vl'du(:)əʳ] *s.* malhechor.

evince [i'vins] *t.* mostrar.

evolution [ˌi:və'lu:ʃən] *s.* evolución.

evolve [i'vɔlv] *t.* desenvolver, desarrollar. 2 *i.* evolucionar.

ewe [ju:] *s.* oveja.

ewer ['ju(:)əʳ] *s.* jarro.

exact [ig'zækt] *a.* exacto. 2 *t.* exigir, imponer.

exacting [ig'zæktiŋ] *a.* exigente.

exaggerate [ig'zædʒəreit] *t.* exagerar. 2 abultar, ponderar.

exalt [ig'zɔ:lt] *t.* exaltar ensalzar; elevar, engrandecer.

examination [ig͵zæmi'nei-ʃən] s. examen. 2 DER. interrogatorio.

examine [ig'zæmin] t. examinar. 2 DER. interrogar.

examinee [ig͵zæmi'ni:] s. examinando.

examiner [ig'zæminəʳ] s. examinador.

example [ig'zɑ:mpl] s. ejemplo.

exasperate [ig'zɑ:spəreit] t. exasperar, irritar. 2 agravar.

excavate ['ekskəveit] t. excavar. 2 extraer cavando.

exceed [ik'si:d] t. exceder.

exceeding [ik'si:diŋ] a. a. grande, extremo.

excel [ik'sel] t. aventajar, superar. 2 i. distinguirse.

excellence ['eksələns] s. excelencia.

except [ik'sept] prep. excepto, salvo, a excepción de. 2 conj. a menos que.

except [ik'sept] t. exceptuar.

exception [ik'sepʃən] s. excepción. 2 salvedad.

excerpt ['eksə:pt] s. cita, pasaje, fragmento.

excess [ik'ses] s. exceso, demasía.

exchange [iks'tʃeindʒ] s.

cambio. 2 t. cambiar, canjear.

exchequer [iks'tʃekəʳ] s. (Ingl.) hacienda pública: *Chancellor of the* ~, Ministro de Hacienda. 2 bolsa, fondos.

excite [ik'sait] t. excitar.

exciting [ik'saitiŋ] a. excitante. 2 emocionante.

exclaim [iks'kleim] t.-i. exclamar.

exclude [iks'klu:d] t. excluir.

exclusion [iks'klu:ʒən] s. exclusión.

exclusive [iks'klu:siv] a. exclusivo. 2 privativo. 3 selecto.

excommunicate [͵ekskə'mju:nikeit] t. excomulgar.

excruciating [iks'kru:-ʃieitiŋ] a. torturador. 2 atroz [dolor].

excursion [iks'kə:ʃən] s. excursión.

excuse [iks'kju:s] s. excusa. 2 [-z] t. excusar. 3 perdonar, dispensar.

execrable ['eksikrəbl] a. execrable, abominable.

execute ['eksikju:t] t. ejecutar, cumplir. 2 TEAT. desempeñar. 3 ejecutar, ajusticiar.

execution [͵eksi'kju:ʃən] s. ejecución. 2 DER. embargo.

executive [ig'zekjutiv] a.

ejecutivo. 2 s. poder ejecutivo. 3 director, gerente.

executor [ig'zekjutər] s. ejecutor. 2 albacea.

exemplify [ig'zemplifai] t. ejemplificar; demostrar.

exempt [ig'zempt] a. exento. 2 t. eximir, exceptuar.

exercise ['eksəsaiz] s. ejercicio. 2 t. ejercer, practicar. 3 t.-i ejercitar(se.

exert [ig'zə:t] t. ejercer, poner en acción. 2 t. pr. esforzar(se.

exertion [ig'zə:ʃən] s. esfuerzo.

exhale [eks'heil] t.-i. exhalar(se.

exhaust [ig'zɔ:st] s. MEC. escape, descarga [de gases, vapor, etc.]. 2 tubo de escape. 3 t. agotar. 4 MEC. dar salida o escape a.

exhaustion [ig'zɔ:stʃən] s. agotamiento. 2 MEC. vaciamiento.

exhibit [ig'zibit] s. objeto expuesto. 2 t. exhibir. 3 exponer [a la vista].

exhibition [ˌeksi'biʃən] s. exhibición. 2 exposición [de productos, cuadros, etcétera].

exigence, -cy ['eksidʒens, -i] s. exigencia, necesidad.

exile ['eksail] s. destierro, exilio. 2 desterrado, exilado. 3 t. desterrar.

exist [ig'zist] i. existir.

existence [ig'zistəns] s. existencia.

exit ['eksit] s. salida.

exotic(al [ig'zɔtik, -əl] a. exótico.

expand [iks'pænd] t.-i. extender(se; dilatar(se. 2 abrir(se; desplegar(se. 3 desarrollar(se. 4 i. expansionarse.

expanse [iks'pæns] s. extensión.

expansion [iks'pænʃən] s. expansión. 2 dilatación.

expansive [iks'pænsiv] a. expansivo. 2 extenso.

expect [iks'pekt] t. esperar. 2 suponer.

expectant [iks'pektənt] a. encinta.

expectation [ˌekspek'teiʃən] s. espera, expectación. 2 perspectiva.

expedient [iks'pi:djənt] a. conveniente. 2 s. expediente.

expedition [ˌekspi'diʃən] s. expedición [militar, científica].

expel [iks'pel] t. expeler.

expend [isk'pend] t. gastar.

expenditure [iks'pendit-
ʃəʳ] s. gasto, desembol-
so.

expense [iks'pens] s. gasto, desembolso.

expensive [iks'pensiv] a.
costoso, caro.

experience [iks'piəriəns]
s. experiencia. 2 experi-
mento. 3 t. experimen-
tar.

experiment [iks'perimənt]
s. experimento, prueba.
2 [-ment] t.-i. experi-
mentar, probar.

expert ['ekspə:t] a.-s. experto.

expire [iks'paiəʳ] i. expirar, morir. 2 expirar
[un plazo].

explain [iks'plein] t. explicar, exponer, aclarar.

explanation [,eksplə'nei-
ʃən] s. explicación.

explode [iks'pləud] t. volar, hacer estallar. 2 refutar. 3 i. estallar.

exploit ['eksplɔit] s. hazaña.

exploit [iks'plɔit] t. explotar.

explore [iks'plɔ:ʳ] t. explorar. 2 examinar, son-
dear.

explosion [iks'pləuʒən] s.
explosión, estallido.

export ['ekspɔ:t] s. exportación. 2 [eks'pɔ:t]
t. exportar.

expose [iks'pəuz] t. exponer a la vista, a un
riesgo]; poner en peli-
gro, comprometer.

exposition [,ekspə'ziʃən]
s. exposición. 2 explica-
ción.

exposure [iks'pəuʒəʳ] s.
exposición [a la intem-
perie, al peligro, etc.];
falta de protección.

expound [iks'paund] t.
exponer, explicar, co-
mentar.

express [iks'pres] a. expreso, claro, explícito. 2
t. expresar(se. 3 t. prensar.

expulsion [iks'pʌlʃən] s.
expulsión.

exquisite ['ekskwizit] a.
exquisito. 2 primoroso.

extant [eks'tænt] a. exis-
tente.

extemporize [iks'tempə-
raiz] t.-i. improvisar.

extend [iks'tend] t.-i. ex-
tender(se, prolongar(se.
2 t. dar, ofrecer.

extension [iks'tenʃən] s.
extensión. 2 prolonga-
ción.

extensive [iks'tensiv] a.
extensivo. 2 extenso, an-
cho.

extent [iks'tent] s. extensión; amplitud, mag-
nitud.

exterior [eks'tiəriəʳ] a.
exterior.

exterminate [eks'tə:mi-neit] *t.* exterminar, extirpar.

external [elks'tə:nl] *a.* externo.

extinct (iks'tiŋkt] *a.* extinto.

extinguish [iks'tiŋgwiʃ] *t.* extinguir. 2 apagar.

extol [iks'təul] *t.* exaltar.

extortion [iks'tɔ:ʃən] *s.* extorsión. 2 exacción.

extract ['ekstrækt] *s.* QUÍM. extracto. 2 cita.

extract [iks'trækt] *t.* extraer.

extraordinary [iks'trɔ:dn-ri, -dinəri] *a.* extraordinario.

extravagance [iks'trævi-gəns] *s.* prodigalidad. 2 extravagancia.

extreme [iks'tri:m] *a.* extremo. 2 extremado, riguroso. 3 *s.* extremo, extremidad.

extremity [iks'tremiti] *s.* extremidad, fin. 2 extre-

mo, exceso. 3 *pl.* extremidades.

extricate ['ekstrikeit] *t.* desembarazar, desenredar.

exult [ig'zʌlt] *i.* exultar, alegrarse; triunfar.

exultation [,egzʌl'teiʃən] *s.* alborozo, alegría.

eye [ai] *s.* ojo [órgano de la visión; atención, vigilancia], vista, mirada: *to catch the ~ of,* llamar la atención; *to see ~ to ~,* estar completamente de acuerdo. 2 ojo [de una aguja, del pan, del queso]. 3 COST. corcheta, presilla. 4 *t.* mirar, clavar la mirada en.

eyelash ['ailæʃ] *s.* ANAT. pestaña.

eyelid ['ailid] *s.* ANAT. párpado.

eyesight ['ai-sait] *s.* vista [sentido].

F

fable ['feibl] s. fábula; ficción.

fabric ['fæbrik] s. tejido, tela. 3 fábrica, edificio.

fabulous ['fæbjuləs] a. fabuloso.

face (feis) s. cara, rostro, semblante; in the ~ of, ante, en presencia de. 2 osadía, descaro. 3 mueca, gesto. 4 aspecto, apariencia: on the ~ of it, según las apariencias. 5 superficie; frente, fachada. 6 esfera [de reloj]. 7 t. volverse o mirar hacia. 8 enfrentarse con; afrontar. 9 dar a, estar encarado a. 10 cubrir, revestir.

facilitate [fə'siliteit] t. facilitar, posibilitar.

facility [fə'siliti] s. facilidad.

fact [fækt] s. hecho; verdad, realidad.

faction ['fækʃən] s. facción, bando, parcialidad.

factious ['fækʃəs] a. faccoso.

factory ['fæktəri] s. fábrica.

faculty ['fækəlti] s. facultad.

fade [feid] t.-i. marchitar(se.

fag [fæg] s. fatiga, pena. 2 cigarrillo. 3 t. fatigar, cansar.

fail [feil] s. suspenso; without ~, sin falta. 2 i. faltar. 3 decaer. 4 fallar, inutilizarse. 5 fracasar. 6 errar, equivocarse. 7 to ~ to, dejar de.

failing ['feiliŋ] s. falta, defecto. 2 prep. faltando, a falta de.

failure ['feiljə'] *s.* fracaso, fiasco.

faint [feint] *a.* débil. 2 desfallecido. 3 *s.* desmayo. 4 *i.* desmayarse.

fair [fɛə'] *a.* hermoso, bello. 2 blanca [tez]; rubio [cabello]. 3 *adv.* favorablemente. 4 *s.* feria, mercado.

fairness ['fɛənis] *s.* limpieza, pureza. 2 hermosura.

fairy ['fɛəri] *s.* hada, duende.

faith [feiθ] *s.* fe.

faithful ['feiθful] *a.* fiel. 2 leal.

faithfulness ['feiθfulnis] *s.* fidelidad, lealtad.

faithless ['feiθlis] *a.* infiel.

fake [feik] *s.* imitación, falsificación. 2 impostor, farsante. 3 *a.* falso, falsificado, fingido. 4 *t.* falsificar, imitar, fingir.

falcon ['fɔ:lkən] *s.* ORN. halcón.

fall [fɔ:l] *s.* caída. 2 decadencia, ruina. 3 (E. U.) otoño. 4 *i.* caer. 5 disminuir. 6 decaer. 7 ponerse. 8 tocar, corresponder [a uno una cosa]. 9 to ~ *away,* enflaquecer; desvanecerse; rebelarse; apostatar. 10 to ~ *in love,* enamorarse. 11 to ~ *in with,* estar de acuerdo con; coincidir; armonizar con. 12 to ~ *out,* reñir, desavenirse; acontecer. 13 to ~ *through,* fracasar. 14 to ~ *upon,* atacar, embestir. ¶ Pret.: *fell* (fel); p. p.: *fallen* ['fɔlən].

fallen ['fɔ:lən] *p. p.* de TO FALL.

fallow ['fæləu] *a.* en barbecho. 2 *s.* barbecho.

false [fɔ:ls] *a.* falso.

falsehood ['fɔ:lshud] *s.* falsedad.

falter ['fɔ:ltə'] *i.* vacilar

fame [feim] *s.* fama.

familiar [fə'miljə'] *a.* familiar.

familiarity [fə,mili'æriti] *s.* familiaridad. 2 intimidad.

family ['fæmili] *s.* familia. 2 sangre, linaje. 3 *a.* familiar, de familia: ~ *name,* apellido.

famine ['fæmin] *s.* hambre.

famished ['fæmiʃt] *a.* hambriento, famélico.

famous ['feiməs] *a.* famoso.

fan [fæn] *s.* abanico. 2 ventilador. 3 hincha, aficionado. 4 *t.* abanicar. 5 aventar.

fanatic(al [fə'nætik, -əl] *a.* fanático.

fanciful ['fænsiful] *a.* antojadizo. 2 caprichoso, fantástico; imaginario.

fancy ['fænsi] *s.* fantasía, imaginación. 2 capricho, antojo 3 *t.* imaginar, figurarse. 4 encapricharse por.

fang [fæŋ] *s.* colmillo.

fantastic(al [fæn'tæstik, -əl] *a.* fantástico, grotesco.

fantasy ['fæntəsi] *s.* fantasía.

far [fɑːʳ] *adv.* lejos, a lo lejos: ~ *and wide,* por todas partes; hasta; en cuanto; *as ~ as I know,* que yo sepa; *in so ~ as,* en cuanto, en lo que; *so ~,* hasta ahora; ~-*fetched,* rebuscado. 2 muy, mucho; ~-*away,* muy lejos; ~ *off,* lejano; a lo lejos. 3 *a.* lejano, distante: *Far East,* Extremo Oriente.

farce [fɑːs] *s.* farsa.

fare [fɛəʳ] *s.* pasajero; pasaje. 2 billete; precio. 3 comida. 4 *i.* pasarlo [bien o mal]. 5 pasar, ocurrir.

farewell ['fɛə'wel) *interj.* ¡adiós! 2 *s.* despedida.

farm [fɑːm] *s.* granja, cortijo. 2 *t.* cultivar, labrar.

farmer ['fɑːməʳ] *s.* granjero, labrador.

farmhouse ['fɑːmhaus] *s.* granja.

farming ['fɑːmiŋ] *s.* cultivo; agricultura.

farmyard ['fɑːm-jɑːd] *s.* corral.

far-sighted ['fɑː'saitid] *a.* perspicaz. 2 sagaz.

farther [['fɑːðəʳ] *adv.* más lejos. 2 además.

farthest ['fɑːðist] *a. superl.* [el más lejano]. 2 *adv.* más lejos.

farthing ['fɑːðiŋ] *s.* cuarto de penique.

fascinate ['fæsineit] *t.* fascinar, encantar.

fascism ['fæʃizəm] *s.* fascismo.

fashion ['fæʃən] *s.* forma. 2 modo, manera. 3 moda, costumbre, uso. 4 elegancia, buen tono. 5 *t.* formar, hacer, labrar. 6 amoldar.

fashionable ['fæʃnəbl] *a.* a la moda. 2 elegante.

fast [fɑːst] *a.* firme, seguro. 2 atado, fijo; íntimo. 3 rápido, veloz. 4 adelantado [reloj]. 5 *adv.* firmemente. 6 aprisa. 7 *s.* ayuno, abstinencia. 8 amarra, cable.

fasten ['fɑːsn] *t.-i.* fijar(se, atar(se.

fastidious [fæs'tidiəs] *a.* descontentadizo, delicado.

fastness ['fɑ:stnis] s. firmeza, fijeza, solidez.

fat [fæt] a. gordo, obeso. 2 fértil. 3 s. gordura; grasa.

fatal ['feitl] a. fatal. 2 funesto.

fate [feit] s. hado. 2 sino.

father ['fɑ:ðər] s. padre. 2 Dios Padre. 3 t. engendrar.

father-in-law ['fɑ:ðərinlɔ:] s. padre político, suegro.

fatherland ['fɑ:ðəlænd] s. patria.

fathom ['fæðəm] s. braza [medida]. 2 t. MAR. sondar.

fatigue [fə'ti:g] s. fatiga. 2 t. fatigar, cansar.

fatten ['fætn] t. engordar. 2 fertilizar.

fatuous ['fætjuəs] a. fatuo, necio.

fault [fɔ:lt] s. falta, defecto, error, culpa.

faultless ['fɔ:ltlis] a. impecable.

faulty ['fɔ:lti] a. defectuoso.

favo(u)r ['feivər] s. favor. 2 t. favorecer.

favo(u)rable ['feivərəbl] a. favorable, propicio.

fawn [fɔ:n] s. ZOOL. cervato. 2 i. to ~ on o upon, adular, halagar.

fealty ['fi:əlti] s. homenaje; lealtad.

fear [fiər] s. miedo, temor. 2 t.-i. temer.

fearful ['fiəful] a. espantoso.

fearless ['fiəlis] a. intrépido.

feasible ['fi:zəbl] a. posible.

feast [fi:st] s. fiesta. 2 t. festejar.

feat [fi:t] s. proeza, hazaña.

feather ['feðər] s. pluma [de ave]. 2 t. emplumar.

feature ['fi:tʃər] s. rasgo, facción [del rostro]

febrile ['fi:brail] a. febril.

February ['februəri] s. febrero.

fecundity [fi'kʌnditi] s. fecundidad. 2 fertilidad.

fed [fed] pret. y p. p. de TO FEED.

federal ['fedərəl] a. federal.

federation [,fedə'reiʃən] s. federación, liga.

fee [fi:] s. honorarios, derechos. 2 t. retribuir, pagar.

feeble ['fi:bl] a. débil. 2 flaco.

feed [fi:d] s. alimento, comida [esp. de los animales]. 2 t.-i. alimentar(se. ¶ Pret. y p. p.: fed (fed).

feel [fi:l] *s.* tacto. 2 sensación. 2 *t.* tocar, tentar. 3 sentir, experimentar. 4 *i.* sentirse, tener: *to ~ cold*, tener frío. *to ~ like*, tener ganas de. ¶ Pret. y p. p.: *felt* [felt].

feeling ['fi:liŋ] *s.* tacto [sentido]. 2 sensación, percepción.

feet [fi:t] *s. pl.* de FOOT. pies.

feign [fein] *t.* fingir.

felicity [fi'lisiti] *s.* felicidad.

fell [fel] *pret.* de TO FALL. 2 *a.* cruel. 3 *s.* tala [de árboles]. 4 *t.* derribar, tumbar.

fellow ['feləu] *s.* compañero.

fellowship ['feləuʃip] *s.* compañerismo. 2 compañía, asociación.

felt [felt] V. TO FEEL. 2 *s.* fieltro.

female ['fi:meiḷ] *s.* hembra. 2 *a.* femenino.

feminine ['feminin] *a.* femenino.

fen [fen] *s.* pantano, marjal.

fence [fens] *s.* valla. 2 esgrima. 3 *t.* vallar. 4 *i.* esgrimir. 5 proteger.

fender ['fendər] *s.* guardafuegos.

ferment [fə:ment] *s.* fermento.

ferment [fə(:)'ment] *i.-t.* fermentar.

fern [fə:n] *s.* BOT. helecho.

ferocious [fə'rəuʃəs] *a.* fiero, terrible.

ferocity [fə'rɔsiti] *s.* fiereza.

ferry ['feri] *s.* barca, balsa. 2 *~-boat*, barca de pasaje. 3 *t.-i.* cruzar [un río] en barca.

fertile ['fə:tail] *a.* fértil.

fertilize ['fə:tilaiz] *t.* fertilizar. 2 fecundar.

fertilizer ['fə:tilaizər] *s.* fertilizante, abono.

fervent [fə:vənt] *a.* ferviente.

fervour ['fə:vər] *s.* fervor, ardor.

festival ['festəvəl] *s.* fiesta.

festivity [fes'tiviti] *s.* alborozo. 2 festividad.

festoon [fes'tu:n] *s.* festón.

fetch [fetʃ] *t.* ir por, ir a buscar. 2 venderse a o por.

fetter ['fetər] *s.* grillete, prisión. 2 *t.* encadenar.

feud [fju:d] *s.* rencilla.

feudalism ['fju:dəlizəm] *s.* feudalismo.

fever ['fi:vər] *s.* MED. fiebre.

feverish ['fi:vəriʃ] *a.* febril.

few [fju:] *a.-pron.* pocos: *a* ~, unos cuantos, algunos.

fewer ['fju:ə^r] *a.-pron. comp.* de FEW; menos.

fiancé [fi'ā:nsei] *s.* novio, prometido.

fiancée [fi'ā:nsei] *s.* novia, prometida.

fib [fib] *s.* bola, mentirilla.

fiber, fibre ['faibə^r] *s.* fibra.

fibrous ['faibrəs] *a.* fibroso.

fickle ['fikl] *a.* inconstante.

fiction ['fikʃən] *s.* ficción.

fiddle ['fidl] *s.* MÚS. fam. violín.

fidelity [fi'deliti] *s.* fidelidad.

fidget ['fidʒit] *i.* estar inquieto, agitarse.

field [fi:ld] *s.* campo.

fiend [fi:nd] *s.* demonio, diablo.

fierce [fiəs] *a.* fiero, feroz.

fierceness ['fiəsnis] *s.* ferocidad.

fiery ['faiəri] *a.* ardiente, encendido.

fife [faif] *s.* pífano.

fifth [fifθ] *a.-s.* quinto; **fifteen** ['fif'ti:n] quinto; **-th** [-θ] decimoquinto; **fifty** ['fifti] cincuenta; **fiftieth** [-iiθ] quincuagésimo.

fig [fig] *s.* BOT. higo.

fight [fait] *s.* lucha. 2 *i.* luchar. 3 lidiar. ¶ Pret. y p. p.: *fought* [fɔ:t].

fighter ['faitə^r] *s.* luchador.

figure ['figə^r] *s.* figura. 2 tipo, cuerpo, talle. 3 ARIT. cifra, número. 4 *t.* adornar con [dibujos, etc.]. 5 figurarse, imaginar.

filament ['filəmənt] *s.* filamento.

file [fail] *s.* lima. 2 carpeta. 3 expediente. 4 fila. 5 *t.* limar. 6 archivar, registrar. 7 *i.* desfilar.

fill [fil] *s.* hartazgo. 2 colmo. 3 *t.-i.* llenar(se. 4 *t.* llevar a cabo.

fillet ['filit] *s.* filete; solomillo. 2 *t.* cortar en lonjas.

filling ['filiŋ] *s.* relleno; llenado: ~ *station,* estación de servicio.

film [film] *s.* película, filme. 2 *t.* filmar.

filter ['filtə^r] *s.* filtro. 2 *t.-i.* filtrar(se.

filth [filθ] *s.* suciedad.

filthy ['filθi] *a.* sucio.

fin [fin] *s.* aleta [de pez].

final ['fainl] *a.* final.

finance [fai'næns, fi-] *s.* ciencia financiera. 2 *pl.* hacienda. 3 *t.* financiar.

financial [fai'nænʃəl, fi-] *a.* financiero, bancario.

find [faind] *s.* hallazgo.
find [faind] *t.* encontrar:
to ~ fault with, hallar
defectos; *to ~ out*, averiguar. ¶ Pret. y p. p.:
found [faund].
finding ['faindiŋ] *s.* hallazgo.
fine [fain] *s.* multa. 2 *a.*
fino. 3 hermoso, bello. 4
bueno, excelente. 5 gua-
po, elegante. 6 *t.* mul-
tar.
fineness ['fainnis] *s.* fi-
neza.
finger ['fiŋgər] *s.* dedos.
2 *t.* tocar, manosear. 3
hurtar. 4 teclear.
finical ['finikl], **finicking**
['finikiŋ] *a.* melindroso,
remilgado.
finish ['finiʃ] *s.* fin, final. 2 *t.* acabar, terminar, concluir.
finishing ['finiʃiŋ] *s.* aca-
bamiento. 2 perfecciona-
miento.
fir [fə:ʳ] *s.* BOT. abeto.
fire ['faiəʳ] *s.* fuego,
lumbre. 2 fuego, incen-
dio. 3 fuego [disparos].
4 ardor, pasión. 5 *t.-i.*
encender(se. 6 *t.* disparar.
fireman ['faiəmən] *s.*
bombero.
fire-place ['faiə-pleis] *s.*
hogar, chimenea.
fire-proof ['faiə-pruf]

a. incombustible; re-
fractario.
firewood ['faiəwud] *s.* leña.
fireworks ['faiəwə:ks] *s.
pl.* fuegos artificiales.
firm [fə:m] *a.* firme. 2
s. firma, casa, razón social.
firmness ['fə:mnis] *s.*
firmeza.
first [fə:st] *a.* primero.
first-rate ['fə:st'reit] *a.*
excelente, de primera.
firth [fə:θ] *s.* ría, estuario.
fish [fiʃ] *s.* ICT. pez. 2
pescado. 3 *t.-i.* pescar.
fisherman ['fiʃəmən] *s.*
s. pescador.
fishmonger ['fiʃˌmʌŋgəʳ]
s. pescadero.
fission ['fiʃən] *s.* fisión.
fissure ['fiʃəʳ] *s.* hendidura.
fist [fist] *s.* puño.
fit [fit] *s.* ataque, acceso. 2 capricho, antojo. 3
ajuste, encaje. 4 *a.* apto,
capaz. 5 *t.-i.* adaptarse,
ajustarse [a]. 6 *t.* ajustar, encajar.
fitful ['fitful] *a.* variable. 2 caprichoso.
fitness ['fitnis] *s.* aptitud,
conveniencia. 2 salud.
fitting ['fitiŋ] *a.* propio,
adecuado, conveniente. 2
s. ajuste.

five [faiv] *a.-s.* cinco.

fiver ['faivə^r] *s.* fam. billete de banco de cinco libras.

fix [fiks] *s.* apuro, aprieto. 2 *t.-i.* fijar(se. 3 *t.* reparar, arreglar.

fixture ['fikstʃə^r] *s.* cosa, mueble. 2 *pl.* instalación [de gas, etc.].

flabby ['flæbi] *a.* fláccido, flojo; soso.

flag [flæg] *s.* bandera. 2 *i.* desanimarse.

flagrant ['fleigrənt] *a.* notorio, escandaloso.

flake [fleik] *s.* copo [de nieve].

flame [fleim] *s.* llama; fuego. 2 *i.* llamear, flamear.

flank [flæŋk] *s.* ijada. 2 costado, lado. 3 *t.* flanquear.

flannel ['flænl] *s.* TEJ. franela.

flap [flæp] *s.* golpe, aletazo. 2 *t.* batir, agitar.

flare [flɛə'] *s.* llamarada. 2 *i.* llamear, fulgurar.

flash [flæʃ] *s.* ráfaga de luz. 2 *t.* encender. 3 *i.* relampaguear.

flashlight ['flæʃlait] *s.* linterna.

flask [flɑːsk] *s.* frasco, redoma.

flat [flæt] *a.* plano, llano. 2 *s.* llanura. 3 piso, apartamento.

flatten ['flætn] *t.* allanar.

flatter ['flætə^r] *t.* adular.

flattering ['flætəriŋ] *a.* lisonjero.

flattery ['flætəri] *s.* adulación.

flaunt [flɔːnt] *s.* ostentación. 2 *t.* lucir, ostentar.

flavo(u)r ['fleivə^r] *s.* sabor. 2 *t.* sazonar, condimentar.

flaw [flɔː] *s.* grieta, raja. 2 defecto.

flax [flæks] *s.* lino.

flea [fliː] *s.* pulga.

fled [fled] V. TO FLEE.

flee [fliː] *i.* huir. 2 *t.* huir de, evitar. ¶ Pret. y p. p.: *fled* [fled].

fleece [fliːs] *s.* vellón, lana. 2 *t.* esquilar.

fleecy ['fliːsi] *a.* lanoso.

fleet [fliːt] *s.* armada. 2 flota. 3 *a.* veloz, ligero.

fleeting ['fliːtiŋ] *a.* fugaz.

Flemish ['flemiʃ] *a.-s.* flamenco [de Flandes].

flesh [fleʃ] *s.* carne: *to put on* ~, engordar.

flew [fluː] V. TO FLY.

flexible ['fleksəbl] *a.* flexible.

flick [flik] *s.* golpecito.

flicker ['flikə^r] *s.* luz trémula. 2 *i.* vacilar.

flight [flait] *s. s.* vuelo. 2 bandada; escuadrilla. 3 fuga. 4 tramo de escaleras.

flinch [flintʃ] *i.* vacilar.

fling [fliŋ] *s.* tiro. 2 prueba. 3 *t.-i.* echar(se, lanzar(se. ¶ Pret. y p. p.: *flung* [flʌŋ].

flint [flint] *s.* pedernal.

flip [flip] *t.* arrojar, lanzar [con el pulgar y otro dedo].

flippant ['flipənt] *a.* ligero; impertinente.

flirt [flə:t] *s.* galanteador. 2 coqueta. 3 *i.* flirtear, coquetear.

flirtation [flə:'teiʃən], **flirting** ['flə:tiŋ] *s.* flirteo, coqueteo.

flit [flit] *i.* revolotear.

float [fləut] *s.* corcho. 2 boya. 3 balsa. 4 *i.* flotar. 5 *t.* hacer flotar.

flock [flɔk] *s.* rebaño; manada. 2 *i.* reunirse, congregarse.

flog [flɔg] *t.* azotar.

flood [flʌd] *s.* riada, crecida. 2 *t.* inundar.

floor [flɔ:^r, 'flɔə^r] *s.* suelo, piso.

flounder ['flaundə^r] *s.* esfuerzo torpe. 2 *i.* es-

forzarse torpemente. 3 vacilar.

flour ['flauə^r] *s.* harina.

flourish ['flʌriʃ] *s.* rasgo caprichoso. 2 toque de trompetas. 3 prosperidad. 4 *i.* prosperar. 5 rasguear. 6 *t.* blandir.

flow [fləu] *s.* flujo, corriente. 2 *i.* fluir, manar.

flower ['flauə^r] *s.* BOT. flor. 2 *i.* florecer.

flowering ['flauəriŋ] *a.* florido.

flown [fləun] *p. p.* de TO FLY.

flu [flu:] *s.* MED. fam. gripe.

fluctuate ['flʌktjueit] *i.* fluctuar.

fluent [fluənt] *a.* fluido.

fluffy ['flʌfi] *a.* mullido.

fluid ['flu(:)id] *a.-s.* fluido.

flung [flʌŋ] V. TO FLING.

flurry ['flʌri] *s.* agitación, excitación. 2 *t.* agitar.

flush [flʌʃ] *a.* lleno, rico. 2 *s.* flujo rápido. 3 rubor, sonrojo. 4 *i.* afluir [la sangre]. 5 ruborizarse.

flute [flu:t] *s.* MÚS. flauta.

flutter ['flʌtə^r] *s.* vibración. 2 *i.* temblar, aletear.

fly [flai] *s.* ENT. mosca. 2 *pl.* TEAT. bambalinas. 3 *i.* volar. ¶ Pret.: *flew* [flu:]; p. p.: *flown* [fləun].

foam [fəum] *s.* espuma. 2 *i.* echar espuma.

focus ['fəukəs] *s.* foco; enfoque. 2 *t.* enfocar.

fodder ['fɔdər] *s.* forraje, pienso.

foe [fəu] *s.* enemigo.

fog [fɔg] *s.* niebla, bruma.

foggy ['fɔgi] *a.* neblinoso.

foil [fɔil] *t.* frustrar.

foist [fɔist] *t.* endosar.

fold [fəuld] *s.* pliegue, doblez. 2 *t.-i.* doblar(se, plegarse.

foliage ['fəuliidʒ] *s.* follaje.

folk [fəuk] *s.* gente, pueblo.

folk-lore ['fəuk-lɔ:r] *s.* folklore.

follow ['fɔləu] *t.* seguir.

follower ['fɔləuər] *s.* seguidor.

following ['fɔləuiŋ] *a.* siguiente.

folly ['fɔli] *s.* tontería.

fond [fɔnd] *a.* cariñoso. 2 to be ~ of, ser aficionado a.

fondle ['fɔndl] *t.* mimar.

fondness ['fɔndnis] *s.* afición.

food [fu:d] *s.* alimento, comida.

fool [fu:l] *s.* tonto, bobo. 2 *t.* engañar.

foolish ['fu:liʃ] *a.* tonto, necio.

foolishness ['fu:liʃnis] *s.* tontería, simpleza.

foot [fut], *pl.* **feet** [fi:t] *s.* pie: *on* ~, a pie.

football ['futbɔ:l] *s.* DEP. fútbol.

footfall ['futfɔ:l] *s.* pisada; paso.

footing ['futiŋ] *s.* pie, base. 2 posición.

footlights ['futlaits] *s.* candilejas.

footman ['futmən] *s.* lacayo.

footprint ['futprint] *s.* huella.

footstep ['futstep] *s.* paso, pisada.

for [fɔ:r, fər] *prep.* para; por; a causa de. 2 durante. 3 *as* ~ *me,* por mi parte. 4 *conj.* [fɔ:r] ya que, pues.

forage ['fɔridʒ] *s.* forraje. 2 *t.* forrajear.

foray ['fɔrei] *s.* correría.

forbade [fə'bæd] V. TO FORBID.

forbear ['fɔ:bɛər] *s.* antepasado. 2 [fɔ:'bɛər] *t.* dejar de, abstenerse de. ¶ *forbore* [fɔ:'bɔ:r]; *forborne* [fɔ:'bɔ:n].

forbearance [fɔ:ˈbɛərəns] s. abstención, contención.

forbid [fəˈbid] t. prohibir. ¶ Pret.: *forbade* [fəˈbæd]; p. p.: *forbidden* [fəˈbidn].

forbidding [fəˈbidiŋ] a. prohibitivo. 2 repulsivo.

force [fɔ:s] s. fuerza. 2 t. forzar.

forceful [ˈfɔ:sful] a. poderoso.

forcible [ˈfɔ:səbl] a. fuerte.

ford [fɔ:d] s. vado. 2 t. vadear.

fore [fɔ:, fɔər] a. delantero. 2 s. parte delantera; proa. 3 adv. a proa.

forearm [ˈfɔ:rɑ:m] s. antebrazo.

forebode [fɔ:ˈboud] t.-i. presagiar. 2 t. presentir.

foreboding [fɔ:ˈboudiŋ] s. presagio, augurio.

forecast [ˈfɔkɑ:st] s. pronóstico. 2 t. pronosticar, predecir. ¶ Pret. y p. p.: *forecat* o *-ted* [-tid].

forefather [ˈfɔ:ˌfɑ:ðər] s. antepasado.

forefinger [ˈfɔ:ˌfiŋgər] s. dedo índice.

foregoing [fɔ:ˈgouiŋ] s. anterior.

forehead [ˈfɔrid] s. ANAT. frente.

foreign [ˈfɔrin] a. extranjero, exterior.

foreigner [ˈfɔrinər] s. extranjero [pers.].

foreman [ˈfɔ:mən] s. capataz.

foremost [ˈfɔ:moust] a. delantero. 2 primero, principal.

forenoon [ˈfɔ:nu:n] s. [la] mañana.

foresee [fɔ:ˈsi:] t. prever. ¶ Pret.: *foresaw* [fɔ:ˈsɔ:]; p. p.: *foreseen* [fɔ:ˈsi:n].

foresight [ˈfɔ:sait] s. previsión, perspicacia.

forest [ˈfɔrist] s. bosque, selva.

forestall [fɔ:ˈstɔ:l] t. anticiparse a; prevenir.

forestry [ˈfɔristri] s. silvicultura.

foretell [fɔ:ˈtel] t. predecir. ¶ Pret. y p. p.: *foretold* [fɔ:ˈtould].

forever [fəˈrevər] adv. siempre.

forfeit [ˈfɔ:fit] s. pena, multa. 2 prenda [en los juegos]. 3 t. perder [algo] como pena o castigo.

forge [fɔ:dʒ] s. fragua; herrería. 2 t. forjar, fraguar; falsificar.

forgery [ˈfɔ:dʒəri] s. falsificación.

forget [fə'get] *t.-i.* olvidar. ¶ Pret.: *forgot* [fə'gɔt]; p. p. *forgotten* [fə'gɔtn].

forgetful [fə'getful] *a.* olvidadizo.

forgive [fe'giv] *t.* perdonar. ¶ Pret.: *forgave* [fə'geiv]; p. p.: *forgiven* [fə'givn].

forgiveness [fə'givnis] *s.* perdón.

forgot [fə'gɔt], **forgotten** [fə'gɔtn] V. TO FORGET.

fork [fɔ:k] *s.* tenedor. 2 horca. 3 *i.* bifurcarse.

forlorn [fə'lɔ:n] *a.* abandonado.

form [fɔ:m] *s.* forma. 2 *t.-i.* formar(se.

formal ['fɔ:məl] *a.* formal.

formality [fɔ:'mæliti] *s.* formalidad, requisito.

formation [fɔ:'meiʃən] *s.* formación.

former ['fɔ:mər] *a.* anterior; antiguo. 2 *pron.* the ~, the latter, aquél éste.

formerly ['fɔ:məli] *adv.* antes.

formidable ['fɔ:midəbl] *a.* formidable, temible.

formula ['fɔ:mjulə] *s.* fórmula.

formulate ['fɔ:mjuleit] *t.* formular.

forsake [fə'seik] *t.* abandonar, desamparar. ¶

Pret.: *forsook* [fə'suk]; p. p.: *forsaken* [fə'seikən].

forswear [fɔ:'swɛər] *t.* abjurar, renunciar. ¶ Pret.: *forswore* [fɔ:'swɔ:ʳ); p. p.: *forsworn* [fɔ:'swɔ:n].

fort [fɔ:t] *s.* fuerte, fortaleza.

forth [fɔ:θ] *adv.* delante, adelante. 2 en adelante.

forthcoming [fɔ:θ'kʌmiŋ] *a.* venidero, próximo.

forthwith ['fɔ:θ'wiθ] *adv.* inmediatamente.

fortnight ['fɔ:tnait] *s.* quincena.

fortress ['fɔ:tris] *s.* fortaleza.

fortunate ['fɔ:tʃənit] *a.* afortunado, feliz.

fortune ['fɔ:tʃən] *s.* fortuna.

forty ['fɔ:ti] *a.-s.* cuarenta. 2 **-ieth** [-iiθ] cuadragésimo.

forward ['fɔ:wəd] *a.* delantero. 2 precoz, adelantado. 3 *t.* enviar, remitir. 4 promover.

forward(s ['fɔ:wəd(z] *adv.* [hacia] adelante; más allá.

fossil ['fɔsil] *a.-s.* fósil.

foster ['fɔstəʳ] *a.* de leche; adoptivo. 2 *t.* criar, nutrir.

fought [fɔ:t] V. TO FIGHT.

foul [faul] *a.* sucio, asqueroso. 2 *t.-i.* ensuciar(se.

found [faund] TO FIND. 2 *t.* fundar.

foundation [faun'deiʃən] *s.* fundación. 2 fundamento.

founder ['faundər] *s.* fundador. 2 *t.-i.* irse a pique.

foundling ['faundliŋ] *s.* expósito.

foundry ['faundri] *s.* fundición.

fount [faunt] *s.* manantial.

fountain ['fauntin] *s.* fuente. 2 ~-*pen*, pluma estilográfica.

four [fɔ:ʳ, fɔəʳ] *a.-s.* cuatro; **-fold** ['fɔ:-fəuld] cuádruplo; **-teen** [-'ti:n] catorce; **-teenth** [-ti:nθ] decimocuarto; **-th** [-θ] cuarto; **forty** ['fɔ:ti] cuarenta; **fortieth** ['fɔ:tüθ] cuadragésimo.

fowl [faul] *s.* ave de corral.

fox [fɔks] *s.* zorro, -ra.

fraction ['frækʃən] *s.* fragmento.

fracture ['fræktʃəʳ] *s.* fractura. 2 *t.-i.* fracturar(se.

fragile ['frædʒail] *a.* frágil.

fragment ['frægmənt] *s.* fragmento, trozo.

fragrance ['freigrəns] *s.* fragancia.

fragrant ['freigrənt] *a.* fragante.

frail [freil] *a.* frágil. 2 débil.

frame [freim] *s.* armazón, marco. 2 *t.* formar, construir.

framework ['freimwə:k] *s.* armazón, esqueleto.

franc [fræŋk] *s.* franco [moneda].

franchise ['fræntʃaiz] *s.* privilegio. 2 derecho político.

frank [fræŋk] *a.* franco [sincero, claro]. 2 *s.* franquicia postal.

frankfurter ['fræŋk,fə:təʳ] *s.* salchicha de Francfort.

frankness ['fræŋknis] *a.* franqueza.

frantic ['fræntik] *a.* frenético, furioso.

fraternity [frə'tə:niti] *s.* hermandad.

fraud [frɔ:d] *s.* fraude.

fraught [frɔ:t] *a.* lleno, cargado.

fray [frei] *s.* riña, pelea. 2 *t.* rozar, raer.

freak [fri:k] *s.* capricho, antojo. 2 monstruosidad.

freckle ['frekl] *s.* peca.

free [fri:] *a*. libre. 2 *t*. librar.

freedom ['fri:dəm] *s*. libertad.

freeze [fri:z] *s*. helada. 2 *t.-i.* helar(se. ¶ Pret.: *froze* [frəuz]; p. p.: *frozen* ['frəunzn].

freight [freit] *s*. carga, flete.

French [frentʃ] *a*. - *s*. francés.

Frenchman ['frentʃmən] *s*. francés [hombre].

Frenchwoman ['frentʃ‚wumən] *s*. francesa [mujer].

frenzy ['frenzi] *s*. frenesí.

frequency ['fri:kwənsi] *s*. frecuencia.

frequent ['fri:kwənt] *a*. *t*. frecuentar.

fresh [freʃ] *a*. fresco, nuevo. 2 ~ *water*, agua dulce.

freshman ['freʃmən] *s*. estudiante de primer año en universidad.

freshness ['freʃnis] *s*. frescor.

fret [fret] *s*. roce. 2 *t.-i.* rozar(se.

fretful ['fretful] *a*. irritable.

friar ['fraiəʳ] *s*. fraile, monje.

friction ['frikʃən] *s*. fricción.

Friday ['fraidi] *s*. viernes.

friend [frend] *s*. amigo, amiga: *boy* ~, novio; *girl* ~, novia.

friendless ['frendlis] *a*. sin amigos.

friendly ['frendli] *a*. amistoso.

friendship ['frendʃip] *s*. amistad.

frigate ['frigit] *s*. fragata.

fright [frait] *s*. miedo, terror.

frighten ['fraitn] *t*. asustar.

frightful ['fraitful] *a*. espantoso.

frigid ['fridʒid] *a*. frígido, frío.

fringe [frindʒ] *s*. franja, fleco. 2 *t*. orlar, adornar con flecos.

frisk [frisk] *i*. retozar.

frisky ['friski] *a*. juguetón.

frivolous ['frivələs] *a*. frívolo.

fro [frəu] *adv*. *to and* ~. de un lado a otro.

frock [frɔk] *s*. hábito [monacal]. 2 vestido [de mujer]. 3 ~ *coat*, levita.

frog [frɔg] *s*. rana. 2 *t*. alarmar.

frolic ['frɔlik] *s*. juego, retozo. 2 *i*. juguetear, retozar.

from [frɔm, frəm] *prep*.

de, desde. 2 a partir de. 3 de parte de. 4 según. 5 por, a causa de.

front [frʌnt] s. frente, fachada. 2 in ~ of, delante de, frente a. 3 t. hacer frente a.

frontier ['frʌntiəʳ] s. frontera. 2 a. fronterizo.

frost [frɔst] s. escarcha, helada.

frosty ['frɔsti] a. helado, glacial.

froth [frɔθ] s. espuma.

frothy ['frɔθi] a. espumoso.

frown [fraun] s. ceño, entrecejo. 2 i. fruncir el entrecejo.

froze, frozen V. TO FREEZE.

frugal ['fru:gəl] a. frugal.

fruit [fru:t] s. fruto. 2 i. fructificar.

fruitful ['fru:tful] a. fructífero.

fruitless ['fru:tlis] a. infructuoso, estéril, vano.

frustrate [frʌs'treit] t. frustrar. 2 burlar.

fry [frai] t.-i. freír(se.

fuel [fjuəl] s. combustible, carburante.

fugitive ['fju:dʒitiv] a. fugitivo. 2 fugaz, pasajero.

fulfil(l [ful'fil] t. cumplir, realizar, verificar, efectuar.

fulfilment [ful'filmənt] s. ejecución, realización. 2 colmo.

full [ful] a. lleno, repleto.

fullness ['fulnis] s. llenura, plenitud, colmo. 2 abundancia.

fully ['fuli] adv. plenamente.

fumble ['fʌmbl] i. buscar a tientas, revolver.

fume [fju:m] s. humo. 2 t. ahumar.

fun [fʌn] s. broma, diversión: to be ~, ser divertido.

function ['fʌŋkʃən] s. función. 2 i. funcionar.

fund [fʌnd] s. fondo, capital.

fundamental [ˌfʌndə'mentl] a. fundamental. 2 s. pl. fundamento, principio, parte esencial.

funeral ['fju:nərəl] s. entierro. 2 a. fúnebre.

fungus ['fʌŋgəs] f. BOT. hongo.

funnel ['fʌnl] s. embudo; chimenea de vapor.

funny ['fʌni] a. cómico, gracioso, divertido.

fur [fəːʳ] s. piel.

furious ['fjuəriəs] a. furioso.

furl [fə:l] t. plegar [banderas]. 2 MAR. aferrar [velas].

furnace ['fə:nis] s. horno.

furnish ['fə:niʃ] t. surtir, proveer. 2 equipar, amueblar.

furnishing ['fə:niʃiŋ] s. pl. útiles, avíos, mobiliario.

furniture ['fə:nitʃəʳ] s. mobiliario, muebles: piece of ~, mueble.

furrier ['fʌriəʳ] s. peletero.

furrow ['fʌrəu] s. surco. 2 arruga. 3 t. surcar.

further ['fə:ðəʳ] a. adicional, ulterior. 2 más lejano. 3 adv. más allá.

4 además, aún. 5 t. adelantar, fomentar.

furthermore ['fə:ðə'mɔ:ʳ] adv. además.

furtive ['fə:tiv] a. furtivo.

fury ['fjuəri] s. furia. 2 entusiasmo, frenesí.

fuse [fju:z] s. espoleta, cebo. 2 ELECT. fusible. 3 t.-i. fundir(se.

fuss [fʌs] s. alboroto, alharaca. 2 i. bullir, ajetrearse.

fussy ['fʌsi] a. bullidor, inquieto. 2 minucioso, exigente.

futile ['fju:tail] a. fútil. 2 frívolo. 3 vano, inútil.

future ['fju:tʃəʳ] a. futuro.

G

gabardine ['gæbədi:n] *s.* gabardina [tela].

gabble ['gæbl] *s.* charla. 2 *t.* charlar.

gad [gæd] *i.* callejear.

gadget ['gædʒit] *s.* chisme, mecanismo.

gag [gæg] *s.* mordaza. 2 TEAT. morcilla. 3 *t.* amordazar. 4 TEAT. meter morcilla.

gaiety ['geiəti] *s.* alegría.

gain [gein] *s.* ganancia. 2 ventaja. 3 *t.* ganar.

gainful ['geinful] *a.* provechoso.

gait [geit] *s.* paso, marcha.

gale [geil] *s.* vendaval.

gall [gɔ:l] *s.* bilis, hiel. 2 descaro. 3 *t.* mortificar.

gallant ['gælənt] *a.* gallardo, valiente. 2 [gə'lænt] galante, cortés.

gallantry ['gæləntri) *s.* valentía. 2 galantería.

gallery ['gæləri) *s.* galería.

galley ['gæli] *s.* MAR. galera.

gallon ['gælən] *s.* galón [medida].

gallop ['gæləp] *s.* galope. 2 *i.* galopar.

gallows ['gæləuz] *s.* horca, patíbulo: ~-*bird*, reo de muerte.

gamble ['gæmbl] *s.* juego [por dinero]. 2 *i.* jugar [dinero].

gambling ['gæmbliŋ] *s.* juego.

gambol ['gæmbəl] *s.* brinco. 2 *i.* brincar, retozar.

game [geim] *s.* juego, diversión. 2 partida [de juego]. 3 DEP. partido. 4

caza [animales]. 5 a. valiente, dispuesto.

game [geim] t.-i. TO GAMBLE.

gander ['gændər] s. ZOOL. ganso.

gang [gæŋ] s. cuadrilla.

gang-plank ['gæŋplæŋk] s. plancha, pasarela.

gangster ['gæŋstər] s. gangster.

gangway ['gæŋwei) s. pasillo.

gaol (dʒeil] s. cárcel.

gap [gæp] s. boquete, brecha.

gape [geip] s. bostezo. 2 i. bostezar.

garage ['gærɑːʒ, -ridʒ] s. garaje.

garb [gɑːb] s. vestido, traje.

garbage ['gɑːbidʒ] s. basura.

garden ['gɑːdn] s. jardín.

gardener ['gɑːdnər] s. jardinero.

gardening ['gɑːdniŋ] s. jardinería, horticultura.

garland ['gɑːlənd] s. guirnalda.

garlic ['gɑːlik] s. BOT. ajo.

garment ['gɑːmənt] s. vestido.

garner ['gɑːnər] s. granero.

garnish ['gɑːniʃ] s. adorno. 2 t. adornar.

garret ['gærət] s. desván.

garrison ['gærisn] s. guarnición. 2 t. MIL. guarnecer.

garrulous ['gæruləs] a. locuaz.

gas [gæs] s. gas: ~ range, cocina de gas. 2 (E. U.) gasolina.

gaseous ['gæsjəs] a. gaseoso.

gash [gæʃ] s. cuchillada. 2 t. acuchillar.

gaslight ['gæslait] s. luz de gas.

gasolene ['gæsəliːn] s. (E. U.) gasolina.

gasp [gɑːsp] s. boqueada. 2 i. boquear. 3 t. decir de manera entrecortada.

gate [geit] s. puerta [de ciudad, muro, etc.]; verja; barrera.

gateway ['geit-wei] s. puerta; pórtico.

gather ['gæðər] t. recoger, juntar. 2 cosechar. 3 deducir, inferir. 4 i. reunirse.

gathering ['gæðəriŋ] s. recolección. 2 reunión [de gente]. 3 MED. absceso.

gaudiness ['gɔːdinis] s. ostentación.

gaudy ['gɔːdi] a. ostentoso.

gauge [geidʒ] s. medida, calibre. 2 t. medir.

gaunt [gɔ:nt] *a.* flaco, desvaído.

gauze [gɔ:z] *s.* gasa, cendal.

gave [geiv] *pret.* de TO GIVE.

gay [gei] *a.* alegre. 2 vistoso.

gaze [geiz] *s.* mirada fija. 2 *i.* mirar fijamente.

gear [giəʳ] *s.* vestidos, atavíos. 2 herramientas. 3 engranaje. 4 *t.* ataviar.

geese [gi:s] *s. pl.* de GOOSE.

gelatine [,dʒelə'ti:n] *s.* gelatina.

gem [dʒem] *s.* gema.

gender ['dʒendəʳ] *a.* género.

general ['dʒenərəl] *a.* general. 2 *m.* MIL. general.

generate ['dʒenəreit] *t.* producir.

generation [,dʒenə'reiʃən] *s.* generación.

generosity [,dʒenə'rɔsiti] *s.* generosidad.

generous ['dʒenərəs] *a.* generoso. 2 noble. 3 amplio.

genial [d'ʒi:njəl] *a.* simpático; afable.

genius ['dʒi:njəs], *pl.* **geniuses** ['dʒi:niəsiz] genio [fuerza creadora]. 2 carácter particular [de una nación, época, etc.].

genteel [dʒen'ti:l] *a.* [hoy, irónico] cursi: [antes] cortés, bien criado.

gentle ['dʒentl] *a.* de buena posición social. 2 dócil. 3 afable.

gentleman ['dʒentlmən] *s.* caballero.

gentlemanly ['dʒentlmənli] *s.* caballeroso.

gentleness ['dʒentlnis] *s.* mansedumbre. 2 afabilidad.

gentlewoman ['dʒentl,wumən] *f.* señora. 2 dama de honor.

gently ['dʒentli] *adv.* suavemente; despacio.

gentry ['dʒentri] *s.* alta burguesía. 2 irón. gente bien.

genuine ['dʒenjuin] *a.* genuino; legítimo; sincero.

geographer [dʒi'ɔgrəfəʳ] *s.* geógrafo.

geography [dʒi'ɔgrəfi] *s.* geografía.

geology [dʒi'ɔlədʒi] *s.* geología.

geometry [dʒi'ɔmitri] *s.* geometría.

geranium [dʒi'reinjəm] *s.* BOT. geranio.

germ [dʒə:m] *s.* germen.

German ['dʒə:mən] *a.-s.* alemán.

germinate ['dʒə:mineit] *i.* geminar. 2 *t.* hacer germinar.

gesture [ˈdʒestʃər] s. ademán, gesto, señal.

get [get] t. obtener, conseguir. 2 hallar. 3 coger, atrapar. 4 vencer. 5 mandar; hacer que. 6 poner [en un estado, etc.]. 7 procurar, proporcionar. 8 comprender. 9 i. ganar dinero. 10 estar, hallarse. 11 ir, llegar, meterse, introducirse, pasar. 12 hacerse, volverse, ponerse. ¶ Pret. y p. p.: got [gɔt].

geyser [ˈgaizər] s. géiser. 2 [ˈgiːzər] calentador de agua.

ghastly [ˈgɑːstli] a. horrible.

ghost [gəust] s. espíritu, alma. 2 espectro, fantasma.

giant [ˈdʒaiənt] a.-s. gigante.

giddy [ˈgidi] a. vertiginoso; mareado.

gift [gift] s. donación. 2 regalo.

gifted [ˈgiftid] a. dotado.

gig [gig] s. carruaje ligero.

gigantic [dʒaiˈgæntik] a. gigantesco.

giggle [ˈgigl] s. risita nerviosa. 2 i. reír nerviosa y tontamente.

gild [gild] t. dorar.

gill [gil] s. agalla.

gilt [gilt] a.-s. dorado.

gin [dʒin] s. ginebra.

gingerly [ˈdʒindʒəli] adv. cautelosamente, con precaución.

gipsy [ˈdʒipsi] s. GYPSY.

giraffe [dʒiˈrɑːf] s. jirafa.

gird [gəːd] t. ceñir, cercar. ¶ Pret. y p. p: girded [ˈgəːdid] o girt [gəːt].

girdle [ˈgəːdl] s. faja. 2 t. ceñir.

girl [gəːl] f. niña, muchacha.

girt [gəːt] V. TO GIRD.

girth [gəːθ] s. cincha.

gist [dʒist] s. quid, punto esencial.

give [giv] t. dar; regalar. 2 ofrecer. 3 to ~ back, devolver; to ~ up, renunciar a. 4 i. dar de sí, ceder. ¶ Pret.: gave [geiv]; p. p.: given [ˈgivn].

glacial [ˈgleisjəl] a. glacial.

glacier [ˈglæsjər] s. glaciar.

glad [glæd] a. alegre, contento.

glade [gleid] s. claro [en un bosque].

gladness [ˈglædnis] s. alegría.

glamorous [ˈglæmərəs] a. fascinador.

glamo(u)r [ˈglæmər] s. encanto.

glance [glɑ:ns] s. mirada. 2 i.-t. dar una mirada.

gland [glænd] s. glándula.

glare [glɛəʳ] s. fulgor, respandor. 2 i. brillar, deslumbrar.

glass ['glɑ:s] s. vidrio, cristal. 2 vaso, copa. 3 espejo. 4 ÓPT. lente; anteojo.

glassy ['glɑ:si] a. cristalino.

glaze [gleiz] s. vidriado. 2 t. vidriar, barnizar. 3 velar [los ojos]. 4 poner cristales a.

gleam [gli:m] s. destello. 2 i. destellar.

glean [gli:n] t. espigar.

glee [gli:] s. alegría, gozo.

gleeful ['gli:ful] a. alegre, gozoso.

glen [glen] s. cañada.

glide [glaid] s. deslizamiento. 2 i. deslizarse, resbalar.

glider ['glaidəʳ] s. planeador.

limmmer ['glíməʳ] s. vislumbre. 2 i. brillar; vislumbrarse.

glimpse [glimps] s. resplandor fugaz. 2 i. echar una ojeada. 3 t. vislumbrar.

glint [glint] s. brillo, destello. 2 i. brillar.

glisten ['glisn] i. brillar.

glitter ['glitəʳ] s. resplandor. 2 i. brillar.

globe [gləub] s. globo.

gloom [glu:m] s. oscuridad.

gloomy ['glu:mi] a. oscuro.

glorify ['glɔ:rifai] t. glorificar. 2 ensalzar.

glorious ['glɔ:riəs] a. glorioso.

glory ['glɔ:ri] s. gloria. 2 i. gloriarse.

gloss [glɔs] s. lustre, brillo. 2 t. lustrar, pulir.

glossy ['glɔsi] a. brillante.

glove [glʌv] s. guante.

glow [gləu] s. luz, resplandor. 2 i. dar luz o calor vivos, brillar.

glue [glu:] s. cola [para pegar]. 2 t. encolar, pegar.

gluey ['glu:i] a. pegajoso.

glut [glʌt] t.-i. hartar(se. 2 t. COM. inundar.

gnarl [nɑ:l] s. nudo [en madera].

gnash [næʃ] i. hacer rechinar los dientes.

gnat [næt] s. ENT. mosquito.

gnaw [nɔ:] t. roer.

go [gəu] s. ida. 2 marcha. 3 empuje. 4 tentativa. 5 moda: *it is all the* ~, hace furor.

go [gəu] *i.* ir. 2 irse, marchar, partir. 3 andar, funcionar. *4* [el traje] caer bien. 5 morir; decaer. *6* tener éxito. 7 resultar. ¶ Pres. 3.ª pers.: *goes* [gəuz]; pret.: *went* [went]; p.p.: *gone* [gɔn].

goad [gəud] *s.* pincho, aguijón. 2 *t.* aguijar, aguijonear.

goal [gəul] *s.* DEP. meta, portería; gol: *to score a* ~, marcar un tanto. 2 fin, objeto.

goal-keeper [ˈgəulˌkiːpəʳ] *s.* DEP. portero, guardameta.

goat [gəut] *s.* cabra; cabrón.

gobble [ˈgɔbl] *t.* engullir.

God [gɔd] *n. pr.* Dios. 2 *m.* dios.

goddess [ˈgɔdis] *s.* diosa, diva.

godfather [ˈgɔdˌfɑːðəʳ] *s.* padrino [de bautismo].

godly [ˈgɔdli] *a.* piadoso, devoto.

godmother [ˈgɔdˌmʌðəʳ] *f.* madrina [de bautismo].

goggle [ˈgɔgl] *s. pl.* gafas ahumadas. 2 *i.* mirar con ojos desorbitados.

gold [gəuld] *s.* oro.

golden [ˈgəuldən] *a.* de oro, áureo, dorado.

goldsmith [ˈgəuldsmiθ] *s.* orfebre.

golf [gɔlf] *s.* DEP. golf.

gone [gɔn] *p. p.* de TO GO.

good [gud] *a.* bueno. 2 *s.* bien; provecho; *for* ~, para siempre.

good-by, good-bye [gudˈbai] *s.* adiós: *to say* ~ *to,* despedirse de. 2 [ˈgu(d)ˈbai] *intej.* ¡adiós!

goodly [ˈgudli] *a.* agradable; importante.

goodness [ˈgudnis] *s.* bondad.

goods [gudz] *s. pl.* géneros, mercancías.

goody [ˈgudi] *a.-s.* bonachón. 2 *s.* golosina.

goose [guːs] *pl.* **geese** [giːs] *s.* ORN. ganso, oca.

gore [gɔːʳ] *s.* sangre.

gorge [gɔːdʒ] *s.* garganta. 2 *t.* engullir.

gorgeous [ˈgɔːdʒəs] *a.* brillante, suntuoso.

gory [ˈgɔːri] *a.* sangriento.

gospel [ˈgɔspəl] *s.* evangelio.

gossip [ˈgɔsip] *s.* chismorreo; chismoso. 2 *i.* cotillear.

got [gɔt] V. TO GET.

gourd [guəd] *s.* BOT. calabaza.

govern ['gʌvən] t. gobernar.

governess ['gʌvənis] s. aya; institutriz.

government ['gʌvnmənt, 'gʌvə-] s. gobierno, dirección.

governor ['gʌvənər] s. gobernador. 2 director.

gown [gaun] s. vestido de mujer. 2 bata; toga.

grab [græb] t. agarrar.

grace [greis] s. gracia [física; espiritual]. 2 t. adornar.

graceful ['greisful] a. gracioso, airoso, agraciado.

gracious ['greiʃəs] a. gracioso, amable.

grade [greid] s. grado. 2 clase. 3 t. graduar.

gradual ['grædʒuəl] a. gradual.

graduate ['grædʒuət] a. graduado. 2 ['grædjueit] t.-i. graduar(se.

grain [grein] s. grano. 2 cereales. 3 átomo, pizca.

grammar ['græmər] s. gramática: ~-school, instituto de segunda enseñanza; (E. U.) escuela primaria.

grand [grænd] a. magnífico; sublime; distinguido.

grandchild ['græn-tʃaild] s. nieto, nieta.

grandaughter ['græn,dɔ:tər] s. nieta.

grandfather ['grænd,fɑ:-ðər] s. abuelo.

grandmother ['græn,mʌ-ðər] s. abuela.

grandparent ['græn,pɛərənt] s. abuelo, abuela. 2 pl. abuelos.

grandson ['grænsʌn] s. nieto.

grange [greindʒ] s. granja, hacienda, cortijo.

granite ['grænit] s. granito.

granny, -nie ['græni] s. abuela.

grant [grɑ:nt] s. concesión. 2 beca. 3 t. conceder, otorgar.

grape [greip] s. BOT. uva.

grapefruit ['greip-fru:t] s. BOT. toronja, pomelo.

grape-vine ['greip-vain] s. vid.

grapple ['græpl] t.-i. asis-(se, agarrar(se.

grasp [grɑ:sp] s. asimiento. 2 apretón de manos. 3 comprensión. 4 t. asir, empuñar. 5 comprender.

grass [grɑ:s] s. hierba, césped.

grasshopper ['grɑ:s,hɔpər] s. ENT. langosta, saltamontes.

grate [greit] s. reja, verja. 2 t. rallar. 3 raspar.

grateful ['greitful] a. agradecido.

gratify ['grætifai] *t.* satisfacer, contentar.

gratitude ['grætitju:d] *s.* gratitud.

gratuity [grə'tjuiti] *s.* gratificación, propina.

grave [greiv] *a.* grave, serio. 2 *s.* tumba, sepulcro.

gravel ['grævəl] *s.* arena gruesa, grava.

gravitate ['græviteit] *i.* gravitar.

gravity ['græviti] *s.* gravedad, peso. 2 seriedad.

gravy ['greivi] *s.* coc. salsa, jugo.

gray [grei] *a.* gris, pardo.

graze [greiz] *s.* roce. 2 *i.* pacer. 3 *t.* raspar.

grease [gri:s] *s.* grasa. 2 [gri:z]. *t.* engrasar.

great [greit] *a.* grande, gran.

greatness ['greitnis] *s.* grandeza.

greed, **greediness** [gri:d, -inis] *s.* ansia, codicia.

Greek [gri:k] *a.-s.* griego.

green [gri:n] *a.* verde.

greengrocer ['gri:n‚grəusər] *s.* verdulero.

greenhouse ['gri:nhaus] *s.* invernáculo.

greet [gri:t] *t.* saludar.

greeting ['gri:tiŋ] *s.* saludo.

grew [gru:] *pret.* de TO GROW.

grey [grei] *a.* gris, pardo.

greyhound ['greihaund] *s.* galgo.

grid [grid] *s.* reja, parrilla.

grief [gri:f] *s.* dolor, pena.

grievance ['gri:vəns] *s.* agravio.

grieve [gri:v] *t.-i.* afligir(se.

grievous ['gri:vəs] *a.* doloroso.

grill [gril] *s.* coc. parrillas. 2 *t.* asar a la parrlla.

grille [gril] *s.* verja, reja.

grim [grim] *a.* torvo, ceñudo.

grimace [gri'meis] *s.* mueca, visaje, mohín. 2 *i.* hacer muecas o visajes.

grime [graim] *s.* mugre. 2 *t.* ensuciar.

grimy ['graimi] *a.* sucio.

grin [grin] *s.* mueca de dolor o cólera. 2 sonrisa bonachona. 3 *i.* hacer muecas. 4 sonreírse.

grind [graind] *t.* moler. ¶ Pret. y p. p.: *ground* [graund].

grindstone ['grainstəun] *s.* muela, piedra de afilar.

grip [grip] *s.* presa. 2 poder. 3 puño, mango. 4

maletín. 5 t.-i. agarrar-(se.

grisly ['grizli] a. espan-toso.

gristle ['grisl] s. cartíla-go, ternilla.

grit [grit] s. arena. 2 fir-meza. 3 t. hacer rechinar.

groan [grəun] s. gemido. 2 i. gemir.

grocer ['grəusəʳ] s. ten-dero [de comestibles].

grocery ['grəusəri] s. tienda de comestibles. 2 pl. comestibles.

groggy ['grɔgi] a. achis-pado. 2 vacilante, aton-tado.

groom [grum] s. mozo de cuadra. 2 lacayo. 3 no-vio. 4 t. cuidar [caba-llos].

groove [gru:v] s. ranu-ra, surco. 2 t. acanalar.

grope [grəup] t.-i. ten-tar, ir a tientas.

gross [grəus] a. grueso.

grotto ['grɔtəu] s. gru-ta, cueva.

ground [graund] s. tie-rra, suelo, piso. 2 terre-no. 3 pret. y p. p. de TO GRIND. 4 t. fundamentar, apoyar. 5 i. basarse.

group [gru:p] s. grupo, conjunto. 2 t.-i. agru-par(se.

grove [grəuv] s. bosque-cillo.

grovel ['grɔvl] i. arras-trarse.

grow [grəu] i. Crecer, desarrollarse. 2 nacer. 3 plantar. 4 ponerse, vol-verse. ¶ Pret.: grew [gru:]; p. p.: grown [grəun].

grower ['grəuəʳ[s. cul-tivador.

growl [graul] s. gruñido. 2 i. gruñir.

grown [grəund] p. p. de TO GROW.

grown-up ['grəunʌp] a.-s. adulto.

growth [grəuθ] s. creci-miento.

grub [grʌb] s. larva, gu-sano.

grudge [grʌdʒ] s. resen-timiento. 2 t. regatear, escatimar.

grudgingly ['grʌdʒiŋli] adv. de mala gana.

gruesome ['gru:səm] a. horrible.

gruff [grʌf] a. rudo.

gruffness ['grʌfnis] s. as-pereza.

grumble ['grʌmbl] s. re-funfuño, queja. 2 i. re-funfuñar.

grunt [grʌnt] s. gruñido. 2 i. gruñir.

guarantee [ˌgærən'ti:] s. garantía. 2 t. garan-tizar.

guarantor [ˌgærən'tɔ:ʳ] s. garante, fiador.

guard [gɑːd] *s.* guardia. 2 *t.-i.* guardar(se.

guardian [ˈgɑːdjən] *s.* guardián.

guess [ges] *s.* conjetura. 2 *t.* conjeturar, suponer.

guest [gest] *s.* huésped.

guffaw [gʌˈfɔː] *s.* risotada. 2 *i.* reír a carcajadas.

guidance [ˈgaidəns] *s.* guía, dirección.

guide [gaid] *s.* guía [persona, libro]. 2 *t.* guiar.

guild [gild] *s.* gremio, cofradía.

guile [gail] *s.* astucia, dolo.

guilt (gilt] *s.* culpa, delito.

guiltless [ˈgiltlis] *a.* inocente.

guilty [ˈgilti] *a.* culpable.

guise [gaiz] *s.* guisa, modo.

guitar [giˈtɑːʳ] *s.* MÚS. guitarra.

gulch [gʌlʃ] *s.* (E. U.) barranca.

gulf [gʌlf] *s.* GEOGR. golfo.

gull [gʌl] *s.* ORN. gaviota. 2 *t.* estafar, engañar.

gullet [ˈgʌlit] *s.* gaznate.

gullible [ˈgʌlibl] *a.* incauto, bobo.

gully [ˈgʌli] *s.* hondonada.

gulp (gʌlp] *s.* trago, engullida. 2 *t.* tragar, engullir.

gum [gʌm] *s.* encía. 2 goma. 3 *t.* engomar.

gun [gʌn] *s.* ARTILL. cañón. 2 fusil, escopeta. 3 (E. U.) pistola, revólver.

gunner [ˈgʌnəʳ] *s.* artillero.

gunman [ˈgʌnmən] *s.* pistolero.

gunpowder [ˈgʌnˌpaudəʳ] *s.* pólvora.

gurgle [ˈgəːgl] *s.* gorgoteo. 2 *i.* gorgotear.

gush [gʌʃ] *s.* chorro, borbotón. 2 *i.* brotar, manar a borbotones.

gust [gʌst] *s.* ráfaga, racha.

gut [gʌt] *s.* intestino. 2 desfiladero. 3 *t.* destripar.

gutter [ˈgʌtəʳ] *s.* arroyo. 2 *i.* correrse [una vela].

guy [gai] *s.* tirante, viento. 2 tipo, individuo. 3 *t.* ridiculizar.

gypsy [ˈdʒipsi] *a.-s.* gitano.

H

haberdasher ['hæbədæ-ʃəʳ] s. camisero, mercero.

habit ['hæbit] s. hábito [costumbre; vestido].

habitation [ˌhæbi'teiʃən] s. habitación, morada.

habitual [hə'bitjuəl] a. habitual.

hack [hæk] s. rocín. 2 corte, hachazo. 3 t. tajar, cortar.

had [hæd, həd, d] V. TO HAVE.

hag [hæg] s. bruja, vieja.

haggard ['hægəd] a. macilento.

hail [heil] s. granizo, pedrisco. 2 saludo, llamada. 3 interj. ¡ave!, ¡salud! 4 i.-t. granizar, pedriscar. 5 saludar, llamar.

hair [hɛəʳ] s. cabello, pelo.

hairdresser ['hɛəˌdresəʳ] s. peluquero, -ra. 2 peluquería.

hairless ['hɛəlis] a. calvo; pelado.

hairy ['hɛəri] a. peludo, velloso.

hake [heik] s. ICT. merluza.

hale [heil] a. sano, robusto.

half [hɑːf], pl. **halves** [hɑːvz] s. mitad. 2 a.-adv. medio; semi; casi.

hallo(a) [hə'ləu] interj. ¡hola!; TEL. ¡oiga!; ¡diga!

hallow ['hæləu] t. santificar; reverenciar.

halt [hɔːlt] s. alto, parada. 2 cojera. 3 a. cojo. 4 i. detenerse. 5 cojear. 6 vacilar.

halter ['hɔːltəʳ] s. cabestro.

halves [hɑːvz] s. pl. de HALF.

ham [hæm] s. pernil, jamón.

hamlet ['hæmlit] s. aldea.

hammer ['hæmə] s. martillo. 2 t. martillar, golpear.

hammock ['hæmək] s. hamaca.

hamper ['hæmpəʳ] s. cesta. 2 estorbo. 3 t. estorbar.

hand [hænd] s. mano. 2 operario; mano de obra. 3 manecilla [del reloj]. 4 letra. 5 mano [en las cartas]. 6 t. dar; entregar, pasar. 7 conducir, guiar.

handicap ['hændikæp] s. obstáculo, desventaja. 2 t. DEP. poner obstáculos.

handicraft ['hændikrɑ:ft] s. trabajo manual.

handkerchief ['hæŋkəʃif] s. pañuelo.

handle ['hændl] s. asa, asidero. 2 t. tocar, manejar. 3 tratar.

handsome ['hænsəm] a. hermoso. 2 guapo.

handy ['hændi] a. hábil, diestro. 2 a mano, próximo.

hang [hæŋ] s. caída [de un vestido, etc.]. 2 sentido, intención. 3 t. colgar, suspender. ¶ Pret. y p. p.: *hung* [hʌŋ].

hangar ['hæŋəʳ] s. hangar.

hanger ['hæŋəʳ] s. colgadero, percha.

hanging ['hæŋiŋ] a. pendiente. 2 s. ejecución en la horca.

haphazard ['hæp'hæzəd] a. casual. 2 s. casualidad. 3 adv. al azar.

happen ['hæpən] i. acontecer, ocurrir. 2 acertar a [ser, estar, etc.]. 3 to ~ on, encontrar, dar con.

happening ['hæpəniŋ] s. acontecimiento, suceso.

happily ['hæpili] adv. fe-lizmente, afortunadamente.

happiness ['hæpinis] s. felicidad.

happy ['hæpi] a. feliz.

harass ['hærəs] t. atormentar. 2 acosar, hostigar.

harbinger ['hɑ:bindʒəʳ] s. heraldo, nuncio.

harbo(u)r ['hɑ:bəʳ] s. puerto. 2 refugio, asilo. 3 t.-i resguardar(se, amparar(se.

hard [hɑ:d] a. duro. 2 adv. duramente. 3 difícilmente. 4 s. suelo o piso duro.

harden ['hɑ:dn] t.-i. endurecer(se. 2 curtir(se.

hardness ['hɑ:dnis] s. dureza. 2 penalidad.

hardware ['hɑ:d-wɛəʳ] s. quincalla, ferretería.

hardship ['hɑ:dʃip] s. penalidad. 2 privación.

hardy ['hɑ:di] a. fuerte, robusto.

hare [hɛəʳ] s. liebre.

harehound ['hɛə'haund] s. lebrel.

hark [hɑ:k] t.-i. escuchar, oír. 2 interj. ¡oye!, ¡oiga!

harlot ['hɑ:lət] s. ramera.

harm [hɑ:m] s. mal, daño. 2 t. dañar, perjudicar.

harmful ['ha:mful] *a.* dañoso.

harmless ['ha:mlis] *a.* inofensivo.

harmonious [ha:'məu-njəs] *a.* armonioso.

harmonize ['ha:mənaiz] *t.-i.* armonizar.

harmony ['ha:məni] *s.* armonía.

harness ['ha:nis] *s.* arneses. 2 *t.* enjaezar.

harp [ha:p] *s.* MÚS. arpa. 2 *i.* tocar el arpa.

harrow ['hærəu] *s.* AGR. grada. 2 *t.* desgarrar, atormentar.

harry ['hæri] *t.* saquear.

harsh [ha:ʃ] *a.* áspero.

hart [ha:t] *s.* ciervo, venado.

harvest ['ha:vist] *s.* cosecha. 2 *t.-i.* cosechar; segar.

harvester ['ha:vistəʳ] *s.* cosechadora. 2 segador.

has [hæz, həz] 3.ª *pers. pres. ind.* de TO HAVE.

haste [heist] *s.* prisa; presteza. 2 *i.* TO HASTEN

hasten ['heisn] *t.* apresurar. 3 *i.* darse prisa.

hat [hæt] *s.* sombrero.

hatch [hætʃ] *s.* compuerta; escotilla. 2 *t.* empollar, incubar.

hatchet ['hætʃit] *s.* hacha.

hate [heit] *s.* odio, aver-

sión. 2 *t.* odiar, aborrecer.

hateful ['heitful] *a.* odioso.

hatred ['heitrid] *s.* odio.

haughtiness ['hɔ:tinis] *s.* orgullo.

haughty ['hɔ:ti] *a.* altivo, orgulloso.

haul [hɔ:l] *s.* tirón. 2 *t.-i.* tirar de, arrastrar.

haunch [hɔ:ntʃ] *s.* anca, grupa.

haunt [hɔ:nt] *s.* guarida. 2 morada. 3 *t.* rondar, frecuentar.

have [hæv o həv] *aux.* haber. 2 *I had rather,* más quisiera; *we had rather,* vale más que. 3 *t.* haber, tener, poseer. 4 saber: *he has no latin,* no sabe latín. 5 tomar, comer, beber. 6 *to ~ to+ infinit.* tener que, haber que. ¶ 3.ª pers. pres. ind.: *has* [hæz, həz]; pret. y p. p.: *had* [hæd, həd].

haven ['heivn] *s.* puerto. 2 asilo.

haversack [ˌ'hævəsæk] *s.* mochila.

havoc ['hævək] *s.* estrago, destrucción.

hawk [hɔ:k] *s.* halcón, azor. 2 *t.* cazar con halcón. 3 pregonar.

hay [hei] *s.* heno, forraje.

hazard ['hæzəd] s. azar, acaso. 2 t.-i. arriesgar-(se).

hazardous ['hæzədəs] a. arriesgado, peligroso.

haze [heiz] s. niebla, calina.

hazel ['heizl] s. avellano.

hazy ['heizi] a. brumoso.

he [hi:, hi] pron. pers. él. 2 pron. indef. el, aquel: ~ who, el o aquel que, quien. 3 a. macho, varón: ~-bear, oso [macho].

head [hed] s. cabeza. 2 cabecera. 3 cima. 4 puño [de bastón]. 5 título. 6 espuma [de un líquido]. 7 MAR. proa. 8 jefe, principal. 9 t. encabezar.

headache ['hedeik] s. dolor de cabeza.

headland ['hedlənd] s. GEOGR. cabo.

headline ['hedlain] s. titulares [de periódico]. 2 título.

headlong ['hedlɔŋ] a. impetuoso, temerario.

headmaster ['hed'mɑ:ste'], **headmistres** [-'mistris] s. director, -ra [de un colegio].

headquarters ['hed'kwɔ:-təz] s. MIL. cuartel general.

heal [hi:l] t.-i. curar(se, sanar(se. 2 t. remediar.

health [helθ] s. salud, sanidad.

healthful ['helθful], **healthy** ['helθi] a. sano, saludable.

heap [hi:p] s. montón, pila. 2 t. amontonar.

hear [hiər] t.-i. oír. 2 escuchar. ¶ Pret. y p. p.: *heard* [hə:d].

hearing ['hiəriŋ] s. oído. 2 audición; audiencia.

heart [hɑ:t] s. corazón: *to take to* ~, tomar en serio; *by* ~, de memoria.

heartache ['hɑ:t-eik] s. aflicción.

hearten ['hɑ:tn] t. animar.

hearth [hɑ:θ] s. hogar.

hearty ['hɑ:ti] a. cordial, sincero.

heat [hi:t] s. calor. 2 t. calentar.

heater ['hi:tər] s. calentador.

heating ['hi:tiŋ] s. calefacción.

heave [hi:v] s. esfuerzo para levantar o levantarse. 2 jadeo. 3 t. levantar; mover con esfuerzo. 4 i. jadear. ¶ Pret. y p. p.: *heaved* [hi:vd] o *hove* [həuv].

heaven ['hevn] s. cielo.

heavily ['hevili] adv. pesadamente. 2 fuertemente.

heaviness ['hevinis] *s.* pesadez.

heavy ['hevi] *a.* pesado. 2 *adv.* pesadamente.

Hebrew ['hi:bru:] *a.-s.* hebreo.

hedge [hedʒ] *s.* seto vivo; cerca. 2 *t.* cercar, vallar.

hedgehog ['hedʒhɔg] *s.* erizo.

heed [hi:d] *s.* atención; caso. 2 *t.* prestar atención a.

heedless ['hi:dlis] *a.* desatento.

heel [hi:l] *s.* talón; tacón.

height [hait] *s.* altura, altitud.

heighten ['haitn] *t.* levantar.

heir [εəʳ] *s.* heredero.

heiress ['εəris] *s.* heredera.

held [held] V. TO HOLD.

he'll [hi:l] contract. de HE SHALL y de HE WILL.

hell [hel] *s.* infierno.

hello ['he'ləu] *interj.* ¡hola! 2 ¡diga!, ¡iiga! [en el teléfono].

helm [helm] *s.* timón.

helmet ['helmit] *s.* yelmo, casco.

help [help] *s.* ayuda, auxilio. 2 *t.* ayudar.

helpful ['helpful] *a.* útil.

helpless ['helplis] *a.* desvalido.

hem [hem] *s.* COST. dobladillo, bastilla. 2 *t.* dobladillar. 3 cercar, rodear.

hemp [hemp] *s.* cáñamo.

hen [hen] *f.* ORN. gallina.

hence [hens] *adv.* desde aquí o ahora. 2 de aquí a, dentro de.

henceforth ['hens'fɔ:θ] *adv.* de aquí en adelante.

her [hə:ʳ, ə:ʳ, həʳ əʳ] *pron. f.* (ac. o dat.) la, le. 2 [con prep.] ella. 3 *a. pos. f.* su, sus [de ella].

herald ['herəld] *s.* heraldo. 2 *t.* anunciar.

herb [hə:b] *s.* hierba.

herd [hə:d] *s.* rebaño. 2 *t.-i.* juntar o juntarse en rebaño.

here [hiəʳ] *adv.* aquí, acá.

hereabouts ['hiərə‚bauts] *adv.* por aquí cerca.

hereafter [hiəʳ'ɑ:ftəʳ] *adv.* en lo futuro.

hereby ['hiə'bai] *adv.* por este medio, por este acto.

hereditary [hi'rəditəri] *a.* hereditario.

hererity [hi'rediti] *s.* herencia.

heresy ['herəsi] *s.* herejía.

heretic ['herətik] *s.* hereje.

heritage ['heritidʒ] *s.* herencia.

hermit ['hə:mit] *s.* ermitaño.

hero ['hiərəu] *s.* héroe.

hroic(al [hi'rəuik, -əl] *a.* heroico.

heroine ['herəuin] *f.* heroína.

heroism ['herəuizəm] *s.* heroísmo.

herring ['heriŋ] *s.* ICT. arenque.

hers [hə:z] *pron. f.* [el] suyo, [la] suya [los] suyos, [las] suyas [de ella].

herself [hə:'self] *pron. pers. f.* ella misma, se, sí misma.

he's [hi:z, hiz] contrac. de HE IS y de HE HAS.

hesitate ['heziteit] *i.* vacilar.

hew [hju:] *t.* cortar, labrar. ¶ Pret.: *hewed* [hju:d]; p. p.: *hewn* [hju:n].

hid [hid] *pret.* de TO HIDE.

hidden ['hidn] V. TO HIDE.

hide [haid] *s.* piel, cuero. 2 *t.-i.* esconder(se, ocultar(se. ¶ Pret.: *hid* [hid]; p. p.: *hidden* ['hidn] o *hid*.

hideous ['hidiəs] *a.* horrible.

high [hai] *a.* alto.

highland ['hailənd] *s.* región montañosa.

highway ['haiwei] *s.* carretera.

highwayman ['haiweimən] *s.* salteador, forajido.

hiker ['haikər] *s.* excursionista.

hill [hill] *s.* colina, collado.

hillock ['hilək] *s.* montículo.

hillside ['hil'said] *s.* ladera.

hilly ['hili] *a.* montañoso.

hilt [hilt] *s.* puño, empuñadura.

him [him, im] *pron. m.* [ac. o dat.] lo, le. 2 [con prep.] él: *to* ~, a él.

himself [him'self] *pron. pers. m.* él, él mismo, se, sí, sí mismo.

hind [haind] *a.* trasero, posterior. 2 *s.* cierva.

hinder ['hindər] *t.-i.* impedir, estorbar.

hindrance ['hindrəns] *s.* estorbo, obstáculo.

hinge [hindʒ] *s.* gozne, bisagra. 2 *t.* engoznar.

hint [hint] *s.* indicación. 2 *t.-i.* indicar.

hip [hip] *s.* cadera.

hire ['haiər] *s.* alquiler. 2 *t.* alquilar.

his [hiz, iz] *a.-pron. m.* [el] suyo, [la] suya; [los] suyos, [las] suyas [de él].

hiss [his] *s.* siseo. 2 silbido. 3 *i.-t.* silbar, sisear.

historian [his'tɔːriən] *s.* historiador.

historic(al [his'tɔrik, -əl] *a.* histórico.

history ['histəri] *s.* historia.

hit [hit] *s.* golpe. 2 éxito. 3 *t.* golpear, dar con. ¶ Pret. y p. p.: *hit* [hit].

hitch [hitʃ] *s.* tropiezo. 2 *t.* mover [a tirones].

hitch-hiking ['hitʃhaikiŋ] *s.* autostop.

hither ['hiðəʳ] *adv.* acá, hacia acá.

hitherto ['hiðə'tuː] *adv.* hasta aquí, hasta ahora.

hive [haiv] *s.* colmena.

hoard [hɔːd] *s.* depósito. 2 *t.* acumular, atesorar.

hoarse [hɔːs] *a.* ronco, áspero.

hoary ['hɔːri] *a.* cano, canoso.

hobble ['hɔbl] *s.* cojera. 2 *i.* cojear.

hobby ['hɔbi] *s.* afición.

hoe [həu] *s.* azada. 2 *t.* cavar.

hog [hɔg] *s.* cerdo, cochino.

hoist [hɔist] *s.* grúa, montacargas. 2 *t.* izar.

hold [həuld] *s.* presa. 2 asidero. 3 fortaleza. 4 receptáculo. 5 MAR. bodega. 6 dominio, poder.

7 *t.* tener, poseer. 8 sujetar. 9 aguantar, sostener. 10 considerar, tener por. 11 *i.* agarrarse, asirse. ¶ Pret. y p. p.: *held* [held].

holder ['həuldəʳ] *s.* tenedor, poseedor. 2 mango, agarrador.

holding ['həuldiŋ] *s.* posesión.

hold-up ['həuldʌp] *s.* atraco.

hole [həul] *s.* agujero, boquete. 2 *t.* agujerear, horadar.

holiday ['hɔlədi, -lid-, -dei] *s.* fiesta, festividad. 2 *pl.* vacaciones. 3 *a.* festivo.

hollow ['hɔləu] *a.* hueco. 2 falso. 3 *s.* hueco.

holm-oak ['həum'əuk] *s.* encina.

holy ['həuli] *a.* santo; sagrado.

homage ['hɔmidʒ] *s.* homenaje.

home [həum] *s.* hogar, casa.

homeland ['həumlænd] *s.* patria.

homeless ['həumlis] *a.* sin casa.

homely ['həumli] *a.* llano, sencillo, casero. 2 feo, vulgar.

homesick ['həum-sik] *a.* nostálgico.

homicide ['hɔmisaid] *s.* homicidio. 2 homicida.

homily ['hɔmili] *s.* homilía.

honest ['ɔnist] *a.* honrado.

honesty ['ɔnisti] *s.* honradez.

honey ['hʌni] *s.* miel.

hono(u)r ['ɔnəʳ] *s.* honor. 3 *t.* honrar.

hood [hud] *s.* capucha, caperuza.

hoof [hu:f] *s.* casco, pezuña.

hook [huk] *s.* gancho, garfio. 2 *t.* encorvar.

hoop [hu:p] *s.* aro, cerco.

hoot [hu:t] *s.* grito. 2 *i.-t.* gritar.

hooter ['hu:təʳ] *s.* sirena.

hop [hɔp] *s.* salto, brinco. 2 *i.* brincar, saltar.

hope [həup] *s.* esperanza. 2 *t.-i.* esperar, confiar.

hopeful ['həupful] *a.* esperanzado.

hopeless ['həuplis] *a.* desesperado.

horizon [hə'raizn] *s.* horizonte.

horizontal [ˌhɔri'zɔntl] *a.* horizontal.

horn [hɔ:n] *s.* asta, cuerno.

horrible ['hɔribl] *a.* horrible.

horrid ['hɔrid] *a.* horroroso.

horror ['hɔrəʳ] *s.* horror.

horse [hɔ:s] *s.* ZOOL. caballo.

horseback ['hɔ:sbæk] *adv.* on ~, a caballo.

horseman ['hɔ:smən] *s.* jinete.

horsemanship ['hɔ:mənʃip] *s.* equitación.

horsepower ['hɔ:sˌpauəʳ] *s.* caballo de fuerza o de vapor.

horseshoe [hɔ:ʃʃu:] *s.* herradura.

hose [həuz] *s.* calza(s, media(s. 2 manga, manguera.

hospitable ['hɔspitəbl] *a.* hospitalario, acogedor.

hospital ['hɔspitl] *s.* hospital.

host [həust] *s.* hospedero, mesonero. 2 huésped, anfitrión.

hostage ['hɔstidʒ] *s.* rehén.

hostess ['həustis] *s.* mesonera. 2 anfitriona. 3 AVIA. azafata.

hostile ['hɔstail] *a.* hostil.

hostility [hɔs'tiliti] *s.* hostilidad.

hot [hɔt] *a.* caliente.

hotel [həu'tel, əu-] *s.* hotel.

hound [haund] *s.* perro de caza.

hour ['auə^r] s. hora.
house [haus, pl. 'hauziz] s. casa. 2 TEAT. sala, público.
household ['haushəuld] s. casa, familia.
housekeeper ['haus,ki:-pə^r] s. ama de llaves.
housewife ['haus-waif] s. ama de casa.
housing ['hauziŋ] s. alojamiento, vivienda.
hove [həuv] V. TO HEAVE.
how [hau] adv. cómo, de qué manera; por qué. 2 qué, cuán [admirativos].
however [hau'evə^r] adv. como quiera que, por muy ... que. 2 conj. sin embargo, no obstante.
howl [haul] s. aullido. 2 grito. 3 i. aullar.
huddle ['hʌdl] s. montón, tropel. 2 t.-i. amontonar(se.
hue [hju:] s. color, matiz.
hug [hʌg] s. abrazo. 2 t. abrazar.
huge [hju:dʒ] a. enorme.
hulk [hʌlk] s. buque viejo.
hull [hʌl] s. cáscara, corteza. 2 t. mondar.
hum [hʌm] s. zumbido. 2 i. zumbar.
human ['hju:mən] a. humano.
humane [hju(:)'mein] a. humanitario.

humanity [hju(:)'mæni-ti] s. humanidad. 2 pl. humanidades.
humble ['hʌmbl] a. humilde. 2 t.-ref. humillar(se.
humidity [hju(:)'miditi] s. humedad.
humiliate [hju(:)'milieit] t. humillar.
humility [hju(:)'militi] s. humildad, sumisión.
humour ['hju:mə^r] s. humorismo. 2 humor, genio. 2 t. complacer.
humo(u)rous ['hju:mə-rəs] a. humorístico, gracioso.
hump [hʌmp] s. jiba, joroba.
humpbacked ['hʌmpbækt] **humped** [hʌmpt], **humpy** ['hʌmpi] a. jorobado, jiboso.
hunch [hʌntʃ] s. joroba, jiba. 2 t.-i. encorvar [la espalda].
hundred ['hʌndrəd] a. cien. 2 **-th** [-θ] centésimo.
hundredweight ['hʌndrədweit] s. quintal: (Ingl.) 58.8 kg.; (E. U.) 45.36 kg.
hung [hʌŋ] V. TO HANG.
hunger ['hʌŋgə^r] s. hambre. 2 i. tener hambre.
hungry ['hʌŋgri] a. hambriento.

hunk [hʌŋk] s. fam. trozo.

hunt [hʌnt] s. caza. 2 t.-i cazar.

hunter ['hʌntəʳ] s. cazador.

hunting ['hʌntiŋ] s. caza.

hurl [həːl] s. tiro, lanzamiento. 2 t. lanzar, tirar.

hurrah! [hu'rɑ:] interj. ¡hurra!

hurricane ['hʌrikən] s. huracán.

hurry ['hʌri] s. prisa, premura. 2 t.-i. dar(se prisa, apresurar(se.

hurt [həːt] s. herida, lesión. 2 a. herido, lastimado. 3 t. herir, lastimar. ¶ Pret. y p. p.: hurt [həːt].

hurtful [həːtful] a. perjudicial.

husband ['hʌzbənd] s. marido. 2 t. economizar.

husbandman ['hʌzbəndmən] s. agricultor.

husbandry ['hʌzbəndri] s. agricultura. 2 economía.

hush [hʌʃ] s. quietud, silencio. 2 t.-i. callar.

husk [hʌsk] s. cáscara, vaina.

hustle ['hʌsl] s. actividad. 2 t.-i. apresurar(se.

hut [hʌt] s. choza, cabaña.

hydraulic [hai'drɔːlik] a. hidráulico.

hygiene ['haidʒiːn] s. higiene.

hymn [him] s. himno.

hypocrisy [hi'pɔkrəsi] s. hipocresía.

hypocrite ['hipəkrit] s. hipócrita.

hypothesis [hai'pɔθisis] s.

hysterical [his'terikəl] a. histérico.

I

I [ai] *pron. pers.* yo.

ice (ais) *s.* hielo. 2 *t.* helar.

iceberg ['aisbə:g] *s.* iceberg.

icy ['aisi] *a.* helado, frío.

idea [ai'diə] *s.* idea.

identical [ai'dəntikəl] *a. a.* idéntico.

identification (ai‚dentifi-'keiʃən] *s.* identificación.

identify [ai'dentifai] *t.* identificar.

identity [ai'dentiti] *s.* identidad.

idiom ['idiəm] *s.* modismo.

idiot ['idiət] *s.* idiota.

idle ['aidl] *a.* ocioso. 2 *t.* estar ocioso.

idol ['aidl] *s.* ídolo.

idolatry [ai'dɔlətri] *s.* idolatría.

if [if] *conj.* si.

ignoble [ig'nəubl] *a.* innoble.

ignorance ['ignərəns] *s.* ignorancia.

ignorant ['ignərənt] *a.* ignorante.

ignore [ig'nɔ:ʳ] *t.* desconocer, hacer caso omiso.

I'll [ail] *contr.* de I SHALL y I WILL.

ill [il] *a.* enfermo. 2 *s.* mal, desgracia. 3 *adv.* mal.

illegal (i'li:gəl] a. ilegal.

illicit [i'lisit] a. ilícito.

illiterate [i'litərit] a. iletrado, analfabeto.

illness ['ilnis] s. enfermedad.

illuminate [i'lju:mineit] t. iluminar.

illusion [i'lu:ʒən] s. ilusión; espejismo, engaño.

illustrate ['iləstreit] t. ilustrar [con dibujos, etcétera].

illustrious [i'lʌstriəs] a. ilustre.

I'm [aim] contr. de I AM.

image ['imidʒ] s. imagen.

imaginable [i'mædʒinəbl] a. imaginable.

imaginary [i'mædʒinəri] a. imaginario.

imagination [i,mædʒi'neiʃən] s. imaginación.

imagine [i'mædʒin] t. imaginar.

imitate ['imiteit] t. imitar.

immaculate [i'mækjulit] a. inmaculado.

immediate [i'mi:djət] a. inmediato.

immense [j'mens] a. inmenso.

immerse [i'mə:s] t. sumergir. 2 absorber.

immigrant ['imigrənt] a.-s. inmigrante.

immigration [,imi'greiʃən] s. inmigración.

imminent ['iminənt] a. inminente.

immortal [i'mɔ:tl] a.-s. inmortal.

immovable [i'mu:vəbl] a. inamovible, inmóvil.

immunize ['imju(:)naiz] t. inmunizar.

imp [imp] s. diablillo, duende.

impact ['impækt] s. golpe, choque, impacto.

impair [im'pɛər] t. dañar.

impartial [im'pɑ:ʃəl] a. imparcial.

impatient [im'peiʃənt] a.

impeach [im'pi:tʃ] t. acusar [de alta traición]; procesar; censurar.

impeachment [im'pi:tʃmənt] s. acusación [de alta traición]; proceso.

impede [im'pi:d] t. impedir, estorbar.

impediment [im'pedimənt] s. impedimento, estorbo.

impel [im'pel] t. impulsar.

impeding [im'pendiŋ] a. inminente, amenazador.

imperil [im'peril] t. poner en peligro.

imperious [im'piəriəs] a. imperioso

impervious [im'pə:vjəs] a. impenetrable.

impetuous [im'petjuəs] a. impetuoso

impetus ['impitəs] s. ímpetu.

impious ['impiəs] a. impío.

implement ['implimənt] s. instrumento. 2 pl. enseres.

implicate ['implikeit] t. implicar. 2 entrelazar.

implore [im'plo:ʳ] t. implorar.

imply [im'plai] t. implicar.

import ['impo:t] s. importancia. 2 importación. 3 [im'po:t] t.-i. importar. 4 t. significar.

importance [im'po:təns] s. importancia. 2 cuantía.

impose [im'pəuz] t. imponer.

impossibility [im,posə'biliti] s. imposibilidad.

impossible [im'posibl] a. imposible.

impostor [im'postəʳ] s. impostor.

impoverish [im'povəriʃ] t. empobrecer.

impress ['impres] s. impresión. 2 [im'pres] t. imprimir.

impressive [im'presiv] a. impresionante, emocionante.

imprint ['imprint] s. impresión, huella. 2 [im'print] t. imprimir, estampar. 2 grabar.

imprison [im'prizn] t. encarcelar.

improbable [im'probəbl] s. improbable. 2 inverosímil.

improper [im'propəʳ] a. impropio. 2 indecoroso.

improve [im'pru:v] t. mejorar, desarrollar.

improvise ['imprəvaiz] t.-i. improvisar.

impulse ['impʌls] s. impulso.

impunity [im'pju:niti] s. impunidad.

impute [im'pju:t] t. imputar, atribuir.

in [in] prep. en, con, de, dentro de, durante, entre, por.

inability [,inə'biliti] s. incapacidad, impotencia.

inaccessible [,inæk'sesəbl] a. inaccesible.

inactive [in'æktiv] a. inactivo.

inadequate [in'ædikwit] a. inadecuado. 2 insuficiente.

inappropriate [,inə'prəupriit] a. impropio.

inasmuch as [inəz'mʌtʃ æz, -əz] conj. considerando que; ya que.

inaugurate [i'nɔ:gjureit] t. inaugurar.

incapable [in'keipəbl] a. incapaz.

incense ['insens] s. incienso. 2 [in'sens] t. encolerizar, indignar.

incessant [in'sesnt] a. incesante.

inch [intʃ] s. pulgada [2'54 cm].

incident ['insidənt] a.-s. incidente.

inclemency [in'klemənsi] s. inclemencia. 2 intemperie.

incline [in'klain] s. pendiente, declive. 2 t.-i. inclinar(se.

include [in'klu:d] t. incluir.

incoherence [,inkəu'hiərəns] s. incoherencia.

income ['inkəm] s. ingresos.

incomprehensible [in,kɔmpri'hensəbl] a. incomprensible.

inconceivable [,inkən'si:vəbl] a. inconcebible. 2 increíble.

inconsistent [,inkən'sistənt] a. incompatible, contradictorio.

inconvenience [,inkən'vi:njəns] s. inconveniencia. 2 t. incomodar.

incorporate [in'kɔ:pəreit] t.-i. incorporar(se, unir(se.

incorrect [,inkə'rekt] a. incorrecto. 2 inexacto.

increase ['inkri:s] s. aumento. 2 [in'kri:s] t. aumentar. 3 agrandar. 4 i. aumentarse.

incredulous [in'kredjuləs] a. incrédulo.

incumbent [in'kʌmbənt] a. to be ∼ on, incumbir a.

incur [in'kə:ʳ] t. incurrir en; contraer; hacer.

incurable [in'kjuərəbl] a. incurable.

indebted [in'detid] a. endeudado.

indeed [in'di:d] adv. realmente, ¡claro que sí!

indefatigable [,indi'fætigəbl] a. infatigable.

indemnity [in'demniti] s. indemnidad.

indent [in'dent] t. mellar, dentar.

independence [,indi'pendəns] s. independencia.

indescribable [,indis'kraibəbl] a. indescriptible.

index ['indeks] s. índice.

Indian ['indjən] a.-s. indio.

indicate ['indikeit] t. indicar.

indication [,indi'keiʃən] s. indicación; señal.

indict [in'dait] t. acusar.

indifference [in'difrəns] s. indiferencia.

indigestion [ˌindiˈdʒest-
ʃən] s. indigestión.

indignant [inˈdignənt] a.
indignado.

indignation [ˌindigˈnei-
ʃən] s. indignación.

indignity [inˈdigniti] s.
indignidad. 2 ultraje,
afrenta.

indispensable [ˌindisˈpen-
səbl] a. indispensable.

indite [inˈdait] t. redactar.

individual [ˌindiˈvidjuəl]
a. individual. 2 s. individuo.

indomitable [inˈdɔmitəbl]
a. indomable.

indoors [ˈinˈdɔːz] adv.
dentro de casa; en local
cerrado.

indorse, indorsee, etc., V.
ENDORSE (TO), ENDORSEE,
etcétera.

induce [inˈdjuːs] t. inducir.

inducement [inˈdjuːs-
mənt] s. móvil, aliciente.

indulge [inˈdʌldʒ] t. satisfacer [pasiones, etc.].
2 consentir.

industrial [inˈdʌstriəl] a.
industrial.

industrious [inˈdʌstriəs]
a. industrioso, laborioso.

industry [ˈindəstri] s. industria. 2 diligencia, laboriosidad.

ineffectual [ˌiniˈfektʃual]
a. ineficaz. 2 inútil, vano.

inefficient [ˌiniˈfiʃənt]
a. ineficaz.

inept [iˈnept] a. inepto.

inequality [ˌini(ː)ˈkwə-
liti] s. desigualdad. 2
desproporción.

inert [iˈnəːt] a. inerte.

inexpensive [ˌiniksˈpen-
siv] a. barato, poco cos-
toso.

inexperience [ˌiniksˈpiə-
riəns] s. inexperiencia,
impericia.

inexpressive [ˌiniksˈpre-
siv] a. inexpresivo.

infamous [ˈinfəməs] a
infame.

infancy [ˈinfənsi] s. infancia.

infantry [ˈinfəntri] s.
MIL. infantería.

infect [inˈfekt] t. infectar.

infer [inˈfəːr] t. inferir.

inferior [inˈfiəriər] a.-s.
inferior.

infernal [inˈfəːnl] a. infernal.

infest [inˈfest] t. infestar.

infidel [ˈinfidəl] a.-s. infiel.

infinite [ˈinfinit] a.-s.
infinito.

infirmity [inˈfəːmiti] s.
enfermedad.

nflame [in'fleim] *t.-i.* inflamar(se).

nflate [in'fleit] *t.* inflar.

nflict [in'flikt] *t.* infligir.

nfluence ['influəns] *s.* influencia. 2 *t.* influir en o sobre.

nform [in'fɔ:m] *t.* informar.

nformal [in'fɔ:ml] *a.* sin ceremonia. 2 desenvuelto.

nformant [in'fɔ:mənt] *s.* informador.

nformation [ˌinfə'meiʃən] *s.* información. 2 informes.

nfuriate [in'fjuərieit] *t.* enfurecer.

ngenious [in'dʒi:njəs] *a.* ingenioso, hábil, sutil.

ngenuity [ˌindʒi'nju(:)iti] *s.* ingenio, inventiva. 2 ingeniosidad, artificio.

ingratitude [in'grætitju:d] *s.* ingratitud.

ingredient [in'gri:djənt] *s.* ingrediente.

nhabit [in'hæbit] *t.* habitar, morar en.

nhabitant [in'hæbitənt] *s.* habitante.

inhale [in'heil] *i.* inhalar.

inherent [in'hiərənt] *a.* inherente. 2 innato.

Inherit [in'herit] *t.* heredar.

inheritance [in'heritəns] *s.* herencia.

initial [i'niʃəl] *a.-s.* inicial.

initiate [i'niʃieit] *s.* iniciar.

inject [in'dʒekt] *t.* inyectar.

injunction [in'dʒʌŋkʃən] *s.* orden, mandato.

injure ['indʒər] *t.* dañar, perjudicar.

injurious [in'dʒuəriəs] *a.* dañoso; injurioso.

injury ['indʒəri] *s.* daño.

injustice [in'dʒʌstis] *s.* injusticia.

ink [iŋk] *s.* tinta.

inkling ['iŋkliŋ] *s.* insinuación, indicio.

inland ['inlænd] *a.-n.-adv.* de tierra adentro.

inlay ['in'lei] *t.* incrustar. ‖ Pret. p. p.: *inlaid* ['in'leid].

inlet ['inlet] *s.* caleta; ría.

inmate ['inmeit] *s.* asilado, preso; residente.

inn [in] *s.* posada, fonda.

inner ['nər] *a.* interior, íntimo.

innocence ['inəsəns] *s.* inocencia.

innovation [ˌinəu'veiʃən] *s.* innovación, novedad.

inordinate [i'nɔ:dinit] *a.* inmoderado, excesivo.

inquest ['inkwest] *s.* información judicial.

inquire [in'kwaiə^r] t. averiguar, investigar.

inquiry [in'kwaiəri] s. indagación, investigación, pregunta.

inquisition [,inkwi'ziʃən] s. inquisición, pesquisa.

inroad ['inraud] s. incursión.

inrush ['inrʌʃ] s. empuje.

insane [in'sein] a. loco, demente.

inscribe [in'skraib] t. inscribir.

insect ['insekt] s. zool. insecto.

insensible [in'sensibl] a. insensible. 2 inanimado.

insensitive [in'sensitiv] a. insensible.

insert [in'sə:t] t. insertar.

inside ['in'said] s. interior.

insidious [in'sidiəs] a. insidioso.

insight ['insait] s. perspicacia, intuición.

insinuate [in'sinjueit] t.-i. insinuar(se.

insist [in'sist] i. insistir.

insolence ['insələns] s. insolencia. 2 altanería.

insomuch [,insəu'mʌtʃ] conj. ~ that, de manera que. 2 ~ as, ya que, puesto que.

inspect [ins'pekt] t. inspeccionar, examinar.

inspiration [,inspi'reiʃən] s. inspiración.

inspire [ins'paiə^r] t. inspirar. 2 infundir.

install [ins'tɔ:l] t. instalar.

instance ['instəns] s. ejemplo.

instant ['instənt] s. instante, momento. 2 a instante, insistente. 3 corriente, actual: the 10th ~, el diez del corriente.

instead [ins'ted] adv. en cambio. 2 ~ of, en lugar de.

instinct ['instiŋkt] s. instinto.

institute ['institju:t] s. instituto, institución. 2 t. instituir.

insulate ['insjuleit] t. aislar.

insult ['insʌlt] s. insulto; [in'sʌlt] t. insultar.

insurance [in'ʃuərəns] s. com. seguro.

insure [in'ʃuə^r] t. com. asegurar. 2 garantizar.

insurgent [in'sə:dʒənt] a.-s. insurgente, insurrecto.

insurmountable [,insə(:)-'mauntəbl] a. insuperable.

insurrection [,insə'rekʃən] s. insurrección.

intact [in'tæk] a. intacto, íntegro.

integral ['intigrəl] *a.* integrante; esencial. 2 íntegro, completo. 3 *a.-s.* MAT. integral.

integrity [in'tegriti] *s.* integridad.

intellect ['intilek] *s.* intelecto, inteligencia.

intelligence [in'telidʒəns] *s.* inteligencia, talento. 2 noticia. 3 información secreta.

intemperate [in'tempərit] *a.* excesivo, extremado. 2 intemperante. 3 bebedor.

intend [in'tend] *t.* proponerse. 2 querer decir.

intense [in'tens] *a.* intenso.

intensify [in'tensifai] *f.* intensificar.

intent [in'tent] *a.* atento. 2 *s.* intento, propósito.

intention [in'tenʃən] *s.* intención.

inter [in'təːʳ] *t.* enterrar.

interchange ['intə-'tʃeindʒ] *s.* intercambio. 2 comercio; [,intə-'tʃeindʒ] *t.* cambiar, trocar.

intercourse ['intəkɔːs] *s.* trato, comunicación. 2 comercio.

interest ['intrist] *s.* interés. 2 *t.* interesar.

interesting ['intristiŋ] *a.* interesante.

interfere [,intə'fiəʳ] *i.* interponerse, entrometerse.

interior [in'tiəriəʳ] *a.* interior.

internal [in'təːnl] *a.* interno.

interpose [,intə(ː)'pəuz] *t.-i.* interponer(se.

interpret [in'təːprit] *t.* interpretar.

interrupt [,intə'rʌpt] *t.* interrumpir.

interval ['intəvəl] *s.* intervalo.

intervene [,intə'viːn] *i.* intervenir.

interview ['intəvjuː] *s.* entrevista. 2 *t.* entrevistar.

interweave [,intə'wiːv] *t.* entretejer.

intestine [in'testin] *a.* intestino.

intimate ['intimit] *a.* íntimo. 2 ['intimeit] *t.* notificar, intimar.

into ['intu] *prep.* en, dentro [indicando movimiento, transformación, penetración, inclusión].

intoxicate [in'tɔksikeit] *t.* embriagar. 2 MED. intoxicar.

intrigue [in'triːg] *s.* intriga. 2 *t.-i.* intrigar.

introduce [,intrə'djuːs] *t.* introducir.

intrude [in'truːd] *t.* imponer. 2 *i.* estorbar.

invade [in'veid] t. invadir.

invalid [in'vælid] a. inválido, nulo.

invaluable [in'væljuəbl] a. inestimable, precioso.

invasion [in'veiʒən] s. invasión.

inveigle [in'vi:gl] t. engañar, seducir.

invent [in'vent] t. inventar.

invert [in'və:t] t. invertir.

invest [in'vest] t. invertir [dinero]. 2 MIL. sitiar, cercar.

investigate [in'vestigeit] t. investigar. 2 indagar.

investment [in'vestmənt] s. investidura. 2 inversión. 3 MIL. cerco, sitio.

inveterate [in'vetərit] a. inveterado. 2 empedernido.

invincible [in'vinsibl] a. invencible.

invisible [in'vizəbl] a. invisible.

invite [in'vait] t. invitar.

invoice ['invɔis] s. COM. factura. 2 t. COM. facturar.

invoke [in'vəuk] t. invocar.

involve [in'vɔlv] t. envolver.

inward ['inwəd] a. interior.

inwards ['inwədz] adv. hacia dentro.

irate [ai'reit] a. airado.

ire ['aiər] s. ira, cólera.

Irish ['aiəriʃ] a. irlandés.

iron ['aiən] s. hierro. 2 plancha. 3 t. planchar.

ironic(al [ai'rɔnik, -əl] a. irónico.

irony ['aiərəni] s. ironía.

irregular [i'regjulər] a. irregular.

irrepress:ble [ˌiri'presəbl] a. irreprimible.

irresponsible [ˌiri'spɔnsəbl] a. irresponsable.

irrigate ['irigeit] t. regar.

irritable ['iritəbl] a. irritable.

irritate ['iriteit] t. irritar.

island ['ailənd] s. isla, ínsula.

isle [ail] s. isla. 2 isleta.

isolate ['aisəleit] t. aislar.

issue ['iʃu:, 'isju:] s. s. salida. 2 principio. 3 edición. 4 t. verter. 5 expedir. 6 publicar. 7 i. nacer.

it [it] pr. neutro él, ella, ello, eso, lo, la, le.

italic [i'tælik] a. itálico. 2 s. pl. IMPR. bastardilla, cursiva.

itch [itʃ] s. MED. sarna. 2 picazón, comezón. 3 i. sentir picazón.

item ['aitəm] *adv.* ítem. 2 *s.* partida [de una cuenta]. 3 punto, detalle. 4 artículo. 5 noticia.

its [its] *a.-pron.* neutro su, sus, suyo, suyos [de él, ella, etc.].

itself [it'self] *pron.* neutro él mismo, ella misma, ello mismo, sí, sí mismo.

ivory ['aivəri] *s.* marfil.

ivy ['aivi] *s.* hiedra.

J

jab [dʒæb] s. pinchazo; golpe. 2 t. pinchar; golpear.

jack [dʒæk] s. hombre, mozo. 2 gato [del coche].

jacket ['dʒækit] s. chaqueta, americana.

jade [dʒeid] s. rocín, jamelgo.

jail [dʒeil] s. cárcel. 2 t. encarcelar.

jam [dʒæm] s. confitura. 2 atasco. 3 t. obstruir.

jangle ['dʒæŋgl] i. parlotear.

January ['dʒænjuəri] s. enero.

Japanese [ˌdʒæpəˈniːz] a.-s. japonés.

jar [dʒɑːʳ] s. jarra, tarro. 2 sonido áspero. 3 t.-i. [hacer] sonar, vibrar con sonido áspero.

jargon ['dʒɑːgən] s. jerga.

jaundice ['dʒɔːndis] s. MED. ictericia. 2 mal humor, envidia.

jaunty ['dʒɔːnti] a. vivo, garboso, airoso.

jaw [dʒɔː] s. ZOOL. mandíbula.

jazz [dʒæz] s. jazz.

jealous ['dʒeləs] a. celoso.

jean [dʒein, dʒiːn] s. TEJ. dril. 2 [dʒiːnz] pl. pantalones tejanos.

jeer [dʒiəʳ] s. burla, mofa. 2 t.-i. burlarse, mofarse [de].

jelly ['dʒeli] s. jalea. 2 gelatina.

jeopardize ['dʒepədaiz] t. arriesgar, exponer.

jerk [dʒɔːk] s. tirón, sacudida. 2 t. sacudir, traquetear.

jest [dʒest] s. broma, burla. 2 i. bromear, chancearse.

jet [dʒet] s. MINER. azabache. 2 surtidor, chorro. 3 reactor [avión]. 4 i. salir, brotar en chorro.

Jew [dʒu:] a.-s. judío, israelita.

jewel ['dʒu:əl] s. joya, alhaja.

jewel(l)er ['dʒu:ələr] s. joyero.

jewellery, jewelry ['dʒu:əlri] s. joyas, pedrería.

Jewish ['dʒu:iʃ] a. judío.

jib [dʒib] s. MAR. foque.

jilt [dʒilt] s. coqueta [mujer]. 2 i. despedir o dejar plantado [a un novio].

jingle ['dʒiŋgl] s. tintineo. 2 i. hacer sonar.

jingoism ['dʒiŋgəuizəm] s. jingoísmo, patriotería.

job [dʒɔb] s. trabajo, tarea. 2 empleo, ocupación.

jocund ['dʒɔkənd] s. jocundo.

jog [dʒɔg] s. empujoncito.

join [dʒɔin] t. unir, juntar.

joiner ['dʒɔinər] s. ebanista, carpintero.

joinery ['dʒɔinəri] s. ebanistería, carpintería.

joining ['dʒɔiniŋ] s. unión, juntura.

joint [dʒɔint] s. ANAT. coyuntura, articulación. 2 junta, unión, empalme.

joke [dʒəuk] s. chiste; chanza. 2 i. bromear.

jolly ['dʒɔli] a. alegre, divertido. 2 adv. muy.

jolt [dʒəult] s. traqueteo. 2 i. dar tumbos.

jostle ['dʒɔsl] t. empujar.

jot [dʒɔt] s. jota, pizca. 2 t. apuntar.

journal ['dʒə:nl] s. diario, periódico.

journey ['dʒə:ni] s. viaje. 2 i. viajar.

joust [dʒaust] s. justa. 2 i. justar.

jovial ['dʒəuvjəl] a. jovial.

joy [dʒɔi] s. gozo, júbilo.

joyful ['dʒɔiful] a. jubiloso, alegre, gozoso.

judge [dʒʌdʒ] s. juez, magistrado. 2 t.-i. juzgar. 3 creer, suponer.

judg(e)ment ['dʒʌdʒmənt] s. decisión. 2 juicio.

judicious [dʒu(:)'diʃəs] a. juicioso, discreto.

jug [dʒʌg] s. jarro, cántaro.

juggle ['dʒʌgl] s. juego de manos, escamoteo; trampa. 2 *i.* hacer juegos de manos.

juice [dʒu:s] *s.* zumo; jugo.

juicy ['dʒu:si] *a.* jugoso.

July [dʒu(:)'lai] *s.* julio [mes].

jumble ['dʒʌmbl] *s.* mezcla. 2 *t.* mezclar confusamente.

jump [dʒʌmp] *s.* salto, brinco. 2 *i.* saltar, brincar.

jumpy ['dʒʌmpi] *a.* saltón.

junction ['dʒʌŋkʃən] *s.* unión.

June [dʒu:n] *s.* junio [mes].

jungle ['dʒʌngl] *s.* selva virgen.

junior ['dʒu:njəʳ] *a.* menor, más joven, hijo.

junk [dʒʌnk] *s.* junco. 2 chatarra, desperdicios.

jurisdiction [ˌdʒuəris'dik-ʃən] *s.* jurisdicción.

jury ['dʒuəri] *s.* DER. jurado.

just [dʒʌst] *a.* justo, recto. 2 merecido. 3 fiel, exacto. 4 *adv.* justamente, precisamente. 5 hace poco: ~ *now*, ahora mismo.

justice ['dʒʌstis] *s.* justicia.

justification [ˌdʒʌstifi-'keiʃən] *s.* justificación.

justify ['dʒʌstifai] *t.-i.* justificar(se.

jut [dʒʌt] *i.* salir, sobresalir.

jute [dʒu:t] *s.* yute.

juvenile ['dʒu:vinail] *a.* juvenil.

K

keel [ki:l] *s.* quilla.

keen [ki:n] *a.* agudo, afilado. 2 aficionado a.

keep [ki:p] *s.* mantenimiento, subsistencia. 2 *t.* guardar. 3 tener, mantener. 4 cuidar, custodiar, guardar. 5 detener, impedir. 6 retener. 7 callar, ocultar. 8 celebrar, tener [reunión, sesión, sesión, etc.]. 9 *i.* mantenerse, conservarse. ¶ Pret. p. p.: *kept* [kept].

keeper [ˈki:pər] *s.* guardián. 2 custodio, velador, defensor.

keeping [ˈki:piŋ] *s.* guardia, custodia. 2 mantenimiento.

keg [keg] *s.* cuñete, barril.

kennel [ˈkenl] *s.* perrera.

kept [kept] V. TO KEEP.

kerb [kə:b] *s.* encintado, bordillo [de la acera].

kerchief [ˈkə:tʃif] *s.* pañuelo.

kernel [ˈkə:nl] *s.* grano, almendra, núcleo del fruto.

kettle [ˈketl] *s.* caldero, olla.

key [ki:] *s.* llave. 2 clave.

keyhole [ˈki:həul] *s.* ojo de la cerradura.

keystone [ˈki:-stəun] *s.* ARQ. clave. 2 fig. piedra angular.

kick [kik] *s.* puntapié, patada. 2 *t.* dar puntapiés a.

kid [kid] *s.* cabrito. 2 chaval.

kidnap [ˈkidnæp] *t.* secuestrar, raptar.

kidney ['kidni] s. ANAT. riñón. 2 índole. 3 ~ bean, alubia, judía.

kill [kil] t. matar.

killer ['kilər] s. matador.

kiln [kiln] s. horno.

kin [kin] s. parientes, parentela.

kind [kaind] a. bueno, bondadoso, benévolo. 2 s. género, especies, clase.

kind-hearted ['kaind-'ha:tid] a. bondadoso.

kindle ['kindl] t.-i. encender(se. 2 inflamar(se.

kindly ['kaindli] a. amable. 2 adv. amablemente.

kindness ['kaindnis] s. bondad.

kindred ['kindrid] a. pariente.

king [kiŋ] s. rey, monarca.

kingdom ['kiŋdəm] s. reino.

kingly ['kiŋli] a. real, regio.

kiss [kis] s. beso. 2 t.-i. besar(se.

kit [kit] s. equipo, avíos.

kitchen ['kitʃin] s. cocina.

kite [kait] s. cometa [juguete].

kitty [kiti] s. gatito, minino.

knack [næk] s. maña, arte.

knave [neiv] s. bribón, pícaro.

knead [ni:d] t. amasar.

knee (ni:) s. ANAT. rodilla.

kneel [ni:l] i. arrodillarse. ¶ Pret. y p. p.: knelt [nelt] o kneeled ['ni:ld].

knell [nel] s. doble, toque de difuntos.

knew [nju:] pret. de TO KNOW.

knickerbockers ['nikəbo-kəz], **knickers** ['nikəz] s. calzón ancho y corto.

knife, pl. **knives** [naif, naivz] s. cuchillo; cuchilla; navaja.

knight [nait] s. caballero [de una orden]. 2 t. armar caballero.

knight-errant ['nait-'erənt] s. caballero andante.

knit [nit] t. tejer [a punto de aguja o malla]. ¶ Pret. y p. p: knit [nit] o knited ['nitid].

knob [nob] s. bulto, protuberancia. 2 botón, tirador [de puerta, etc.].

knock [nok] s. golpe, porrazo. 2 t.-i. golpear.

knock-out ['nokaut] s. BOX. fuera de combate.

knoll [nəul] s. loma, otero.

knot [not] s. nudo, lazo. 2 t. anudar.

know [nəu] t. conocer. 2 saber. 3 ver, compren-

der. ¶ Pret.: *knew*
[nju:] p. p.: *known*
[nəun].

knowing ['nəuiŋ] *a.* inteligente; astuto; entendido; enterado.

knowledge ['nɔlidʒ] *s.* conocimiento.

known [nəun] *p. p.* de TO KNOW.

knuckle ['nʌkl] *s.* ANAT. nudillo. 2 *t.* golpear o apretar con los nudillos.

L

label ['leibl] *s.* rótulo, etiqueta. 2 *t.* rotular.
laboratory [lə'bɔrətri] *s.* laboratorio.
laborious [lə'bɔːriəs] *s.* trabajador, laborioso.
labo(u)r ['leibəʳ] *s.* trabajo, labor. 2 Partido Laborista. 3 *i.* trabajar, esforzarse, forcejear. 4 *t.* trabajar; arar, cultivar.
labo(u)rer ['leibərəʳ] *s.* trabajador, obrero.
labyrinth ['læbərinθ] *s.* *s.* laberinto, dédalo.
lace [leis] *s.* cordón, cinta. 2 *t.* atar.
lack [læk] *s.* falta, carencia. 2 *i.-t.* carecer de, necesitar.
lacquer ['lækəʳ] *s.* laca, barniz. 2 *t.* barnizar.
lad [læd] *s.* muchacho, mozo.

ladder ['lædəʳ] *s.* escalera [de mano].
lade [leid] *t.* cargar. ¶ P. p.: *laded* ['leidid] o *laden* ['leidn].
lady ['leidi] *s.* señora, dama.
lag [læg] *s.* retardo, retraso. 2 *i.* rezagarse.
lagoon [lə'guːn] *s.* albufera, laguna.
laid [leid] V. TO LAY.
lain [lein] *p. p.* de TO LIE.
lair [lɛəʳ] *s.* guarida.
lake [leik] *s.* lago, laguna. 2 laca, carmín [color].
lamb [læm] *s.* cordero.
lame [leim] *a.* cojo, lisiado. 2 *t.* encojar, lisiar.
lament [lə'ment] *s.* la-

mento. 2 *t.-i.* lamentar-(se.

lamentable ['læməntəbl] deplorable.

lamp [læmp] *s.* lámpara.

lance [lɑ:ns] *s.* lanza. 2 *t.* alancear.

land [lænd] *s.* tierra. 2 *t.* desembarcar. 3 coger, sacar [un pez]. 4 conseguir. 5 aterrizar.

landing ['lændiŋ] *s.* desembarco.

landlady ['læn,leidi] *s.* propietaria; casera. 2 mesonera.

landlord ['lænlɔ:d] *s.* propietario [de tierras]; casero; mesonero.

landmark ['lænmɑ:k] *s.* hito, mojón.

landowner ['lænd,əunəʳ] *s.* hacendado, terrateniente.

landscape ['lænskeip] *s.* paisaje.

lane [lein] *s.* senda, vereda.

language ['læŋgwidʒ] *s.* lenguaje.

languid ['læŋgwid] *a.* lánguido.

languish ['læŋgwiʃ] *i.* languidecer. 2 consumirse.

lantern ['læntən] *s.* linterna.

lap [læp] *s.* falda, regazo. 2 *t.* sobreponer, encaballar.

lapse [læps] *s.* lapso, error. 2 *i.* pasar, transcurrir.

lard [lɑ:d] *s.* tocino gordo. 2 manteca de cerdo.

large [lɑ:dʒ] *a.* grande, grueso, 2 amplio. 3 extenso, lato.

lark [lɑ:k] *s.* ORN. alondra. 2 diversión. 3 *i.* bromear.

lash [læʃ] *s.* pestaña. 2 latigazo. 3 látigo. 4 *t.* azotar.

lass [læs] *f.* chica, moza.

last [lɑ:st] *a.* último, final: ~ *but one,* penúltimo. 2 *s.* fin, final. 3 *i.* durar, permanecer.

latch [lætʃ] *s.* picaporte, pestillo.

late [leit] *a.* retrasado, tardío. 2 *adv.* tarde.

lately ['leitli] *adv.* últimamente, recientemente.

latent ['leitənt] *a.* latente.

later ['leitəʳ] *a.-adv. comp.* de LATE: ~ *on,* más adelante.

lateral ['lætərəl] *a.* lateral.

latest ['leitist] *superl.* de LATE.

lather ['lɑ:ðəʳ] *s.* espuma. 2 *t.* enjabonar. 3 *i.* hacer espuma.

latitude ['lætitju:d] *s.* latitud.

latter ['lætər] *a.* más reciente, último: *the former ... the* ~, aquél ... éste.

lattice ['lætis] *s.* celosía.

laugh [la:f] *s.* risa. 2 *i.* reír, reírse.

laughter ['lɑftər] *s.* risa.

launch [lɔ:ntʃ] *s.* MAR. botadura. 2 MAR. lancha. 3 *t.-i.* lanzar(se. 4 MAR. botar.

laundress ['lɔ:ndris] *s.* lavandera.

laundry [l'ɔ:ndri] *s.* lavadero. 2 lavandería. 3 ropa lavada.

laurel ['lɔrəl] *s.* BOT. laurel.

lavender ['lævindər] *s.* espliego.

lavish ['læviʃ] *a.* pródigo. 2 *t.* prodigar.

law [lɔ:] *s.* ley, regla, precepto. 2 derecho, jurisprudencia.

lawful ['lɔ:ful] *a.* legal.

lawless ['lɔ:lis] *a.* sin ley. 2 ilegal, ilícito.

lawn [lɔ:n] *s.* césped, prado.

lawsuit ['lɔ:sju:t] *s.* pleito, litigio. 2 proceso.

lawyer ['lɔ:jər] *s.* letrado, abogado.

lax [læks] *a.* laxo.. 2 impreciso.

1) **lay** [lei] *pret.* de TO LIE.

2) **lay** [lei] *a.* seglar. 2 le-go. 3 *s.* situación. 4 LIT. lay, balada.

3) **lay** [lei] *t.* tumbar, acostar, tender. 2' poner, dejar; colocar. 3 extender, aplicar. 4 exponer. 5 apostar. ¶ Pret. y p. p.: *laid* [leid].

layer ['leiər] *s.* capa, estrato.

layman ['leimən] *s.* lego, laico.

lazy ['leizi] *a.* perezoso, holgazán.

1) **lead** [led] *s.* plomo. 2 *t.* emplomar.

2) **lead** [li:d] *s.* primacía, primer lugar. 2 dirección, mando, guía. 3 *t.* conducir, guiar; dirigir; impulsar. ¶ Pret. y p. p.: *led* [led]

leader ['li:dər] *s.* conductor, guía. 2 jefe, líder.

leadership ['li:dəʃip] *s.* dirección, jefatura.

leading ['li:diŋ] *a.* principal, capital, primero.

leaf [li:f], *pl.* **leaves** [li:vz] hoja [de planta, libro, etc.].

leafy ['li:fi] *a.* frondoso.

league [li:g] *s.* liga, unión. 2 *t.-i.* unir(se, aliar(se.

leak [li:k] *s.* escape [de un fluido]. 2 *i.* tener escasez o pérdidas [un recipiente].

lean [li:n] *a*. delgado, flaco. 2 *t.-i.* apoyar(se. ¶ Pret. y p. p.: *leant* [lent] o *leaned* [li:nd].

leap [li:p] *s*. salto, brinco. 2 *i*. saltar, brincar. ¶ Pret. y p. p.: *leapt* [lept] o *leaped* [li:pt].

learn [lə:n] *t.-i.* aprender. ¶ Pret. y p. p.: *learned* [lə:nd] o *learnt* [lə:nt].

learned ['lə:nid] *a*. ilustrado, sabio, versado en.

learning ['lə:niŋ] *s*. instrucción.

learnt [lə:nt] V. TO LEARN.

lease [li:s] *t*. arrendar.

leash [li:ʃ] *s*. traílla, correa.

least [li:st] *a. superl.* de LITTLE. mínimo, menor.

leather ['leðər] *s*. cuero.

leave [li:v] *s*. permiso, licencia. 2 *t*. dejar. 3 *i*. partir. ¶ Pret. y p. p.: *left* [left].

leaven ['levn] *s*. levadura.

leaves (li:vz] *s. pl.* de LEAF.

lecture ['lektʃər] *s*. conferencia. 2 *i*. dar una conferencia.

lecturer ['lektʃərər] *s*. conferenciante; lector [Universidad].

led [led] V. TO LEAD.

ledge [ledʒ] *s*. repisa.

lees [li:z] *s. pl.* heces, poso.

left [left] V. TO LEAVE. 2 *a*. izquierdo. 3 *s*. izquierda.

leg [leg] *s*. pierna.

legacy ['legəsi] *s*. legado.

legal ['li:gəl] *s*. legal.

legend ['ledʒənd] *s*. leyenda.

legion ['li:dʒən] *s*. legión.

legislation [,ledʒis'leiʃən] *s*. legislación.

legislature ['ledʒisleitʃər] *s*. cuerpo de legisladores.

legitimate [li'dʒitimit] *a*. legítimo. 2 [li'dʒitimeit] *t*. legitimar.

leisure ['leʒər] *s*. ocio, tiempo libre.

leisurely ['leʒəli] *a*. lento. 2 *adv*. despacio.

lemon ['lemən] *s*. limón.

lemonade [,lemə'neid] *s*. limonada.

lend [lend] *t*. prestar. ¶ Pret. y p. p.: *lent* [lent].

length [leŋθ] *s*. longitud; extensión; duración.

lengthen ['leŋθən] *t.-i.* alargar(se; prolongar(se.

Lent [lent] *s*. cuaresma.

lent [lent] V. TO LEND.

less [les] *a.-adv.-prep.* menos.

lessen ['lesn] *t.-i.* disminuir.

lesser ['lesər] *comp. de* LES menor.

lesson ['lesn] s. lección.

lest [lest] *conj.* no sea que, para que no.

let [let] s. estorbo, obstáculo. 2 t. arrendar, alquilar. 3 dejar, permitir. 4 AUX. ~ *us run*, corramos; ~ *him come*, que venga. ¶ Pret. y p. p.: *let* [let].

letter ['letər] s. letra [del alfabeto, signo]. 2 letra [sentido literal]. 3 carta; documento.

lettuce ['letis] s. BOT. lechuga.

level ['levl] a. liso, llano, horizontal. 2 igual. 3 equilibrado. 4 juicioso. 5 s. nivel. 6 llano, llanura. 7 t. nivelar.

lever ['li:vər] s. palanca.

levy ['levi] s. leva, recluta. 2 t. reclutar.

lewd [lu:d] a. lujurioso.

liability [ˌlaiə'biliti] s. riesgo. 2 responsabilidad.

liable ['laiəbl] a. expuesto, sujeto, propenso.

liar ['laiər] s. embustero.

liberal ['libərəl] a. liberal. 2 abundante.

liberate ['libəreit] t. libertar.

liberty ['libəti] s. libertad.

librarian [lai'brɛəriən] s. bibliotecario, -ria.

library ['laibrəri] s. biblioteca.

license, licence ['laisəns] s. licencia, libertinaje. 2 licencia [poética]. 3 licencia, permiso. 4 t. autorizar, dar permiso.

lick [lik] s. lamedura. 2 t. lamer.

lid [lid] s. tapa. 2 párpado.

1) **lie** [lai] s. mentira. 2 i. mentir. ¶ Pret. y p. p.: *lied* [laid] ger.: *lying* ['laiiŋ].

2) **lie** [lai] i. tenderse; apoyarse. 2 estar. 3 constituir. ¶ Pret.: *lay* [lei]; p. p.: *lain* [lein]; ger.: *lying* ['laiiŋ].

lieutenant [lef'tenənt] s. lugarteniente.

life [laif], *pl.* **lives** [laivz] s. vida. 2 animación.

lifeless ['laiflis] a. sin vida.

lifelong ['lai-lɔŋ] a. de toda la vida.

lifetime ['laiftaim] s. curso de la vida. 2 eternidad. 3 a. perpetuo, vitalicio.

lift [lift] s. elevación, alzamiento. 2 (Ingl.) ascensor. 3 t.-i. alzar(se, levantar(se.

light [lait] s. luz. 2 fuego, cerilla. 3 aspecto, punto de vista. 4 a. de luz. 5 blondo, rubio;

blanca [tez]. 6 leve. 7 *adv.* ligeramente; fácilmente. 8 *t.-i.* encender(se. ¶ Pret. y p. p.: *lighted* ['laitid] o *lit* [lit].

lighten ['laitn] *t.-i.* iluminar(se. 2 aclarar(se. 3 *i.* relampaguear. 4 *t.-i.* aligerar(se. 5 alegrar(se.

lighter ['laitə'] *s.* encendedor.

lighthouse ['laithaus] *s.* MAR. faro, farola.

lighting ['laitiŋ] *s.* iluminación; alumbrado.

lightning ['laitniŋ] *s.* relámpago.

like [laik] *a.* igual, semejante, como. 2 *t.* querer, gustarle a uno: *I like him*, me gusta.

likelihood ['laiklihud] *s.* probabilidad; verosimilitud.

likely ['laikli] *a.* probable.

liken ['laikən] *t.* asemejar.

likeness ['laiknis] *s.* semejanza.

likewise ['laik-waiz] *adv.* igualmente. 2 además.

liking ['laikiŋ] *s.* inclinación. 2 preferencia.

lily ['lili] *s.* BOT. lirio; azucena.

limb [lim] *s.* miembro [de hombre o animal].

lime [laim] *s.* cal.

limestone ['laimstəun] *s.* piedra caliza.

limit ['limit] *s.* límite. 2 *t.* limitar

limp [limp] *s.* cojera. 2 *i.* cojear.

linden ['lindən] *s.* BOT. tilo.

line [lain] *s.* cuerda, cabo, cordel. 2 línea. 3 conducción, tubería. 4 verso [línea]. 5 arruga [en la cara]. 6 TEAT. papel. 7 *t.* linear, rayar. 8 arrugar [el rostro]. 9 alinearse.

lineage ['liniidʒ] *s.* linaje.

linen ['linin] *s.* lienzo, lino.

liner ['lainə'] *s.* vapor o avión de línea.

linger ['liŋgə'] *i.* demorar.

lining ['lainiŋ] *s.* forro.

link [liŋk] *s.* eslabón. 2 vínculo, enlace. 3 *t.-i.* eslabonar(se.

linoleum [li'nəuljəm] *s.* linóleo.

lion ['laiən] *s.* león.

lioness ['laiənis] *s.* leona.

lip [lip] *s.* labio. 2 pico.

lip-stick ['lip-stik] *s.* lápiz para labios.

liquid ['likwid] *a.-s.* líquido. 2 *a.* claro, cristalino.

lisp [lisp] *i.* cecear.

list [list] *s.* lista, catálogo. 2 *t.* poner en lista.

listen ['lisn] *i.* escuchar, oír, atender. | Gralte. con *to*.

listener ['lisnər] *s.* oyente.

lit [lit] *pret.* y *p. p.* de TO LIGHT.

literature [('lit(ə)ritʃər] *s.* literatura.

lithe [laið], **lithesome** [-səm] *a.* flexible, cimbreño, ágil.

litre, liter ['li:tər] *s.* litro.

litter ['litər] *s.* litera. 2 camilla. 3 basura. 4 *t.* poner o dejar en desorden.

little ['litl] *a.* pequeño, chico, menudo. 2 *a.-adv.-s.* poco; un poco de; algo.

live [laiv] *a.* vivo. 2 [liv] *i.-t.* vivir.

livelihood ['laivlihud] *s.* vida, medios de vida.

lively [laivli] *a.* vivo, vivaz, vivaracho. 2 animado. 3 *adv.* vivamente.

liver ['livər] *s.* hígado.

livery ['livəri] *s.* librea.

livestock ['laivstɔk] *s.* ganado, ganadería.

living ['liviŋ] *a.* vivo, viviente. 2 *s.* vida.

lizard ['lizəd] *s.* ZOOL. lagarto.

load [ləud] *s.* carga. 2 peso. 3 *t.* cargar.

loaf [ləuf] *s.* pan, hogaza. 2 *i.* holgazanear.

loan [ləun] *s.* préstamo. 2 *t.-i.* prestar

loath [ləuθ] *a.* poco dispuesto.

loathe [ləuð] *t.* aborrecer, detestar.

lothsome ['ləuðsəm] *a.* aborrecible, odioso.

lobster ['lɔbstər] *s.* ZOOL. langosta; bogavante.

local ['ləukəl] *a.* local.

localize ['ləukəlaiz] *t.* localizar, limitar. 2 dar carácter local.

locate [ləu'keit] *t.* localizar.

location [ləu'keiʃən] *s.* localización. 2 situación.

lock [lɔk] *s.* rizo, bucle. 2 cerradura. 3 *t.* cerrar [con llave].

locker ['lɔkər] *s.* cofre, armario.

lockout ['lɔkaut] *s.* lockout [cierre de fábrica por los patronos].

locomotive ['ləukə͵məutiv] *a.-s.* locomotora.

lodge [lɔdʒ] *s.* casita, pabellón. 2 *t.* alojar, hospedar.

lodging ['lɔdʒiŋ] *s.* alojamiento.

loft [lɔft] s. desván.
lofty ['lɔti] a. alto, elevado. 2 altanero.
log [lɔg] s. leño, tronco.
logic ['lɔdʒik] s. lógica.
logical ['lɔdʒikəl] a. lógico.
loiter ['lɔitər] i. holgazanear.
lone [loun] a. solo.
loneliness ['ləunlinis] s. soledad.
lonely ['ləunli] a. solo, solitario.
long [lɔŋ] a. largo. 2 s. longitud, largo. 3 i. [con *for, after* o *to*] ansiar, anhelar.
longing ['lɔŋiŋ] s. ansia. 2 a. ansioso.
look [luk] s. mirada. 2 semblante. 3 aspecto. 4 i. mirar; considerar. 5 i. parecer. 6 ~ *at*, mirar. 7 ~ *after*, cuidar de, 8 ~ *for*, buscar.
looking-glass ['lukiŋglɑ:s] s. espejo.
lookout ['luk'aut] s. vigía. 2 atalaya, miradero. 3 *pl.* perspectivas.
loom [lu:m] s. TEJ. telar. 2 *t.-i.* vislumbrarse, amenazar.
loop [lu:p] s. curva. 2 lazo. 3 rizo. 4 *t.* doblar.
loose [lu:s] a. suelto, flojo. 2 *t.* soltar, desatar, aflojar.

loosen ['lu:sn] *t.* soltar, desatar.
loot [lu:t] s. botín, presa. 2 *t.-i.* saquear.
lop [lɔp] *t.* podar.
lord [lɔ:d] s. señor, dueño, amo. 2 lord [título].
lordship ['lɔ:dʃip] s. señoría.
lorry ['lɔri] s. camión.
lose [lu:z] *t.* perder. 2 *i.* perderse; extraviarse. ¶ Pret. y p. p.: *lost* [lɔst].
loss [lɔs] s. pérdida.
lost [lɔst] V. TO LOSE.
lot [lɔt] s. lote, parte. 2 solar. 3 suerte. 4 colección. 5 *a* ~ *of, lots of,* mucho(s.
lottery ['lɔtəri] s. lotería.
loud [laud] a. fuerte [sonido]. 2 alta [voz]
loud-speaker ['laud'spi:-kər] s. RADIO altavoz.
lounge [laundʒ] s. salón de descanso o tertulia. 2 *i.* pasear, pasar el rato.
louse [laus], *pl.* **lice** [lais] s. ENT. piojo.
love [lʌv] s. amor, cariño, afecto, afición. 2 *t.* amar, querer. 3 gustar de, tener afición a.
lovely ['lʌvli] a. amable, adorable, encantador.
lover ['lʌvər] s. enamorado; amante.

low [ləu] *a.* bajo. *2* pobre. *3* escaso, insuficiente. *4* débil, enfermo. *5* *adv.* bajo.

lower ['ləuə'] *t.* bajar. *2* arriar. *3* *comp.* de LOW. *4* ['lauə'] *i.* mirar ceñudo. *5* encapotarse [el cielo].

loyal ['lɔiəl] *a.* leal, fiel.

luck [lʌk] *s.* suerte, fortuna.

luckless ['lɔklis] *a.* desafortunado.

lucky ['lʌki] *a.* afortunado.

ludicrous ['lu:dikrəs] *a.* cómico.

luggage ['lʌgidʒ] *s.* equipaje [de viajero].

lukewarm ['lu:k-wɔ:m] *a.* tibio.

lull [lʌl] *s.* momento de calma. *2* *t.-i.* calmar(se.

lumber ['lʌmbə'] *s.* madera.

luminous ['lu:minəs] *a.* luminoso.

lump [lʌmp] *s.* pedazo, terrón.

lunatic ['lu:nətik] *a.-s.* loco, demente.

lunch [lʌntʃ], **luncheon** [-ən] *s.* almuerzo. *2* *i.* almorzar.

lung [lʌŋ] *s.* pulmón.

lurch [lə:tʃ] *s.* sacudida. *2* *i.* dar sacudidas.

lure [ljuə'] *s.* señuelo, reclamo. *2* *t.* atraer.

lurk [lə:k] *i.* acechar.

luscious ['lʌʃəs] *i.* delicioso. *2* empalagoso.

lush [lʌʃ] *a.* lujuriante.

lust [lʌst] *s.* avidez. *2* lujuria. *3* *t.* codiciar [con lujuria].

lustre ['lʌstə'] *s.* lustre, brillo.

lustrous ['lʌstrəs] *a.* lustroso.

lusty ['lʌsti] *a.* lozano, fuerte.

lute [lu:t] *s.* MÚS. laúd.

luxuriant [lʌg'zjuəriənt] *a.* lujuriante, exuberante.

luxurious [lʌg'zjuəriəs] *a.* lujoso.

luxury ['lʌkʃəri] *s.* lujo, fausto.

lying ['laiiŋ] *ger.* de TO LIE. *2* *a.* mentiroso. *3* tendido, echado. *4* situado.

lynch [lintʃ] *t.* linchar.

lynx [liŋks] *s.* ZOOL. lince.

lyre ['laiə'] *s.* MÚS. lira.

lyric ['lirik] *a.* lírico. *2* *s.* poema lírico.

M

mace [meis] *s.* maza.

machine [mə'ʃi:n] *s.* máquina. 2 bicicleta, automóvil, etc.

machinery [mə'ʃi:nəri] *s.* maquinaria.

mad [mæd] *a.* loco.

madam ['mædəm, mæ-'dɑ:m] *s.* señora [tratamiento de respeto].

madden ['mædn] *t.-i.* enloquecer.

made [meid] V. TO MAKE.

madman ['mædmən] *s.* loco.

madness ['mædnis] *s.* locura.

magazine [ˌmægə'zi:n] *s.* almacén, depósito. 2 revista [periódico].

magic ['mædʒik] *s.* magia. 2 *a.* mágico.

magical ['mædʒikəl] *a.* mágico.

magician [mə'dʒiʃən] *s.* mago.

magistrate ['mædʒistreit] *s.* magistrado.

magnificence [mæg'nifisns] *s.* magnificencia.

magnify ['mægnifai] *t.* agrandar, aumentar.

maid [meid] *s.* doncella, criada, camarera.

maiden ['meidn] *s.* doncella, joven soltera.

mail [meil] *s.* malla. 2 correo, correspondencia. 3 *t.* echar al correo, enviar por correo.

maim [meim] *t.* mutilar.

main [mein] *a.* primero; principal. 2 *s.* cañería principal.

mainland ['meinlənd] *s.* continente, tierra firme.

maintain [me(i)n'tein] *t.* mantener, sostener.

maize [meiz] *s.* BOT. maíz.

majestic [mə'dʒestik] *a.* majestuoso.

majesty ['mædʒisti] *s.* majestad.

major ['meidʒər] *a.* mayor, principal. 2 *s.* DER. mayor de edad.

majority [mə'dʒɔriti] *s.* mayoría. 2 mayor edad.

make [meik] *s.* hechura, forma. 2 obra, fabricación. 3 *t.* hacer [crear, elaborar, fabricar; formar; causar, producir; preparar; efectuar, etc.]. ¶ Pret. y p. p.: *made* [meid].

make-up ['meikʌp] *s.* composición, modo de ser. 2 maquillaje; cosméticos.

malady ['mælədi] *s.* mal, enfermedad.

male [meil] *a.* macho. 2 masculino. 3 *s.* varón.

malice ['mælis] *s.* malicia.

malicious [mə'liʃəs] *a.* malévolo.

malignant [mə'lignənt] *a.* maligno. 2 maléfico.

mallet ['mælit] *s.* mazo, mallete.

malt [mɔːlt] *s.* malta.

mammal ['mæməl] *s.* ZOOL. mamífero.

man [mæn], *pl.* **men** [men] *s.* hombre.

manacles ['mænəklz] *s. pl.* manillas, esposas.

manage ['mænidʒ] *t.* manejar. 2 dirigir, regir.

management ['mænidʒmənt] *s.* manejo, gobierno, administración; cuidado.

manager ['mænidʒər] *s.* director.

mandate ['mændeit] *s.* mandato.

mane [mein] *s.* crin, melena.

manger ['meindʒər] *s.* pesebre.

mangle ['mæŋgl] *s.* máquina para exprimir ropa. 2 *t.* destrozar, mutilar.

manhood ['mænhud] *s.* virilidad, valor. 2 los hombres.

manifest ['mænifest] *a.* manifiesto, patente. 2 *t.-i.* manifestar(se.

manipulate [mə'nipjuleit] *t.* manipular, manejar.

mankind [mæn'kaind] *s.* género humano. 2 los hombres.

manlike ['mænlaik] *a.* varonil.

manliness ['mænlinis] *s.* virilidad, hombría, valor.

manly ['mænli] *a.* varonil, viril.

manner ['mænər] *s.* manera, modo.

mannerly ['mænəli] *a.* cortés, urbano, atento. 2 *adv.* urbanamente.

manor ['mænə'] *s.* casa señorial en el campo, casa solariega.

mansion ['mænʃən] *s.* palacio.

mantle ['mæntl] *s.* manto. 2 *t.* cubrir.

manufacture [ˌmænju-'fæktʃə'] *s.* manufactura. 2 *t.* manufacturar.

manufacturer [ˌmænju-'fæktʃərə'] *s.* fabricante.

manure [mə'njuə'] *s.* AGR. abono, estiércol. 2 *t.* abonar, estercolar.

manuscript ['mænjuskript] *a.-s.* manuscrito.

many ['meni] *a.-pron.* muchos, -chas.

map [mæp] *s.* mapa, carta.

mar [mɑ:'] *t.* estropear.

marble ['mɑ:bl] *s.* mármol.

March [mɑ:tʃ] *s.* marzo [mes].

march [mɑ:tʃ] *s.* marcha. 2 *i.* marchar, andar.

mare [mɛə'] *s.* yegua.

margin ['mɑ:dʒin] *s.* margen.

marine [[mə'ri:n] *s.* marino.

mariner ['mærinə'] *s.* marinero.

mark [mɑ:k] *s.* marca, señal. 2 mancha. 3 huella. 4 signo, indicio. 5 rótulo. 6 importancia, distinción. 7 punto, nota, calificación. 8 blanco, hito, fin, propósito. 9 marco [moneda]. 10 *t.* marcar, señalar. 11 indicar. 12 delimitar. 13 notar, observar, advertir. 14 puntuar, calificar.

market ['mɑ:kit] *s.* mercado, bolsa.

marketing ['mɑ:kitiŋ] *s.* venta, comercialización.

marquis, -quess ['mɑ:kwis] *s.* marqués.

marriage ['mærɪdʒ] *s.* matrimonio.

married ['mærid] *a.* casado.

marrow ['mærəu] *s.* meollo, médula, tuétano.

marry ['mæri] *t.* casar, desposar. 2 *i.* casarse con.

marsh [mɑ:ʃ] *s.* pantano.

marshy ['mɑ:ʃi] *a.* pantanoso.

mart [mɑ:t] *s.* mercado.

martyr ['mɑ:tə'] *s.* mártir. 2 *t.* martirizar.

martyrdom ['mɑ:tədəm] *s.* martirio.

marvel ['mɑ:vəl] *s.* maravilla. 2 *i.* maravillarse.

marvellous ['mɑ:vələs] *a.* maravilloso, prodigioso.

masculine ['mæskjulin] a. masculino, varonil.

mask [mɑ:sk] s. máscara. 2 i. ponerse careta. 3 disfrazarse.

mason ['meisn] s. albañil. 2 masón.

masonry ['meisnri] s. albañilería. 2 (con may.) masonería.

masquerade [ˌmæskə'reid] s. mascarada: ~ ball, baile de máscaras. 2 máscara [disfraz]. 3 i. disfrazarse.

mass [mæs] s. masa, bulto, mole. 2 misa.

massacre ['mæsəkəʳ] s. carnicería, matanza. 2 t. hacer una matanza de.

massage ['mæsɑ:ʒ] s. masaje. 2 t. dar masaje.

massive ['mæsiv] a. macizo, masivo.

mast [mɑ:st] s. MAR. mástil, palo. 2 asta.

master ['mɑ:stəʳ] s. amo, patrón, dueño. 2 señor, señorito [dicho por un criado]. 3 t. dominar, vencer, subyugar.

masterful ['mɑ:stəful] a. dominante, autoritario. 2 hábil.

masterly ['mɑ:stəli] a. magistral.

masterpiece ['mɑ:təpi:s] s. obra maestra.

mastery ['mɑ:stəri] s. dominio, autoridad.

mat [mæt] s. estera. 2 a. mate, sin lustre. 3 t. hacer mate. 2 esterar.

match [mætʃ] s. fósforo, cerilla. 2 pareja, igual. 3 contrincante temible. 4 juego [de dos cosas]. 5 DEP. lucha, partida, partido. 6 casamiento, partido. 7 t. casar, hermanar. 8 oponer, equiparar. 9 igualar a.

matchless ['mætʃlis] a. sin igual, incomparable.

mate [meit] s. compañero, -ra. 2 consorte, cónyuge. 3 t. casar, desposar.

material [mə'tiəriəl] a. material. 2 físico, corpóreo. 3 importante, esencial. 4 s. material, materia. 5 tela, género.

mathematics [ˌmæθi'mætiks] s. matemáticas.

matrimony ['mætriməni] s. matrimonio.

matron ['meitrən] s. matrona.

matter ['mætəʳ] s. materia. 2 cosa. 3 importancia. 4 what is the ~?, ¿qué ocurre? 5 i. importar.

mattress ['mætris] s. colchón.

mature [mə'tjuəʳ] a. maduro. 2 t.-i. madurar.

maxim ['mæksim] s. máxima, sentencia.

May [mei] s. mayo [mes].

may [mei] v. aux. poder [tener facultad, libertad, oportunidad o permiso ser posible o contingente]. ¶ Pret.: *might* [mait]. | Sólo tiene pres. y pret.

maybe ['meibi:] adv. acaso.

mayor [mɛəʳ] s. alcalde.

maze [meiz] s. laberinto.

me [mi:, mi] pron. pers. me, mi: *with me,* conmigo.

meadow ['medəu] s. prado.

meager, meagre ['mi:gəʳ] a. magro, flaco.

meal [mi:l] s. comida. 2 harina [de maíz, etc.].

mean [mi:n] s. bajo, humilde. 2 ruin, bajo, vil. 3 mezquino, tacaño. 4 (E. U.) avergonzado. 5 medio, mediano, intermedio. 6 s. medio [término medio]. 7 pl. medio, medios. 8 t. significar, querer decir. 9 decir en serio. 10 pretender. 11 destinar. ¶ Pret. y p. p.: *meant* [ment].

meaning ['mi:niŋ] s. significación, sentido, acepción. 2 intención.

meant [ment] V. *to* MEAN.

meantime ['mi:n'taim],
meanwhile [-'wail] adv. entretanto.

measles ['mi:zlz] s. pl. MED. sarampión.

measure ['meʒəʳ] s. medida. 2 cantidad, grado, extensión. 3 ritmo. 4 t.-i. medir.

meat [mi:t] s. carne [como alimento]. 2 vianda, comida.

mechanic [mi'kænik] a. mecánico. 2 s. obrero, mecánico.

mechanical [mi'kænikəl] a. mecánico.

mechanics [mi'kæniks] s. mecánica [ciencia].

mechanism ['mekənizəm] s. mecanismo. 2 mecanicismo.

medal ['medl] s. medalla.

meddle ['medl] i. entrometerse, meterse [en].

medicine ['medsin] s. medicina [medicamento; ciencia].

meditate ['mediteit] t. proyectar, proponerse. 2 i. meditar.

medium ['mi:djəm] s. medio, punto o grado medio. 2 medio, conducto. 3 medium. 4 a. mediano, medio.

meek [mi:k] a. manso, suave, humilde dócil.

meet [mi:t] t. encontrar, hallar, topar con; enfrentarse con. 2 conocer, ser presentado a. 3 reunirse, entrevistarse con. 4 hacer frente a [gastos, etc.]. ¶ Pret. y p. p.: *met* [met].

meeting ['mi:tiŋ] s. reunión, junta, sesión. 2 asamblea, mitin.

melancholy ['melənkɔli] s. melancolía, hipocondría. 2 a. melancólico.

mellow ['meləu] a. maduro, sazonado [fruto]. 2 tierno, blando. 3 suave [vino]. 4 lleno, puro, suave [voz, sonido, color, luz]. 5 t.-i. madurar.

melody ['melədi] s. melodía, aire.

melon ['melən] s. BOT. melón.

melt [melt] t.-i. fundir(se, derretir(se.

member ['membər] s. miembro.

memorable ['memərəbl] a. memorable.

memorial [mi'mɔ:riəl] a. conmemorativo. 2 s. monumento conmemorativo. 3 memorial, petición. 4 nota, apunte.

memorize ['meməraiz] t. aprender de memoria.

memory ['meməri] s. memoria.

men [men] s. pl. de MAN.

menace ['menəs] s. amenaza. 2 t.-i. amenazar.

mend [mend] t. componer, reparar. 2 i. corregirse, enmendarse.

mention ['menʃən] s. mención 2 t. mencionar, nombrar.

merchandise ['mə:tʃəndaiz] s. mercancía, géneros.

merchant ['mə:tʃənt] s. mercader, comerciante. 2 a. mercante, mercantil.

merciful ['mə:siful] a. misericordioso, clemente, compasivo.

merciless ['mə:silis] a. implacable, despiadado, cruel.

mercy ['mə:si] s. misericordia, clemencia, compasión. 2 merced, gracia.

mere [miər] a. mero, solo.

merge [mə:dʒ] t.-i. unir(se, combinar(se, fusionar(se.

merit ['merit] s. mérito. 2 t. merecer.

merriment ['merimənt] s. alegría.

merry ['meri] a. alegre

merry-go-round ['merigəu,raund] s. tiovivo, caballitos.

mesh [meʃ] s. malla [de red].

mess [mes] s. enredo, lío; asco, suciedad. 2 t. enredar, ensuciar.

message ['mesidʒ] s. mensaje.

messenger ['mesindʒəʳ] s. mensajero.

met [met] V. TO MEET.

meter ['mi:təʳ] s. contador.

method ['meθəd] s. método.

metre (E.U.) **meter** ['mi:-təʳ] s. metro.

mice V. MOUSE.

mid [mid] a. medio.

middle ['midl] a. medio, de en medio, mediano, intermedio. 2 s. medio, mediados, mitad, centro.

midget ['midʒit] a. enano.

midnight ['midnait] s. medianoche.

midst [midst] s. centro, medio.

midsummer ['mid¡sʌməʳ] s. canícula. ,

midway ['mid'wei] s. mitad del camino. 2 avenida central.

midwife ['midwaif] s. partera, comadrona.

mien [mi:n] s. semblante, aire.

might [mait] pret. de MAY. 2 s. poderío, fuerza.

mighty ['maiti] a. poderoso. 2 vigoroso, potente.

3 importante.

migrate [mai'greit] i. emigrar.

migration [mai'greiʃən] s. migración.

mild [maild] a. apacible, blando. 2 manso, dócil. 3 leve, moderado, templado. 4 dúctil.

mile [mail] s. milla.

military ['militəri] a. militar. 2 s. the ∼, los militares.

milk [milk] s. leche. 2 t. t. ordeñar.

mill [mil] s. molino. 2 fábrica. 2 t. moler, triturar.

miller ['miləʳ] s. molinero.

mimic ['mimik] a. mímico. 2 t. imitar, remedar. ¶ Pret. y p. p.: mimicked; ger.: mimicking.

mince [mins] s. carne picada. 2 t. desmenuzar; picar [carne]. 3 i. andar, hablar, etc., de un modo afectado.

mind [maind] s. mente, espíritu, entendimiento, juicio; ánimo. 2 mentalidad. 3 intención, propósito, deseo. 4 pensamiento, mientes, memoria, recuerdo. 5 opinión, parecer. 6 t. tener en cuenta; hacer caso de. 7 tener inconveniente en;

molestarle una [una cosa]. 8 cuidar de, atender, ocuparse de. 9 tener cuidado con. 10 recordar, acordarse de. 11 i. *never* ~, no importa, no se preocupe.

mindful ['maindful] *a.* atento, cuidadoso.

mine [main] *pron. pos.* mío, -a; míos, -as. 2 *s.* MIN., FORT., MIL. mina. 3 *t.* minar. 4 extraer [mineral].

miner ['mainər] *s.* minero.

mineral ['minərəl] *a.-s.* mineral.

mingle ['miŋgl] *t.-i.* mezclar(se, juntar(se.

minister ['ministər] *s.* ministro. 2 *t.* dar, suministrar. 3 *i.* oficiar. 4 asistir, auxiliar.

ministry ['ministri] *s.* ministerio. 2 clero.

minor ['mainər] *a.-s.* menor.

minstrel ['minstrəl] *s.* trovador, juglar. 2 (E. U.) cantor cómico.

mint [mint] *s.* casa de moneda. 2 BOT. menta. 3 *t.* acuñar.

minute [mai'nju:t] *a.* diminuto. 2 minucioso. 3 ['minit] *s.* minuto. 4 minuta.

miracle ['mirəkl] *s.* milagro.

miraculous [mi'rækjuləs] *a.* milagroso. 2 maravilloso.

mire ['maiər] *s.* cieno, lodo.

mirror ['mirər] *s.* espejo. 2 *t.-i.* reflejar(se.

mirth [mə:θ] *s.* alegría.

mischief ['mis-tʃif] *s.* mal, daño.

mischievous ['mis-tʃivəs] *a.* malo, dañino.

misdoer ['mis'du:əʳ] *s.* malhechor, delincuente.

miser ['maizəʳ] *a.-s.* mísero.

miserable ['mizərəbl] *a.* desdichado; abatido.

miserly ['maizəli] *a.* avaro, tacaño.

misery ['mizəri] *s.* miseria. 2 desdicha, infelicidad.

misfortune [mis'fɔ:tʃən] *s.* infortunio, desdicha.

misgiving [mis'giviŋ] *s.* presentimiento, recelo, temor.

mishap ['mishæp] *s.* desgracia.

mislead [mis'li:d] *t.* desencaminar, descarriar.

Miss [mis] *s.* señorita [antepuesto al nombre].

miss [mis] *s.* errada; fracaso. 2 *t.* errar. 3 perder [un tren, la ocasión, etc.]. 4 echar de menos.

missing ['misiŋ] *a.* extraviado, perdido.

mission ['miʃən] *s.* misión.

mist [mist] *s.* niebla, vapor.

mistake [mis'teik] *s.* equivocacón, error, confusión. 2 *t.* equivocar; confundir. ¶ Pret.: *mistook;* p. p.: ~ *taken*.

mistaken [mis'teikən] *p. p.* de TO MISTAKE.

mistress ['mistris] *s.* ama, dueña, señora. 2 maestra. 3 amante.

mistrust ['mis'trʌst] *s.* desconfianza. 2 *t.* desconfiar de.

misty ['misti] *a.* brumoso.

misunderstand ['misʌndə-'stænd] *t.* entender mal.

misunderstanding ['misʌndə'stændiŋ] *s.* equivocación, error.

misuse ['mis'ju:s] *s.* mal uso. 2 [-'ju:z] *t.* maltratar. 3 usar mal.

mitten ['mitn] *s.* mitón.

mix [miks] *s.* mezcla. 2 *t.-i.* mezclar(se.

mixture ['mikstʃər] *s.* mezcla.

moan [məun] *s.* gemido, quejido. 2 *i.* gemir, quejarse.

moat [məut] *s.* FORT. foso.

mob [mɔb] *s.* populacho. 2 *t.* atacar en tumulto.

moccasin ['mɔkəsin] *s.* mocasín.

mock [mɔk] *a.* ficticio. 2 burlesco. 3 *s.* burla 4 *t.* mofarse de.

mockery ['mɔkəri] *s.* burla.

model ['mɔdl] *s.* modelo. 2 *t.* modelar, moldear.

moderate ['mɔdərit] *a.* moderado; templado. 2 ['mɔdəreit] *t.-i.* moderar(se, templar(se.

modern ['mɔdən] *a.* moderno.

modest ['mɔdist] *a.* modesto.

modesty ['mɔdisti] *s.* modestia.

modify ['mɔdifai] *t.* modificar. 2 moderar.

moist [mɔist] *a.* húmedo.

moisten ['mɔisn] *t.-i.* humedecer(se, mojar(se.

moisture ['mɔistʃər] *s.* humedad.

mole [məul] *s.* lunar. 2 rompeolas; muelle.

molest [məu'lest] *t.* molestar, inquietar, vejar.

molten ['məultən] *p. p.* *irr.* de TO MELT. 2 *a.* fundido [metal].

moment ['məumənt] *s.* momento, instante. 2 importancia.

momentous [məu'mentəs] *a.* importante, trascendental.

momentum [məu'mentəm] *s.* ímpetu, impulso.

monarch ['mɔnək] s. monarca.

monarchy ['mɔnəki] s. monarquía.

monastery ['mɔnəstri] s. monasterio, convento.

monastic(al [mə'næstik, -əl] a. monástico.

Monday ['mʌndi, -dei] s. lunes.

money ['mʌni] s. moneda, dinero.

mongrel ['mʌngrəl] a.-s. mestizo, cruzado.

monitor ['mɔnitə'] s. instructor.

monk [mʌŋk] s. monje, fraile.

monkey ['mʌŋki] s. ZOOL. mono.

monkish ['mʌŋkiʃ] a. monacal.

monopoly [mə'nɔpəli] s. monopolio.

monotonous [mə'nɔtə-nəs] a. monótono.

monotony [mə'nɔtəni] s. monotonía.

monster ['mɔnstə'] s. monstruo.

month [mʌnθ] s. mes.

monument ['mɔnjumənt] s. monumento.

mood [mu:d] s. genio, talante. 2 humor, disposición.

moody ['mu:di] a. malhumorado, triste, caviloso.

moon [mu:n] s. ASTR. luna.

moor [muə'] s. páramo, brezal. 2 t. amarrar.

Moor [muə'] s. moro, sarraceno.

mop [mɔp] s. bayeta. 2 greña. 3 t. limpiar al suelo, fregar.

moral ['mɔrəl] a. moral. 2 s. moraleja. 3 pl. moral, ética.

morale [mɔ'rɑ:l] s. moral [estado de ánimo].

morality [mə'ræliti] s. moralidad.

morbid ['mɔ:bid] a. mórbido.

more [mɔ:', 'mɔə'] a.-adv. más: the ~ the merrier, cuantos más mejor.

moreover [mɔ:'rəuvə'] adv. además, por otra parte.

morning ['mɔ:niŋ] s. [la] mañana. 2 a. matinal, matutino.

Moroccan [mə'rɔkən] a.-s. marroquí.

morose [mə'rəus] a. malhumorado, hosco.

morrow ['mɔrəu] s. mañana, día siguiente.

morsel ['mɔ:səl] s. bocado.

mortal ['mɔ:tl] a. - s. mortal.

mortality [mɔ:'tæliti] s. mortalidad.

mortar ['mɔ:təʳ] s. mortero.

mortgage ['mɔ:gidʒ] s. hipoteca. 2 t. hipotecar.

mortify ['mɔ:tifai] t.-i. mortificar(se, humillar-(se.

mosaic [mə'zeiik] a. mosaico.

moss [mɔs] s. BOT. musgo; moho.

most [məust] adj. superl. de MORE, MUCH y MANY. 2 muchos, los más, la mayoría de. 3 adv. sumamente, muy; más. 4 s. lo más, lo sumo.

motel [məu'tel] s. motel.

moth [mɔθ] s. ENT. polilla.

mother ['mʌðəʳ] s. madre.

motif [məu'ti:f] s. MÚS., B. ART. motivo, tema.

notion ['məuʃən] s. movimiento. 2 seña. 3 pl. cine. 4 i.-t. hacer seña o ademán [a uno].

motionless ['məuʃenlis] a. inmóvil.

motive ['məutiv] s. motivo. 2 a. motor, motriz.

motor ['məutəʳ] s. motor. 2 a. motor, motriz.

motto ['mɔtəu] s. mote, lema, consigna.

mo(u)ld [məuld] s. moho. 2 molde, matriz. 3 t. moldear. 4 i. enmohecerse.

mo(u)lding ['məuldiŋ] s. CARP., ARQ. moldura. 2 moldeado.

mound [maund] s. montículo. 2 montón.

mount [maunt] s. monte. 2 montura, cabalgadura. 3 t.-i. subir. 4 montar(se en o sobre.

mountain ['mauntin] s. montaña.

mountaineer [ˌmaunti-'niəʳ] s. montañés. 2 alpinista.

mountainous ['mauntinəs] a. montañoso, montuoso.

mourn [mɔ:n] t.-i. lamentar(se, llorar.

mournful ['mɔ:nful] a. triste, lúgubre, fúnebre.

mouse [maus], pl. **mice** [mais] s. ZOOL. ratón.

mouth [mauθ, pl. mauðz] s. boca.

mouthful ['mauθful] s. bocado.

movable ['mu:vəbl] a. movible. 2 s. pl. muebles. 3 bienes muebles.

move [mu:v] s. movimiento. 2 jugada. 3 t. mover. 4 conmover, enternecer. 5 jugar. 6 i. moverse, andar. 7 irse.

movie ['mu:vi] s. película [de cine]. 2 pl. the movies, el cine.

mow [məu] *t.* segar. ¶
Pret. *mowed* [məud];
p. p.: *mown* [məun].

much [mʌtʃ] *a.* mucho,
-cha. 2 *adv.* muy, mu-
cho.

mud [mʌd] *s.* barro, lodo.

muddy ['mʌdi] *a.* barro-
so, fangoso.

muffle ['mʌfl] *t.* envolver. 2 amortiguar.

mug [mʌg] *s.* jarro [pa-
ra beber].

mulberry ['mʌlbəri] *s.*
BOT. moral: *white* ~,
morera. 2 mora.

mule [mju:l] *s.* ZOOL.
mulo.

multiple ['mʌltipl] *a.*
múltiple.

multiply ['mʌltiplai] *t.-i.*
multiplicar(se.

multitude ['mʌltitju:d]
s. multitud, muchedum-
bre.

mumble ['mʌmbl] *t.-i.*
mascullar, murmurar,
musitar.

mummy ['mʌmi] *s.* mo-
mia. 2 mamá.

munch [mʌntʃ] *t.* mascar.

munitions [mju(:)'ni-
ʃənz] *s. pl.* municiones.

murder ['mə:də^r] *s.* asesinato. 2 *t.* asesinar,
matar.

murderer ['mə:dərə^r] *s.*
asesino.

murderous ['mə:dərəs]
a. asesino, homicida. 2
cruel.

murmur ['mə:mə^r] *s.*
murmullo.

murmur ['mə:mə^r] *i.-t.*
murmurar. 2 *i.* quejar-
se.

muscle ['mʌsl] *s.* ANAT.
músculo.

muse [mju:z] *i.* meditar.
2 *s.* musa.

museum [mju(:)'ziəm] *s.*
museo.

mushroom ['mʌʃrum] *s.*
BOT. seta, champiñón.

music ['mju:zik] *s.* música.

musician [mju(:)'ziʃən]
s. músico.

musk [mʌsk] *s.* almizcle

musket ['mʌskit] *s.* mos-
quete.

muslin ['mʌzlin] *s.* muse-
lina.

2) **must** [mʌst, məst] *aux.
defect.* [usado sólo en el
presente] deber, haber
de, tener que. 2 deber
de. 3 ser necesario.

mustard ['mʌstəd] *s.*
mostaza.

muster ['mʌstə^r] *s.* reunión. 2 *t.-i.* juntar(se
reunir(se.

mute [mju:t] *a.-s.* mudo

mutilate ['mju:tileit] *t.*
mutilar.

mutiny ['mju:tini] *s.*
motín. 2 *i.* amotinarse

mutter ['mʌtər] s. murmullo. 2 t.-i. murmurar, refunfuñar.

mutton ['mʌtn] s. carnero, carne de carnero.

mutual ['mju:tʃuəl] a. mutuo.

muzzle ['mʌzl] s. hocico, morro. 2 t. abozalar.

my [may] a. pos. mí, mis. 2 interj. oh, my!, ¡caraıɴɒa!

myrtle ['mə:tl] s. mirto.

myself [mai'self] pron. yo, yo mismo; a mí, a mí mismo, me.

mysterious [mis'tiəriəs] a. misterioso.

mystery ['mistəri] s. misterio.

mystic ['mistik] a.-s. místico.

myth [miθ] s. mito. 2 fábula.

mythology [mi'θɔlədʒi] s. mitología.

N

nail [neil] *s.* ANAT., ZOOL. uña. 2 clavo. 3 *t.* clavar; fijar.

naked ['neikid] *a.* desnudo.

name [neim) *s.* nombre. 2 *t.* llamar. 3 nombrar.

nameless ['neimlis] *a.* anónimo. 2 innominado. 3 humilde.

namely ['neimli] *adv.* a saber.

nap [næp] *s.* siesta, sueñecito. 2 *i.* dormitar.

napkin ['næpkin] *s.* servilleta.

narrative ['nærətiv] *a.* narrativo. 2 *s.* narración, relato.

narrow ['nærəu] *a.* estrecho. 2 escaso. 3 mezquino. 4 *t.-i.* estrechar(se, angostar(se.

nasal ['neizəl] *a.-s.* nasal.

nasty ['nɑ:sti] *a.* sucio.

nation ['neiʃən] *s.* nación.

nationality [,næʃə'næliti] *s.* nacionalidad.

native ['neitiv] *a.* nativo [metal]. 2 natal.

natural ['nætʃrəl] *a.* natural. 2 nato. 3 *s.* idiota, simple.

nature ['neitʃə] *s.* naturaleza. 2 carácter. 3 natural, índole, genio.

naught [nɔ:t] *s.* cero. 2 nada.

naughty ['nɔ:ti] *a.* travieso.

naval ['neivəl] *a.* naval.

navigation [,nævi'geiʃən] *s.* navegación.

navigator ['nævigeitə^r] *s.* navegante.

navy ['neivi] *s.* armada, flota.

nay [nei] *adv.* no.

near [niə^r] *a.* cercano, próximo. 2 *adv.* cerca. 3 *t.-i.* acercar(se.

nearby ['niəbai] *a.* cercano. 2 *adv.* cerca.

nearly ['niəli] *adv.* cerca. 2 casi.

neat [ni:t] *a.* pulcro, ordenado.

necessary ['nesisəri] *a.* necesario.

necessity [ni'sesiti] *s.* necesidad.

neck [nek] *s.* cuello, garganta.

necklace ['neklis] *s.* collar.

need [ni:d] *s.* necesidad. 2 *t.* necesitar.

needful ['ni:dful] *a.* necesario.

needless ['ni:dlis] *a.* innecesario.

needy ['ni:di] *a.* necesitado.

negative ['negətiv] *a.* negativo. 2 *s.* negativa, negación.

neglect [ni'glekt] *s.* abandono. 2 *t.* abandonar, descuidar.

negligence ['neglidʒəns] *s.* negligencia, descuido, dejadez.

negotiate [ni'gəuʃieit] *t.-i.* negociar.

negro ['ni:grəu] *a.-s.* negro [pers.].

neigh [nei] *s.* relincho. 2 *i.* relinchar.

neighbo(u)r ['neibə^r] *s.* vecino.

neighbo(u)rhood ['neibəhud] *s.* vecindad 2 cercanías.

neighbo(u)ring ['neibəriŋ] *a.* vecino, adyacente.

neither ['naiðə^r, 'ni:ðə^r] *a.* ninguno [de los dos], ningún, -na. 2 *conj.* ni. 3 *adv.* tampoco, ni siquiera. 4 *pron.* ninguno, ni el uno ni el otro.

nephew ['nevju(:)] *s.* sobrino.

nerve [nə:v] *s.* ANAT., BOT. nervio. 2 valor. 3 descaro.

nervous ['nə:vəs] *a.* nervioso. 2 vigoroso. 3 tímido.

nest [nest] *s.* nido. 2 *i.* anidar. 3 buscar nidos.

nestle ['nesl] *i.* acurrucarse. 2 anidar.

net [net] *s.* red. 2 malla. 3 *a.* COM. neto.

nettle ['netl] *s.* BOT. ortiga. 2 *t.* provocar.

neuter ['nju:tə^r], **neutral** [-trəl] *a.* neutro. 2 neutral.

never ['nevəʳ] *adv.* nunca, jamás.

nevertheless [,nevəðə'les] *adv. conj.* no obstante, sin embargo.

newborn ['nju:bɔ:n] *a.* recién nacido.

newcomer ['nju:'kʌməʳ] *s.* recién venido o llegado.

news [nju:z] *s.* noticia, noticias. 2 prensa, periódicos.

newspaper ['nju:s,peipəʳ] *s.* diario, periódico.

next [nekst] *a.* próximo, inmediato, contiguo. 2 *adv.* luego, después, a continuación. 3 *prep.* al lado de. 4 después de.

nibble ['nibl] *s.* mordisco. 2 *t.* mordisquear.

nice [nais] *s.* bueno, agradable. 2 lindo. 3 elegante. 4 exacto, preciso.

niche [nitʃ] *s.* nicho, hornacina.

nick [nik] *s.* mella.

nickel ['nikl] *s.* QUÍM. níquel. 2 fam. (E. U.) moneda de cinco centavos.

nickname ['nikneim] *s.* apodo.

niece [ni:s] *s. f.* sobrina.

night [nait] *s.* noche. 2 *a.* nocturno.

nightfall ['naitfɔ:l] *s.* anochecer.

nightgown ['naitgaun] *s.* camisón, bata de noche.

nightingale ['naitiŋgeil] *s.* ORN. ruiseñor.

nightmare ['naitmɛəʳ] *s.* pesadilla.

nimble ['nimbl] *a.* ágil, ligero.

nine [nain] *a.-s.* nueve.

nineteen ['nain'ti:n] *a.-s.* diecinueve. 2 **-th** [-θ] decimonono.

ninetieth ['naintiiθ] *a.-s.* nonagésimo.

ninety ['nainti] *a.-s.* noventa.

ninth [nainθ] *a.* nono, noveno.

nip [nip] *s.* pellizco, mordisco. 2 *t.* pellizcar.

nit [nit] *s.* liendre.

no [nəu] *adv.* no. 2 *a.* ningún, ninguno: ~ one, ninguno, nadie.

nobility [nəu'biliti] *s.* nobleza.

noble ['nəubl] *a.-s.* noble.

nobleman ['nəublmən] *s.* noble.

nobody ['nəubədi] *pron.* nadie, ninguno.

nod [nɔd] *s.* inclinación de cabeza. 2 cabezada. 3 *i.-t.* inclinar la cabeza [para asentir o saludar]. 4 dormitar.

noise [nɔiz] *s.* ruido, sonido. 2 *t.* divulgar, rumorear

noiseless ['nɔizlis] *a.* silencioso.

noisome ['nɔisəm] *a.* nocivo, asqueroso.

noisy ['nɔizi] *a.* ruidoso.

nominate ['nɔmineit] *t.* nombrar. 2 proponer.

nonchalance ['nɔnʃələns] *s.* indiferencia, abandono.

none [nʌn] *pron.* ninguno nada. 2 nadie. 3 *adv.* no, en ningún modo: ~ *the less*, no obstante, sin embargo.

nonsense ['nɔnsəns] *s.* disparate, tonterías.

nook [nuk] *s.* rincón.

noon [nu:n] *s.* mediodía.

nor [nɔ:ʳ] *conj.* ni. 2 tampoco.

normal ['nɔ:məl] *a.* normal.

Norman ['nɔ:mən] *a.-s.* escandinavo.

north [nɔ:θ] *s.* norte. 2 *a.* del norte, septentrional.

northern ['nɔ:ðən] *a.* del norte, septentrional.

Norwegian [nɔ:'wi:dʒən] *a.-s.* noruego.

nose [nəuz] *s.* ANAT., ZOOL. nariz. 2 *t.* oler, olfatear.

nostril ['nɔstril] *s.* ventana de la nariz. 2 ollar.

not [nɔt] *adv.* no.

notable ['nəutəbl] *a.* notable.

notch [nɔtʃ] *s.* muesca. 2 *t.* hacer muescas en. 3 mellar, dentar.

note [nəut] *s.* nota, señal. 2 *t.* notar, observar.

notebook ['nəutbuk] *s.* libreta, cuaderno.

nothing ['nʌθiŋ] *s.* nada. 2 ARIT. cero.

notice ['nəutis] *s.* informe, aviso, advertencia. 2 despido. 3 *t.* notar, observar.

noticeable ['nəutisəbl] *a.* notable.

notify ['nəutifai] *t.* notificar. 2 informar.

notion ['nəuʃən] *s.* noción. 2 idea, concepto. 3 *pl.* (E. U.) mercería.

notorious [nəu'tɔ:riəs] *a.* notorio, conocido, famoso. | Ús. gralte. en sentido peyorativo.

notwithstanding [,nɔtwiθ-'stændiŋ] *adv.* no obstante. 2 *prep.* a pesar de 3 *conj.* aunque, por más que.

nought [nɔ:t] *s.* NAUGHT.

noun [naun] *s.* GRAM. nombre.

nourish ['nʌriʃ] *t.* nutrir, alimentar, sustentar.

nourishment ['nʌriʃmənt] *s.* nutrición. 2 alimento.

novel ['nɔvəl] *a.* nuevo.
2 *s.* novela.

novelist ['nɔvəlist] *s.*
novelista.

novelty ['nɔvəlti] *s.* novedad.

November [nəu'vembəʳ]
s. noviembre.

novice ['nɔvis] *s.* novicio.

now [nau] *adv.* ahora;
hoy día; actualmente.:
~ *and then,* de vez en
cuando.

nowadays ['nauədeiz]
adv. hoy día, hoy en día.

nowhere ['nəu(h)wɛəʳ]
adv. en ninguna parte.

nucleus ['nju:kliəs] *s.*
núcleo.

nuisance ['nju:sns] *s.*
fastidio. 2 pers. o cosa
molesta, fastidiosa.

numb [nʌm] *a.* entume-
cido. 2 *t.* entumecer, entorpecer.

number ['nʌmbəʳ] *s.* número. 2 *t.* numerar. 3
contar.

numberless ['nʌmbəlis]
a. innumerable.

numeral ['nju:mərəl] *a.*
numeral. 2 *s.* número,
cifra.

numerous ['nju:mərəs]
a. numeroso. 2 muchos.

nun [nʌn] *s.* monja, re-
ligiosa.

nuptial ['nʌpʃəl] *a.* nupcial.

nurse [nə:s] *s.* ama, niñera. 2 enfermera. 3 *t.*
criar. 4 cuidar.

nursery ['nə:sri] *s.* cuarto de los niños: ~ *rhy-*
mes, cuentos en verso. 2
criadero, vivero.

nut [nʌt] *s.* BOT. nuez.

nymph [nimf] *s.* ninfa.

O

oak [əuk] s. roble.

oar [ɔːʳ, ˈrɛəʳ] s. remo.

oasis [əuˈeisis] s. oasis.

oat [əut] s. BOT. avena.

oath [əuθ] s. juramento, jura. 2 blasfemia.

oatmeal [ˈəutmiːl] s. harina o puches de avena.

obedience [əˈbiːdjəns] s. obediencia.

obedient [əˈbiːdiənt] a. obediente. 2 dócil.

obey [əˈbei] t.-i. obedecer.

object [ˈɔbdʒikt] s. objeto. 2 [əbˈdʒekt] t. objetar.

objection [əbˈdʒekʃən] s. objeción, reparo, inconveniente.

objective [əbˈdʒektiv, ɔb-] a.-s. objetivo.

obligation [ˌɔbliˈgeiʃən] s. obligación, deber.

oblige [əˈblaidʒ] t. obligar. 2 complacer.

oblique [əˈbliːk] a. oblicuo.

obliterate [əˈblitəreit] t. borrar.

oblivion [əˈbliviən] s. olvido.

oblivious [əˈbliviəs] a. desmemoriado. 2 olvidado.

obscene [ɔbˈsiːn] a. obsceno.

obscure [əbsˈkjuəʳ] a. oscuro. 2 t. oscurecer. 3 ocultar.

obscurity [əbˈskjuəriti] s. oscuridad. 2 confusión.

observance [əbˈzəːvəns] s. observancia. 2 ceremonia, rito.

observation [ˌɔbzə(ː)ˈveiʃən] s. observación.

observatory [əb'zə:vətri] s. observatorio. 2 atalaya.

observe [əb'zə:v] t. observar. 2 guardar [una fiesta].

obsolete ['ɔbsəli:t] a. anticuado.

obstacle ['ɔbstəkl] s. obstáculo.

obstinacy ['ɔbstinəsi] s. obstinación. 2 pertinacia.

obstinate ['ɔbstinit] a. obstinado.

obstruct [əbs'trʌkt] t. obstruir. 2 atorar, atascar.

obstruction [əbs'trʌkʃən] s. obstrucción. 2 obstáculo.

obtain [əb'tein] t. obtener.

obtruder [əb'tru:dər] s. entremetido, intruso.

obstrusive [əb'tru:siv] a. entremetido, intruso, molesto.

obviate ['ɔbvieit] t. obviar.

obvious ['ɔbviəs] a. obvio, evidente, palmario.

occasion [ə'keiʒən] s. ocasión, oportunidad, caso, circunstancia. 2 t. ocasionar, causar.

occasional [ə'keiʒənl] a. ocasional, casual.

occupation [,ɔkju'peiʃən]

s. ocupación. 2 posesión, tenencia.

occupy ['ɔkjupai] t. ocupar, habitar. 2 emplear, invertir.

occur [ə'kə:r] i. hallarse. 2 ocurrir, suceder.

occurrence [ə'kʌrəns] s. suceso, caso.

ocean ['əuʃən] s. océano.

October [ɔk'təubər] s. octubre.

oculist ['ɔkjulist] s. oculista.

odd [ɔd] a. impar, non. 2 ocasional. 3 y tantos; y pico. 4 raro, extraño.

odds ['ɔdz] s. pl. y sing. desigualdad; superioridad. 2 desavenencia.

ode [əud] s. LIT. oda.

odicus ['əudiəs] a. odioso.

odo(u)r ['əudər] s. olor.

of [ɔv, əv] prep. En muchos casos se traduce por de; en otros, por a, en, con, por, etc.

off [ɔ:f, ɔf] adv. lejos, fuera; enteramente, del todo; indica alejamiento, ausencia, separación, disminución, privación, cesación. 2 prep. lejos de 3 a. alejado, ausente. 4 FÚTBOL ~ side, fuera de juego.

offence [ə'fens] s. ofensa, agravio.

offend [ə'fend] *t.* ofender.

offender [ə'fendəʳ] *s.* ofensor; delincuente.

offense [ə'fens] *s.* OFFENCE.

offensive [ə'fensiv] *a.* ofensivo 2 *s.* ofensiva.

offer ['ɔfəʳ] *s.* oferta. 2 *t.-i.* ofrecer(se.

offering ['ɔfəriŋ] *s.* ofrenda.

off-hand ['ɔf'hænd] *adv.* de improviso, sin pensarlo.

office ['ɔfis] *s.* oficio, función. 2 cargo. 3 oficina, despacho.

officer ['ɔfisəʳ] *s.* MIL., MAR. oficial. 2 funcionario.

official [ə'fiʃəl] *a.* oficial. 2 *s.* funcionario.

officiate [ə'fiʃieit] *i.* oficiar. 2 *t.* celebrar.

officious [ə'fiʃəs] *a.* oficioso.

offset ['ɔfset] *s.* compensación. 2 offset.

offspring ['ɔfspriŋ] *s.* prole, hijos. 2 fig. resultado.

oft [ɔ(:)ft], **often** ['ɔ(:)fn] *adv.* a menudo, frecuentemente.

oil [ɔil] *s.* aceite; óleo. 2 petróleo.

oilcloth ['ɔil-klɔθ] *s.* hule.

oily ['ɔili] *a.* aceitoso.

ointment ['ɔintmənt] *s.* unto, ungüento.

old [əuld] *a.* viejo; anciano.

old-fashioned ['əuld'fæʃənd] *a.* anticuado; pasado de moda.

olive ['ɔliv] *s.* BOT. olivo. 2 aceituna, oliva.

omelet, omelette ['ɔmlit] *s.* tortilla de huevos.

omen ['əumən] *s.* agüero.

ominous ['ɔminəs] *a.* ominoso, siniestro.

omission [ə'miʃən] *s.* omisión.

omit [ə'mit] *t.* omitir.

on [ɔn, ən] *prep.* en, sobre; a; de; con; por; bajo: ~ *foot*, a pie; ~ *arriving*, al llegar; ~ *duty*, de servicio. 2 adelante, continuando. 3 *a.* abierto, encendido.

once [wʌns] *adv.-s.* vez, una vez: *at* ~, a la vez; *en seguida*; ~ *upon a time there was*, érase una vez.

one [wʌn] *a.* uno, una. 2 *pron.* uno, una: ~ *another*, el uno al otro.

onion ['ʌnjən] *s.* BOT. cebolla.

only ['əunli] *s.* solo, único. 2 *adv.* sólo, solamente. 3 *if* ~, *ojalá*, si, si al menos. 4 *conj.* sólo que, pero.

onset ['ɔnset] *s.* ataque.

onto ['ɔntu, -te] prep. hacia, sobre.

onward(s ['ɔnwəd(z) adv. hacia adelante.

ooze [u:z] s. fango, légamo. 2 i. rezumarse, escurrirse. 3 t. exudar, sudar.

opaque [əu'peik] a. opaco.

open ['əupən] a. abierto: in the open air, al aire libre. 2 t. abrir. 3 iniciar, empezar.

opening ['əupəniŋ] s. apertura. 2 abertura, entrada. 3 TEAT. estreno.

operate ['ɔpəreit] t. hacer funcionar, mover. 2 i. obrar, producir efecto.

operation [ˌɔpə'reiʃən] s. operación. 2 funcionamiento.

opinion [ə'pinjən] s. opinión, buen concepto.

opponent [ə'pəunənt] s. oponente, contrario, adversario.

opportunity [ˌɔpə'tju:niti] s. oportunidad; lugar, ocasión.

oppose [ə'pəuz] t. oponer.

opposite ['ɔpəzit] a. opuesto. 2 prep. enfrente de. 3 adv. enfrente.

opposition [ˌɔpə'ziʃən] s. oposición; resistencia.

oppress [ə'pres] t. oprimir.

oppression [ə'preʃən] s. opresión.

optician [ɔp'tiʃən] s. óptico.

optimistic [ˌɔpti'mistik] a. optimista.

or [ɔ:r] conj. o, u.

oracle ['ɔrəkl] s. oráculo.

oral ['ɔ:rəl] a. oral.

orange ['ɔrindʒ] s. BOT. naranja: ~ blossom, azahar.

oration [ɔ:'reiʃən] s. discurso.

orator ['ɔrətər] s. orador.

oratory ['ɔrətəri] s. oratoria. 2 oratorio.

orb [ɔ:b] s. orbe, esfera.

orbit ['ɔ:bit] s. ASTR. órbita.

orchard ['ɔ:tʃəd] s. huerto.

orchestra ['ɔ:kistrə] s. orquesta. 2 TEAT. platea.

ordain [ɔ:'dein] t. ordenar.

ordeal [ɔ:'di:l] s. prueba penosa, experiencia penosa. 2 ordalía.

order ['ɔ:dər] s. orden: in ~ to, para, a fin de. 2 COM. pedido. 3 t. ordenar. 4 COM. hacer un pedido.

orderly ['ɔ:dəli] a. ordenado.

ordinary ['ɔ:din(ə)ri] *a.*-
s. ordinario, corriente.

ore [ɔ:ʳ, ɔəʳ] *s.* MIN. mineral, ganga, mena.

organ ['ɔ:gən] *s.* órgano.

organism ['ɔ:gənizəm] *s.*
BIOL., FIL. organismo.

organization [ˌɔ:gənai-
'zeiʃən] *s.* organización.

organize ['ɔ:gənaiz] *t.*-*i.*
organizar(se.

orgy ['ɔ:dʒi] *s.* orgía.

Orient ['ɔ:riənt] *s.*
oriente.

orient ['ɔ:rient] *t.* orientar.

orifice ['ɔrifis] *s.* orificio.

origin ['ɔridʒin] *s.* origen.

original [ə'ridʒənl] *a.*
original.

originate [ə'ridʒineit]
t.-*i.* originar(se, produ-
cir(se.

ornament ['ɔ:nəmənt] *s.*
ornamento. 2 [-ment] *t.*
ornamentar.

orphan [ˌɔ:fən] *a.*-*s.*
huérfano.

ostrich ['ɔstritʃ] *s.* avestruz.

other ['ʌðəʳ] *a.*-*pron.*
otro, otra, otras, otras:
every ~ day, días alter-
nos.

otherwise ['ʌðə-waiz]
adv. de otra manera.

otter ['ɔtəʳ] *s.* ZOOL. nu-
tria.

2) **ought** [ɔ:t] *def.* y *aux.*
[seguido de infinitivo
con *to*] deber [en pre-
sente o mejor condicio-
nal].

ounce [auns] *s.* onza
[28.35 gr.].

our ['auəʳ] *a.* nuestro,
-a, -os, -as.

ours ['auəz] *pron. pos.*
[el, lo] nuestro, [la]
nuestra, [los] nuestros,
[las] nuestras.

ourselves [ˌauə'selvz]
pron. nosotros mismos.
2 nos, a nosotros mis-
mos.

out [aut] *adv.* fuera,
afuera, hacia fuera. 2
claro, sin rodeos. 3 *a.*
ausente, fuera de casa.

outbreak ['autbreik] *s.*
erupción.

outburst ['autbə:st] *s.*
arranque, explosión.

outcast ['outkɑ:st] *a.*-*s.*
desterrado, proscrito, pa-
ria.

outcome ['autkʌm] *s.* resultado.

outcry ['aut-krai] *s.* grito, protesta.

outdoor ['aut'dɔ:] *a.* al
aire libre. 2 -s [-z] *adv.*
fuera de casa, al aire libre.

outer ['autəʳ] *a.* exterior.

outfit ['autfit] *s.* equipo.
2 *t.* equipar.

outing ['autiŋ] *s.* salida,
jira.

outlaw ['aut-lɔ:] *s.* bandido.

outlet ['aut-let] *s.* salida.

outline ['aut-lain] *s.* contorno, perfil. 2 bosquejo, esbozo.

outlook ['aut-luk] *s.* atalaya. 2 perspectiva.

out-of-date ['autəv'deit]
a. pasado de moda, anticuado.

output ['autput] *s.* producción; rendimiento.

outrage ['aut-reidʒ] *s.*
ultraje. 2 *t.* ultrajar,
atropellar.

outrageous [aut'reidʒəs]
a. ultrajante. 3 violento.

outright ['aut-rait] *a.*
sincero, franco, directo.

outset ['aut-set] *s.* principio, salida.

outside ['aut'said] *s.-adj.*
exterior. 2 *adv.* fuera,
afuera, por fuera. 3 *prep.*
fuera de, más allá; excepto.

outsider ['aut'saidər] *s.*
forastero.

outskirts ['aut-skə:ts] *s.*
pl. alrededores.

outstanding [aut'stændiŋ] *a.* saledizo, saliente.
2 destacado.

outstretch [aut'stretʃ] *t.*
extender, alargar.

outstrip [aut'strip] *t.*
adelantar, dejar atrás.

outward ['autwed] *a.* exterior. 2 -s [-z] *adv.* hacia fuera.

oval ['əuvəl] *a.* oval, ovalado.

oven ['ʌvn] *s.* horno,
hornillo.

over ['əuvər] *adv.* arriba, por encima. 2 al otro
lado. 3 completamente.
4 más, de más. 5 *prep.*
sobre, encima de. 6 al
lado o a la vuelta de. 7
más de. 8 durante. 9 *a.*
superior, más alto. *10*
acabado.

overalls ['əuvərɔ:lz] *s.*
mono de trabajo. 2 guardapolvo.

overcoat ['əuvəkəut] *s.*
sobretodo, gabán, abrigo.

overcome [,əuvə'kʌm] *t.*
vencer, triunfar.

overcrowd [,əuvə'kraud]
t. apiñar, atestar.

overflow ['əuvə-fləu] *s.*
inundación. 2 [,əuvə'fləu] *t.-i.* inundar(se.

overhaul ['əuvəhɔ:l] *s.*
repaso. 2 [,əuvə'hɔ:l] *t.*
repasar.

overhead ['əuvə'hed] *a.-adv.* [situado] arriba, en
lo alto.

overhear [ˌəuvəˈhiəʳ] t. oír por casualidad.

overjoyed [ˌəuvəˈdʒɔid] a. alborozado, jubiloso.

overland [ˈəuvələænd] a.-adv. por tierra, por vía terrestre.

overlap [ˌəuvəˈlæp] t. cubrir, traslaparse.

overlook [ˌəuvəˈluk] t. mirar desde lo alto. 2 pasar por alto, disimular.

overnight [ˈəuvəˈnait] adv. en la noche anterior.

overpowering [ˌəuvəˈpauerin] a. abrumador, arrollador.

overrun [ˌəuvəˈrʌn] t. cubrir enteramente, invadir.

oversea [ˈəuvəˈsi:] a. de ultramar. 2 -s (-z) adv. ultramar.

overshadow [ˌəuvəˈʃædəu] s. dar sombra a. 2 eclipsar.

overtake [ˌəuvəˈteik] t. alcanzar, atrapar.

overthrow [ˌəuvəˈθrəu] t. volcar, tumbar, derribar.

overture [ˈəuvətjuəʳ] s. insinuación, proposición. 2 MÚS. obertura.

overturn [ˌəuvəˈtə:n] t. volcar, trabucar.

overwhelm [ˌəuvəˈwelm] t. aplastar. 2 abrumar.

owe [əu] t. deber, adeudar.

owl [aul] s. ORN. búho.

own [əun] a. propio, mismo, de uno. 2 s. one's ~, lo suyo, lo de uno. 3 t. poseer, tener. 4 reconocer, confesar.

owner [ˈəunəʳ] s. dueño.

ox [ɔks], pl. **oxen** [ˈɔksən] s. buey.

oxygen [ˈɔksidʒən] s. oxígeno.

oyster [ˈɔistəʳ] s. ostra.

P

pace [peis] s. paso. 2 i. andar, pasear.

pacific [pə'sifik] a. pacífico.

pacify ['pæsifai] t. pacificar.

pack [pæk] s. lío, fardo, bala. 2 t.-i. empacar, empaquetar.

package ['pækidʒ] s. fardo.

packet ['pækit] s. paquete.

pact [pækt] s. pacto, convenio.

pad [pæd] s. cojincillo, almohadilla. 2 t. rellenar, acolchar.

pagan ['peigən] a.-s. pagano.

page [peidʒ] s. paje. 2 botones. 3 página.

pageant ['pædʒənt] s. cabalgata.

paid [peid] V. TO PAY.

pail [peil] s. balde, cubo.

pain [pein] s. dolor, pena. 2 t. doler. 3 causar dolor.

painful ['peinful] a. doloroso, penoso.

painstaking ['peinz,teikiŋ] a. afanoso, industrioso, esmerado.

paint [peint] s. pintura, color. 2 t.-i. pintar.

painter ['peintər] s. pintor.

painting ['peintiŋ] s. pintura. 2 pintura, cuadro.

pair [pɛər] s. par, pareja. 2 t.-i. aparear(se, acoplar(se.

pajamas [pə'dʒɑ:məz] s. pl. pijama.

pal [pæl] s. compañero.

palace ['pælis] s. palacio.

palate ['pælit] s. paladar.

pale [peil] a. pálido. 2 s. estaca, palizada. 3 i. palidecer.

palfrey ['pɔːlfri] s. palafrén.

pall [pɔːl] s. paño mortuorio 2 palio. 3 t. ahitar, empalagar.

pallid ['pælid] a. pálido.

palm [pɑːm] s. BOT. palma. 2 palma [de la mano]. 3 t. manosear.

pamphlet ['pæmflit] s. folleto.

pan [pæn] s. cacerola, cazuela.

pancake ['pænkeik] s. hojuela; torta delgada.

pane [pein] s. cristal, vidrio. 2 cara, faceta.

pang [pæŋ] s. punzada.

panic ['pænik] a.-s. pánico.

pant [pænt] s. jadeo, resuello. 2 i. jadear, resollar.

panther ['pænθər] s. ZOOL. pantera; (E. U.) puma.

pantry ['pæntri] s. despensa.

pants [pænts] s. fam. pantalones. 2 calzoncillos.

papa [pə'pɑː] s. fam. papá.

papal ['peipəl] a. papal, pontificio.

paper ['peipər] s. papel. 2 papel, periódico, diario. 3 t. empapelar.

par [pɑːr] s. equivalencia.

parachute ['pærəʃuːt] s. paracaídas.

parade [pə'reid] s. ostentación; alarde; desfile. 3 t. desfilar por; hacer alarde de. 4 i. pasar revista.

paradise ['pærədais] s. paraíso.

paradox ['pærədɔks] s. paradoja.

paragraph ['pærəgrɑːf] s. párrafo. 2 suelto, artículo corto.

parallel ['pærəlel] a. paralelo. 2 s. paralelismo, semejanza. 3 t. igualar, parangonar.

paralise ['pærəlaiz] t. paralizar.

paralysis [pə'rælisis] s. parálisis.

paramount ('pærəmaunt] a. superior, supremo, máximo.

parapet ['pærəpit] s. parapeto.

parasite ['pærəsait] s. parásito.

parcel [pɑːsl] s. pequete, bulto. 2 parcela. 3 t. parcelar. 4 empaquetar.

parch [pɑːtʃ] t. tostar.

parchment ['pɑːtʃmənt] s. pergamino; vitela.

pardon ['pɑːdn] *s.* perdón. 3 *t.* perdonar.
pare [pɛər] *t.* mondar.
parent ['pɛərənt] *s.* padre o madre. 2 *pl.* padres.
parentage ['pɛərəntidʒ] *s.* linaje, nacimiento.
parish ['pærɪʃ] *s.* parroquia.
Parisian [pə'rɪzjən] *a.-s.* parisiense.
park [pɑːk] *s.* parque. 2 *t.-i.* aparcar.
parliament ['pɑːləmənt] *s.* parlamento, cortes.
parlo(u)r ['pɑːlər] *s.* sala de estar o recibimiento. 2 (E. U.) salón [de belleza]; sala [de billares]. 3 locutorio.
parole [pə'roul] *s.* palabra de honor.
parrot ['pærət] *s.* loro
parry ['pæri] *s.* parada, quite. 2 *t.-i.* parar [un golpe, etc.].
parsley ['pɑːsli] *s.* BOT. perejil.
parson ['pɑːsn] *s.* párroco, cura, clérigo.
part [pɑːt] *s.* parte. 2 cuidado, deber. 3 TEAT. papel. 4 (E. U.) raya [del cabello]. 5 *t.* dividir, partir. 6 irse, despedirse.
partake [pɑː'teik] *t.* compartir.

partial ['pɑːʃəl] *a.* parcial.
participate [pɑː'tisipeit] *i.-t.* participar.
particle ['pɑːtikl] *s.* partícula.
particular [pə'tikjulər] *a.* particular. 2 minucioso. 3 *s.* pormenor, detalle.
parting ['pɑːtiŋ] *s.* separación. 2 marcha; despedida.
partisan [ˌpɑːti'zæn] *s.* partidario. 2 guerrillero.
partition [pɑː'tiʃən] *s.* partición. 2 división.
partner ['pɑːtnər] *s.* socio. 2 compañero. 3 pareja [de baile]. 4 cónyuge.
partridge ['pɑːtridʒ] *s.* perdiz.
party ['pɑːti] *s.* partido. 2 reunión, fiesta. parte [en un contrato una contienda, etc.]. individuo.
pass [pɑːs] *s.* paso, pasaje. 2 pase. 3 aprobación. 4 *t.-i.* pasar. aprobar. ¶ Part. p. *passed* o *past*.
passage ['pæsidʒ] *s.* paso pasaje, tránsito.
passenger ['pæsindʒər] *s.* viajero.
passion ['pæʃən] *s.* pasión.
passionate ['pæʃənit] *a.* apasionado.

passive ['pæsiv] a. pasivo.

passport ['pɑːs-pɔːt] s. pasaporte.

past [pɑːst] a.-s. pasado, pretérito. 2 prep. pasado, después de.

paste [peist] s. pasta, masa.

pastime ['pɑːs-taim] s. pasatiempo.

pastor ['pɑːstər] s. pastor [esp. espiritual].

pastoral ['pɑːstərəl] a. pastoril. 2 a.-s. pastoral.

pastry ['peistri] s. pastelería.

pasture ['pɑːstʃər] s. pasto. 2 t.-i. pacer, apacentarse.

pat [pæt] a. exacto, oportuno. 2 adv. oportunamente. 3 s. golpecito, palmadita. 4 t. dar palmaditas o golpecitos.

patch [pætʃ] s. remiendo. 2 t. remendar.

patent ['peitənt] a. patente. 2 patentado. 3 s. patente. 4 t. patentar.

path [pɑːθ] s. camino, senda.

pathetic [pəˈθetik] a. patético.

pathos ['peiθɔs] s. patetismo.

pathway ['pɑːθ-wei] s. camino.

patience ['peiʃəns] s. paciencia.

patient ['peiʃənt] a. paciente.

patriarch ['peitriɑːk] s. patriarca.

patriot ['peitriət] s. patriota.

patriotism ['pætriətizəm] s. patriotismo.

patrol [pəˈtrəul] s. patrulla. 2 i.-t. patrullar, rondar.

patron ['peitrən] a. patrón. 2 patrono.

patronage ['pætrənidʒ] s. protección, patrocinio.

patronize ['pætrənaiz] t. proteger, patrocinar.

pattern ['pætən] s. modelo. 2 patrón, plantilla.

pause [pɔːz] s. pausa. 2 i. pausar.

pave [peiv] t. pavimentar.

pavement ['peivmənt] s. pavimiento. 2 acera; andén.

pavillion [pəˈviljən] s. pabellón.

pawn [pɔːn] s. peón [de ajedrez]. 2 empeño, garantía. 3 t. empeñar [un objeto].

pay [pei] s. paga, sueldo. 2 t.-i. pagar. 3 t. costear, sufragar. 4 rendir [homenaje]; prestar [atención]. 5 i. compensar, ser provechoso. ¶ Pret. y p. p.: paid [peid].

payment. ['peimənt] s. pago.

pea [pi:] s. guisante.

peace [pi:s] s. paz.

peaceful ['pi:sful] a. pacífico.

peach [pi:tʃ] s. melocotón.

peacock ['pi:kɔk] s. pavo real.

peak [pi:k] s. pico, cumbre.

peal [pi:l] s. repique. 2 t.-i. repicar [las campanas].

peanut ['pi:nʌt] s. cacahuete.

pear [pɛər] s. BOT. pera.

pearl [pə:l] s. perla, margarita. 2 t. perlar.

peasant ['pezənt] s. labriego.

peat [pi:t] s. turba [materia].

pebble ['pebl] s. guija, guijarro.

peck [pek] s. picotazo. 2 t. picar.

peculiar [pi'kju:liər] a. peculiar.

peculiarity [pi,kju:li'æriti] s. peculiaridad.

peddler ['pedlər] s. buhonero.

pedestal ['pedistl] s. pedestal.

pedestrian [pi'destriən] a. pedestre. 2 peatón, caminante.

peel [pi:l] s. piel, corteza. 2 t. pelar, mondar

peep [pi:p] s. atisbo ojeada. 2 pío [de ave] 3 i. atisbar, fisgar. piar.

peer [piər] s. par, igual 2 i. mirar [atentamente]. 3 asomar.

peerless ['piəlis] a. sir par.

peevish ['pi:viʃ] a. malhumorado, brusco.

peg [peg] s. clavija, estaquilla. 2 percha, colgador.

pelt [pelt] s. pellejo, cuero. 2 t. tirar, arrojar. i. caer con fuerza [la lluvia].

pen [pen] s. pluma. 2 t escribir. ¶ Pret. y p. p. penned o pent.

penalty ['penəlti] s. castigo.

penance ['penəns] s. penitencia.

pencil ['pensl] s. lápiz lapicero.

pendulum ['pendjuləm] s. péndulo; péndola.

penetrate ['penitreit] t. i. penetrar. 2 t. atravesar.

penitent ['penitənt] a.-s penitente, arrepentido.

penitentiary [,peni'tenʃə ri] a. penitencial. 2 pe

nitenciario. 3 s. penitenciaría.

penniless ['penilis] a.
pobre.

penny ['peni], pl. **pennies**
['peniz] o [en comp.]
pence [pens] s. penique.

pension ['penʃən] s. pensión, jubilación. 2
['paːŋsiəːŋ] pensión, ca-
sa de huéspedes.

pension ['penʃən] t. pen-
sionar, retirar, jubilar.

pensive ['pensiv] a. pensativo.

pent-up ['pentʌp] a. en-
cerrado. 2 reprimido.

people ['piːpl] s. pueblo,
nación. 2 gente, perso-
nas. 3 t. poblar.

pepper ['pepəʳ] s. pimienta. 2 t. sazonar con pi-
mienta.

perceive [pəˈsiːv] t. percibir, ver.

percentage [pəˈsentidʒ] s.
porcentaje.

pecertible [pəˈseptibl] a.
perceptible, sensible.

perception [pəˈsepʃən] s.
percepción.

perch [pəːtʃ] s. percha.
2 pértiga, palo. 3 t.-i.
encaramar(se.

perchance [pəˈtʃaːns]
adv. acaso, por ventura.

peremptory [pəˈremptəri]
a. perentorio, terminan-
te.

perennial [pəˈrenjəl] a.
perennal, perenne.

perfect ['pəːfikt] a. perfecto. 2 [pəˈfekt] t. perfeccionar.

perfection [pəˈfekʃən] s.
perfección.

perform [pəˈfoːm] t. hacer, realizar. 2 i. actuar.
3 desempeñar un papel,
tocar un instrumento,
etcétera.

performance [pəˈfoːməns]
s. cumplimiento, desem-
peño. 2 acción. 3 fun-
ción, representación, concierto; actuación de un
artista, etc.

perfume ['pəːfjuːm] s.
perfume.

perfume [pəˈfjuːm] t.
perfumar, embalsamar.

perhaps [pəˈhæps, præps]
adv. quizá, tal vez.

peril ['peril] s. peligro,
riesgo.

perilous ['periləs] a. peligroso.

period ['piəriəd] s. período.

periodical [ˌpiəriˈɔdikəl]
a. periódico. 2 s. perió-
dico, revista.

perish ['periʃ] i. perecer.

perjury ['pəːdʒəri] s.
perjurio.

permanent ['pəːmənənt]
a. permanente, estable,
duradero.

permission [pəˈmiʃən] s. permiso, licencia, venia.

permit [ˈpəːmit] s. permiso. 2 [pəˈmit] t. permitir.

pernicious [pəːˈniʃəs] a. pernicioso. 2 malvado.

perpetual [pəˈpetjuəl, -tʃuəl] a. perpetuo. 2 continuo.

perpetuate [pəˈpetʃueit] t. perpetuar.

perplex [pəˈpleks] t. dejar perplejo; confundir.

perplexity [pəˈpleksiti] s. perplejidad, duda, confusión.

persecute [ˈpəːsikjuːt] t. perseguir, vejar, oprimir.

perseverance [ˌpəːsiˈviərəns] s. perseverancia.

persevere [ˌpəːsiˈviər] i. perseverar.

persist [pəˈsist] i. persistir.

persistent [pəˈsistənt] a. persistente. 2 constante, tenaz.

person [ˈpəːsn] s. persona.

personable [ˈpəːsənəbl] a. bien parecido.

personage [ˈpəːsənidʒ] s. personaje.

personal [ˈpəːsənl] a. personal.

personality [ˌpəːsəˈnæliti] s. personalidad.

personnel [ˌpəːsəˈnel] s. personal, dependencia.

perspective [pəˈspektiv] s. perspectiva.

perspiration [ˌpəːspiˈreiʃən] s. transpiración, sudor.

perspire [pəsˈpaiər] t.-i. transpirar, sudar.

persuade [pəˈsweid] t. persuadir, inducir.

persuasion [peˈsweiʒən] s. persuasión. 2 creencia.

pert [pəːt] a. petulante.

pertain [pəˈtein] i. pertenecer; corresponder.

pertinent [ˈpəːtinənt] a. pertinente, oportuno, atinado.

perturb [pəˈtəːb] t. perturbar, agitar.

peruse [pəˈruːz] t. leer.

Peruvian [pəˈruːvjən] a.-s. peruano.

pervade [pəˈveid] t. penetrar, difundirse por.

perverse [pəˈvəːs] a. perverso.

perverseness [pəˈvəːsnis], **perversity** [pəˈvəːsiti] s. perversidad, malicia.

pervert [pəˈvəːt] t. pervertir. 2 corromper.

pest [pest] s. peste; plaga.

pestilence [ˈpestiləns] s. peste.

pet [pet] a. querido, mimado. 2 s. animal doméstico. 3 t.-i. acariciar(se.

petal ['petl] s. BOT. pétalo.
petition [pi'tiʃən] s. petición. 2 t. solicitar.
petrol ['pətrəl] s. (Ingl.]
gasolina, bencina.
petroleum [pi'trəuljəm]
s. petróleo, aceite mi-
neral.
petticoat ['petikəut] s.
enaguas. 2 falda.
petty ['peti] a. pequeño,
insignificante, mezquino.
phantom ['fæntəm] s.
fantasma. 2 ilusión óp-
tica. 3 a. fantasmal.
phase [feiz] s. fase.
pheasant ['feznt] s. fai-
sán.
phenomenon [fi'nɔminən]
s. fenómeno.
philosopher [fi'lɔsəfər] s.
filósofo.
philosophy [fi'lɔsəfi] s.
filosofía.
philtre ['filtər] s. filtro,
bebedizo.
phlegmatic(al [fleg'mæ-
tik(əl] a. flemático.
phone [fəun] s. fam. teléfono. 2 t.-i. telefonear.
photo ['fəutəu] s. fam.
fotografía.
photograph ['fəutəgrɑ:f]
s. fotografía. 2 t.-i. fo-
tografiar.
phrase [freiz] s. frase, lo-
cución.
physical ['fizikəl] a. físico.

physician [fi'ziʃən] s.
médico.
physics ['fiziks] s. pl.
física.
physique [fi'zi:k] s. físico, figura [de persona].
piano ['pjænəu, 'pjɑ:nəu)
s. piano.
pick [pik] s. pico [herra-
mienta]. 2 cosecha. 3 se-
lección. 4 t. picar, agu-
jerear. 5 coger [flores,
frutos, etc.]. 6 escoger.
picket ['pikit] s. piquete.
pickle ['pikl] s. salmuera,
escabeche. 2 t. escabe-
char.
pickpocket ['pik,pɔkit] s.
ratero.
picnic ['piknik] s. comida al aire libre. 2 i. comer en el campo.
picture ['piktʃər] s. pintura, cuadro. 2 imagen,
retrato. 3 escena, cua-
dro. 4 descripción. 5 the
pictures, el cine. 6 t. pintar, retratar.
pie [pai] s. pastel, empa-
nada.
piece [pi:s] s. pieza, trozo, pedazo: ~ of fur-
niture, mueble. 2 t. ape-
dazar.
pier [piər] s. pilar, estribo. 2 embarcadero.
pierce [piəs] t. atravesar.
piety ['paiəti] s. piedad.
pig [pig] s. ZOOL. cerdo.

pigeon ['pidʒin] s. ORN. pichón.

pike [paik] s. pica [arma].

pile [pail] s. pelo, lana. 2 pila, montón. 3 ELECT. pila, batería. 4 pira. 5 estaca. 6 t. amontonar. 7 sostener con pilotes. 8 i. acumularse.

pilgrim ['pilgrim] s. peregrino, romero.

pilgrimage ['pilgrimidʒ] s. peregrinación, romería.

pill [pil] s. píldora. 2 fig. mal trago.

pillage ['pilidʒ] s. pillaje. 2 t. pillar.

pillar ['pilər] s. pilar, columna.

pillow ['pilou] s. almohada.

pilot [['pailət] m. piloto. 2 t. pilotar.

pin [pin] s. alfiler. 2 broche. 3 clavija, chaveta. 4 bolo [para jugar]. 5 t. prender; clavar, sujetar.

pinch [pintʃ] s. apuro. 2 punzada. 3 pellizco. 4 t. pellizcar. 5 coger, prender. 6 i. economizar.

pine [pain] s. BOT. pino: ~ cone, piña; ~ nut, piñón. 2 i. desfallecer.

pineapple ['pain,æpl] s. BOT. ananás, piña de América.

pinion ['pinjən] s. ORN. ala. 2 MEC. piñón.

pink [piŋk] s. BOT. clavel. 2 color de rosa. 3 estado perfecto. 4 a. rosado.

pinnacle ['pinɔkl] s. pináculo.

pint [paint] s. pinta.

pioneer [,paiə'niər] s. pionero.

pious ['paiəs] a. pío, piadoso.

pipe [paip] s. tubo, cañería. 2 flauta, caramillo. 3 pitido, silbido. 4 pipa [para fumar]. 5 MÚS. gaita. 6 t.-i. tocar [en] el caramillo. 7 chillar, pitar.

pipe-line ['paip-lain] s. tubería.

piper ['paipər] s. gaitero.

piping ['paipiŋ] a. agudo. 2 s. trinos. 3 ribete. 4 tubería.

pique [pi:k] s. pique, resentimiento. 2 t. picar, irritar.

pirate ['paiərit] s. pirata. 2 t.-i. piratear.

pistil ['pistil] s. BOT. pistilo.

pistol ['pistl] s. pistola.

pit [pit] s. hoyo; foso, pozo. 2 boca [del estómago]. 3 hueso [de fruta].

pitch [pitʃ] s. pez, brea. 2 echada, tiro [en ciertos juegos]. 3 inclinación, pendiente. 4 MÚS., FONÉT. tono. 5 DEP. campo. 6 t. empecinar, embrear. 7 tirar, arrojar. 8 clavar; poner, colocar.

pitcher ['ptʃəʳ] s. jarro, cántaro. 2 DEP. lanzador.

piteous ['pitiəs] a. lastimoso.

pith [piθ] s. meollo, médula.

pitiable ['pitiəbl] a. lastimoso.

pitiful ['pitiful] a. PITIABLE. 2 compasivo.

pitiless ['pitilis] a. despiadado.

pity ['piti] s. piedad. 2 what a ~!, ¡qué lástima! 3 t. compadecer, apiadarse de.

pivot ['pivət] s. eje, pivote.

placard ['plækɑ:d] s. cartel.

place [pleis] s. lugar, sitio. 2 puesto; rango, dignidad. 3 plazuela; calle corta. 4 t. colocar, poner.

placid ['plæsid] s. plácido.

plague [pleig] s. plaga. 2 peste. 3 t. plagar, infestar.

plaid [plæd] s. manta escocesa.

plain [plein] a. llano. 2 evidente. 3 franco. 4 simple. 5 feo. 6 s. llanura.

plaintiff ['pleintif] s. DER. demandante.

plaintive ['pleintiv] a. lastimero.

plait [plæt] s. pliegue. 2 trenza. 3 t. plegar. 4 trenzar.

plan [plæn] s. plano, diseño. 2 plan, proyecto. 3 t. planear, proyectar.

plane [plein] a. plano. 2 s. plano [superficie]. 3 nivel. 4 aeroplano, avión. 5 cepillo, garlopa. 6 BOT. ~ tree, plátano [árbol]. 7 i. AVIA. volar; planear.

planet ['plænit] s. ASTR. planeta.

plank [plæŋk] s. tablón, tabla. 2 t. entarimar.

plant [plɑ:nt] s. BOT. planta. 2 equipo, instalación. 3 fábrica, taller. 4 t. plantar, sembrar. 5 implantar.

plantation [plæn'teiʃən] s. plantación. 2 plantío.

plaster ['plɑ:stəʳ] s. yeso. 2 FARM. parche. 3 t. enyesar. 4 emplastar.

plastic ['plæstik] a.-s. plástico.

plate [pleit] *s.* placa. 2 grabado, lámina. 3 plato, fuente. 4 vajilla [de plata, etc.]. 5 *t.* planchar. 6 dorar, platear, niquelar, chapear.

platform ['plætfɔ:m] *s.* plataforma. 2 FERROC. andén.

platinum ['plætinəm] *s.* platino.

plausible ['plɔ:zibl] *a.* verosímil, creíble.

play [plei] *s.* juego, broma. 2 TEAT. representación. 3 comedia, drama, etc. 4 *t.* jugar. 5 TEAT. representar [una obra]; hacer [un papel]. 6 MÚS. tocar, tañer.

player ['pleiə'] *s.* jugador. 2 TEAT. actor. 3 ejecutante.

playful ['pleiful] *a.* juguetón.

playground ['plei-graund] *s.* patio de recreo. 2 campo de juego.

playwright ['pleirait] *s.* autor dramático.

plea [pli:] *s.* pretexto; disculpa. 2 súplica; defensa.

plead [pli:d] *t.* alegar. 2 *i.* pleitear, abogar.

pleasant ['pleznt] *a.* agradable.

please [pli:z] *t.-i.* agradar, gustar; complacer.

pleasing ['pli:ziŋ] *a.* agradable.

pleasure ['pleʒə'] *s.* placer, deleite, goce, gusto.

pleat [pli:t] *s.* pliegue, doblez.

plebeian [pli'bi:ən] *a.* plebeyo.

pledge [pledʒ] *s.* prenda [garantía], rehén, fianza. 2 brindis. 3 *t.* dar en prenda, empeñar. 4 brindar por.

plentiful ['plentiful] *a.* abundante, copioso.

plenty ['plenti] *s.* abundancia: ~ of, mucho.

plight [plait] *s.* condición, estado. 2 apuro, aprieto.

plod [plɔd] *i.* afanarse.

plot [plɔt] *s.* solar, parcela. 2 conspiración, complot. 3 LIT. trama, argumento. 4 *t.* tramar, urdir.

plough, (E. U.) **plow** [plau] *s.* arado. 2 *t.-i.* arar, labrar.

ploughman, (E. U.) **plowman** ['plaumən] *s.* arador, labrador.

pluck [plʌk] *s.* valor, resolución. 2 tirón, estirón. 3 *t.* coger, arrancar. 4 desplumar. 5 MÚS. puntear.

plug [plʌg] *s.* tapón, espita. 2 clavija, enchufe. 3 *t.* tapar. 4 enchufar.

plum [plʌm] *s.* ciruela.

plumage ['plu:midȝ] *s.* plumaje.

plumb [plʌm] *s.* plomo, plomada. 2 *a.* vertical. 3 completo. 4 *adv.* a plomo. 5 *t.* sondear.

plumber ['plʌməʳ] *s.* plomero. 2 fontanero.

plume [plu:m] *s.* pluma. 2 plumaje.

plump [plʌmp] *a.* regordete. 2 *t.-i.* engordar(se.

plunder ['plʌndəʳ] *s.* pillaje. 2 *t.* pillar, saquear.

plunge [plʌndȝ] *s.* zambullida. 2 *t.-i.* zambullir(se.

plus [plʌs] *prep.* más.

ply [plai] *s.* pliegue, doblez. 2 *t.* usar, manejar. 3 trabajar con ahínco en.

poach [pəutʃ] *i.* cazar o pescar en vedado.

pocket ['pɔkit] *s.* bolsillo. 2 *t.* embolsar(se.

pocket-book ['pɔkitbuk] *s.* libro de bolsillo. 2 billetero, cartera.

poem ['pəuim] *s.* poema.

poet ['pəuit] *s.* poeta, vate.

poetry ['pə(u)itri] *s.* poesía.

point [pɔint] *s.* punta. 2 punzón, buril, puñal, etc. 3 punto. 4 *t.* aguzar, sacar punta a. 5 apuntar, asestar, encarar. 6 señalar, indicar, hacer notar.

pointer ['pɔintəʳ] *s.* indicador; índice; manecilla.

poise [pɔiz] *s.* equilibrio. 2 *t.* equilibrar.

poison ['pɔizn] *s.* veneno. 2 *t.* envenenar.

poisonous ['pɔiznəs] *a.* venenoso.

poke [pəuk] *s.* empujón, codazo. 2 *t.* picar, atizar.

poker ['pəukəʳ] *s.* atizador. 2 póquer [juego].

pole [pəul] *s.* polo. 2 (con may.) polaco, ca.

police [pə'li:s] *s.* policía.

policeman [pə'li:smən] *s.* policía; guardia de seguridad, urbano.

policy ['pɔlisi] *s.* política, línea de conducta; maña. 2 póliza [de seguro].

Polish ['pəuliʃ] *a.-s.* polaco.

polish ['pɔliʃ] *s.* pulimento; betún; cera. 2 lustre, brillo. 3 *t.* pulir, bruñir, lustrar.

polite [pə'lait] *a.* cortés.

politeness [pə'laitnis] *s.* cortesía, urbanidad.

politic ['pɔlitik] *a.* político, prudente.

political [pə'litikəl] *a.* político [de la política].

politician [ˌpɔli'tiʃən] *s.* político.

politics ['pɔlitiks] *s. pl.* política.

poll [pəul] *s.* cabeza [pers.]. 2 votación. 3 lista electoral. *4 pl.* colegio electoral. *5* urnas electorales. *6 t.* recibir y escrutar [los votos]. *7* dar [voto].

pollute [pə'lu:t, -'lju:t] *t.* impurificar, contaminar.

pollution [pə'lu:ʃən, -'lju:-] *s.* contaminación.

polo ['pəuləu] *s.* polo [juego].

pomp [pɔmp] *s.* pompa, fausto.

pompous ['pɔmpəs] *a.* pomposo.

pond [pɔnd] *s.* estanque, charca.

ponder ['pɔndər] *t.* ponderar, pesar.

ponderous ['pɔndərəs] *a.* pesado, macizo. 2 pesado, aburrido.

pony ['pəuni] *s.* jaquita.

pool [pu:l] *s.* charco, balsa; piscina.

poop [pu:p] *s.* MAR. popa.

poor [puər] *a.* pobre. 2 malo, de mala calidad. 3 débil; enfermo.

pop [pɔp] *s.* estallido, taponazo. 2 *t.* hacer estallar.

Pope [pəup] *s.* papa, pontífice.

poplar ['pɔplər] *s.* BOT. álamo.

poppy ['pɔpi] *s.* amapola.

popular ['pɔpjulər] *a.* popular.

popularity [,pɔpju'læriti] *s.* popularidad.

population [,pɔpju'leiʃən] *s.* población [habitantes].

porcelain ['pɔ:səlin] *s.* porcelana.

porch [pɔ:tʃ] *s.* porche, atrio.

porcupine ['pɔ:kjupain] *s.* ZOOL. puerco espín.

pore [pɔ:ʳ, pɔəʳ] *s.* poro. 2 *i. to ~ over,* mirar de cerca.

pork [pɔ:k] *s.* cerdo.

port [pɔ:t] *s.* puerto.

portable ['pɔ:təbl] *a.* portátil.

porter ['pɔ:təʳ] *s.* portero. 2 mozo de cuerda o estación.

portion ['pɔ:ʃən] *s.* porción, porte. 2 herencia, dote. 3 sino, suerte. *4 t.* distribuir.

portrait ['pɔ:trit] *s.* retrato.

portray [pɔ:'trei] *t.* retratar.

Portuguese [,pɔ:tju'gi:z] *a.-s.* portugués.

pose [pəuz] *s.* actitud. 2 afectación. *3 t.* plantear [un problema, etc.]. *4 t.* B. ART. posar por.

position [pə'ziʃən] s. posición.

positive ['pozitiv] a. positivo. 2 seguro.

possess [pə'zəs] t. poseer.

possibility [,posi'biliti] s. posibilidad.

possible ['posibl] a. posible.

possibly ['posibli] adv. posiblemente, tal vez.

post [pəust] s. poste, pilar. 2 puesto, empleo. 3 correo, estafeta; correos. 4 t. anunciar [con carteles]. 5 apostar, situar. 6 enviar por correo.

postage ['pəustidʒ] s. franqueo: ~ stamp, sello de correos.

postal ['pəustəl] a. postal: ~ order, giro postal.

poster ['pəustər] s. cartel.

posterity [pos'teriti] s. posteridad.

postman ['pəus(t)mən] s. cartero.

postpone [pəus(t)'pəun] t. aplazar, diferir. 2 posponer.

postscript ['pəusskript] s. posdata.

posture ['postʃər] s. postura.

pot [pot] s. olla, puchero. 2 maceta, tiesto.

potato [pə'teitəu] s. BOT. patata: sweet ~, batata, boniato.

potent ['pəutənt] a. potente.

potentate ['pəutənteit] s. potentado.

potential [pəu'tenʃəl] a.-s. potencial.

potter ['potər] s. alfarero.

pottery ['potəri] s. alfarería.

pouch [pautʃ] s. bolsa, saquito.

poultry ['pəultri] s. pollería.

pounce [pauns] s. zarpazo. 2 i. saltar, abalanzarse.

pound [paund] s. libra. 2 t. moler, majar, machacar.

pour [pɔ:ʳ, pɔəʳ] t. verter. 2 i. fluir, correr.

pout [paut] s. mohín. 2 i. hacer mohines.

poverty ['povəti] s. pobreza.

powder ['paudəʳ] s. polvo. 2 polvos [de tocador]. 3 pólvora. 4 t. polvorear. 5 t.-i. pulverizar(se.

power ['pauəʳ] s. poder. facultad. 2 potencia.

powerful ['pauəful] a. poderoso.

powerless ['pauəlis] a. impotente, ineficaz.

practicable ['præktikəbl] *a.* practicable. 2 factible. 3 transitable.

practical ['præktikəl] *a.* práctico. 2 ~ *joke,* broma, chasco.

practically ['prætikəli] *adv.* prácticamente.

practice ['præktis] *s.* práctica.

practise ['præktis] *t.-i.* practicar.

practitioner [præk'tiʃə-nər] *s.* médico, etc., que ejerce.

prairie ['prɛəri] *s.* pradera.

praise [preiz] *s.* alabanza. 2 *t.* alabar, ensalzar.

prance [prɑ:ns] *s.* cabriola. 2 *i.* cabriolar, trenzar [el caballo].

prank [præŋk] *s.* travesura, retozo.

pray [prei] *t.-i.* rogar.

prayer [prɛər] *s.* ruego, súplica, rezo, oración.

preach [pri:tʃ] *t.-i.* predicar, sermonear.

preacher ['pri:tʃər] *s.* predicador.

precarious [pri'kɛəriəs] *a.* precario. 2 incierto, inseguro.

precaution [pri'kɔ:ʃən] *s.* precaución.

precede [pri(:)'si:d] *t.-i.* preceder.

precedent ['presidənt] *s.* precedente. 2 [pri'si:-dənt] *a.* precedente, anterior.

precept ['pri:sept] *s.* precepto.

precinct ['pri:siŋkt] *s.* recinto.

precious ['preʃəs] *a.* precioso.

precipice ['precipis] *s.* precipicio.

precipitate [pri'sipitit] *a.* precipitado, súbito. 2 QUÍM. precipitado.

precipitate (to) [pri'sipi-teit] *t.-i.* precipitar(se.

precipitous [pri'sipitəs] *a.* pendiente, escarpado.

precise [pri'sais] *a.* preciso.

precision [pri'siʒən] *s.* precisión.

predecessor ['pri:disə-sər] *s.* predecesor, antecesor.

predict [pri'dikt] *t.* predecir, vaticinar.

predominate [pri'dɔmi-neit] *i.* predominar, prevalecer.

preface ['prefis] *s.* prefacio.

prefer [pri'fə:r] *t.* preferir, anteponer.

preference ['prefərəns] *s.* preferencia. 2 predilección.

preferential [ˌprefə'ren-ʃəl] *a.* preferente.

pregnant ['pregnənt] *a.* preñada. 2 importante.

prehistory ['pri:'histəri] s. prehistoria.

prejudice ['predʒudis] s. prejuicio. 2 perjuicio. 3 t. prevenir. 4 perjudicar.

prelate ['prelit] s. prelado.

preliminary [pri'liminəri] a.-s. preliminar.

prelude ['prelju:d] s. preludio. 2 t.-i. preludiar.

premature [,premə'tjuəʳ] a. prematuro.

premier ['premjəʳ] a. primero. 2 s. primer ministro.

premise ['premis] s. premisa. 2 pl. casa, finca. 3 [pri'maiz] t. suponer, dar por sentado.

preoccupy [pri(:)'ɔkjupai] t. preocupar. 2 predisponer.

preparation [,prepə'reiʃən] s. preparación. 2 preparativo.

preparative [pri'pærətiv], **preparatory** [pri'pærətəri] a. preparatorio.

prepare [pri'pɛəʳ] t. preparar. 2 prevenir, disponer.

preponderate [pri'pɔndəreit] i. preponderar.

preposterous [pri'pɔstərəs] a. absurdo, descabellado.

prerogative [pri'rɔgətiv] s. prerrogativa.

Presbyterian [,prezbi'tiəriən] a.-s. presbiteriano.

prescribe [pris'kraib] t. prescribir [ordenar; recetar].

presence ['prezns] s. presencia.

present ['preznt] a. presente. 2 s. presente, regalo. 3 [pri'zent] t. presentar.

presentation [,prezen'teiʃən] s. presentación. 2 regalo, obsequio.

preservation [,prezə'veiʃən] s. preservación. 2 conservación.

preserve [pri'zə:v] s. conserva, confitura. 2 t. preservar, conservar.

preside [pri'zaid] t.-i. presidir; dirigir.

president ['prezidənt] s. presidente.

press [pres] s. muchedumbre. 2 empuje, presión. 3 prisa, apremio. 4 prensa [máquina; periódicos]. 5 imprenta. 6 t. apretar. 7 prensar. 8 urgir, apremiar.

pressure ['preʃəʳ] s. presión. 2 impulso, empuje. 3 urgencia, apremio.

prestige [pres'ti:ʒ] s. prestigio.

presume [pri'zju:m] t. presumir, suponer. 2 i.

atreverse.

presumption [pri'zʌmp-ʃən] s. presunción.

presumptuous [pri,zʌmptjuəs] a. presuntuoso, presumido.

pretence [pri'tens] s. pretensión. 2 pretexto.

pretend [pri'tend] t. aparentar, fingir. 2 t.-i. pretender.

pretext ['pri:tekst] s. pretexto.

pretty ['priti] a. lindo, bonito. 2 adv. muy, casi.

prevail [pri'veil] i. prevalecer. 2 predominar.

prevalent ['prevələnt] a. reinante, corriente, general.

prevent [pri'vent] t. prevenir, evitar, impedir.

previous ['pri:vjəs] a. previo.

prey [prei] s. presa, rapiña. 2 i. to ~ on, upon o at, hacer presa; pillar.

price [prais] s. precio. 2 t. apreciar, estimar.

priceless ['praislis] a. inapreciable, que no tiene precio.

prick [prik] s. pinchazo, picadura, resquemor. 2 aguijón. 3 t. pinchar, punzar, picar.

pride [praid] s. orgullo.

pride [praid] t. to ~ oneself on, enorgullecerse de.

priest [pri:st] m. sacerdote.

primary ['praiməri] a. primario.

prime [praim] a. primero, principal. 2 albor, amanecer. 3 lo mejor. 4 t. cebar [un arma, etc.].

primeval [prai'mi:vəl] a. primitivo.

primitive ['primitiv] a. primitivo. 2 prístino.

prince [prins] s. príncipe.

princely ['prinsli] a. noble, regio.

princess [prin'ses] f. princesa.

principal ['prinsipəl] a. principal. 2 s. jefe. 3 director [de un colegio].

principle ['prinsəpl] s. principio.

print [print] s. impresión. 2 t.-i. imprimir, estampar.

printing ['printiŋ] s. impresión, estampado. 2 imprenta. 3 impreso.

prior ['praiə'] a. anterior, previo. 2 s. prior.

prison ['prizn] s. prisión, cárcel.

prisoner ['priznə'] s. preso.

privacy ['privəsi] s. aislamiento.

private ['praivit] a. privado, personal, particular.

rivation [praɪ'veɪʃən] s. privación [carencia; necesidad; miseria].

rivilege ['prɪvɪlɪdʒ] s. privilegio.

rivy ['prɪvɪ] a. privado, oculto.

rize [praɪz] s. premio. 2 presa, captura. 3 t. apreciar, estimar.

robability [ˌprɔbə'bɪlɪti] s. probabilidad. 2 verosimilitud.

robable ['prɔbəbl] a. probable, verosímil.

roblem ['prɔblæm] s. problema.

rocedure [prə'si:dʒər] s. proceder. 2 procedimiento.

roceed [prə'si:d] i. proseguir, seguir adelante. 2 proceder, provenir.

roceeding [prə'si:dɪŋ, prəu-] s. proceder, procedimiento.

roceeds ['prəusi:dz] s. pl. producto, beneficios.

rocess ['prəuses] s. proceso, marcha. 2 procedimiento.

rocession [prə'seʃən] s. procesión. 2 cortejo, desfile.

roclaim [prə'kleim] t. proclamar. 2 promulgar.

roclamation [ˌprɔklə'meiʃən] s. proclamación. 2 edicto.

procure [prə'kjuər] t. lograr, obtener, procurar.

prodigal ['prɔdigəl] a.-s. pródigo.

prodigious [prə'didʒəs] a. prodigioso, portentoso.

produce ['prɔdju:s] s. producto. 2 [prə'dju:s] t. presentar. 3 producir.

producer [prə'dju:sər] s. productor. 2 TEAT. director.

product ['prɔdʌkt] s. producto.

production [prə'dʌkʃən] s. producción. 2 TEAT. dirección escénica, representación.

productive [prə'dʌktiv] a. productivo. 2 producente.

profane [prə'fein] a. profano. 2 t. profanar.

profess [prə'fes] t. profesar. 2 declarar, confesar.

profession [prə'feʃən] s. profesión. 2 declaración.

professor [prə'fəsər] s. profesor, catedrático.

proffer ['prɔfər] s. oferta, proposición. 2 t. ofrecer, proponer.

profile ['prəufi:l, -fail] s. perfil.

profit ['prɔfit] s. provecho. 2 t. aprovechar, ser útil a.

profitable ['prɔfitəbl] *a.*
provechoso, beneficioso.

profiteer [,prɔfi'tiər] *s.*
explotador, logrero, aca-
parador.

profound [prə'faund] *a.*
profundo. 2 hondo. 3
abstruso.

program(me ['prəugræm]
s. programa. 2 plan.

progress ['prəugres] *s.*
progreso. 2 [prə'gres] *i.*
progresar.

progressive [prə'gresiv]
a. progresivo.

prohibit [prə'hibit] *t.*
prohibir. 2 impedir.

prohibition [,prəui'biʃən]
s. prohibición.

project ['prɔdʒekt] *s.*
proyecto. 2 [prə'dʒekt]
t. proyectar.

proletariat(e [,proule'tɛə-
riət] *a.-s.* proletariado.

prologue ['prəulɔg] *s.*
prólogo.

prolong [prə'lɔŋ] *t.* pro-
longar.

promenade [,prɔmi'nɑ:d]
s. paseo.

prominence ['prɔminəns]
s. prominencia. 2 altura.

prominent ['prɔminənt]
a. prominente, saliente.
2 notable.

promise ['prɔmis] *s.* promesa. 2 *t.-i.* prometer.

promontory ['prɔməntri]
s. promontorio.

promote [prə'məut]
promover, ascender.

promotion [prə'məuʃər
s. promoción.

prompt [prɔmpt] *a.* pror
to, presto, puntual. 2
incitar.

prone [prəun] *a.* pron

prong [prɔŋ] *s.* gajo, pú:

pronounce [prə'nauns
t.-i. pronunciar(se.

pronunciation [prə,nʌns
'eiʃən] *s.* pronunciació

proof [pru:f] *s.* prueb:
demostración. 2 ensay

prop [prɔp] *s.* punta
apoyo. 2 *t.* apuntala
apoyar.

propagate ['prɔpəgeit]
propagar. 2 difundir.

propel [prə'pel] *t.* pr
pulsar, impeler.

propeller [prə'pelər]
hélice. 2 propulsor.

proper ['prɔpər] *a.* pr
pio, característico. 2 pr
pio, apropiado. 3 corre
to [en su uso, etc.].

property ['prɔpəti]
propiedad.

prophecy ['prɔfisi] *s.* pr
fecía.

prophesy ['prɔfisai] *t.-
profetizar.

prophet ['prɔfit] *s.* pr
feta.

prophetic(al [prə'feti
-əl] *a.* profético.

proportion [prə'pɔ:ʃər
s. proporción; armoní

orrelación. 2 *t.* propor-
ionar.

oportional [prə'pɔ:-
˙ənl], **proportionate**
prə'pɔ:ʃənit] *a.* pro-
orcional.

oposal [prə'pəuzəl] *s.*
ropuesta, proposición.

opose [prə'pəuz] *t.* pro-
oner. 2 brindar por.

roposition [ˌprɔpə'ziʃən]
. proposición. 2 (E. U.)
osa, asunto, negocio.

oprietor [prə'praiətər]
. propietario, dueño.

opriety [prə'praiəti] *s.*
ropiedad, cualidad de
propiado. 2 corrección,
lecencia. 3 *pl.* urbani-
lad, reglas de conducta.

ose [prəuz] *s.* prosa.

osecute ['prɔsikju:t]
. proseguir, continuar. 2
rocesar, enjuiciar.

osecution [ˌprɔsi'kju:-
ʃən] *s.* procesamiento.

rospect ['prɔspekt] *s.*
erspectiva, paisaje, pa-
norama. 2 [prəs'pekt]
.-i. explorar.

rospective [prəs'pektiv]
ɪ. probable, posible, en
erspectiva.

rosper ['prɔspər] *t.-i.*
rosperar.

rosperity [prɔs'periti] *s.*
rosperidad.

rosperous ['prɔspərəs]
ɪ. próspero. 2 favorable.

prostrate ['prɔstreit] *a.*
postrado. 2 [prɔs'treit]
t. postrar.

protect [prə'tekt] *t.* proteger.

protection [prə'tekʃən]
s. protección.

protective [prə'tektiv] *a.*
protector. 2 proteccionis-
ta.

protest ['prəutest] *s.* protesta. 2 [prə'test] *t.-i.*
protestar.

Protestant ['prɔtistənt]
a.-s. protestante.

protrude [prə'tru:d] *t.*
sacar, hacer salir.

proud [praud] *a.* orgulloso, sobebio, altanero.

prove [pru:v] *t.* probar;
comprobar. 2 resultar.

proverb ['prɔvəb] *s.* pro-
verbio.

provide [prə'vaid] *t.* proveer.

provided [prə'vaidid]
conj. ~ *that,* con tal que,
siempre que.

providence ['prɔvidəns]
s. providencia, previsión.

province ['prɔvins] *s.*
provincia. 2 región, dis-
trito.

provision [prə'viʒən] *s.*
provisión.

provisional [prə'viʒənl]
a. provisional.

provocative [prə'vɔkətiv]
a. provocativo. 2 irritan-
te.

provoke [prə'vəuk] t. provocar. 2 irritar.

prow [prau] s. proa.

prowess ['prauis] s. valor. 2 proeza; destreza.

prowl [praul] t.-i. andar al acecho.

proximate ['prɔksimit] a. próximo, inmediato.

prudence ['pru:dəns] s. prudencia.

prudent ['pru:dənt] a. prudente; previsor.

prune [pru:n] t. podar.

Prussian ['prʌʃən] a.-s. prusiano.

pry [prai] i. espiar, acechar.

psalm [sɑ:m] s. salmo.

psychiatrist [sai'kaiətrist] s. psiquiatra.

psychologic(al [ˌsaikə'lɔdʒik(əl] a. psicológico.

psychology [sai'kɔledʒi] s. psicología.

pub [pʌb] s. pop. (Ingl.) cervecería, taberna.

public ['pʌblik] a. público. 2 s. público.

publication [ˌpʌbli'keiʃən] s. publicación. 2 edición.

publicity [pʌb'lisiti] s. publicidad. 2 notoriedad.

publish ['pʌbliʃ] t. publicar.

publisher ['pʌbliʃər] s. editor.

pucker ['pʌkər] s. arru ga. 2 t. arrugar.

pudding ['pudiŋ] s. bu dín, pudín.

puddle ['pʌdl] s. charco poza.

Puerto Rican ['pwe:təu 'ri:kən] a.-s. portorri queño.

puff [pʌf] s. soplo, bufi do. 2 bocanada. 3 coo bollo. 4 i. soplar, jadear echar bocanadas.

pugilist ['pju:dʒilist] s púgil.

pull [pul] s. tirón, sacu dida. 2 tirador. 3 esfuer zo prolongado. 4 atrac ción. 5 trago. 6 chupad [a un cigarro]. 7 venta ja, superioridad. 8 t. ti rar de. 9 beber, chupar

pulley ['puli] s. polea.

pulp [pʌlp] s. pulpa. pasta [de papel].

pulpit ['pulpit] s. púlpito

pulse [pʌls] s. pulso, pul sación. 2 i. pulsar, latir

pump [pʌmp] s. MEC bomba. 2 t. impeler.

pumpkin ['pʌmpkin] s BOT. calabaza.

punch [pʌntʃ] s. ponche 2 puñetazo. 3 empuje, vi gor. 4 punzón. 5 (ma yúsc.) Polichinela. 6 t picar; perforar.

punctual ['pʌŋktjuəl] a puntual, exacto.

punish ['pʌniʃ] t. castigar.

punishment ['pʌniʃmənt] s. castigo. 2 vapuleo.

puny ['pju:ni] a. endeble.

pup [pʌp] s. cachorro.

pupil ['pju:pl, -pil] s. discípulo. 2 ANAT. pupila.

puppet [pʌpit] s. títere, marioneta.

purchase ['pə:tʃəs] s. compra. 2 t. comprar, adquirir.

purchaser ['pə:tʃəsər] s. comprador.

pure ['pjuər] a. puro.

purge [pə:dʒ] s. purga. 2 t. purgar.

purifier ['pjuərifaiər] s. purificador.

Puritan ['pjuəritən] a.-s. puritano.

purity ['pjuəriti] s. pureza.

purple ['pə:pl] a. purpúreo. 2 s. púrpura.

purport ['pə:pət] s. significado. 2 t. significar, quere decir.

purpose ['pə:pəs] s. propósito, intencion. 2 t.-i. proponerse, intentar.

purr [pə:ʳ] s. ronroneo. 2 i. ronronear.

purse [pə:s] s. bolsa, bolsillo. 2 t. arrugar, fruncir.

pursue [pə'sju:] t. seguir, perseguir. 2 i. proseguir, continuar.

pursuit [pə'sju:t] s. seguimiento, caza, busca.

purveyor [pə:'veiəʳ] s. proveedor.

push [puʃ] s. empujón. 2 impulso. 3 t. empujar, impeler. 4 apretar.

puss [pus] s. gatito, minino. 2 chiquilla, mozuela.

put [put] s. acción de TO PUT. 2 golpe, lanzamiento. 3 t. poner, colocar. 4 hacer [una pregunta]. 5 to ~ on, ponerse [una prenda]. 6 to ~ over, aplazar. 7 to ~ up, levantar, erigir. ¶ Pret. y p. p.: put [put]; ger.: putting ['putiŋ].

puzzle ['pʌzl] s. embarazo, perplejidad. 2 enredo, embrollo. 3 acertijo, rompecabezas. 4 t. confundir. 5 embrollar.

pygmy ['pigmi] a.-s. pigmeo.

pyramid ['pirəmid] s. pirámide.

Q

quack [kwæk] s. grazni-do. 2 curandero, charla-tán. 3 i. graznar.

quail [kweil] s. ORN. co-dorniz. 2 i. abatirse, aco-bardarse.

quaint [kweint] a. curio-so, original, pintoresco.

quake [kweik] i. temblar.

Quaker ['kweikə'] a.-s. cuáquero.

qualification [ˌkwɔlifi'kei-ʃən] s. calificación. 2 condición, requisito. 3 capacidad, idoneidad.

qualify ['kwɔlifai] t. ca-lificar, capacitar.

quality ['kwɔliti] s. cali-dad, cualidad.

quantity ['kwɔntiti] s. cantidad.

quarrel ['kwɔrəl] s. riña. 2 i. reñir.

quarrelsome ['kwɔrəlsəm] a. pendenciero, rencillo-so.

quarry ['kwɔri] s. can-tera.

quart [kwɔ:t] s. cuarto de galón.

quarter ['kwɔ:tə'] s. cuarto, cuarta parte. 2 cuarto [de hora; de la luna]. 3 (E. U.) veinti-cinco centavos. 4 trimes-tre. 5 parte, dirección. 6 barrio, vecindad, 7 pl cuartel, oficina; vivien-da, alojamiento. 8 t. alo-jar.

quaver ['kweivə'] i. tem-blar, vibrar.

quay [ki:] s. muelle.

queen [kwi:n] s. reina.

queer [kwiə'] a. raro, ex-traño.

quell [kwel] t. reprimir.

quench [kwentʃ] t. apagar.

query ['kwiəri] s. pregunta. 2 t. preguntar, inquirir.

quest [kwest] s. busca. 2 t. buscar.

question ['kwestʃən] s. pregunta. 2 objeción, duda. 3 cuestión, problema, asunto. 4 t. preguntar, interrogar.

questionable ['kwestʃənəbl] a. cuestionable. 2 dudoso.

queue [kju:] s. cola, hilera. 2 i. hacer cola.

quick [kwik] a. vivo, rápido. 2 -ly adv. vivamente, prontamente, aprisa.

quicken ['kwikən] t. vivificar, resucitar.

quiet ['kwaiət] a. quieto, inmóvil. 2 callado, silencioso. 3 s. quietud, silencio. 4 t. aquietar.

quill [kwil] s. pluma [de ave]. 2 cañón [de pluma].

quilt [kwilt] s. colcha. 2 t. acolchar.

quit [kwit] a. absuelto, descargado. 2 libre, exento. 3 t. abandonar. 4 i. irse. 5 dimitir.

quite [kwait] adv. completamente, del todo; realmente, verdaderamente.

quiver ['kwivəʳ] s. aljaba, carcaj. 2 vibración, temblor. 3 t. vibrar, temblar.

quotation [kwəu'teiʃən] s. cita [texto citado].

quote [kwəut] t. citar [un texto, un autor].

quoth [kwəuθ] ~ I, dije; ~ he, dijo.

R

rabbit [ˈræbit] *s.* ZOOL. conejo.

rabble [ˈræbl] *s.* populacho, chusma, canalla.

race [reis] *s.* raza; casta. 2 carrera, regata. 3 *i.* correr [en una carrera, etcétera].

racial [ˈreiʃəl] *a.* racial.

rack [ræk] *s.* estante. 2 aparato de tortura. 3 *t.* torturar.

racket [ˈrækit] *s.* raqueta. 2 alboroto. 3 diversión. 4 *i.* armar jaleo.

radiance [ˈreidjəns] *s.* brillo.

radiant [ˈreidjənt] *a.* radiante.

radiate [ˈreidieit] *t.-i.* radiar, irradiar.

radiation [ˌreidiˈeiʃən] *s.* radiación.

radiator [ˈreidieitəʳ] *s.* radiador.

radical [ˈrædikəl] *a.-s.* radical. 2 *a.* esencial, fundamental.

radio [ˈreidiəu] *s.* ELECT. radio: ~ *set*, aparato de radio.

radish [ˈrædiʃ] *s.* BOT. rábano.

raft [rɑːft] *s.* balsa, almadía.

rafter [ˈrɑːftəʳ] *s.* ARQ. viga.

rag [ræg] *s.* trapo, harapo.

rage [reidʒ] *s.* rabia, ira. 2 *i.* rabiar, encolerizarse.

ragged [ˈrægid] *a.* andrajoso, harapiento.

raid [reid] *s.* incursión, ataque. 2 *t.* hacer una incursión en.

rail [reil] *s.* barra; pasa-

mano. 2 raíl; ferrocarril.
3 t. cercar, poner baran-
dilla a.

railing ['reiliŋ] s. baran-
dilla, pasamano, barrera.

railroad ['reilrəud] (E.
U.), **railway** [-wei]
(Ingl.) s. ferrocarril, vía
férrea.

raiment ['reimənt] s. ropa, vestidos.

rain [rein] s. lluvia: ~
bow, arco iris; ~ drops,
gota de agua; ~ fall,
chaparrón. 2 i.-impers.-
t. llover.

rainy ['reini] a. lluvioso.

raise [reiz] s. aumento.
2 t. levantar, alzar, elevar. 3 cultivar [plantas],
criar [animales]. 4 (E.
U.) criar, educar.

raisin ['reizn] s. pasa.

rake [reik] s. libertino. 2
AGR. rastro, rastrillo. 3 t.
AGR. rastrillar. 4 atizar,
hurgar [el fuego].

rally ['ræli] s. reunión. 2
t.-i. reunir(se, concen-
trar(se.

ramble ['ræmbl] s. paseo,
excursión. 2 divagación.
3 i. pasear, vagar. 4 di-
vagar.

ran [ræn] pret. de TO
RUN.

ranch [ra:ntʃ] s. rancho.

random ['rændəm] s.
azar, acaso. 2 a. ocasio-
nal, fortuito.

rang [ræŋ] pret. de TO
RING.

range [reindʒ] s. fila, hilera. 2 esfera [de una ac-
tividad]. 3 escala, gama,
serie. 4 extensión [de la
voz]. 5 alcance [de un
arma, etc.]. 6 t. alinear;
arreglar, ordenar. 7 i.
alinearse. 8 extenderse,
variar.

ranger ['reindʒəʳ] s.
guardabosque.

rank [ræŋk] a. lozano,
lujuriante, vicioso. 2
rancio. 3 grosero. 4 s. línea, hilera, fila. 5 ran-
go, grado. 6 t. alinear.
7 ordenar, arreglar.

ransom ['rænsəm] s. rescate. 2 t. rescatar, redimir.

rap [ræp] s. golpe seco.
2 t.-i. golpear.

rapacious [rə'peiʃəs] a.
rapaz.

rape [reip] s. violación.
2 t. forzar, violar.

rapid ['ræpid] a. rápido.

rapidity [rə'piditi] s. rapidez.

rapt [ræpt] a. arrebata-
do, absorto.

rapture ['ræptʃəʳ] s. rapto, arrobamiento, éxta-
sis.

rapturous ['ræptʃərəs] a.
arrobado, embelesado.

rare [rɛəʳ] a. raro.

rarity ['rɛəriti] s. rare-
za.

rascal ['rɑ:skəl] s. bribón, pillo.

rash [ræʃ] a. irreflexivo,
precipitado; imprudente.

rasp [rɑ:sp] t. raspar.

raspberry ['rɑ:zbəri] s.
BOT. frambuesa; fram-
bueso.

rat [ræt] s. ZOOL. rata.

rate [reit] s. razón, proporción, velocidad. 2 precio, valor. 3 clase, orden.
4 at any ~, al menos, de
todos modos. 5 t. valuar,
tasar. 6 estimar, juzgar.
7 reñir, regañar.

rather ['rɑ:ðər] adv.
bastante. 2 mejor, más:
I would ~, me gustaría
más.

ratify ['rætifai] t. ratifi-
car.

ration ['ræʃən] s. ración.
2 t. racionar.

rational ['ræʃənl] a. racional.

rattle ['rætl] s. tableteo.
2 estertor. 3 cascabel
[de serpiente]. 4 sonaje-
ro. 5 matraca. 6 t. ha-
cer sonar. 7 aturdir. 8 i.
tabletear, matraquear.

rattlesnake ['rætlsneik]
s. serpiente de cascabel.

ravage ['rævidʒ] s. daño.
2 t. asolar, arruinar.

rave [reiv] i. delirar.

raven ['reivn] s. ORN.
cuervo.

ravenous ['rævinəs] a.
voraz.

ravine [rə'vi:n] s. barranca.

raw [rɔ:] a. crudo, en
bruto, en rama. 2 crudo,
húmedo, frío [viento,
tiempo]. 3 novato.

ray [rei] s. rayo [de luz,
etc.]. 2 GEOM. radio. 3
ICT. raya.

razor ['reizər] s. navaja
de afeitar.

reach [ri:tʃ] s. alcance,
poder. 2 t. alargar, ex-
tender, tender. 3 llegar.

react [ri(:)'ækt] i. reaccionar.

reactor [ri(:)'æktər] s.
reactor.

read [ri:d] t. leer. ‖
Pret. y p. p.: read [red].

reader ['ri:dər] s. lector.
2 libro de lectura. ,

readily ['redili] adv.
prontamente. 2 de buena
gana.

readiness ['redinis] s.
prontitud.

reading ['ri:diŋ] s. lectura.

ready ['redi] a. prepara-
do, pronto, listo, dis-
puesto.

real [riəl] a. real, verdadero.

realism ['riælizəm] s.
realismo.

reality [ri(:)'æliti] *s.* realidad.
realization [ˌriəlai'zei-
ʃən] *s.* realización. 2
comprensión.
realize ['riəlaiz] *t.* comprender, darse cuenta de.
2 realizar, efectuar.
realm [relm] *s.* reino. 2
campo, dominio, región.
reap [ri:p] *t.* segar, gua-
dañar. 2 recoger, cose-
char.
reaper ['ri:pəʳ] *s.* segador.
reappear ['ri:ə'piəʳ] *i.*
reaparecer.
rear [riəʳ] *a.* trasero, último, posterior. 2 *s.* tra-
sera, parte de atrás. 3 *t.*
levantar, alzar; erigir. 4
criar, cultivar.
reason ['ri:zn] *s.* razón.
2 *t.-i.* razonar. 3 *i.* persuadir o disuadir con ra-
zones.
reasonable ['ri:zənəbl] *a.*
racional [ser]. 2 razona-
ble.
reasoning [ri:z(ə)niŋ] *s.*
razonamiento.
reassure [ˌri:ə'ʃuəʳ] *t.*
tranquilizar; alentar.
rebel ['rebl] *a.-s.* rebelde. 2 [ri'bel] *i.* rebelarse, sublevarse.
rebellion [ri'beljən] *s.* rebelión.
rebuff [ri'bʌf] *s.* repul-

sa, desaire. 2 *t.* rechazar, desairar.
rebuild ['ri:'bild] *t.* reconstruir.
rebuke [ri'bju:k] *s.* reproche. 2 *t.* increpar, reprender.
recall [ri'kɔ:l] *s.* llamada [para hacer volver].
2 anulación, revocación.
3 *t.* llamar, hacer volver.
4 anular, revocar.
recede [ri'si:d] *i.* retroceder. 2 retirarse, ale-
jarse.
receipt [ri'si:t] *s.* recepción. 2 cobranza. 3 reci-
bo. 4 receta. 5 ingresos.
receive [ri'si:v] *t.* recibir; tomar, aceptar.
receiver [ri'si:vəʳ] *s.* receptor. 2 cobrador, te-
sorero.
recent ['ri:snt] *a.* reciente.
receptacle [ri'septəkl] *s.*
receptáculo, recipiente.
reception [ri'sepʃən] *s.*
recepción. 2 admisión,
aceptación.
receptionist [ri'sepʃənist]
s. recepcionista.
recess [ri'ses] *s.* hueco,
entrada. 2 suspensión,
descanso.
recipe ['resipi] *s.* récipe,
receta.
reciprocal [ri'siprəkəl] *a.*
recíproco; mutuo.

recite [ri'sait] *t.-i.* recitar. 2 *t.* narrar.

reckless ['reklis] *a.* temerario, imprudente.

reckon ['rekən] *t.-i.* contar, calcular.

reckoning ['rekəniŋ] *s.*
cuenta, cómputo, cálcu-
lo.

reclaim [ri'kleim] *t.* poner en cultivo; hacer
utilizable. 2 DER. recla-
mar.

recline [ri'klain] *t.-i.* re-
clinar(se, recostar(se.

recognize ['rekəgnaiz] *t.*
reconocer.

recoil [ri'kɔil] *s.* retroce-
so. 2 *i.* retroceder.

recollect [,rekə'lekt] *t.-i.*
recordar, acordarse. 2
['ri:kə'lekt] *t.* recoger.
3 recobrar.

recollection [,rekə'lek-
ʃən] *s.* recuerdo, memo-
ria.

recommend [,rekə'mend]
t. recomendar. 2 alabar.

recommendation [,rekə-
men'deiʃən] *s.* recomen-
dación.

recompense ['rekəmpens]
s. recompensa. 2 indem-
nización. 3 *t.* recompensar. 4 indemnizar.

reconcile ['rekənsail] *t.*
reconciliar.

reconciliation [,rekənsili-
'eiʃən] *s.* reconciliación.

reconstruct ['ri:-kəns-
'trʌkt] *t.* reconstruir.

record ['rekɔ:d] *s.* inscripción. 2 acta, historia.
3 DER. expediente. 4 dis-
co; grabación [en disco].
5 DEP. récord, marca. 6
[ri'kɔ:d] *t.* inscribir, registrar. 7 fijar en la memoria. 8 grabar en dis-
co o en cinta magnetofó-
nica.

recorder [ri'kɔ:dəʳ] *s.*
archivero, registrador. 2
MEC. indicador, contador.
3 *tape-*~, magnetófono.

recount [ri'kaunt] *t.* contar, relatar.

recourse [ri'kɔ:s] *s.* re-
so, refugio, auxilio.

recover [ri'kʌvəʳ] *t.* recobrar, recuperar.

recovery [ri'kʌvəri] *s.* recobro, recuperación.

recreation [,rekri'eiʃən]
s. recreación, recreo.

recruit [ri'kru:t] *s.* recluta. 2 *t.* reclutar, alistar.

rectangle ['rek,tæŋgl] *s.*
GEOM. rectángulo.

rector ['rektəʳ] *s.* rector.

recur [ri'kə:ʳ] *t.* volver
[a un tema]. 3 volver a
ocurrir, repetirse.

recurrence [ri'kʌrəns] *s.*
repetición, reaparición.

red [red] *a.* encarnado,
rojo.

redden ['redn] t. enrojecer.

reddish ['rediʃ] a. rojizo.

redeem [ri'di:m] t. redimir.

redemption [ri'dempʃən] s. redención.

red-hot ['red'hɔt] a. calentado al rojo, muy caliente.

redouble [ri'dʌbl] t. reduplicar, redoblar.

redress [ri'dres] s. reparación. 2 t. corregir, reparar.

redskin ['red-skin] s. indio piel roja.

reduce [ri'dju:s] t. reducir. 2 rebajar, diluir.

reduction [ri'dʌkʃən] s. reducción.

reed [ri:d] s. вот. caña.

reef [ri:f] s. arrecife.

reel [ri:l] s. carrete; rollo. 2 t. devanar.

re-enlist ['ri:in'list] t.-i. reenganchar(se.

refer [ri'fə:ʳ] t. referir.

referee [ˌrefə'ri:] s. árbitro, juez.

reference ['refrəns] s. referencia, relación.

refine [ri'fain] t. refinar.

refinement [ri'fainmənt] s. refinamiento. 2 sutileza.

reflect [ri'flekt] t. reflejar.

reflection [ri'flekʃən] s. reflexión, reverberación.

reform [ri'fɔ:m] s. reforma. 2 t. reformar, mejorar.

reformation [ˌrefə'meiʃən] s. reforma.

reformer [ri'fɔ:məʳ] s. reformador.

refrain [ri'frein] s. estribillo. 2 t. refrenar, contener.

refresh [ri'freʃ] t. refrescar. 2 renovar, restaurar.

refreshment [ri'freʃmənt] s. refrescadura. 2 refresco.

refrigerate [ri'fridʒəreit] t. refrigerar, helar.

refrigerator [ri'fridʒəreitəʳ] s. refrigerador. 2 nevera, frigorífico.

refuge ['refju:dʒ] s. refugio.

refugee [ˌrefju(:)'dʒi:] s. refugiado. 2 asilado.

refund [ri:'fʌnd] t. restituir, reembolsar.

refusal [ri'fju:zəl] s. rechazamiento. 2 negativa, denegación.

refuse ['refju:s] s. desecho, basura. 2 [ri'fju:z] t. rehusar, rechazar.

refute [ri'fju:t] t. refutar.

regain [ri'gein] t. recobrar.

regal ['ri:gəl] a. real, regio.

regard [ri'gɑːd] s. miramiento. 2 afecto, respeto. 3 relación, respecto. 4 pl. recuerdos. 5 t. mirar, contemplar. 6 tocar a, concernir, referirse a: *as regards,* en cuanto a.

regarding [ri'gɑːdiŋ] *prep.* tocante a, respecto de.

regent ['riːdʒənt] *a.-s.* regente.

regime [rei'ʒiːm] s. régimen político.

region ['riːdʒən] s. región.

register ['redʒistər] s. registro; archivo, protocolo. 2 *t.-i.* registrar(se, inscribir(se.

registration [ˌredʒis'treiʃən] s. registro, inscripción, matrícula.

regret [ri'gret] s. pesar, sentimiento. 2 remordimiento. 3 *i.* sentir, lamentar. 4 arrepentirse.

regretful [ri'gretful] *a.* arrepentido, pesaroso.

regular ['regjulər] *a.* normal, corriente.

regulate ['regjuleit] *t.* regular, arreglar, reglamentar.

regulation [ˌregju'leiʃən] s. regulación. 2 reglamentación.

rehearsal [ri'həːsəl] s. ensayo.

rehearse [ri'həːs] *t.* ensayar. 2 repasar.

reign [rein] s. reino, soberanía. 2 reinado. 3 *i.* reinar.

rein [rein] s. rienda.

reindeer ['reindiər] s. reno.

reinforce [ˌriːin'fɔːs] *t.* reforzar.

reinforcement [ˌriːin'fɔːsmənt] s. refuerzo.

reiterate [riː'itəreit] *t.* reiterar, repetir.

reject [ri'dʒekt] *t.* rechazar, rehusar.

rejoice [ri'dʒɔis] *t.-i.* alegrar(se, regocijar(se.

rejoicing [ri'dʒɔisiŋ] s. alegría.

rejoin [ri'dʒɔin] *t.-i.* responder. 2 [ri'dʒɔin] *t.* volver a juntarse con.

relapse [ri'læps] s. recaída. 2 *i.* recaer.

relate [ri'leit] *t.* relatar, referir. 2 relacionar.

relation [ri'leiʃən] s. relación, relato. 2 parentesco, afinidad. 4 pariente, deudo.

relationship [ri'leiʃənʃip] s. relación [entre cosas o pers.]. 2 parentesco.

relative ['relətiv] *a.* relativo. 2 s. pariente, deudo, allegado.

relax [ri'læks] *t.-i.* relajar(se, descansar. 2 s. descanso; diversión.

relaxation [ˌriːlækˈsei-
ʃən] s. relajación, aflo-
jamiento, descanso.
relay [riˈlei] s. relevo. 2
[ˈriːlei] t. volver a co-
locar. ¶ Pret. y p. p.:
relaid [ˈriːleid]. 3 re-
transmitir por radio. ¶
Pret. y p. p.: *relayed*
(ˈriːleid].
release [riˈliːs] s. libertad. 2 estreno. 3 t. libertar 4 estrenar; publicar.
relent [riˈlent] i. ablan-
darse.
relentless [riˈlentlis] a.
implacable, inexorable.
reliable [riˈlaiəbl] a. con-
fiable, digno de confian-
za.
reliance [riˈlaiəns] s. confianza.
relic [ˈrelik] s. reliquia.
2 pl. restos, ruinas.
relief [riˈliːf] s. ayuda,
auxilio. 2 alivio. 3 relieve, realce. 4 MIL. relevo.
relieve [riˈliːv] t. remediar, auxiliar, socorrer.
2 realzar, hacer resaltar.
3 MIL. relevar.
religion [riˈlidʒən] s. religión.
religious [riˈlidʒəs] a.
religioso.
relinquish [riˈliŋkwiʃ] t.
abandonar, dejar.
relish [ˈreliʃ] s. buen sabor. 2 t. saborear. 3 i.
gustar, agradar.

reluctance [riˈlʌktəns] s.
repugnancia, renuencia,
aversión.
reluctant [riˈlʌktənt] a.
renuente, reacio.
rely [riˈlai] i. [con on o
upon] confiar o fiar en.
remain [riˈmein] i. quedar. 2 permanecer, con-
tinuar. 3 s. pl. restos;
sobras.
remainder [riˈmeindər] s.
resto.
remark [riˈmɑːk] s. observación. 2 t. observar,
advertir, notar.
remarkable [riˈmɑːkəbl]
a. observable. 2 notable.
remedy [ˈremidi] s. remedio. 2 t. remediar.
remember [riˈmembər] t.
recordar, acordarse de.
remind [riˈmaind] t. to ~
of, recordar.
reminder [riˈmaindər] s.
recordatorio.
reminiscent [ˌremiˈnisnt]
a. recordativo, evocador.
remit [riˈmit] t. remitir.
remnant [ˈremnənt] s.
remanente, resto, resi-
duo. 2 vestigio.
remonstrate [ˈreməns-
treit] i. protestar, objetar.
remorse [riˈmɔːs] a. remordimiento, compun-
ción.
remote [riˈməut] a. remoto.

removal [ri'mu:vəl] *s.* remoción, levantamiento. 2 mudanza.

remove [ri'mu:v] *t.-i.* trasladar(se, mudar(se.

Renaissance [rə'neisəns] *s.* Renacimiento.

rend [rend] *t.* rasgar. ¶ Pret. y p. p.: *rent* [rent].

render ['rendər] *t.* dar, entregar. 2 devolver. 3 volver, hacer, poner.

rendezvous ['rɔndivu:] *s.* cita.

renew [ri'nju:] *t.-i.* renovar(se. 2 reanudar(se.

renewal [ri'nju(:)əl] *s.* renovación, renuevo. 2 reanudación.

renounce [ri'nauns] *t.* renunciar. 2 renegar, abjurar.

renown [ri'naun] *s.* renombre.

rent [rent] *s.* renta, arriendo. 2 grieta. 3 cisma. 4 *p. p.* de TO REND. 5 *t.-i.* arrendar(se.

reorganize ['ri:'ɔ:gənaiz] *t.* reorganizar.

repair [ri'pɛər] *s.* reparación. 3 *t.* reparar.

reparation [,repə'reiʃən] *s.* reparación, compensación.

repast [ri'pɑ:st] *s.* comida.

repay [ri:'pei] *t.* pagar, corresponder a.

repeal [ri'pi:l] *s.* abrogación. 2 *t.* abrogar.

repeat [ri'pi:t] *t.-i.* repetir(se.

repel [ri'pel] *t.* repeler.

repent [ri'pent] *i.* arrepentirse de. 2 *t.* arrepentirse de.

repentance [ri'pentəns] *s.* arrepentimiento.

repetition [,repi'tiʃən] *s.* repetición. 2 repaso.

replace [ri'pleis] *t.* reponer.

replenish [ri'pleniʃ] *t.* llenar. 2 rellenar.

reply [ri'plai] *s.* respuesta. 2 *t.* responder.

report [ri'pɔ:t] *s.* voz, rumor. 2 noticia. 3 relato. 4 *t.* relatar. 5 informar.

reporter [ri'pɔ:tər] *s.* reportero.

repose [ri'pəuz] *s.* reposo. 2 *t.* descansar, reclinar.

represent [,repri'zent] *t.* representar, significar.

representation [,reprizen'teiʃən] *s.* representación.

representative [,repri'zentətiv] *a.* representativo. 2 (E. U.) diputado.

repress [ri'pres] *t.* reprimir.

reprint ['ri:'print] *s.* reimpresion. 2 separata. 3

['ri:'print] *t.* reimprimir.

reproach [ri'prəutʃ] *s.* reproche. 2 *t.* reprochar.

reproduce [ˌri:prə'dju:s] *t.-i.* reproducir(se.

reproduction [ˌri:prə'dʌkʃən] *s.* reproducción.

reproof [ri'pru:f], **reproval** [ri'pru:vəl] *s.* reprobación.

reprove [ri'pru:v] *t.* reprobar, reprender, censurar.

reptile ['reptail] *a.-s.* reptil.

republic [ri'pʌblik] *s.* república.

repudiate [ri'pju:dieit] *t.* repudiar.

repulse [ri'pʌls] *s.* repulsa. 2 *t.* rechazar, repeler.

reputable ['repjutəbl] *a.* estimable, honrado, honroso.

reputation [ˌrepju(:)'teiʃən] *s.* reputación, fama.

repute [ri'pju:t] *s.* reputación. 2 *t.* reputar, tener por.

reputedly [ri'pju:tidli] *adv.* según se cree.

request [ri'kwest] *s.* ruego. 2 *t.* rogar, solicitar.

require [ri'kwaiər] *t.-i.* requerir, pedir, demandar.

requirement [ri'kwaiəmənt] *s.* requisito, condición.

requisite ['rekwizit] *a.* requerido. 2 *s.* requisito, cosa esencial.

rescue ['reskju:] *s.* rescate. 2 *t.* libertar, rescatar, salvar.

research [ri'sə:tʃ] *s.* búsqueda, investigación. 2 *t.* buscar, investigar.

resemblance [ri'zembləns] *s.* parecido, semejanza.

resemble [ri'zembl] *t.* parecerse, asemejarse a.

resent [ri'zent] *t.* resentirse.

resentful [ri'zentful] *a.* resentido, ofendido. 2 rencoroso.

resentment [ri'zentmənt] *s.* resentimiento, enojo.

reservation [ˌrezə'veiʃən] *s.* reserva. 2 terreno reservado.

reserve [ri'zə:v] *s.* reserva, repuesto. 2 reserva [discreción]. 3 *t.* reservar.

reservoir ['rezəvwɑ:r] *s.* depósito. 2 alberca. 3 embalse.

reside [ri'zaid] *i.* residir.

residence ['rezidəns] *s.* residencia, morada, mansión.

resident ['rezidənt] *a.* residente.

resign [ri'zain] *t.* dimitir.

resignation [ˌrezig'neiʃən] *s.* dimisión. 2 resignación.

resin ['rezin] *s.* resina.

resist [ri'zist] *t.-i.* resistir.

resistance [ri'zistəns] *s.* resistencia.

resistant [ri'zistənt] *a.* resistente.

resolute ['rezəlu:t] *a.* resuelto.

resolution [ˌrezə'lu:ʃən] *s.* resolución. 2 propósito.

resolve [ri'zɔlv] *s.* resolución. 2 *t.* resolver.

resonance ['rezənəns] *s.* resonancia.

resort [ri'zɔ:t] *s.* recurso, medio. 2 refugio. 3 balneario. 4 *i.* acudir; recurrir.

resound [ri'zaund] *i.* resonar, retumbar.

resource [ri'sɔ:s] *s.* recurso.

resourceful [ri'zɔ:sful] *a.* listo, ingenioso.

respect [ris'pekt] *s.* respeto. 2 *t.* respetar. 3 respectar; atañer.

respectable [ris'pektəbl] *a.* respetable.

respectful [ris'pektful] *a.* respetuoso.

respecting [ris'pektiŋ] *prep.* con respecto a, en cuanto a.

respective [ris'pektiv] *a.* respectivo.

respiration [ˌrespi'reiʃən] *s.* respiración, respiro.

respite ['respait] *s.* respiro, tregua, descanso.

resplendent [ris'plendənt] *a.* resplandeciente.

respond [ris'pɔnd] *i.* responder, contestar.

response [ris'pɔns] *s.* respuesta.

responsibility [risˌpɔnsi-'biliti] *s.* responsabilidad. 2 cometido.

responsible [ris'pɔnsəbl] *a.* responsable.

responsive [ris'pɔnsiv] *a.* obediente; que se interesa.

rest [rest] *s.* descanso, reposo. 2 apoyo, soporte. 3 resto, restante. 4 *i.* descansar. 5 apoyarse, basarse [en]. 6 quedar, permanecer.

restaurant ['restərɔ̃:ŋ] *s.* restaurante.

restful ['restful] *a.* quieto.

restive ['restiv] *a.* inquieto, intranquilo.

restless ['restlis] *a.* inquieto.

restoration [ˌrestə'reiʃən] *s.* restauración. 2 restitución.

restore [ris'tɔ:r] *t.* restaurar. 2 restablecer.

restrain [ris'trein] *t.* refrenar, contener, reprimir.

restraint [ris'treint] *s.* refrenamiento, cohibición.

restrict [ris'trikt] *t.* restringir, limitar.

restriction [ris'trikʃən] *s.* restricción, limitación.

result [ri'zʌlt] *s.* resultado. 2 i. to ~ *from,* resultar. 3 to ~ *in,* dar por resultado.

resume [ri'zju:m] *t.* reasumir, volver a tomar.

resumption [ri'zʌmpʃən] *s.* reasunción. 2 recobro.

resurrection [ˌrezə'rekʃən] *s.* resurreccion; renacimiento.

retail ['ri:teil] *s.* detall. 2 [ri:'teil] *t.* detallar.

retain [ri'tein] *t.* retener.

retainer [ri'teinər] *s.* criado; partidario.

retaliate [ri'tælieit] *i.* desquitarse. 2 *t.* devolver.

retard [ri'tɑ:d] *s.* retardo. 2 *t.* retardar, retrasar.

retinue ['retinju:] *s.* séquito.

retire [ri'taiər] *t.-i.* retirar(se.

retirement [ri'taiəmənt] *s.* retiro.

retort [ri'tɔ:t] *s.* réplica mordaz. 2 *t.-i.* replicar, redargüir.

retrace [ri'treis] *i.* desandar. 2 recordar.

retreat [ri'tri:t] *s.* retirada. 2 *i.* retirarse, retroceder.

retrieve [ri'tri:v] *t.* recobrar, recuperar.

return [ri'tə:n] *s.* vuelta, regreso, retorno. 2 *i.* volver, regresar. 3 *t.* volver, devolver.

reunion ['ri:'ju:njən] *s.* reunión.

reunite ['ri:ju:'nait] *t.-i.* reunir(se; reconciliar(se.

reveal [ri'vi:l] *t.* revelar.

revel ['revl] *s.* holgorio, orgía. 2 *i.* jaranear.

revelation [ˌrevi'leiʃən] *s.* revelación. 2 Apocalipsis.

revenge [ri'vendʒ] *s.* venganza. 2 *t.* vengar, vindicar.

revenue ['revinju:] *s.* renta.

revere [ri'viər] *t.* reverenciar, venerar.

reverence ['revərəns] *s.* reverencia, respeto. 2 *t.* reverenciar.

reverend ['revərənd] *a.* reverendo, venerable.

reverse [ri'və:s] *a.* inverso. 3 *t.* invertir.

review [ri'vju:] *s.* revista. 2 revisión. 3 reseña. 4 *t.* rever. 5 revisar.

revile [ri'vail] *t.* ultrajar.

revise [ri'vaiz] *t*. revisar.

revision [ri'viʒən] *s*. revisión.

revival [ri'vaivəl] *s*. restauración, renacimiento.

revive [ri'vaiv] *t*. reanimar, restablecer.

revolt [ri'vəult] *s*. revuelta. 2 *i*. sublevarse, amotinarse.

revolution [,revə'lu:ʃən] *s*. revolución.

revolve [ri'vɔlv] *t*. voltear. 2 *i*. rodar, girar.

revolver [ri'vɔlvər] *s*. revólver.

reward [ri'wɔ:d] *s*. premio, recompensa. 2 *t*. recompensar.

rhinoceros [rai'nɔsərəs] *s*. ZOOL. rinoceronte.

rhyme [raim] *s*. LIT. rima. 2 *t.-i*. rimar. 3 *t*. consonar.

rhythm ['riðəm] *s*. ritmo.

rib [rib] *s*. ANAT., BOT., MAR. costilla. 2 ENT. nervio [de ala]. 3 varilla [de paraguar o abanico].

ribbon ['ribən] *s*. cinta, galón.

rice [rais] *s*. arroz.

rich [ritʃ] *a*. rico.

riches ['ritʃiz] *s*. *pl*. riqueza.

rid [rid] *t*. librar, desembarazar; *to get ~ of*, librarse de. ¶ Pret. y p.

p.: *rid* [rid] o *ridded* ['ridid].

ridden ['ridn] V. TO RIDE.

riddle ['ridl] *s*. enigma. 2 *t*. resolver, descifrar.

ride [raid] *s*. paseo o viaje a caballo, en bicicleta, en coche. 2 *i*. ir a caballo, en bicicleta, en coche, etc. ¶ Pret.: *rode* [rəud]; p. p.: *ridden* ['ridn].

ridge [ridʒ] *s*. cerro, cresta.

ridicule ['ridikju:l] *s*. ridículo. 2 *t*. ridiculizar.

ridiculous [ri'dikjuləs] *a*. ridículo.

rifle ['raifl] *s*. rifle, fusil. 2 *t*. pillar, saquear.

rift [rift] *s*. hendedura, grieta.

rig [rig] *t*. MAR. aparejar.

rigging ['rigiŋ] *s*. MAR. aparejo.

right [rait] *a*. recto, derecho. 2 justo, honrado. 3 derecho, diestro, de la derecha. 4 *adv*. exactamente. 5 bien; justamente. 6 a la derecha. 7 interj. *all ~!*, ¡está bien!, ¡conformes! 8 *s*. derecho, justicia, razón. 9 *t*. hacer justicia a.

righteous ['raitʃəs] *a*. recto, justo. 2 honrado, virtuoso.

rightful ['raitful] *a*. justo.

rigid ['ridʒid] *a*. rígido.

rigo(u)r ['rigə'] *s.* rigidez, rigor, severidad.

rill [ril] *s.* arroyuelo, riachuelo.

rim [rim] *s.* borde, margen.

rind [raind] *s.* corteza.

ring [riŋ] *s.* anillo, sortija. 2 BOX. ring, cuadrilátero. 3 corro, círculo. 4 pista, arena.

1) **ring** [riŋ] *t.* cercar, circundar. 2 poner anillos a. ¶ Pret. y p. p.: *ringed* [riŋd].

2) **ring** [riŋ] *i.* hacer sonar; tocar, tañer, repicar: *to* ~ *up*, llamar por teléfono. ¶ Pret.: *rang* [ræŋ]; p. p.: *rung* [rʌŋ].

rinse [rins] *t.* enjuagar.

riot ['raiət] *s.* tumulto, alboroto. 2 *i.* armar alboroto.

riotous ['raiətəs] *a.* amotinado.

rip [rip] *s.* rasgadura. 2 *t.* rasgar, abrir.

ripe [raip] *a.* maduro.

ripen ['raipən] *t.-i.* madurar.

ripple ['ripl] *s.* onda, rizo. 2 *i.* rizarse, ondear.

rise [raiz] *s.* levantamiento, subida. 2 elevación. 3 salida [de un astro]. 4 causa, origen. 5 *i.* subir, ascender, elevarse, alzarse, remontarse. 6

salir [un astro]. 7 nacer, salir, originarse. ¶ Pret.: *rose* [rəuz]; p.p.: *risen* ['rizn].

risen [rizn] *p. p.* de TO RISE.

risk [risk] *s.* riesgo, peligro. 2 *t.* arriesgar, aventurar.

risky ['riski] *a.* arriesgado.

rite [rait] *s.* rito.

ritual ['ritʃuəl] *a.s.* ritual.

rival ['raivəl] *a.* competidor. 2 *s.* rival. 3 *t.* competir.

rivalry ['raivəlri] *s.* rivalidad.

river ['rivə'] *s.* río, cuenca.

riveside ['rivəsaid] *s.* ribera.

rivet ['rivit] *t.* clavar, remachar. 2 fijar, absorber.

rivulet ['rivjulit] *s.* riachuelo.

road [rəud] *s.* carretera, camino.

roadway ['rəudwei] *s.* carretera.

roam [rəum] *i.* rodar, vagar, errar. 2 *t.* vagar por.

roar [rɔ:', rɔə'] *s.* rugido. 2 *i.* rugir.

roast [rəust] *s.* asado. 2 *t.-i.* asar(se. 3 tostar(se.

rob [rɔb] *t.* robar, hurtar.

robber ['rɔbəʳ] *s.* ladrón.

robbery ['rɔbəri] *s.* robo.

robe [rəub] *s.* ropaje, vestidura. 2 bata. 3 vestido de mujer. 4 *t.-i.* vestirse.

robust [rə'bʌst] *a.* robusto.

rock [rɔk] *s.* roca, peña. 2 *t.* acunar. 3 *t.-i.* mecer(se, balancear(se.

rocket ['rɔkit] *s.* cohete.

rocky ['rɔki] *a.* rocoso, pedregoso.

rod [rɔd] *s.* vara, varilla. 2 caña [de pescar].

rode [rəud] *pret.* de TO RIDE.

roe [rəu] *s.* hueva. 2 corzo.

rogue [rəug] *s.* pícaro, bribón.

role, rôle [rəul] *s.* papel [que se hace o representa].

roll [rəul] *s.* rollo. 2 lista, nómina. 3 bollo, panecillo. 4 ARQ. voluta. 5 retumbo [del trueno]; redoble [del tambor]. 6 balanceo. 7 oleaje; rodadura. 8 *t.* hacer rodar. 9 *i.* rodar, girar. 10 retumbar, tronar.

roller ['rəuləʳ] *s.* MEC. rodillo. 2 rueda.

Roman ['rəumən] *a.-s.* romano. 2 *a.* latina [lengua]. 3 *s.* latín. 4 IMPR. redondo [tipo].

romance [rə'mæns] *s.* romance; novela. 2 idilio amoroso. 3 ficción, invención.

romantic [rəu'mæntik, -rə-] *a.* romántico.

romp [rɔmp] *i.* jugar, saltar, retozar.

roof [ru:f] *s.* techo. 2 *t.* cubrir, techar.

room [rum, ru:m] *s.* cuarto, pieza, habitación, sala.

roomy ['rumi] *a.* espacioso, amplio.

roost [ru:st] *s.* percha; gallinero. 2 *i.* dormir [las aves en la percha].

rooster ['ru:stəʳ] *s.* gallo [para comer].

root [ru:t] *s.* raíz. 2 *i.-t.* hozar. 3 *t.* arraigar, implantar.

rope [rəup] *s.* cuerda, soga.

rose [rəuz] *s.* BOT. rosal. 2 rosa [flor, color]: ~ bud, capullo de rosa. 3 *pret.* de TO RISE.

rosy ['rəuzil] *a.* rosado.

rot [rɔt] *s.* putreacción. 2 *t.-i.* pudrir(se, corromper(se.

rotary ['rəutəri] *a.* rotatorio.

rotate [rəu'teit] *i.* rodar, girar.

rotten ['rɔtn] *a.* podrido.

rouge [ru:ʒ] *s.* colorete, arrebol.

rough [rʌf] *a.* áspero, tosco. 2 *t.* hacer o labrar toscamente.

round [raund] *a.* redondo. 2 rollizo. 3 circular. 4 claro, categórico. 5 fuerte, sonoro. 6 cabal, completo. 7 *s.* círculo, esfera; corro. 8 redondez. 9 recorrido, ronda. 10 ronda [de bebidas, etc.]. 11 serie [de sucesos, etc.], rutina. 12 salva [de aplausos]. 13 descarga, salva, disparo. 14 BOX. asalto. 15 *adv.* alrededor; por todos lados. 16 *t.* redondear. 17 rodear, cercar.

roundabout [ˈraundəbaut] *a.* indirecto, hecho con rodeos. 2 *s.* circunloquio. 3 tiovivo.

rouse [rauz] *t.-i.* despertar.

rout [raut] *s.* rota, derrota. 2 *t.* derrotar, poner en fuga.

route [ru:t] *s.* ruta, camino.

routine [ru:ˈti:n] *s.* rutina.

rove [rəuv] *i.* vagar, errar.

rover [ˈrəuvər] *s.* vagabundo, andariego.

1) **row** [rau] *s.* riña, pendencia

2) **row** [rəu] *s.* fila, hilera. 2 paseo en bote.

1) **row** [rau] *t.* fam. pelearse con. 2 *i.* pelearse.

2) **row** [rəu] *i.* remar, bogar. 2 *t.* mover al remo.

royal [ˈrɔiəl] *a.* real, regio.

royalty [ˈrɔiəlti] *s.* realeza. 2 derechos de autor.

rub [rʌb] *s.* friega, frote. 2 *t.* estregar, restregar.

rubber [ˈrʌbər] *s.* goma; caucho.

rubbish [ˈrʌbiʃ] *s.* basura, escombros; tonterías.

ruby [ˈru:bi] *s.* MINER. rubí.

rudder [ˈrʌdər] *s.* timón.

ruddy [ˈrʌdi] *a.* colorado.

rude [ru:d] *a.* rudo.

rudiment [ˈru:dimənt] *s.* rudimento.

rue [ru:] *t.-i.* llorar.

ruff [rʌf] *s.* gorguera.

ruffian [ˈrʌfjən] *a.* matón, canalla.

ruffle [ˈrʌfl] *s.* volante fruncido. 2 *t.* rizar, alechugar, fruncir.

rug [rʌg] *s.* alfombra.

rugged [ˈrʌgid] *a.* rugoso, escabroso, accidentado.

ruin [ruin] *s.* ruina. 2 *t.* arruinar.

ruinous [ˈruinəs] *a.* ruinoso.

rule [ru:l] *s.* regla, precepto. 2 *t.-i.* gobernar, regir.
ruler ['ru:lər] *s.* gobernante. 2 regla [instrumento].
rum [rʌm] *s.* ron, aguardiente. 2 *a.* extraño, singular.
rumble ['rʌmbl] *s.* rumor. 2 *i.* retumbar.
rumo(u)r ['ru:mər] *s.* rumor. 2 *t.* rumorear, propalar.
rump [rʌmp] *s.* ancas.
rumple ['rʌmpl] *t.-i.* arrugar(se, chafar(se, ajar(se.
run [rʌn] *s.* corrida, carrera. 2 curso, marcha, dirección. 3 viaje, paseo. 4 *t.-i.* correr. 5 dirigir [un negocio]. 6 extenderse; llegar, alcanzar [hasta]. ¶ Pret.: *ran* [ræn]; p. p.: *run* [rʌn]; ger; *running.*
rung [rʌŋ] *s.* escalón [de escala]. 2 *p. p.* de TO RING.
runner ['rʌnər] *s.* corredor. 2 contrabandista.
running ['rʌniŋ] *s.* carrera, corrida, curso. 2 marcha, funcionamiento. 3 dirección, manejo. 4 *a.* corredor. 5 corriente.
rural ['ruərəl] *a.* rural, rústico.
rush [rʌʃ] *s.* movimiento o avance impetuoso. 2 prisa, precipitación. 3 *i.* arrojarse, abalanzarse, precipitarse. 4 *t.* empujar.
Russian ['rʌʃən] *a.-s.* ruso.
rust [rʌst] *s.* moho, orín. 2 *t.* enmohecer(se.
rustic ['rʌstik] *a.-s.* rústico. 2 campesino. 3 *a.* campestre.
rustle ['rʌsl] *s.* susurro, crujido. 2 *i.* susurrar, crujir.
rusty ['rʌsti] *a.* mohoso.
rut [rʌt] *s.* carril, rodada. 2 rutina, costumbre.
ruthless ['ru:θlis] *s.* despiadado, inhumano.
rye [rai] *s.* BOT. centeno. 2 BOT. ~ *grass,* ballico, césped inglés.

S

Sabbath ['sæbəθ] s. sábado [judío].

sabre ['seibər] s. sable.

sack [sæk] s. saco. 2 saqueo. 3 despido. 4 t. saquear. 4 ensacar. 5 despedir.

sacred ['seikrid] a. sagrado.

sacrifice ['sækrifais] s. sacrificio.

sacrifice ['sækrifais] t. sacrificar; inmolar.

sacrilege ['sækrilidʒ] s. sacrilegio.

sad [sæd] a. triste.

sadden ['sædn] t.-i. entristecer(se.

saddle ['sædl] s. silla de montar. 2 t. ensillar.

sadness [s'ædnis] s. tristeza.

safe [seif] a. salvo, ileso. 2 s. arca, caja de caudales.

safeguard ['seifgɑ:d] s. salvaguardia, resguardo.

safety ['seifti] s. seguridad.

sagacious [sə'geiʃəs] a. sagaz.

sage [seidʒ] s. BOT. salvia. 2 a.-s. sabio, filósofo, hombre prudente.

said]sed] V. TO SAY.

sail [seil] s. MAR. veḷa. 2 aspa [de molino]. 3 i. navegar.

sailor ['seilər] s. marinero.

saint [sent, sən(t)] s. san, santo, -ta.

sake [seik] s. causa, amor: *for God's* ~, por el amor de Dios.

salad ['sæləd] s. ensalada.

salary ['sæləri] s. salario.

sale [seil] s. venta.

salesman ['seilzmən] s. vendedor. 2 viajante de comercio.

sallow ['sæləu] a. pálido, cetrino. 2 s. sauce cabruno.

salmon ['sæmən] s. ICT. salmón.

salon ['sælɔ:n] s. salón.

saloon [sə'lu:n] s. salón. [gran sala]. 2 (E. U.) taberna, bar.

salt [sɔ:lt] s. QUÍM. sal. 2 sal común. 3 a. salado, salino. 4 t. salar.

salutation [ˌsælju'teiʃən] s. salutación, saludo.

salute [sə'lu:t] s. saludo. 2 t-i. saludar.

salvage ['sælvidʒ] s. salvamento.

salvation [sæl'veiʃən] s. salvación.

same [seim] a.-pron. mismo, misma, etc.

sample ['sɑ:mpl] s. COM. muestra. 2 muestra, cala. 3 t. sacar muestra de; probar, catar.

sanction ['sæŋkʃən] s. sanción. 2 t. sancionar.

sanctuary ['sæŋktjuəri] s. santuario.

sand [sænd] s. arena.

sandal ['sændl] s. sandalia.

sandwich ['sænwidʒ] s. emparedado, bocadillo.

sane [sein] a. sano. 2 cuerdo.

sang [sæŋ] V. TO SING.

sanguine ['sæŋgwin] a. rubicundo. 2 sanguíneo.

sanitary ['sænitəri] a. sanitario.

sanity ['sæniti] s. cordura.

sap [sæp] s. savia. 2 vigor. 3 t. zapar, minar.

sapphire ['sæfaiər] s. zafiro.

sarcasm ['sɑ:kæzəm] s. sarcasmo.

sarcastic [sɑ:'kæstik] a. sarcástico.

sardine [sɑ:'di:n] s. ICT. sardina.

sash [sæʃ] s. faja, ceñidor: ~ *window,* ventana de guillotina.

sat [sæt] V. TO SIT.

satanic [sə'tænik] a. satánico.

satchel ['sætʃəl] s. bolsa; cartera escolar.

satellite [ˈsætəlait] s. satélite.

satin [ˈsætin] s. TEJ. raso.

satire [ˈsætaiəʳ] s. sátira.

satiric [səˈtirik] a. satírico.

satisfaction [ˌsætisˈfækʃən] s. satisfacción.

satisfactory [ˌsætisˈfæktəri] a. satisfactorio. 2 suficiente.

satisfy [ˈsætisfai] t. satisfacer. 2 contentar. 3 convencer.

saturate [ˈsætʃəreit] t. saturar. 2 empapar, llenar.

saucer [ˈsɔːsəʳ] s. platillo.

saucy [ˈsɔːsi] a. descarado.

saunter [ˈsɔːntəʳ] i. pasear; andar despacio.

sausage [ˈsɔsidʒ] s. salsicha.

savage [ˈsævidʒ] a. salvaje.

save [seiv] prep. salvo, excepto. 2 t. salvar, librar.

saving [ˈseiviŋ] s. economía, ahorro. 2 pl. ahorros. 3 prep. salvo, excepto.

saviour [ˈseivjə] s. salvador.

savour [ˈseivəʳ] s. sabor; olor. 2 t. saborear.

savoury [ˈseivəri] a. sabroso. 2 fragante.

saw [sɔː] s. sierra [herramienta]. 2 dicho, refrán. 3 pret. de TO SEE. 4 t.-i. serrar, aserrar. ¶ Pret.: sawed [sɔːd]; p. p.: sawn [sɔːn]

Saxon [ˈsæksn] a.-s. sajón.

say [sei] s. dicho, aserto. 2 turno para hablar. 3 t. decir. ¶ Pres.: says [sez]; pret. y p. p.: said [sed].

saying [ˈseiiŋ] s. dicho, sentencia.

scabbard [ˈskæbəd] s. vaina.

scaffold [ˈskæfəld] s. andamio.

scale [skeil] s. platillo. 2 balanza, báscula. 3 escala. 4 t. pesar.

scalp [skælp] s. cuero cabelludo. 3 t. arrancar la cabellera.

scaly [ˈskeili] a. escamoso. 2 ruin. 3 avaro.

scamper [ˈskæmpəʳ] s. huida precipitada. 2 i. huir, correr.

scan [skæn] t. escandir. 2 escrutar, explorar.

scandal [ˈskændl] s. escándalo. 2 ignominia. 3 difamación.

scandalous ['skændələs] *a.* escandaloso, vergonzoso.

scant [skænt] *a.* escaso, corto.

scanty ['skænti] *a.* escaso, insuficiente, exiguo.

scar [ska:ᵊ] *s.* cicatriz.

scarce [skɛəs] *a.* escaso, raro.

scarcity ['skɛəsiti] *s.* escasez.

scare [skɛəᵊ] *s.* susto, alarma. 2 *t.* asustar, alarmar.

scarf [ska:f] *s.* echarpe.

scarlet ['ska:lit] *a.* rojo, de color escarlata.

scatter ['skætəᵊ] *t.* dispersar. 2 disipar, desvanecer.

scenario [si'na:riəu] *s.* TEAT., CINEM. guión.

scene [si:n] *s.* escena. 2 escenario. 3 TEAT. decorado.

scenery ['si:nəri] *s.* paisaje. 2 THEAT. decorado.

scent [sent] *s.* olfato. 2 olor. 3 *t.* oler, husmear.

scepter, sceptre ['septəᵊ] *s.* cetro [real].

schedule ['ʃedju:l, (E. U.) 'skedju:l] *s.* lista, inventario; horario.

scheme [ski:m] *s.* esquema. 2 *t.* proyectar, idear.

schism ['sizəm] *s.* cisma.

scholar ['skɔləᵊ] *s.* colegial, -a. 2 becario. 3 sabio, erudito.

scholarship ['skɔleʃip] *s.* saber, erudición. 2 beca [para estudiar].

school [sku:l] *s.* escuela. 2 *t.* enseñar, instruir.

schoolmaster ['sku:l-ˌma:stəᵊ] *s.* profesor de instituto.

schoolmistress ['sku:l-ˌmistris] *s.* profesora de instituto.

science ['saiens] *s.* ciencia. 2 ciencas naturales.

scientist ['saiəntist] *s.* hombre de ciencia.

scissors ['sizəz] *s. pl.* tijeras.

scoff [skɔf] *s.* burla, mofa. 2 *i.* mofarse, burlarse.

scold [skəuld] *t.* reñir, regañar.

scoop [sku:p] *s.* cucharón, cazo.

scope [skəup] *s.* alcance [de un arma]. 2 campo o radio [de acción]. 3 mira, designio.

scorch [skɔːtʃ] t. chamuscar, socarrar.

score [skɔːʳ, skɔəʳ] s. muesca, entalladura. 2 cuenta [de lo que se debe]. 3 tantos, tanteo. 4 razón, motivo. 5 veintena. 6 MÚS. partitura. 7 t. esclopear. 8 marcar, ganar [puntos, tantos]. 9 rayar. 10 MÚS. orquestar.

scorn [skɔːn] s. desdén, desprecio. 2 t. desdeñar, despreciar.

Scot [skɔt], s., **Scotch** [skɔtʃ] a.-s. escocés.

scoundrel ['skaundrəl] s. granuja.

scour ['skauəʳ] t. fregar.

scourge [skəːdʒ] s. látigo. 2 t. azotar, flagelar.

scout [skaut] s. MIL. explorador, escucha. 2 t.-i. explorar.

scowl [skaul] s. ceño, sobrecejo. 2 i. mirar con ceño.

scramble ['skræmbl] s. lucha, arrebatiña. 2 gateamiento. 3 i. trepar, gatear. 4 andar a la arrebatiña.

scrap [skræp] s. trozo, pedazo.

scrape [skreip] s. raspadura, rasguño. 3 t. raspar, rascar.

scratch [skrætʃ] s. arañazo. 2 t. arañar, rayar.

scream [skriːm] s. chillido, grito. 2 t.-i. chillar, gritar.

screech [skriːtʃ] s. chillido. 2 chirrido. 3 i. chillar. 4 chirriar.

screen [skriːn] s. pantalla. 2 t. ocultar, tapar.

screw [skruː] s. tornillo, rosca. 2 t. atornillar.

script [skript] s. escritura. 2 manuscrito; guión [cine].

Scripture ['skriptʃəʳ] s. Sagrada Escritura.

scroll [skrəul] s. rollo de papel o pergamino [esp. escrito].

scrub [skrʌb] a. desmirriado. 2 s. fregado, fregoteo. 3 t. fregar, estregar.

scruple ['skruːpl] s. escrúpulo. 2 i. tener escrúpulo.

scrutinize ['skruːtinaiz] t. escrutar, escudriñar.

sculptor ['skʌlptəʳ] s. escultor.

sculpture ['skʌlptʃəʳ] s. escultura.

scurry ['skʌri] i. huir, escabullirse.

scuttle ['skʌtl] s. escotillón. 2 t. MAR. barrenar, echar a pique.

scythe [saið] s. guadaña.

sea [siː] s. mar, océano.

seal [siːl] s. ZOOL. foca.

2 sello, sigilo. 3 *t.* sellar, precintar.

seam [si:m] *s.* costura. 2 *t.* coser.

seaman ['si:mən] *s.* marinero.

sear [siəʳ] *t.* secar; abrasar, chamuscar.

search [sə:tʃ] *s.* busca, búsqueda. 2 *t.-i.* buscar.

seasick ['si:-sik] *a.* mareado.

seaside ['si:'said] *s.* orilla del mar, costa, playa.

season ['si:zn] *s.* estación [del año]. 2 tiempo, temporada. 3 *t.* sazonar. 4 habituar, aclimatar.

seat [si:t] *s.* asiento. 2 sitio, sede, residencia. 3 *t.* sentar. 4 establecer, instalar.

secede [si'si:d] *i.* separarse.

seclude [si'klu:d] *t.* apartar, aislar. 2 recluir.

seclusion [si'klu:ʒən] *s.* aislamiento. 2 reclusión.

second ['sekənd] *a.* segundo. 2 secundario, subordinado. 3 inferior. 4 *s.* segundo [división del minuto]. 5 *t.* secundar, apoyar.

secondary ['sekəndəri] *a.* secundar.

secret ['si:krit] *a.* secreto. 2 callado, reservado. 3 *s.* secreto.

secretary ['sekrətri] *s.* secretario.

sect [ekt] *s.* secta.

section ['sekʃən] *s.* sección.

secular ['sekjuləʳ] *a.* secular. 2 seglar, lego.

secure [si'kjuəʳ] *a.* seguro. 2 *t.* asegurar; afianzar.

security [si'kjuəriti] *s.* seguridad. 2 protección.

sediment ['sedimənt] *s.* sedimento. 2 heces, poso.

seduce [si'dju:s] *t.* seducir.

see (si:) *s.* ECLES. sede, silla. 2 *t.-i.* ver. 3 mirar, observar. 4 considerar, juzgar. 5 *to* ~ *after*, cuidar. ¶ Pret.: *saw* [sɔ:); p. p.: seen [si:n].

seed [si:d] *s.* BOT. semilla. 2 *t.-i.* sembrar.

seek [si:k] *t.* buscar. ¶ Pret. y p. p.: *sought* [sɔ:t].

seem [si:m] *i.* parecer.

seeming ['si:miŋ] *a.* aparente; parecido. 2 *s.* apariencia.

seen [si:n] V. TO SEE.

seer ['si(:)əʳ] *s.* profeta, vidente.

seethe [si:ð] *i.* hervir.

segment ['segmənt] *s.* segmento.

segregation [ˌsegri'geiʃən] *s.* segregación, separación.

seize [si:z] *t.* asir, agarrar.

seizure ['si:ʒəʳ] *s.* captura.

seldom ['seldəm] *adv.* raramente, rara vez.

select [si'lekt] *a.* selecto. 2 *t.* escoger, elegir.

selection [si'lekʃən] *s.* selección.

self [self], *pl.* **selves** [selvz] *a.* mismo; idéntico. 2 **self-**, [en compuestos] auto-, por sí mismo; ∼ *conscious,* tímido; ∼ *sufficient,* presuntuoso.

selfish ['selfiʃ] *a.* interesado, egoísta. 2 **-ly** *adv.* interesadamente, egoístamente.

selfishness ['selfiʃnis] *s.* egoísmo.

sell [sel] *s.* fam. engaño, estafa. 2 *t.-i.* vender(se. ¶ Pret. y p. p.: *sold* [səuld].

seller ['seləʳ] *s.* vendedor.

semblance ['sembləns] *s.* semejanza. 2 aspecto.

senate ['senit] *s.* senado.

send [send] *t.* enviar, mandar. 2 lanzar. ¶ Pret. y p. p.: *sent* [sent].

senior ['si:njəʳ] *a.* mayor, de más edad; más antiguo; decano. 2 (E. U.) del último curso de una facultad. 3 *s.* anciano.

sensation [sen'seiʃən] *s.* sensación. 2 sensacionalismo.

sensational [sen'seiʃənl] *a.* sensacional.

sense [sens] *s.* sentido [corporal; del humor, etc.]. 2 cordura, buen sentido. 3 inteligencia. 4 significado, acepción. 5 sensación, impresión, conciencia. 6 *t.* sentir, percibir, darse cuenta.

senseless ['senslis] *a.* insensible.

sensible ['sensibl] *a.* juicioso, prudente, sensato, cuerdo.

sensitive ['sensitiv] *a.* sensitivo. 2 sensible, impresionable.

sensual ['sensjuel] *a.* sensual.

sent [sent] V. TO SEND.

sentence ['sentəns] *s.* sentencia, fallo; condena. 2 sentencia, máxima. 3 GRAM. oración, período.

sentiment ['sentimənt] *s.* sentimiento. 2 sensibilidad. 3 parecer, opinión. 4 concepto, frase.

sentimental [ˌsenti'mentl] *a.* sentimental.

sentry ['sentri] *s.* centinela.

separate ['seprit] *a.* separado. 2 ['sepəreit] *t.* separar. 3 despegar.

separation [ˌsepəˈreiʃən] s. separación. 2 porción.

September [səpˈtembər] s. septiembre.

sepulchre [ˈsepəlkər] s. sepulcro.

sequence [ˈsiːkwəns] s. sucesión, continuación; serie.

serene [siˈriːn] a. sereno, claro.

serf [səːf] s. siervo. 2 esclavo.

sergeant [ˈsaːdʒənt] s. MIL. sargento.

series [ˈsiəriːz] s. serie.

serious [ˈsiəriəs] a. serio.

seriousness [ˈsiəriəsnis] s. seriedad, gravedad.

sermon [ˈsəːmən] s. sermón.

serpent [ˈsəːpənt] s. serpiente.

serum [ˈsiərəm] s. suero.

servant [ˈsəːvənt] s. sirviente, criado.

serve [səːv] t.-i. servir. 2 surtir, abastecer.

service [ˈsəːvis] s. servicio.

serviceable [ˈsəːvisəbl] a. servible. 2 útil. 3 servicial.

servile [ˈsəːvail] a. servil.

servitude [ˈsəːvitjuːd] s. servidumbre. 2 esclavitud.

session [ˈseʃən] s. sesión.

set [set] s. juego, servicio, colección; grupo. 2 aparato [de radio, etc.]. 3 a. resuelto, determinado. 4 fijo, inmóvil. 5 t. poner, colocar. 6 destinar, fijar. 7 to ~ about, poner a. 8 to ~ aside, dejar a un lado. 9 to ~ fire to, pegar fuego a. 10 to ~ free, libertar. 11 to ~ going, poner en marcha. ¶ Pret y p. p.: set [set]; ger.: setting [ˈsetiŋ]

setting [ˈsetiŋ] s. puesta [del sol]. 2 escenario [de una narración]; ambiente; decorado [teatro]. 3 ~ up, establecimiento.

settle [ˈsetl] s. escaño, banco. 2 t. colocar, establecer. 3 fijar, asegurar. 4 colonizar, poblar. 5 i. establecerse, instalarse.

settler [ˈsetlər] s. poblador, colono.

seven [ˈsevn] a.-s. siete. 2 **-teen** [-ˈtiːn] diecisiete. 3 **-teenth** [-ˈtiːnθ] decimoséptimo. 4 **-th** [-θ] séptimo. 5 **-tieth** [-tiəθ, -tiiθ] septuagésimo. 6 **-ty** [-ti] setenta.

sever [ˈsevər] t.-i. separar(se; romper(se.

several [ˈsevrəl] a. varios.

severe [siˈviər] a. severo.

severity [si'veriti] s. severidad.

sew [səu] t.-i. coser. ¶ Pret.: *sewed* [səud]; p. p.: *sewn* [səun] o *sewed*.

sewer ['sjuəʳ] s. alcantarilla.

sewing ['səuiŋ] s. costura: ~ *machine*, máquina de coser.

sex [seks] s. sexo.

sexual ['seksjuəl] a. sexual.

shabby ['ʃæbi] a. raído.

shack [ʃæk] s. (E. U.) cabaña.

shade [ʃeid] s. sombra. 2 matiz, tinte. 3 pantalla [de lámpara]. 4 visillo, cortina. 5 t. hacer o dar sombra. 6 proteger, esconder.

shadow ['ʃædəu] s. sombra. 2 t. sombrear; oscurecer.

shaft [ʃɑ:ft] s. astil. 2 asta. 3 saeta.

shaggy ['ʃægi] a. lanudo, peludo. 2 áspero. 3 desgreñado.

shake [ʃeik] s. meneo, sacudida. 2 apretón [de manos]. 3 t. sacudir, agitar, blandir. ¶ Pret.: *shook* [ʃuk]; p. p.: *shaken* ['ʃeikən].

shaky ['ʃeiki] a. tembloroso.

shall [ʃæl, ʃəl] v. def. aux. del futuro. En 1.ᵃˢ personas denota simple acción futura; en 2.ᵃˢ y 3.ᵃˢ, voluntad, intención, mandato: *I shall go*, iré; *he shall go*, tiene que ir. 2 SHOUL [ʃud, ʃəd] pret. de *shall*. En 1.ᵃˢ personas, forma potencial; en 2.ᵃˢ y 3.ᵃˢ, voluntad, intención, mandato: *I should come*, vendría; *you should come*, deberías venir.

shallow ['ʃæləu] a. bajo, poco profundo. 2 superficial, frívolo.

sham [ʃæm] s. fingimiento. 2 t.-i. fingir, simular.

shame [ʃeim] s. vergüenza. 2 t. avergonzar.

shameful ['ʃeimful] a. vergonzoso.

shape [ʃeip] s. forma, figura. 2 t. formar, dar forma a; modelar.

shapeless ['ʃeiplis] a. informe. 2 deforme.

share (ʃɛəʳ) s. parte, porción. 2 participación. 3 t. distribuir, repartir.

shark [ʃɑ:k] s. ICT. y fig. tiburón. 2 estafador.

sharp [ʃɑ:p] a. agudo, aguzado, afilado, cortante, punzante.

sharpen ['ʃɑ:pən] t. afilar.

shatter ['ʃætər] t. romper, hacer estallar.

shave [ʃeiv] t.-i. afeitar(se.

shaving ['ʃeiviŋ] s. afeitado.

shawl [ʃɔ:l] s. chal, mantón.

she [ʃi:, ʃi] pron. pers. ella. 2 hembra: she-ass, borrica.

sheaf [ʃi:f], pl. **sheaves** [ʃi:vz] s. haz, gavilla.

shear [ʃiər] s. esquileo. 2 lana esquilada. 3 t. esquilar, trasquilar. ¶ P. p.: shorn [ʃɔ:n]

sheath [ʃi:θ] s. vaina, funda.

sheathe [ʃi:ð] t. envainar, enfundar.

shed [ʃed] s. cobertizo, alpende. 2 t. verter, derramar. 3 i. mudar [la piel, etc.]. ¶ Pret. y p. p.: shed.

sheep [ʃi:p] s. sing. y pl. carnero(s, oveja(s.

sheer [ʃiər] a. puro, mero. 2 t.-i. desviar(se.

sheet [ʃi:t] s. lámina, plancha. 2 sábana.

shelf [ʃelf], pl. **shelves** [ʃelvz] s. anaquel; pl. estantería.

shell [ʃəl] s. zool. concha, caparazón. 2 cáscara [de huevo, nuez, etc.]. 3 bala [de cañón], bomba, granada. 4 t. descascarar, mondar. 5 bombardear.

shellfish ['ʃelfiʃ] s. marisco(s.

shelter ['ʃeltər] s. abrigo, refugio. 2 t.-i. guarecer(se, abrigar(se.

shelves [ʃelvz] s. pl. de SHELF.

shepherd ['ʃepəd] s. pastor.

sheriff ['ʃerif] s. alguacil mayor, sheriff.

sherry ['ʃeri] s. vino de Jerez.

shield [ʃi:ld] s. escudo. 2 t. proteger, escudar.

shift [ʃift] s. recurso, maña. 2 tanda, turno [de obreros; de trabajo]. 3 cambio, desviación. 4 t.-i. cambiar, mudar [de posición, etc.]. 5 usar subterfugios.

shilling ['ʃiliŋ] s. chelín.

shimmer ['ʃimər] s. luz trémula. 2 i. rielar, brillar débilmente.

shin [ʃin] s. espinilla. 2 i.-t. trepar, subir.

shine [ʃain] s. brillo. 2 i. brillar. ¶ Pret. y p. p.: shone [ʃɔn].

shingle ['ʃiŋgl] s. guijarro. 2 ripia [para techar]. 3 (E. U.) letrero de despacho.

ship [ʃip] s. buque, barco. 2 t.-i. embarcar(se. 3 t. transportar.

shipment [ˈʃipmənt] s. cargamento, embarque.

shipping [ˈʃipiŋ] s. embarque.

shipwreck [ˈʃip-rek] s. naufragio.

shire [ˈʃaiəʳ] s. (Ingl.) distrito.

shirk [ʃəːk] t. eludir.

shirt [ʃəːt] s. camisa.

shiver [ˈʃivəʳ] s. temblor. 2 i.-t. temblar, tiritar.

shoal [ʃəul] s. bajo, banco [de arena o de peces].

shock [ʃɔk] s. golpe, choque. 2 conmoción. 3 t. chocar; ofender. 4 conmover.

shod [ʃɔd] V. TO SHOE.

shoe [ʃuː] s. zapato: ~ *black*, limpiabotas; ~ *polish*, betún: *shoehorn*, calzador. 2 t. calzar; herrar [a un caballo]. ¶ Pret. y p. p.: *shod* [ʃɔd].

shoemaker [ˈʃuːˌmeikəʳ] s. zapatero.

shone [ʃɔn] TO SHINE.

shook [ʃuk] V. TO SHAKE.

shoot [ʃuːt] s. BOT. vástago, retoño. 2 cacería. 3 t. fusilar. 4 disparar. 5 DEP. chutar. 6 i. ir de caza. 7 to ~ *up*, brotar [las plantas, etc.]. ¶ Pret. y p. p.: *shot* [ʃɔt].

shop [ʃɔp] s. tienda, comercio. 2 i. comprar: to go *shopping*, ir de compras.

shore [ʃɔːʳ] s. orilla, costa, playa.

shorn [ʃɔːn] V. TO SHEAR.

short [ʃɔːt] a. corto; breve, escaso, poco. 2 bajo [de estatura]. 3 seco, brusco. 4 ~ *hand*, taquígrafo, taquigrafía; ~ *sighted*, corto de vista. 5 adv. brevemente, cortamente; ~ *of*, excepto, si no. 6 s. CINEM. película corta. 7 pl. pantalones cortos [para deporte].

shortage [ˈʃɔːtidʒ] s. escasez.

shorten [ˈʃɔːtn] t. - i. acortar(se, abreviar.

shot [ʃɔt] a. tornasolado, matizado. 2 s. tiro, disparo. 3 bala. 4 tirada [en ciertos juegos]. 6 V. TO SHOOT.

shot-gun [ˈʃɔtɡʌn] s. escopeta de caza.

should [ʃud, ʃed] V. SHALL.

shoulder [ˈʃəuldəʳ] s. hombro. 2 t. echar o llevar al hombro; cargar con.

shout [ʃaut] s. grito, griterío. 2 t.-i. gritar, vocear.

shove [ʃʌv] s. empujón, empuje. 2 t.-i. empujar, dar empujones.

shovel ['ʃʌvl] s. pala. 2 palada.

show [ʃəu] s. presentación. 2 exposición. 3 espectáculo; función [de teatro, cine]. 4 ostentación. 5 t. mostrar, enseñar, exhibir. 6 hacer ver, demostrar. 7 to ~ how to, enseñar a [hacer algo]. 8 to ~ up, destacar. 9 TEAT. actuar. ¶ Pret.: showed [ʃəud]; p. p.: shown [ʃəun] o showed.

shower ['ʃauəʳ] s. chubasco, chaparrón. 2 abundancia. 3 ~ bath, ducha.

shown [ʃəun] V. TO SHOW.

showy ['ʃəui] a. vistoso.

shrank [ʃræŋk] V. TO SHRINK.

shred [ʃred) s. tira, jirón. 2 t. hacer tiras, jirones, trizas.

shrew [ʃru:] s. ZOOL. musaraña. 2 mujer de mal genio, arpía.

shrewd [ʃru:d] a. sagaz, listo.

shriek [ʃri:k] s. chillido, alarido. 2 i. chillar, gritar.

shrill [ʃril] a. agudo, chillón. 2 t.-i. chillar.

shrine [ʃrain] s. urna, relicario.

shrink [ʃriŋk] t.-i. encoger(se, contraerse; disminuir. ¶ Pret.: shrank [ʃræŋk] o shrunk [ʃrʌŋk]; p. p.: shrunk o shrunken ['ʃrʌŋkən].

shrivel ['ʃrivl] t.-i. arrugar(se, encoger(se.

shroud [ʃraud] s. mortaja. 2 t. amortajar. 3 ocultar.

shrub [ʃrʌb] s. arbusto.

shrug [ʃrʌg] t.-i. encoger(se [de hombros].

shrunk [ʃrʌŋk] V. TO SHRINK.

shudder ['ʃʌdəʳ] s. temblor. 2 i. estremecerse.

shuffle ['ʃʌfl] t. barajar. 2 arrastrar los pies.

shun [ʃʌn] t. rehuir.

shut [ʃʌt] t. cerrar [una puerta, etc.]. 2 tapar, obstruir. 3 to ~ down, cerrar una fábrica; to ~ up, tapar; callarse. ¶ Pret. y p. p.: shut [ʃʌt]; ger.: shutting.

shutter ['ʃʌtəʳ] s. postigo.

shy [ʃai] a. tímido, asustadizo. 2 i. esquivar; asustarse.

shyness ['ʃainis] s. timidez. 2 vergüenza, recato. 3 cortedad.

sick [sik] a.-s. enfermo. 2 mareado. 3 to be ~ of, estar harto de.

sicken ['sikn] *t.-i.* enfermar, poner(se enfermo.

sickle ['sikl] *s.* hoz.

sickly ['sikli] *a.* enfermizo.

sickness ['siknis] *s.* enfermedad.

side [said] *s.* lado, costado. 2 orilla, margen. 3 falda [de montaña]. 4 partido, bando. 5 *a.* lateral; secundario. 6 *t.* ponerse o estar al lado de.

sideboard ['saidbɔ:d] *s.* aparador.

sidewalk ['said-wɔ:k] *s.* (E. U.) acera.

sideward(s ['saidwəd, -z] *adv.* de lado, hacia un lado.

sideways ['said-weiz], **sidewise** [-waiz] *a.* dirigido hacia un lado. 2 *adv.* de lado. 3 oblicuamente. 4 de soslayo.

siege [si:dʒ] *s.* sitio, asedio, cerco.

sieve [siv] *s.* cedazo, tamiz.

sift [sift] *t.* cerner, tamizar, cribar.

sigh [sai] *s.* suspiro. 2 *i.* suspirar.

sight [sait] *s.* vista, visión: *at* ~, *on* ~, a primera vista. 2 escena, espectáculo. 3 monumentos. 4 **-ly** *a.* vistoso, hermoso.

sight [sait] *t.-i.* ver, mirar.

sign [sain] *s.* signo, señal. 2 *t.-i.* firmar, rubricar.

signal ['signəl] *s.* señal, seña. 2 *a.* señalado, notable. 3 *t.-i.* hacer señales.

signature ['signətʃər] *s.* firma.

significance, -cy [sig'nifikəns, -si] *s.* significado. 2 importancia.

significant [sig'nifikənt] *a.* significativo. 2 importante.

signify ['signifai] *t.* significar. 2 *i.* importar.

silence ['sailəns] *s.* silencio. 2 *t.* imponer silencio.

silent ['sailənt] *a.* silencioso.

silhouette [,silu'et] *s.* silueta.

silk [silk] *s.* seda [materia, hilo, tejido]: ~ *hat,* sombrero de copa.

silken ['silkən] *a.* de seda.

sill [sil] *s.* umbral; antepecho; alféizar.

silliness ['silinis] *s.* tontería.

silly ['sili] *a.* tonto, necio.

silver ['silvər] *s.* plata. 2 *a.* de plata.

similar ['similər] *a.* similar.

similarity [,simi'læriti] *s.* semejanza, parecido.

simmer ['simər] *t.-i.* hervir a fuego lento.

simple ['simpl] *a.* simple. 2 tonto, bobo.

simplicity [sim'plisiti] *s.* simplicidad. 2 sencillez.

simplify ['simplifai] *t.* simplificar.

simply ['simpli] *adv.* simplemente; meramente.

simultaneous [,siməl'teinjəs] *a.* simultáneo.

sin [sin] *s.* pecado. 2 *i.* pecar.

since [sins] *adv.* desde. 2 *prep.* desde, después de 3 *conj.* desde que, después que. *4* ya que, puesto que.

sincere [sin'siər] *a.* sincero.

sinew ['sinju:] *s.* ANAT tendón. 2 fuerza muscular. 3 energía.

sinful ['sinful] *a.* pecador.

sing [siŋ] *t.-i.* cantar. ¶ Pret.: *sang* [sæŋ]; p. p.: *sung* [sʌŋ].

singer ['siŋər] *s.* cantante.

single ['siŋgl] *a.* único. 2 célibe: ~ *man,* soltero. 3 sencillo, simple. *4* individual. 5 *t.* to ~ *out,* singularizar.

singular ['siŋgjulər] *a.*

singular. 2 raro, estrafalario.

sinister ['sinistər] *a.* siniestro.

sink [siŋk] *s.* sumidero. 2 fregadero. 3 *t.-i.* hundir(se, sumergir(se. *4* to ~ *down,* derrumbarse. 5 ponerse [el sol]. ¶ Pret.: *sank* [sæŋk] o *sunk* [sʌŋk]; p. p.: *sunk* o *sunken* ['sʌŋkən].

sinner ['sinər] *s.* pecador.

sinuosity ['sinju'ɔsiti] *s.* sinuosidad, tortuosidad.

sinuous ['sinjuəs] *a.* sinuoso.

sip [sip] *s.* sorbo. 2 *t.-i.* beber a sorbos.

sir [sə:ʳ, səʳ] *s.* señor. 2 [Ingl.] tratamiento que se antepone al nombre de un caballero o baronet: *Sir Winston Churchill.*

sire ['saiəʳ] *s.* señor [tratamiento del soberano]. 2 progenitor.

siren ['saiərin, -rən] *s.* MIT. sirena. 2 sirena [pito].

sister ['sistər] *s.* hermana. 2 sor, monja. 3 enfermera. *4 sister-in-law,* cuñada.

sit [sit] *t.-i.* sentar(se; posarse [un pájaro]; estar sentado. 2 empollar [las gallinas]. 3 celebrar sesión. *4* sentar bien [un traje]. 5 to ~ down, sentarse; establecerse. 6 to ~ for, representar [un distrito]; servir de modelo. 7 to ~ on o upon, deliberar sobre. 8 to ~ up, incorporarse [en la cama]. ¶ Pret. y p. p.: sat [sæt].

site [sait] s. sitio, escenario. 2 asiento, situación.

situation [ˌsitjuˈeiʃən] s. situación. 2 empleo.

six [siks] a.-s. seis. 2 -teen [-ˈtiːn] dieciséis. 3 -teenth [-ˈtiːnθ] decimosexto. 4 -th [-θ] sexto. 5 -tieth [-tiəθ] sexagésimo. 6 -ty [-ti] sesenta.

size [saiz] s. medida, tamaño. 2 t. clasificar según tamaño.

skate [skeit] s. patín. 2 i. patinar.

skeleton [ˈskelitn] s. esqueleto. 2 armazón. 3 esbozo, esquema. 4 ~ key, llave maestra.

sketch [sketʃ] s. boceto. 2 t. esbozar.

ski [skiː] s. esquí. 2 i. esquiar.

skid [skid] t. hacer deslizar sobre maderos, etc.

skilful [ˈskilful] a. diestro.

skill [skil] s. habilidad.

skilled [skild] a. práctico.

skim [skim] t. espumar.

skin [skin] s. piel, cutis. 2 odre. 3 cáscara, hollejo. 4 skin-deep, superficial. 5 t. desollar, despellejar.

skip [skip] s. salto. 2 omitir, pasar por alto.

skirmish [ˈskəːmiʃ] s. escaramuza.

skirt [skəːt] s. falda. 2 orilla. 3 t.-i. bordear, rodear.

skull [skʌl] s. cráneo, calavera.

sky [skai] s. cielo, firmamento.

skylark [ˈskailɑːk] s. ORN. alondra.

slab [slæb] s. tabla, plancha.

slack [slæk] a. flojo; débil. 2 s. inactividad, calma. 3 pl. pantalones anchos.

slain [slein] V. TO SLAY.

slam [slæm] s. golpe, portazo. 2 t. cerrar de golpe.

slander [ˈslɑːndər] s. calumnia. 2 t. calumniar, difamar.

slang [slæŋ] s. jerga, argot.

slant [slɑːnt] s. inclinación. 2 punto de vista. 3 t.-i. inclinar(se.

slap [slæp] s. palmada; bofetón. 2 insulto. 3 t. pegar, abofetear.

slash [slæ∫] s. cuchillada, tajo. 2 t. acuchillar.

slate [sleit] s. pizarra.

slaughter ['slɔːtəʳ] s. matanza. 2 t. matar. 3 sacrificar [reses].

Slav [slæv, slɑːv] a.-s. eslavo.

slave [sleiv] s. esclavo.

slavery ['sleivəri] s. esclavitud.

slay [slei] t. matar. ¶ Pret.: *slew* [sluː]; p. p.: *slain* [slein].

sled [sled], **sledge** [sledʒ] s. trineo, rastra.

sleek [sliːk] a. liso, bruñido. 2 t. pulir, alisar.

sleep [sliːp] s. sueño. 2 i. dormir. ¶ Pret. y p. p.: *slept* [slept].

sleeping ['sliːpiŋ] a. dormido.

sleeplessness ['sliːp-lis-nis] s. insomnio.

sleepy ['sliːpi] a. soñoliento.

sleeve [sliːv] s. manga.

slender ['slendəʳ] a. delgado.

slept [slept] V. TO SLEEP.

slew [sluː] V. TO SLAY.

slice [slais] s. rebanada, lonja. 2 t. rebanar. 3 tajar.

slick [slik] a. fam. mañoso. 2 t. alisar, pulir.

slid [slid] V. TO SLIDE.

slide [slaid] s. corrimiento de tierra; falla. 2 i.-t. resbalar. ¶ Pret. y p. p.: *slid* [slid].

slight [slait] a. ligero. 2 pequeño, insignificante. 3 delgado. 4 s. desaire. 5 t. despreciar.

slim [slim] a. delgado, esbelto.

slime [slaim] s. limo. 2 viscosidad.

slimy ['slaimi] a. fangoso.

sling [sliŋ] s. honda. 2 t. tirar con honda. 3 lanzar. ¶ Pret. y p. p.: *slung* [slʌŋ].

slip [slip] s. resbalón. 2 huida, esquinazo. 3 tira [trozo estrecho]. 4 combinación [de mujer]. 5 t.-i. resbalar(se.

slipper ['slipəʳ] s. zapatilla.

slippery ['slipəri] a. resbaladizo.

slit [slit] s. corte, hendedura. 2 t. hender, cortar. ¶ Pret. y p. p.: *slit*.

slogan ['sləugən] s. eslogan.

slope [sləup] s. cuesta. 2 ladera. 3 i. inclinarse.

slot [slɔt] s. hendedura,

abertura: ~ *machine,* tragaperras.

sloth [sləuθ] s. pereza, galvana.

slouch [slautʃ] s. pers. desmañada, perezosa. 2 inclinación, caída. 3 i. andar agachado o alicaído.

slow [sləu] a. lento, tardo. 2 torpe. 3 atrasado. 4 adv. lentamente, despacio. 5 t.-i. retardar.

slug [slʌg] s. ZOOL. babosa. 2 t. pasar [un tiempo] ocioso. 3 aporrear.

sluggish ['slʌgiʃ] a. flojo, indolente. 2 lento.

slum [slʌm] s. barrio miserable.

slumber ['slʌmbər] s. sueño. 2 i. dormitar. 3 dormirse.

slump [slʌmp] s. hundimiento. 2 i. caer, desplomarse.

slung [slʌŋ] V. TO SLING.

slur [slə:r] s. mancha, borrón. 2 t. manchar. 3 pasar por alto.

sly [slai] a. astuto, socarrón. 2 on the ~, a hurtadillas. 3 **-ly** adv. astutamente.

smack [smæk] s. gustillo. 2 poquito. 3 restallido, golpe. 4 i. to ~ of, tener un gustillo de. 5 i.-t. chasquear el látigo. 6

chuparse los dedos. 7 besar sonoramente.

small [smɔ:l] a. pequeño, insignificante: ~ *change,* dinero suelto. 2 bajo [estatura].

smart [smɑ:t] a. elegante: *the ~ set,* la gente distinguida. 2 listo, astuto. 3 fuerte, violento. 4 s. dolor. 5 i. escocer doler.

smash [smæʃ] s. rotura, destrozo. 2 choque [de vehículos, etc.]. 3 fracaso, bancarrota. 4 t.-i. romper(se, destrozar(se. 5 quebrar. 6 chocar.

smattering ['smætəriŋ] s. barniz, tintura; conocimiento superficial.

smear [smiər] s. embadurnamiento, mancha. 2 t. embadurnar, untar.

smell [smel] s. olfato [sentido]. 2 olor. 3 t. oler. 4 olfatear, husmear. ¶ Pret. y p. p.: *smelt* [smelt].

smelt [smelt] t. fundir [minerales]. 2 extraer [metal] por fusión. 3 pret. y p. p. de TO SMELL.

smile [smail] s. sonrisa. 2 i. sonreír(se.

smite [smait] t. golpear. 2 asolar. 3 remorder [la conciencia]. ¶ Pret.:

smote [sməut] p. p.:
smiten ['smitn].

smith [smiθ] *s.* forjador.
2 herrero.

smithy ¿'smiði] *s.* forja,

smitten ['smitn] V. TO
SMITE.

smog [smɔg] *s.* niebla
mezclada con humo.

smoke [sməuk] *s.* humo.
2 *t.-i.* fumar. 3 ahumar.

smoky ['sməuki] *a.* lleno
de humo.

smooth [smu:ð] *t.* alisar.
2 cepillar, pulir. 3 facilitar [las cosas]. 4 sua-
vizar. 5 calmar. 6 *a.* liso,
llano. 7 afable.

smote [sməut] V. TO
SMITE.

smother ['smʌðər] *t.-i.*
ahogar(se; sofocar(se.

smuggle ['smʌgl] *t.* pasar de contrabando.

snail [sneil] *s.* caracol;
babosa.

snake [sneik] *s.* culebra,
serpiente. 2 *i.* serpen-
tear.

snap [snæp] *s.* chasquido.
2 mordisco. 3 energía,
vigor. 4 ~ *shot,* foto ins-
tantánea. 5 *t.-i.* chas-
quear. 6 tirar un bocado
a. 4 hacer una instan-
tánea.

snare [snɛər] *s.* lazo. 2
celada. 3 *t.* atrapar.

snarl [snɑ:l] *s.* gruñido.
2 *i.* regañar; gruñir.

snatch [snætʃ] *s.* acción
de arrebatar. 2 trozo,
pedacito. 3 rato. 4 *t.* coger, arrebatar, quitar.

sneak [sni:k] *s.* persona
ruin. 2 *t.-i.* andar u
obrar furtivamente. 3
hurtar, ratear.

sneer [sniər] *s.* burla,
mofa. 2 *i.* reírse con
burla o desprecio; bur-
larse.

sneeze [sni:z] *s.* estor-
nudo. 2 *i.* estornudar.

sniff [snif] *s.* olfato, hus-
meo. 2 *t.* olfatear, husmear.

snob [snɔb] *s.* esnob
[persona con pretensio-
nes sociales.]

snore [snɔ:r] *i.* roncar.

snort [snɔ:t] *i.* resoplar.

snout [snaut] *s.* trompa
[del elefante]. 2 hocico,
morro.

snow [snou] *s.* nieve. 2 *i.*
nevar.

snuff [snʌf] *s.* rapé. 2 *t.*
oler.

snuffle ['snʌfl] *i.* respirar con la nariz obstrui-
da.

snug [snʌg] *a.* cómodo,
abrigado.

so [səu] *adv.* así; eso, lo mismo: *I hope* ~, así lo espero. 2 ~ *that*, para que. 3 tan, tanto: ~ ~ *good*, tan bueno. 4 y así, por tanto. 5 *conj.* con tal que; para que. 6 *and* ~ *forth*, etcétera; ~ *far as*, hasta; ~ *long*, hasta la vista; ~ *much*, tanto; ~ *many*, tantos; *so-so*, regular; *so-and-so*, fulano [de tal]; ~ *far* hasta ahora, hasta aquí; ~ *to say*, o *to speak*, por decirlo así.

soak [səuk] *s.* remojo, remojón. 2 borrachín. 3 *t.-i.* remojar(se, empapar-(se.

soap [səup] *s.* jabón. 2 *t.* jabonar.

soar [sɔ:ʳ, sɔəʳ] *i.* elevarse.

sob [sɔb] *s.* sollozo. 3 *i.* sollozar.

sober [ˈsəubəʳ] *a.* sobrio.

so-called [ˈsəuˈkɔ:ld] *a.* llamado.

sociable [ˈsəuʃəbl] *a.* sociable.

social [ˈsəuʃəl] *a.* social.

socialism [ˈsəuʃəlizəm] *s.* socialismo.

society [səˈsaiəti] *s.* sociedad.

sock [sɔk] *s.* calcetín. 2 golpe.

socket [ˈsɔkit] *s.* hueco en que encaja algo;

cuenca [del ojo]; alveolo [de diente]; enchufe.

sod [sɔd] *s.* césped.

sofa [ˈsəufə] *s.* sofá.

soft [sɔft] *a.* blando, maleable.

soften [ˈsɔfn] *t.-i.* ablandar(se, suavizar(se.

softness [ˈsɔftnis] *s.* suavidad.

soil [sɔil] *s.* tierra, terreno. 2 *t.* ensuciar, manchar.

sojourn [ˈsɔdʒe:n] *s.* estancia. 2 *i.* estar, residir [por una temporada].

solace [ˈsɔləs] *s.* consuelo, alivio. 2 *t.* consolar, aliviar.

sold [səuld] V. TO SELL.

soldier [ˈsəuldʒəʳ] *s.* soldado.

sole [ˈsəul] *s.* planta [del pie]; palma [del casco del caballo]. 2 suela [del zapato]. 3 suelo, base. 4 ICT. lenguado. 5 *a.* solo, único: ~ *right*, exclusiva.

solemn [ˈsɔləm] *a.* solemne.

solicit [səˈlisit] *t.* solicitar.

solicitor [səˈlisitəʳ] *s.* abogado, procurador. 2 E. U. representante.

solid [ˈsɔlid] *a.* sólido.

solitary [ˈsɔlitəri] *a.* solitario.

solitude ['sɔlitju:d] s. soledad.

soluble ['sɔljubl] a. soluble.

solution [sə'lu:ʃən] s. solución.

solve [sɔlv] t. resolver.

somber, sombre ['sɔmbər] a. oscuro, sombrío.

some [sʌm, səm] a.-pron. algún, algunos. 2 un poco de.

somebody ['sʌmbədi] pron. alguien, alguno.

somehow ['sʌmhau] adv. de algún modo.

someone ['sʌmwʌn] pron. SOMEBODY.

something ['sʌmθiŋ] s. algo, alguna cosa.

sometimes ['sʌmtaimz] adv. algunas veces, a veces.

somewhat ['sʌmwɔt] s. algo, un poco. 2 adv. algo, algún tanto; en cierto modo.

somewhere ['sʌmwɛər] adv. en alguna parte.

son [sʌn] s. hijo. 2 son-in-law, yerno.

song [sɔŋ] s. canto. 2 MÚS., LIT. canción. canto, copla, cantar.

son-in-law ['sʌninlɔ:] s. yerno.

sonnet ['sɔnit] s. LIT. soneto.

soon [su:n] adv. pronto, luego: I had (would)

sooner not do it, preferiría no hacerlo.

soot [sut] s. hollín.

soothe [su:ð] t. aliviar.

sophisticated [sə'fistikeitid] a. sofisticado. 2 artificial.

sorcerer ['sɔ:sərər] s. hechicero.

sorcery ['sɔ:səri] s. hechicería.

sordid ['sɔ:did] a. sórdido.

sore [sɔ:r, sɔər] a. dolorido. 2 s. herida, llaga.

sorrow ['sɔrəu] s. dolor, pesar. 2 i. afligirse.

sorry ['sɔri] a. afligido, pesaroso, triste: I am ~, lo siento.

sort [sɔ:t] s. clase, especie. 2 modo, manera: in a ~, en cierto modo. 3 t. ordenar, clasificar.

sought [sɔ:t] V. TO SEEK.

soul [səul] s. alma.

sound [saund] a. sano. 2 s. son, sonido. 3 i. sonar. 4 t. tocar, tañer.

soup [su:p] s. sopa.

sour ['sauər] a. ácido, agrio. 2 i.-t. agriarse. 3 enranciarse.

source [sɔ:s] s. fuente, manantial.

south [sauθ] s. sur, mediodía.

southern ['sʌðən] a. del sur.

sovereign ['sɔvrin] a. soberano. 2 s. soberano [monarca; moneda].

soviet ['səuviet] s. soviet. 2 a. soviético.

1) **sow** [sau] s. cerda, marrana.

2) **sow** [səu] t. sembrar. ¶ Pret.: *sowed* [səud]; p. p.: *sown* [səun] o *sowed*.

space [speis] s. espacio. 2 oportunidad. 3 t. espaciar.

spacious ['speiʃəs] a. espacioso.

spade [speid] s. laya, pala.

span [spæn] s. palmo. 2 ojo [de puente]. 3 extensión. 4 V. TO SPIN.

spangle ['spæŋgl] s. lentejuela.

Spaniard ['spænjəd] s. español.

Spanish ['spæniʃ] a. español. 2 s. lengua española o castellana.

spank [spæŋk] t. azotar.

spar [spɑːʳ] s. pértiga. 2 combate de boxeo. 3 i. hacer movimientos de ataque y defensa con los puños [como en el boxeo]. 4 reñir, disputar.

spare [spɛəʳ] a. de repuesto. 2 flaco, enjuto. 3 sobrio, frugal. 4 t. ahorrar, economizar. 5 prescindir de, pasar sin.

spark [spɑːk] s. chispa; centella. 2 i. chispear, echar chispas.

sparkle ['spɑːkl] s. chispa. 2 i. chispear.

sparrow ['spærəu] s. gorrión.

spat [spæt] V. TO SPIT. 2 t.-i. (E. U.) reñir, disputar.

spatter ['spætəʳ] t. salpicar.

speak [spiːk] i. hablar: *to ~ out,* hablar claro. 2 t. hablar, decir, expresar. 3 hablar [una lengua]. ¶ Pret.: *spoke* [spəuk]; p. p.: *spoken* ['spəukən].

speaker ['spiːkəʳ] s. el que habla. 2 orador. 3 presidente [de una asamblea]. 4 RADIO locutor.

spear [spiəʳ] s. lanza, venablo. 2 arpón [para pescar]. 3 t. alancear. 4 atravesar con arpón.

special ['speʃəl] a. especial. 2 particular, peculiar. 3 s. tren, autobús, etc., especial.

specialist ['speʃəlist] a.-s. especialista.

specialize ['speʃəlaiz] t.-i. especializar(se. 2 detallar.

species ['spiːʃiːz] s. especie [imagen: apariencia]. 2 clase, suerte. 3 género humano.

specific(al [spə'sifik, -əl] a. específico. 2 preciso. 3 característico. 4 s. FARM. específico.

specify ['spesifai] t. especificar, detallar.

specimen ['spesimin] s. espécimen.

speck [spek] s. manchita. 2 t. manchar.

speckle ['spekl] s. manchita, mota.

spectacle ['spektəkl] s. espectáculo. 2 pl. gafas, anteojos.

spectacular [spek'tækjulə^r] a. espectacular. 2 sensacional.

spectator [spek'teitə^r] s. espectador.

specter, spectre ['spektə^r] s. espectro, aparición.

speculate ['spekjuleit] i. especular, teorizar.

speech [spi:tʃ] s. palabra, lenguaje. 2 idioma. 3 discurso. 4 TEAT. parlamento. 5 conversación.

speed [spi:d] s. rapidez, prisa. 2 t. acelerar, dar prisa a. ¶ Pret. y p. p.: *sped* [sped] o *speeded* ['spi:did].

speedy ['spi:di] a. rápido.

spell [spel] s. hechizo, encanto. 2 turno, tan-

da. 3 t.-i. deletrear. ¶ Pret. y p. p.: *spelled* [speld] o *spelt* [spelt].

spelling ['speliŋ] s. deletreo; ortografía.

spend [spen] t. gastar. 2 pasar [el tiempo]. ¶ Pret. y p. p.: *spent* [spent].

sphere [sfiə^r] s. esfera. 2 globo.

spice [spais] s. especia. 2 t. condimentar con especias.

spider ['spaidə^r] s. araña.

spike [spaik] s. pincho, púa. 2 BOT. espiga. 3 t. clavar con clavos.

spill [spil] t.-i. derramar-(se. ¶ Pret. y p. p.: *spilled* [spild] o *spilt* [spilt].

spin [spin] s. giro, vuelta. 2 t.-i. hilar. 3 hacer girar. ¶ Pret.: *spun* [spʌn] o *span* [spæn]; p. p.: *spun* [spʌn].

spinach ['spinidʒ] s. espinaca.

spinal ['spainl] a. espinal.

spindle ['spindl] s. huso.

spine [spain] s. espinazo.

spinner ['spinə^r] s. hilador. 2 máquina de hilar.

spiral ['spaiərəl] a. espiral.

spire ['spaiə^r] s. cima, aguja de campanario.

spirit ['spirit] *s.* espíritu. 2 *pl.* alcohol, bebida espirituosa. 3 *t.* alentar, animar.

spiritual [['spiritjuəl] *a.* espiritual. 2 *s.* espiritual [canto religioso de los negros].

spit [spit] *s.* asador. 2 esputo. 3 *i.* escupir, esputar. 4 lloviznar. ¶ Pret. y p. p.: *spat* [spæt].

spite [spait] *s.* despecho, rencor. 2 *in* ~ *of*, a pesar de. 3 *t.* molestar.

spiteful ['spaitful] *a.* rencoroso.

splash [splæʃ] *s.* salpicadura. 2 *t.* salpicar, rociar.

spleen [spli:n] *s.* ANAT. bazo. 2 bilis, mal humor. 3 esplín, melancolía.

splendid ['splendid] *a.* espléndido. 2 ilustre, glorioso.

splendo(u)r ['splendər] *s.* brillo. 2 magnificencia.

splinter ['splintər] *s.* astilla. 2 *t.-i.* astillar(se.

split [split] *s.* grieta. 2 división. 3 *t.-i.* hender-(se, partir(se. ¶ Pret. y p. p.: *split* [split].

spoil [spɔil] *s.* despojo, botín. 2 *t.* saquear, robar. 3 estropear. 4 mimar, malcriar. ¶ Pret.

y p. p.: *spoiled* [spɔild] o *spoilt* [spɔilt].

spoke [spəuk] *pret.* de TO SPEAK. 2 *s.* rayo [de rueda].

spoken ['spəukən] V. TO SPEAK.

spokesman ['spəuksmən] *s.* portavoz, vocero.

sponge [spʌndʒ] *s.* esponja. 2 *t.* lavar con esponja, borrar.

sponsor ['sponsər] *s.* fiador. 2 *t.* responder de, o por.

spontaneous [spɔn'teinjəs] *a.* espontáneo.

spool [spu:l] *s.* carrete.

spoon [spu:n] *s.* cuchara.

sport [spɔ:t] *s.* deporte. 2 *t.* ostentar. 3 *i.* jugar.

sporting ['spɔ:tiŋ] *a.* deportivo.

sportsman ['spɔ:tsmən] *m.* deportista.

spot [spɔt] *s.* mancha, borrón. 2 sitio lugar. 3 *a.* disponible [dinero]. 4 *t.* manchar. 5 localizar.

spotless ['spɔtlis] *a.* limpio.

spouse [spauz] *s.* esposo, -a.

spout [spaut] *s.* caño, espita. 2 chorro, surtidor. 3 *t.* echar [en chorro]. 4 *i.* chorrear.

sprang [spræŋ] V. TO SPRING.

sprawl [sprɔ:l] *i.* tenderse, yacer; tumbarse.

spray [sprei] *s.* líquido pulverizado; rocío [del mar, etc.]. 2 *t.* pulverizar.

spread [spred] *s.* despliegue, desarrollo, extensión [de terreno, etc.]. 2 *t.-i.* extender(se, desplegar(se. 3 *t.* ofrecer a la vista. ¶ Pret. y p. p.: *spread* [spred].

sprig [sprig] *s.* ramita.

sprightly ['spraitli] *a.* alegre, enérgico, animado.

spring [spriŋ] *s.* primavera. 2 fuente. 3 origen. 4 salto. 5 muelle. 6 elasticidad. 7 vigor. 8 *i.* saltar. 9 nacer, brotar. 10 provenir, seguirse. 11 *t.* hacer saltar o estallar [una mina]. ¶ Pret.: *sprang* [spræŋ]; p. p.: *sprung* [sprʌŋ].

sprinkle ['spriŋkl] *s.* rocío. 2 *t.* rociar.

sprint [sprint] *s.* esprint. 2 *i.* esprintar.

sprite [sprait] *s.* duende, trasgo.

sprout [spraut] *s.* retoño, brote. 2 *i.* brotar, retoñar.

spruce [spru:s] *a.* pulcro. 2 *t.-i.* asear(se.

sprung [sprʌŋ] V. TO SPRING.

spun [spʌn] V. TO SPIN.

spur [spə:ʳ] *s.* espuela. 2 estímulo. 3 *t.* espolear. 4 estimular.

spurn [spə:n] *s.* coz, puntapié. 2 *t.* desdeñar, despreciar.

spurt [spə:t] *s.* borbotón. 2 explosión [de ira, etc.]. 3 *i.* brotar. 4 estallar [una pasión].

sputter ['spʌtəʳ] *s.* rociada [de saliva, etc.]. 2 *i.* echar saliva al hablar.

spy [spai] *s.* espía. 2 *t.* espiar.

squad [skwɔd] *s.* escuadra, pelotón.

squadron ['skwɔdrən] *s.* escuadra; escuadrilla.

squall [skwɔ:l] *s.* chubasco. 2 *impers.* caer chubascos.

square [skwɛəʳ] *s.* GEOM. cuadro, cuadrado. 2 MAT. cuadrado. 3 casilla [ajedrez, etc.]. 4 plaza [de ciudad]. 5 escuadra, cartabón. 6 *a.* fornido. 7 exacto, justo. 8 recto, honrado. 9 saldado en paz; empatado. 10 rotundo, categórico. 11 abundante [comida]. 12 *t.* GEOM., MAT. cuadrar. 13 elevar al cuadrado. 14 saldar [cuentas].

squash [skɔʃ] *s.* calabaza. 2 *t.-i.* aplastar(se, estrujar(se.

squat [skwɔt] *a.* en cuclillas. 2 *i.* sentarse en cuclillas.

squawk [skwɔ:k] *s.* graznido. 2 *i.* graznar, chillar.

squeak [ski:k] *s.* chillido. 2 *i.* chillar, chirriar.

squeal [ski:l] *s.* chillido. 2 *i.* chillar.

squeeze [skwi:z] *s.* apretón. 2 *t.* apretar.

squint [skwint] *s.* estrabismo. 2 mirada de soslayo o furtiva. 3 *squint-eyed,* bizco. 4 *i.* bizcar. 5 mirar de soslayo.

squire ['skwaiəʳ] *s.* escudero. 2 (Ingl.) hacendado; caballero.

squirm [skwə:m] *i.* retorcerse, serpear.

squirrel ['skwirəl] *s.* ardilla.

stab [stæb] *s.* puñalada. 2 *t.-i.* apuñalar.

stability [stə'biliti] *s.* estabilidad.

stable ['steibl] *a.* estable. 2 *s.* establo, cuadra. 3 *t.-i.* poner, tener o estar en un establo.

stack [stæk] *s.* almiar. 2 pila, montón. 3 pabellón [de fusiles]. 4 cañón [de chimenea]. 5 *t.* apilar, amontonar.

staff [stɑ:f] *s.* palo, bastón. 2 personal. 3 *t.* pro-

veer de personal técnico o directivo.

stag [stæg] *s.* ciervo.

stage [steidʒ] *s.* escenario. 2 campo [de actividades]. 3 parada; jornada. 4 grado, fase. 5 *t.* poner en escena.

stagger ['stægəʳ] *i.* vacilar.

stagnant ['stægnənt] *a.* estancado.

staid [steid] *a.* serio, formal.

stain [stein] *s.* mancha. 2 *t.-i.* manchar(se.

stair [stɛəʳ] *s.* escalón, peldaño.

staircase ['stɛəkeis] *s.* escalera.

stake [steik] *s.* estaca; poste. 2 *t.* estacar. 3 apostar.

stale [steil] *a.* pasado, rancio, no fresco.

stalk [stɔ:k] *s.* вот. tallo, caña. 2 *t.* andar majestuosamente. 3 espiar, acechar.

stall [stɔ:l] *s.* establo. 2 puesto de venta. 3 *t.-i.* poner en establo. 4 *i.* pararse.

stalwart ['stɔ:lwət] *a.-s.* fornido. 2 valiente; leal.

stammer ['stæməʳ] *s.* tartamudeo. 2 *i.* tartamudear.

stamp [stæmp] *s.* estampa, huella. 2 sello. 3 género, suerte. 4 t. estampar, imprimir. 5 caracterizar. 6 poner sello a.

stanch [stɑ:ntʃ] t. restañar [la sangre].

stand [stænd] s. posición, puesto. 2 alto, parada. 3 resistencia. 4 tablado, tribuna. 5 puesto [en el mercado]; quiosco [de venta]. 6 velador, pie, soporte. 7 i. estar, tenerse o ponerse en pie; levantarse: ~ up, ponte en pie. 8 detenerse. 9 mantenerse firme, resistir. 10 aguantar. 11 to ~ aside, apartarse. 12 to ~ by, apoyar; estar alerta. 13 to ~ for, representar. 14 to ~ off, apartarse. 15 to ~ out, sobresalir. ¶ Pret. y p. p.: *stood* [stud].

standard [ˈstændəd] s. norma; nivel. 2 modelo. 3 estandarte. 4 a. normal, corriente.

standardize [ˈstændədaiz] t. unificar, regularizar.

standing [ˈstændiŋ] a. derecho, de pie. 2 parado. 3 fijo. 4 vigente [ley]. 5 s. posición.

standpoint [ˈstændpɔint] s. punto de vista.

staple [ˈsteipl] s. grapa. 2 producto principal [de un país]. 3 materia prima. 4 a. corriente. 5 principal.

star [stɑ:ʳ] s. ASTR. estrella, astro. 2 t. tachonar de estrellas.

starch [stɑ:tʃ] s. almidón. 2 t. almidonar.

stare [stɛəʳ] s. mirada fija. 2 t.-i. mirar fijamente.

stark [stɑ:k] a. rígido. 2 adv. completamente.

starlight [ˈstɑ:lait] s. luz de estrellas. 2 a. iluminado por las estrellas.

starry [ˈstɑ:ri] a. estrellado.

start [stɑ:t] s. sobresalto. 2 marcha, partida. 3 ventaja. 4 by starts, a ratos; a empujones. 5 i. sobresaltarse. 6 salir; arrancar [el motor, etc.]. 7 t. empezar.

startle [ˈstɑ:tl] t.-i. asustar(se; sobresaltar(se.

starvation [stɑ:ˈveiʃən] s. hambre, inanición.

starve [stɑ:v] i. morir o padecer hambre. 2 t. matar de hambre.

state [steit] s. estado, situación. 2 t. exponer, declarar.

stately [ˈsteitli] a. majestuoso.

statement [ˈsteitmənt] s. declaración, afirmación.

statesman [ˈsteitsmən] s.

estadista, hombre de estado.

station ['steiʃən] s. estación. 2 parada, apeadero. 3 puesto. 4 t. estacionar, situar.

statistics [stə'tistiks] s. estadística.

statue ['stætju:] s. estatua.

stature ['stætʃəʳ] s. estatura.

status ['steitəs] s. estado legal. 2 estado, condición.

statute ['stætju:t] s. estatuto.

staunch [stɔ:ntʃ] a. leal, incondicional. 2 t. restañar.

stave [steiv] s. duela. 2 palo. 3 LIT. estrofa. 4 MÚS. pentagrama. 5 t. poner duelas a. 6 t.-i. romper(se, agujerear(se. ¶ Pret. y p. p.: *staved* [steivd] o *stove* [stəuv].

stay [stei] s. MAR. estay, tirante. 2 sostén, apoyo. 3 parada, estancia. 4 aplazamiento. 5 varilla [de corsé]. 6 pl. corsé. 7 t. sostener, apoyar. 8 resistir. 9 detener, frenar. 10 aplazar. 11 i. estar de pie o quieto; pararse. 12 estar o quedarse en casa; to ~ up, velar.

stead [sted] s. (precedido de *in*) lugar, vez; utilidad; *in ~ of,* en vez de.

steadfast ['stedfəst] a. firme, resuelto.

steady ['stedi] a. firme. 2 t.-i. afianzar(se, dar firmeza.

steak [steik] s. tajada, bistec.

steal [sti:l] s. hurto, robo. 2 t.-i. hurtar, robar. 3 to ~ away, escabullirse, escapar. ¶ Pret.: *stole* [stəul]; p. p.: *stolen* ['stəulən].

stealthy ['stelθi] a. furtivo.

steam [sti:m] s. vapor 2 t. cocer o preparar al vapor. 3 i. emitir vaho.

steamboat ['sti:mbəut], **steamer** ['sti:məʳ], **steamship** ['sti:mʃip] s. vapor [buque].

steed [sti:d] s. corcel.

steel [sti:l] s. acero. 2 t. acerar.

steep [sti:p] a. empinado. 2 excesivo. 3 s. cuesta. 4 t. empapar.

steeple ['sti:pl] s. campanario, torre con aguja.

steer [stiəʳ] t. gobernar [una embarcación]; conducir, guiar [un vehículo].

stem [stem] *s.* BOT. tallo, tronco. 2 tronco [de una familia]. 3 raíz [de una palabra]. *4 t.* estancar, represar. 5 navegar contra [la corriente].

stenographer [ste'nɔgrə-fəʳ] *s.* taquígrafo.

step [step] *s.* paso. 2 estribo. 3 huella, pisada. *4 i.* andar, caminar; *to ~ aside*, apartarse; *to ~ back*, retroceder 5 *t.* sentar [el pie].

stepmother ['step,mʌðəʳ] *s.* madrastra.

sterile ['sterail] *a.* estéril.

sterling ['stə:liŋ] *a.* esterlina. 2 puro, de ley.

stern [stə:n] *a.* duro, riguroso. 2 *s.* popa.

stew [stju:] *s.* estofado, guisado. 2 *t.* estofar, guisar.

steward ['stjuəd] *s.* mayordomo.

stewardess ['stjuədis] *s.* camarera: azafata.

stick [stik] *s.* palo, garrote. 2 *t.* clavar, hincar. 3 levantar [con *up*]. ¶ Pret. y p. p.: *stuck* [stʌk].

sticky ['stiki] *a.* pegajoso.

stiff [stif] *a.* tieso. 2 duro, difícil. 3 terco, obstinado. *4 ~ neck*, tortícolis; obstinación; *stiff-necked*, obstinado.

stiffen ['stifn] *t.-i.* atiesar(se. 2 envarar(se.

stifle ['staifl] *t.-i.* ahogar(se; sofocar(se.

stigma ['stigmə], *pl.* **stigmas** (-z) o **-mata** [-tə] *s.* estigma.

still [stil] *a.* quieto, inmóvil. 2 suave [voz, ruido]. 3 *adv.* aún, todavía. 4 *conj.* no obstante, a pesar de eso. 5 *s.* silencio, quietud. 6 *i.* acallar. 7 detener(se; calmar(se.

stillness ['stilnis] *s.* quietud.

stimulant ['stimjulənt] *a.-s.* estimulante. 2 *s. pl.* bebidas alcohólicas.

stimulate ['stimjuleit] *t.-i.* estimular.

stimulus ['stimjuləs] *s.* estímulo.

sting [stiŋ] *s.* picadura, punzada. 2 *t.-i.* picar, punzar. ¶ Pret. y p. p.: *stung* [stʌŋ].

stink [stiŋk] *s.* hedor, peste. 2 *i.* heder, oler mal. ¶ Pret.: *stank* [stæŋk] o *stunk* [stʌŋk]; p. p.: *stunk*.

stint [stint] *s.* limitación. 2 *t.* limitar, escatimar.

stir [stə:ʳ] *s.* movimiento. 2 *t.-i.* mover(se, menear(se.

stirrup ['stirəp] *s.* estribo.

stitch [stitʃ] s. puntada [de costura]. 2 t. pespuntar.

stock [stɔk] s. tronco. 2 zoquete. 3 pilar. 4 provisión, existencia. 5 TEAT. repertorio. 6 inventario. 7 ganado. 8 capital de un negocio. 9 COM. título; acción. 10 muebles. 11 mango [de caña de pescar, etc.]; caja [de fusil, etc.]. 12 valores públicos. 13 pl. cepo [castigo]. 14 a. común, usual. 15 t. tener en existencia. 16 abastecer, proveer.

stockade [stɔ'keid] s. vallado, estacada.

stocking ['stɔkiŋ] s. media, calceta.

stole [stəul], **stolen** ['stəulən] V. TO STEAL.

stolid ['stɔlid] a. estólido.

stomach ['stʌmək] s. estómago.

stone [stəun] s. piedra. 2 hueso [de fruta]. 3 (Ingl.) peso de 14 libras. 4 t. apedrear.

stony ['stəuni] a. pedregoso.

stood [stud] V. TO STAND.

stool [stu:l] s. taburete, escabel. 2 excremento.

stoop [stu:p] s. inclinación. 2 i. agacharse, doblar el cuerpo.

stop [stɔp] s. alto, parada. 2 t.-i. detener(se, parar(se.

storage ['stɔ:ridʒ] s. almacenamiento. 2 almacenaje.

store [stɔr, stɔər] s. abundancia; provisión. 2 tesoro. 3 ~-house, almacén. 4 [E. U.) tienda, comercio. 5 pl. reservas. 6 t. proveer, abastecer.

storey ['stɔ:ri] s. piso, planta.

stork [stɔ:k] s. ORN. cigüeña.

storm [stɔ:m] s. tempestad. 2 t. tomar al asalto. 3 i. haber tempestad.

stormy ['stɔ:mi] a. tempestuoso.

story ['stɔ:ri] s. historieta, leyenda, cuento. 2 fam. chisme. 3 ARQ. piso [de edificio].

stout [staut] a. fuerte, recio.

stove [stəuv] s. estufa; hornillo. 2 V. TO STAVE.

stow [stəu] t. apretar.

straggle ['strægl] i. andar perdido; extraviarse.

straight [streit] a. recto, derecho. 2 erguido. 3 sincero; honrado. 4 puro, sin mezcla. 5 adv. seguido: *for two hours* ~, dos horas seguidas; ~ *away*, en seguida; ~ *ahead,* enfrente. 6 *s.* recta, plano. 7 escalera [en póker].

straighten ['streitn] *t.-i.* enderezar(se. 2 arreglar.

straightforward [streit-'fɔ:wəd] *a.* recto, derecho. 2 honrado.

straightway ['streit-wei] *adv.* inmediatamente, en seguida.

strain [strein] *s.* tensión o esfuerzo excesivo. 2 esguince. 3 estirpe. 4 tono, acento. 5 aire, melodía. 6 *t.* estirar demasiado. 7 torcer, violentar.

strait [streit] *a.* estrecho. 2 difícil. 3 *s.* GEOGR. estrecho. 4 *pl.* apuros.

strand [strænd] *s.* playa, ribera. 2 *t.-i.* embarrancar.

strange [streindʒ] *a.* extraño. 2 ajeno. 3 raro.

stranger ['streindʒər] *s.* extraño.

strangle ['stræŋgl] *t.-i.* ahogar(se. 2 *t.* estrangular.

strap [stræp] *s.* correa, tira. 2 *t.* atar con correas.

stratagem ['strætidʒəm] *s.* estratagema.

stratum ['strɑ:təm], *pl.* **strata** [-tə] *s.* estrato, capa.

straw [strɔ:] *s.* paja.

strawberry ['strɔ:bəri] *s.* fresa.

stray [strei] *a.* descarriado. 2 *i.* desviarse. 3 descarriarse.

streak ['stri:k] *s.* raya, línea. 2 *t.* rayar, listar.

stream [stri:m] *s.* corriente. 2 *i.* fluir, manar.

street [stri:t] *s.* calle: *streetcar,* (E. U.) tranvía.

strength [streŋθ] *s.* fuerza.

strengthen ['streŋθən] *t.-i.* fortalecer(se, reforzar(se.

strenuous ['strenjuəs] *a.* estrenuo, enegético, vigoroso.

stress [stres] *s.* esfuerzo; tensión. 2 acento. 3 *t.* acentuar; recalcar.

stretch [stretʃ] *s.* extensión. 2 *t.-i.* extender(se, alargar(se.

stretcher ['stretʃər] *s.* tendedor. 2 camilla.

strew [stru:] *t.* esparcir. 2 regar. ¶ Pret.: *strewed* [stru:d]; p. p.: *strewed* o *strewn* [stru:n].

stricken ['strikən] *p. p.* de TO STRIKE.

strict [strikt] *a.* estricto.

stridden ['stridn] V. TO STRIDE.

stride [straid] *s.* zancada. 2 *i.* andar a pasos

largos. ¶ Pret.: *strode* [strəud]; p. p.: *stridden* [ˈstridn].

strife [straif] *s.* disputa.

strike [straik] *s.* golpe. 2 huelga: *to go on* ~, declararse en huelga; ~ *breaker*, esquirol. 3 *t.* golpear. 4 encender [una cerilla]. 5 producir un efecto súbito. 6 acuñar [moneda]. 7 MÚS. tocar. 8 *how does she* ~ *you?*, ¿qué opina de ella? 9 *i.* marchar, partir. 10 declararse en huelga. 11 [del reloj] dar la hora. ¶ Pret.: *struck* [strʌk]; p. p.: *struck* o *stricken* [ˈstrikən].

string [striŋ] *s.* cordón, cordel. 2 *t.* atar. ¶ Pret. y p. p.: *strung* [strʌŋ].

strip [strip] *s.* tira, lista. 2 *t.-i.* despojar(se, desnudarse. ¶ Pret. y p. p.: *stripped* [stript].

stripe [straip] *s.* raya, lista. 2 *t.* rayar, listar: *striped,* rayado, listado.

strive [straiv] *i.* esforzarse. ¶ Pret.: *strove* [strəuv]; p. p.: *striven* [ˈstrivn].

strode [strəud] *pret.* le TO STRIDE.

stroke [strəuk] *s.* golpe. 2 brazada [del que nada]. 3 MED. ataque [de apoplejía, etc.]. 4 trazo, rasgo, pincelada. 5 caricia. 6 *t.* acariciar.

stroll [strəul] *s.* paseo. 2 *i.* pasear.

strong [strɔŋ] *a.* fuerte. 2 *strong-minded,* de creencias arraigadas.

stronghold [ˈstrɔŋhəuld] *s.* fortaleza, plaza fuerte.

strove [strəuv] V. TO STRIVE.

struck [strʌk] V. TO STRIKE.

structure [ˈstrʌktʃəʳ] *s.* estructura. 2 construcción, edificio.

struggle [ˈstrʌgl] *s.* esfuerzo. 2 *i.* luchar.

strut [strʌt] *s.* contoneo. 2 *i.* contonearse.

stubble [ˈstʌbl] *s.* rastrojo.

stubborn [ˈstʌbən] *a.* obstinado.

stuck [stʌk] V. TO STICK.

stud [stʌd] *s.* tachón. 2 *t.* tachonar.

student [ˈstjuːdənt] *s.* estudiante.

studious [ˈstjuːdjəs] *a.* estudioso, aplicado.

study [ˈstʌdi] *s.* estudio. 2 *t.-i.* estudiar.

stuff [stʌf] *s.* material, materia prima. 2 tonterías. 3 *t.* llenar. 4 disecar [un animal].

stuffy ['stʌfi] *a.* mal ventilado. 2 (E. U.) malhumorado.

stumble ['stʌmbl] *s.* tropiezo. 2 *i.* tropezar. 3 vacilar.

stump [stʌmp] *s.* tocón, cepa. 2 muñón [de miembro cortado]; raigón [de muela, etc.]. 3 colilla [de cigarro]. 4 (E. U.) *to be up a* ~, estar en un brete. 5 *t.* cortar el tronco [de un árbol]. 6 tropezar. 7 (E. U.) recorrer haciendo discursos electorales.

stun [stʌn] *t.* aturdir.

stung [stʌŋ] V. TO STING.

stunk [stʌŋk] V. TO STINK.

stunt [stʌnt] *t.* impedir el desarrollo de.

stupefy ['stju:pifai] *t.* causar estupor, aturdir.-

stupendous [stju:'pendəs] *a.* estupendo, asombroso.

stupid ['stju:pid] *a.-s.* estúpido.

stupidity [stju(:)'piditi] *s.* estupidez, tontería.

sturdy ['stə:di] *a.* robusto.

style [stail] *s.* estilo.

subdivision ['sʌbdi,viʒən] *s.* subdivisión.

subdue [səb'dju:] *t.* sojuzgar.

subject ['sʌbdʒikt] *a.* sometido. 2 *a.-s.* súbdito.

3 *s.* sujeto, asunto, tema; asignatura. 4 [səb'dʒekt] *t.* sujetar, someter.

sublime [sə'blaim] *a.* sublime.

submarine [,sʌbmə'ri:n] *a.-s.* submarino.

submerge [səb'mə:dʒ] *t.-i.* sumergir(se. 2 *t.* inundar.

submission [səb'miʃən] *s.* sumisión. 2 sometimiento.

submit [səb'mit] *t.-i.* someter(se. 2 presentar.

subordinate [sə'bɔ:dinit] *a.* subordinado, subalterno. 2 [sə'bɔ:dineit] *t.* subordinar.

subscribe [səb'skraib] *t.-i.* subscribir(se, firmar.

subscription [səb'skripʃən] *s.* subscripción, abono.

subsequent ['sʌbsikwənt] *a.* subsiguiente.

subside [səb'said] *i.* menguar, bajar [el nivel].

subsidy ['sʌbsidi] *s.* subvención.

subsist [səb'sist] *i.* subsistir.

subsistence [səb'sistəns] *s.* subsistencia. 2 manutención.

substance ['sʌbstəns] *s.* substancia.

substantial [səbˈstænʃəl] *a.* substancial. 2 esencial.

substitute [ˈsʌbstitjuːt] *s.* substituto, suplente. 2 *t.* substituir.

substitution [ˌsʌbstiˈtjuːʃən] *s.* substitución; reemplazo.

subterranean [ˌsʌbtəˈreinjən], **subterraneous** [-njəs] *a.* subterráneo.

subtle [ˈsʌtl] *a.* sutil.

subtlety [ˈsʌtlti] *s.* sutileza.

subtract [səbˈtrækt] *t.* substraer. 2 MAT. restar.

suburb [ˈsʌbəːb] *s.* suburbio.

subway [ˈsʌbwei] *s.* paso subterráneo. 2 (E. U.) ferrocarril subterráneo.

succeed [səkˈsiːd] *i.* suceder [a una pers.]. 2 tener buen éxito; salir bien.

success [səkˈses] *s.* éxito.

succesful [səkˈsesful] *a.* afortunado.

succession [səkˈseʃən] *s.* sucesión.

successive [səkˈsesiv] *a.* sucesivo.

successor [səkˈsesəʳ] *s.* sucesor.

succo(u)r [ˈsʌkəʳ] *s.* socorro. 2 *t.* socorrer.

succumb [səˈkʌm] *t.* sucumbir.

such [sʌtʃ] *a.-pron.* tal(es, semejante(s. 2 *pron.* éste, -ta, etc.; *as ~*, como a tal. 3 *~ as,* el, la, los, las que; tal(es como. 4 *adv.* tan, así, tal: *~ a good man,* un hombre tan bueno.

suck [sʌk] *t.-i.* chupar.

sucker [ˈsʌkəʳ] *s.* mamón. 2 lechón, cordero lechal.

suckle [ˈsʌkl] *t.* amamantar, criar.

sudden [ˈsʌdn] *a.* súbito.

suds [sʌdz] *a.-s.* espuma.

sue [sjuː, suː] *t.-i.* DER. demandar.

suffer [ˈsʌfəʳ] *t.-i.* sufrir.

suffering [ˈsʌfəriŋ] *s.* sufrimiento, padecimiento. 2 *a.* doliente, enfermo. 3 sufrido.

suffice [səˈfais] *i.* bastar, ser suficiente.

sufficient [səˈfiʃənt] *a.* suficiente, bastante.

suffocate [ˈsʌfəkeit] *t.-i.* sofocar(se, asfixiar(se.

suffrage [ˈsʌfridʒ] *s.* sufragio, voto.

sugar [ˈʃugəʳ] *s.* azúcar. 2 *t.* azucarar.

suggest [səˈdʒest] *t.* sugerir.

suggestion [səˈdʒestʃən] *s.* sugestión. 2 indicación. 3 señal.

suggestive [səˈdʒestiv] *a.* sugestivo.

suicide ['sjuisaid] *s.* suicidio. 2 suicida.

suit [sju:t] *s.* petición. 2 cortejo, galanteo. 3 DER. demanda; pleito. 4 traje. 5 colección. 6 palo de la baraja. 7 *t.* vestir. 8 *t.-i.* convenir, ir o venir bien.

suitable ['sju:təbl] *a.* propio, conveniente, apropiado.

suit-case ['sju:tkeis] *s.* maleta.

suite [swi:t] *s.* séquito. 2 serie de habitaciones.

suitor ['sju:tər] *s.* DER. demandante. 2 aspirante.

sulk [sʌlk] *i.* estar enfurruñado, de mal humor.

sulky ['sʌlki] *a.* enfurruñado, malhumorado.

sullen ['sʌlən] *a.* hosco, huraño.

sulphur ['sʌlfər] *s.* azufre.

sultry ['sʌltri] *a.* bochornoso; sofocante.

sum [sʌm] *s.* MAT. suma. 2 total. 3 *t.-i.* sumar.

summarize ['sʌməraiz] *t.* resumir, compendiar.

summary ['sʌməri] *a.* sumario. 2 resumen.

summer ['sʌmər] *s.* verano. 2 *i.* veranear.

summit ['sʌmit] *s.* cúspide, cumbre, cima.

summon ['sʌmən] *t.* llamar. 2 citar, emplazar.

sumptuous ['sʌmptjuəs] *a.* suntuoso.

sun [sʌn] *s.* sol. 2 *t.* asolear. 3 *i.* tomar el sol.

sunbeam ['sʌnbi:m] *s.* rayo de sol.

sunburn ['sʌnbə:n] *t.-i.* quemar(se, tostar(se con el sol.

Sunday ['sʌndi, -dei] *s.* domingo.

sunder ['sʌndər] *s.* separación. 2 *t.-i.* separar(se, dividir(se.

sundown ['sʌndaun] *s.* puesta de sol.

sundry ['sʌndri] *a.* varios.

sung [sʌŋ] V. TO SING.

sunk [sʌŋk] V. TO SINK.

sunlight ['sʌnlait] *s.* sol, luz de sol.

sunny ['sʌni] *a.* soleado.

sunrise ['sʌnraiz] *s.* salida del sol, amanecer.

sunset ['sʌnset] *s.* ocaso.

sunshine ['sʌnʃain] *s.* luz del sol.

sup [sʌp] *t.-i.* cenar. 2 *t.* beber, tomar a sorbos.

superb [su:'pə:b] *a.* soberbio.

superintendent [,sju:pərin'tendənt] *s.* superintendente, inspector.

superior [sju(:)'piəriər] *a.-s.* superior.

superiority [sju(:),piəri'ɔriti] *s.* superioridad.

superlative [sju(:)'pə:-lətiv] *a.-s.* superlativo. 2 exagerado.

supersede [ˌsju:pə'si:d] *t.* reemplazar.

superstition [ˌsju:pə'sti-ʃən] *s.* superstición.

superstitious [ˌsju:pə'sti-ʃəs] *a.* supersticioso.

supervise ['sju:pəvaiz] *t.* inspeccionar, revisar.

supervision [ˌsju:pə'vi-ʒən] *s.* ispección, vigilancia.

supervisor ['sju:pəvai-zər] *s.* inspector, director.

supper ['sʌpər] *s.* cena.

supplant [sə'plɑ:nt] *t.* suplantar.

supple ['sʌpl] *a.* flexible.

supplement ['sʌplimənt] *s.* suplemento. 2 [-ment] *t.* complementar.

supplication [ˌsʌpl'kei-ʃən] *s.* súplica, plegaria; ruego.

supply [sə'plai] *s.* provisión. 2 *t.* suministrar.

support [sə'pɔ:t] *s.* apoyo, ayuda. 2 sustento. 3 *t.* apoyar, sostener. 4 mantener.

supporter [sə'pɔ:tər] *s.* defensor, partidario.

suppose [sə'pəuz] *t.* suponer. 2 creer.

supposed [sə'pəuzd] *a.* supuesto, presunto. 2 **-ly** *adv.* supuestamente.

supposition [ˌsʌpə'ziʃən] *s.* suposición.

suppress [sə'pres] *t.* suprimir. 2 contener.

suppression [sə'preʃən] *s.* supresión; represión.

supremacy [su'preməsi] *s.* supremacía.

supreme [su'pri:m] *a.* supremo; sumo.

sure [ʃuər] *a.* seguro, firme: *to make* ~ asegurar(se de. 2 **-ly** seguramente.

surety ['ʃuərəti] *s.* garantía. 2 fiador.

surf [sə:f] *s.* oleaje, rompiente(s.

surface ['sə:fis] *s.* superficie.

surge [sə:dʒ] *s.* oleaje. 2 *i.* hinchar(se, agitar(se.

surgeon ['sə:dʒən] *s.* cirujano.

surgery ['sə:dʒəri] *s.* cirujía.

surgical ['sə:dʒikəl] *a.* quirúrgico.

surly ['sə:li] *a.* hosco, malhumorado.

surmise ['sə:maiz] *s.* conjetura, suposición. 2 [sə:'maiz] *t.* conjeturar, suponer.

surmount [sə:'maunt] *t.* vencer, superar. 2 coronar.

surname ['sə:neim] *s.* apellido.

surpass [sə:'pɑ:s] *t.* sobrepujar, aventajar.

surprise [sə'praiz] s. sorpresa. 2 t. sorprender.

surrender [sə'rendər] s. rendición. 2 entrega, renuncia. 3 t.-i. rendir(se, entregar(se.

surround [sə'raund] t. rodear, cercar.

surrounding [sə'raundiŋ] a. circundante. vecino. 2 s. pl. alrededores.

survey ['sə:vei] s. medición; plano [de un terreno]. 2 inspección, examen. 3 perspectiva, bosquejo [de historia, etc.]. 4 [sə:'vei] t. medir, deslindar [tierras]. 5 levantar el plano de. 6 inspeccionar, examinar. 7 dar una ojeada general a.

surveyor [sə(:)'veiər] s. agrimensor; topógrafo. 2 inspector. 3 vista [de aduanas].

survival [sə'vaivəl] s. supervivencia. 2 resto, reliquia.

survive [sə:'vaiv] t.-i. sobrevivir.

survivor [sə'vaivər] s. sobreviviente.

susceptible [sə'septibl] a. susceptible; capaz.

suspect ['sʌspekt] a.-s. sospechoso. 2 [səs'pekt] t. sospechar.

suspend [səs'pend] t. suspender, colgar. 2 aplazar.

suspense [səs'pens] s. suspensión, interrupción. 2 ansiedad, suspense.

suspension [səs'penʃən] s. suspensión.

suspicion [səs'piʃən] s. sospecha.

suspicious [səs'piʃəs] a. sospechoso. 2 suspicaz.

sustain [səs'tein] t. sostener. 2 mantener, sustentar.

swagger ['swægər] s. andar arrogante. 2 fanfarronería. 3 i. contonearse, fanfarrear.

swain [swein] s. zagal.

swallow ['swɔləu] s. ORN. golondrina. 2 gaznate. 3 trago. 4 ~-tail, frac. 5 t.-i. tragar, engullir.

swam [swæm] V. TO SWIM.

swamp ['swɔmp] s. pantano. 2 t.-i. sumergir(se, hundir(se.

swampy ['swɔmpi] a. pantanoso, cenagoso.

swan [swɔn] s. cisne.

swarm [swɔ:m] s. enjambre, multitud. 2 i. pulular, hormiguear.

swart [swɔ:t], **swarthy** ['swɔ:ði] a. moreno, atezado.

sway [swei] s. oscilación. 2 poder, dominio. 3 i. oscilar. 4 t.-i. dominar, influir en.

swear [swɛər] t.-i. jurar. ¶ Pret.: *swore* [swɔ:); p. p.: *sworn* [swɔ:n].

sweat [swet] s. sudor; trasudor. 2 t.-i. sudar; trasudar. 3 t. hacer sudar; explotar [al que trabaja].

sweater ['swetər] s. el que suda. 2 explotador [de obreros]. 3 suéter.

Swedish ['swi:diʃ] a. sueco. 2 s. idioma sueco.

sweep [swi:p] s. barrido. 2 redada. 3 extensión. 4 deshollinador. 5 t. barrer. 6 deshollinar. ¶ Pret. y p. p.: *swept* [swept].

sweeper ['swi:pər] s. barrendero.

sweet [swi:t] a. dulce, azucarado. 2 amable. 3 s. pl. dulces, caramelos.

sweeten ['swi:tn] t.-i. endulzar(se, dulcificar-(se.

sweetheart ['swi:thɑ:t] s. novio,-a; amor.

swell [swel] s. hinchazón. 2 t.-i. hinchar(se, inflar(se. ¶ Pret.: *swelled* [sweld]; p. p.: *swollen* ['swəulən] y *swelled*.

swelling ['sweliŋ] s. hinchazón.

swept [swept] V. TO SWEEP.

swerve [swə:v] s. desviación. 2 t.-i. desviar(se, apartar(se.

swift [swift] a. rápido, veloz.

swiftness ['swiftnis] s. velocidad, rapidez.

swim [swim] s. acción o rato de nadar. 2 *swimming-pool,* piscina. 3 i. nadar. ¶ Pret.: *swam* (swæm); p. p.: *swum* (swʌm].

swine [swain] s. *sing.* y *pl.* ZOOL. cerdo, cerdos.

swing [swiŋ] s. oscilación, giro; ritmo. 2 columpio. 3 t.-i. balancear(se, columpiar(se. 4 t. hacer oscilar o girar. 5 suspender, colgar. ¶ Pret. y p. p.: *swung* [swʌŋ].

swirl [swə:l] s. remolino. 2 t.-i. girar.

Swiss [swis] a.-s. suizo, -za.

switch [switʃ] s. vara flexible; látigo. 2 latigazo. 3 ELECT. interruptor, conmutador. 4 cambio. 5 t. azotar, fustigar. 6 cambiar, desviar. 7 ELECT. to ~ on, conectar [dar la luz]; to ~ off, desconectar.

swollen ['swəulən] V. TO SWELL.

swoon [swu:n] s. desmayo. 2 i. desmayarse, desfallecer.

swoop [swu:p] i. abatirse.

sword [sɔ:d] s. espada [arma].

swore [swɔ:ʳ], sworn [swɔ:n] V. TO SWEAR.

swum [swʌm] V. TO SWIM.

swung [swʌŋ] V. TO SWING.

syllable ['siləbl] s. sílaba.

symbol ['simbḷ] s. símbolo.

symmetric(al [si'metrik, -əl] a. simétrico.

symmetry ['simitri] s. simetría.

sympathetic(al [ˌsimpə'θetik, -əl] a. compasivo; comprensivo.

sympathize ['simpəθaiz] i. compadecerse. 2 t. comprender.

sympathy ['simpəθi] s. solidaridad. 2 comprensión.

symphony ['simfəni] s. sinfonía.

symptom ['simptəm] s. síntoma.

syndicate ['sindikit] s. sindicato financiero, trust. 2 ['sindikeit] t.-i. sindicar(se, asociar(se.

syrup ['sirəp] s. jarabe.

system ['sistəm] s. sistema.

systematic(al [ˌsisti'mætik, -əl] a. sistemático.

T

table ['teibl] s. mesa: ~ *cloth*, mantel; ~ *ware*, vajilla, servicio de mesa. 2 tabla [de materias, etc.]; lista, catálogo. 3 *t.* poner sobre la mesa. 4 poner en forma de índice.

tablet ['tæblit] s. tablilla. 2 lápida, placa. 3 FARM. tableta. 4 bloc de papel.

tack [tæk] s. tachuela. 2 hilván. 3 cambio de rumbo. 4 *t.* clavar con tachuelas. 5 hilvanar. 6 cambiar de rumbo.

tackle ['tækl] s. equipo, aparejos. 2 *t.* agarrar. 3 abordar [un problema, etcétera].

tact [tækt] s. tacto, discreción.

tactics ['tæktiks] s. pl. táctica.

tactless ['tæktlis] a. falto de tacto.

tag [tæg] s. herrete. 2 marbete, etiqueta. 3 cabo, resto. 4 *t.* poner herretes.

tail [teil] s. cola, rabo. 2 SAST. faldón: ~ *coat*, frac.

tailor ['teilər] s. sastre.

taint [teint] s. mancha, infección. 2 *t.* manchar. 3 *t.-i.* inficionar(se.

take [teik] s. toma, tomadura. 2 redada. 3 recaudación [de dinero]. 4 *take-off*, remedo, parodia; despegue [del avión]. 5 *t.* tomar, coger; agarrar; apoderarse de. 6 asumir. 7 deleitar, cautivar. 8 llevar, conducir. *9* dar [un golpe, un paseo, un salto, etc.]. *10* hacer [ejercicio, un viaje]. *11* i. arraigar [una planta]. *12* prender [el fuego; la vacuna]. *13* tener éxito. *14* to ~ *a chance*, correr el riesgo. *15* to ~ *after*, parecerse a. *16* to ~ *amiss*, interpretar mal. *17* to ~ *care of*, cuidar de. *18* to ~ *cold*, resfriarse. *19* to ~ *down*, descolgar. *20* to ~ *in*, meter en; abarcar. *21* I ~ *it that*, supongo que... *22* to ~ *leave*, despedirse. *23* to ~ *off*, descontar, rebajar; despegar [el avión]; remedar. *24* to ~ *place*, ocurrir, tener lugar. ¶ Pret.: *took* [tuk]; p. p.: *taken* ['teikən].

taking ['teikiŋ] *a.* atractivo, seductor. *2 s.* toma. *3* afecto, inclinación.

tale [teil] *s.* cuento, fábula.

talent ['tælənt] *s.* talento.

talk [tɔ:k] *s.* conversación. *2 i.* hablar; conversar. *3* to ~ *into*, persuadir a. *4* to ~ *out of*, disuadir de. *5* to ~ *over*, examinar. *6* to ~ *up*, alabar; hablar claro.

tall [tɔ:l] *a.* alto [pers., árbol]. *2* excesivo, exorbitante.

tallow ['tæləu] *s.* sebo.

tame [teim] *a.* manso, *2 t.* domar, domesticar.

tamper ['tæmpəʳ] i. to ~ *with*, meterse en, enredar con; falsificar.

tan [tæn] *s.* color tostado. *2 a.* tostado, de color de canela. *2 t.* curtir [las pieles]. *2* tostar, atezar.

tangible ['tændʒəbl] *a.* tangible.

tangle ['tæŋgl] *s.* enredo. *2 t.-i.* enredar(se, enmarañar(se.

tank [tæŋk] *s.* tanque, cisterna.

tap [tæp] *s.* grifo, espita. *2* golpecito, palmadita. *3 t.* poner espita a. *4 t.-i.* dar golpecitos o palmadas [a o en].

tape [teip] *s.* cinta, galón: ~ *measure*, cinta métrica; ~ *recorder*, aparato magnetofónico. *2 t.* atar con cinta. *3* medir con cinta. *4* grabar en cinta magnetofónica.

taper ['teipəʳ] *s.* candela. *2 t.-i.* adelgazar(se.

tapestry ['tæpistri] *s.* tapiz.

tar [tɑ:ʳ] *s.* alquitrán, brea. *2 t.* alquitranar.

tardy ['ta:di] *a*. lento, tardo.

target ['ta:git] *s*. blanco, objetivo.

tariff ['tærif] *s*. tarifa.

tarnish ['ta:niʃ] *t.-i.* deslustrar(se. empañar(se.

tarry ['ta:ri] *a*. alquitranado. 2 ['tæri] *i*. detenerse, demorarse.

tart [ta:t] *a*. áspero. 2 *s*. tarta. 3 prostituta.

task [ta:sk] *s*. tarea, labor.

tassel ['tæsəl] *s*. borla.

taste [teist] *s*. gusto [sentido]. 2 sabor. 3 afición. 4 gusto [por lo bello, etc.]. 5 sorbo, bocadito. 6 muestra, prueba. 7 *t*. gustar, saborear. 8 probar, catar 9 *i*. *to* ~ *of*, saber a.

tatters ['tætəz] *s*. harapos.

tattoo [tə'tu:] *t*. tatuar.

taught [tɔ:t] V. TO TEACH.

taunt [tɔ:nt] *s*. provocación. 2 *t*. provocar.

taut [tɔ:t] *a*. tirante, tieso.

tavern ['tævən] *s*. taberna.

tawny ['tɔ:ni] *a*. moreno.

tax [tæks] *s*. impuesto, contribución. 2 *t*. gravar con impuestos.

taxation [tæk'seiʃən] *s*. impuestos.

taxi ['tæksi), **taxicab** ['taksikæb] *s*. taxi [coche].

tea [ti:] *s*. té: ~ *party*, té [reunión]; ~ *set*, juego de té.

teach [ti:tʃ] *t.-i.* enseñar, instruir. ¶ Pret. y p. p.: *taught* [tɔ:t]

teacher ['ti:tʃər] *s*. maestro, -tra.

team [ti:m] *s*. tiro [de nimales]. 2 grupo, cuadrilla. 3 DEP. equipo. 4 *t*. enganchar, uncir.

1) **tear** [tiər] *s*. lágrima.

2) **tear** [tɛər] *s*. rotura, desgarro. 2 *t*. romper, rasgar. ¶ Pret.: *tore* [tɔ:ʳ, tɔəʳ]); p. p.: *torn* [tɔ:n].

tease [ti:z] *t*. fastidiar.

teaspoonful ['ti:spu(:)nˌful] *s*. cucharadita.

technical ['teknikəl] *a*. técnico.

technique [tek'ni:k] *s*. técnica.

tedious ['ti:djəs] *a*. tedioso.

teem [ti:m] *t*. producir. 2 *i*. *to* ~ *with*, abundar en.

teeth [ti:θ] *s*. *pl*. de TOOTH

telegram ['teligræm] *s*. telegrama.

telegraph ['teligra:f, -græf] *s*. telégrafo. 2 te-

legrama. 3 *t.-i.* telegrafiar.

telephone ['telifəun] *s.*
teléfono. 2 *t.-i.* telefonear.

telescope ['teliskəup] *s.*
telescopio.

television ['teli,viʒən] *s.*
televisión.

tell [tel] *t.* contar, numerar. 2 narrar, relatar,
decir. 3 mandar, orde-
nar. 4 distinguir, cono-
cer; adivinar. 5 *there is
no telling,* no es posible
decir o prever. 6 *it tells,*
tiene su efecto. ¶ Pret. y
p. p.: *told* [təuld].

temper ['tempər] *s.* temple [del metal]. 2 genio;
humor. 3 cólera, mal ge-
nio. 4 *t.* templar, moderar. 5 templar [el me-
tal].

temperament ['tempərə-
mənt] *s.* temperamento
[de una pers.].

temperance ['tempərəns]
s. templanza, sobriedad.

temperate ['tempərit] *a.*
templado, sobrio, mode-
rado.

temperature ['tempritʃər]
s. temperatura: *to have
a* ⁓, tener fiebre.

tempest ['tempist] *s.*
tempestad.

temple ['templ] *s.* templo. 2 ANAT. sien.

temporary ['tempərəri] *a.*
temporal, provisional, interino.

tempt [tempt] *t.* tentar.

temptation [temp'teiʃən]
s. tentación. 2 incent.-
vo.

ten [ten] *a.-s.* diez. 2
-**th** [-θ] décimo.

tenant ['tenənt] *s.* inquilino.

tend [tend] *t.* cuidar,
atender. 2 *i.* tender [a
un fin].

tendency ['tendənsi] *s.*
tendencia; propensión.

tender ['tendər] *a.* tierno. 2 delicado [escrupu-
loso]. 3 *s.* cuidador,
guardador. 4 oferta, pro-
puesta. 5 *t.* ofrecer, presentar. 6 *t.-i.* ablandar-
(se.

tendernes ['tendənis] *s.*
ternura, suavidad. 2 de-
bilidad.

tenement ['tenimənt] *s.*
habitación, vivienda.

tennis ['tenis] *s.* tenis.

tenor ['tenər] *s.* contenido, significado. 2 curso,
tendencia. 3 MÚS. tenor.

tense [tens] *a.* tenso; tirante, tieso. 2 *s.* GRAM.
tiempo [de verbo].

tension ['tenʃən] *s.* tensión.

tent [tent] *s.* tienda de
campaña. 2 *i.* acampar.

term [tə:m] s. plazo, período. 2 trimestre. 3 pl. condiciones; acuerdo. 4 t. nombrar.

terminal ['tə:minl] a. terminal. 2 s. término.

terminate ['tə:mineit] t. limitar. 2 t.-i. terminar.

termination [ˌte:mi'neiʃən] s. terminación, fin.

terrace ['terəs] s. terraza.

terrible ['teribl] a. terrible.

terrific [te'rifik] a. terrorífico.

terrify ['terifai] t. aterrar.

territory ['teritəri] s. territorio.

terror ['terəʳ] s. terror, espanto.

test [test] s. copela. 2 prueba, ensayo. 3 PSIC. test. 4 t. examinar, probar, ensayar.

testament ['testəmənt] s. testamento.

testify ['testifai] t. testificar, testimoniar.

testimony ['testiməni] s. testimonio, declaración.

text [tekst] s. texto.

textile ['tekstail] a. textil.

than [ðæn, ðən] conj. que [después de comparativo]. 2 de: more ~ once, más de una vez.

thank [θæŋk] t. dar

gracias. 2 s. pl. thanks, gracias.

thankful ['θæŋkful] a. agradecido.

thanksgiving ['θæŋksˌgiviŋ] s. acción de gracias.

that [ðæt] a. ese, esa, aquel, aquella. 2 pron. ése, ésa, eso, aquél, aquélla, aquello. 3 pron. rel. [ðət, ðæt] que. 4 conj. [ðət] que: so ~, para que. 5 adv. así, tan: ~ far, tan lejos; ~ long, de este tamaño.

thatch [θætʃ] s. paja seca. 2 t. poner techo de paja.

thaw [θɔ:] s. deshielo. 2 t.-i. deshelar(se.

the [ðə: ante vocal, ði] el, la, lo; los, las. 2 adv. ~ more he has, ~ more he wants, cuanto más tiene [tanto] más quiere.

theater, theatre ['θiətəʳ] s. teatro.

theatrical [θi'ætrikəl] a. teatral. 2 s. comedia.

theft [θeft] s. robo, hurto.

their [ðɛəʳ, ðəʳ] a. pos. su, sus [de ellos o de ellas].

theirs [ðɛəz] prons. pos. [el] suyo [la] suya, [los] suyos, [las] suyas [de ellos o de ellas].

them [ðem, ðəm] pron.

pers. [sin prep.] los, las, les. 2 [con prep.] ellos, ellas.

theme [θiːm] *s.* tema, materia.

themselves [ðəmˈselvz] *pron. pers.* ellos mismos, ellas mismas. 2 se [reflx.],, a sí mismos.

then [ðen] *adv.* entonces. 2 luego, después; además. 3 *conj.* por consiguiente. 4 *now* ~, ahora bien; ~ *and there,* allí mismo; *now and* ~, de vez en cuando.

thence [ðens] *adv.* desde allí, desde entonces: ~ *forth,* desde entonces. 2 por lo tanto, por eso.

theory [ˈθiəri] *s.* teoría.

there [ðɛər, ðər] *adv.* allí, allá ahí: ~ *is,* ~ *are,* hay; ~ *was,* ~ *were,* había; ~ *he is,* helo ahí. 2 *interj.* ¡eh!, ¡vaya!, ¡ea! 3 *thereabuts,* por allí, aproximadamente. 4 *thereafter,* después de ello; por lo tanto. 5 *thereby,* en relación con esto. 6 *therefore,* por lo tanto. 7 *therein,* en eso; allí dentro. 8 *thereof,* de eso, de ellos. 9 *thereon,* encima de ello; en seguida. 10 *thereupon,* por tanto; inmediatamente.

thermometer [θəˈmɔmitər] *s.* termómetro.

these [ðiːz] *a.* estos, estas. 2 *pron.* éstos, éstas.

they [ðei] *pron. pers.* ellos, ellas.

thick [θik] *a.* espeso, grueso. 2 espeso, poblado [barba], tupido. 3 *s.* grueso, espesor.

thicken [ˈθikən] *t.-i.* espesar(se, engrosar(se.

thicket [ˈθikit] *s.* espesura, matorral.

thickness [ˈθiknis] *s.* espesor.

thief [θiːf] *s.* ladrón, ratero.

thieve [θiːv] *i.* robar.

thigh [θai] *s.* ANAT. muslo.

thimble [ˈθimbl] *s.* dedal.

thin [θin] *s.* delgado, fino. 2 ligero, transparente. 3 *t.-i.* adelgazar(se. 4 aclarar(se.

thine [ðain] *pron. pos.* [el] tuyo [la] tuya, [los] tuyos, [las] tuyas. 2 *a.* tu, tus. | Úsase sólo en poesía y en la Biblia.

thing [θiŋ] *s.* cosa: *poor* ~!, ¡pobrecito!

think [θiŋk] *t.-i.* pensar, juzgar, creer. ¶ Pret. y p. p.: *though* [θɔːt].

third [θəːd] *a.* tercero. 2 *s.* tercio [tercera parte].

thirst [θəːst] *s.* sed. 2 anhelo. 3 *i.* tener sed. 4 anhelar, ansiar.

thirsty ['θə:sti] *a.* sediento.

thirteen ['θə:'ti:n] *a.-s.* trece. 2 **-th** [-θ] decimotercero.

thirtieth ['θə:tiiθ] *a.* trigésimo.

thirty ['θə:ti] *a.-s.* treinta.

this [ðis] *a.* este, esta. 2 *pron.* éste, ésta, esto.

thither ['ðiðər] *adv.* allá, hacia allá.

thorn [θɔ:n] *s.* espina,

thorny ['θɔ:ni] *a.* espinoso.

thorough ['θʌrə] *a.* completo, total, acabado. 2 perfecto.

thoroughfare ['θʌrəfɛər] *s.* vía pública, camino.

those [ðəuz] *a.* esos, esas; aquellos, aquellas. 2 *pron.* ésos, ésas; aquéllos, aquéllas.

thou [ðau] *pron.* tú. | Úsase sólo en poesía y en la Biblia.

though [ðəu] *conj.* aunque, si bien; sin embargo. 2 *as* ~, como si.

thought [θɔ:t] V. TO THINK. 2 *s.* pensamiento, idea, intención.

thoughtful ['θɔ:tful] *a.* pensativo, meditabundo. 2 atento.

thoughtfulness ['θɔ:tfulnis] *s.* consideración, atención.

thoughtless ['θɔ:tlis] *a.* irreflexivo, atolondrado, incauto.

thoughtlessness ['θɔ:tlisnis] *s.* irreflexión, ligereza.

thousand ['θauzənd] *a.* mil. 2 **-th** ['θauzənθ] milésimo.

thrash [θræʃ] *t.-i.* trillar.

thrashing ['θræʃiŋ] *s.* THRESHING. 2 zurra, paliza.

thread [θred] *s.* hilo. 2 fibra. 3 *t.* enhebrar, ensartar.

threat [θret] *s.* amenaza.

threaten ['θretn] *t.-i.* amenazar.

three [θri:] *a.-s.* tres: ~ *fold*, triple; tres veces más.

thresh [θreʃ] *t.-i.* trillar.

threshing ['θreʃiŋ] *s.* trilla.

theshold ['θreʃ(h)əuld] *s.* umbral.

threw [θru:] *pret.* de TO THROW.

thrift [θrift] *s.* economía, frugalidad. 2 (E. U.] crecimiento, desarrollo vigoroso.

thriftless ['θriftlis] *a.* manirroto, impróvido.

thrifty ['θrifti] *a.* económico, frugal. 2 industrioso. 3 (E. U.) próspero, floreciente.

thrill [θril] *s.* emoción. 2 *t.* hacer estremecer. 3 *i.* temblar.

thriller ['θrilə^r] *s.* cuento o drama espeluznante.

thrive [θraiv] *i.* crecer. 2 prosperar, medrar. ‖ Pret.: *throve* [θrəuv] o *thrived* [θraivd]; p. p.: *thrived* o *thriven* ['θrivn].

throat [θrəut] *s.* garganta.

throb [θrɔb] *s.* latido. 2 *i.* latir, palpitar.

throe [θrəu] *s.* angustia.

throne [θrəun] *s.* trono.

throng [θrɔŋ] *s.* muchedumbre. 2 *i.* apiñarse.

throttle ['θrɔtl] *s.* garganta. 2 *t.-i.* ahogar(se.

through [θru:] *prep.* por, a través de. 2 por medio de, a causa de. 3 *adv.* de un lado a otro, de parte a parte, hasta el fin; completamente, enteramente. 4 *a.* directo: ~ *train*, tren directo. 5 de paso. 6 *to be* ~ *with*, haber acabado con.

throughout [θru:'aut] *prep.* por todo, durante todo, a lo largo de. 2 *adv.* por o en todas partes, desde el principio hasta el fin.

throw [θrəu] *s.* lanzamiento, tiro. 2 *t.* tirar, arrojar, lanzar. 3 derribar. 4 *to* ~ *away*, desperdiciar. 5 *to* ~ *back*, devolver; replicar. 6 *to* ~ *off*, librarse de; improvisar [versos]. 7 *to* ~ *out*, echar fuera, proferir. 8 *to* ~ *over*, abandonar. ‖ Pret.: *threw* [θru:]; p. p.: *thrown* [θrəun].

thrush [θrʌʃ] *s.* ORN. tordo.

thrust [θrʌst] *s.* estocada, lanzada. 2 *t.* meter, clavar, hincar. 3 empujar. 4 *i.* meterse, abrirse paso. ‖ Pret. y p. p.: *thrust* [θrʌst].

thumb [θʌm] *s.* pulgar.

thump [θʌmp] *s.* golpe, porrazo. 2 *t.-i.* golpear, aporrear.

thunder ['θʌndə^r] *s.* trueno. 2 *i.* tronar.

thunder-bolt ['θʌndəbəult] *s.* rayo, centella.

Thursday ['θə:zdi, -dei] *s.* jueves.

thus [ðʌs] *adv.* así, de este modo. 2 hasta este punto: ~ *far*, hasta aquí; hasta ahora.

thwart [θwɔ:t] *t.* desbaratar, frustrar, impedir.

thyself [ðai'self] *pron.* tú mismo, ti mismo. ‖ Úsase sólo en poesía y en la Biblia.

tick [tik] *s.* ZOOL. garrapata. 2 tictac. 3 marca,

señal. *4 i.* hacer tictac; latir [el corazón]. *5* señalar, marcar.

ticket ['tikit] *s.* billete, boleto, entrada: *return* ~, billete de ida y vuelta. *2* lista de candidatos. *3* etiqueta.

tickle ['tikl] *s.* cosquillas. *2 t.* hacer cosquillas. *3* halagar.

tide [taid] *s.* marea; corriente. *2* época.

tidings ['taidiŋz] *s.* noticias.

tidy ['taidi] *a.* aseado, pulcro. *2 t.* asear, arreglar.

tie [tai] *s.* cinta, cordón. *2* lazo, nudo. *3* corbata. *4* empate. *5 t.* atar. *6 t.-i.* empatar.

tiger ['taigə'] *s.* tigre.

tight [tait] *a.* bien cerrado, hermético. *2* tieso, tirante. *3* duro, severo. *4* tacaño.

tighten ['taitn] *t.-i.* apretar(se, estrechar(se.

tile [tail] *s.* teja. *2 t.* tejar.

till [til] *prep.* hasta. *2 conj.* hasta que. *3 t.-i.* labrar.

tilt [tilt] *s.* inclinación, ladeo. *2* justa, torneo. *3* lanzada, golpe. *4* disputa. *5 t.-i.* inclinar(se. *6* volcar(se. *7 t.* dar lanzadas, acometer.

timber ['timbə'] *s.* madera, viga. *2* bosque.

time [taim] *s.* tiempo. | No tiene el sentido de estado atmosférico. *2* hora; vez; plazo: *behind* ~, retrasado [el tren]; *behind the times,* anticuado; *on* ~, puntual; *to have a good* ~, divertirse, pasar un buen rato; *what's the* ~?, *what* ~ *is it?*, ¿qué hora es? *3 t.* escoger el momento. *4* regular, poner en hora [el reloj]. *5* cronometrar.

timely ['taimli] *adv.* oportunamente; temprano

timid ['timid] *a.* tímido.

tin [tin] *s.* QUÍM. estaño. *2* lata, hojalata. *3* lata, bote. *4 t.* estañar. *5* enlatar: *tinned goods,* conservas.

tinge [tindʒ] *s.* tinte, matiz. *2 t.* teñir, matizar.

tingle ['tiŋgl] *s.* hormigueo. *2 i.* hormiguear.

tinkle ['tiŋkl] *s.* tintineo. *2 i.* retiñir, tintinear.

tint [tint] *s.* tinte, matiz. *2 t.* teñir, matizar.

tiny ['taini] *a.* pequeñito.

tip [tip] *s.* extremo, punta. *2* propina. *3* soplo, aviso confidencial. *4 t.-i.*

inclinar(se, volcar(se. 5 t. dar propina a. 6 dar un soplo o aviso confidencial a.

tiptoe ['tiptəu] s. punta de pie. 2 i. andar de puntillas.

tirade [tai'reid] s. andanada, invectiva.

tire ['taiəʳ] s. AUT. neumático. 2 t.-i. cansar(se.

tireless ['taiəlis] a. incansable.

tiresome ['taiəsəm] a. cansado.

tissue ['tisju:, 'tiʃju:] s. tisú, gasa.

tit [tit] s. ~ for tat, golpe por golpe.

title ['taitl] s. título.

to [tu:, tu, tə] prep. a, hacia, para; hasta: a quarter ~ five, las cinco menos cuarto; I have ~ go, tengo que ir. 2 to ante verbo es signo de infinitivo y no se traduce. 3 adv. to come ~, volver en sí; ~ and fro, de acá para allá.

toad [təud] s. sapo.

toast [təust] s. tostada. 2 brindis. 3 t.-i. tostar(se.

tobacco [tə'bækəu] s. tabaco.

today, to-day [te'dei] adv. hoy, hoy en día. 2 s. el día de hoy.

toe [təu] s. dedo del pie.

together [tə'geðəʳ] adv. junto; juntos, reunidos, juntamente; de acuerdo; to call ~, convocar. 2 al mismo tiempo. 3 sin interrupción.

toil [tɔil] s. trabajo, esfuerzo. 2 i. afanarse, esforzarse.

toilet ['tɔilit] s. tocador; cuarto de baño; retrete. 2 tocado; peinado; aseo personal.

token ['təukən] s. señal, indicio. 2 moneda, ficha.

told [təuld] V. TO TELL.

tolerance ['tɔlərəns] s. tolerancia.

tolerant ['tɔlərənt] a. tolerante.

tolerate ['tɔləreit] t. tolerar.

toll [təul] s. tañido de campana. 2 peaje, tributo. 3 t. tañer. 4 t.-i. [con up] sumar.

tomato [tə'mɑ:təu; (E. U.) tə'meitəu] s. tomate.

tomb [tu:m] s. tumba.

tomorrow [tə'mɔrəu] adv. mañana.

ton [tʌn] s. tonelada.

tone [təun] s. tono. 2 t. dar tono a.

tongs [tɔŋz] s. pl. pinzas.

tongue [tʌŋ] s. lengua. 2 idioma.

tonic ['tɔnik] a.-s. tónico.

tonight [təˈnait] s. esta noche.

tonnage [ˈtʌnidʒ] s. tonelaje.

tonsil [ˈtɔnsl] s. amigdala.

too [tu:] adv. demasiado. 2 a. ~ much, demasiado; ~ many, demasiados. 2 3 también, además.

took [tuk] V. TO TAKE.

tool [tu:l] s. instrumento, herramienta.

tooth [tu:θ], pl. **teeth** [ti:θ] s. diente; muela: ~ hache, dolor de muedientes; ~ pick, mondadientes; ~ paste, pasta dentífrica.

top [tɔp] s. parte superior, cima, cumbre. 2 a. superior. 3 t. desmochar. 4 coronar. 5 sobresalir.

topic [ˈtɔpik] s. asunto, tema. 2 pl. tópicos, lugares comunes.

topmost [ˈtəpməust] a. [el] más alto.

topple [ˈtɔpl] t. derribar. 2 i. tambalearse.

topsy-turvy [ˈtɔpsiˈtə:vi] adv. patas arriba, en desorden. 2 a. desordenado.

torch [tɔ:tʃ] s. hacha, antorcha; linterna.

tore [tɔ:ʳ] V. TO TEAR.

torment [ˈtɔ:ment] s. tormento, tortura. 2 [tɔ:ˈment] t. atormentar.

torn [tɔ:n] V. TO TEAR. 2 a. roto.

tornado [tɔ:ˈneidəu] s. tornado, huracán.

torpedo [tɔ:ˈpi:dəu] s. torpedo. 2 t. torpedear.

torrent [ˈtɔrənt] s. torrente.

torrid [ˈtɔrid] a. tórrido.

tortoise [ˈtɔ:təs] s. tortuga.

torture [ˈtɔ:tʃəʳ] s. tortura. 2 t. torturar.

toss [tɔs] s. sacudida. 2 tiro. 3 t. sacudir. 4 arrojar. 5 i. agitarse.

total [ˈtəutl] a. entero. 2 s. total.

totter [ˈtɔtəʳ] i. vacilar.

touch [tʌtʃ] s. toque. 2 tacto; contacto. 3 t. tocar, tantear. 4 conmover. 5 alcanzar, llegar a.

touching [ˈtʌtʃiŋ] prep. en cuanto a, tocante a. 2 a. conmovedor.

tough [tʌf] a. duro, correoso. 2 fuerte. 3 (E. U.) pendenciero. 4 terco, tenaz. 5 penoso.

tour [tuəʳ] s. viaje, excursión. 2 i. viajar por, hacer turismo.

tourist [ˈtuərist] s. turista.

tournament [ˈtuənəmənt] s. torneo, justa. 2 certamen.

tow [təu] s. estopa. 2 remolque. 3 t. remolcar.

toward [tə'wɔ:d], **towards** [-z] *prep.* hacia. 2 cerca de. 3 para. 4 con, para con.

towel ['tauəl] *s.* toalla.

tower ['tauər] *s.* torre, torreón. 2 *i.* descollar, sobresalir.

town [taun] *s.* población, ciudad, pueblo; municipio: ~ *council*, ayuntamiento; ~ *hall*, casa del ayuntamiento.

toy [tɔi] *s.* juguete. 2 *i.* jugar.

trace [treis] *s.* huella, pisada. 2 *t.* trazar, esbozar. 3 rastrear.

track [træk] *s.* rastro, pista. 2 vía [de tren, tranvía, etc.]. 3 *t.* rastrear.

tract [trækt] *s.* área, región.

tractor ['træktər] *s.* tractor.

trade [treid] *s.* profesión, ocupación; oficio, arte mecánica: ~ *union*, sindicato obrero. 2 comercio, tráfico; ~ *mark*, marca registrada. 3 parroquia, clientela. 4 *i.* comerciar, negociar, tratar.

trader ['treidər] *s.* comerciante.

tradesman ['treidzmən] *s.* comerciante, tendero. 2 artesano.

tradition [trə'diʃən] *s.* tradición.

traditional [trə'diʃənl] *a.* tradicional.

traduce [trə'dju:s] *t.* difamar, calumniar.

traffic ['træfik] *s.* tráfico. 2 tránsito: ~ *lights*, semáforo.

tragedy ['trædʒidi] *s.* tragedia.

trail [treil] *s.* cola [de vestido, cometa, etc.]. 2 rastro, huella. 3 *t.-i.* arrastrar(se. 4 seguir la pista.

trailer ['treilər] *s.* AUTO. remolque. 2 rastreador. 3 avance.

train [trein] *s.* tren. 2 fila, recua. 3 cola [de cometa, vestido, etc.]. 4 *t.-i.* ejercitar(se. 5 DEP. entrenar. 6 apuntar [un cañón, etc.].

trainer ['treinər] *s.* amaestrador. 2 DEP. preparador.

training ['treiniŋ] *s.* adiestramiento. 2 DEP. entrenamiento.

trait [trei, (E. U.) treit] *s.* toque, pincelada. 2 rasgo.

traitor ['treitər] *a.-s.* traidor.

tram [træm], **tramcar** 'træmkɑ:r] *s.* tranvía.

tramp [træmp] *s.* vagabundo. 2 *i.* viajar a pie,

vagabundear. *3 t.* pisar;
apisonar.

trample ['træmpl] *t.* hollar, pisar fuerte.

trance [trɑːns] *s.* enaje-
namiento, rapto, éxtasis.

tranquil ['træŋkwil] *a.*
tranquilo.

tranquility [træŋ'kwiliti]
a. tranquilidad, sosiego.

transact [træn'zækt] *t.*
llevar a cabo, tramitar.

transaction [træn'zæk-
ʃən] *s.* despacho, nego-
ciación. *2* COM., DER.
transacción; arreglo. *3*
pl. actas [de una sociedad docta].

transcript ['trænskript]
s. transcripción, copia.

transfer ['trænsfəː'] *s.*
transferencia, traslado. *2*
[træns'fəː'] *t.* transferir, trasladar.

transform [træns'fɔːm]
t.-i. transformar(se.

transformation [ˌtrænsfə-
'meiʃən] *s.* transforma-
ción.

transgress [træns'gres] *t.*
transgredir, quebrantar.

transient ['trænziənt] *a.*
transitorio, pasajero. *2*
s. transeúnte.

transit ['trænsit] *s.* tránsito, paso.

transition [træn'siʒ ən] *s.*
transición.

translate [træns'leit] *t.*
traducir. *2* trasladar.

translation [træns'leiʃən]
s. traducción. *2* traslado.

transmission [trænz'mi-
ʃən] *s.* transmisión. *2*
AUTO. cambio de mar-
chas.

transmit [trænz'mit] *t.*
transmitir. *2* enviar, remitir.

transparent [træns'pɛə-
rənt] *a.* transparente. *2*
franco, ingenuo.

transplant [træns'plɑːnt]
t. trasplantar.

transport ['trænspɔːt] *s.*
transporte, acarreo. *2*
rapto, éxtasis. *3* [træns-
'pɔːt] *t.* transportar,
acarrear. *4* transportar,
enajenar.

transportation [ˌtrænsp-
pɔː'teiʃən] *s.* transporte, sistemas de trans-
porte. *2* (E. U.) coste del
transporte; billete, pa-
saje.

trap [træp] *s.* trampa,
lazo. *2 t.* atrapar.

trapper ['træpər] *s.*
trampero.

trash [træʃ] *s.* hojarasca,
broza.

travel ['trævl] *s.* viaje.
2 i. viajar.

travel(l)er ['trævlər] *s.*
viajero.

traverse ['trævə(ː)s] *s.*
travesaño. *2 t.* cruzar,
atravesar.

tray [trei] *s.* bandeja.

treacherous ['tretʃərəs] *a.* traidor, falso, engañoso.

treachery ['tretʃəri] *s.* traición.

tread [tred] *s.* paso. 2 huella. 3 *t.* pisar, hollar. ¶ Pret.: *trod* [trɔd]; p. p.: *trodden* ['trɔdn] o *trod*.

treason ['tri:zn] *s.* traición.

treasure ['treʒər] *s.* tesoro. 2 *t.* atesorar.

treasurer ['treʒərər] *s.* tesorero.

treasury ['treʒəri] *s.* tesorería.

treat [tri:t] *s.* agasajo, convite. 2 *t.-i.* tratar. 3 *t.* convidar.

treatise ['tri:tiz] *s.* tratado.

treatment ['tri:tmənt] *s.* trato.

treaty ['tri:ti] *s.* tratado.

treble ['trebl] *a.* triple, triplo. 2 *t.-i.* triplicar(se.

tree [tri:] *s.* árbol: *apple* ~, manzano.

tremble ['trembl] *s.* temblor. 2 *i.* temblar.

tremendous [tri'mendəs] *a.* tremendo.

tremor ['tremər] *s.* temblor.

tremulous ['tremjuləs] *a.* trémulo, tembloroso.

trench [trentʃ] *s.* foso, zanja. 2 *t.* abrir fosos o zanjas en.

trend [trend] *s.* dirección, rumbo. 2 inclinación, tendencia. 3 *i.* dirigirse, tender.

trespass ['trespəs] *s.* transgresión. 2 *i. to* ~ *against*, infringir.

trial ['traiəl] *s.* prueba, ensayo. 2 aflicción. 3 juicio, proceso.

triangle ['traiæŋgl] *s.* triángulo.

tribe [traib] *s.* tribu.

tribunal [trai'bju:nl] *s.* tribunal. 2 juzgado.

tributary ['tribjutəri] *a.-s.* tributario; afluente [río].

tribute ['tribju:t] *s.* tributo.

trick [trik] *s.* treta, ardid. 2 *t.-i.* engañar, estafar.

trickle ['trikl] *i.* gotear.

tried [traid] V. TO TRY. 2 *a.* probado, fiel.

trifle ['traifl] *s.* fruslería. 2 *i.* bromear, chancear(se.

trifling ['traifliŋ] *a.* fútil, ligero.

trigger ['trigər] *s.* gatillo.

trill [tril] *s.* trino, gorjeo. 2 *i.* trinar, gorjear. 3 *t.* pronunciar con vibración.

trim [trim] *a.* bien arre-
glado. 2 elegante; pul-
cro, acicalado. *3 s.* adorno, aderezo. *4* buen es-
tado. *5 t.* arreglar, disponer. *6* cortar [el pelo,
etc.]; podar.

trinket ['triŋkit] *s.* joya,
dije.

trip [trip] *s.* viaje, excursión. *2 i.* saltar, brincar. *3* tropezar.

triple ['tripl] *a.* triple.

trite [trait] *a.* gastado,
trivial.

triumph ['traiəmf] *s.*
triunfo. *2 i.* triunfar.

triumphant [trai'ʌmfənt]
a. triunfante. 2 victorioso.

trivial ['triviəl] *a.* trivial, fútil.

triviality [ˌtrivi'ælity] *s.*
trivialidad, menudencia.

trod [trɔd] V. TO TREAD.

trodden ['trɔdn] V. TO
TREAD.

trolley ['trɔli] *s.* trole. 2
carretilla.

troop [tru:p] *s.* tropa,
cuadrilla.

trophy ['trəufi] *s.* trofeo.

tropic ['trɔpik] *s.* trópico.

tropical ['trɔpikəl] *a.*
tropical.

trot [trɔt] *s.* trote. *2 i.*
trotar.

trouble ['trʌbl] *s.* perturbación, molestia. 2 apu-

ro. 3 avería. *4 t.* turbar,
perturbar.

troublesome ['trʌblsəm]
a. molesto, pesado. *2*
enojoso.

trough [trɔf] *s. food ~,*
comedero; *drinking ~,*
abrevadero. 2 hoyo, de-
presión.

trousers ['trauzəz] *s. pl.*
pantalon(es.

trousseau ['tru:səu] *s.*
ajuar de novia.

trout [traut] *s.* trucha.

truant ['tru(:)ənt] *s.* tu-
nante, holgazán. *2 a.*
ocioso; perezoso.

truce [tru:s] *s.* tregua.

truck [trʌk] *s.* (Ingl.) vagón de plataforma. *2*
(E. U.) camión. *3* carretilla de mano. *4* cambio,
trueque. *5 garden ~,* hor-
talizas frescas.

truculence ['trʌkjuləns]
s. truculencia, crueldad.

truculent ['trʌkjulənt] *a.*
truculento.

trudge [trʌdʒ] *s.* camina-
ta. *2 i.-t.* andar con esfuerzo.

true [tru:] *a.* verdadero,
cierto.

truism ['tru(:)izəm] *s.*
verdad manifiesta; pe-
rogrullada.

truly ['tru:li] *adv.* verdaderamente. *2* sincera-
mente: *yours (very)
truly,* su afectísimo.

trump [trʌmp] *s.* triunfo [en los naipes]. 2 *t.* matar con un triunfo [en naipes].

trumpet ['trʌmpit] *s.* trompeta.

trunk [trʌŋk] *s.* tronco [de árbol; del cuerpo, etc.]. 2 cofre, baúl. 3 trompa [de elefante]. 4 *pl.* pantalones cortos [para deporte]. 5 ~ *call*, conferencia interurbana.

trust [trʌst] *s.* confianza, fe. 2 depósito, cargo, custodia. 3 COM. crédito. 4 trust, asociación de empresas. 5 *t.* confiar en.

trustee [trʌs'ti:] *s.* fideicomisario; administrador legal.

trustworthy ['trʌst,wə:-ði] *a.* digno de confianza, fidedigno.

trusty ['trʌsti] *a.* fiel, honrado.

truth [tru:θ] *s.* verdad.

truthful ['tru:θful] *a.* veraz.

try [trai] *s.* prueba, ensayo. 2 *t.* probar, intentar: ~ *on*, probarse [un traje].

trying ['traiiŋ] *a.* molesto; cansado; difícil.

tub [tʌb] *s.* tina, baño.

tuberculosis [tju,bə:kju-'ləusis] *s.* tuberculosis.

tuck [tʌk] *t.* hacer alforzas o pliegues.

Tuesday ['tju:zdi, -dei] *s.* martes.

tuft [tʌft] *s.* penacho, cresta.

tug [tʌg] *s.* tirón, estirón. 2 *t.* arrastar. 3 remolcar.

tulip ['tju:lip] *s.* tulipán.

tumble ['tʌmbl] *s.* tumbo, voltereta. 2 desorden. 3 *i.* dar volteretas, voltear. 4 *t.* derribar.

tumbler ['tʌmblə'] *s.* vaso. 2 volatinero, acróbata.

tumult ['tju:mʌlt] *s.* tumulto.

tune [tju:n] *s.* melodía, tonada. 2 *i.* templar, afinar. 3 *i.* armonizar.

tunic ['tju:nik] *s.* túnica.

tunnel ['tʌnl] *s.* túnel.

turbulent ['tə:bjulənt] *a.* turbulento, agitado.

turf [tə:f] *s.* césped.

Turk [tə:k] *s.* turco.

turkey ['tə:ki] *s.* pavo.

turmoil ['tə:mɔil] *s.* confusión, alboroto.

turn [tə:n] *s.* vuelta, giro. 2 turno. 3 *t.-i.* volver(se; voltear(se. 4 girar, dar vueltas. 5 trastornar. 6 volverse. 7 *to* ~ *away*, despedir, echar; desviar. 8 *to* ~ *back*, volver atrás, devolver. 9 *to* ~ *down*, rechazar [una oferta]. *10 to ~ inside out*, volver al revés. *11 to ~ off, out*, cortar [el agua, etc.], apagar [la luz]; *~ on, dar* [la luz, el agua, etc.].

turnip ['tə:nip] *s.* nabo.

turpentine ['tə:pəntain] *s.* trementina, aguarrás.

turret ['tʌrit] *s.* torrecilla.

turtle ['tə:tl] *s.* ZOOL. tortuga.

tutor ['tju:tər] *s.* preceptor. *2 t.* enseñar, instruir.

twang [twæŋ] *s.* sonido vibrante. *2* gangueo, tonillo nasal.

tweed [twi:d] *s.* paño de mezcla de lana.

twelfth [twelfθ] *a.-s.* duodécimo: *~ night*, noche de reyes, epifanía.

twelve [twelv] *a.-s.* doce.

twentieth ['twentiiθ] *a.-s.* vigésimo.

twenty ['twenti] *a.-s.* veinte.

twice [twais] *adv.* dos veces.

twig [twig] *s.* ramita.

twilight ['twailait] *s.* crepúsculo.

twin [twin] *s.* gemelo, mellizo.

twine [twain] *s.* cordel. *2 t.* torcer; tejer.

twinkle ['twiŋkl] *s.* destello. *2* parpadeo. *3 i.* destellar. *4* parpadear; guiñar.

twirl [twə:l] *s.* giro o vuelta rápidos; molinete. *2 t.-i.* girar o hacer girar rápidamente.

twist [twist] *s.* torsión, torcedura. *2 t.-i.* torcer(se, retorcer(se.

twitch [twitʃ] *s.* crispamiento. *2 t.* tirar de. *3 i.* crisparse.

two [tu:] *a.-s.* dos. *2 twofold*, doble.

type [taip] *s.* tipo, modelo, ejemplar: *~ writing*, mecanografía; *typist*, mecanógrafa.

typewriter ['taip,raitər *s.* máquina de escribir.

typical ['tipikl] *a.* típico.

tyranny ['tirəni] *s.* tiranía.

tyrant ['taiərənt] *s.* tirano.

tyre ['taiər] *s.* neumático.

U

ugly ['ʌgli] a. feo. 2 horroroso. 3 (E. U.) de mal genio.

ultimate ['ʌltimit] a. último. 2 fundamental, esencial.

umbrella [ʌm'brelə] s. paraguas.

umpire ['ʌmpaiəʳ] s. árbitro.

unable ['ʌn'eibl] a. incapaz.

unaware ['ʌnə'wɛəʳ] a. desprevenido, ignorante. 2 -s [-z] adv. inesperadamente, de improviso.

unbearable [ʌn'bɛərəbl] a. insufrible, insoportable.

unbound ['ʌn'baund] a. desatado, suelto.

unbroken ['ʌn'brəukən] a. entero, intacto. 2 ininterrumpido.

uncanny [un'kæni] a. misterioso.

uncle ['ʌŋkl] s. tío.

unclean ['ʌn'kli:n] a. sucio.

uncouth [ʌn'ku:θ] a. tosco.

uncover [ʌn'kʌvəʳ] t.-i. destapar(se, descubrir(se.

undaunted [ʌn'dɔ:ntid] a. impávido, intrépido, impertérrito.

under ['ʌndəʳ] prep. bajo; debajo de. 2 menos de; dentro. 3 en tiempo de. 4 conforme a, según. 5 a. inferior.

underbrush ['ʌndəbrʌʃ] s. maleza [de un bosque].

undergo [,ʌndə'gəu] t. sufrir, padecer, aguantar. ¶ Pret.: *underwent*

[ˌʌndəˈwent]; p. p.: *un-dergone* [ˌʌndəˈɡɔn].

underground [ˈʌndə-graund] *a.* subterráneo. 2 secreto, clandestino. 3 *s.* subterráneo. 4 metro, ferrocarril subterráneo. 5 [ˌʌndəˈgraund] *adv.* bajo tierra. 6 en secreto.

underlying [ˌʌndəˈlaiiŋ] *a.* subyacente. 2 fundamental.

undermine [ˌʌndəˈmain] *t.* minar, socavar.

undermost [ˈʌndəməust] *a.* el más bajo.

underneath [ˌʌndəˈniːθ] *adv.* debajo. 2 *prep.* debajo de.

understand [ˌʌndəˈstænd] *t.* entender, comprender. ¶ Pret. y p. p.: *understood* [ˌʌndəˈstud].

understanding [ˌʌndə-ˈstændiŋ] *s.* inteligencia, comprensión. 2 *a.* inteligente; comprensivo.

understood [ˌʌndəˈstud] V. TO UNDERSTAN .

undertake [ˌʌndəˈteik] *t.* emprender, acometer. 2 comprometerse a. ¶ Pret.: *undertook* [ˌʌndəˈtuk]; p. p.: *undertaken* [ˌʌndəˈteikən].

undertaker [ˈʌndəˌteikəʳ] *s.* empresario de pompas fúnebres.

undertaking [ˌʌndəˈteik-iŋ] *s.* empresa. 2 promesa. 3 [ˈʌndəˌteikiŋ] funeraria.

underwear [ˈʌndəwɛəʳ] *s.* ropa interior.

undisturbed [ˈʌndisˈtəːbd] *a.* tranquilo; impasible, sereno.

undo [ˈʌnˈduː] *t.* desatar, desabochar. 2 deshacer. 3 anular. ¶ Pret.: *undid* [ˈʌnˈdid]; p. p.: *undone* [ˈʌnˈdʌn].

undone [ˈʌnˈdʌn] *p. p.* de TO UNDO: *to leave* ~, dejar por hacer. 2 poco asado.

undress [ˈʌnˈdres] *t.-i.* desnudar(se, desvestir-(se.

undue [ˈʌnˈdjuː] *a.* indebido.

uneasy [ʌnˈiːzi] *a.* intranquilo, incómodo.

uneven [ˈʌnˈiːvən] *a.* desigual, desnivelado. 3 impar.

unfair [ˈʌnˈfɛəʳ] *a.* injusto.

unfit [ˈʌnˈfit] *a.* incapaz, inepto. 2 inadecuado, impropio.

unfold [ˈʌnˈfəuld] *t.-i.* desplegar(se, extender-(se.

ungrateful [ʌnˈgreitful] *a.* ingrato, desagradecido.

unhappy [ʌnˈhæpi] *a.* infeliz, desgraciado. 2 triste.

unhealthy [ʌn'helθi] a. enfermo.

unheeded ['ʌn'hi:did] a. desatendido, inadvertido.

union ['ju:njən] s. unión: *the Union*, los Estados Unidos. 2 asociación o sindicato obrero: *Trade Union*, sindicato obrero.

unique [ju:'ni:k] a. único; singular, raro.

unison ['ju:nizn] a. unísono.

unit ['ju:nit] s. unidad.

unite [ju:'nait] t.-i. unir(se.

unity ['ju:niti] s. unidad.

universal [ˌju:ni'və:səl] a. universal.

universe ['ju:nivə:s] s. universo.

university [ˌju:ni'və:siti] s. universidad. 2 a. universitario.

unkind [ʌn'kaind] a. duro, cruel. 2 poco amable.

unknown ['ʌn'nəun] a. desconocido, ignorado, ignoto.

unlawful ['ʌn'lɔ:ful] a. ilegal.

unless [ən'les] conj. a menos que, a no ser que. 2 salvo, excepto.

unlike ['ʌn'laik] a. desemejante, diferente. 2 adv. de diferente modo que. 3 prep. a diferencia de.

unlikely [ʌn'laikli] a. improbable. 2 incierto. 3 inverosímil. 4 adv. improbablemente.

unload ['ʌn'ləud] t. descargar [un buque, etc.].

unlock ['ʌn'lɔk] t. abrir [una puerta, etc.].

unmarried ['ʌn'mærid] a. soltero, soltera.

unmistakable ['ʌnmis'teikəbl] a. inequívoco, claro, evidente.

unmoved ['ʌn'mu:vd] a. firme. 2 frío, indiferente.

unpleasant [ʌn'pleznt] a. desagradable, molesto. 2 -ly adv. desagradablemente.

unravel [ʌn'rævl] t. desenredar, desenmarañar.

unready ['ʌn'redi] a. desprevenido, desapercibido.

unrest ['ʌn'rest] s. inquietud.

unruly [ʌn'ru:li] a. indócil.

unsafe ['ʌn'seif] a. inseguro.

unselfish ['ʌn'selfiʃ] a. altruista.

unskilled ['ʌn'skild], **unskillful** ['ʌn'skilful] a. torpe, inhábil.

unspeakable [ʌnˈspiːkəbl] *a.* inefable, indecible.

unsteady [ˈʌnˈstedi] *a.* inseguro.

untidy [ʌnˈtaidi] *a.* desaliñado.

untie [ˈʌnˈtai] *t.* desatar, desanudar.

until [ənˈtil] *prep.* hasta [con sentido temporal]. 2 *conj.* hasta que.

untimely [ʌnˈtaimli] *a.* inoportuno. 2 prematuro.

unto [ˈʌntu] *prep. (poét. y ant.)* hacia, a, hasta, contra, en.

untold [ˈʌnˈtəuld] *a.* no dicho. 2 no revelado. 3 incalculable.

untrue [ˈʌnˈtruː] *a.* falso.

unwholesome [ˈʌnˈhəulsəm] *a.* insalubre, malsano. 2 dañino.

unwilling [ˈʌnˈwiliŋ] *a.* reacio.

unwise [ˈʌnˈwaiz] *a.* imprudente.

up [ʌp] *adv.* hacia arriba. 2 en pie. 3 a la altura de: *well ~ in,* bien enterado. 4 enteramente, completamente. *tu burn ~,* quemar del todo. 5 en contacto o proximidad: *close ~ to,* tocando a. 6 en reserva: *to lay ~,* acumular. 7 hasta: *~ to date,* hasta la fecha. 8

prep. subido a, en lo alto de: *~ a tree,* subido a un árbol. 9 hacia arriba: *~ the river,* río arriba. 10 *a.* ascendente: *~ train,* tren ascendente. 11 derecho; levantado [no acostado]. 12 que está en curso: *what is ~?,* ¿qué ocurre? 13 entendido, enterado. 14 capaz, dispuesto. 15 acabado: *the time is ~,* expiró el plazo. 16 *s.* ups and downs, altibajos. 17 *interj.* ¡arriba!, ¡aúpa! 18 *~ there!,* ¡alto ahí!

upbraid [ʌpˈbreid] *t.* reconvenir, reprender.

uphill [ˈʌpˈhil] *adv.* cuesta arriba. 2 *a.* ascendiente. 3 dificultoso.

uphold [ʌpˈhəuld] *t.* levantar; mantener derecho. 2 sostener, apoyar. ¶ Pret. y p. p.: *upheld* [ʌpˈheld].

upholster [upˈhəulstər] *t.* tapizar y emborrar [muebˈɛs].

upland [ˈʌplənd] *s.* meseta.

uplift [ˈʌplift] *s.* levantamiento.

upon [əˈpɔn] *prep.* sobre, encima. 2 *nothing to live ~,* nada con qué vivir; *~ pain of,* bajo pena de; *~ seeing this,* viedo esto.

upper ['ʌpəʳ] *a. comp.* de UP: superior, alto, más elevado: ~ *classes,* la clase alta ~ *House,* cámara alta; *to have the* ~ *hand of,* ejercer el mando. 2 *s.* pala y caña del zapato. 3 litera alta.

uppermost ['ʌpəməust, -məst] *a.* el más alto o elevado; predominante. 2 *adv.* en lo más alto; en primer lugar.

upright ['ʌpˈrait] *a.* derecho, vertical. 2 ['ʌprait] recto, honrado.

uprising [ʌpˈraiziŋ] *s.* levantamiento. 2 insurrección.

uproar ['ʌpˌrɔ:] *s.* gritería, alboroto, tumulto.

uproot [ʌpˈru:t] *t.* desarraigar, extirpar.

upset ['ʌpset] *a.* volcado, tumbado. 2 trastornado, desarreglado. 3 [ʌpˈset] *s.* vuelco. 4 trastorno. 5 [ʌpˈset] *t.* volcar. 6 trastornar, desarreglar. ¶ Pret. y p. p.: *upset.*

upside ['ʌpsaid] *s.* lado o parte superior: ~ *down,* al revés, patas arriba.

upstairs ['ʌpˈstɛəz] *adv.* arriba, al o en el piso de arriba. 2 *a.* de arriba.

up-to-date ['ʌptəˈdeit] *a.* al corriente. 2 moderno, del día.

upward ['ʌpwəd] *a.* dirigido hacia arriba, ascendente.

upward(s ['ʌpwəd, -z] *adv.* hacia arriba, arriba.

urchin ['ə:tʃin] *s.* pilluelo.

urge [ə:dʒ] *s.* impulso. 2 ganas. 3 *t.* insistir en. 4 recomendar. 5 instar.

urgent ['ə:dʒənt] *a.* urgente. 2 insistente.

urn [ə:n] *s.* urna. 2 jarrón.

us [ʌs, əs, s] *pron. pers.* [caso objetivo] nos. 2 [con prep.] nosotros.

usage ['ju:zidʒ] *s.* trato, tratamiento. 2 uso, costumbre.

use [ju:s] *s.* uso, empleo. 2 utilidad, servicio, provecho. 3 práctica, costumbre. 4 [ju:z] *t.* usar, emplear. 5 practicar, hacer. 6 tratar [bien, mal].

useful ['ju:sful] *a.* útil.

useless ['ju:slis] *a.* inútil.

usher ['ʌʃəʳ] *s.* ujier, portero. 2 TEAT. acomodador. 3 *t.* introducir.

usual ['ju:ʒuəl] *a.* usual, habitual: *as* ~, como de costumbre.

usurp [ju:ˈzə:p] *t.* usurpar.

usury ['juːʒuri] *s.* usura.
utensil [juːˈtensl] *s.* utensilio.
utility [juːˈtiliti] *s.* utilidad, provecho. 2 empresa de servicio público.
utilize ['juːtilaiz] *t.* utilizar, emplear, explotar.

utmost ['ʌtmǝust, -mǝst] *a.* sumo, extremo. 2 *s.* lo más posible.
utter ['ʌtǝr] *a.* absoluto, total. 2 *t.* pronunciar, articular. 3 decir, expresar.

V

vacancy ['veikənsi] *s.* vacío. 2 [empleo, habitación] vacante.

vacation [və'keiʃən] *s.* vacación.

vacuum ['vækjuəm] *s.* vacío: ~ *cleaner*, aspirador eléctrico.

vagabond ['vægəbɔnd] *a.--s.* vagabundo.

vagrant ['veigrənt] *a.-s.* vago.

vague [veig] *a.* vago, indefinido.

vain [vein] *a.* vano, fútil.

vale [veil] *s.* valle, cañada.

valentine ['væləntain] *s.* tarjeta o regalo el día de san Valentín. 2 novio, novia.

valet ['vælit, -lei, -li] *s.* criado.

valiant ['væljənt] *a.* valiente.

valley ['væli] *s.* valle, cuenca.

valo(u)r ['vælər] *s.* valor.

valuable ['væljuəbl] *a.* valioso, costoso. 2 *s. pl.* objetos de valor.

valuation [,vælju'eiʃən] *s.* valoración, tasación.

value ['vælju:] *s.* valor [de una cosa]; precio, mérito. 2 *t.* valorar. 3 apreciar, estimar.

van [væn] *s.* furgón; camioneta. 2 vanguardia.

vane [vein] *s.* veleta. 2 aspa.

vanilla [və'nilə] *s.* BOT. vainilla.

vanish ['væniʃ] *i.* desaparecer, desvanecerse.

vanity ['væniti] s. vanidad.

vanquish ['væŋkwiʃ] t. vencer, derrotar.

vapo(u)r ['veipɔr] s. vapor, vaho. 2 niebla ligera.

variable ['vɛəriəbl] a.-s. variable.

variety [və'raiəti] s. variedad.

various ['vɛəriəs] a. vario [diverso; variable]. 2 varios.

varnish ['vɑːniʃ] s. barniz. 2 t. barnizar. 3 CERÁM. vidriar.

vary ['vɛəri] t.-i. variar. 2 i. diferenciarse.

vase [vɑːz] s. jarrón; florero.

vassal ['væsəl] s. vasallo.

vast [vɑːst] a. vasto. 2 inmenso.

vat [væt] s. tina, tanque.

vault [vɔːlt] s. ARQ. bóveda. 2 sótano; cripta tumba o panteón subterráneo. 3 salto [con pértiga, etc.]. 4 t. abovedar. 2 t.-i. saltar [por encima], saltar con pértiga.

vaunt [vɔːnt] i. jactarse.

veal [viːl] s. ternera [carne].

vegetable ['vedʒitəbl] a. vegetal. 2 s. vegetal. 3 legumbre, hortaliza.

veil [veil] s. velo. 2 t. velar.

vein [vein] s. ANAT. vena. 2 humor, disposición.

velvet ['velvit] s. terciopelo.

venerable ['venərəbl] a. venerable. 2 venerado.

vengeance ['ven(d)ʒəns] s. venganza.

venison ['venzn, 'venizn] s. venado, carne de venado.

venom ['venəm] s. veneno.

vent [vent] s. orificio, abertura. 2 expansión, desahogo. 3 t. dar salida a.

venture ['ventʃər] s. ventura, azar, riesgo. 2 t.- aventurar(se, arriesgar(se.

veranda(h [və'rændə] s. veranda.

verb [vəːb] s. GRAM. verbo.

verbal ['vəːbl] a. verbal. 2 oral.

verdict ['vəːdikt] s. veredicto.

verdure ['vəːdʒər] s. verde, verdura, verdor.

verge [vəːdʒ] s. borde, orilla. 2 i. inclinarse, acercarse.

verify ['verifai] t. verificar.

veritable ['veritəbl] *a.* verdadero.

verse [və:s] *s.* LIT. verso.

version ['və:ʃən] *s.* versión.

vertical ['və:tikəl] *a.* vertical.

very ['veri] *a.* mismo, idéntico: *at that ~ moment,* en aquel mismo instante. 2 verdadero, puro, solo: *the ~ truth,* la pura verdad. 3 *adv.* muy, sumamente: *~ much,* mucho, muchísimo.

vessel ['vesl] *s.* vasija, vaso. 2 nave, embarcación.

vest [vest] *s.* chaleco. 2 *t. to ~ in,* dar, atribuir, conferir a.

vex [veks] *t.* vejar, molestar. 2 disgustar, desazonar.

vibrate [vai'breit] *t.-i.* vibrar, hacer vibrar.

vice [vais] *s.* vicio. 2 torno de banco. 3 fam. sustituto, suplente.

vicinity [vi'siniti] *s.* vecindad.

vicious ['viʃəs] *a.* vicioso [depravado; defectuoso].

victim ['viktim] *s.* víctima.

victor ['viktər] *m.* vencedor.

victory ['viktəri] *s.* victoria.

victual ['vitl] *t.-i.* avituallar(se. 2 *s. pl.* vituallas.

view [vju:] *s.* vista, visión, consideración; mirada. 2 opinión, punto de vista. 3 aspecto. 4 propósito. 5 *t.* ver, mirar. 6 examinar, inspeccionar. 7 considerar.

vigorous ['vigərəs] *a.* vigoroso.

vigo(u)r ['vigər] *s.* vigor.

vile [vail] *a.* vil, ruin.

village ['vilidʒ] *s.* aldea, lugar.

villager ['vilidʒər] *s.* lugareño, aldeano.

villain ['vilən] *s.* bribón, canalla.

villainy ['viləni] *s.* villanía.

vine [vain] *s.* BOT. vid, parra.

vinegar ['vinigər] *s.* vinagre.

vineyard ['vinjəd] *s.* viña.

violate ['vaiəleit] *t.* violar.

violence ['vaiələns] *s.* violencia.

violet ['vəiəlit] *s.* violeta. 2 color de violeta.

violin [ˌvaiə'lin] *s.* violín.

viper ['vaipə] *s.* víbora.

virgin ['və:dʒin] s. virgen, doncella. 2 a. virgen; virginal.

virtue ['və:tju:] s. virtud.

visage ['vizidʒ] s. rostro.

viscount ['vaikaunt] s. vizconde.

visible ['vizibl] a. visible.

visión ['viʒən] s. vista [sentido]. 2 visión.

visit ['vizit] s. visita. 2 t. visitar. 3 afligir, castigar.

visitor ['vizitər] s. visita, visitante. 2 visitador.

vitality [vai'tæliti] s. vitalidad. 2 animación, vigor.

vivid ['vivid] a. vivido. 2 vivo, animado.

vocabulary [və'kæbjuləri] s. vocabulario. 2 léxico.

vocal ['vəukəl] a.-s. vocal. 2 a. oral. 3 vocálico. 4 fig. hablador, elocuente.

vocation [vəu'keiʃən] s. vocación. 2 oficio, profesión.

vogue [vəug] s. boga, moda.

voice [vɔis] s. voz. 2 habla, palabra. 3 opinión, voto. 2 t. expresar, decir.

void [vɔid] s. vacío; vacante.

volcanic [vɔl'kænik] a. volcánico.

volcano [vɔl'keinəu] s. volcán.

volley ['vɔli] s. descarga. 2 t. lanzar una descarga.

volume ['vɔljum] s. volumen, tomo, libro.

voluntary ['vɔləntəri] a. voluntario. 2 espontáneo.

volunteer [,vɔlən'tiər] s. voluntario. 2 t.-i. ofrecer(se voluntariamente.

vomit ['vɔmit] t.-i. vomitar.

vote [vəut] s. voto, votación. 2 t.-i. votar [dar su voto].

voter ['vəutər] s. votante.

vouch [vautʃ] t. testificar. 2 garantizar.

vow [vau] s. voto, promesa solemne. 2 voto, deseo; súplica. 3 t. hacer voto de; prometer solemnemente.

vowel ['vauəl] a.-s. GRAM. vocal.

voyage [vɔiidʒ] s. viaje por mar o por el aire, travesía. 2 i. viajar, navegar.

vulgar ['vʌlgər] a. vulgar. 2 común, ordinario. de mal gusto.

vulture ['vʌltʃər] s. buitre.

W

wade [weid] *i.* andar sobre terreno cubierto de agua, lodo, etc. 2 *t.* vadear.

waft [wɑ:ft] *s.* soplo, ráfaga. 2 *t.-i.* mecer(se.

wag [wæg] *s.* meneo. 2 bromista, guasón. 3 *t.-i.* menear(se.

wage [weidʒ] *s.* paga, jornal. 2 *t.* hacer; librar; proseguir.

wager ['weidʒəʳ] *s.* apuesta. 2 *t.-i.* apostar.

wag(g)on ['wægən] *s.* carromato, furgón.

waif [weif] *s.* cosa o animal sin dueño. 2 niño abandonado; golfillo.

wail [weil] *s.* lamento, gemido. 2 *t.-i.* lamentar(se, deplorar.

waist [weist] *s.* cintura, talle.

waistcoat ['weiskəut] *s.* chaleco.

wait [weit] *s.* espera. 2 detención, demora. 3 *i.-t.* esperar, aguardar [con *for*]. 4 *i.* servir: *to ~ at table,* servir a la mesa.

waiter ['weitəʳ] *s.* mozo, camarero.

waiting ['weitiŋ] *s.* espera. 2 servicio.

waitress ['weitris] *s.* camarera.

wake [weik] *s.* estela, aguaje. 2 vela, velatorio. 3 [a veces con *up*] *t.-i.* despertar(se, despabilarse. ¶ Pret. *waked* [weikt] o *woke* [wəuk]; p. p.: *waked* o *woken* ['wəukən].

waken ['weikən] *t.-i.* despertar.

walk [wɔ:k] s. paseo, vuelta. 2 paseo, alameda, senda. 3 paso [del caballo, etc.]. 4 i. andar, caminar: to ~ away, irse; to ~ out, to ~ out with, salir con, ser novio de; to ~ up to, acercarse a; to ~ the hospitals, estudiar medicina. 5 t. sacar a paseo. 6 recorrer.

walking ['wɔ:kiŋ] s. marcha, paseo.

wall [wɔ:l] s. pared, muro.

wallet ['wɔlit] s. cartera [de bolsillo].

wallow ['wɔləu] i. revolcarse. 2 nadar [en la abundancia].

walnut ['wɔ:lnʌt] s. BOT. nuez.

wan [wɔn] a. pálido, descolorido. 2 triste, enfermizo.

wand [wɔnd] s. vara.

wander ['wɔndər] t.-i. errar, vagar.

wane [wein] i. menguar. disminuir. 2 declinar.

want [wɔnt] s. falta, necesidad, carencia, escasez. 2 t. necesitar. 3 querer, desear.

wanting ['wɔntiŋ] a. falto, defectuoso. 2 necesitado.

wanton ['wɔntən] a. tra-vieso. 2 lascivo. 3 s. mujer disoluta.

war [wɔ:ʳ] s. guerra. 2 i. guerrear, estar en guerra.

warble ['wɔ:bl] s. trino. 2 t.-i. trinar, gorjear.

ward [wɔ:d] s. guarda, custodia. 2 t. guardar, proteger.

warden ['wɔ:dn] s. vigilante, guardián. 2 gobernador.

wardrobe ['wɔ:drəub] s. armario, guardarropa.

ware [wɛəʳ] s. sing. o pl. géneros, mercancías.

warehouse ['wɛəhaus] s. almacén.

warfare ['wɔ:fɛəʳ] s. guerra.

warlike ['wɔ:-laik] a. guerrero.

warm [wɔ:m] a. caliente, cálido, caluroso: I am ~, tengo calor; it is ~, hace calor. 2 t.-i. calentar(se.

warmth [wɔ:mθ] s. calor moderado. 2 afecto, cordialidad.

warn [wɔ:n] t. avisar, advertir, prevenir. 2 amonestar.

warning ['wɔ:niŋ] s. aviso, advertencia. 2 amonestación.

warp [wɔ:p] s. TEJ. urdimbre. 2 t. urdir.

warrant ['wɔrənt] s. autorización, poder. 2 t. autorizar.

warrior ['wɔriəʳ] s. guerrero.

warship ['wɔ:-ʃip] s. buque de guerra.

wary ['wɛəri] a. cauto.

was [wɔz, wəz] pret. de TO BE.

wash [wɔʃ] s. lavado, ablusión. 2 baño, capa. 3 loción. 4 t. lavar. 5 bañar, regar; to ~ up, lavar los platos.

washing ['wɔʃiŋ] s. acción de TO WASH. 2 colada. 3 a. de lavar: ~-machine, lavadora.

wasp [wɔsp] s. avispa.

waste [weist] a. yermo, inculto. 2 s. extensión. inmensidad. 3 t. devastar, destruir. 4 gastar, mermar.

wasteful ['weistful] a. asolador; derrochador.

watch [wɔtʃ] s. reloj de bolsillo. 2 vela, vigilia: ~ night, noche vieja. 3 vigilancia, observación. 4 centinela, vigilante. 5 i. velar [estar despierto]. 6 vigilar, estar alerta.

watchful ['wɔtʃful] a. desvelado. 2 vigilante, en guardia.

watchman ['wɔtʃmən] s. sereno.

water ['wɔ:təʳ] s. agua: in deep ~, o waters, en apuros. 2 a. de agua, acuático. 3 t. regar, rociar, mojar. 4 i. chorrear agua o humedad; llorar.

waterfall [['wɔ:təfɔ:l] s. cascada, catarata.

watery ['wɔ:təri] a. acuoso.

wave [weiv] s. ola. 2 onda. 3 i. flotar, ondear.

waver ['weivəʳ] s. oscilación. 2 i. ondear, oscilar.

wax [wæks] s. cera. 2 t. encerar. 3 i. crecer, aumentar.

way [wei] s. vía, camino, calle, canal, conducto. 2 viaje, rumbo, curso, dirección, sentido: the other ~ round, al revés; this ~, por aquí. 3 paso. 4 espacio, distancia, trecho. 5 marcha, progreso. 6 modo, manera: anyway, de todos modos. 7 lado, aspecto. 8 medio. 9 sistema de vida, costumbre. 10 estado, condición. 11 pl. maneras [de una persona]. 12 by ~ of, pasando por, por vía de. 13 by the ~, a propósito. 14 a. de camino, de tránsito: ~ train, tren, tranvía.

wayward ['weiwed] *a.* díscolo; caprichoso.

we (wi:, wi) *pron.* nosotros.

weak [wi:k] *a.* débil, flojo.

weaken ['wi:kən] *t.-i.* debilitar(se.

weakness ['wi:knis] *s.* debilidad.

weal [wi:l] *s.* bien, prosperidad: *public* ∼, bien público. 2 cardenal [en la piel].

wealth [welθ] *s.* riqueza.

wealthy ['welθi] *a.* rico.

weapon ['wepən] *s.* arma.

wear [wɛəʳ] *s.* uso [de ropa, calzado, etc.]. 2 ropa, vestidos. 3 *t.* traer puesto, usar, llevar. 4 *t.-i.* gastar(se, deteriorar(se. 5 *to* ∼ *away*, gastar(se, consumir(se. ¶ Pret.: *wore* [wɔːʳ, wɔəʳ]; p. p.: *worn* [wɔːn].

weariness ['wiərinis] *s.* cansancio, fatiga. 2 aburrimiento.

weary ['wiəri] *a.* fatigado. 2 *t.-i.* cansar(se, fatigar(se.

weasel ['vi:zl] *s.* comadreja.

weather ['weðəʳ] *s.* tiempo [estado de la atmósfera]. 2 *t.-i.* curar(se, secar(se a la intemperie.

weave [wi:v] *s.* tejido, textura. 2 *t.* tejer. 3 urdir, tramar. ¶ Pret.: *wove* [wəuv]; p. p.: *woven* ['wəuvən] o *wove*.

weaver ['wi:vəʳ] *s.* tejedor.

web [web] *s.* tejido, tela; telaraña.

we'd [wi:d] *contrac.* de WE HAD, WE SHOLD o WE WOULD.

wed [wed] *t.-i.* casar(se. [con]. ¶ Pret. y p. p.: *wedded* ['wedid] o *wed* [wed].

wedding ['wedin] *s.* boda.

wedge [wedʒ] *s.* cuña, calce. 2 *t.* acuñar, meter cuñas.

Wednesday ['wenzdi, -dei] *s.* miércoles.

weed [wi:d] *s.* yerbajo. 2 *t.* desyerbar.

week [wi:k] *s.* semana: *a* ∼ *from today,* de hoy en ocho días.

weep [wi:p] *t.-i.* llorar. ¶ Pret. y p. p.: *wept* [wept].

weeping ['wi:piŋ] *s.* llanto.

weigh [wei] *t.-i.* pesar(se.

weight [weit] *s.* peso, gravedad: *to put on* ∼, engordar. 2 *t.* sobrecargar.

weird [wiəd] *a.* raro, extraño, misterioso.

welcome ['welkəm] *a.* bien venido. 2 grato, agradable. 3 *you are* ~, no hay de qué. 4 *s.* bienvenida, buena acogida. 5 *t.* dar la bienvenida, acoger.

welfare ['welfɛəʳ] *s.* bienestar.

we'll [wi:l] *contrac.* de WE SHALL y WE WILL.

1) **well** [wel] *a.* bien hecho, satisfactorio, bueno, apto. 2 *s.* *well-being,* bienestar. 3 pozo. 4 *adv.* bien, felizmente. 5 *as* ~, además; también.

2) **well** [wel] *t.-i.* manar.

went [went] *pret.* de TO GO.

wept [wept] V. TO WEEP.

we're [wiəʳ] *contrac.* de WE ARE.

were [wə:ʳ, wəʳ] V. TO BE.

west [west] *s.* oeste, occidente. 2 *a.* occidental, del oeste.

wet [wet] *a.* mojado. 2 húmedo. 3 *s.* humedad. 4 *t.* mojar. ¶ Pret. y p. p.: *wet* o *wetted.*

wetness ['wetnis] *s.* humedad.

whale [h)weil] *s.* ballena.

wharf [h)wɔːf] *s.* muelle.

what [h)wɔt] *a.* y *pron. interr.* qué; cuál: ~ *for?*, ¿para qué? 2 *pron. rel.* lo que. 3 *a. rel.* que: ~ *a man!,* ¡qué hombre! 4 *interj.* ¡eh!, ¡qué!

whatever [wɔt'evəʳ] *pron.* cualquier cosa que, todo lo que. 2 *a.* cualquiera que.

whatsoever [ˌwɔtsəu'evəʳ] *pron.* y *a.* WHATEVER.

wheat [h)wi:t] *s.* trigo.

wheel [h)wi:l] *s.* rueda. 2 torno. 3 AUTO. volante.

when [h)wen] *adv.-conj.* cuando.

whence [h)wens] *adv.* de donde; por lo cual.

whenever [h)wen'evəʳ] *adv.* cuando quiera que, siempre que.

where [h)wɛəʳ] *adv.-conj.* donde, en donde, adonde, por donde.

whereas [wɛəʳ'æz] *conj.* considerando que. 2 mientras que.

whereby [wɛə'bai] *adv.* por donde; por lo cual; con lo cual.

wherein [wɛəʳ'in] *adv.* en donde, en que, con que.

whereupon [ˌwɛərə'pɔn] *adv.* entonces, después de lo cual.

wherever [wɛəʳ'evəʳ] *adv.* dondequiera que, adondequiera que, por dondequiera que.

whether ['weðər] *conj.* si.
2 sea, ya sea que, tanto
si... (como).

which [(h)witʃ] *a.* y *pron.*
interrogativo [selectivo]
¿qué?, ¿cuál?, ¿cuáles
2 *pron. rel.* lo que, lo
cual. 3 *a. rel.* que [cuan-
do el antecedente es co-
sa].

whichever [(h)witʃ'evər]
pron. y *a.* cual(es)quiera
[que].

while [(h)wail] *s.* rato,
tiempo: *be worth ~*, va-
ler la pena. 2 *conj.* mientras [que]. 3 *t.* pasar [el
rato, etc.].

whilst [(h)wailst] *conj.*
mientras [que].

whim [(h)wim] *s.* antojo.

whimper [(h)wimpər] *s.*
gemido. 2 *i.* gemir, llo-
riquear.

whine [(h)wain] *s.* gemido. 2 *i.* gemir, quejar-
se.

whip [(h)wip] *s.* látigo,
azote. 2 *t.* fustigar, azotar.

whir [(h)wəːr] *s.* zumbido. 2 *i.* zumbar.

whirl [(h)wəːl] *s.* remolino. 2 *i.* girar rápidamente. 3 *t.* hacer girar.

whirlpool [(h)wəːl-puːl]
s. vórtice, remolino de
agua.

whisker [(h)wiskər] *s.* patilla.

whisper ['(h)wispər] *s.*
susurro. 2 *i.-t.* susurrar,
murmurar.

whistle ['(h)wisl] *s.* silba-
to, pito. 2 *i.-t.* silbar,
pitar.

whit [(h)wit] *s.* pizca.

white [(h)wait] *a.* blanco:
~-hot, candente. 2 *s.*
clara [de huevo].

whiten ['(h)waitn] *t.* blanquear, emblanquecer.

whitewash ['(h)wait-wɔʃ]
t. blanquear, enjalbegar.

whither ['(h)wiðər] *adv.*
adonde.

who [huː, hu] *pron. rel.*
quien, quienes, que, el
que, la que, los que, las
que. 2 *pron. interr.*
¿quién?, ¿quiénes?

whoever [hu(ː)'evər]
pron. rel. quienquiera
que, cualquiera que.

whole [həul] *a.* todo, entero. 2 *s.* total, conjunto.

wholesale ['həul-seil] *a.-
adv.* al por mayor. 2 *s.*
venta al por mayor.

wholesome ['houlsəm] *a.*
sano.

whom [huːm, hum] *pron.*
caso oblicuo de WHO) a
quien, a quienes; que,
al que, etc.

whoop [huːp] *s.* grito,
alarido. 2 *t.-i.* gritar,
vocear.

whose [hu:z] *pron.* (genitivo de WHO y WHICH) cuyo -a, cuyos -as, del que, de quien(es.

why [(h)wai] *adv. conj.* ¿por qué?, ¿cómo? 2 *interj.* ¡cómo!, ¡toma! 3 *s.* porqué, causa.

wicked ['wikid] *a.* malo, perverso.

wicker ['wikər] *s.* mimbre.

wide [waid] *a.* ancho. 2 amplio, extenso. 3 *adv.* ampliamente. 4 lejos, a distancia.

widen ['waidn] *t.-i.* ensanchar(se, extender(se.

wide-spread ['waidspred] *a.* extendido. 2 muy difundido.

widow ['widəu] *s.* viuda.

width [widθ] *s.* anchura, ancho.

wield [wi:ld] *t.* manejar.

wife [waif], *pl.* **wives** [waivz] *s.* esposa.

wig [wig] *s.* peluca, peluquín.

wild [waild] *a.* salvaje, montaraz, silvestre.

wilderness ['wildənis] *s.* tierra inculta, desierto.

wile [wail] *s.* ardid, maña.

will [wil] *s.* voluntad.

1) **will** [wil] *t.* querer, ordenar. ¶ Pret. y p. p.: *willed*.

2) **will** (sin **to**) [wil] *t.* querer, desear. ¶ Pret.: *would* [wud]. | No se usa otro tiempo.

3) **will** (sin **to**) [wil] *v. defect* y *aux.* pret. y condicional: *would* [wud, wəd]. Se usa *will* para formar el fut. y *would* en condicional en 2.ª y 3.ª pers.

willing ['wiliŋ] *a.* deseoso, dispuesto. 2 gustoso.

willow ['wiləu] *s.* sauce.

wilt [wilt] *t.-i.* marchitar(se.

wily ['waili] *a.* astuto.

win [win] *t.* ganar. 2 *i.* vencer, triunfar. ¶ Pret. y. p. p.: *won* [wʌn].

wince [wins] *s.* respingo. 2 *i.* cejar, acobardarse; respingar.

wind [wind] *s.* viento, aire. 2 rumbo, punto cardinal. 3 aliento, respiración.

1) **wind** [wind] *t.-i.* husmear, olfatear. 2 *t.* airear. ¶ Pret. y p. p.: *winded* ['windid].

2) **wind** [waind] *t.* devanar. 2 dar cuerda a [un reloj]. 3 izar, elevar. ¶ Pret. y p. p.: *wound* [waund].

3) **wind** [waind] *t.* soplar. ¶ Pret. y p. p.: *winded* ['waindid] o *wound* [waund].

window ['windəu] s. ventana.

windy ['windi] a. ventoso.

wine [wain] s. vino.

wing [wiŋ] s. ala. 2 vuelo. 3 TEAT. bastidor.

wink [wiŋk] s. parpadeo. 2 guiño. 3 destello. 4 i. pestañear. 5 hacer guiños. 6 centellear.

winner ['winər] s. ganador.

winning ['winiŋ] a. triunfante, ganador. 2 atractivo. 3 -s s. pl. ganancias [en el juego].

winter ['wintər] s. invierno.

wintry ['wintri] a. invernal.

wipe [waip] t. limpiar.

wire ['waiər] s. alambre. 2 telegrama; telégrafo. 3 t. poner un telegrama.

wireless ['waiəlis] s. radio.

wiry ['waiəri] a. de alambre. 2 delgado y fuerte; nervudo.

wisdom ['wizdəm] s. sabiduría.

wise [waiz] a. cuerdo, prudente. 2 s. manera: *in no* ~, de ningún modo.

wish [wiʃ] s. deseo, anhelo. 2 t. desear, anhelar, ansiar.

wishful ['wiʃful] a. deseoso.

wistful ['wistful] a. triste, pensativo.

wit [wit] s. agudeza, ingenio.

witch [witʃ] s. bruja, hechicera.

witchcraft ['witʃkrɑːft] s. brujería, hechicería. 2 encanto, fascinación.

witchery ['witʃəri] s. brujería, hechicería. 2 encanto, fascinación.

with [wið] prep. con; para con; a, de, en, entre: *charged* ~, acusado de.

withdraw [wið'drɔː] t.-i. retirar(se. 2 apartar(se, separar(se. ‖ Pret.: *withdrew* [wið'druː]); p. p.: *withdrawn* [wið'drɔːn].

withdrawal [wið'drɔːəl] s. retiro, retirada.

wither ['wiðər] t. marchitar(se, secar(se, ajar(se.

withhold [wið'həul] t. detener, contener. 2 suspender [un pago]. 3 negar. ‖ Pret. y p. p.: *withheld* [wið'held].

within [wi'ðin] prep. dentro de [los límites de], en. 2 al alcance de. 3 adv. dentro, en o al interior, en la casa.

without [wi'ðaut] prep. sin. 2 falto de. 3 fuera

de. *4 adv.* fuera. *5 conj.*
si no, a menos de.

withstand [wið'stænd] *t.*
resistir, aguantar, opo-
nerse a. ¶ Pret. y p. p.:
withstood [wið'stud].

witness ['witnis] *s.* testigo. *2 t.* dar testimonio
de, atestiguar.

witty ['witi] *a.* ingenioso,
agudo.

wives [waivz] *s. pl.* de
WIFE.

wizard ['wizəd] *s.* brujo,
hechicero.

woe [wəu] *s.* pena, aflicción.

wo(e)ful ['wəuful] *a.*
triste, afligido. *2* lastimero, doloroso.

woke [wəuk] V. TO WAKE.

wolf [wulf], *pl.* **wolves**
[wulvz] *s.* lobo: ~ *cub*,
lobezno.

woman ['wumən], *pl.*
women ['wimin] *s.* mujer.

womb [wu:m] *s.* útero,
matriz.

won [wʌn] V. TO WIN.

wonder ['wʌndər] *s.* admiración, asombro: *no*
~, no es de extrañar. *2*
incertidumbre. *3 t.* de-
sear saber, preguntarse.

wonderful ['wʌndəful] *a.*
admirable, maravilloso.

wondrous ['wʌndrəs] *a.*
sorprendente, asombroso.

wont [wəunt] *a.* acostumbrado: *to be* ~ *to*,
soler, acostumbrar. *2 s.*
costumbre, hábito.

won't [wəunt] *contr.* de
WILL NOT.

woo [wu:] *t.-i.* cortejar.

wood [wud] *s.* bosque,
selva. *2* madera, leña.

woodpecker ['wud,pekər]
s. pájaro carpintero.

wool [wul] *s.* lana.

word [wə:d] *s.* palabra,
vocablo. *2* palabra, promesa. *3* aviso, recado. *4*
pl. palabras, disputa: *to
have words*, disputar. *5
t.* expresar [con pala-
bras].

wore [wɔ:ʳ, wɔəʳ] V. TO
WEAR.

work [wə:k] *s.* trabajo,
labor; ocupación, em-
pleo; operación, funcio-
namiento. *2* obra. *3 pl.*
fábrica, taller. *4* maquinaria [de un artefacto].
5 i. trabajar; laborar. *6*
surtir efecto, dar resul-
tado. *7 to* ~ *out*, resultar [bien o mal]; DEP.
entrenarse. *8 t.* fabricar,
producir. *9 to* ~ *off*, deshacerse de. *10* ~ *up*, inflamar.

worker ['wə:kər] *s.* obrero.

working ['wə:kiŋ] *a.* que
trabaja. *2* activo, laborioso.

workman ['wə:kmən] s. obrero.

workroom ['wə:k-rum], **workshop** [-ʃɔp] s. taller, obrador.

world [wə:ld] s. mundo.

worldly ['wə:ldli] a. mundano, mundanal. 2 terrenal.

worm [wə:m] s. gusano. 2 i.-ref. introducirse, insinuarse.

worn [wɔ:n] p. p. de TO WEAR. 2 ~ out, usado, gastado.

worried ['wʌrid] a. angustiado, preocupado.

worry ['wʌri] s. preocupación. 2 t.-i. inquietar-(se, preocupar(se. 3 to ~ out, hallar solución.

worse [wə:s] a. - adv. comp. de bad, peor.

worship ['wə:ʃip] s. culto, adoración. 2 t. adorar.

worst [wə:st] s. superl. peor [en sentido absoluto]: the ~, el peor. 2 adv. superl. peor, pésimamente. 3 t. vencer, derrotar.

worth [wə:θ] s. valor, precio. 2 a. digno, merecedor de.

worthless ['wə:θlis] a. sin valor.

worthy ['wə:ði] a. estimable, excelente. 2 digno, merecedor.

would [wud, wəd] pret. de WILL 2; pret. y condicional de WILL 3.

would-be ['wudbi:] a. supuesto, seudo. 2 aspirante.

wouldn't ['wudənt] contracción de WOULD NOT.

wound [wu:nd] s. herida. 2 t. herir, lastimar.

wove [wəuv], **woven** ['wəuven] V. TO WEAVE.

wrangle ['ræŋgl] s. disputa. 2 i. disputar.

wrap [ræp] s. envoltura. 2 manta, abrigo. 3 t.-i. cubrir(se, envolver(se.

wrapping ['ræpiŋ] s. envoltura.

wrath [rɔθ] s. cólera, ira.

wreak [ri:k] t. infligir.

wreath [ri:θ] s. corona, guirnalda.

wreathe [ri:ð] t.-i. entrelazar.

wreck [rek] s. naufragio; ruina, destrucción. 2 t. hacer naufragar, echar a pique. 3 t.-i. arruinar(se, destruir(se.

wreckage ['rekidʒ] s. naufragio, ruina.

wrench [rentʃ] s. tirón. 2 t. tirar de.

wrest [rest] t. torcer violentamente. 2 arrancar.

wrestle ['resl] i. luchar a brazo partido.

wretch [retʃ] *s.* miserable, infeliz.

wretched ['retʃid] *a.* infeliz. 2 malo, ruin.

wriggle ['rigl] *t.-i.* retorcer(se, menear(se.

wring [riŋ] *t.* torcer, retorcer. ¶ Pret. y p. p.: *wrung* [ruŋ].

wrinkle ['riŋkl] *s.* arruga, surco.

wrist [rist] *s.* ANAT. muñeca.

writ [rit] *s.* escrito, escritura.

write [rait] *t.-i.* escribir: *to ~ back*, contestar por carta; *to ~ down*, anotar; *to ~ out*, redactar; *to ~ up*, poner al día. ¶ Pret.: *wrote* [rəut]; p. p.: *written* ['ritn].

writer ['raitər] *s.* escritor, autor.

writhe [raið] *t.-i.* retorcer(se, torcer(se.

writing ['raitiŋ] *s.* escritura, escrito.

wrong [rɔŋ] *a.* malo, injusto. 2 erróneo, equivocado. 2 *the ~ side*, el revés [de una tela]. 3 *adv.* mal, al revés. 4 *s.* agravio, injusticia. 5 *t.* agraviar, ofender.

wroth [rəuθ] *a.* enojado, furioso.

wrought [rɔ:t] *pret.* y *p. p. irreg.* de TO WORK. 2 *a.* trabajado, labrado, forjado.

wrung [rʌŋ] V. TO WRING.

X

Xmas ['krisməs] *s.* abrev. de CHRISTMAS.

X-rays ['eks'reiz] *s. pl.* rayos X.

Y

yard [jɑːd] *s.* yarda [medida inglesa de longitud = 0'914 m]. 2 patio, corral.

yarn [jɑːn] *s.* hebra, hilo. 2 cuento increíble.

yawn [jɔːn] *s.* bostezo. 2 *i.* bostezar.

year [jeːʳ] *s.* año.

yearly [ˈjeːli] *a.* anual.

yearn [jeːn] *i.* [con *for* o *after*], anhelar, suspirar por.

yeast [jiːst] *s.* levadura.

yell [jel] *s.* grito. alarido. 2 *i.* gritar, dar alaridos.

yellow [ˈjeləu] *a.* amarillo.

yelp [jelp] *s.* ladrido, aullido. 2 *i.* ladrar, aullar.

yeoman [ˈjəumən] *s.* hacendado. 2 ~ *of the*

guard, guardián de la Torre de Londres.

yes [jes] *adv.-s.* sí [respuesta afirmativa].

yesterday [ˈjestədi, -dei] *s.* y *adv.* ayer.

yet [jet] *adv.* todavía, aun. 2 *conj.* aún así, no obstante.

yield [jiːld] *s.* producto, rendimiento. 2 *t.* producir, rendir. 3 entregar, ceder. 4 rendirse.

yoke [jəuk] *s.* yugo; esclavitud. 2 *t.* uncir, acoyundar.

yolk [jəuk] *s.* yema [de huevo].

yon [jɔn], **yonder** [ˈjɔndəʳ] *a.* aquel, aquella, etc., aquellos, etc. 2 *adv.* allá; más allá.

yore [jɔːʳ] *s.* otro tiempo.

you [ju:, ju] *pron*. de 2.ª pers. *sing*. y *pl*. tú, usted, vosotros, ustedes. 2 a ti, te; le, a usted; os, a vosotros; les, a ustedes.

young [jʌŋ] *a*. joven.

youngster [ˈjʌŋstəʳ] *s*. muchacho, joven.

your [juəʳ, jɔ:ʳ] *a*. tu, tus, vuestro, -a, -os, -as; su, de usted, de ustedes.

yours [juəz, jɔ:z] *pron. pos*. [e] tuyo, -a, -os, -as, [el] vuestro, -a, -os, -as; [el] suyo, -a, -os, -as [de usted o ustedes].

yourself [juəˈself, jɔ:-] *pron. pers*. tú, ti, usted mismo; te, se [reflexivos].

yourselves [ˌjuəˈselvz, jɔ:-] *pron. pl*. de YOURSELF.

youth [ju:θ] *s*. juventud.

youthful [ˈju:θful] *a*. joven, juvenil. 2 fresco, vigoroso.

Z

zeal [zi:l] *s*. celo, fervor.

zealous [ˈzeləs] *a*. celoso, entusiasta.

zero [ˈziərəu] *s*. cero.

zest [zest] *s*. sabor, gusto. 2 entusiasmo; aliciente.

zigzag [ˈzigzæg] *s*. zigzag. 2 *i*. zigzaguear.

zinc [ziŋk] *s*. cinc, zinc.

zone [zəun] *s*. zona.

zoological [ˌzəuəˈlɔdʒikl] *a*. zoológico.

SPANISH-ENGLISH

ABBREVIATIONS USED IN THIS DICTIONARY

a.	adjective.
adv.	adverb.
AER.	aeronautics.
Am.	Spanish-America.
ANAT.	anatomy.
ARCH.	architecture.
art.	article.
ARTILL.	artillery.
ASTR.	astronomy.
AUTO.	automobilism.
aux.	auxiliary verb.
BOOK-KEEP.	book-keeping.
BOT.	botany.
BOX.	boxing.
BULLF.	bullfighting.
CARP.	carpentry.
CHEM.	chemistry.
CINEM.	cinema.
coll.	colloquial.
COM.	commerce.
comp.	comparative.
COND.	conditional.
conj.	conjunction.

CONJUG.	conjugation.
COOK.	cooking.
def.	defective, definite.
dim.	diminutive.
ECCL.	ecclesiastic.
EDUC.	education.
ELECT.	electricity.
f.	feminine.
F. ARTS	fine arts.
Fut.	future.
GEOG.	geography.
GEOM.	geometry.
GER.	gerund.
GRAM.	grammar.
i.	intransitive verb.
ICHTH.	ichthiology.
Imper.	imperative.
Imperf.	imperfect.
impers.	impersonal verb.
INDIC.	indicative.
INF.	infinitive.
INSUR.	insurance.
interj.	interjection.
irr., irreg.	irregular.
JEW.	jewelry.
LIT.	literature.
LITURG.	liturgy.
m.	masculine.
MACH.	machinery.
MAS.	masonry.
MATH.	mathematics.
MECH.	mechanics.
MED.	medicine.
METAL.	metallurgy.

MIL.	military.
MUS.	music.
n.	noun.
NAUT.	nautical; nautics.
neut.	neuter.
ORN.	ornitology.
PHOT.	photography.
PHYS.	physics.
pl.	plural.
POL.	politics.
poss.	possessive.
p. p.	past participle.
prep.	preposition.
Pres.	present.
Pret.	preterite.
PRINT.	printing.
pr. n.	proper noun.
pron.	pronoun.
ref.	reflexive verb.
reg.	regular verb.
REL.	religion.
RLY.	railway, railroad.
SEW.	sewing.
Subj.	subjunctive.
superl.	superlative.
SURG.	surgery.
t.	transitive verb.
TELEPH.	telephony.
THEAT.	theatre.
V.	vide, see.
ZOOL.	zoology.

KEY TO THE SPANISH PRONUNCIATION ACCORDING TO THE INTERNATIONAL PHONETIC ALPHABET (I. P. A.)

SPANISH VOWELS

Spanish vowels always have the same value.

The pronunciation of Spanish vowels, compared with the English, is much more tense.

Spanish vowels	phonetic symbol	explanation of the sound
i	[i]	The Spanish /i/ is not so closed as in the English *seat*, but not so open as in *sit*. It resembles the French **i** in *fille*: **i**sla [ízla], *av*isar [aβisár].
e	[e]	The Spanish /e/ is more closed than the English **e** in *men*. Similar to French **e** in *chanté*. Without diphthongal glide [ei]: *queso* [késo], *noche* [nótʃe].
a	[a]	The Spanish /a/ is not like the English **a** in *father* or in *hat*. It is similar to the English **o** in *son*, but more open and frontal. Similar to the French **a** in *chat*: **a**rte [árte], **a**mor [amór].

Spanish vowels	phonetic symbol	explanation of the sound
o	[o]	It is similar to the English **ou** in *bought*, but not so long. It resembles the French **eau** in *beau*. Without diphthongal glide [oʊ]: **o**la [óla], ric**o** [rríko].
u	[u]	It is more closed than the English **u** in *full*. Similar to the English **oo** in *fool* [fu:l], but not so long and tense. It resembles the French **ou** in *poule*: l**u**na [lúna], r**u**tina [rrutína].
		NOTE. It is silent after **q** and in **gue, gui,** unless marked by a diaeresis: verg**ü**enza [berɣwénθa], arg**ü**ir [arɣwír].

SPANISH SEMI-VOWELS

Spanish semi-vow-els	phonetic symbol	explanation of the sound
i, y	[ĭ]	It is the second element of the Spanish falling diph-thongs. Like **i** in the English *voice*. In Spanish it is

Spanish semi-vowels	phonetic symbol	explanation of the sound
		louder and much more prominent than in English: *aire* [áĭre], *rey* [rréĭ].
u	[ŭ]	It is the second element of the Spanish falling diphthongs. Like **u** in the English *house* [haus]. In Spanish it is louder and much more prominent than in English: *causa* [káusa].

SPANISH SEMI-CONSONANTS

Spanish semi-consonants	phonetic symbol	explanation of the sound
i, y	[j]	It is the first element of the Spanish rising diphtongs. This sound is similar to the English **y** in *yes* or *yet*: *siete* [sjéte], *hacia* [áθja].
u	[w]	This sound is similar to the English **w** in *wait*: *cuatro* [kwátro], *bueno* [bwéno].

SPANISH DIPHTONGS

There are two kinds: falling and rising diphthongs.

Falling diphthongs: /ai/, **cai**go [ká**ĭ**yo]. *h***a**y [á**ĭ**];
/ei/, **rei**na [rré**ĭ**na], l**ey** [lé**y**]; /oi/, **oi**ga [ó**ĭ**ya];
h**oy** [ó**ĭ**]; /au/, c**au**to [ká**ŭ**to]; /eu/, d**eu**da [dé**ŭ**ða];
/ou/, b**ou** [bó**ŭ**].

The first elements **e, o** are more closed than in
English. The second elements **i, u,** called semi-
vowels, are louder and much more prominent in
Spanish than in English.

Rising diphthongs: /ja/, hac**ia** [á**θ**ja]; /je/,
t**ie**mpo [tjémpo]; /jo/, lab**io** [lá**β**jo]; /ju/ v**iu**da
[bjúða]; /w/, c**ua**tro [kwátro]; /we/ b**ue**no [bwéno];
/wi/, **fui** [fwí]; /wo/, ard**uo** [árðwo].

SPANISH THRIPHTHONGS

The strong vowels **a, e** in the middle of two weak
vowels (**i, u**) take the stress. The final vowel **i** is
much more prominent in Spanish than in English.

/jai/, estud**iái**s [estuðjáis]; /jei/, limp**iéi**s [lim-
pjéis]; /wai/, averig**uái**s [aβeriɣwáis], Parag**uay**
[paraɣwái]; /wei/, santig**üéi**s [santiɣwéis], b**uey**
[bwéi].

SPANISH CONSONANTS

Spanish consonant	phonetic symbol	explanation of the sound
p (pe)	[p]	As English /p/, but without any aspiration, as in s**p**in: **p**adre [páðre], ca**p**a [kápa]. NOTE: a) Omitted in se(p)-tiembre, suscri(p)tor, sé(p)-timo. — b) It can be

Spanish consonant	phonetic symbol	explanation of the sound
		dropped, except in affected speech, in the initial groups *ps-*: (p)sicología. — c) **p** in end syllable position followed by a consonant becomes [β]: *apto* [áβto].
b (be) **v** (uve)		The Spanish letters **b** and **v** have identically the same sound. There are two pronunciations: [b] and [β] according to position:
	[b]	As the English /b/ in absolute initial position and after **m** or **n** (mb, n‿b, nv): *bueno* [bwéno]; *venir* [benír]; *hombre* [ómbre]; *un‿buen día* [um bwén día]; *envidia* [embídja]; *un‿vals* [um bals].
	[β]	In any other position not mentioned in /b/. Try to pronounce it with your lips slightly open, as if blowing out a candle and making the vocal cords vibrate: *lobo* [lóβo]; *la vaca* [la βáka]; *ábside* [áβsiðe].

Spanish consonant	phonetic symbol	explanation of the sound
t (te)	[t]	The Spanish /t/ is pronounced as in English, but *a)* putting the tip of the tongue behind the upper teeth (not in the teeth-ridge); *b)* without any aspiration or puff of air. It is similar to the English /t/ in the group *st-*: sto̱ne [stəun]. Examples: te̱ner [tenér], ti̱nta [tínta]. NOTE: /t/ at the end of a syllable followed by a consonant becomes /ð/: a̱tlas [áðlas].
d (de)		This Spanish letter has two different pronunciations /d/ and /ð/ according to position.
	[d]	In absolute initial position and after **l** or **n** the Spanish /d/ is similar to the English /d/, but putting the tip of the tongue behind the upper teeth (not in the teeth-ridge): di̱nero [dinéro], fa̱lda [fálda], co̱nde [kónde], un⌣diente [un djénte].

Spanish consonant	phonetic symbol	explanation of the sound
	[ð]	In any other position not mentioned above the sound of the Spanish letter **d** is similar to the English **th** in **this**: *tu dinero* [tu ðinéro], *cada* [káða], *ciudad* [θjuðáð]. The Spanish letter **z** in end syllable position followed by a voiced consonant (b, v, d, g, l, m, n, r) is pronounced [ð]: *juzgar* [xuðɣár]. NOTE a) The final -*d* of some words tends to disappear altogether: virtud(d), verda(d), juventu(d), uste(d), Madri(d). NOTE b) In the words ending in -*ado* the pronunciation of [ð] is even softer and in popular speech tends to disappear.
c (ce) en ca co cu que qui k	[k]	This Spanish sound is similar to the English /k/, but without any aspiration, like in *scar* [skɑ:]. This [k] sound is represented in Spanish by

Spanish consonant	phonetic symbol	explanation of the sound
		1.° **c** followed by **a, o, u, l** or **r**: **ca**ro [káro], **sa**co [sáko], **cu**bo [kuβo], **cl**aro [kláro], **cr**istal [kristál].
		2.° **qu** followed by **e, i**: The **u** is silent: **que**dar [keðár], **qui**nto [kínto].
		3.° **k** in a few words of foreign origin: **k**ilómetro [kilómetro].
		NOTE: **c** at the end of a syllable followed by a consonant becomes [ɣ]: a**c**to [áɣto].
g (ge) en ga go gu gue gui	[g]	The Spanish letter **g** has three different sounds: /g/, /ɣ/, /x/.
		This Spanish sound is similar to the English /g/ in good [gud]. It is represented in Spanish by **g** followed by **a, o, u** when initial in a breath group or after **n**: **ga**nar [ganár], **go**ta [góta], **gu**sano [gusáno], **tengo** [téngo].
		The **u** is silent in **gue, gui**, unless marked with a diaeresis: **gue**rra [gérra],

Spanish consonant	phonetic symbol	explanation of the sound
	[ɣ]	gui*tarra* [gitárra]. But, *vergüenza* [berɣwénθa], *ar-güir* [arɣwír]. In any other position not mentioned above the Spanish /g/ has no equivalent in English. The contact of the back of the tongue with the soft palate is not complete and the air passing through the narrow passage produces a slight friction: *el gallo* [el ɣáʎo], *hago* [áɣo], *digno* [díɣno].
	[x]	For the third pronunciation of /g/ see the phonetic symbol [x], page XIII.
m (eme)	[m]	Like the English /m/ in **my**: *madre* [máðre], *amor* [amór]. NOTE a) Final **m** is pronounced as **n**: *harem* [arén], *álbum* [álßun]. NOTE b) **n** before **p, b, ß, v, f** and **m** is pronounced like English /m/: *con pan blando* [kom pam ßlándo], *en-vidia* [embíðja] *enfado* [emfáðo] *conmigo* [kommíɣo].

Spanish consonant	phonetic symbol	explanation of the sound
n (ene)	[n]	The Spanish **n** is pronounced like the English **n** in *nine* [nain]: **n**adar [naðár]. NOTE: **n** before **p, b, ß, v, f** and **m** is pronounced like the English /m/ (see phonetic symbol [m]).
ng nca nco ncu nque nqui nj	[ŋ]	The Spanish letter **n** before **g, j, c** (in **ca, co, cu**) and **qu** (in **que, qui**) is pronounced like the English **n** in *sing* or *ink*. Its phonetic symbol is /ŋ/: **t**e**ng**o [téŋgo], **banc**o [báŋko], **monj**a [móŋxa].
ñ (eñe)	[ɲ]	No equivalent in English. The most approximate sound in English is **ni** in *onion* sounded at the same time. In French and Italian **gn** [*agneau* (Fr.) *ogni* (Ital.)]: **a**ñ**o** [áɲo], **ri**ñ**ón** [rriɲón].
l (ele)	[l]	Like the English **l** in *let*: **l**ado [láðo], **ci**el**o** [θjélo]. Spanish has not the English dark **l**, when followed by consonant, as in *milk*, or final **l**, as in *full*.

Spanish consonant	phonetic symbol	explanation of the sound
ll (elle)	[ʎ]	No equivalent in English. The most approximate sound in English is li in *million* pronounced rapidly: *llave* [ʎá-βe], *calle* [káʎe]. In Italian like gli in *foglia* [fóʎa]. In some parts of Spain and in most Spanish-speaking American countries ll is pronounced as the English y in *yet* (yeísmo) or as s in *measure* ['meʒəʳ]: *calle* [káje or káʒe], which is not advisable to use, because it gives rise to confusions: *valla/vaya, olla/hoya.*
f (efe)	[f]	Like the English f in *foot* [fut]: *filosofía* [filosofía].
ce, ci za, zo zu	[θ]	In Castilian Spanish this sound is like the English th in *thin* [θin]. It is represented by ce, ci, za, zo y zu: *cero* [θéro], *ciento* [θjénto], *zapato* [θapáto]. In Andalusia and in Spanish-speaking American countries

Spanish consonant	phonetic symbol	explanation of the sound
		this sound is pronounced as s in s*oul* (seseo), which is not advisable to use, because it gives rise to confusions: *caza/casa*, *cerrar/serrar*.
s (ese)	[s]	It is similar to the English s in s*oul*, except in the instances mentioned in [z] (below): *silla* [síʎa], *casas* [kásas]. Some Andalusians pronounce s *as* [θ] (ceceo). Not Advisable.
s + { b, v, d, g, l, m, n	[z]	The Spanish s when followed by a voiced consonant b, v, d, g, l, m, n) is pronounced as the English s in r*ose* [rəuz]: *isla* [ízla], *mismo* [mízmo], *esbelto* [ezβélto], *desde* [dézðe].
ya, ye, yo, yu, hi-	[j]	No equivalent in English. The Spanish groups ya, ye, yo, yu and hi-, when not initial of a breath group and not preceded by n or l, have a sound similar to the

Spanish consonant	phonetic symbol	explanation of the sound
		English **y** in *yes,* but more closed and tense: *la⌣hierba* [la jérβa], *mayo* [májo], *mi⌣yerno* [mi jérno].
ya, ye, yo, yu, hi-	[ʒ]	In the emphatic speech of New Castile, Andalusia, Argentine and Chile the groups **ya, ye, yo, yu, hi-,** when not initial of a breath group and not preceded by **n** or **l,** have a sound similar to the English **s** in *measure* [ˈmeʒəʳ], *la⌣hierba* [la ʒérβa], *mayo* [máʒo], *mi⌣yerno* [mi ʒérno].
ya, ye, yo, yu, hi-	[dʒ]	The groups **ya, ye, yo, yu, hi-** at the beginning of a syllable and preceded by **n** or **l** have a sound similar (but not so strong) to the English **j** in *jump* [dʒʌmp]: *cónyuge* [kóndʒuxe], *inyección* [indʒekθjón], *el⌣yugo* [el dʒúyo].
che (che)	[tʃ]	This symbol represents one sound. It is similar to the English **ch** in **ch**ur**ch**

Spanish consonant	phonetic symbol	explanation of the sound
		[tʃə:tʃ]: *muchacho* [mutʃátʃo].
j (jota) ge, gi	[x]	No equivalent in English. It is a harsh guttural sound similar to the Scottish **ch** in lo**ch**. The back of the tongue is brought close to the soft palate and the friction is produced by the air passing through them. It is represented in Spanish by a) the letter **j**: *jabón* [xaβón]. b) **ge, gi**: *coger* [koxér], *gitano* [xitáno]. It is silent in *reloj* [rreló].
r (ere)	[r]	The pronunciation of the Spanish [r] has little in common with the English one. It is pronounced with a single flap of the tip of the tongue against the teeth-ridge. Similar to the American **t** or **d** in *city* or *bidder*: *caro* [káro], *amor* [amór]. NOTE 1: A single *r* is pro-

Spanish consonant	phonetic symbol	explanation of the sound
		nounced as double **rr**: 1) at the beginning of a word: *río* [rrío]. 2) when preceded by **n, l** or **s**: *honra* [ónrra], *alrededor* [alrreðeðór], *Israel* [i(s)rraél].
		NOTE 2: The English should not pronounce the Spanish groups **tr, dr** as in English. Put the tip of your tongue behind the upper teeth to pronounce the Spanish **t** or **d** and then glide the tip of your tongue rapidly backwards to touch the teeth-ridge with one flap: *tren* [tren], *padre* [páðre].
r (erre)	[rr]	The pronunciation of the Spanish [rr] has little in common with the English [r] or [rr]. It is pronounced with several flaps (two or three) of the tip of the tongue against the teeth-ridge: *torre* [tórre]. Remember (see NOTE 1 of the preceding sound) that

Spanish consonant	phonetic symbol	explanation of the sound
		a single /r/ is pronounced as double /rr/ 1) at the beginning of a word: *río* [rrío]. 2) when preceded by **n, l** or **s**: *honra* [ónrra], *alrededor* [alrreðeðór], *israelita* [i(s)rraelíta]. NOTE: It is very important to notice the opposition between /r/ one flap, and /rr/ two or three flaps: *caro/carro, cero/cerro, coral/corral*.
h (hache)		Always silent in Spanish: **h**umo [úmo].
w (uve doble)		It is not a letter of the Spanish alphabet. Only used in recent loanwords. It has two pronunciations: 1) as /b/ or /β/ a) in assimilated English or German words: **w**atio [b-, βátjo], **w**ater [b-, βáter]; **w**alkiria [b-, βalkírja], **W**agner [b-, βáɣner]. 2) as the English /w/ in non-assimilated English words: **w**eek-end [wikén]; **w**hisky [wíski or ɣwíski].

Spanish consonant	phonetic symbol	explanation of the sound
x (equis)		This letter is pronounced as [ɣs], never as [gz]: *examen* [eɣsámen]. In ordinary speech it is pronounced as the English s in s*oul*: *exponer* [e(ɣ)sponér], *excelente* [e(ɣ)sθelénte].

A SYNOPSIS OF SPANISH GRAMMAR

ARTICLE

	singular			*plural*	
	masc.	fem.	neut.	masc.	fem.
Definite article	el	la (el)	lo	los	las
Indefinite article	un	una (un)	—	unos	unas

The masculine article in parenthesis is used with feminine nouns in singular when they begin with a stressed **a**: el *a*lma; un *a*ve.

de el *is* contracted to **del** *and* **a el** to **al**.

THE NOUN

GENDER Spanish nouns have the masculine, feminine or common gender. Only adjectives with a substantive value are in the neuter gender.

Spanish nouns denoting things are never (as the English ones) in the neuter gender.

There are certain rules for the gender of nouns, but there are so many exceptions that it is better to look for the gender in the corresponding entry in the dictionary.

Common nouns ending -o change into -a to form the feminine: *hijo, hija.* Those ending in -an, -on, -or add -a for the feminine: *holgazán, holgazana; patrón, patrona; pastor, pastora.*

Some nouns form the different gender with a different word: *padre, madre; buey, vaca; caballo, yegua.*

NUMBER The plural of Spanish nouns and adjectives is formed by adding -s or -es to the singular.

Nouns and adjectives whose plural is formed by adding -s are:
a) Those ending in an unstressed vowel: *casa, casas; blanco, blancos.*
b) Those ending in a stressed -é: *café, cafés.*

Nouns and adjectives whose plural is formed by adding -es are:

a) Those ending in a stressed **-á, -í, -ó, -ú**: *bajá, bajaes; rubí, rubíes.* Exceptions: *papá, papás; mamá, mamás; sofá, sofás.*

b) Those ending in consonant: *árbol, árboles; cañón, cañones.*

   Exception: Those ending in **-z** change **z** to **-c**: *vez, veces; cruz, cruces.*

AUGMENTATIVE AND DIMINUTIVE NOUNS AND ADJECTIVES

Augmentative nouns and adjectives are formed by adding **-ón** (m.), **-ona** (f.); **-ote** (m.), **-ota** (f.); **-azo** (m.), **-aza** (f.), suppresing their final letter, if it is **-a, -e, -o**: *casa, casona; grande, grandote; libro, librote.*

Diminutive nouns and adjectives are formed by adding **-ito** (m.), **-ita** (f.); **-illo, -illa; -ico, -ica; -uelo, -uela**, suppresing their final letter, if it is **-a, -e, -o**: *muchacho, muchachito, -illo, -ico, -uelo.*

DIRECT AND INDIRECT OBJECT

No preposition is used before the direct object when it represents a thing: *Veo la mesa.*

The preposition **a** is used before the direct object when it is:

a) a proper noun of a person or an animal: *Veo* **a** *Juan,* **a** *Rocinante,*

b) a proper noun of a place: *Conquistó* **a** *Granada.* (not very common)

c) a common noun of a specified person: *Busco* **al** *niño.*

d) personified things: *Tiene por Dios* **al** *vientre.*

e) indefinite or personal: pronouns representing a person: *No conozco* a *nadie,* a *otros,* a *ti.*

The indirect object is preceded by the preposition **a** or **para**: *escribo una carta* **a** *mi madre*; *compraré un regalo* **para** *mis hijas.*

No preposition is used when it is a weak personal pronoun: **le** *escribo una carta.*

THE ADJECTIVE

COMPARATIVE The English comparatives **more... than, less... than** are rendered by the Spanish **más... que, menos... que**: *Pedro es* **más** (or **menos**) *alto* **que** *Juan.*

The English **as... as, so... as** are rendered by **tan... como**: *Pedro es* **tan** *alto* **como** *Juan.*

SUPERLATIVE The English superlative **the most** (or **the least**)... **in** or **of** is rendered by the Spanish **el más** (or **el menos**)... **de**: *El barrio* **más** (or **menos**) *populoso* **de** *la ciudad.*

The English absolute superlative **very** is rendered by **muy** or by adding **-isimo** to the adjective, suppressing the final vowel if it is **-a, -o, -e**: *alto,* **muy** *alto, altisimo.*

IRREGULAR COMPARATIVES AND SUPERLATIVES: **bueno** (positive), **mejor** (comparative), **óptimo** (superlative); **malo** (p.), **peor** (c.), **pésimo** (s.); **grande** (p.), **mayor** (c.), **máximo** (s.); **pequeño** (p.), **menor** (c.), **mínimo** (s.); **alto** (p.), **superior** (c.), **supremo** (s.);

bajo (p.), **inferior** (c.), **ínfimo** (s.); **mucho** (p.), **más** (c.); **poco** (p.), **menos** (c.).

POSSESSIVE ADJECTIVES: **mi, mis** = my; **tu, tus,** (polite form) **su, sus** (de Vd.) = your; **su, sus** (de él, de ella, de ello) = his, her, its; **nuestr-o, -a, -os, -as** = our; **vuestr-o, -a, -os, -as,** (polite form) **su, sus** (de Vds.) = your; **su, sus** (de ellos, de ellas) = their.

These adjectives agree in number with the noun that follows them: *He lost his horses,* perdió sus caballos; *they lost their mother,* perdieron a su madre.

CARDINAL NUMBERS: 1 = **uno** (short. **un**) (m.), **una** (f.); 2 = **dos**; 3 = **tres**; 4 = **cuatro**; 5 = **cinco**; 6 = **seis**; 7 = **siete**; 8 = **ocho**; 9 = **nueve**; 10 = **diez**; 11 = **once**; 12 = **doce**; 13 = **trece**; 14 = **catorce**; 15 = **quince**; 16 = **dieciséis**; 17 = **diecisiete**; 18 = **dieciocho**; 19 = **diecinueve**; 20 = **veinte**; 21 = **veintiuno** (short. **veintiún**) (m.), **veintiuna** (f.); 24 = **veinticuatro** (from 20 to 30, one word); 30 = **treinta**; 35 = **treinta** *y* **cinco** (from 30 to 100, two words); 40 = **cuarenta**; 50 = **cincuenta**; 60 = **sesenta**; 70 = **setenta**; 80 = **ochenta**; 90 = **noventa**; 100 = **ciento** (short. **cien**); 106 = **ciento seis**; 114 = **ciento catorce**; 200 = **doscientos, -as**; 300 = **trescientos, -as**; 400 = **cuatrocientos, -as**; 500 = **quinientos, -as**; 600 = **seiscientos, -as**; 700 = **setecientos, -as**; 800 = **ochocientos, -as**; 900 = **novecientos, -as**; 1.000 = **mil**; 1.645 = **mil seiscientos cuarenta** *y* **cinco**; 2.000 = **dos mil**, etc.; 1.000.000 = **un millón**; 3.000.000 = **tres millones**.

Cardinal numbers are invariable, except:

a) **uno** (m. sing.), **una** (f. sing.), **unos** (m. pl.), **unas** (f. pl.).
uno before a masculine noun becomes **un**: *un libro, cuarenta y* **un** *libros*.

b) **ciento, doscientos, -as. Ciento** becomes **cien** before **nouns**, before **mil** ond **millón**: **cien** *libros*, **cien** *mil (millones de) pesetas*.

c) **mil** only has plural as a noun: *varios* **miles** *de personas*, but *tres* **mil** *pesetas*.

d) The plural of **millón** is **millones** and the preposition **de** is required: *tres* **millones** *de personas*.

ORDINAL NUMBERSH 1.º, 1.ᵉʳ, 1.ª = **primero** (see NOTE b); 2.º, 2.ª = **segundo, -a**; 3.º, 3.ᵉʳ, 3.ª = **tercero** (see NOTE b); 4.º = **cuarto, -a**; 5.º = **quinto**; 6.º = **sexto**; 7.º = **séptimo**; 8.º = **octavo**; 9.º = **noveno** or **nono**; 10.º = **décimo**; 11.º **undécimo**; 12.º = **duodécimo**; 13.º = **decimotercero**; 14.º = **decimocuarto**; 15.º **decimoquinto**; 16.º = **decimosexto**; 17.º = **decimoséptimo**; 18.º = **decimoctavo**; 19.º = **decimonoveno** or **decimonono**; 20.º = **vigésimo**; 21.º = **vigésimo primero**; 30.º = **trigésimo**; 40.º = **cuadragésimo**; 50.º = **quincuagésimo**; 60.º = **sexagésimo**; 70.º = **septuagésimo**; 80.º = **octogésimo**; 90.º = **nonagésimo**; 100.º = **centésimo**; 1.000.º = **milésimo**; 1.000.000.º = **millonésimo**.

NOTE a) All these ordinal numbers are adjectives and, therefore, agree with the noun in number and gender: *la fila* **primera**, **segundas** *pruebas*.

NOTE b) **primero** and **tercero** are shortened to **primer** and **tercer** when preceding a masculine noun in singular: *el* **primer** *tomo, el* **tercer** *capítulo*.

NOTE c) The ordinal numbers from 1.º to 10.º are commonly used: *en el siglo primero, Enrique octavo.*

For 10.º either the cardinal or the ordinal may be used: *siglo diez* or *décimo.* For 11.º and above it is now customary to use only the cardinal number: *Alfonso trece, siglo veinte.*

PRONOUN

PERSONAL PRONOUNS		First person: yo = I		Second person: tú = you		Second person, polite form: **Vd., Vds.** = *you*	
		sing.	pl.	sing.	pl.	sing.	pl.
Subject	Sp.	**yo**	**nosotros, -as**	**tú**	**vosotros, -as**	**usted**	**ustedes**
	En.	I	we	you	you	you	you
Direct object without preposition	Sp.	**me**	**nos**	**te**	**os**	**le, lo, la**	**los, las**
	En.	me	us	you	you	you	you
Indirect object without preposition	Sp.	**me**	**nos**	**te**	**os**	**le (se)**	**les (se)**
	En.	me	us	you	you	you	you
With preposition	Sp.	**mí**	**nosotros, -as**	**ti**	**vosotros, -as**	**usted**	**ustedes**
	En.	me	us	you	you	you	you
Forms with **con**	Sp.	**conmigo**	**con nosotros, -as**	**contigo**	**con vosotros, -as**	**con usted**	**con ustedes**
	En.	with me	with us	with you	with you	with you	with you

PERSONAL PRONOUNS		Third person, él = he, it — sing.	Third person, él = he, it — pl.	Third person ella = she, it — pl.	Third person ella = she, it — sing.	Third person ello = it — sing.	Third person reflexive and reciprocal — sing.
Subject	Sp.	él	ellos	ellas	ella	ello	
	En.	he, it	they	they	she, it	it	there is not
Direct object without preposition	Sp.	le (pers) lo (thing)	los	las	la	lo	se
	En.	him, it	them	them	her, it	it	himself herself itself themselves
Indirect object without preposition	Sp.	le (se)	les (se)	les (se)	le (se)	le (se)	
	En.	him, it	them	them	her, it	it	each other one another (in polite forms of 2 nd. persons) yourself, yourselves
With preposition	Sp.	él	ellos	ellas	ella	ello	
	En.	him, it	them	them	her, it	it	
Forms with con	Sp.	con él	con ellos	con ellas	con ella	con ello	consigo
	En.	with him with it	with them	with them	with her with it	with it	with himself, etc.

NOTE 1. The polite form of **you** is translated by **usted** (sing.) or **ustedes** (pl.) in both genders with the third person singular or plural of the verb. **Usted** and **ustedes** are always written in abbreviation, thus: **V.** or **Vd.** for the first and and **V.V.** or **Vds.** for the latter.

NOTE 2. The pronouns **le** or **les** as indirect object preceding another pronoun beginning with **l**, become **se** to avoid cacophony: **le lo** *di* becomes **se lo** *di*, I gave it **(lo)** him **(le)**.

POSSESSIVE PRONOUNS: **mío, -a, -os, -as** = mine; **tuyo, -a, -os, -as**, (polite form) **suyo, -a, -os, -as** = yours; **suyo, -a, -os, -as** = his, hers, its; **nuestro, -a, -os, -as** = ours; **vuestro, -a, -os, -as**, (polite form) **suyo, -a, -os, -as** = yours; **suyo, -a, -os, -as** = theirs.

DEMONSTRATIVE PRONOUNS:

	masc	fem.	neut.
sing. near me	**este** = this	**esta** = this	**esto** = this
pl.	**estos** = these	**estas** = these	—
sing. near you	**ese** = that	**esa** = that	**eso** = that
pl.	**esos** = those	**esas** = those	—
sing. far from me and you	**aquel** = that	**aquella** = that	**aquello** = that
pl.	**aquellos** = those	**aquellas** = those	—

All these forms, except for the neuter ones, may be either pronouns or adjectives. The neuter forms are only pronouns.

RELATIVE PRONOUNS:		*singular*
	masc.	fem.
pronoun	(el) que (el) cual quien	(la) que (la) cual quien
	who, which, that, whom	who, which, that, whom
adjective	cuya whose	cuya whose
pronoun or adjective	cuanto how much	cuanta how much

INTERROGATIVE PRONOUNS:		
	¿quién? who? —	¿quién? who? —
	—	—
adjective	¿qué? what?	¿qué? what?
pronoun or adjective	¿cuánto? how much? ¿cuál? which?	¿cuánta? how much? ¿cuál? which?

The same forms may be used as exclamative pr

	plural	
neuter	masc.	fem
o) que what o) cual	(los) que (los) cuales quienes	(las) que (las) cuales quienes
hat, which	who, which, that, whom	who, which, that, whom
—	cuyos whose	cuyas whose
anto w much	cuantos how many	cuantas how many
qué? hat? hich? uánto? w much	¿quiénes? who? —	¿quiénes? who? —
—	¿qué what?	¿qué what?
—	¿cuántos? how many?	¿cuántas? how many?
—	¿cuáles? which?	¿cuáles? which?

ouns or adjectives: ¡qué *niño más tonto!*

INDEFINITE PRONOUNS AND ADJECTIVES:

algo (invari.) = something

alguien (invari.)
}= { some, any
somebody
someone

algun-o, -a, -os, -as

ambos, -as
ambos a dos } = both

bastante, es = enough

cada (invari.) = each, every

cada cual = each one

cada uno, -a = { every one
each one

cierto, -a, -os, -as = { certain,
some, one

cual(es)quiera = { whoever, whosoever
whomsoever, whichever
whatever. whatsoever

demasiado, -a, -os, -as = { too much
too many

entrambos, -as = both

nada (invari.) = nothing

nadie (invari.)
ningun(o, -a, -os, -as) = $\left\{\begin{array}{l} \text{nobody} \\ \text{no} \\ \text{no-one} \\ \text{none} \\ \text{neither} \end{array}\right.$

ni uno (-a, -os, -as)
ni otro (-a, -os, -as) $\left.\right\}$ = neither

otro, -a, -os, -as = other, another

poco, -a, -os, -as = (a) little, (a) few

quien(es)quiera = whoever

se (se dice) = it is said

tal, -es = such

tanto, -a = so (as) much

tantos, -as = so (as) many

todo, -a, -os, -as = $\left\{\begin{array}{l} \text{all, every} \\ \text{everyone} \\ \text{everybody} \\ \text{everything} \end{array}\right.$

uno, -a, -os, -as = $\left\{\begin{array}{l} \text{one, some, any} \\ \text{a man, you, a few} \end{array}\right.$

uno (-a, -os, -as) a
otro (-a, -os, -as) $\left\{\begin{array}{l} \text{each other} \\ \text{one another} \end{array}\right.$

uno (-a, -os, -as) u
otro (-a, -os, -as) $\left.\right\}$ = either

uno (-a, -os, -as) y
otro (-a, -os, -as) $\left.\right\}$ = both

varios, -as = $\left\{\begin{array}{l} \text{several, some,} \\ \text{a number of} \end{array}\right.$

THE VERB

CONJUGATION. The Spanish language has two auxiliary verbs, **haber** = *to have* y **ser** = *to be* and three groups of regular verbs ending in **-ar** e. g. am**ar** = *to love* (first conjugation), in **-er** e. g. tem**er** = *to fear* (second conjugation) and in **-ir,** e. g. *recibir* = *to receive* (third cojugation).

INDICATIVE (simple tenses)

Presente

he, has, ha, hemos, habéis, han
soy, eres, es, somos, sois, son
am-*o, -as, -a, -amos, -áis, -an*
tem-*o, -es, -e, -emos, -éis, -en*
recib-*o, -es, -e, -imos, -ís, -en*

Pretérito imperfecto

hab-*ía, -ías, -ía, -íamos, -íais, -ían*
er-*a, -as, -a, -amos, -ais, -an*
amab-*a, -as, -a, -amos, -ais, -an*
tem $\biggr\rbrace$

$\qquad$ *-ía, -ías, -ía, -íamos, -íais, -ían*

recib $\biggr\rbrace$

(compound tenses)

Pretérito perfecto simple

hub-*e, -iste, -o, -imos, -isteis, -ieron*
fu-*i, -iste, -e, -imos, -isteis, -eron*
am-é, *-aste, -ó, -amos, -asteis, -aron*
tem $\biggr\rbrace$

$\qquad$ *-í, -iste, -ió, -imos, -isteis, -ieron*

recib $\biggr\rbrace$

Futuro

habr
ser
amar } -é, -ás, -á, -emos, -éis, -án
temer
recibir

Condicional

habr
ser
amar } -ía, -ías, -ía, -íamos, -íais, -ían
temer
recibir

(Compound tenses)

Pretérito perfecto compuesto

he amado
has amado
ha amado } (habido, sido, temido, recibido)
hemos amado
habéis amado
han amado

Pretérito pluscuamperfecto

había amado
habías amado
había amado } (habido, sido, temido, recibido)
habíamos amado
habíais amado
habían amado

Pretérito anterior

hube amado
hubiste amado
hubo amado } (habido, sido, temido, recibido)
hubimos amado
hubisteis amado
hubieron amado

Futuro perfecto

habré amado
habrás amado
habrá amado } (habido, sido, temido, recibido)
habremos amado
habréis amado
habrán amado

Condicional perfecto

habría amado	(habido, sido,
habrías amado	temido, recibido)
habría amado	
habríamos amado	
habríais amado	
habrían amado	

SUBJUNTIVE (simple tenses)

Presente

hay }
se }   -a, -as, -a, -amos, -áis, -an

am-*e*, -*es*, -*e*, -*emos*, -*éis*, -*en*

tem }
recib }   -a, -as, -a, -amos, -áis, -an

Imperfecto (r-form)

hub-*iera*, -*ieras*, -*iera*, -*iéramos*, -*ierais*, -*ieran*
fu-*era*, -*eras*, -*era*, -*éramos*, -*erais*, -*eran*
am-*ara*, -*aras*, -*ara*, -*áramos*, -*arais*, -*aran*

tem }
recib }   -*iera*, -*ieras*, -*iera*, -*iéramos*, -*ierais*, -*ieran*

Imperfecto (s-form)

hub-*iese*, -*ieses*, -*iese*, -*iésemos*, -*ieseis*, -*iesen*
fu-*ese*, -*eses*, -*ese*, -*ésemos*, -*eseis*, -*esen*
am-*ase*, -*ases*, -*ase*, -*ásemos*, -*aseis*, -*asen*

tem }
recib }   -*iese*, -*ieses*, -*iese*, -*iésemos*, -*ieseis*, -*iesen*

Futuro

hub-*iere, -ieres, -iéremos, -iereis, -ieren*
fu-*ere, -eres, -ere, -éremos, -ereis, -eren*
am-*are, -ares, -are, -áremos, -areis, -aren*

tem
recib } -*iere, -ieres, -iere, -iéremos, -iereis, -ieren*

(Compound tenses)

Pretérito perfecto

haya amado
hayas amado
haya amado
hayamos amado
hayáis amado
hayan amado

(habido, sido,
temido, recibido)

Pretérito pluscuamperfecto

hubiera or hubiese amado
hubieras or hubieses amado
hubiera or hubiese amado
hubiéramos or hubiésemos amado
hubierais or hubieseis amado
hubieran or hubiesen amado

(habido, sido,
temido, recibido)

Futuro perfecto

hubiere amado
hubieres amado
hubiere amado
hubiéremos amado
hubiereis amado
hubieren amado

(habido, sido
temido, recibido)

IMPERATIVO

he tú

haya él

hayamos nosotros

habed vosotros

hayan ellos

sé tú

sea él

seamos nosotros

sed vosotros

ama tú

ame él

amemos nosotros

amad vosotros

amen ellos

teme tú

tema él

temamos nosotros

temed vosotros

teman ellos

recibe tú

reciba él

recibamos nosotros

recibid vosotros

reciban ellos

INFINITIVO: *haber, ser, amar, temer, recibir.*

GERUNDIO: *habiendo, siendo, amando, temiendo, recibiendo.*

GERUNDIO COMPUESTO: *habiendo habido, habiendo sido, habiendo amado, habiendo temido, habiendo recibido.*

PARTICIPIO: *habido, sido, amado, temido, recibido.*

IRREGULAR VERBS. The conjugations of the irregular verbs are indicated in the entries corresponding to their infinitives. The tenses not given in the entry are regular.

PASSIVE VOICE. The Spanish language expresses the passive voice in two different ways: a) by means of the verb **ser** (to be) and the past participle: *la serpiente* **fue** *muerta por Pedro*, the snake was killed by Peter; b) by means of the pronoun **se** preceding the verb: *el cañón* **se** *carga por la culata*, the gun is loaded at the breech.

NEGATION is expressed by means of **no** (equivalent to the English **not**) placed before the verb: *la casa* **no** *es mía*, the house is not mine.

INTERROGATION. The subject is placed after the verb: *¿viene tu padre?*, is your father coming?
If the tense is compound the subject is placed after the past participle: *¿ha llegado tu padre?*, has your father arrived?
When there is an interrogative pronoun in the

sentence, this pronoun is placed before the verb:
¿quién llama?, who is ringing?; *¿cuál es tu libro?*,
which is your book?

SPANISH WEIGHTS
AND MEASURES

METRIC WEIGHTS

miligramo = 1 thousandth of a gram = 0.015 grain.
centigramo = 1 hundredth of a gram = 0.154 grain.
decigramo = 1 tenth of a gram = 1.543 grain.
gramo = 1 cub. centim. of pure water = 15.432
  grains.
decagramo = 10 grams = 6.43 pennyweights.
hectogramo = 100 grams = 3.527 oz avoirdupois.
kilogramo = 1000 grams = 2.204 pounds.
quintal métrico = 100 kilograms = 220.46 pounds.
tonelada métrica = 1000 kilograms = 2204.6 pounds.

METRIC LINEAL MEASURES

milímetro = 1 thousandth of a metre = 0.039 inch.

centímetro = 1 hundredth of a metre = 0.393 inch.
decímetro = 1 tenth of a metre = 3.937 inches.
metro = 1.0936 yard.
decámetro = 10 metres = 32.7 ft. 10.9 yards.
hectómetro = 100 metres = 109.3 yards.
kilómetro = 1000 metres, 5/8 of a mille = 1.093
  yards.

To convert kilómetros to miles approximately, multiply the number of kilómetros by five and divide by eight.

METRIC SQUARE AND CUBIC MEASURES

centiárea = 1 square metre = 1.196 square yard.
área = 100 square metres = about 4 poles.
hectárea = 100 ares = about 2 ½ acres.
estéreo = 1 cubic metres = 35 cubic feet.

METRIC FLUID AND CORN MEASURES

centilitro = 1 hundredth of a litre = 0.017 pint.
decilitro = 1 tenth of a litre = 0.176 pint.
litro = 1.76 pint.
decalitro = 10 litres = 2.2 gallons.
hectolitro = 100 litres = 22.01 gallons.

THERMOMETER

0° centigrade or Réaumur = 32° Fahrenheit.
100° centigrade = 212° Fahrenheit = 80° Réaumur.
To convert Fahrenheit degrees into centigrade, deduct 32, multiply by 5 and divide by 9.

BRITISH AND CONTINENTAL SIZES AND MEASURES
TALLAS Y MEDIDAS BRITÁNICAS Y EUROPEAS

Men's shoes Zapatos para hombre	**6** 39	**7** 41	**8** 42	**9** 43	**10** 44	**11** 45
Socks Calcetines	**9½** 38-39	**10** 39-40	**10½** 40-41	**11** 41-42	**11½** 42-43	
Shirts Camisas	**14½** 37	**15** 38	**15½** 39	**16** 41	**16½** 42	**17** 43
Ladies' shoes Zapatos para señora	**4** 37	**5** 38	**6** 39	**7** 41	**8** 42	**9** 43
Stockings Medias	**8** 0	**8½** 1	**9** 2	**9½** 3	**10** 4	**10½** 5
Ladies' dresses Vestidos para señora	**36** 42	**38** 44	**40** 46	**42** 48	**44** 50	**46** 52
Teenagers' dresses Vestidos juveniles	**32** 38	**33** 40	**35** 42	**36** 44	**38** 46	**39** 48
Miles Kilómetros	**1** 1.6	**2** 3.2	**5** 8	**10** 16.1	**50** 80.5	
Gallons Litros	**1** 4.5	**2** 9.1	**4** 18.2	**6** 27.3	**10** 45.5	
Lbs. per sq. inch Kilos por cm.^{2}	**25** 1.76	**28** 1.97	**30** 2.18	**35** 2.46	**40** 2.81	
Fahrenheit Centígrado	**60°** 16°	**70°** 21°	**80°** 27°	**98.4°** 37°	**212°** 100°	

1 metre = 1.09 yards; 1 yard = 91.4 cms.
1 hectare = 2.47 acres; 1 acre = 4040 sq. metres
1 kilogram = 2.2 lbs.; 1 lb. = 454 grams
1 litre = 1.8 pints; 1 pint = 0.57 litres

A

a [a] *prep.* to, at, by, in.

abad [aβáð] *m.* abbot.

abadejo [aβaðéxo] *m.* codfish.

abadía [aβaðía] *f.* abbey.

abajo [aβáxo] *adv.* down. 2 below, under. 3 downstairs.

abalanzarse [aβalanθárse] *p.* to throw oneself.

abandonar [aβandonár] *t.* to abandon, leave. 2 to give up. 3 *p.* to neglect oneself.

abandono [aβandóno] *m.* ease, indolence.

abanicar [aβanikár] *t.* to fan. 2 *p.* to fan oneself.

abanico [aβaníko] *m.* fan.

abarcar [aβarkár] *t.* to clasp, grasp, include.

abarrotar [aβarrotár] *t.* to cram, overstock.

abastecer [aβasteθér] *t.* to purvey, supply. ¶ CONJUG. like *agradecer*.

abatimiento [aβatimjénto] *m.* low spirits.

abasto [aβásto] *m.* supply. 2 *dar ~ a*, to be sufficient for.

abatir [aβatír] *t.-p.* to bring down, throw down; dishearten; to be disheartened.

abedul [aβeðúl] *m.* birch tree.

abeja [aβéxa] *f.* bee: ~ *reina*, queen-bee.

abertura [aβertúra] *f.* opening, aperture, gap.

abeto [aβéto] *m.* fir, silver fir; spruce.

abierto [aβjérto] *p. p.* opened. 2 open. 3 sincere, frank.

abismo [aβísmo] *m.* abyss, gulf.

ablandar [aβlandár] *t.-p.* to soften. 2 *t.* to appease.

abnegación [aβneɣaθjón] *f.* abnegation, selfdenial.

abochornar [aβotʃornár] *t.* to shame. 2 *p.* to blush, be ashamed.

abofetear [aβofeteár] *t.* to slap.

abogado [aβoɣáðo] *m* lawyer, barrister.

abolición [aβoliθjón] *f.* abolition.

abolir [aβolír] *t.* to abolish, cancel.

abominable [aβornináβle] *a.* abominable.

abominar [aβominár] *t.* to abominate. 2 to detest, abhor.

abonar [aβonár] *t.* to approve. 2 to guarantee. 3 to improve. 4 to manure. 5 COM. to credit; to discount. 6 *t.-p.* to subscribe [for].

abono [aβóno] *m.* payment. 2 fertilizer. 3 subscription.

abordar [aβorðár] *t.* to board. 2 to approach.

aborrecer [aβorreθér] *t.* to abhor, hate. ¶ CONJUG. like *agradecer*.

abortar [aβortár] *i.* to miscarry, abort.

aborto [aβórto] *m.* miscarriage. 2 monster.

abrasador [aβrasaðór] *a.* burning, scorching, very hot.

abrasar [aβrasár] *t.* to burn, sear, scorch. 2 *p.* to feel very hot; to burn with [love, etc.].

abrazar [aβraθár] *t.* to to embrace, hug, clasp. 2 to include. 3 *p.* to embrace each other.

abrazo [aβráθo] *m.* embrace, hug.

abreviación [aβreβjaθjón] *f.* abbreviation. 2 abridgement. 3 shortening.

abreviar [aβreβjár] *t.* to abridge, abbreviate, shorten.

abrigar [aβriɣár] *t.* to cover, wrap. 2 to shelter. 3 to entertain [hopes, etc.]. 4 *p.* to take shelter.

abrigo [aβríɣo] *m.* protection. 2 shelter. 3 overcoat.

abril [aβríl] *m.* April.

abrir [aβrír] *t.* to open. 2 to unfold; to split. 3 to lead [a procession]. 4 ~ paso, to make way. 5 *p.* to blossom. ¶ Past. p.: *abierto*.

abrojo [aβróxo] *m.* thistle; thorn.

abrumar [aβrumár] *t.* to overwhelm. 2 to oppress.

abrupto [aβrúβto] *a.* craggy, abrupt.

absoluto [aβsolúto] *a*. absolute. 2 *en* ~, not at all, certainly not.

absolver [aβsolβér] *t*. to absolve. 2 to acquit. ¶ CONJUG. like *mover*.

absorbente [aβsorβénte] *a.-m.* absorbent. 2 *a*. absorbing.

absorber [aβsorβér] *t*. to absorb.

absorto [aβsórto] *a*. amazed. 2 absorbed.

abstenerse [aβstenérse] *p*. to abstain, refrain.

abstinencia [aβstinénθja] *f*. abstinence: *día de* ~, fast day.

abstracción [aβstraɣθjón] *f*. abstracción.

absurdo [aβsúrðo] *a*. absurd. 2 *m*. nonsense.

abuela [aβwéla] *f*. grandmother.

abuelo [aβwélo] *m*. grandfather. 2 *pl*. grandparents.

abundancia [aβundánθja] *f*. abundance, plenty.

abundante [aβundánte] *a*. abundant, copious.

abundar [aβundár] *i*. to abound, be full. 2 to be rich.

aburrido [aβurríðo] *a*. bored, weary. 2 boring, tedious.

aburrir [aβurrír] *t*. to annoy, bore. 2 *p*. to get bored.

abusar [aβusár] *i*. to abuse; to take undue advantage of.

abuso [aβúso] *m*. abuse, misuse.

acá [aká] *adv*. here, hither: ~ *y acullá*, here and there.

acabar [akaβár] *t.-i.* to finish, end: ~ *con*, to destroy; ~ *en*, to end in; ~ *por*, to end by. 2 to kill. 3 *i*. to die. 4 *p*. to end, be over. 5 *acaba de llegar*, he has just arrived.

academia [akaðémja] *f*. academy.

académico [akaðémiko] *a*. academic. 2 *m*. academician.

acaecer [akaeθér] *impers.* to happen. ¶ CONJUG. like *agradecer*.

acalorar [akalorár] *t*. to warm, heat. 2 to excite. 3 *p*. to get excited.

acanalado [akanaláðo] *a*. grooved, fluted, corrugated.

acaparar [akaparár] *t*. to monopolize. 2 COM. to corner.

acariciar [akariθjár] *t*. to caress, fondle. 2 to cherish [hopes, etc.].

acarrear [akarreár] *t*. to carry. 2 to cause, occasion. 3 *p*. to bring upon oneself.

acaso [akáso] *m.* chance, hazard. 2 *adv.* by chance; perhaps.

acatar [akatár] *t.* to respect, obey.

acceder [aɣθeðér] *i.* to accede, agree, consent.

accesible [aɣθesíβle] *a.* accessible.

acceso [aɣθéso] *m.* entry, admitance.

accesorio [aɣθesórjo] *a.* accessory.

accidente [aɣθiðénte] *m.* accident.

acción [aɣθjón] *f.* action, act. 2 COM. share, *stock. 3 THEAT. plot.

acechar [aθetʃár] *t.* to lurk. 2 to lie in wait.

aceite [aθéĭte] *m.* olive oil.

aceituna [aθeĭtúna] *f.* olive.

acento [aθénto] *m.* accent. 2 stress.

acentuar [aθentuár] *t.* to accent. 2 to stress. 3 to emphasize.

aceptar [aθeβtár] *t.* to accept.

acera [aθéra] *f.* pavement, *sidewalk.

acerca de [aθérka ðe] *adv.* about, concerning, with regard to.

acercamiento [aθerkamjénto] *m.* approach, approximation.

acercar [aθerkár] *t.* to bring or place near. 2 *p.* to come near.

acero [aθéro] *m.* steel.

acertar [aθertár] *t.* to hit [the mark]. 2 to guess. 3 to do well, right; to succeed [in]. 4 *i.* to happen, chance. ¶ CONJUG. INDIC. Pres.: *acierto, aciertas, acierta; aciertan.* | SUBJ. Pres.: *acierte, aciertes, acierte; acierten.* | IMPER.: *acierta, acierte; acierten.*

ácido [áθiðo] *a.* acid, sour, tart. 2 *a.-m.* acid.

acierto [aθjérto] *m.* good aim, hit. 2 good guess. 3 wisdom. 4 knack; success.

aclamación [aklamaθjón] *f.* acclamation. 2 acclaim.

aclamar [aklamár] *t.* to acclaim, cheer, hail, applaud.

aclarar [aklarár] *t.* to clear, clarify. 2 to rinse. 3 to explain. 4 *i.* to clear up. 5 to dawn. 6 *p.* to become clear.

acoger [akoxér] *t.* to receive, admit. 2 to shelter. 3 *p.* to take refuge [in].

acogida [akoxíða] *f.* reception; acceptance; welcome.

acometer [akometér] *t.* to attack, charge. 2 to undertake.

acomodado [akomoðáðo] *a.* convenient, fit, apt. 2 well-to-do.

acomodar [akomoðár] *t.* to accommodate.

acompañamiento [akompaɲamjénto] *m.* attendance, retinue.

acompañar [akompaɲár] *t.* to accompany, go with. 2 to enclose.

acongojar [akoŋgoxár] *t.* to grieve. 2 *p.* to feel anguish.

aconsejar [akonsexár] *t.* to advise. 2 *p.* to take advice.

acontecer [akonteθér] *impers.* to happen, occur. ¶ CONJUG. like *agradecer*.

acontecimiento [akonteθimjénto] *m.* event, happening.

acordar [akorðár] *t.* to decide. 2 MUS. to attune. 3 *i.* to agree. 4 *p.* to come to an agreement. 5 *acordarse de*, to remember. ¶ CONJUG. like *contar*.

acorde [akórðe] *a.* agreeing. 2 *m.* chord.

acortar [akortár] *t.* to shorten.

acosar [akosár] *t.* to pursue closely. 2 to persecute.

acostar [akostár] *t.* to put to bed; to lay down. 2 *p.* to go to bed. ¶ CONJUG. like *contar*.

acostumbrado [akostumbráðo] *a.* accustomed. 2 customary.

acostumbrar [akostumbrár] *t.* to accustom. 2 *i.* to be used [to]. 3 *p.* to get used [to].

acre [ákre] *a.* acrid, tart, pungent. 2 *m.* acre.

acreditado [akreðitáðo] *a.* reputable, well-known.

acreditar [akreðitár] *t.* to accredit. 2 to prove to be. 3 to bring credit to. 4 *p.* to win credit.

acreedor [akreeðór] *a.* deserving, worthy. 2 *m.* creditor.

acta [áɣta] *f.* record [of proceedings]. 2 certificate of election. 3 statement of facts; affidavit.

actitud [aɣtitúð] *f.* attitude.

actividad [aɣtiβiðáð] *f.* activity.

activo [aɣtíβo] *a.* active. 2 *m.* assets.

acto [áɣto] *m.* act, action, deed: *en el ~*, at once. 2 meeting, public function. 3 act [of a play].

actor [aɣtór] *m.* actor.

actriz [aγtríθ] *f.* actress.

actuación [aγtwaθjón] *f.* action, performance. 2 *pl.* law proceedings.

actual [aγtwál] *a.* present, current.

actualidad [aγtwaliðáð] *f.* present time. 2 current events. 3 *pl.* CINEM. news-reel.

actualmente [aγtwálménte] *adv.* at present.

actuar [aγtuár] *t.* to put into action. 2 *i.* to act, perform.

acuático [akwátiko] *a.* aquatic.

acudir [akuðír] *i.* to go or come [to]. 2 to frequent.

acueducto [akweðúγto] aqueduct.

acuerdo [akwérðo] *m.* agreement, understanding: *estar de* ~, to agree; *de común* ~, by mutual agreement. 2 resolution.

acurrucarse [akurrukárse] *p.* to huddle up, cuddle.

acusación [akusaθjón] *f.* accusation, charge.

acusado [akusáðo] *a. m.-f.* accused, defendant.

acusar [akusár] *t.* to accuse, charge. 2 to acknowledge.

achacar [atʃakár] *t.* to impute, ascribe.

achaque [atʃáke] *m.* ailment. 2 weakness.

adaptar [aðaβtár] *t.-p.* to adapt, fit, suit.

adecuado [aðekwáðo] *a.* adequate, fit, suitable.

adelantamiento [aðelantamjénto] *m.* advance. 2 progress. 3 overtaking.

adelantar [aðelantár] *t.* to advance. 2 to get ahead of. 3 *i.* to be fast. 4 to overtake. 5 to improve.

adelante [aðelánte] *adv.* forward, ahead, onward: *en* ~, henceforth. 2 *interj.* come in!

adelanto [aðelánto] *m.* progress. 2 advance.

ademán [aðemán] *m.* gesture; attitude. 2 *pl.* manners.

además [aðemás] *adv.* moreover, besides. 2 ~ *de*, besides.

adentro [aðéntro] *adv.* within, inside, indoors.

adherir [aðerír] *i.-p.* to adhere, stick [to].

adiós [aðjós] *interj.* good-bye!

adivinanza [aðiβinánθa] *f.* prediction; riddle.

adivinar [aðiβinár] *t.* to guess, foresee. 2 to solve.

adivino [aðiβíno] *m.-f.* diviner, fortuneteller.

adjetivo [aðxetíβo] *a.-n.* adjective.

administración [aðminis-traθjón] *f.* administration, management.

administrador [aðminis-traðór] *m.* administrator, manager, trustee.

administrar [aðministrár] *t.* to administer, manage.

admirable [aðmiráβle] *a.* admirable. 2 **-mente** *adv.* admirably.

admiración [aðmiraθjón] *f.* admiration. 2 wonder. 3 exclamation mark (!).

admirar [aðmirár] *t.* to admire. 2 *p.* to be astonished.

admisión [aðmisjón] *f.* admission.

admitir [aðmitír] *t.* to admit. 2 to accept.

adolecer [aðoleθér] *i.* to be ill. ‖ CONJUG. like *agradecer*.

adolescente [aðolesθénte] *a.-n.* adolescent.

adonde [aðónde] *adv.* where.

adopción [aðoβθjón] *f.* adoption.

adoptar [aðoβtár] *t.* to adopt.

adoración [aðoraθjón] *f.* worship.

adorar [aðorár] *t.* to worship.

adornar [aðornár] *t.* to adorn, embellish, garnish.

adorno [aðórno] *m.* adornment, ornament.

adquirir [aðkirír] *t.* to acquire. 2 to buy. ‖ CONJUG. INDIC. Pres.: *adquiero, adquieres, adquiere; adquieren.* ‖ SUBJ. Pres.: *adquiera, adquieras, adquiera; adquieran.* ‖ IMPER.: *adquiere, adquiera; adquieran.*

aduana [aðwána] *f.* customs, customs-house.

adueñarse [aðweɲárse] *p.* to seize, take possession of.

adular [aðulár] *t.* to flatter.

adulterar [aðulterár] *t.* to adulterate, corrupt.

adúltero [aðúltero] *m.* adulterer 2 *f.* adulteress.

adulto [aðúlto] *a.-n.* adult, grown-up.

advenimiento [aðβeni-mjénto] *m.* advent. arrival, coming.

adverbio [aðβérβjo] *m.* adverb.

adversario [aðβersárjo] *m.* adversary, opponent.

adversidad [aðβersiðáð] *f.* adversity.

adverso [aðβérso] *a.* adverse.

advertencia [aðβerténθja] *f.* warning, advice. 2 foreword. 3 notice.

advertir [aðβertír] *t*. to notice, realize. 2 to advise, warn. ¶ CONJUG. like *discernir*.

adyacente [adjaθénte] *a*. adjacent.

aéreo [aéreo] *a*. aerial. 2 *correo* ~, air-mail.

aeroplano [aeropláno] *m*. aeroplane, airplane.

aeropuerto [aeropwérto] *m*. airport.

afable [afáβle] *a*. kind.

afán [afán] *m*. anxiety, eagerness, desire.

afanarse [afanárse] *p*. to strive to, toil.

afanoso [afanóso] *a*. eager, anxious, desirous.

afectar [afeɣtár] *t*. to affect. 2 *p*. to be affected.

afecto [aféɣto] *a*. fond. 2 *m*. affection, love.

afectuoso [afeɣtuóso] *a*. fond, loving; kind.

afeitar [afeĭtár] *t*.-*p*. to shave, have a shave.

afición [afiθjón] *f*. fondness, liking. 2 hobby.

aficionado [afiθjonáðo] *m*. amateur. 2 fan, devote, keen on, fond of.

aficionarse [afiθjonárse] *p*. to grow fond of, take a liking to.

afilar [afilár] *t*. to sharpen, whet, point; to taper

afiliar [afiljár] *t*. to affiliate. 2 *p*. to join.

afinar [afinár] *t*. to polish. 2 MUS. to tune.

afirmación [afirmaθjón] *f*. affirmation, assertion.

afirmar [afirmár] *t*. to make firm. 2 to affirm, say. 3 *p*. to steady oneself.

aflicción [afliɣθjón] *f*. grief, sorrow, distress.

afligir [aflixír] *t*. to afflict. 2 *t*.-*p*. to grieve.

aflojar [afloxár] *t*. to slacken, loosen, relax.

afluente [aflwénte] *a*. fluent. 2 *m*. affluent.

afluir [afluír] *i*. to flow in; to congregate in. ¶ CONJUG. like *huir*.

afortunadamente [afortunádaménte] *adv*. luckily, fortunately.

afortunado [afortunáðo] *a*. lucky, happy.

afrenta [afrénta] *f*. affront, outrage.

afrentar [afrentár] *t*. to affront, outrage.

africano [afrikáno] *a*.-*n*. African.

afrontar [afrontár] *t*. to confront, face.

afuera [afwéra] *adv*. out, outside. 2 *f*. *pl*. outskirts, environs.

agachar [aɣatʃár] *t*. to lower. 2 *p*. to stoop; to crouch, squat.

agalla [aɣáʎa] *f.* gall. 2 gill. 3 *pl.* guts.

agarrar [aɣarrár] *t.* to seize, catch; grasp. 2 *p.* to take hold of.

agasajar [aɣasaxár] *t.* to fête, regale, entertain.

agencia [axénθja] *f.* agency.

agente [axénte] *m.* agent. 2 ~ *de cambio y bolsa,* stockbroker; ~ *de policía,* policeman.

ágil [áxil] *a.* agile, nimble.

agitación [axitaθjón] *f.* agitation, excitement.

agitar [axitár] *t.* to agitate; to flurry, excite. 2 to shake, stir. 3 *p.* to be agitated.

aglomeración [aɣlomeraθjón] *f.* agglomeration, crowd.

agobiar [aɣoβjár] *t.* to weigh down, oppress.

agonía [aɣonia] *f.* agony, death agony.

agosto [aɣósto] *m.* August.

agotar [aɣotár] *t.* to exhaust, work out, sell out. 2 *p.* to run out; to be sold out.

agraciado [aɣraθjáðo] *a.* graceful, genteel.

agradable [aɣraðáβle] *a.* agreeable, pleasant, enjoyable.

agradar [aɣraðár] *t.* to please; to like.

agradecer [aɣraðeθér] *t.* to thank for, be grateful for. ‖ CONJUG. INDIC. Pres.: *agradezco, agradeces,* etc. ‖ SUBJ. Pres.: *agradezca, agradezcas,* etc. ‖ IMPER.: *agradezca, agradezcamos, agradezcan.*

agradecido [aɣraðeθiðo] *a.* grateful, thankful.

agradecimiento [aɣraðeθimjénto] *m.* gratitude, thankfulness.

agrado [aɣráðo] *m.* affability. 2 pleasure, liking.

agrandar [aɣrandár] *t.* to enlarge, expand.

agravar [aɣraβár] *t.* to make heavier. 2 *p.* to get worse.

agravio [aɣráβjo] *m.* insult, injury.

agredir [aɣreðír] *t.* to assail, assault, attack.

agregar [aɣreɣár] *t.* to add, join.

agrícola [aɣrikola] *a* agricultural.

agricultor [aɣrikultór] *m.* farmer.

agricultura [aɣrikultúra] *f.* agriculture, farming.

agrio [áɣrjo] *a.* sour. 2 bitter. 3 rough, tart.

agrupación [aɣrupaθjón] *f.* grouping. 2 groupment.

agrupar [aɣrupár] *t.* to group, gather.

agua [áɣwa] *f.* water: ~ *dulce,* fresh water; ~ *salada,* salt water.

aguantar [aɣwantár] *t.* to bear, endure, suffer. 2 *p.* to restrain oneself.

aguar [aɣwár] *t.* to water. 2 to spoil.

aguardar [aɣwarðár] *t.* to wait [for]; to expect, await.

aguardiente [aɣwarðjénte] *m.* brandy, liquor.

agudo [aɣúðo] *a.* acute [sharp; keen]. 2 witty 3 oxytone [word].

águila [áɣila] *f.* eagle.

aguinaldo [aɣináldo] *m.* Christmas box.

aguja [aɣúxa] *f.* needle. 2 hand [of clock]. 3 steeple. 4 *pl.* RLY. switch.

agujerear [aɣuxereár] *t.* to pierce, bore.

agujero [aɣuxéro] *m.* hole.

aguzar [aɣuθár] *t.* to sharpen. 2 to prick up.

ahí [aí] *adv.* there.

ahijado [aixáðo] *m.* godson.

ahinco [aíŋko] *m.* eagerness, ardour.

ahogar [aoɣár] *t.* to choke, smother, suffocate; to strangle; to quench. 2 to drown. 3 *p.* to be drowned.

ahondar [aondár] *t.* to deepen.

ahora [aóra] *adv* now; at present.

ahorcar [aorkár] *t.* to hang.

ahorrar [aorrár] *t.* to save, spare.

ahorro [aórro] *m.* saving. 2 *pl.* savings.

aire [áïre] *m.* air: *al* ~ *libre,* in the open air.

aislamiento [aizlamjénto] *m.* isolation. 2 seclusion.

aislar [aizlár] *t.* to isolate. 2 *p.* to seclude oneself.

¡ajá! [axá] *interj.* good!

ajar [axár] *t.* to spoil, fade. 2 *p.* to wither.

ajedrez [axeðréθ] *m.* chess [game].

ajeno [axéno] *a.* another's, strange, alien. 2 foreing [to].

ají [axí] *m.* red pepper, chili.

ajo [áxo] *m.* garlic.

ajuar [axwár] *m.* household furniture. 2 trausseau.

ajustado [axustáðo] *a* adjusted. 2 right. 3 tight.

ajustar [axustár] *t.* to adjust, fit. 2 to make [an agreement]. 3 to settle. 4 *i.* to fit tight. 5 *p.* to conform [to].

al [al] *contr.* of A & EL.

ala [ála] *f*. wing. 2 brim [of a hat]. 3 flap [of a table].

alabanza [alaβánθa] *f*. praise.

alabar [alaβár] *t*. to praise. 2 *p*. to boast.

alacena [alaθéna] *f*. cupboard, closet.

alacrán [alakrán] *m*. scorpion.

alado [aláðo] *a*. winged.

alambre [alámbre] *m*. wire.

alameda [alaméða] *f*. poplar grove. 2 avenue.

álamo [álamo] *m*. poplar.

alarde [alárðe] *m*. show.

alardear [alarðeár] *i*. to boast, brag.

alargar [alaryár] *t*. to lengthen, extend. 3 to stretch out.

alarma [alárma] *f*. alarm.

alarmante [alarmánte] *a*. alarming.

alarmar [alarmár] *t*. to alarm. 2 *p*. to be alarmed.

alba [álβa] *f*. dawn.

albañil [alβaɲíl] *m*. mason, bricklayer.

albedrío [alβeðrío] *m*. free will. 2 pleasure.

albergar [alβeryár] *t*. to shelter, lodge. 2 *p*. to take shelter, lodge.

albergue [alβérye] *m*. shelter, lodging, harbour, refuge.

alborada [alβoráða] *f*. dawn; reveille.

alborotar [alβorotár] *t*. to disturb. 2 *p*. to get excited. 3 to riot.

alboroto [alβoróto] *m*. uproar, noise. 2 riot.

álbum [álβun] *m*. album.

alcachofa [alkatʃófa] *f*. artichoke.

alcalde [alkálde] *m*. mayor.

alcaldía [alkaldía] *f*. town-hall.

alcance [alkánθe] *m*. overtaking. 2 reach: *al ~ de uno*, within one's reach. 3 range, consequence. 4 understanding.

alcantarilla [alkantaríʎa] *f*. sewer, drains.

alcanzar [alkanθár] *t*. to overtake. 2 to reach. 3 to get, obtain. 4 to understand. 5 *i*. to reach [to]. 6 to be sufficient.

alcaparra [alkapárra] *f*. caper.

alcázar [alkáθar] *m*. fortress.

alcoba [alkóβa] *f*. bedroom.

alcohol [alkoól] *m*. alcohol.

alcornoque [alkornóke] *m*. cork oak.

aldaba [aldáβa] *f*. knocker.

aldea [aldéa] *f*. village.

aldeano [aldeáno] *m*. villager, countryman.

alegar [aleɣár] *t*. to allege, plead.

alegoria [aleɣoría] *f*. allegory.

alegrar [aleɣrár] *t*. to cheer. 2 to enliven. 3 *p*. to be glad. 4 to rejoice, cheer.

alegre [aléɣre] *a*. glad, joyful. 2 cheerful, merry, gay, bright.

alegria [aleɣría] *f*. joy, pleasure. 2 merriment.

alejar [alexár] *t*. to remove to a distance, to move away. 2 to separate. 3 *p*. to go or move away.

aleluya [alelúja] *f*. hallelujah. 2 *f. pl.* doggerel.

alemán [alemán] *a.-n.* German.

alentar [alentár] *i*. to breathe. 2 *t*. to encourage, cheer. ¶ CONJUG. like *acertar*.

alerta [alérta] *adv*. on the watch. 2 *interj*. look out! 3 *m*. sentinel's call.

alfabeto [alfaβéto] *m*. alphabet.

alfiler [alfilér] *m*. pin.

alfombra [alfómbra] *f*. floor carpet, rug.

alforjas [alfórxas] *f. pl.* saddle-bag, wallet.

alga [álɣa] *f*. sea-weed.

algarabia [alɣaraβía] *f*. jargon. 2 hubbub, uproar.

algarroba [alɣarróβa] *f*. carob.

algarrobo [alɣarróβo] *m*. carob-tree.

algo [álɣo] *pron*. something. 2 *adv*. somewhat.

algodón [alɣoðón] *m*. cotton.

alguacil [alɣwaθíl] *m*. constable; bailiff.

alguien [álɣjen] *pron*. somebody, someone.

algún -o [alɣún -o] *a*. some, any: ～ *vez*, sometimes. 2 *pron*. someone, anyone, somebody, anybody.

alhaja [aláxa] *f*. jewel.

aliado [aliáðo] *m*. ally. 2 *a*. allied.

alianza [aljánθa] *f*. alliance, league.

aliar [aliár] *t.-p.* to ally.

alicates [alikátes] *m. pl.* pliers.

aliento [aljénto] *m*. breath. 2 courage.

alimaña [alimáɲa] *f*. vermin.

alimentación [alimentaθjón] *f*. food, feeding, nourishment.

alimentar [alimentár] *t*. to feed, nourish.

alimenticio [alimentíθjo] *a*. nutritious, nourishing.

alimento [aliménto] *m*. food, nourishment.

aliviar [aliβjár] *t.* to lighten. 2 to alleviate, allay. *3 p.* to get better.

alivio [alíβjo] *m.* alleviation, allay; relief.

aljibe [alxíβe] *m.* cistern; water tank. 2 tanker.

alma [álma] *f.* soul. 2 bore. 3 core, heart.

almacén [almaθén] *m.* store, warehouse, shop. 2 depot; magazine.

almacenar [almaθenár] *t.* to store. 2 to hoard.

almanaque [almanáke] *m.* almanac.

almeja [alméxa] *f.* shellfish, clam.

almena [[alména] *f.* battlement.

almendra [alméndra] *f.* almond.

almendro [alméndro] *m.* almond-tree.

almíbar [almíβar] *m.* syrup.

almidón [almiðón] *m.* starch.

almidonar [almiðonár] *t.* to starch.

almirante [almiránte] *m.* admiral.

almohada [almoáða] *f.* pillow; cushion.

almohadón [almoaðón] *m.* large pillow.

almorzar [almorθár] *i.* to lunch, have lunch.

almuerzo [almwérθo] *m.* lunch, luncheon.

alocado [alokáðo] *a.* mad, foolish, reckless.

alojamiento [aloxamjénto] *m.* lodging, accommodation.

alojar [aloxár] *t.* to lodge, billet. *2 p.* to put up.

alondra [alóndra] *f.* lark.

alpiste [alpíste] *m.* canary seed.

alquería [alkería] *f.* farmhouse.

alquilar [alkilár] *t.* to let, rent; to hire.

alrededor [alrreðeðór] *adv.* around, about.

alrededores [alrreðeðóres] *m. pl.* outskirts, surroundings.

altanero [a:tanéro] *a.* haughty.

altavoz [altaβóθ] *m.* loudspeaker.

alterar [alterár] *t.* to alter, change. 2 to excite. 3 to disturb. *4 p.* to become altered.

altercado [alterkáðo] *m.* dispute, argument.

altercar [alterkár] *t.* to dispute, argue.

alternar [alternár] *t.-i.* to alternate. *2 i.* to mix.

alternativa [alternatíβa] *f.* alternative.

alternativo [alternatíβo] *a.* alternate, alternative.

altibajos [altiβáxos] *m. pl.* ups and downs.

altitud [altitúð] *f.* heigth; altitude.

altivez [altiβéθ] *f.* haughtiness.

altivo [altíβo] *a.* haughty.

alto [álto] *a.* high. 2 tall. 3 upper. 4 excellent. 5 loud. 6 *m.* height. 7 halt. 8 *interj.* stop!

altura [altúra] *f.* height. 2 tallness. 3 top.

aludir [aluðír] *i.* to allude, mention.

alumbrado [alumbráðo] *m.* lights: ～ *público,* public lighting.

alumbrar [alumbrár] *t.* to light. 2 *i.* to give birth.

aluminio [alumínjo] *m.* aluminium, aluminum.

alumno [alúmno] *m.* pupil.

alusión [alusjón] *f.* allusion, mention, reference.

alzar [alθár] *t.* to raise, lift, hoist. 2 to build. 3 *p.* to rise; to get up, stand up. 4 to rebel.

allá [aʎá] *adv.* there; yonder: *más* ～, farther.

allí [aʎí] *adv.* there.

amabilidad [amaβiliðáð] *f.* kindness, amiability.

amable [amáβle] *a.* kind, nice, friendly.

amado [amáðo] *m.* loved.

1) **amanecer** [amaneθér] *i.* to dawn. ¶ CONJUG. like *agradecer.*

2) **amanecer** [amaneθér] *m.* dawn, daybreak.

amante [amánte] *m.-f.* lover; paramour; *f.* mistress.

amapola [amapóla] *f.* corn poppy.

amar [amár] *t.* to love 2 to like, be fond of.

amargamente [amáryaménte] *adv.* bitterly.

amargo [amáryo] *a.* bitter. 2 sour [temper].

amargura [amaryúra] *f.* bitterness. 2 grief.

amarillento [amariʎénto] *a.* yellowish. 2 pale.

amarillo [amaríʎo] *a.-m.* yellow.

amarrar [amarrár] *t.* to tie, fasten, rope.

amasar [amasár] *t.* to knead, mix. 2 to amass.

ambición [ambiθjón] *f.* ambition.

ambicioso [ambiθjóso] *a* covetous, eager.

ambiente [ambjénte] *m.* atmosphere, setting.

ambos [ámbos] *a.-pron.* both.

ambulancia [ambulánθja] *f.* ambulance.

ambulante [ambulánte] *a.* walking, travelling.

amedrentar [ameðrentár] *t.* to frighten, scare.

amenaza [amenáθa] *f.* threat, menace.

amenazar [amenaθár] *t.* to threaten, menace.

amenidad [ameniðáð] *f.* amenity, pleasantness.

amenizar [ameniθár] *t.* to render pleasant, brighten, enliven.

ameno [améno] *a.* pleasant, delightful.

americano [amerikáno] *a.-n.* American.

ametralladora [ametraʎaðóra] *f.* machine-gun.

amigable [amiɣáβle] *a.* friendly, amicable.

amigo [amíɣo] *m.* friend.

amistad [amistáð] *f.* friendship.

amistoso [amistóso] *a.* friendly, amicable.

amo [ámo] *m.* master, lanlord, owner. 2 boss.

amontonar [amontonár] *t.* to heap, pile. 2 *p.* to crowd, throng.

amor [amór] *m.* love, affection: ~ *propio*, conceit, self-esteem.

amoroso [amoróso] *a.* loving, affectionate.

amparar [amparár] *t.* to protect, shelter.

amparo [ampáro] *m.* protection, shelter.

ampliación [ampliaθjón] *f.* enlargement, broadening.

ampliar [ampliár] *t.* to enlarge, amplify, extend.

amplio [ámpljo] *a.* ample, 2 wide. 3 large.

ampolla [ampóʎa] *f.* blister. 2 water bubble. 3 cruet. 4 bottle.

amueblar [amweβlár] *t.* to furnish.

analfabeto [analfaβéto] *a.-m.* illiterate.

análisis [análisis] *m.* analysis. 2 GRAM. parsing.

analizar [analiθár] *t.* to analyze. 2 GRAM. to parse.

analogía [analoxía] *f.* analogy.

análogo [análoɣo] *a.* analogous, similar.

anaranjado [anaraŋxáðo] *a.-n.* orange-(coloured).

anarquía [anarkía] *f.* anarchy.

anciano [anθjáno] *a.* old, aged. 2 *m.-f.* old man or woman; elder.

ancla [áŋkla] *f.* anchor.

anclar [aŋklár] *i.* to anchor.

ancho [ántʃo] *a.* broad, wide. 2 lax.

anchura [antʃúra] *f.* breadth, width.

andaluz [andalúθ] *a.-n.* Andalusian.

andante [andánte] *a.* walking. 2 [knight-] errant.

andar [andár] *i.* to walk, go, move; [of a machine] to run, work. ‖ CONJUG. INDIC. Pret.: *anduve, anduviste,* etc. ‖ SUBJ. Imperf.: *andu-*

viera, anduvieras, etc., or *anduviese, anduvieses,* etc. | Fut.: *anduviere, anduvieres,* etc.

andrajoso [andraxóso] *a.* ragged, in tatters.

anécdota [anéɣðota] *f.* anecdote, story.

anegar [aneɣár] *t.* to flood, inundate. *3 p.* to drown.

anemia [anémja] *f.* anaemia, anemia.

anexo [anéɣso] *a.* annexed, attached. *2 m.* outbuilding.

ángel [áŋxel] *m.* angel.

anglosajón [aŋglosaxón] *a.-n.* Anglo-Saxon.

angosto [aŋgósto] *a.* narrow.

anguila [aŋgila] *f.* eel.

ángulo [áŋgulo] *m.* angle.

angustia [aŋgústja] *f.* anguish, distress.

angustiar [aŋgustjár] *t.* to afflict, distress, worry.

angustioso [aŋgustjóso] *a.* distressing.

anhelante [anelánte] *a.* panting. *2* desirous, longing.

anhelar [anelár] *i.* to pant. *2 t.* to long for.

anhelo [anélo] *m.* longing, yearning, desire.

anidar [aniðár] *i.* to nest.

anillo [aníʎo] *m.* ring, finger ring.

ánima [ánima] *f.* soul.

animado [animáðo] *a.* animate. *2* lively. *3* full of people.

animal [animál] *m.* animal. *2* blockhead.

animar [animár] *t.* to animate. *2* to cheer up *3* to encourage. *4* to enliven. *5 p.* to take heart.

ánimo [ánimo] *m.* mind. *2* courage. *3* intention. *4 interj.* cheer up!

animoso [animóso] *a.* brave, courageous.

aniquilar [anikilár] *t.* to annihilate, destroy, crush.

anis [anís] *m.* anise. *2* anissette.

aniversario [aniβersárjo] *m.* anniversary.

anoche [anótʃe] *adv.* last night.

1) anochecer [anotʃeθér] *i.* to grow dark. ¶ Conjug. like *agradecer.*

2) anochecer [anotʃeθér] *m.* nightfall, evening.

anónimo [anónimo] *a.* anonymous. *2* com. limited [company].

anormal [anormál] *a.* abnormal, subnormal.

anotación [anotaθjón] *f.* annotation. *2* entry.

anotar [anotár] *t.* to write, note down.

ansia [ánsja] *f.* anguish. *2* eagerness, longing.

ansiar [ansjár] *t.* to wish, long for, covet.

ansiedad [ansjeðáð] *f.* anxiety, uneasiness.

ansioso [ansjóso] *a.* anxious, eager, greedy.

antaño [antáɲo] *adv.* last year. 2 formerly, long ago.

1) **ante** [ánte] *m.* elk, moose. 2 muff, buckskin.

2) **ante** [ánte] *prep.* before. 2 ~ *todo,* above all.

anteanoche [anteanótʃe] *adv.* the night before last.

anteayer [anteajér] *adv.* the day before yesterday.

antecedente [anteθeðénte] *a.-m.* antecedent. 2 *m. pl.* references.

antemano (de) [antemáno] *adv.* beforehand.

antena [anténa] *f.* feeler. 2 RADIO. aerial.

anteojo [anteóxo] *m.* spyglass. 2 *pl.* binocular. 3 spectacles.

antepasado [antepasáðo] *m.* ancestor, forefather.

anterior [anterjór] *a.* anterior, former, previous.

anteriormente [anterjórnénte] *adv.* previously, before.

antes [ántes] *adv.* before. 3 *conj.* ~ *bien,* rather.

antesala [antesála] *f.* waiting-room.

anticipar [antiθipár] *t.* to bring forward, advance. 2 *p.* to forestall.

anticuado [antikwáðo] *a.* old-fashioned, obsolete, out-of-date.

antiguamente [antiɣwaménte] *adv.* anciently, in old times.

antigüedad [antiɣweðáð] *f.* seniority 2 *pl.* antiques.

antiguo [antíɣwo] *a.* ancient, old; antique.

antipático [antipátiko] *a.* disagreeable; unpleasant.

antojarse [antoxárse] *p.* to take a fancy to; to long.

antojo [antóxo] *m.* caprice, whim, fancy.

antorcha [antórtʃa] *f.* torch, flambeau.

antropología [antropoloxía] *f.* anthropology.

anual [anwál] *a.* yearly. 2 **-mente** *adv.* annually, yearly.

anular [anulár] *t.* to annul, cancel. 2 *a.* ring-shaped: *dedo* ~, ring-finger.

anunciar [anunθiár] *t.* to announce. 2 to advertise.

anuncio [anúnθjo] *m.* announcement. 2 advertisement.

anzuelo [anθwélo] *m.* fish-hook.

añadir [aɲaðír] *t.* to add.

añil [aɲíl] *m.* indigo.

año [áɲo] *m.* year: ~ *bisiesto*, leap-year. 2 *tengo 20 años*, I'm 20 years old.

apacible [apaθíβle] *a.* gentle, mild, calm.

apadrinar [apaðrinár] *t.* to act as godfather to; to support; to sponsor.

apagado [apaɣáðo] *a.* out, quenched. 2 dull, muffled.

apagar [apaɣár] *t.* to put out, turn out. 2 to quench. 3 to soften.

aparador [aparaðór] *m.* sideboard, buffet. 2 shop-window.

aparato [aparáto] *m.* apparatus, device, set. 2 machine, airplane. 3 display, show.

aparcar [aparkár] *t.* to park [cars, etc.].

aparecer [apareθér] *i.-p.* to appear, turn up. ¶ CONJUG. like *agradecer*.

aparejar [aparexár] *t.* to prepare, get ready. 2 to saddle. 3 to rig out.

aparente [aparénte] *a.* apparent, seeming.

aparición [apariθjón] *f.* apparition, appearance. 2 ghost.

apariencia [aparjénθja] *f.* appearance, aspect. 2 *guardar las apariencias*, to keep up appearances.

apartado [apartáðo] *a.* retired, distant. 2 *m.* post-office box. 3 section [of a law, etc.].

apartamento [apartaménto] *m.* retirement. 2 flat, apartment.

apartar [apartár] *t.* to separate, set apart. 2 to turn aside; to remove, move away. 3 *p.* to move away.

aparte [apárte] *a.* separate, other. 2 *adv.* apart, aside. 3 *m.* THEAT. aside. 4 *punto y* ~, paragraph.

apasionado [apasjonáðo] *a.* ardent, passionate.

apasionar [apasjonár] *t.* to excite strongly. 2 *p.* to become impassioned. 3 to become passionately fond [of].

apear [apeár] *t.-p.* to dismount, alight.

apedrear [apeðreár] *t.* to stone.

apelación [apelaθjón] *f.* appeal.

apelar [apelár] *i.* to appeal, have recourse to.

apellido [apeʎíðo] *m.* surname.

apenado [apenáðo] *a.* sorry, troubled.

apenas [apénas] *adv.* scarcely, hardly. 2 no sooner than.

apercibir [aperθiβír] *t.* to prepare beforehand.

2 to warn. 3 to see. 4 p. to get ready.

apertura [apertúra] *f.* opening.

apetecer [apeteθér] *t.* to desire, crave, wish. ¶ CONJUG. like *agradecer*.

apetito [apetíto] *m.* hunger, appetite.

ápice [ápiθe] *m.* summit.

apio [ápjo] *m,* celery.

aplacar [aplakár] *t.* to appease, soothe.

aplastar [aplastár] *t.* to flatten. 2 to crush. 3 p. to become flat.

aplaudir [aplaŭðír] *t.-i.* to applaud, clap.

aplazar [aplaθár] *t.* to adjourn, put off, postpone.

aplicación [aplikaθjón] *f.* application, studiousness.

aplicado [aplikáðo] *a.* applied. 2 diligent.

aplicar [aplikár] *t.* to apply. 2 p. to devote oneself to.

apoderar [apoðerár] *t.* to empower. 2 p. to seize.

aportación [aportaθjón] *f.* contribution.

aportar [aportár] *t.* to contribute, bring.

aposento [aposénto] *m.* room, apartment.

apostar [apostár] *t.-p.-i.* to bet, wager. ¶ CONJUG. like *contar*.

apóstol [apóstol] *m.* apostle.

apoteótico [apoteótiko] *a.* glorifying. 2 glorious.

apoyar [apojár] *t.* to rest, lean. 2 to support; to found. 3 to prove. 4 to prop. 5 *i.-p.* to rest, lean [on]; to be supported [on or by]. 6 p. to base oneself.

apoyo [apójo] *m.* support. 2 protection, help.

apreciar [apreθjár] *t.* to estimate, value. 2 to esteem, like, appreciate.

aprender [aprendér] *t.* to learn.

aprendiz [aprendíθ] *m.* apprentice; learner.

aprendizaje [aprendiθáxe] *m.* apprenticeship.

apresar [apresár] *t.* to seize, capture.

apresurar [apresurár] *t.* to hasten. 2 p. to hurry up.

apretar [apretár] *t.* to press down. 2 to tighten. 3 [of garments] to fit pinch. 4 to urge. 5 ~ *el paso,* to quicken the pace. 6 *i.* ~ *a correr,* to start running. 7 p. to crowd. ¶ CONJUG. like *acertar*.

aprisa [aprísa] *adv.* quickly, hurriedly.

aprisionar [aprisjonár] *t.* to imprison. 2 to hold fast, shackle, bind, tie.

aprobación [aproβaθjón] *f.* approbation, approval; applause.

aprobado [aproβáðo] *m.* pass mark, pass.

aprobar [aproβár] *t.* to approve. 2 to pass. ¶ Conjug. like *contar*.

apropiado [apropjáðo] *a.* fit, appropriate, suitable.

aprovechar [aproβetʃár] *t.* to make use of, profit by. 2 to use up. 3 *i.* to be useful. 4 *p.* to avail oneself of, take advantage of.

aproximadamente [aproɣsimáðaménte] *adv.* approximately.

aproximar [aproɣsimár] *t.* to bring near. 2 *p.* to approach, come near.

aptitud [aβtitúð] *f.* aptitude, fitness, talent.

apto [áβto] *a.* able, competent. 2 fit, suitable.

apuesta [apwésta] *f.* bet, wager.

apuesto [apwésto] *a.* good-looking. 2 elegant, spruce.

apuntar [apuntár] *t.* to aim. 2 to point out. 3 to note, write down. 4 to stitch, pin lightly. 5 Theat. to prompt. 6 *i.* to dawn.

apunte [apúnte] *m.* note. 2 rough sketch.

apuñalar [apuɲalár] *t.* to stab, knife.

apurar [apurár] *t.* to use up, exhaust. 2 to hurry, press. 3 to worry. 4 *p.* to be worried.

apuro [apúro] *m.* trouble. 2 want. 3 worry.

aquel [akél] *m.*, **aquella** [akéʎa] *f. dem. a. sing.* that. **aquellos** [akéʎos] *m.*, **aquellas** [akéʎas] *f. pl.* those.

aquél [akél] *m.*, **aquélla** [akéʎa] *f. dem. pron. sing.* that one; the former. **aquello** [akéʎo] *neut.* that, that thing. **aquéllos** [akéʎos] *m.*, **aquéllas** [akéʎas] *f. pl.* those [ones]; the former.

aquí [akí] *adv.* here. 2 *de ~ en adelante*, from now on.

árabe [áraβe] *a.-n.* Arab, Arabic, Arabian.

arado [aráðo] *m.* plough.

araña [aráɲa] *f.* spider. 2 chandelier, lustre.

arañar [araɲár] *t.* to scratch; to scrape up.

arañazo [araɲáθo] *m.* scratch.

arar [arár] *t.* to plough.

arbitrio [arβítrjo] *m.* free will. 2 arbitrament. 3 *pl.* taxes.

árbitro [árβitro] *m.* arbiter. 2 umpire. 3 referee.

árbol [árβol] *m.* tree. 2 shaft. 3 mast.

arboleda [arβoléða] *f.* grove, woodland.

arbusto [arβústo] *m.* shrub, bush.

arca [árka] *f.* coffer, chest. 2 safe. 3 ark.

arcángel [arkánxel] *m.* archangel.

arcilla [arθíʎa] *f.* clay.

arco [árko] *m.* arc. 2 bow: ~ *iris*, rainbow.

archipiélago [artʃipjélaɣo] *m.* archipelago.

arder [arðér] *t.* to burn.

ardid [arðíð] *m.* stratagem, trick.

ardiente [arðjénte] *a.* burning, hot. 2 passionate.

ardilla [arðíʎa] *f.* squirrel.

ardor [arðór] *m.* ardour, heat. 2 courage.

arduo [árðwo] *a.* hard, difficult, arduous.

área [área] *f.* area.

arena [aréna] *f.* sand.

arenal [arenál] *m.* sandy ground. 2 sand pit.

arenisca [areníska] *f.* sandstone.

arenoso [arenóso] *a.* sandy.

arenque [arénke] *m.* herring.

argentino [arxentíno] *m.* Argentine, Argentinean.

argüir [arɣuír] *t.* to infer. 2 to argue. ¶ Conjug. like *huir*.

argumentación [arɣumentaθjón] *f.* argumentation.

argumento [arɣuménto] *m.* argument. 2 plot [of a play].

árido [áriðo] *a.* dry, arid.

arisco [arísko] *a.* unsociable, surly.

aritmética [ariðmétika] *f.* arithmetic.

arma [árma] *f.* weapon, arm.

armada [armáða] *f.* navy. 2 fleet. 3 armada.

armadura [armaðúra] *f.* armo(u)r. 2 framework.

armar [armár] *t.* to arm. 2 to fit out [a ship]. 3 to set up, mount. 4 *p.* to arm oneself.

armario [armárjo] *m.* cupboard, wardrobe.

armiño [armíɲo] *m.* ermine, stoat.

armonía [armonía] *f.* harmony.

armonioso [armonjóso] *a.* harmonious.

armonizar [armoniθár] *t.-i.* to harmonize.

aro [áro] *m.* hoop, ring.

aroma [aróma] *f.* aroma, scent, fragance.

arpa [árpa] *f.* harp.

arquear [arkeár] *t.* to arch. 2 to gauge.

arqueología [arkeoloxía] *f.* archæology.

arquitecto [arkitéɣto] *m.* architect.

arquitectura [arkiteɣtúra] *f.* architecture.

arrabal [arraβál] *m.* suburb. 2 *pl.* outskirts.

arraigar [arraɪɣár] *i.-p.* to take root.

arrancar [arraŋkár] *t.* to uproot, pull out. 2 to pluck [feathers]. 3 *i.* to start.

arrasar [arrasár] *t.* to level; to raze, demolish.

arrastrar [arrastrár] *t.* to drag, trail. 2 to carry away. 3 *p.* to crawl.

arrear [arreár] *t.* to drive. 2 to deliver [a blow].

arrebatar [arreβatár] *t.* to snatch. 2 to carry away. 3 *p.* to be led away [by emotion].

arreglar [arreɣlár] *t.-p.* to arrange. 2 to put in order. 3 to smarten up. 4 to mend, fix up.

arreglo [arréɣlo] *m.* arrangement. 2 settlement. 3 mending. 4 *con ~ a,* according to.

arrendar [arrendár] *t.* to rent, lease. ¶ Conjug. like *acertar.*

arrepentimiento [arrepentimjénto] *m.* repentance; regret.

arrepentirse [arrepentírse] *p.* to repent, regret. ¶ Conjug. like *hervir.*

arrestar [arrestár] *t.* to arrest, imprision.

arresto [arrésto] *m.* arrest, detention.

arriba [arríβa] *adv.* up, upwards; upstairs; above, at top: *cuesta ~,* up the hill; *de ~ abajo,* from top to bottom.

arribar [arriβár] *i.* to arrive. 2 to put into port.

arriesgar [arrjezɣár] *t.* to risk, hazard, venture. 2 *p.* to expose oneself to danger. 3 to dare.

arrimar [arrimár] *t.* to bring close [to]. 2 *p.* to go near; to lean against.

arrinconar [arriŋkonár] *t.* to put in a corner. 2 to corner. 3 to ignore.

arrodillarse [arroðiʎárse] *p.* to kneel [down].

arrogancia [arroɣánθja] *f.* arrogance, pride.

arrogante [arroɣánte] *a.* arrogant, proud.

arrojado [arroxáðo] *a.* bold, dashing, rash.

arrojar [arroxár] *t.* to throw, fling. 2 to vomit. 3 to show [a balance]. 4 *p.* to throw oneself.

arrojo [arróxo] *m.* boldness, dash, bravery.

arrollar [arroʎár] *t.* to roll up. 2 to run over.

arropar [arropár] *t.-p.* cover, wrap up.

arrostrar [arrostrár] *t.* to face, stand, defy.

arroyo [arrójo] *m.* brook, stream. 2 gutter.

arroz [arróθ] *m.* rice.

arruga [arrúγa] *f.* wrinkle, crease, line.

arrugar [arruγár] *t.* to wrinkle; to crease. 2 to fold. 3 ~ *la frente,* to frown.

arruinar [arrwinár] *t.* to ruin. 2 *p.* to go to ruin.

arrullar [arruʎár] *t.* to lull. 2 to coo.

arrullo [arrúʎo] *m.* lullaby. 2 cooing.

arte [árte] *m.-f.* art: *bellas artes,* fine arts. 2 craft, skill.

artefacto [artefáγto] *m.* contrivance, appliance, device, machine.

artesano [artesáno] *m.* artisan, craftsman.

articulación [artikulaθjón] *f.* articulation. 2 joint.

artículo [artíkulo] *m.* article. 2 entry. 3 editorial.

artificial [artifiθjál] *a.* artificial.

artificio [artifíθjo] *m.* skill. 2 trick. 3 device.

artillería [artiʎería] *f.* artillery; guns.

artillero [artiʎéro] *m.* gunner.

artista [artísta] *m.-f.* artist; actor, actress.

artístico [artístiko] *a.* artistic.

arzobispo [arθoβíspo] *m.* archbishop.

as [as] *m.* ace; champion.

asalariado [asalarjáðo] *a.* salaried. 2 *m.* wage-earner.

asaltar [asaltár] *t.* to assail, assault.

asalto [asálto] *m.* assault. 2 BOX. round.

asamblea [asambléa] *f.* assembly, meeting.

asar [asár] *t.-p.* to roast.

ascender [asθendér] *i.* to ascend, climb. 2 to accede. 3 to amount [to]. 4 to be promoted. ¶ CONJUG. like *entender.*

ascendiente [asθendjénte] *m.* ancestor. 3 ascendancy.

ascensor [asθensór] *m.* lift, elevator.

asco [ásko] *m.* nausea; *dar* ~, to be disgusting.

aseado [aseáðo] *a.* clean, tidy.

asear [aseár] *t.* to clean, tidy.

asegurar [aseγurár] *t.* to secure. 2 to fasten. 3 to ensure. 4 to assure. 5 to assert. 6 COM. to insure. 7 *p.* to make sure.

asentar [asentár] *t.* to seat. 2 to place, stablish. 3 to affirm. 4 to enter. 5 *p.* to sit down. ¶ CONJUG. like *acertar*.

asentir [asentír] *i.* to assent. 2 to nod. ¶ CONJUG. like *hervir*.

aseo [aséo] *m.* tidiness. 2 cleaning: *cuarto de ~*, toilet-room.

asesinar [asesinár] *t.* to murder, assassinate.

asesinato [asesináto] *m.* murder, assassination.

asesino [asesíno] *m.* murderer, assassin.

asesor [asesór] *m.* adviser, consultant.

asfixiar [asfiɣsjár] *t.-p.* to suffocate.

así [así] *adv.* so, thus.

asiático [asjátiko] *a.-n.* Asiatic.

asiduo [asíðwo] *a.* assiduous, frequent.

asiento [asjénto] *m.* seat, chair; situation.

asignación [asiɣnaθjón] *f.* assignation. 2 allowance.

asignar [asiɣnár] *t.* to assign, appoint.

asignatura [asiɣnatúra] *f.* subject of study.

asilo [asilo] *m.* asylum, shelter.

asimismo [asímízmo] *adv.* likewise, also.

asir [asír] *t.* to seize, grasp, take.

asistencia [asisténθja] *f.* audience. 2 help.

asistente [asisténte] *a.-n.* present. 2 *m.* assistant, helper.

asistir [asistír] *i.* to attend, be present. 3 *t.* to help.

asma [ázma] *f.* MED. asthma.

asno [ázno] *m.* ass, donkey, jackass.

asociación [asoθjaθjón] *f.* association.

asociar [asoθjár] *t.* to associate.

asolar [asolár] *t.* to raze. ¶ CONJUG. like *contar*.

asomar [asomár] *i.* to begin to appear. 2 *t.* to put out. 3 *p.* to look out.

asombrar [asombrár] *t.* to frigten. 2 to astonish. 3 *p.* to be astonished.

asombro [asómbro] *m.* amazement, astonishment. 2 fright.

asombroso [asombróso] *a.* amazing, astonishing.

aspa [áspa] *f.* X-shaped figure. 2 wing [of windmill]. 3 blade [of a propeller].

aspecto [aspéɣto] *m.* aspect, look, appearance.

áspero [áspero] *a.* rough. 2 harsh. 3 rude.

aspiración [aspiraθjón] *f.* aspiration. 2 longing. 3 breathin in, breath.

aspirar [aspirár] *t.* to breathe in. 2 to draw in. 3 *i.* to aspire to.

asqueroso [askeróso] *a.* dirty, disgusting.

asta [ásta] *f.* shaft. 2 flagstaff. 4 horn.

astilla [astíʎa] *f.* chip, splinter.

astillero [astiʎéro] *m. m.* shipyard, dockyard.

astro [ástro] *m.* star.

astronauta [astronáuta] *m.-f.* astronaut.

astrónomo [astrónomo] *m.* astronomer.

astucia [astúθja] *f.* cunning. 2 trick.

asueto [aswéto] *m.* day off, school holiday.

asumir [asumír] *t.* to assume, take upon oneself.

asunto [asúnto] *m.* matter, subject. 2 affair.

asustar [asustár] *t.* to frighten. 2 *p.* to be frightened.

atacar [atakár] *t.* to attack, impugn.

atajar [ataxár] *i.* to take a short cut. 2 *t.* to stop.

ataque [atáke] *m.* attack. 2 fit, stroke.

atar [atár] *t.* to tie, bind.

) **atardecer** [atarðeθér] *impers.* to grow dark.

2) **atardecer** [atarðeθér] *m.* evening, nightfall.

atareado [atareáðo] *a.* busy.

atarearse [atareárse] *p.* to be very busy.

ataúd [ataúð] *m.* coffin.

ataviar [ataβjár] *t.* to dress up, adorn.

atavío [ataβío] *m.* dress, adornment. 2 *pl.* adornments.

atemorizar [atemoriθár] *t.* to frighten. 2 *p.* to become frightened.

atención [atenθjón] *f.* attention. 2 kindness.

atender [atendér] *i.-t.* to attend, pay attention. 2 to heed. 3 to take care [of]. 4 *t.* to listen to. ¶ Conjug. like *entender*.

atentado [atentáðo] *m.* crime. 2 attempted murder.

atentamente [aténtaménte] *adv.* attentively. 2 politely.

atento [aténto] *a.* attentive. 2 polite.

aterrador [aterraðór] *a.* terrifying, dreadful, appalling.

1) **aterrar** [aterrár] *t.* to pull down. ¶ Conjug. like *acertar*.

2) **aterrar** [aterrár] *t.-p.* aterrorizar.

aterrizar [aterriθár] *t.* to land, alight.

aterrorizar [aterroriθár] *t.* to terrify, appal. 2 *p.* to be terrified.

atisbar [atizβar] *t.* to peep at, spy on, watch.

atlántico [aðlántiko] *a.-m.* Atlantic.

atleta [aðléta] *m.* athlete.

atlético [aðlétiko] *a.* athletic.

atletismo [aðletízmo] *m.* athletics.

atmósfera [aðmósfera] *f.* atmosphere.

atómico [atómiko] *a.* atomic.

átomo [átomo] *m.* atom.

atónito [atónito] *a.* astonished, amazed.

atormentar [atormentár] *t.* to torment. 2 torture. 3 *p.* to worry.

atracar [atrakár] *t.* to assault, *hold up. 2 *i.* NAUT. to come alongside. 3 *p.* to gorge oneself.

atracción [atraɣθjón] *f.* attraction, appeal.

atraco [atráko] *m.* assault, robbery, *hold-up.

atractivo [atraɣtíβo] *a.* attractive. 2 *m.* charm.

atraer [atraér] *t.* to attract, draw. 2 to lure. 3 to charm. ¶ CONJUG. like *traer*.

atrapar [atrapár] *t.* to catch. 2 to trap, ensnare.

atrás [atrás] *adv.* back, backward(s, behind.

atrasado [atrasáðo] *a.* behind [time]. 2 backward. 3 slow.

atravesar [atraβesár] *t.* to cross. 2 to pierce; to pass through. ¶ CONJUG. like *acertar*.

atreverse [atreβérse] *p.* to dare, venture, risk.

atrevido [atreβíðo] *a.* daring, bold.

atribuir [atriβuír] *t.* to attribute, ascribe. 2 *p.* to assume. ¶ CONJUG. like *huir*.

atributo [atriβúto] *m.* attribute.

atrio [átrjo] *m.* courtyard; portico.

atrocidad [atroθiðáð] *f.* atrocity, excess.

atropellar [atropeʎár] *t.* to run over, trample. 2 to knock down. 3 to outrage. 4 *p.* to be hasty.

atropello [atropéʎo] *m.* accident. 2 outrage.

atroz [atróθ] *a.* atrocious. 2 huge, awful.

atún [atún] *m.* tunny.

aturdir [aturðír] *t.* to deafen. 2 to make giddy. 3 to bewilder. 4 to amaze.

audacia [aŭðáθja] *f.* boldness, audacity.

audaz [aŭðáθ] a. audacious, bold, daring.

audición [aŭðiθjón] f. hearing. 2 concert.

audiencia [aŭðjénθja] f. audience. 2 Spanish provincial high court.

auditor [aŭðitór] m. judge-advocate.

auditorio [aŭðitórjo] m. audience, auditory.

auge [áŭxe] m. boom. 2 boost. 3 topmost height. 4 estar en ~, to be on the increase.

aula [áŭla] f. class-room.

aumentar [aŭmentár] t.-i.-p. to increase. 2 i.-p. to grow larger.

aumento [aŭménto] m. enlargement, increase.

aun [áun] adv. even, still: ~ cuando, although.

aún [aún] adv. yet, as yet, still.

aunque [áŭŋke] conj. though, although.

aura [áŭra] f. gentle breeze. 2 aura.

áureo [áŭreo] a. golden.

aurora [aŭróra] f. dawn.

ausencia [aŭsénθja] f. absence; lack.

ausentarse [aŭsentárse] p. to be absent; to leave.

ausente [aŭsénte] a. absent.

austero [aŭstéro] a. austere, stern, strict.

auténtico [aŭténtiko] a. authentic, genuine, real.

auto [áŭto] m. judicial decree, writ, warrant. 2 car. 3 religious play. 4 pl. LAW proceedings.

autobús [aŭtoβús] m. bus.

autocar [aŭtokár] m. coach.

automático [aŭtomátiko] a. automatic(al.

automóvil [aŭtomóβil] m. automobile, motor-car.

autonomía [aŭtonomía] f. autonomy. 2 home rule.

autónomo [aŭtónomo] a. autonomous.

autopista [aŭtopísta] f. motorway, turnpike.

autor [aŭtór] m.-f. author, authoress [writer]. 2 perpetrator.

autoridad [aŭtoriðáð] f. authority.

autorizar [aŭtoriθár] t. to authorize, empower, permit, legalize, approve.

autostop [aŭtostóp] m. hitch-hiking: hacer ~, to hitch-hike.

1) **auxiliar** [aŭsiljár] t. to help, assist.

2) **auxiliar** [aŭsiljár] a. auxiliary. 2 m. assistant.

auxilio [aŭsíljo] *m.* help, aid, assistance.

avance [aβánθe] *m.* advance payment. 2 trailer.

avanzada [aβanθáða] *f.* MIL. outpost; advance guard.

avanzar [aβanθár] *i.* to improve, progress.

avaricia [aβaríθja] *f.* avarice, greed.

avariento [aβarjénto], **avaro** [aβáro] *a.* miserly, niggard. 2 *m.-f.* miser.

ave [áβe] *f.* bird; fowl: ~ *de rapiña*, bird of prey.

avellana [aβeʎána] *f.* hazel-nut.

avemaría [aβemaría] *f.* Hail Mary.

avena [aβéna] *f.* oats.

avenida [aβeníða] *f.* flood, freshet. 2 avenue.

aventajar [aβentaxár] *t.* to surpass, excel. 2 to improve.

aventura [aβentúra] *f.* adventure. 2 chance, risk, hazard.

aventurar [aβenturár] *t.* to venture, hazard. 2 *p.* to risk, dare, run the risk.

aventurero [aβenturéro] *m.* adventurer. 2 *f.* adventuress.

avergonzar [aβeryonθár] *t.* to shame. 2 *p.* to be ashamed. 3 to blush. ¶ CONJUG. like *contar*.

averiguar [aβeriɣwár] *t.* to inquire, find out.

avestruz [aβestrúθ] *f.* ostrich.

aviación [aβjaθjón] *f.* aviation; air force.

aviador [aβjaðór] *m.* aviator, airman, air pilot.

avicultura [aβikultúra] *f.* aviculture.

avión [aβjón] *m.* airplane, aircraft.

avisar [aβisár] *t.* to inform. 2 to warn; to advise.

aviso [aβíso] *m.* notice, advice; warning.

avispa [aβíspa] *f.* wasp.

avivar [aβiβár] *t.* to enliven. 2 to brighten [light, colours].

¡ay! [ái] *interj.* alas!

ayer [ajér] *adv. - m.* yesterday, in the past.

ayuda [ajúða] *f.* help, aid, assistance.

ayudante [ajuðánte] *m.* aid, assistant.

ayudar [ajuðár] *t.* to help, aid, assist.

ayunar [ajunár] *i.* to fast; to go hungry.

ayuntamiento [ajuntamjénto] *m.* town council. 2 town hall.

azada [aθáða] *f.* hoe.

azafata [aθafáta] *f.* air-
-hostes, stewardess.

azahar [aθaár] *m.* orange-
-blossom.

azar [aθár] *m.* hazard,
chance: *al* ~, at ran-
dom.

azotar [aθotár] *t.* to
whip, flog. 2 to spank.
3 [of sea, etc.] to beat.

azote [aθóte] *m.* scourge,
whip, birch, thong.

azotea [aθotéa] *f.* flat
roof, terrace roof.

azúcar [aθúkar] *m.-f.*
sugar.

azucarar [aθukarár] *t.*
to sugar, sweeten.

azucena [aθuθéna] *f.*
white lily.

azufre [aθúfre] *m.* sulphur, brimstone.

azul [aθúl] *a.-m.* blue:
~ *celeste*, sky blue; ~
marino, navy blue.

azulado [aθuláðo] *a.*
bluish.

azulejo [aθuléxo] *m.*
glazed tile.

B

bacalao [bakaláo] *m.* cod-fish.

bacteria [baktérja] *f.* bacterium, *pl.* -a; germ.

bache [bátʃe] *m.* pot-hole. 2 air-pocket.

bachiller [batʃiʎér] *m.-f.* one who has the Spanish certificate of secondary education. 2 chatterbox.

bachillerato [batʃiʎeráto] *m.* the Spanish certificate of secondary education.

bahía [baía] *f.* bay.

bailar [baiʎár] *i.* to dance. 2 [of a top] to spin.

bailarín [baiʎarín] *a.* dancing. 2 *m.-f.* dancer.

baile [báiʎe] *m.* dance; ball.

bajar [baxár] *i.* to come down, go down. 2 to fall. 3 *t.-i.* to get down. 4 *t.* to lower [prices, etc.].

1) **bajo** [báxo] *adv.* in a low voice. 2 *prep.* beneath, under.

2) **bajo** [báxo] *a.* low. 2 short. 3 lower: *la clase baja,* the lower classes. 4 *piso ~, planta baja,* ground floor. 5 *m.* hollow, deep. 6 shoal. 7 bass.

bala [bála] *f.* bullet, shot. 2 bale [of goods].

balancear [balanθeár] *i.-p.* to rock, swing, roll. 2 *t.* to balance.

balanza [balánθa] *f.* [pair of] scales, balance.

balar [balár] *i.* to bleat.

balcón [balkón] *m.* balcony.

balde [bálde] *m.* bucket, pail. 2 *adv. de* ~, free. 3 *en* ~, in vain.

balón [balón] *m.* ball; football. 2 bag. 3 CHEM. balloon.

baloncesto [balonθésto] *m.* basket-ball.

balsa [bálsa] *f.* pool. 2 NAUT. raft.

bálsamo [bálsamo] *m.* balsam, balm.

ballena [baʎéna] *f.* whale; whalebone.

bambú [bambú] *m* bamboo.

banca [báŋka] *f.* COM. banking. 2 bank. 3 bench.

banco [báŋko] *m.* bench. 2 COM. bank.

banda [bánda] *f.* sash. 2 band, gang. 3 side [of ship]. 4 MUS. band.

bandada [bandáða] *f.* flock [of birds].

bandeja [bandéxa] *f.* tray, salver.

bandera [bandéra] *f.* flag, banner, standard.

bandido [bandíðo] *m.* outlaw. 2 bandit, highwayman.

bando [bándo] *m.* faction, party. 2 edict.

bandolero [bandoléro] *m.* robber, highwayman.

banquero [baŋkéro] *m.* banker.

banquete [baŋkéte] *m.* banquet, feast.

bañar [baɲár] *t.-p.* to bathe, take a bath.

baño [báɲo] *m.* bath; bathing. 2 bathtub.

bar [bar] *m.* bar.

baraja [baráxa] *f.* pack [of cards].

baranda [baránda] *f.* railing, balustrade, banisters.

baratillo [baratíʎo] *m.* second-hand goods.

barato [baráto] *a.* cheap.

barba [bárβa] *f.* chin. 2 beard.

barbaridad [barβariðáð] cruelty, atrocity.

bárbaro [bárβaro] *a.* barbarous. 2 *m.-f.* barbarian.

barbería [barβería] *f.* barber's shop.

barbero [barβéro] *m.* barber.

barbudo [barβúðo] *a.* bearded.

barca [bárka] *f.* boat, ferry-boat.

barco [bárko] *m.* ship.

barniz [barníθ] *m.* varnish; glaze.

barómetro [barómetro] *m.* barometer.

barón [barón] *m.* baron.

barquero [barkéro] *m.* boatman; ferryman.

barra [bárra] *f.* bar. 2 MECH. lever. 2 ~ *de labios,* lipstick.

barraca [barráka] *f.* cabin, hut. 2 farmhouse.

barranco [barránko] *m.* precipice. 2 ravine, gorge.

barrer [barrér] *t.* to sweep. 2 NAUT. to rake.

barrera [barréra] *f.* barrier; parapet; fence.

barriada [barriáða] *f.* quarter, district; slum quarter.

barriga [barríɣa] *f.* belly.

barril [barril] *m.* barrel, keg.

barrio [bárrjo] *m.* town ward, quarter: *barrios bajos,* slums.

barro [bárro] *m.* mud.

basar [basár] *t.* to base, found. 2 *p.* to be based upon.

base [báse] *f.* basis, base.

básico [básiko] *a.* basic.

basta [básta] *f.* basting stitch.

bastante [bastánte] *a.* sufficient, enough. 2 *adv.* enough, rather.

bastar [bastár] *i.* to suffice, be enough.

basto [básto] *a.* coarse, rough.

bastón [bastón] *m.* cane, walking stick.

basura [basúra] *f.* rubbish, garbage, sweepings, refuse.

bata [báta] *f.* dressing-gown. 2 white coat.

batalla [batáʎa] *f.* batle, fight, struggle.

batallón [bataʎón] *m.* battalion.

batería [batería] *f.* battery: ~ *de cacina,* pots and pans.

batir [batír] *t.* to beat, strike. 2 to flop [wings]. 3 to beat, defeat. 4 to clap [hands]. 5 MIL. to reconnoitre the ground. 6 *p.* to fight.

baúl [baúl] *m.* luggage trunk, portmanteau.

bautismo [bauˇtízmo] *m.* baptism; christening.

bautizar [bauˇtiθár] *t.* to baptize, christen. 2 to name. 3 to water [wine].

bautizo [bauˇtíθo] *m.* christening [party].

bayoneta [bajonéta] *f.* bayonet.

beber [beβér] *t.-p.* to drink.

bebida [beβíða] *f.* drink.

beca [béka] *f.* scholarship, allowance, grant.

becerrada [beθerráða] *f.* BULLF. fight with young bulls.

becerro [beθérro] *m.*

calf, young bull. 2 calf-skin. 3 ~ *marino*, seal.

bejuco [bexúko] *m.* liana; rattan.

bélico [béliko] *a.* warlike.

belleza [beʎéθa] *f.* beauty.

bello [béʎo] *a.* beautiful, fine, lovely, handsome.

bellota [beʎóta] *f.* acorn.

bendecir [bendeθír] *t.* to bless.

bendición [bendiθjón] *f.* benediction, blessing. 2 *pl.* wedding ceremony.

bendito [bendíto] *a.* holy, blessed. 2 happy. 3 *m.* simple-minded soul.

beneficencia [benefiθénθja] *f.* beneficence. 2 charity; public welfare.

beneficiar [benefiθjár] *t.* to benefit. 2 to improve [land]. 3 *p.* to profit.

beneficio [benefíθjo] *m.* benefit, advantage, profit.

beneficioso [benefiθjóso] *a.* profitable, advantageous, useful.

benéfico [benéfiko] *a.* charitable, beneficent.

benigno [beníɣno] *a.* gentle, kind, benign.

berbiquí [berβikí] *m.* carpenter's brace.

berenjena [berenxéna] *f.* egg-plant.

besar [besár] *t.* to kiss.

beso [béso] *m.* kiss.

bestia [béstja] *f.* beast. 2 idiot.

betún [betún] *m.* shoe-polish.

biberón [biβerón] *m.* feeding-bottle.

Biblia [bíβlja] *f.* Bible.

bíblico [bíβliko] *a.* Biblical.

biblioteca [biβljotéka] *f.* library.

bicicleta [biθikléta] *f.* bicycle, bike, cycle.

1) **bien** [bjén] *adv.* well, properly, right 2 ~ ... ~, either ... or. 3 *ahora* ~, now then. 4 *más* ~, rather. 5 *si* ~, although.

2) **bien** [bjén] *m.* good. 2 welfare, benefit: *hacer* ~, to do good. 3 *pl.* property, estate, goods: *bienes inmuebles*, real estate; *bienes muebles*, movables.

bienaventurado [bjenaβenturáðo] *a.* blessed, happy. 2 simple.

bienestar [bjenestár] *m.* well-being, comfort.

bienhechor [bjenetʃór] *m.* benefactor.

bienvenida [bjembeníða] *f.* welcome: *dar la* ~, to welcome.

bigote [biɣóte] *m.* m(o)ustache. 2 whiskers [of a cat].

billar [biʎár] *m.* billiards [-table, -room, -hall].

billete [biʎéte] *m.* short letter. 2 love-letter. 3

ticket. *4* ~ *de banco,* bank-note.

billón [biʎón] *m.* (British) billion; (U.S.A.) trillion.

biografía [bjoɣrafía] *f.* biography.

bisabuelo, la [bisaβwélo, la] *m.-f.* great-grandfather; great-grandmother. 2 *m. pl.* great-grandparents.

bisagra [bisáɣra] *f.* hinge.

bisiesto [bisjésto] *a. año* ~, leap year.

bistec [bisté] *m.* beefsteak.

bizco [bíθko] *a.* squint-eyed, cross-eyed.

bizcocho [biθkótʃo] *m.* biscuit. 2 sponge cake.

blanco [bláŋko] *a.* white. 2 fair [complexion]. 3 *m.-f.* white person. 4 *m.* white colour. 5 target, mark. 6 aim, goal. 7 interval. 8 blank.

blancura [blaŋkúra] *f.* whiteness. 2 fairness.

blancuzco [blaŋkúθko] *a.* whitish.

blando [blándo] *a.* soft. 2 gentle, mild.

blanquear [blaŋkeár] *t.* to whiten. 2 to whitewash.

blasfemar [blasfemár] *i.* to curse, swear.

blasfemia [blasfémja] *f.* curse, swear-word, oath.

bloque [blóke] *m.* block.

bloqueo [blokéo] *m.* blockade; blocking.

blusa [blúsa] *f.* blouse.

bobería [boβería] *f.* silliness.

bobo [bóβo] *a.* silly, foolish. 2 *m.-f.* fool.

boca [bóka] *f.* mouth. 2 entrance, opening.

bocadillo [bokaðíʎo] *m.* sandwich, snack.

bocado [bokáðo] *m.* mouthful. 2 bit.

bocina [boθína] *f.* horn.

bochornoso [botʃornóso] *a.* hot. 2 shameful.

boda [bóða] *f.* marriage, wedding.

bodega [boðéɣa] *f.* wine-cellar. 2 wine shop. 3 NAUT hold.

bofetada [bofetáða] *f.,* **bofetón** [bofetón] *m.* slap, buffet, blow.

bogar [boɣár] *i.* to row.

bohemio [boémjo] *a.-n.* bohemian.

bola [bóla] *f.* ball.

boletín [boletín] *m.* bulletin, journal.

boleto [boléto] *m.* (Am.) ticket.

bolígrafo [bolíɣrafo] *m.* ball-point pen, biro.

bolo [bólo] *m.* skittle, ninepin.

bolsa [bólsa] *f.* bag. 2 purse. 3 stock exchange.

bolsillo [bolsíʎo] *m.* pocket; purse.

bolso [bólso] *m*. purse; handbag.

bollo [bóʎo] *m*. bun, roll. 2 row, confusion.

bomba [bómba] *f*. pump. 2 bomb; shell.

bombardear [bombarðeár] *t*. to bomb, bombard, raid.

bombero [bombéro] *m*. fireman; *pl*. fire brigade.

bombilla [bombíʎa] *f*. light bulb.

bombo [bómbo] *m*. MUS. bass-drum. 2 writing up. 3 revolving lottery box.

bombón [bombón] *m*. bon-bon, sweet, candy.

bondad [bondáð] *f*. goodness. 2 kindness.

bondadoso [bondaðóso] *a*. kind, good.

bonito [bonito] *a*. pretty, nice. 2 *m*. ICHTH. bonito, striped tunny.

bono [bóno] *m*. COM. bond, certificate; ～ *del tesoro*, exchequer bill.

boquete [bokéte] *m*. gap, breach.

bordado [borðáðo] *m*. embroidering; embroidery.

bordar [borðár] *t*. to embroider.

borde [bórðe] *m*. border, edge. 2 hem.

bordo [bórðo] *m*. board: *a* ～, on board.

borracho [borrátʃo] *a*. drunk. 2 *m.-f*. drunkard.

borrador [borraðór] *m*. draft. 2 duster, eraser.

borrar [borrár] *t*. to cross, rub out, blot out; to erase.

borrasca [borráska] *f*. storm, tempest.

borrico [borríko] *m*. ass, donkey.

bosque [bóske] *m*. forest, wood, grove, thicket.

bosquejar [boskexár] *t*. to sketch, outline.

bosquejo [boskéxo] *m*. sketch, outline.

bostezar [bosteθár] *i*. to yawn.

bota [bóta] *f*. leather wine bag. 2 cask. 3 boot.

botar [botár] *t*. to throw, fling out. 2 to launch. 3 *i*. to bound. 4 to jump.

bote [bóte] *m*. small boat: ～ *salvavidas*, life-boat. 2 bound, bounce. 3 pot. 4 *de* ～ *en* ～, crowded.

botella [botéʎa] *f*. bottle, flask, jar.

botica [botíka] *f*. chemist's shop, drugstore.

botijo [botíxo] *m*. drinking jar, earthenware jug.

botín [botín] *m*. booty, plunder. 2 boot. 3 spat.

botiquín [botikín] *m*. medicine case; first-aid kit.

botón [botón] *m*. button.

botones [botónes] *m.* buttons, bellboy.

bóveda [bóβeða] *f.* vault.

bovino [boβíno] *a.* bovine.

boxeador [boɣseaðór] *m.* boxer.

boxear [boɣseár] *i.* to box.

boxeo [boɣséo] *m.* boxing.

bramar [bramár] *i.* to bellow, roar.

brasa [brása] *f.* live coal, hot coal.

bravío [braβío] *a.* ferocious, wild, untamed.

bravo [bráβo] *a.* brave, courageous. 2 excellent. 3 ferocious [animal].

brazalete [braθaléte] *m.* bracelet, armlet.

brazo [bráθo] *m.* arm. 2 power. 3 branch [of river]. 4 forelegs.

brea [bréa] *f.* tar, pitch.

bregar [breɣár] *i.* to fight. 2 to work hard.

breve [bréβe] *a.* short, brief. 2 *f.* MUS. breve. 3 *adv. en* ～, soon, shortly. 4 **-mente** *adv.* briefly.

brevedad [breβeðáð] *f.* brevity, briefness.

bribón [briβón] *m.-f.* rascal, scoundrel.

brida [bríð] *f.* bridle, rein. 2 clamp.

brillante [briʎánte] *a.* brilliant, shining, bright.

2 *m.* brilliant [diamond]. 3 **-mente** *adv.* brilliantly.

brillar [briʎár] *i.* to shine. 2 to glitter. 3 to be outstanding.

brillo [bríʎo] *m.* brilliance, brightness, shine.

brincar [briŋkár] *i.* to spring, leap, jump, hop.

brinco [bríŋko] *m.* spring, leap, jump, hop.

brindar [brindár] *i.* to toast. 2 *t.-i.* to offer, afford. 3 *p.* to offer to [do something].

brio [brío] *m.* strength, spirit. 2 liveliness; courage.

brioso [brióso] *a.* vigorous, spirited, lively.

brisa [brísa] *f.* breeze.

británico [britániko] *a.* British.

brocha [brótʃa] *f.* painter's brush; shaving- -brush.

broche [brótʃe] *m.* clasp, hook and eye; brooch.

broma [bróma] *f.* fun, merriment; joke: *gastar una* ～ *a,* to play a joke on; *en* ～, in fun; ～ *pesada,* practical joke.

bromear [bromeár] *i.* to joke, jest, make fun of.

bronce [brónθe] *m.* bronze.

bronceado [bronθeáðo] *a.*

bronzed. 2 sunburnt. 3 *m*. bronze finish.

brotar [brotár] *i*. to sprout; to bud, shoot. 2 to spring. 3 *t*. to put forth [plants, etc.].

bruja [brúxa] *f*. witch, sorceress.

brújula [brúxula] *f*. compass; magnetic needle.

bruma [brúma] *f*. mist, fog.

brusco [brúsko] *a*. rude. 2 sudden. 3 sharp [curve].

brutal [brutál] *a*. brutal, savage.

bruto [brúto] *a*. brute, brutish. 2 stupid, ignorant. 3 rough.

bucle [búkle] *m*. curl,
buche [bútʃe] *m*. crop.

bueno [bwéno] *a*. good. 2 kind. 3 suitable. 4 well. 5 *por las buenas*, willingly; *buenos días*, good morning.

buey [bwěi] *m*. ox: *carne de ~*, beef.

búfalo [búfalo] *m*. ZOOL. buffalo.

bufón [bufón] *m*.-*f*. buffoon, jester.

buhardilla [bwardíʎa] *f*. garret, attic. 2 (Am.) skylight.

búho [búo] *m*. owl.

bujía [buxía] *f*. wax candle. 2 candlestick. 3 spark-plug.

bulbo [búlβo] *m*. bulb.

bulto [búlto] *m*. volume, size, bulk. 2 form, body. 3 swelling. 4 bundle.

bulla [búʎa] *f*. noise, uproar.

bullicioso [buʎiθjóso] *a*. noisy, lively. 2 riotous.

bullir [buʎír] *i*. to boil. 2 to bustle about.

buque [búke] *m*. ship, vessel: ~ *de guerra*, warship; ~ *de vela*, sailboat; ~ *cisterna*, tanker; ~ *mercante*, merchant ship.

burgués [buryés] *m*.-*f*. bourgeois, middle class person.

burla [búrla] *f*. mockery, scoff: *hacer ~ de*, to mock, make fun of. 2 joke, jest: *de burlas*, in fun. 3 trick.

burlar [burlár] *t*. to mock. 2 to deceive, seduce. 3 to frustrate. 4 *i*.-*p*. *burlarse de*, to make fun of, laugh at.

burlón [burlón] *a*. mocking. 2 *m*.-*f*. mocker, joker.

burro [búrro] *m*. donkey, ass.

buscar [buskár] *t*. to look for, search for, seek.

búsqueda [búskeða] *f.*
search, hunt, quest.

busto [bústo] *m.* bust.

butaca [butáka] *f.* arm-
-chair. 2 orchestra
stall.

butano [butáno] *m.* bu-
tane [gas].

butifarra [butifárra] *f.*
pork sausage.

buzón [buθón] *m.* letter-
-box, pillar-box.

C

cabal [kaβál] *a.* just, complete. 2 perfect.

cabalgar [kaβalɣár] *i.* to ride, go riding.

caballería [kaβaʎería] *f.* riding animal. 2 cavalry. 3 knighthood: ~ *andante*, knight-errantry.

caballero [kaβaʎéro] *m.* rider, horseman. 2 ~ *andante*, knight-errant. 3 gentleman. 4 sir.

caballo [kaβáʎo] *f.* horse. 2 knight [in chess]. 3 CARDS queen. 4 horsepower. 5 *a* ~, on horseback.

cabaña [kaβáɲa] *f.* cabin, hut. 2 large number of cattle.

cabecera [kaβeθéra] *f.* principal part. 2 seat of honour. 3 headboard. 4 bedside.

cabellera [kaβeʎéra] *f.* hair. 2 scalp.

cabello [kaβéʎo] *m.* hair, head of hair.

caber [kaβér] *i.* to fit into, go in; to hold; to have enough room for. ¶ CONJUG. INDIC. PRES.: *quepo*, *cabes*, *cabe*, etc. | Pret.: *cupe*, *cupiste*, etc. ‖ COND.: *cabria*, *cabrías*, etc. ‖ SUBJ. Pres.: *quepa*, *quepas*, etc.. | Imperf.: *cupiera*, *cupieras*, etc., or *cupiese*, *cupieses*, etc. | Fut.: *cupiere*, *cupieres*, etc. ‖ ‖ IMPER.: cabe, *quepa*; *quepamos*, cabed, *quepan*.

cabeza [kaβwθa] *f.* head.

2 mind, understanding. 3 source [of a river].

cabida [kaβíða] f. room, capacity, space.

cabina [kaβína] f. cabin.

cable [káβle] m. cable.

cabo [káβo] m. end, extremity: *de ~ a rabo*, from head to tail. 2 *llevar a ~*, to carry out. 3 strand. 4 GEOG. cape. 5 MIL. corporal.

cabra [káβra] f. goat.

cabrito [kaβríto] m. kid.

cabrón [kaβrón] m. buck, billy-goat. 2 you bastard!

cacahuete [kakawéte] m. peanut, monkey nut.

cacao [kakáo] m. cacao [tree]; cocoa [drink].

cacarear [kakareár] i. to cackle, crow. 2 to boast.

cacería [kaθería] f. hunt, hunting, shoot, shooting.

cacerola [kaθeróla] f. casserole, saucepan, pan.

cacique [kaθíke] m. Indian chief. 2 political boss.

cacharro [katʃárro] m. piece of crockery. 2 rickety machine.

cachete [katʃéte] m. slap, punch in the face.

cachorro [katʃórro] m.-f. puppy, cub.

cada [káða] a. each, every: *~ cual, ~ uno*, every one.

cadalso [kaðálso] m. scaffold; platform.

cadáver [kaðáβer] m. corpse, dead body.

cadena [kaðéna] f. chain: *~ perpetua*, life imprisonment.

cadencia [kaðénθja] f. rhythm, cadence.

cadera [kaðéra] f. hip.

cadete [kaðéte] m. cadet.

caducar [kaðukár] i. COM. to lapse, expire.

caer [kaér] t.-p. to fall, drop, fall down, come down; to fall off, fall out. 2 *~ en la cuenta de,* to realize. 3 to lie, be located. 4 *~ bien* or *mal,* to suit, fit, or not to suit, fit. ¶ CONJUG. INDIC. Pres.: *caigo,* caes, etc. | Pret.: *caí, caíste, cayó; caímos, caísteis, cayeron.* ‖ SUBJ. Pres.: *caiga, caigas,* etc. | Imperf.: *cayera, cayeras,* etc., or *cayese, cayeses,* etc. ‖ IMPER.: cae, *caiga; caigamos,* caed, *caigan.* ‖ GER.: *cayendo.*

café [kafé] m. coffee. 2 café [tea-shop].

cafetal [kafetál] m. coffee plantation.

cafetera [kafetéra] f. coffee-pot.

cafetería [kafetería] f. cafeteria, café, coffee house.

caída [kaíða] *f.* fall, drop; downfall: *a la* ~ *del sol,* at sunset.

caimán [kaĭmán] *m.* alligator, caiman.

caja [káxa] *f.* box, chest, case. 2 cashbox; cashier's office. 3 ~ *de ahorros,* savings-bank.

cajero [kaxéro] *m.* cashier.

cajón [kaxón] *m.* drawer.

cal [kal] *f.* lime.

calabaza [kalaβáθa] *f.* gourd, pumpkin: *dar calabazas,* to fail; to be jilted.

calabozo [kalaβóθo] *m.* dungeon. 2 cell [of jail].

calambre [kalámbre] *m.* MED. cramp, spasm.

calamidad [kalamiðáð] *f.* disaster, misfortune.

calar [kalár] *t.* to soak, drench. 2 to pierce. 3 to plug [a melon]. 4 to see through [a person's intentions]. 5 *p.* to get soaked. 6 to pull down [one's hat].

calavera [kalaβéra] *f.* skull. 2 *m.* madcap.

calceta [kalθéta] *f.* stocking, hose: *hacer* ~, to knit.

calcetín [kalθetín] *m.* sock.

calcio [kálθjo] *m.* calcium.

calcular [kalkulár] *t.-i.* to calculate. 2 *t.* to conjecture, guess.

cálculo [kálkulo] *m.* calculation, estimate.

caldear [kaldeár] *t.* to heat. 2 *p.* to grow hot.

caldera [kaldéra] *f.* kettle. 2 boiler.

caldero [kaldéro] *m.* small kettle or cauldron.

caldo [káldo] *m.* broth. 2 *pl.* vegetal juices.

calefacción [kalefayθjón] *f.* heating: ~ *central,* central heating.

calendario [kalendárjo] *m.* calendar, almanac.

calentador [kalentaðór] *m.* heater.

calentar [kalentár] *t.* to warm, heat. 2 to spank. 3 *p.* to become heated, excited or angry.

calentura [kalentúra] *f.* fever, temperature.

calibre [kalíβre] *m.* calibre, bore, gauge.

calidad [kaliðáð] *f.* quality. 2 nature. 3 rank.

cálido [káliðo] *a.* warm, hot.

caliente [kaljénte] *a.* warm, hot.

calificar [kalifikár] *t.* to qualify, rate, class as. 2 to award marks to [in examination].

cáliz [káliθ] *m.* chalice.

calizo [kalíθo] a. limy; lime (atribut).

calma [kálma] f. calm. 2 composure. 3 slowness.

calmante [kalmánte] a. soothing. 2 m. sedative.

calmar [kalmár] t. to calm, quiet. 2 to soothe. 3 to calm oneself.

calmoso [kalmóso] a. calm, quiet. 2 slow.

calor [kalór] m. heat, warmth: *hace* ~, it is hot: *tengo* ~, I feel warm, hot. 2 enthusiasm, ardour.

calumnia [kalúmnja] f. calumny, slander.

calumniar [kalumnjár] t. to calumniate, slander.

caluroso [kaluróso] a. hot [weather]. 2 warm, hearty.

calvario [kalβárjo] m. calvary, suffering.

calvo [kálβo] a. bald, hairless. 2 barren.

calzado [kalθáðo] a. shod. 2 m. footwear; boots, shoes.

calzar [kalθár] t.-p. to put on [one's shoes, gloves].

calzón [kalθón] m. breeches, trousers.

calzoncillos [kalθonθíʎos] m. pl. pants, underpants.

callado [kaʎáðo] a. silent, quiet.

callar [kaʎár] i.-p. to be, keep or become silent; to shut up, be quiet; to stop [talking].

calle [káʎe] f. street, road: ~ *mayor*, high street.

callo [káʎo] m. callosity; corn. 2 pl. tripe [food].

cama [káma] f. bed, couch; bedstead.

cámara [kámara] f. chamber, room, hall. 2 granary. 3 ~ *alta*, upper house; ~ *baja*, lower house. 4 inner tube [of tire].

camarada [kamaráða] m. comrade, companion, pal, friend.

camarera [kamaréra] f. maid. 2 waitress. 3 stewardess [on a ship]; air-hostess [on an airliner].

camarero [kamaréro] m. waiter. 2 steward. 3 chamberlain.

camarón [kamarón] m. shrimp, prawn.

camarote [kamaróte] m. cabin, stateroom.

cambiar [kambjár] t.-i. to change, shift. 2 t. to convert: ~ *por*, to exchange for.

cambio [kámbjo] m. change; shifting. 2 ex-

change. 3 RLY. switch.
4 *libre* ~, free trade;
a ~ *de*, in exchange for;
en ~, on the other
hand; in exchange; ~
de marchas, AUTO. gear-
shift.

camello [kaméʎo] *m.*
camel.

camilla [kamíʎa] *f.*
stretcher, litter.

caminante [kaminánte]
m.-f. traveller, walker.

caminar [kaminár] *i.* to
travel, journey. 2 to
walk, march, go.

camino [kamíno] *m.*
path, road, way, track,
course, journey, travel.

camión [kamjón] *m.*
lorry, *truck.

camisa [kamísa] *f.* shirt:
chemise.

camiseta [kamiséta] *f.*
vest, undershirt.

campamento [kampa-
ménto] *m.* camp, en-
campment.

campana [kampána] *f.*
bell.

campanada [kampanáða]
stroke of a bell. 2 scan-
dal.

campanario [kampanárjo]
belfry, church tower.

campaña [kampáɲa] *f.*
countryside, level coun-
try. 2 campaign.

campeón [kampeón] *m.*
champion; defender.

campeonato [kampeoná-
to] *m.* championship.

campesino [kampesíno] *a.*
rural. 2 *s.* peasant, countryman.

campestre [kampéstre] *a.*
rural; wild.

campiña [kampíɲa] *f.*
arable land; fields,
countryside.

campo [kámpo] *m.* fields,
country, countryside. 2
cultivated land. 3
ground. 4 GOLF. links.
5 MIL. camp.

can [kan] *m.* dog.

cana [kána] *f.* white
hair.

canadiense [kanaðjénse]
a.-n. Canadian.

canal [kanál] *m.* canal
[artificial channel]. 2
GEOG. channel, strait. 3
m.-f. gutter.

canalla [kanáʎa] *f.* rabble, mob, riff-raff. 2 *m.*
rascal, scoundrel.

canapé [kanapé] *m.*
couch, sofa, lounge.

canario [kanárjo] *a.-n.*
Canarian. 2 *m.* ORN.
canary.

canasta [kanásta] *f.*
basket, hamper.

canastilla [kanastíʎa] *f.*
small basket.

canastillo [kanastíʎo] *m.*
basket-tray.

canasto [kanásto] *m.*
large basket.

cancelar [kanθelár] *t.* to cancel, annul.

cáncer [kánθer] *m.* cancer.

canciller [kanθiʎér] *m.* chancellor.

canción [kanθjón] *f.* song.

cancionero [kanθjonéro] *m.* collection of lyrics. 2 song-book.

cancha [kántʃa] *f.* sports ground; court; cockpit.

candado [kandáðo] *m.* padlock.

candela [kandéla] *f.* candle, taper. 2 candlestick. 3 fire.

candidato [kandiðáto] *m.-f.* candidate.

cándido [kándiðo] *a.* white. 2 naïve, simple.

candil [kandíl] *m.* oil-lamp, hand-lamp.

candor [kandór] *m.* whiteness. 2 candour.

candoroso [kandoróso] *a.* ingenuous, innocent.

canela [kanéla] *f.* cinnamon.

cangrejo [kaŋgréxo] *m.* crab, crayfish.

canguro [kaŋgúro] *m.* kangaroo.

cano [káno] *a.* gray--haired, hoary.

canoa [kanóa] *f.* canoe.

canon [kánon] *m.* canon. 2 tax. 3 canon law.

canoso [kanóso] *a.* gray--haired, hoary.

cansado [kansáðo] *a.* tired. 2 worn-out.

cansancio [kansánθjo] *m.* weariness, fatigue.

cansar [kansár] *t.-i.* to tire. 2 *t.* to weary, bore. 3 to exhaust. 4 *p.* to get tired. 5 *i.* to be tiring.

cantante [kantánte] *a.* singing. 2 *m.-f.* singer.

1) **cantar** [kantár] *m.* song: ~ *de gesta*, epic poem.

2) **cantar** [kantár] *t.-i.* to sing. 2 *i.* coll. to confess. 3 [of cocks] to crow.

cántaro [kántaro] *m.* pitcher, jug.

cantera [kantéra] *f.* quarry, stone pit.

cántico [kántiko] *m.* canticle, religious song.

cantidad [kantiðáð] *f.* quantity, amount.

cantina [kantína] *f.* canteen, refreshment room.

canto [kánto] *m.* singing, chant, song. 2 crow [of cock]; chirp [of insects]. 3 corner. 4 edge: *siempre de* ~, this side upside. 5 stone: ~ *rodado*, boulder.

cantón [kantón] *m.* canton, region.

cantor [kantór] *m.-f.* singer.

caña [káɲa] *f.* cane; reed: ~ *de azúcar*, sugar--cane. 2 ~ *de pescar*, fishing-rod.

cañada [kaɲáða] *f.* glen, dell. 2 cattle path.

cañaveral [kaɲaβerál] *m.* reedbed. 2 sugar-cane plantation.

cañería [kaɲería] *f.* pipe.

caño [káɲo] *m.* short tube or pipe.

cañón [kaɲón] *m.* tube, pipe. 2 barrel [of gun]. 3 flue [of chimney]. 4 ARTILL. cannon, gun. 5 canyon, ravine. 6 quill.

cañonazo [kaɲonáθo] *m.* gun-shot.

caoba [kaóβa] *f.* mahogany.

capa [kápa] *f.* cloak, mantle, cape. 2 coat [of paint, etc.]. 3 stratum.

capacidad [kapaθiðáð] *f.* capacity, content. 2 ability.

capacitar [kapaθitár] *t.* to enable.

capataz [kapatáθ] *m.* foreman, overseer.

capaz [kapáθ] *a.* roomy. 2 capable. 3 able, competent.

capellán [kapeʎán] *m.* chaplain.

capilla [kapíʎa] *f.* hood, cowl. 2 chapel; oratory.

capital [kapitál] *a.* ca-pital [main, great]: *pena* ~, capital punishment. 2 *m.* property, fotune. 3 ECON. capital. 4 *f.* capital, chief town.

capitalista [kapitalísta] *a.-n.* capitalist.

capitán [kapitán] *m.* captain.

capítulo [kapítulo] *m.* chapter.

capota [kapóta] *f.* bonnet, lady's hat. 2 bonnet, *hood [of carriage].

capricho [kaprítʃo] *m.* caprice, whim, fancy. 2 longing.

caprichoso [kaprítʃóso] *a.* capricious, whimsical, fanciful.

cápsula [kápsula] *f.* capsule.

capturar [kaβturár] *t.* to capture, arrest.

capullo [kapúʎo] *m.* cocoon. 2 flower bud.

cara [kára] *f.* face, visage, countenance: *echar en* ~, to reproach; *de* ~ *a*, opposite, facing; ~ *a* ~, face to face. 2 look, aspect, front, façade. 2 head [of a coin]: ~ *y cruz*, heads or tails.

carabela [karaβéla] *f.* caravel.

caracol [karakól] *m.* snail. 2 *escalera de* ~, spiral staircase.

carácter [karáɣter], *pl.*
caracteres [karaɣtéres]
m. character [type, letter]; distintive qualities]. 2 nature.

característico [karaɣterístico] *a.* characteristic(al. 2 *f.* characteristic.

caracterizar [karaɣteriθár] *t.* to characterize. 2 to give distinction, etc. 3 *p.* THEAT. to dress up, make up.

¡caramba! [karámba] *interj.* good gracious!

carambola [karambóla] *f.* BILL. cannon.

caramelo [karamélo] *m.* caramel, sweetmeat, sweet.

caravana [karaβána] *f.* caravan.

¡caray! [karái] *interj.* ¡CARAMBA!

carbón [karβón] *m.* coal; charcoal. 2 ELEC. carbon, crayon.

carbonero [karβonéro] *m.* coaldealer, charcoal seller. 3 *f.* coal cellar.

carburador [karβuraðór] *m.* carburet(t)er, -or.

carcajada [karkaxáða] *f.* burst of laughter, guffaw.

cárcel [kárθel] *f.* jail, gaol, prison.

carcelero [karθeléro] *m.* jailer, gaoler.

carcomer [karkomér] *t.* to bore; to eat away; to corrode.

cardenal [karðenál] *m.* cardinal. 2 bruise.

cardo [kárðo] *m.* thistle.

carecer de [kareθér] *i.* to lack, be in need of. ¶ CONJUG. like *agradecer*.

careta [karéta] *f.* mask.

carga [kárɣa] *f.* loading; charging. 2 burden. 3 cargo, freight.

cargamento [karɣaménto] *m.* cargo, shipment.

cargar [karɣár] *t.* to load. 2 to burden. 3 to charge. 4 to assume responsibilities. 5 to impute. 6 to annoy. 7 *i.* to load up: ~ *con*, to shoulder, take the weigh of. 8 *p.* to lean [the body towards].

cargo [kárɣo] *m.* loading. 2 burden, weight. 3 employment, post. 4 charge, responsibility. 5 accusation. 6 *hacerse* ~ *de*, to take charge of; to understand.

caricatura [karikatúra] *f.* caricature; cartoon.

caricia [karíθja] *f.* caress.

caridad [kariðáð] *f.* charity.

cariño [karíɲo] *m.* love, affection, fondness.

cariñosamente [kariṇósa-
ménte] *adv.* affection-
ately.
cariñoso [kariṇóso] *a.*
loving, affectionate.
caritativo [karitatíβo] *a.*
charitable.
carnaval [karnaβál] *m.*
carnival.
carne [kárne] *f.* flesh.
2 meat [as a food].
carnero [karnéro] *m.*
sheep; mutton; ram.
carnet [karné] *m.* notebook. 2 membership
card. 3 ~ *de conducir,*
driver's licence.
carnicería [karniθería] *f.*
butcher's [shop]. 2 mas-
sacre.
carnicero [karniθéro] *m.*
butcher. 2 carnivorous.
caro [káro] *a.* dear, costly; expensive.
carpeta [karpéta] *f.* table cover. 2 portfolio.
carpintería [karpintería]
f. carpentry. 2 carpen-
ter's shop.
carpintero [karpintéro]
m. carpenter: *pájaro* ~,
woodpecker.
carrera [karréra] *f.*
running. 2 road, high-
way. 3 race. 4 ladder
[in a stocking]. 5 ca-
reer. 6 profession. 7 *pl.*
horse-racing.
carreta [karréta] *f.* long,
narrow cart.

carretera [karretéra] *f.*
highway, main road.
carretero [karretéro] *m.*
carter. 2 cart-wright.
carretilla [karretíʎa] *f.*
wheelbarrow; handcart.
carretón [karretón] *m.*
small cart. 2 handcart.
carro [kárro] *m.* cart. 2
(Am.) car. 3 chariot.
carrocería [karroθería] *f.*
coachwork.
carroza [karróθa] *f.*
coach, carriage.
carruaje [karruáxe] *m.*
carriage; vehicle.
carta [kárta] *f.* letter,
epistle; note: ~ *certifi-
cada,* registered letter.
2 chart, map. 3 play-
ing-card.
cartel [kartél] *m.* poster,
placard, bill.
cartera [kartéra] *f.* wallet. 2 portfolio; brief-
-case. 3 satchel.
cartero [kartéro] *m.*
postman; mailman.
cartón [kartón] *m.* card-
board, pasteboard.
cartulina [kartulína] *f.*
light card-board.
casa [kása] *f.* house,
building: ~ *consistorial,*
town hall: ~ *de so-
corro,* first-aid hospital;
~ *solariega,* manor. 2
home, family: *en* ~, at
home. 3 firm.

casamiento [kasamjénto] *m*. marriage, wedding.

casar [kasár] *i*. to marry; to match [colours]; to blend. 2 *p*. to get married, marry.

cascabel [kaskaβél] *m*. jingle bell.

cascajo [kaskáxo] *m*. gravel, rubbish.

cáscara [káskara] *f*. rind, peel [of orange, etc.]; shell [of egg, etc.]. 2 crust, hull.

casco [kásko] *m*. helmet. 2 skull. 3 cask [for liquids]. 4 hull [of ship]. 5 hoof [of horse, etc.]. 6 *pl*. brains.

caserío [kaserío] *m*. group of houses. 2 hamlet.

casero [kaséro] *a*. homely; informal. 2 home--made. 3 home-loving. 4 *m*.-*f*. landlord, landlady. 5 renter, tenant.

caseta [kaséta] *s*. hut.

casi [kási] *adv*. almost, nearly.

casino [kasíno] *m*. casino, club.

caso [káso] GRAM., MED. case. 2 event: *venir al ~*, to be relevant; *vamos al ~*, let's come to the point; *en ~ de que*, in case; *en todo ~*, anyhow, at any rate. 3 notice; *hacer ~ omiso*, to take no notice.

casta [kásta] *f*. caste. 2 race, stock. 3 lineage. 4 kind.

castaña [kastáɲa] *f*. chestnut.

castaño [kastáɲo] *a*. chestnut-coloured, auburn, brown, hazel. 2 *m*. chestnut tree.

castañuela [kastaɲwéla] *f*. castanet.

castellano [kasteʎáno] *a*.-*n*. Castilian.

castigar [kastiɣár] *t*. to punish, chastise. 2 to mortify.

castigo [kastíɣo] *m*. punishment; penance, penalty.

castillo [kastíʎo] *m*. castle.

casualidad [kaswaliðáð] *f*. chance, accident; event: *por ~*, by chance.

catálogo [katáloɣo] *m*. catalogue.

catar [katár] *t*. to taste, sample. 2 to look at.

catarata [kataráta] *f*. waterfall.

catarro [katárro] *m*. catarrh; cold.

catástrofe [katástrofe] *f*. catastrophe, mishap.

catecismo [kateθízmo] *m*. catechism.

cátedra [káteðra] *f*. chair [professorship].

catedral [kateðrál] *a.-f.* cathedral.

catedrático [kateðrático] *m.* (Univers.) professor; (Instit.) grammar-school teacher.

categoría [kateɣoría] *f.* category, rank, quality. 2 class, kind.

católico [katóliko] *a. n.* catholic.

catorce [katórθe] *a.-n.* fourteen.

catre [kátre] *m.* cot, light bed.

cauce [káŭθe] *m.* river- -bed. 2 channel, ditch.

caucho [káŭtʃo] *m.* rubber.

caudal [kaŭðál] *m.* fortune; abundance. 3 volume [of water].

caudaloso [kaŭðalóso] *a.* full-flowing. 2 rich.

caudillo [kaŭðiʎo] *m.* chief, leader.

causa [káŭsa] *f.* cause, origin, reason, motive.

causar [kaŭsár] *t.* to cause, give rise to, bring about.

cautela [kaŭtéla] *f.* caution. 2 craft, cunning.

cautivar [kaŭtiβár] *t.* to capture. 2 to win. 3 to captivate, charm.

cautiverio [kaŭtiβérjo] *m.* captivity.

cautivo [kaŭtíβo] *a.-n.* captive, prisoner.

cavar [kaβár] *t.-i.* to dig, excavate.

caverna [kaβérna] *f.* cavern, cave.

cavidad [kaβiðáð] *f.* cavity.

caza [káθa] *f.* hunting, chase; shooting. 2 game. 3 *m.* AER. fighter.

cazador [kaθaðór] *m.* hunter. 3 *f.* huntress. 4 hunting jacket.

cazar [kaθár] *t.-i.* to hunt, chase, shoot.

cazuela [kaθwéla] *f.* earthen pan; large casserole.

cebada [θeβáða] *f.* barley.

cebar [θeβár] *t.* to fatten up, feed. 2 to prime; to bait. 3 to nourish. 4 *p.* *cebarse en,* to vent one's fury on.

cebolla [θeβóʎa] *f.* onion.

cebra [θéβra] *f.* zebra.

ceder [θeðér] *t.* to cede. 2 *i.* to yield, give in, give way.

cedro [θéðro] *m.* cedar.

céfiro [θéfiro] *m.* zephir; soft breeze.

cegar [θeɣár] *i.* to go blind. 2 *t.* to blind. 3 to dazzle. 4 to wall up [a door, etc.]. 5 *p.* to be blinded.

ceguera [θeɣéra] *f.* blindness.

ceja [θéxa] f. brow, eyebrow.

cejar [θexár] i. to go backward. 2 to give way.

celar [θelár] t. to see to. 2 to watch over. 3 to conceal.

celda [θélda] f. cell.

celebración [θeleβraθjón] f. celebration. 2 holding. 3 applause.

celebrar [θeleβrár] t. to celebrate; to make [a festival]; to hold [a meeting]. 2 to praise. 3 to be glad of. 4 to say Mass. 5 p. to take place.

célebre [θéleβre] a. famous, remarkable.

celebridad [θeleβriðáð] f. famous person. 2 fame.

celeste [θeléste] a. heavenly.

celestial [θelestjál] a. heavenly.

celo [θélo] m. zeal. 2 heat, rut. 3 pl. jealousy.

celoso [θelóso] a. zealous. 2 jealous.

célula [θélula] f. cell.

cementerio [θementérjo] cemetery, graveyard.

cemento [θeménto] m. cement; concrete.

cena [θéna] f. supper; dinner.

cenar [θenár] i. to have supper, have dinner.

cencerro [θenθérro] m. cow-bell.

cenicero [θeniθéro] m. ash-tray.

ceniciento [θeniθjénto] a. a. ashen, ashgrey. 2 f. Cinderella.

ceniza [θeníθa] f. ash. 2 pl. cinders.

censo [θénso] m. census.

censura [θensúra] f. censure. 2 censorship.

censurar [θensurár] t. to censure, blame, criticize.

centavo [θentáβo] a. hundredth. 2 m. one--hundredth. 3 cent.

centella [θentéʎa] f. lightning. 2 spark, flash.

centena [θenténa] f. a hundred.

centenar [θentenár] m. hundred.

centeno [θenténo] m. rye.

centésimo [θentésimo] a.-n. hundredth.

centímetro [θentímetro] m. centimetre.

céntimo [θéntimo] m. centime, cent.

centinela [θentinéla] m.-f. sentinel, sentry.

central [θentrál] a. central. 2 f. main office. 3 TELEPH. exchange, *central. 4 ELEC. power--station.

céntrico [θéntriko] *a.* centric, central. 2 downtown.

centro [θéntro] *m.* centre, middle. 2 club. 3 main office.

ceñir [θeɲír] *t.* to gird; to girdle. 2 to fit tight. 3 ~ *espada*, to wear a sword. 4 *p.* to be concise. ¶ Conjug. like *reír*.

ceño [θéɲo] *m.* frown. 2 threatening aspect.

cepa [θépa] *f.* underground part of the stock. 2 grape-vine; vine stem.

cepillo [θepíʎo] *m.* brush: ~ *de dientes*, toothbrush. 2 CARP. plane. 3 alms box.

cera [θéra] *f.* wax.

cerámica [θerámika] *f.* ceramics, pottery.

1) cerca [θérca] *f.* hedge, fence.

2) cerca *adv.* near, close, nigh. 2 ~ *de*, nearly, about.

cercado [θerkáðo] *a.* fenced-in, walled-in. 2 *m.* enclosure.

cercanía [θerkanía] *f.* proximity. 2 *pl.* neighbourhood, surroundings.

cercano [θerkáno] *a.* near. 2 neighbouring.

cercar [θerkár] *t.* to fence in. 2 to surround. 3 MIL. to lay siege to.

cerco [θérko] *m.* circle; edge. 2 rim. 3 MIL. siege, blockade.

cerdo [θérdo] *m.* swine, hog, pig. 2 pork [meat].

cereal [θereál] *a.-m.* cereal.

cerebral [θereβrál] *a.* cerebral.

cerebro [θeréβro] *m.* head, brains.

ceremonia [θeremónja] *f.* ceremony. 2 formality.

cereza [θeréθa] *f.* cherry.

cerezo [θeréθo] *m.* cherry-tree.

cerilla [θeríʎa] *f.* match.

cero [θéro] *m.* zero, nought; nothing; nil.

cerrado [θerráðo] *a.* closed, shut; locked.

cerradura [θerraðúra] *f.* lock.

cerrajero [θerraxéro] *m.* locksmith.

cerrar [θerrár] *t.* to close, shut. 2 to fasten, bolt, lock. 3 to clench [the fist]. 4 to block up, bar. 5 to wall. 6 to seal [a letter]. 7 to turn off [the water, etc.]. 8 *i.* [of a shop, etc.] to shut.

cerro [θérro] *m.* neck. 2 back, backbone. 3 hill.

certeza [θertéθa] *f.* certainty.

certificado [θertifikáðo] a. registered. 2 m. registered letter. 3 certificate.

cerveza [θerβéθa] f. beer, ale.

cesar [θesár] i. to cease, stop.

césped [θéspeð] m. lawn, grass.

cesta [θésta] f. basket, hamper.

cesto [θésto] m. basket: ~ de los papeles, waste-paper basket.

cetro [θétro] m. scepter.

ciclo [θíklo] m. cycle.

ciclón [θiclón] m. cyclone, hurricane.

ciegamente [θjéɣaménte] adv. blindly.

ciego [θjéɣo] a. blind. 2 blocked. 3 m.-f. blind man.

cielo [θjélo] m. sky. 2 heaven. 3 ~ raso, ceiling.

cien [θjén] a. [a, one] hundred.

ciénaga [θjénaɣa] f. marsh, bog, swamp.

ciencia [θjénθja] f. science; learning, knowledge.

científico [θjentífiko] a. scientific. 2 m.-f. scientist.

ciento [θjénto] a.-m. [a, one] hundred: por ~, per cent.

cierto [θjérto] a. certain, sure: por ~ que, by the way.

ciervo [θjérβo] m. deer; stag.

cifra [θífra] f. cipher, figure, number. 2 amount.

cigarra [θiɣárra] f. cicada, grasshopper.

cigarrillo [θiɣarríʎo] m. cigarette.

cigarro [θiɣárro] m. cigar.

cigüeña [θiɣwéɲa] m. stork. 2 MACH. crank, winch.

cilindro [θilíndro] m. cylinder. 2 roller.

cima [θíma] f. summit, top, peak. 2 dar ~, to carry out, complete.

cimiento [θimjénto] f. foundation; groundwork, basis.

cinco [θíŋko] a. five.

cincuenta [θiŋkwénta] a.-m. fifty.

cine [θíne] m. cinema, movies, pictures.

cínico [θíniko] a. cynical. 2 impudent. 3 m.-f. cynic.

cinta [θínta] f. ribbon, tape. 2 film.

cintura [θintúra] f. waist.

cinturón [θinturón] m. belt, girdle.

circo [θírko] *m*. circus.

circuito [θirkwíto] *m*. circuit.

circulación [θirkulaθjón] *f*. circulation. 2 currency. 3 traffic.

1) **circular** [θirkulár] *a*. circular. 2 *f*. circular letter.

2) **circular** *i*. to pass along, cross.

círculo [θírkulo] *m*. circle. 2 club.

circundar [θirkundár] *t*. to surround.

circunscribir [θirkunskriβír] *t*. to circumscribe. 2 *p*. to be confined to.

circunstancia [θirkunstánθja] *f*. circumstance.

cirio [θírjo] *m*. wax candle.

ciruela [θirwéla] *f*. plum: ~ *pasa*, prune.

cirugía [θiruxía] *f*. surgery.

cirujano [θiruxáno] *m*. surgeon.

cisne [θízne] *m*. swan.

cisterna [θistérna] *f*. cistern. 2 water tank.

cita [θíta] *f*. appointment, date. 2 quotation.

citación [θitaθjón] *f*. quotation. 2 LAW summons, citation.

citar [θitár] *t*. to make an appointment. 2 to cite, quote. 3 LAW to summon.

ciudad [θjuðáð] *f*. city, town.

ciudadano [θjuðaðáno] *m.-f*. citizen.

cívico [θíβiko] *a*. civic.

civil [θiβíl] *a*. civil. 2 *a.-n*. civilian.

civilización [θiβiliθaθjón] *f*. civilization.

civilizar [θiβiliθár] *t*. to civilize. 2 *p*. to become civilized.

clamar [klamár] *t.-i*. to clamour for, cry out for.

clamor [klamór] *m*. clamour, outcry. 2 plaint.

claramente [kláraménte] *adv*. clearly. 2 frankly, openly.

clarín [klarín] *m*. bugle.

claro [kláro] *a*. bright. 2 clear. 3 obvious. 4 light [colour]. 5 outspoken. 6 *adv*. clearly. 7 *interj*. of course! 8 *m*. space, interval. 9 clearing [in woods]. 10 *poner en* ~, to make plain, to clear up.

clase [kláse] *f*. class: ~ *alta, media, baja*, upper, middle, lower classes; ~ *obrera*, working class. 2 kind, sort: *toda* ~ *de*, all kind of. 3 RLY., EDUC. class. 4 classroom.

clásico [klásiko] *a*. classic(al. 2 *m*. classic [author].

clasificación [klasifika-θjón] *f.* classification. 2 sorting, filing.

clasificar [klasifikár] *t.* to classify. 2 to sort, file.

claustro [kláŭstro] *m.* cloister.

clavar [klaβár] *t.* to drive, stick, stab with. 2 to nail. 3 to fix [eyes, etc.].

clave [kláβe] *f.* key. 2 code. 3 MUS. clef.

clavel [klaβél] *m.* pink, carnation.

clavo [kláβo] *m.* nail.

clemencia [kleménθja] *f.* mercy, clemency.

clemente [kleménte] *a.* merciful, clement.

clérigo [klériɣo] *m.* clergyman, priest.

cliente [kliénte] *m.-f.* client. 2 customer.

clientela [klientéla] *f.* clientele, customers.

clima [klíma] *m.* climate.

clínica [klínika] *f.* clinic.

club [kluβ] *m.* club, society.

cobarde [koβárðe] *a.* cowardly. 2 *m. - f.* coward.

cobijar [koβixár] *t.* to cover, shelter. 2 *p.* to take shelter.

cobrador [koβraðór] *m.* collector. 2 conductor.

cobrar [koβrár] *t.* to collect, receive; to cash: ~ *ánimo,* to take courage; ~ *fuerzas,* to gather strength. 4 HUNT. to retrieve.

cobre [kóβre] *m.* copper.

cocer [koθér] *t.* to cook. 2 to boil. 3 to bake [bread, etc.].

cocido [koθíðo] *a.* cooked, boiled, baked. 2 *m.* Spanish stew.

cociente [koθjénte] *m.* quotient.

cocina [koθína] *f.* kitchen: ~ *económica,* cooking range.

cocinar [koθinár] *t.* to cook. 2 *i.* to do the cooking.

cocinero [koθinéro] *m.* cook.

coco [kóko] *m.* coconut. 2 bogeyman.

cocodrilo [kokoðrílo] *m.* crocodile.

cocotero [kokotéro] *m.* coconut tree.

coche [kótʃe] *m.* coach, carriage, car: ~ *de alquiler,* cab, taxi. 2 AUTO. car. 3 RLY. car, carriage: ~ *cama,* sleeping-car; ~ *restaurante,* dining-car.

cochero [kotʃéro] *m.* coachman.

cochino [kotʃíno] *a.* filthy, dirty. 2 *m.* ZOOL.

pig, hog. 3 *m.-f.* dirty person.

codicia [koðíθja] *f.* covetousness, greed.

codiciar [koðiθjár] *t.* to covet, long for.

codicioso [koðiθjóso] *a.* covetous, greedy.

código [kóðiɣo] *m.* code.

codo [kóðo] *m.* elbow. 2 bend [in tube, etc.].

cofre [kófre] *m.* coffer; trunk, chest.

coger [koxér] *t.* to take, seize, grasp; to take hold of. 2 to pick, gather. 3 to catch.

cohete [koéte] *m.* rocket.

coincidir [koïnθiðír] *i.* to coincide.

cojín [koxín] *m.* cushion.

cojo [kóxo] *a.* lame, crippled.

col [kol] *f.* cabbage.

cola [kóla] *f.* tail; end. 2 train [of gown]. 3 queue: *hacer* ~, to queue up. 4 glue.

colaboración [kolaβoraθjón] *f.* collaboration.

colaborar [kolaβorár] *i.* to collaborate. 2 to contribute.

colador [kolaðór] *m.* strainer, colander.

colar [kolár] *t.* to strain, filter; to bleach with lye. 3 *p.* to sneak in. ¶ Conjug. like *contar.*

colcha [kóltʃa] *f.* quilt.

colchón [koltʃón] *m.* mattress.

colchoneta [koltʃonéta] *f.* thin mattress.

colección [koleɣθjón] *f.* collection.

coleccionar [koleɣθjonár] *t.* to collect.

colectivo [koleɣtíβo] *a.* collective.

colega [koléɣa] *m.* colleague.

colegial, la [kolexjál, la] *m.* schoolboy. 2 schoolgirl.

colegio [koléxjo] *m.* school. 2 college. 3 ~ *electoral,* polling station.

cólera [kólera] *f.* anger, rage. 2 *m.* cholera.

colgante [kolɣánte] *a.* hanging.

colgar [kolɣár] *t.* to hang, suspend. 2 to impute. 3 *i.* to hang [be suspended], dangle.

colina [kolína] *f.* hill, hillock.

colindar [kolindár] *i.* to border on; to be adjoining.

colmado [kolmáðo] *a.* full, abundant. 2 *m.* grocer's, *foodstore.

colmar [kolmár] *t.* to fill. 2 to fulfil.

colmena [kolména] *f.* beehive.

colmillo [kolmíʎo] *m.* eye-tooth, fang; tusk.

colmo [kólmo] *m.* fill, completion: *es el ~,* it's the limit.

colocación [kolokaθjón] *f.* location. 2 placement. 3 employment; job. 4 investment [of capital].

colocar [kolokár] *t.* to place, put; to set, lay. 3 *p.* to get a job.

colonia [kolónja] *f.* colony. 2 eau-de-Cologne.

colonial [kolonjál] *f.* colonial.

colonización [koloniθaθjón] *f.* colonization.

colonizador [koloniθaðór] *m.* colonizer, colonist.

colono [kolóno] *m.* colonist, settler. 2 farmer.

coloquio [kolókjo] *m.* colloquy. 2 talk, conversation.

color [kolór] *m.* colo(u)r; colo(u)ring.

colorado [koloráðo] *a.* colo(u)red. 2 red: *ponerse ~,* to blush.

colorete [koloréte] *m.* rouge.

colorido [koloríðo] *m.* colo(u)ring.

colosal [kolosál] *a.* colossal.

coloso [kolóso] *m.* colossus.

columna [kolúmna] *f.* column.

columpio [kolúmpjo] *m.* swing; seesaw.

collar [koʎár] *m.* necklace. 2 collar.

coma [kóma] *f.* GRAM. comma. 2 *m.* MED. coma.

comadre [komáðre] *f.* midwife; godmother.

comandante [komandánte] *m.* MIL. commander. 2 major.

comarca [komárka] *f.* region, district, country.

combate [kombáte] *m.* combat, fight, battle. 2 BOX. fight.

combatir [kombatír] *t.-i.* to combat, fight.

combinación [kombinaθjón] *f.* combination.

combustible [kombustíβle] *a.* combustible. 2 *m.* fuel.

comedia [koméðja] *f.* comedy, play. 2 farce.

comediante [komeðjánte] *m.* actor. 2 *f.* actress.

comedor [komeðór] *m.* dining-room.

comentar [komentár] *t.* to comment on.

comentario [komentárjo] *m.* LIT. commentary. 2 comment.

comentarista [komentarísta] *m.-f.* commentator.

comenzar [komenθár] *t.-i.* to start, begin.

comer [komér] *t.-p.* to eat [up]. 2 *i.* to eat, feed. 3 to dine; to have a meal.

comercial [komerθjál] *a.* commercial.

comerciante [komerθján-te] *m.* merchant, trader, tradesman.

comerciar [komerθjár] *i.* to trade, deal. 2 to do business with.

comercio [komérθjo] *m.* commerce, trade. 2 shop, store.

comestible [komestíβle] *a.* eatable. 2 *m. pl.* food, groceries; victuals, provisions: *tienda de comestibles,* grocer's [shop], grocery.

cometer [kometér] *t.* to entrust, commit. 2 to do, perpetrate.

cómico [kómiko] *a.* comic, amusing. 2 comical, funny. 3 *m.* actor. 4 *f.* actress.

comida [komíða] *f.* food; meal. 2 dinner.

comienzo [komjénθo] *m. m.* commencement, beginning.

comino [komíno] *m.* cumin [seed]: *no valer un ~,* not to be worth a rush.

comisario [komisárjo] *m.* ~ *de policía,* police inspector.

comisión [komisjón] *f.* commission. 2 committee.

como [kómo] *adv.* as, like: *tanto ~,* as much as. 2 *conj. así ~,* as soon as. 3 if. 4 because, as. 5 ~ *quiera que,* since, as, inasmuch. 6 *adv. interrg.* how: *¿cómo está usted?,* how do you do? 7 why; what. 8 *interj.* why!, how now!

comodidad [komoðiðáð] *f.* comfort, convenience, ease, leisure.

cómodo [kómoðo] *a.* comfortable. 2 handy, cosy.

compadecer [kompaðeθér] *t.* to pity, feel sorry for. 2 *p.* to have pity on.

compañerismo [kompaɲe-rízmo] *m.* good fellowship.

compañero [kompaɲéro] *m.* companion, fellow, mate, partner.

compañía [kompaɲía] *f.* society. 2 THEAT. company.

comparación [kompara-θjón] *f.* comparison.

comparar [komparár] *t.* to compare. 2 to confront.

comparecer [kompareθér] *i.* to appear [before a judge, etc.].

compartir [kompartír] *t.* to share.

compás [kompás] *m.* [a pair of] compasses. 2 MUS. time, measure.

compasión [kompasjón] *f.* compassion, pity.

compasivo [kompasíβo] *a.* compassionate, merciful, full of pity.

compatriota [kompatrjóta] *m.-f.* fellow-countryman, compatriot.

compendio [kompéndjo] *m.* summary, digest.

compensación [kompensaθjón] *f.* compensation.

compensar [kompensár] *t.* to compensate. 2 to make up for.

competencia [kompeténθja] *f.* ability. 2 rivalry.

competente [kompeténte] *a.* competent, suitable. 2 qualified.

competidor [kompetiðór] *m.-f.* competitor, rival.

competir [kompetír] *i.* to compete. ¶ CONJUG. like *servir*.

complacer [komplaθér] *t.* to please. 2 *p.* to be pleased. ¶ CONJUG. like *agradecer*.

complaciente [komplaθjénte] *a.* obliging. 2 indulgent.

complejo [kompléxo] *a.- m.* complex.

complementar [komplementár] *t.* to complement.

complemento [kompleménto] *m.* complement. 2 GRAM. object.

completar [kompletár] *t.* to complete, finish.

completo [kompléto] *a.* complete. 2 full up.

complicado [komplikáðo] complicate(d, complex.

complicar [komplikár] *t.* to complicate. 2 to involve. 3 *p.* to become complicated.

cómplice [kómpliθe] *m.- f.* accomplice.

componer [komponér] *t.* to compose; compound. 2 to fix. 3 to adorn. 4 to settle [a dispute]. 5 *p.* to dress up, make up. 6 *componerse de,* to consist of. 7 to manage.

comportamiento [komportamjénto] *m.* behavio(u)r, conduct.

comportarse [komportárse] *p.* to behave.

composición [komposiθjón] *f.* composition. 2 agreement.

compositor [kompositór] *m.* composer.

compostura [kompostúra] *f.* repair, mending. 2 dignity. 3 neatness. 4 adjustment.

comprar [komprár] *t.* to purchase, buy.

comprender [komprendér] *t.* to comprehend. 2 to understand.

comprensión [komprensjón] *f.* comprehension. 2 understanding.

comprimir [komprimír] *t.* to compress. 2 to control.

comprobar [komproβár] *t.* to verfy, check. 2 to prove.

comprometer [komprometér] *t.* to risk, jeopardize. 2 *p.* to become engaged.

compromiso [kompromíso] *m.* engagement, obligation. 3 trouble.

compuesto [kompwésto] *a* composed. 2 mended. 3 *m.* compound.

comulgar [komulɣár] *i.* to take, receive Communion.

común [komún] *a.* common. 2 ordinary. 3 *por lo ~*, generally.

comunal [komunál] *a.* communal.

comunicación [komunikaθjón] *f.* communication.

comunicar [komunikár] *t.* to communicate, report. 3 *i.* [of the telephone] to be engaged.

comunidad [komuniδáδ] *f.* community.

comunión [komunjón] *f.* communion.

comunismo [komunízmo] *m.* communism.

comunista [komunísta] *a.-s.* communist.

comúnmente [komúnménte] *adv.* commonly, usually.

con [kon] *prep.* with.

concebir konθeβír] *t.-i.* to conceive. ¶ CONJUG. like *servir.*

conceder [konθeδér] *t.* to grant, award. 2 to admit.

concentración [konθentraθjón] *f.* concentration.

concentrar [konθentrár] *t.-p.* to concentrate.

concepción [konθeβθjón] *f.* conception.

concepto [konθéβto] *m.* concept, idea. 2 opinion.

concertar [konθertár] *t.* to arrange; to conclude; to agree upon. 2 *i.-p.* to agree. ¶ CONJUG. like *acertar.*.

concesión [konθesjón] *f.* concession. 2 grant.

conciencia [konθjénθja] *f.* conscience. 2 consciousness.

concierto [konθjérto] *m.* agreement. 2 MUS. concert.

conciliador [konθiljaδór] *a.* conciliating. 2 *m.-f.* conciliator.

concilio [konθíljo] *m.* council.

conciudadano [konθjuðaðáno] *a.* fellow-citizen.

concluir [koŋkluír] *t.-i.-p.* to finish, end. 2 to conclude.

conclusión [koŋklusjón] *f.* end, conclusion.

concretar [koŋkretár] *i.* to summarize; to fix details. 2 *p.* to keep close to the point.

concreto [koŋkréto] *a.* concrete; definite.

concurrencia [koŋkurrénθja] *f.* concurrence; audience.

concurrir [koŋkurrír] *i.* to concur. 2 to be present at.

concurso [koŋkúrso] *m.* competition.

concha [kóntʃa] *f.* shell.

conde [kónde] *m.* earl, count.

condena [kondéna] *f.* sentence, conviction.

condenar [kondenár] *t.* condemn, sentence. 2 *p.* to be damned.

condesa [kondésa] *f.* countess.

condición [kondiθjón] *f.* condition: *a ~ de que,* provided that. 2 *pl.* terms.

condimentar [kondimentár] *t.* to season.

conducir [konduθír] *t.* to lead. 2 to manage. 3 to drive [a vehicle].

4 *p.* to behave. ¶ CONJUG. INDIC. Pres.: *conduzco,* conduces, etc. | Pret.: *conduje, condujiste,* etc. ‖ SUBJ. Pres.: *conduzca, conduzcas,* etc. | Imperf.: *condujera,* etc., or *condujese,* etc. | Fut.: *condujere,* etc. ‖ IMPERAT.: conduce, *conduzca; conduzcamos,* conducid, *conduzcan.*

conducta [kondúyta] *f.* conduct, behavio(u)r. 2 management.

conductor [konduytór] *m.* guide, leader. 2 driver [of a vehicle]. 4 PHYS., RLY. conductor.

conectar [koneytár] *t.* to connect; to switch on, turn on.

conejo [konéxo] *m.* rabbit: *conejillo de Indias,* guinea-pig.

conexión [koneysjón] *f.* connection.

confeccionar [komfeyθjonár] *t.* to make. 3 to manufacture.

conferencia [komferénθja] *f.* lecture. 2 conference. 3 TELEPH. trunk call.

conferenciante [komferenθjánte] *m.-f.* lecturer.

conferenciar [komferenθjár] *i.* to meet for discussion, confer with.

confesar [komfesár] *t.-i.* to confess. 2 to acknowledge.

confesión [komfesjón] *f.* confession.

confesor [komfesór] *m.* confessor.

confiado [komfjáðo] *a.* *a.* unsuspecting. 2 self-confident.

confianza [komfjánθa] *f.* confidence, reliance, trust. 4 familarity.

confiar [komfjár] *i.* to confide, trust, rely on. 2 to entrust.

confín [komfín] *m.* limit, border.

confirmación [komfirmaθjón] *f.* confirmation.

confirmar [komfirmár] *t.* to confirm.

conflicto [komflíɣto] *m.* conflict, struggle. 2 difficulty.

conformar [komformár] to adjust. 2 to agree. 3 *p.* to yield.

conforme [komfórme] *a.* alike; in agreement; resigned; ready to. 2 *adv.* according to.

conformidad [komformiðáð] *f.* conformity. 2 agreement. 3 resignation.

confrontar [komfrontár] *t.* to confront. 2 to compare.

confundir [komfundír] *t.* to mix up. 2 to confound. 3 *p.* to get mixed up. 4 to be mistaken; to make a mistake.

confusión [komfusjón] *f.* confusion. 2 disorder. 3 shame.

confuso [komfúso] *a.* confused. 2 troubled. 3 obscure.

congelar [konxelár] *t.-p.* to congeal, freeze.

congoja [koŋgóxa] *f.* anguish, anxiety.

congregación [koŋgreɣaθjón] *f.* congregation.

congregar [koŋgreɣár] *t.-p.* to congregate.

congresista [koŋgresísta] *m.* congress-man.

congreso [koŋgréso] *m.* congress, assembly.

conjugación [konxuɣaθjón] *f.* conjugation.

conjuntamente [konxúntaménte] *adv.* jointly.

conjunto [konxúnto] *a.* conjunt, united. 2 *m.* total: en ~, altogether.

conjurar [konxurár] *i.-p.* to swear together; to conspire. 2 *t.* to conjure.

conmemoración [kommemoraθjón] *f.* commemoration.

conmemorar [kommemorár] *t.* to commemorate.

conmigo [kommíɣo] *pron.* with me, with myself.

conmovedor [kommoße-
ðór] a. moving, touch-
ing, exciting.

conmover [kommoßér] t.
to move, touch, excite. 2
p. to be touched.

conocedor [konoθeðór]
m.-f. connoisseur, judge.

conocer [konoθér] t. to
know. 2 to be acquaint-
ed with, meet [a per-
son]. 3 p. to be ac-
quainted with each
other.

conocimiento [konoθi-
mjénto] m. knowledge;
information. 2 intel-
ligence.

conque [kóŋke] conj. so,
so then, well then.

conquista [koŋkísta] f.
conquest.

conquistador [koŋkista-
ðór] m. conqueror. 2 m.
lady-killer.

conquistar [koŋkistár] t.
to conquer; to win,
gain.

consagración [konsaɣra-
θjón] f. consecration.

consagrar [konsaɣrár] t.
to consecrate, hallow.

consciente [konsθjénte]
a. conscious.

consecuencia [konsekwén-
θja] f. consequence.

consecutivo [konsekutí-
ßo] a. consecutive.

conseguir [konseɣír] t.
to obtain, attain, get. 2

to succeed in, manage to.

consejo [konséxo] m. ad-
vice; piece of advice. 2
council, board.

consentimiento [konsen-
timjénto] m. consent.

consentir [konsentír] t.
to allow, permit. ¶
CONJUG. like hervir.

conserje [konsérxe] m
door-keeper, porter.

conservación [konserßa-
θjón] f. conservation.

conservador [konserßa-
ðór] m. curator. 2 a.-n.
POL. conservative.

conservar [konserßár] t
to keep, maintain.

considerable [konsiðerá-
ßle] a. considerable.

consideración [konsiðera-
θjón] f. consideration.

considerar [konsiðerár]
t. to consider, think
over.

consignar [konsiɣnár]
t. to consign. 2 to de-
posit. 3 to record, re-
gister.

consigo [konsíɣo] pron.
with him [her, it, one];
with them, with you.

consiguiente [konsiɣjén-
te] a.-n. consequent. 2
por ~, therefore.

consistente [konsisténte]
a. consistent, firm, solid.

consistir [konsistír] i. to
consist [of, in, with];
to be based on.

consolador [konsolaðór] *a.* consoling, comforting.

consolar [konsolár] *t.* to console, comfort, cheer. ¶ CONJUG. like *contar*.

consolidar [konsoliðár] *t.-p.* to consolidate, strengthen.

conspicuo [konspíkwo] *a.* conspicuous, eminent.

conspirar [konspirár] *i.* to conspire, plot.

constancia [konstánθja] constancy, steadiness.

constante [konstánte] *a.* constant, steady. 2 **-mente** *adv.* constantly.

constar [konstár] *i.* to be on record. 2 to consist of. 3 to be clear from.

constelación [konstelaθjón] *f.* constellation.

-constitución [konstituθjón] *f.* constitution.

constituir [konstituír] *t.* to constitute; to establish. ¶ CONJUG. like *huir*.

construcción [konstruyθjón] *f.* construction, building; structure.

construir [konstrwír] *t.* to construct, build.

consuelo [konswélo] *m.* consolation, comfort. 2 relief.

cónsul [kónsul] *m.* consul.

consulta [konsúlta] *f.* consultation. 2 reference.

consultar [konsultár] *t.-i.* to consult, take advice.

consumidor [konsumiðór] *m.* consumer.

consumir [konsumír] *t.* to consume. 2 to waste away, spend. 3 *p.* to burn out.

consumo [konsúmo] *m.* consumption.

contabilidad [kontaβiliðáð] *f.* accounting, book-keeping.

contable [kontáβle] *a.* countable. 2 *m.* book-keeper, accountant.

contacto [kontáγtò] *m.* contact. 2 touch.

contado [kontáðo] *a.* counted. 2 rare. 3 *m.* al ~, cash down.

contador [kontaðór] *m.* computer. 2 counter. 3 meter. 4 book-keeper.

contagiar [kontaxjár] *t.* to infect with, contaminate.

contagio [kontáxjo] *m.* contagion, infection.

contagioso [kontaxjóso] *a.* contagious, infectious.

contaminación [kontaminaθjón] *f.* contamination, pollution.

contar [kontár] *t.* to count. 2 to tell, narrate: ~ *con*, to rely on.

contemplar [kontemplár] *t*. to contemplate, look at. 2 to pamper.

contemporáneo [kontemporáneo] *a.-n.* contemporary.

contendiente [kontendjénte] *m.-f.* adversary; contestant, contender.

contener [kontenér] *t* to contain, check. 2 to restrain, refrain. 3 to hold back.

contenido [konteníðo] *a*. moderate. 2 *m*. contents.

contentar [kontentár] *t*. to content, please. 2 *p*. to be pleased.

contento [konténto] *a*. pleased, glad. 2 *m*. joy.

contestación [kontestaθjón] *f*. answer, reply. 2 debate.

contestar [kontestár] *t*. answer, write back.

contienda [kontjénda] *f*. contest, fight, battle.

contigo [kontíɣo] *pron*. with you.

contiguo [kontíɣwo] *a*. next, neighbouring.

continental [kontinentál] *a*. continental.

continente [kontinénte] *m*. continent.

continuación [kontinwaθjón] *f*. continuation.

continuamente [kontí

nwaménte] *adv*. incessantly.

continuar [kontinuár] *t*. to continue. 2 *i*. to go on.

continuo [kontínwo] *a.* continuous; steady.

contorno [kontórno] *m* outline. 2 *sing.-pl.* surroundings.

contra [kóntra] *prep*. against. 2 *m*. con: *el pro y el* ~, the pros and cons.

contraer [kontraér] *t.-p*. to contract, shrink. 2 to get, catch. ¶ CONJUG. like *traer*.

contrariedad [kontrarjeðáð] *f*. contrariety. 2 setback, disappointment.

contrario [kontrárjo] *a*. contrary. 2 harmful. 3 *m.-f.* opponent, adversary. *4 al* ~, on the contrary.

contrarrestar [kontrarrestár] *t*. to resist, counteract.

contraste [kontráste] *m*. opposition. 2 contrast.

contratar [kontratár] *t*. to contract for. 2 to engage, hire.

contratiempo [kontratjémpo] *m*. mishap, setback.

contrato [kontráto] *m*. contract.

contribución [kontriβu-
θjón] *f.* contribution.
2 tax.

contribuir [kontriβuír]
i. to contribute to.

contribuyente [kontri-
βujénte] *m.-f.* contribu-
tor, taxpayer.

contrincante [kontriŋ-
kánte] *m.* competitor,
rival.

control [kontról] *m.*
control, check.

controlar [kontrolár] *t.*
to control, check.

convalecer [kombaleθér]
i. to convalesce, recover.
¶ CONJUG. like *agrade-
cer.*

convencer [kombenθér]
t. to convince.

convención [kombenθjón]
f. convention.

conveniencia [kombenjén-
θja] *f.* utility, advan-
tage. 2 *pl.* income, property.

conveniente [kombenjén-
te] *a.* convenient, ad-
vantegeous. 3 **-mente**
adv. conveniently.

convenio [kombénjo] *m.*
agreement, pact.

convenir [kombenír] *i.*
to agree. 2 to come
together. 3 to be con-
venient, advantageous.

convento [kombénto] *m.*
convent.

conversación [kombersa-
θjón] *f.* conversation,
talk.

conversar [kombersár]
i. to converse, talk.

conversión [kombersjón]
conversion.

convertir [kombertír] *t.*
to convert, transform
2 *p.* to be or become
converted.

convicción [kombiɣθjón]
f. conviction, belief.

convicto [kombíyto] *a.*
convicted.

convidar [kombiðár] *t.*
to invite.

convite [kombíte] *m.*
banquet; invitation.

convocar [kombokár] *t.*
to convoke, call to-
gether.

cónyuge [kónjuxe] *m.-f.*
spouse, consort. 2 *pl.*
husband and wife.

coñac [koɲá] *m.* cognac,
brandy.

cooperación [koopera-
θjón] *f.* co-operation.

cooperar [kooperár] *t.* to
co-operate.

cooperativa [kooperatíβa]
f. co-operative.

coordinación [koorðina-
θjón] *f.* co-ordination.

copa [kópa] *f.* wineglass.
2 *tomar una* ~, to have
a drink. 3 cup. 4 top.

copia [kópja] *f.* copy. 2
imitation.

copiar [kopjár] *t.* to copy. 2 to take down.

copioso [kopjóso] *a.* copious, plentiful.

copla [kópla] *f.* folksong, ballad.

copo [kópo] *m.* flake. 2 clòt. 3 bunch of wool, flax, etc. 4 sweeping all posts. 5 MIL. cutting off and capturing the enemy.

coqueta [kokéta] *f.* coquette, flirt. 2 *a.* coquettish.

coraje [koráxe] *m.* courage. 2 anger.

coral [korál] *m.* coral.

corazón [koraθón] *m.* heart. 2 BOT. core.

corbata [korβáta] *f.* tie.

corcel [korθél] *m.* steed, charger.

corcho [kórtʃo] *m.* cork.

cordel [korðél] *m.* string.

cordero [korðéro] *m.* lamb.

cordial [korðjál] *a.* friendly, hearty. 2 **-mente** *adv.* heartily.

cordillera [korðiʎéra] *f.* mountain range.

cordón [korðón] *m.* braid; yarn, cord, string. 2 lace. 3 cordon.

corneta [kornéta] *f.* bugle; cornet.

coro [kóro] *m.* choir. 2 chorus.

corola [koróla] *f.* BOT. corolla.

corona [koróna] *f.* crown; wreath.

coronel [koronél] *m.* colonel.

corporación [korporaθjón] *f.* corporation.

corporal [korporál] *a.* bodily, corporal.

corpulento [korpulénto] *a.* bulky, stout.

corral [korrál] *m.* yard, farm yard.

correa [korréa] *f.* leather strap, leash.

corrección [korreɣθjón] *f.* correctness. 2 reprehension.

correcto [korréɣto] *a* correct, proper, right.

corredor [korreðór] *a.* running. 2 *m.* SPORT. runner. 3 COM. broker 4 corridor.

corregir [korrexír] *t.* to correct. 2 to reprimand. ¶ CONJUG. like *servir.*

correo [korréo] *m.* postman; courier. 2 postoffice. 3 mail, post.

correr [korrér] *i.* to run. 2 to blow. 3 to spread. 4 to pass. 5 to hurry. 6 *t.* to run [a horse; a risk]. 7 to fight. 8 to draw. 9 ~ *prisa,* to be urgent, pressing. 10 *p.* to slide, slip. 11 to be ashamed.

correspondencia [korres-pondénθja] *f.* corres-pondence, letter-writing.

corresponder [korrespon-dér] *i.* to correspond, answer. 2 to pertain. 4 *p.* to love each other.

correspondiente [korres-pondjénte] *a.* suitable, appropriate.

corrida [korríða] *f.* course, race. 2 ~ *de to-ros*, bullfight.

corriente [korrjénte] *a.* flowing, running. 2 cur-rent. 3 usual. 4 *f.* stream. 5 ELEC. current.

corro [kórro] *m.* circle, ring of spectators

corroborar [korroβorár] to corroborate, streng-then.

corromper [korrompér] *t.* to corrupt. 2 to bribe. 3 to spoil 4 *p.* to rot.

corrupción [korruβθjón] *f.* corruption.

cortar [kortár] *t.* to cut, slash; to cut away, off, out or up; to sever. 2 to carve, chop. 3 to cross. 4 to hew. 5 to cut short. 6 to stop, bar. 7 *p.* [of milk] to sour, curdle.

1) **corte** [kórte] *m.* cut-ting edge. 2 cut. 3 art of cutting clothes. 4 length. 5 felling [of trees]. 6 ELECT. break.

2) **corte** [kórte] *f.* court. 2 city. 3 (Am.) court [of justice]. 4 court-ship: *hacer la* ~ *a,* to pay court to.

cortés [kortés] *a.* cour-teous, polite.

cortesano [kortesáno] *a.* obliging. 2 *m.* courtier. 3 *f.* courtesan.

cortesía [kortesía] *f.* pol-iteness.

corteza [kortéθa] *f.* bark [of tree]; crust [of bread, etc.]; rind [of cheese, etc.]; peel [of orange, etc.].

cortina [kortína] *f.* cur-tain; screen, flap.

corto [kórto] *a.* short, brief. 2 wanting. 3 shy. 4 dull. 5 ELEC. ~ *cir-cuito,* short circuit. 6 ~ *de vista,* short-sighted.

cosa [kósa] *f.* thing, matter: *como si tal* ~, as if nothing had hap-pened.

cosecha [kosétʃa] *f.* har-vest, crop; vintage. 2 reaping. 3 harvest time.

cosechar [kosetʃár] *t.-i.* to harvest, crop, reap.

coser [kosér] *t.* to sew; to seam. 2 to stab.

cosquillas [koskíʎas] *f.* tickling: *hacer* ~, to tickle.

costa [kósta] *f.* coast,

shore. 2 cost: *a toda* ~, at all costs; *a* ~ *de*, at the expense of.

costar [kostár] *i.* to cost. ¶ CONJUG. like *contar*.

coste [kóste] *m.* cost, price: ~ *de vida*, cost of living.

costilla [kostíʎa] *f.* rib. 2 chop, cutlet [to eat].

costo [kósto] *m.* cost, price.

costoso [kostóso] *a.* costly, expensive. 2 difficult.

costumbre [kostúmbre] *f.* custom; habit.

costura [kostúra] *f.* sewing, needlework. 2 seam.

costurera [kosturéra] *f.* seamstress.

cotidiano [kotiðjáno] *a.* daily, everyday.

coto [kóto] *m.* preserve: ~ *de caza*, game preserve. 3 stop: *poner* ~ *a*, to put a stop to.

cotorra [kotórra] *f.* parrot. 2 chatterbox.

coz [koθ] *f.* kick. 2 recoil.

cráneo [kráneo] *m.* skull.

creación [kreaθjón] *f.* creation.

creador [kreaðór] *m.* creator. 2 maker.

crear [kreár] *t.* to create. 2 to make.

crecer [kreθér] *i.* to grow, increase. 2 to swell.

creciente [kreθjénte] *a.* growing. 2 *m.* crescent.

crecimiento [kreθimjénto] *m.* growth, increase.

crédito [kréðito] *m.* credit, credence: *dar* ~ *a*, to believe. 2 good reputation: *a* ~, on credit.

credo [kréðo] *m.* creed.

creencia [kreénθja] *f.* belief, creed.

creer [kreér] *t.-i.-p.* to believe. 2 to think, suppose.

crema [kréma] *f.* cream.

cremallera [kremaʎéra] *f.* zipper, zip-fastener.

crepúsculo [krepúskulo] *m.* twilight; dawn.

cresta [krésta] *f.* crest, comb [of a bird]; cock's comb. 2 crest o mountain. 3 tuft.

creyente [kreʝénte] *m.-f* believer, faithful.

cría [kría] *f.* suckling 2 breeding. 3 brood young [animals].

criadero [kriaðéro] *m* tree nursery. 2 breeding place [for animals] 3 fish hatchery.

criado [kriáðo] *a.* bred 2 *m.* manservant. 3 *f* maid, maidservant.

crianza [kriánθa] *f* nursing. 2 bringing up 3 manners.

criar [kriár] t. to nurse, suckle. 2 to rear, breed, grow. 3 to bring up, educate.

criatura [kriatúra] f. creature. 2 baby, child.

crimen [krímen] m. crime, felony.

criminal [kriminál] a.-n. criminal.

crin [krin] f. mane.

crío [krío] m. baby, kit.

criollo [kriójo] a.-n. Creole.

crisantemo [krisantémo] m. chrysanthemum.

crisis [krísis] f. crisis. 2 COM. depression; shortage.

cristal [kristál] m. crystal. 2 window-pane.

cristalino [kristalíno] a. crystalline. 2 m. crystalline lens.

cristianismo [kristjanízmo] m. Christianity.

cristiano [kristjáno] a.-n. Christian.

Cristo [krísto] m. pr. n. Christ. 2 m. crucifix.

criterio [kritérjo] m. criterion. 2 judgement.

crítica [krítika] f. criticism. 2 faultfinding, gossip. 3 the critics.

criticar [kritikár] t. to criticize. 2 to censure, find fault with.

crítico [krítiko] a. critical. 2 m. critic.

crónico [króniko] a. chronic.

crucificar [kruθifikár] t. to crucify; to torture.

crudo [krúðo] a. raw, underdone [food]. 2 bitter [weather]. 3 harsh, rough.

cruel [krwél] a. cruel, ruthless, harsh.

crueldad [krweldáð] f. cruelty; harshness.

cruz [kruθ] m. cross: ~ Roja, Red Cross. 2 tails [of coin]: cara o ~, heads or tails.

cruzada [kruθáða] f. crusade.

cruzar [kruθár] t. to cross, lie across. 2 p. to pass each other.

cuaderno [kwaðérno] m. exercise-book.

cuadra [kwáðra] f. stable.

cuadrado [kwaðráðo] a.-m. square.

cuadrangular [kwaðraŋgulár] a. quadrangular.

cuadrar [kwaðrár] t. to square. 2 i. to fit, suit. 3 p. MIL. to stand at attention.

cuadro [kwáðro] m. square: a cuadros, checkered. 2 picture, painting. 3 frame [of door, etc.]. 4 LIT. picture, description. 5

scene. *6* flower-bed. *7* table, synopsis.

cuadrúpedo [kwaðrúpeðo] *a.-m.* quadruped.

cuajar [kwaxár] *t.-p.* to curd, curdle, coagulate. *2 t.* to fill. *3* to be successful. *4 p.* to become crowded.

cual, cuales [kwál, kwáles] *rel. pron.* who, which, that. *2* as, such as. *3 adv.* like.

cuál, cuáles [kwál, kwáles] *interr. pron.* who, which [one, ones], what. *2 adv.* how.

cualidad [kwaliðáð] *f.* quality.

cualquiera [kwalkjéra], *pl.* **cualesquiera** [kwaleskjéra] *pron.* anyone, anybody. *2* ~ *que,* whatever, whichever.

cuan [kwán] *adv. tan...* *cuan,* as... as.

cuán [kwán] *interrog.-exclam.* how.

cuando [kuándo] *adv.* when: *aun* ~, even though; *de* ~ *en* ~, now and then.

1) cuanto [kwáŋto] *adv.* *en* ~ *a,* with regard to, as for. *2* ~ *antes,* as soon as possible. *3* ~ *más ... tanto más,* the more ... the more. *4* **cuánto** *adv.* how;

how much, how long, how far.

2) cuanto [kwáŋto] *a.* all the, every, as much [sing.], as many [pl.]. *2 pron.* all [that], as much as [sing.], as many as [pl.], all who. *3 a.-pron. unos cuantos,* some, a few.

3) cuánto [kwánto], **cuántos** [kwántos] (with interrog. or exclam.) *a.-pron.* how much [sing.], how many [pl.], what.

cuarenta [kwarénta] *a.-n.* forty.

cuartel [kwartél] *m.* ward [of a town]. *2* MIL. barracks. *3* MIL. quarters.

cuarteta [kwartéta] *f.* eight syllable quatrain with rhyme abab.

cuarteto [kwartéto] *m.* more-than-eight syllable quatrain with rhymes ABBA. *2* MUS. quartet(te.

cuartilla [kwartíʎa] *f.* sheet of paper.

cuarto [kwárto] *a.* fourth. *2 m.* quarter. *3* room: ~ *de baño,* bath-room; ~ *de estar,* living-room.

cuatro [kwátro] *a.* four.

cubierta [kuβjérta] *f.* cover(ing; envelope [of a letter]; book-jacket.

2 roof(ing. 3 outer tyre. 4 NAUT. deck.

cubo [kúβo] *m.* bucket, pail. 2 GEOM. cube. 3 hub [of a wheel].

cubrir [kuβrír] *t.* to cover [up]. 2 to hide. 3 to roof [a building].

cucaracha [kukarátʃa] *f.* cockroach.

cuchara [kutʃára] *f.* spoon. 2 dipper.

cucharada [kutʃaráða] *f.* spoonful.

cuchilla [kutʃíʎa] *f.* large knife, cleaver. 2 blade.

cuchillo [kutʃíʎo] *m.* knife.

cuello [kwéʎo] *m.* neck, throat. 2 collar [of a garment].

cuenta [kwénta] *f.* account; count; bill, note: *hacer cuentas*, to cast accounts. 2 COM. account: ~ *corriente*, current account; *por* ~ *de*, for account of. 3 report, information: *dar* ~ *de*, to inform of. 4 *caer en la* ~, *darse* ~, to realize. 5 *tener en* ~, to take into account.

cuento [kwénto] *m.* tale, story: ~ *de hadas*, fairy tale. 2 gossip; 3 count: *sin* ~, numberless.

cuerda [kwérða] *f.* rope, cord, string: *dar* ~ *a un*

reloj, to wind up a watch.

cuerdo [kwérðo] *a.* sane, wise, prudent.

cuerno [kwérno] *m.* horn.

cuero [kwéro] *m.* hide, raw hide. 2 leather. 3 *en cueros*, stark naked.

cuerpo [kwérpo] *m.* body; trunk: *luchar* ~ *a* ~, to fight hand to hand. 3 corpse. 4 ~ *de ejército*, army corps.

cuervo [kwérβo] *m.* raven, crow.

cuesta [kwésta] *f.* slope, hill.

cuestión [kwestjón] *f.* question; affair, business. 2 quarrel.

cueva [kwéβa] *f.* cave.

cuidado [kwiðáðo] *m.* care, charge: *al* ~ *de*, in care of; *tener* ~, to be careful: *¡~!*, look out!

cuidadosamente [kwiðaðósaménte] *adv.* carefully.

cuidadoso [kwiðaðóso] *a.* careful.

cuidar [kwiðár] *t.-i.* to take care of, keep, look after, mind. 3 *p.* to take care of oneself.

culebra [kuléβra] *f.* snake.

culminar [kulminár] *t.* to come to a climax.

culpa [kúlpa] *f.* guilt, fault, blame.

culpable [kulpáβle] *a.* guilty.

culpar [kulpár] *t.* to blame.

cultivar [kultiβár] *t.* to cultivate, labour, farm [land, soil].

cultivo [kultíβo] *m.* cultivation, farming.

1) **culto** [kúlto] *m.* cult, worship.

2) **culto** [kúlto] *a.* educated. 2 learned.

cultura [kultúra] *f.* culture.

cumbre [kúmbre] *f.* summit, top, peak. 2 height.

cumpleaños [kumpleáɲos] *m.* birthday.

cumplimiento [kumpli-mjénto] *m.* fulfilment. 2 observance [of law]. 3 compliment, politeness.

cumplir [kumplír] *t.* to accomplish, perform, fulfil. 2 to keep [a promise]. 3 to do [one's duty]; to observe [a law]. 4 to finish [a term in prison]. 5 reach [of age]. 6 *i.-p.* [of time] to expire. 7 *p.* to be fulfilled.

cuna [kúna] *f.* cradle. 2 lineage.

cundir [kundír] *i.* to spread. 2 to increase in volume.

cuneta [kunéta] *f.* ditch, gutter.

cuña [kúɲa] *f.* wedge.

cuñada [kuɲáða] *f.* sister-in-law.

cuñado [kuɲáðo] *m.* brother-in-law.

cuota [kwóta] *f.* membership fee. 2 quota.

cupón [kupón] *m.* coupon.

cura [kúra] *m.* parish priest. 2 cure: *primera* ~, first aid.

curación [kuraθjón] *f.* cure, healing.

curar [kurár] *i.-p.* to cure, heal, recover, get well. 2 to take care of; to mind. 3 MED. to treat.

curiosidad [kurjosiðáð] *f.* curiosity.

curioso [kurjóso] *a.* curious. 2 clean, tidy.

cursar [kursár] *t.* to frequent. 2 to study [law]. 3 to make [a petition].

curso [kúrso] *m.* course, direction. 2 EDUC. course; school year.

cutis [kútis] *m.* skin; complexion.

cuyo [kújo] *poss. pron.* whose, of which, of whom.

CH

chacal [tʃakál] m. jack-al.

chaleco [tʃaléko] m. waistcoat, vest.

chancleta [tʃaŋkléta] f. slipper.

chaqueta [tʃakéta] f. jacket, sack coat.

charca [tʃárka] f. pool, pond.

charco [tʃárko] m. puddle, pond.

charla [tʃárla] f. chatter. 2 chat. 3 talk.

charlar [tʃarlár] i. to chatter. 2 to chat, talk.

charlatán [tʃarlatán] m.-f. chatterbox.

charro [tʃárro] a. coarse. 2 cheap, flashy.

chascarrillo [tʃaskarríʎo] m. joke.

chasco [tʃásko] m. trick, deceit. 2 disappointment.

chato [tʃáto] a.-n. flatnosed.

cheque [tʃéke] m. cheque, check: ~ de viajero, traveller's check.

chicle [tʃiklé] m. chewing-gum.

chico [tʃíko] a. small, little. 2 m. boy, lad. 3 f. girl, lass.

chicharrón [tʃitʃarrón] m. fried piece of fat.

chichón [tʃitʃón] m. bump.

chileno [tʃiléno] a.-n. Chilean.

chillar [tʃiʎár] i. to shriek, scream. 2 to shout.

chillido [tʃiʎíðo] m. shriek, scream.

chimenea [tʃimenéa] *f.* chimney. 2 fireplace. 3 funnel.

china [tʃína] *f.* pebble. 2 China silk.

chinche [tʃíntʃe] *f.* bedbug.

chinela [tʃinéla] *f.* slipper.

chino [tʃíno] *a.-n.* Chinese.

chiquillo [tʃikíʎo] *a.* small. 2 *m.-f.* little boy or girl.

chisme [tʃízme] *m.* gossip. 2 implement.

chismoso [tʃizmóso] *a.* gossipy.

chispa [tʃíspa] *f.* spark, sparkle.

chiste [tʃíste] *m.* joke.

chistoso [tʃistóso] *a.* witty, funny, amusing.

chivo [tʃíβo] *m.* male kid.

chocar [tʃokár] *i.* to collide; to clash, bump together. 3 to surprise.

chocolate [tʃokoláte] *m.* chocolate.

chófer [tʃófer] *m.* driver.

choque [tʃóke] *m.* collision, clash; shock. 2 MIL. encounter. 3 quarrel.

chorizo [tʃoríθo] *m.* pork sausage.

chorro [tʃórro] *m.* jet, spout, flow, stream.

choza [tʃóθa] *f.* hut, cabin.

chuleta [tʃuléta] *f.* chop, cutlet.

chulo [tʃúlo] *a.* pert.

chupar [tʃupár] *t.* to suck, draw.

chupón [tʃupón] *a.* blotting [paper]. 2 *m.* sucker.

chutar [tʃutár] *i.* FOOTBALL to shoot.

D

dado [dáðo] *m.* die [*pl.* dice].

dama [dáma] *f.* lady, dame. 2 king [in draughts]. 3 queen [in chess].

danza [dánθa] *f.* dance.

danzar [danθár] *i.* to dance.

dañar [danár] *t.* to harm, damage, injure, hurt. 2 to spoil. 3 *p.* to get hurt.

dañino [daníno] *a.* harmful.

daño [dáno] *m.* harm, damage, loss, injury.

dar [dar] *t.* to give, hand, deliver, grant. 2 to bear, yield. 3 ~ *comienzo*, to begin; ~ *un paseo*, to take a walk. 4 *dar como* or *por*, to consider. 5 ~ *a conocer*, to make known; ~ *a luz*, to give birth to; to publish; ~ *que pensar*, to arouse suspicions. 6 *i.* ~ *con*, to to meet, find. 7 ~ *de sí*, to yield, stretch. 8 *p.* to give oneself. 9 to yield, surrender. 10 *darse a la bebida*, to take to drink. 11 *darse la mano*, to shake hands. ¶ CONJUG. INDIC. Pres.: *doy, das, da; damos, dais, dan*. | Imperf.: *daba, dabas,* etc. | Pret.: *di, diste, dio; dimos, disteis, diéron*. | Fut.: *daré, darás*, etc. ‖ CON .: *daría, darías*, etc. ‖ SUBJ. Pres.: *dé, des*, etc. | Imperf.: *diera, dieras,* etc., or *diese, dieses*, etc.

| Fut.: *diere, dieres,* etc. || IMPER.: *da, dé; demos, dad, den.* || PAST. P.: *dado.* || GER.: *dando*

dato [dáto] *m.* datum, fact, piece of information.

de [de] *prep.* of; from, by, with: ~ *día,* by day; ~ *noche,* at night.

debajo [deβáxo] *adv.* underneath, below: ~ *de,* under, beneath.

debate [deβáte] *m.* debate, discussion.

1) **deber** [deβér] *m.* duty, obligation 2 homework.

2) **deber** [deβér] *t.* to owe. 2 *aux.* [with an inf.] must, have to; ought to, should.

debidamente [deβíðaménte] *adv.* duly, properly.

debido [deβíðo] *a.* owed. 2 due, just, proper: ~ *a,* due to, owing to.

débil [déβil] *a.* weak, feeble. 2 slight, sickly.

debutar [deβutár] *i.* to make one's debut.

decadencia [dekaðénθja] *f.* decline.

decaer [dekaér] *i.* to decline, decay, fall.

decano [dekáno] *m.* dean.

decena [deθéna] *f.* ten.

decente [deθénte] *a.* decent, proper.

decepción [deθeβθjón] *f.* disappointment.

decidir [deθiðír] *t.* to decide, determine. 2 *p.* to make up one's mind.

décima [déθima] *f.* a stanza of ten octosyllabic lines.

decimal [deθimál] *a.-m.* decimal.

décimo [déθimo] *a.* tenth.

decir [deθír] *t.* to say, talk, tell, speak: ~ *para sí,* to say to oneself; *querer* ~, to mean; *es* ~, that is to say. ¶ CONJUG. INDIC. Pres.: *digo, dices, dice;* decimos, *decís, dicen.* | Imperf.: *decía, decías,* etc. | Pret.: *dije, dijiste, dijo; dijimos, dijisteis, dijeron.* | Fut.: *diré, dirás,* etc. || COND.: *diría, dirías,* etc. || SUBJ. Pres.: *diga, digas,* etc. | Imperf.: *dijera, dijeras,* etc., or *dijese, dijeses,* etc. || Fut.: *dijere, dijeres,* etc. | IMPER.: *di, diga; digamos, decid, digan.* || P. P.: *dicho.* | GER.: *diciendo.*

decisión [deθisjón] *f.* decision..

decisivo [deθisíβo] *a.* decisive.

declaración [deklaraθjón] *f.* statement.

declarar [deklarár] *t.* to declare. 2 to state. 3 LAW to find [guilty].

declinar [deklinár] *i.* to decline. 2 to decay, fall off. 3 *t.* to renounce.

decoración [dekoraθjón] *f.*, **decorado** [dekoráðo] *m.* decoration. 2 THEAT. scenery, setting.

decorar [dekorár] *t.* to decorate.

decorativo [dekoratíβo] *a.* decorative, ornamental.

decoro [dekóro] *m.* decency, dignity. 2 honour.

decretar [dekretár] *t.* to decree.

decreto [dekréto] *m.* decree; order; act.

dedal [deðál] *m.* thimble.

dedicación [deðikaθjón] *f.* dedication.

dedicar [deðikár] *t.* to dedicate. 2 to devote. 3 *p.* to devote oneself to.

dedo [déðo] *m.* ~ *de la mano*, finger; ~ *del pie*, toe.

deducir [deðuθír] *t.* to deduce, infer. 2 to deduct, discount. ‖ CON-JUG. like *conducir*.

defecto [deféyto] *m.* defect, fault, blemish.

defectuoso [defeytwóso] *a.* defective, faulty.

defender [defendér] *t.-p.* to defend. ‖ CON-JUG. like *entender*.

defensor [defensór] *m.-f.* defender. 2 supporter.

deficiencia [defiθjénθja] *f.* deficiency.

deficiente [defiθjénte] *a.* deficient.

definición [definiθjón] *f.* definition.

definido [definíðo] *a.* definite.

definir [definír] *t.* to define.

definitivo [definitíβo] *a.* definitive.

defraudar [defrauðár] *t.* to defraud, cheat. 2 to frustrate, disappoint. 3 to deceive.

degollar [deɣoʎár] *t.* to behead; to slash the throat. ‖ CONJUG. like *contar*.

dejar [dexár] *t.* to leave: ~ *en paz*, to let alone. 2 to let go. 3 to quit. 4 to allow, let.

del [del] contraction of DE and EL: of the.

delantal [delantál] *m.* apron; pinafore.

delante [delánte] *adv.* before, in front of; ahead.

delantero [delantéro] *m.* SPORT. forward.

delegación [deleɣaθjón]
f. delegation. 2 COM.
branch.

delegado [deleɣáðo] *m.-*
f. delegate, deputy.

deleitar [deleĭtár] *t.* to
delight, please. 2 *p.* to
take pleasure.

deleite [deléĭte] *m.* pleasure, delight.

delgado [delɣáðo] *a.*
thin, lean, slender.

deliberar [deliβerár] *i.*
to deliberate, consider.

delicadeza [delikaðéθa]
f. delicateness, delicacy.
2 fineness. 3 tenderness.

delicado [delikáðo] *a.*
delicate. 2 poor [health].

delicia [delíθja] *f.* delight; pleasure, joy.

delicioso [deliθjóso] *a.*
delicious, delightful.

delincuencia [deliŋkwén-
θja] *f.* delinquency.

delincuente [deliŋkwénte]
a.-n. delinquent.

delirar [delirár] *i.* to
rave, be delirious. 2 to
talk nonsense.

delirio [delírjo] *m.* madness; ravings; frenzy.

delito [delíto] *m.* offence, crime, guilt, mis-
demeano(u)r.

demanda [demánda] *f.*
petition, request. 2 COM.
demand. 3 LAW claim,
lawsuit.

demandar [demandár] *t.*

to demand, ask for, beg.
3 LAW to sue.

demás [demás] *a.* the
rest of the. 2 *pron.*
other, others: *por lo* ~,
for the rest.

demasiado [demasjáðo]
adv. too, excessively: 2
a.-pron. too much, too
many.

demente [deménte] *a.*
mad, insane. 2 *m.-f.* lunatic, maniac.

democracia [demokráθja]
f. democracy.

democrático [demokráti-
ko] *a.* democratic.

demonio [demónjo] *m.*
demon, devil, fiend.

demorar [demorár] *t.* to
delay, put off. 2 *i.* to
stay.

demostración [demostr-
θjón] *f.* demonstration;
show; proof.

demostrar [demostrár] *t.*
to demonstrate, show;
to prove.

denominador [denomina-
ðór] *m.* MATH. denomi-
nator.

denominar [denominár]
t. to denominate, name,
call.

denotar [denotár] *t.* to
denote, mean.

densidad [densiðáð] *f.*
density.

denso [dénso] *a.* dense,
compact, thick.

dentado [dentáðo] *a.* dentate, toothed. *3* MACH. cogged.

dentadura [dentaðúra] *f.* set of teeth, teeth: ~ *postiza,* false teeth.

dental [dentál] *a.* dental.

dentista [dentísta] *m.* dentist.

dentro [déntro] *adv.* in, inside, within: ~ *de poco,* shortly.

denuncia [denúnθja] *f.* denunciation [of a treaty]. *2* accusations. *3 presentar una* ~, to make a charge.

denunciar [denunθjár] *t.* *t.* to denounce. *2* accuse. *3* to report. *4* to claim. *5* to charge with.

deparar [deparár] *t.* to provide, present.

departamento [departaménto] *m.* department. *2* compartment.

dependencia [dependénθja] *f.* dependence, dependency. *2* branch of office. *3* staff. *4* outbuildings.

depender [dependér] *i.* ~ *de,* to depend on, rely upon.

dependiente [dependjénte] *a.* depending, subordinate. *2 m.* clerk, assistant.

deponer [deponér] *t.* to lay down, set aside. *2* to remove from office. *3* *t.-i.* LAW to declare, testify.

deporte [depórte] *m.* sport.

deportista [deportísta] *m.* sportsman.

deportivo [deportíβo] *a.* sports, sporting, sportive.

depositar [depositár] *t.* to deposit. *2* to place, put.

depósito [depósito] *m.* trust. *2* sediment. *3* storehouse. *4* tank, reservoir.

depresión [depresjón] *f.* depression. *2* hollow. *3* low spirits.

derecha [derétʃa] *f.* right. *2* right hand. *3* POL. right wing. *4 a la* ~, to the right.

derecho [derétʃo] *a.* right side, right-hand. *2* straight. *3* standing, upright. *4 adv.* straight on. *5 m.* right; justice. *6* law.

derivar [deriβár] *i.-p.* to derive, come from.

derramar [derramár] *t.* to pour out, spill. *2* to shed. *3 p.* to overflow, run over.

derredor [derreðór] *m.* circuit; contour: *al* ~, *en* ~, around.

derretir [derretír] *t.-p.*
to melt, thaw.

derribar [derriβár] *t.* to
pull down. 2 to over-
throw, knock down.

derrocar [derrokár] *t.* to
pull down, demolish. 2
to fell, knock down.

derrota [derróta] *f.*
defeat, rout, disaster.

derrotar [derrotár] *t.* to
defeat, rout, beat.

derrumbar [derrumbár]
t. to throw down. 2 *p.*
to collapse.

desacato [desakáto] *m.*
disrespect. 2 disobedi-
ence.

desafiar [desafiár] *t.* to
challenge, defy, dare.

desafío [desafío] *m.* challenge.

desagradable [desaɣraðá-
βle] *a.* disagreeable, unpleasant.

desagradar [desaɣraðár]
t. to be unpleasant to;
to displease.

desaguar [desaɣwár] *t.*
to drain. 2 *i.* to flow
[into].

desagüe [desáɣwe] *m.*
drainage, drain. 2 water
outlet.

desahogar [desaoɣár] *t.-
p.* to relieve [one]
from care, etc. 2 to
vent. 3 *p.* to unbossom
oneself.

desaliento [desaljénto]
m. discouragement, de-
jection.

desamarrar [desamarrár]
t. to untie, let loose. 2
NAUT. to unmoor.

desamparar [desamparár]
t. to forsake, leave helpless.

desanimar [desanimár]
t. to discourage, dis-
hearten. 2 *p.* to become
discouraged.

desagradable [desaɣraðá-
βle] *a.* unpleasant, disagreeable.

desaparecer [desapareθér]
i.-p. to disappear.

desarmar [desarmár] *t.*
to disarm. 2 to dis-
mount.

desarme [desárme] *m.*
disarmament.

desarreglar [desarreɣlár]
t. to disarrange, put
out of order.

desarrollar [desarroʎár]
t. to develop.

desarrollo [desarróʎo] *m.*
development.

desastrado [desastráðo]
a. wretched; shabby.

desastre [desástre] *m.*
disaster, calamity.

desastroso [desastróso]
a. disastrous.

desatar [desatár] *t.* to
untie, loose, loosen, un-
fasten. 2 [of a storm]
to break out.

desatento [desaténto] *a.* inattentive. 2 impolite.

desatino [desatíno] *m.* nonsense, folly, error.

desayunar(se [desajunár(se) *i.-p.* to breakfast, have breakfast.

desayuno [desajúno] *m.* breakfast.

desbaratar [dezβaratár] *t.* to destroy, ruin. 2 to frustrate.

desbocarse [dezβokárse] *p.* to run away. 2 to become insolent.

desbordar [dezβorðár] *i.-p.* to overflow.

descabellado [deskaβeʎáðo] *a.* preposterous, absurd.

descalzo [deskálθo] *a.* barefooted.

descansar [deskansár] *i.* to rest; to lie in sleep. 2 to rely on.

descanso [deskánso] *m.* rest, relaxation. 2 break [half-time].

descarga [deskárɣa] *f.* unloading. 2 discharge. 3 volley.

descargar [deskarɣár] *t.* to unload, unburden. 2 to strike [a blow]. 3 to vent [one's fury, etc.]. 4 to fire, discharge.

descartar [deskartár] *t.* to put aside, lay aside.

descarriar [deskarrjár] *t.* to lead astray, mislead. 2 *p.* to go astray. 3 to go wrong.

descendencia [desθendénθja] *f.* descent. 2 lineage.

descender [desθendér] *i.* to go down. 2 to drop. ¶ CONJUG. like *entender*.

descendiente [desθendjénte] *m.-f.* descendant.

descenso [desθénso] *m.* descent. 2 drop, fall. 3 decline.

descollar [deskoʎár] *i.* to stand out, be prominent. ¶ CONJUG. like *contar*.

descomponer [deskomponér] *t.* to put out of order, disarrange, upset. 2 fig. to set at odds. 3 *p.* to decompose; to become putrid. 4 to get out of order. 5 to be altered. 6 to lose one's temper.

descomunal [deskomunál] *a.* huge, enormous.

desconcertar [deskonθertár] *t.* to disconcert. 2 to confuse. 3 *p.* to get out of order.

desconfianza [deskomfjánθa] *f.* mistrust. 2 diffidence.

desconfiar [deskomfjár] *i.* to distrust.

desconocer [deskonoθér] *t.* not to know. 2 to fail to recognize. ¶ CONJUG. like *agradecer*.

desconocido [deskonoθído] *a.* unknown. 2 unfamiliar. 3 *m.-f.* stranger.

desconsolar [deskonsolár] *t.* to distress, grieve. 2 *p.* to become disheartened. ¶ CONJ. lige *contar*.

desconsuelo [deskonswélo] *m.* affliction, grief.

descontar [deskontár] *t.* to discount, deduct.

descontento [deskonténto] *a.* displeased. 2 *m.* displeasure.

descorazonar [deskoraθonár] *t.* to dishearten, discourage.

descorrer [deskorrér] *t.* to draw back.

descortés [deskortés] *a.* impolite.

describir [deskriβír] *t.* to describe.

descripción [deskriβθjón] *f.* description.

descubridor [deskuβridór] *m.* discoverer. 2 scout.

descubrimiento [deskuβrimjénto] *m.* discovery, invention. 2 disclosure.

descubrir [deskuβrír] *t.* to discover, reveal. 2 to make known. 3 to find

out. 4 *p.* to take off one's hat.

descuento [deskwénto] *m.* discount, rebate.

descuidado [deskwiðáðo] *a.* careless. 2 slovenly.

descuidar [deskwiðár] *t.-i.-p.* to neglect, be careless.

descuido [deskwíðo] *m.* negligence, carelessness. 2 oversight.

desde [dézðe] *prep.* from, since.

desdén [dezdén] *m.* disdain.

desdeñar [dezðeɲár] *t.* to disdain.

desdeñoso [dezðeɲóso] *a.* disdainful, contemptuous.

desdicha [dezðítʃa] *f.* misfortune; unhappiness.

desdichado [dezðitʃáðo] *a.* unfortunate, unhappy.

deseable [deseáβle] *a.* desirable.

desear [deseár] *t.* to desire, wish, want.

desechar [desetʃár] *t.* to cast aside, refuse.

desembarcar [desembarkár] *t.* to disembark, land, go ashore.

desembocadura [desembokaðúra] *f.* mouth. 2 outlet, exit.

desembocar [desembokár] *i.* to flow. 2 to end [at], lead into.

desempeñar [desempe- nár] *t.* to discharge [a duty]. 2 to act, play.

desengañar [desengaɲár] *t.* to undeceive, disillusion. 2 to disappoint.

desengaño [desengáɲo] *m.* disappointment.

desentenderse [desentendérse] *p.* to pretend not to understand; to take no part in.

desenvolver [desembolβér] *t.* to unfold. 2 to develop.

deseo [deséo] *m.* desire; wish, longing.

deseoso [deseóso] *a.* desirous, eager.

desesperación [desesperaθjón] *f.* despair, desperation.

desesperar [desesperár] *t.* to drive mad. 2 *i.- p.* to despair; to be exasperated.

desfallecer [desfaʎeθér] *i.* to faint. 3 to lose courage.

desfavorable [desfaβoráβle] *a.* unfavourable.

desfilar [desfilár] *t.* to march past. 2 to file out.

desfile [desfíle] *m.* defiling; marching past, parade, review.

desgarrar [dezɣarrár] *t.* to tear, rend.

desgastar [dezɣastár] *t.* to wear away, waste.

desgaste [dezɣáste] *m.* waste, wear and tear.

desgracia [dezɣráθja] *f.* misfortune. 2 bad luck, mischance.

desgraciado [dezɣraθjáðo] *a.* unfortunate, unlucky. 2 *m.-f.* wretch.

desgranar [dezɣranár] *t.* to thresh; to shell.

deshacer [desaθér] *t.* to undo, unmake. 2 to loosen. 3 to destroy. 4 to upset. 5 *p.* to melt, dissolve: *deshacerse de,* to get rid of.

deshojar [desoxár] *t.* to strip [a tree] of its leaves. 2 *p.* to lose its leaves.

deshonrar [desonrrár] *t.* to dishonour. 2 to seduce.

desierto [desjérto] *a.* deserted. 2 *m.* desert, wilderness.

designar [desiɣnár] *t.* to purpose. 2 to designate, appoint.

designio [desíɣnjo] *m.* design, purpose, plan.

desigual [desiɣwál] *a.* unequal. 2 uneven; changeable.

desigualdad [desiɣwalðáð] *f.* difference. 2 unevennes.

desilusión [desilusjón] *f.* disillusion(ment), disappointment.

desinteresado [desinteresáðo] *a.* disinterested. 2 unselfish.

desistir [desistír] *i.* to desist; to stop, give up.

deslizar [dezliðár] *t.-i.-p.* to slide, glide, slip.

deslumbrante [dezlumbránte] *a.* dazzling, glaring.

deslumbrar [dezlumbrár] *t.* to dazzle, daze.

desmayar [dezmajár] *t.* to discourage. 2 *p.* to faint, swoon.

desmayo [dezmájo] *m.* swoon, fainting fit.

desmentir [dezmentír] *t.* to give the lie to. 2 to contradict. ¶ CONJUG. like *hervir*.

desmontar [dezmontár] *t.* to clear. 2 to level. 3 to dismount, take apart. 4 *i.* to dismount.

desnivel [dezniβél] *m.* unevennness; slope.

desnudar [deznuðár] *t.-p.* to undress. 2 to uncover, strip.

desnudez [deznuðéθ] *f.* nakedness; bareness.

desnudo [deznúðo] *a.* naked. 2 bare, uncovered.

desobedecer [desoβeðeθér] *t.* to disobey. ¶ CONJUG. like *agradecer*.

desobediencia [desoβeðjénθja] *f.* disobedience.

desobediente [desoβeðjénte] *a.* disobedient.

desocupado [desokupáðo] *a.* free. 2 idle. 3 unemployed.

desocupar [desokupár] *t.* to empty. 2 *p.* to disengage oneself.

desolación [desolaθjón] *f.* desolation. 2 anguish.

desolar [desolár] *t.* to desolate. ¶ CONJUG. like *contar*.

desorden [desórðen] *m.* disorder. 2 riot.

desordenado [desorðenáðo] *a.* disorderly. 2 licentious.

desordenar [desorðenár] *t.* to disorder, disarrange.

despacio [despáθjo] *adv.* slowly.

despachar [despatʃár] *t.* to dispatch. 2 to attend to; to sell [goods]. 3 to dismiss. 4 *i.-p.* to hasten, be quick.

despacho [despátʃo] *m.* dispatch. 2 sale [of goods]. 4 office.

desparramar [desparramár] *t.-p.* to spread, scatter, spill.

despecho [despétʃo] *m.* spite, grudge. 2 *a* ~ *de,* in spite of.

despedazar [despeðaθár] *t.* to tear apart, cut into pieces.

despedida [despeðíða] *f.* farewell, leave. 2 dismissal.

despedir [despeðír] *t.* to throw. 2 to emit, send forth. 3 to dismiss. 4 to say good-bye to. 5 *p.* to take one's leave. 6 to leave [a post]. ¶ CONJUG. like *servir.*

despegar [despeɣár] *t.* to detach. 2 *i.* AER. to take off.

despeinar [despeïnár] *t.-p.* to dishevel, mess up.

despejado [despexáðo] *a.* bright. 2 cloudless.

despejar [despexár] *t.* to clear, free. 2 *p.* to clear up.

despensa [despénsa] *f.* pantry, larder, store-room.

despeñar [despeɲár] *t.* to fling down. 2 *p.* to throw oneself headlong [into].

desperdiciar [desperðiθjár] *t.* to waste, squander.

desperdicio [desperðíθjo] *m.* waste. 2 leavings.

despertador [despertaðór] *m.* alarm-clock.

despertar [despertár] *t.* to wake, awaken. 2 to excite. 3 *i.-p.* to wake up, awake. ¶ CONJUG. like *acertar.*

despierto [despjérto] *a.* awake. 2 lively.

desplegar [despleɣár] *t.* to unfold, spread. 2 to display.

desplomarse [desplomárse] *p.* to tumble down. 2 to collapse.

despojar [despoxár] *t.* to despoil, plunder. 2 *p.* to take off.

despojo [despóxo] *m.* plundering. 2 spoils. 3 *pl.* leavings, scraps.

desposado [desposáðo] *a.* newly married.

desposar [desposár] *t.* to marry. 2 *p.* to get married.

despreciar [despreθjár] *t.* to despise.

desprecio [despréθjo] *m.* contempt, disdain, scorn.

desprender [desprendér] *t.* to detach. 2 *p.* to withdraw from. 3 to fall down. 4 to follow.

desprendimiento [desprendimjénto] *m.* disinterestedness. 2 landslide.

despreocupado [despreokupáðo] *a.* unprejudiced. 2 unconcerned. 3 broadminded.

después [despwés] *adv.* after, afterwards, later.

despuntar [despuntár] *t.* to blunt. 2 *i.* to dawn. 3 to sprout.

desquitar [deskitár] *t.* to compensate for loss, etc. 2 *p.* to take revenge, get even.

destacar [destakár] *t.* to detach. 2 *t.-p.* to stand out.

destapar [destapár] *t.* to uncover, uncork. 2 to take off the lid of.

destello [destéʎo] *m.* sparkle. 2 flash; beam.

desteñir [desteɲír] *t.* to undye. 2 *p.* to fade. ¶ Conjug. like *teñir*.

desterrado [desterráðo] *m.-f.* exile, outcast.

desterrar [desterrár] *t.* to exile, banish. ¶ Conjug. like *acertar*.

destierro [destjérro] *m.* exile, banishment.

destilar [destilár] *t.* to distil. 2 to filter.

destilería [destilería] *f.* distillery.

destinar [destinár] *t.* to destine. 2 to assign.

destino [destíno] *m.* destiny, fate: *con* ~ *a*, bound for, going to. 3 employment.

destituir [destituír] *t.* to dismiss. ¶ Conjug. like *huir*.

destornillador [destorniʎaðór] *m.* screw-driver.

destreza [destréθa] *f.* skill; cleverness.

destrozar [destroθár] *t.* to break to pieces, shatter, destroy.

destrucción [destruɣθjón] *f.* ruin, destruction.

destructor [destruɣtór] *a.* destructive. 2 *m.-f.* destroyer.

destruir [destruír] *t.* to destroy. 2 to waste. ¶ Conjug. like *huir*.

desvalido [dezβalíðo] *a.* helpless, destitute.

desvalorizar [dezβaloriθár] *t.* to devalue.

desvanecerse [dezβaneθérse] *p.* to vanish. 2 to faint, swoon. 3 to fade. ¶ Conjug. like *agradecer*.

desvarío [dezβarío] *m.* raving. 2 madness. 3 caprice.

desvelar [dezβelár] *t.* to keep awake. 2 *p.* to stay awake.

desvelo [dezβélo] *m.* wakefulness. 2 care.

desventaja [dezβentáxa] *f.* disadvantage; drawback.

desventura [dezβentúra] *f.* misfortune.

desventurado [dezβentu-
ráδo] a. unfortunate,
wretched.

desvestir [dezβestír] t.-
p. to undress.

desviar [dezβiár] t. to
turn aside. 2 RLY. to
switch. 3 p. to deviate,
swerve.

desvío [dezβío] m. de-
viation. 2 RLY. side-
-track.

detallar [detaλár] t. to
detail, sell at retail.

detalle [detáλe] m. de-
tail.

detective [deteγtíβe] m.
detective.

detector [deteγtór] m.
detector.

detener [detenér] t. to
detain, stop. 2 to arrest,
capture. 3 p. to stop,
halt. 4 to delay. ¶ Con-
jug. like tener.

determinación [determi-
naθjón] f. determina-
tion. 2 decision.

determinar [determinár]
t. to determine. 2 to
decide.

detestar [detestár] t. to
detest, hate.

detrás [detrás] adv.
behind, back, in the
rear.

deuda [déuδa] f. debt.

deudo [déuδo] m.-f. re-
lative.

deudor [deuδór] m.-f.
debtor.

devaluación [deβalua-
θjón] f. devaluation.

devoción [deβoθjón] f.
piety, devoutness.

devolución [deβoluθjón]
f. return, restitution.

devolver [deβolβér] t. to
give back.

devorar [deβorár] t. to
devour.

devoto [deβóto] a. de-
vout, pious.

día [día] m. day: ~ de
fiesta, holiday; ~ la-
borable, workday; hoy
~, nowadays. 2 day-
light, daytime.

diablo [djáβlo] m. devil;
wicked person.

diablura [djaβlúra] f.
devilry.

diabólico [djaβóliko] a.
devilish, fiendish.

diadema [djaδéma] f.
diadem, crown.

diáfano [djáfano] a.
transparent, clear.

diálogo [djáloγo] m. dia-
logue.

diamante [djamánte] m.
diamond.

diámetro [djámetro] m.
diameter.

diantre [djántre] interj.
the deuce!

diariamente [djárjamén-
te] adv. daily, every day.

diario [djárjo] *a.* daily. 2 *m.* daily newspaper. 3 day-book.

diarrea [djarréa] *f.* diarrhœa, diarrhea.

dibujar [diβuxár] *t.* to draw, make a drawing of; to sketch, design.

dibujo [diβúxo] *m.* drawing, sketch, portrayal.

dicción [diɣθjón] *f.* diction, speech.

diccionario [diɣθjonárjo] *m.* dictionary.

diciembre [diθjémbre] *m.* December.

dictador [diɣtaðór] *m.* dictator.

dictadura [diɣtaðúra] *f.* dictatorship.

dictar [diɣtár] *t.* to dictate. 2 to issue. 3 to suggest.

dicha [dítʃa] *f.* happiness.

dicho [dítʃo] *a.* said. 2 *m.* saying, proverb.

dichoso [dítʃóso] *a.* happy, lucky.

diecinueve [djeθinwéβe] nineteen.

dieciocho [djeθiótʃo] *a.-m.* eighteen.

dieciséis [djeθiséïs] *a.-m.* sixteen.

diecisiete [djeθisjéte] *a.-m.* seventeen.

diente [djénte] *m.* tooth: *hablar entre dientes,* to

mutter, mumble; *hin-car el ~ en,* to backbite 2 clove [of garlic].

diestro [djéstro] *a.* right, right-hand. 2 skilful.

dieta [diéta] *f.* diet. assembly.

diez [diéz] *a.-m.* ten.

diezmo [djéθmo] *m.* tithe.

diferencia [diferénθja] *f.* difference.

diferenciar [diferenθjár] *t.* to differentiate.

diferente [diferénte] *a.* different.

diferir [diferír] *t.* to delay, postpone, put off. ¶ CONJUG. like *hervir.*

difícil [difíθil] *a.* difficult, hard.

dificultad [difikultáð] *f.* difficulty.

difundir [difundír] *t.* p. to diffuse, spread out

difunto [difúnto] *m.-f.* deceased, dead.

difusión ·[difusjón] *f.* diffusion. 2 broadcasting.

digerir [dixerír] *t.* to digest. ¶ CONJUG. like *hervir.*

digestión [dixestjón] *f.* digestion.

dignarse [diɣnárse] *p.* to deign, condescend.

dignidad [diɣniðáð] *f.* dignity.

digno [díɣno] *a.* worthy. 2 deserving.

dilatado [dilatáðo] *a.* vast, large; numerous.

dilatar [dilatár] *t.-p.* enlarge, widen.

dilema [diléma] *m.* dilemma.

diligencia [dilixénθja] *f.* diligence. 2 stage-coach.

diligente [dilixénte] *a.* diligent.

diluvio [dilúβjo] *m.* deluge, downpour; flood.

dimensión [dimensjón] *f.* dimension, size.

diminuto [diminúto] *a.* little, tiny.

dimisión [dimisjón] *f.* resignation.

dimitir [dimitír] *t.* to resign, give up.

dinamita [dinamíta] *f.* dynamite.

dinero [dinéro] *m.* money, currency, wealth.

Dios [djós] *pr. n.* God: *¡adiós!*, farewell, good--bye.

diosa [djósa] *f.* goddess.

diploma [diplóma] *m.* diploma. 2 licence.

diplomático [diplomátiko] *a.* tactful. 2 *m.-f.* diplomat.

diputado [diputáðo] *m.* deputy, representative.

dique [díke] *m.* mole, dike. 2 dry dock.

dirección [direɣθjón] *f.* direction: ~ *única*, one way. 2 management; postal address.

directamente [diréɣtaménte] *adv.* directly.

directivo [direɣtíβo] *m.* manager, executive.

directo [diréɣto] *a.* direct, straight.

director [direɣtór] *m.-f.* director, manager. 2 MUS. conductor.

dirigente [dirixénte] *a.* leading. 2 *m.-f.* leader.

dirigir [dirixír] *t.* to direct. 2 to manage, govern; to lead. 3 MUS. to conduct. 4 to address [a letter, etc.]. 5 *p.* to speak to. 6 to go to. 7 to apply to.

disciplina [disθiplína] *f.* discipline. 2 teaching. 3 science. 4 *pl.* scourge.

disciplinado [disθiplináðo] *a.* disciplined.

discípulo [disθípulo] *m.-f.* disciple. 2 pupil.

disco [dísko] *m.* disk. 2 record.

discordia [diskórðja] *f.* discord, disagreement.

discreción [diskreθjón] *f.* discretion: *a* ~, at will.

discreto [diskréto] *a.* discreet, prudent. 2 fairly good.

discriminación [diskrimi-naθjón] *f.* discrimination.

disculpa [diskúlpa] *f.* excuse; plea; apology.

disculpar [diskulpár] *t.* to excuse. 2 *p.* to apologize.

discurrir [diskurrír] *i.* to go about, roam. 2 to flow. 3 to pass. 4 to reason, infer. 5 to contrive.

discurso [diskúrso] *m.* talk, speech, lecture.

discusión [diskusjón] *f.* discussion.

discutir [diskutír] *t.-i.* to discuss, debate.

diseminar [diseminár] *t.* to scatter, spread.

diseño [diséɲo] *m.* design, sketch, outline.

disfraz [disfráθ] *m.* disguise, mask; masquerade costume.

disfrazar [disfraθár] *t.* to disguise, conceal, mask.

disfrutar [disfrutár] *t.* to enjoy, possess, benefit by.

disgustar [dizɣustár] *t.* to displease, annoy. 2 *p.* to be displeased or hurt.

disgusto [dizɣústo] *m.* displeasure, trouble: *a* ~, against one's will.

disimular [disimulár] *t.* to dissemble. 2 to disguise, conceal. 3 to overlook.

disipar [disipár] *t.* to dissipate, scatter, squander.

disminuir [dizminuír] *t.-i.-p.* to diminish, decrease. ¶ CONJUG. like *huir.*

disolver [disolβér] *t.-p.* to dissolve. ¶ CONJUG. like *mover.*

disparar [disparár] *t.* to discharge, fire, shoot. 2 to throw. 3 *p.* to dash off; to bolt. 4 to go off.

disparate [disparáte] *m.* nonsense. 2 blunder, mistake.

disparo [dispáro] *m.* shot, report.

dispensar [dispensár] *t.* to grant. 2 to exempt. 3 to excuse.

dispensario [dispensárjo] *m.* dispensary, clinic.

dispersar [dispersár] *t.* to scatter.

disponer [disponér] *t.* to dispose. 2 to prepare, get ready.

disponible [disponíβle] *a.* ready, available.

disposición [disposiθjón] *f.* disposition. 2 disposal. 3 natural aptitude. 4 order.

disputa [dispúta] *f.* dispute, argument.

disputar [disputár] *t.* to dispute. 2 *i.* to argue.

distancia [distánθja] *f.* distance.

distante [distánte] *a.* distant, far.

distar [distár] *i.* to be distant from.

distinción [distinθjón] *f.* privilege; rank. 2 clarity.

distinguido [distiŋgíðo] *a.* distinguished.

distinguir [distiŋgír] *t.* to distinguish. 2 *p.* to be distinguished; to differ.

distinto [distínto] *a.* distinct. 2 different.

distracción [distraɣθjón] *f.* distraction, amusement. 2 absent-mindedness.

distraer [distraér] *t.* amuse, entertain. 2 to distract. 3 *p.* to amuse oneself. 4 to be inattentive.

distribución [distriβuθjón] *f.* distribution. 2 arrangement.

distribuir [distriβuír] *t.* to distribute. ¶ CONJUG. like *huir*.

distrito [distríto] *m.* district, region.

diurno [djúrno] *a.* daily, diurnal; day.

diversidad [diβersiðáð] *f.* diversity.

diversión [diβersjón] *f.* amusement, entertainment.

diverso [diβérso] *a.* diverse, different. 2 *pl.* sundry.

divertido [diβertíðo] *a.* amusing, funny.

divertir [diβertír] *t.* to amuse, entertain. ¶ CONJUG. like *hervir*.

dividendo [diβiðéndo] *m.* dividend.

dividir [diβiðír] *t.* to divide, split, separate.

divinidad [diβiniðáð] *f.* divinity.

divino [diβíno] *a.* divine, heavenly.

divisar [diβisár] *t.* to perceive, make out.

división [diβisjón] *f.* division.

divorcio [diβórθjo] *m.* divorce, separation.

divulgar [diβulɣár] *t.* to spread. 2 *p.* to be spread about.

doblar [doβlár] *t.* to double. 2 to fold. 3 to bend, bow. 4 to turn [a page; a corner]. 5 *i.* to toil. 6 *p.* to stoop, give in.

doble [dóβle] *a.* double, twofold.

doblez [doβléθ] *m.* fold, crease. 2 *f.* deceitfulness.

doce [dóθe] *a.-m.* twelve.

docena [doθéna] *f.* dozen.

docente [doθénte] *a.* teaching.

dócil [dóθil] *a.* docile, obedient.

doctor [doɣtór] *m.* doctor.

doctrina [doɣtrína] *f.* doctrine. 2 catechism.

documento [documénto] *m.* document.

dólar [dólar] *m.* dollar.

dolencia [dolénθja] *f.* disease, illness.

doler [dolér] *i.* to ache, hurt, pain. 2 *p. dolerse de,* to repent; to feel sorry for. ¶ CONJUG. like *mover*.

dolor [dolór] *m.* pain, ache, aching: ~ *de cabeza,* headache. 2 sorrow, grief.

dolorido [doloríðo] *a.* sore, aching. 2 sorrowful.

doloroso [doloróso] *a.* painful, distressing.

domador [domaðór] *m.-f.* tamer. 2 horse-breaker.

domar [domár] *t.* to tame. 2 to break in [horses, etc.].

doméstico [doméstiko] *a.* domestic. 2 *m.-f.* house servant.

domicilio [domiθíljo] *m.* domicile, home, abode.

dominación [dominaθjón] *f.* domination.

dominante [dominánte] *a.* domineering. 2 dominant.

dominar [dominár] *t.* to dominate. 2 to domineer. 3 to rule over. 4 to control. 5 to master [a subject]. 6 to overlook.

domingo [domíŋgo] *m.* Sunday.

dominio [domínjo] *m.* dominion. 2 control. 3 mastery. 4 domain.

don [don] *m.* gift, present. 2 talent; knack. 3 Don [equiv. to Mr. before Christian name].

donar [donár] *t.* to bestow, grant.

donativo [donatíβo] *m.* gift, donation.

doncella [donθéʎa] *f.* virgin, maiden, maid. 2 maidservant.

donde [dónde] *adv.* where, wherein, whither, in which.

dondequiera [dondekjéra] *adv.* anywhere, wherever.

doña [dóɲa] *f.* [equiv. to Mrs. before Christian name].

doquier, ra [dokjér, ra] *adv.* anywhere.

dorado [doráðo] *a.* gilt, golden. 2 *m.* gilding.

dorar [dorár] *t*. to gild. 2 COOK. to brown.

dormilón [dormilón] *a*. sleepy. 2 *m.-f*. sleepy-head.

dormir [dormír] *i*. to sleep, rest. 2 *p*. to go to sleep, fall asleep. ¶ CONJUG. INDIC. Pres.: *duermo, duermes, duerme;* dormimos, dormís, *duermen*. | Pret.: dormí, dormiste, *durmió;* dormimos, dormisteis, *durmieron*. ‖ SUBJ. Pres.: *duerma, duermas, duerma; durmamos, durmais, duerman*. | Imperf.: *durmiera, durmieras*, etc., or *durmiese, durmieses*, etc. | Fut.: *durmiere, durmieres*, etc. ‖ IMPER.: *duerme, duerma; durmamos,* dormid, *duerman*. | GER.: *durmiendo*.

dormitorio [dormitórjo] *m*. bedroom.

dorso [dórso] *m*. back, reverse.

dos [dos] *a.-n*. two.

doscientos [dosθjéntos] *a.-m*. two hundred.

dosel [dosél] *m*. canopy.

dotar [dotár] *t*. to endow, dower, bestow.

dote [dóte] *m.-f*. dowry, dower. 2 *f. pl*. endowments, talents.

dragón [draɣón] *m*. dragon.

drama [dráma] *m*. drama.

dramático [dramátiko] *a*. dramatic.

droga [dróɣa] *f*. drug.

ducado [dukáðo] *m*. duchy. 2 dukedom. 3 ducat [coin].

ducha [dútʃa] *f*. shower-bath.

duda [dúða] *f*. doubt.

dudar [duðár] *i.-t*. to doubt.

dudoso [duðóso] *a*. doubtful.

duelo [dwélo] *m*. duel. 2 grief, sorrow. 3 mourning.

duende [dwénde] *m*. goblin, elf; ghost.

dueña [dwéɲa] *f*. owner, landlady, mistress.

dueño [dwéɲo] *m*. owner, master, landlord.

dulce [dúlθe] *a*. sweet. 2 saltless. 3 fresh [water]. 4 *m*. sweet, candy.

dulcería [dulθería] *f*. confectionery shop.

dúo [dúo] *m*. duet, duo.

duodécimo [dwoðéθimo] *a.-m*. twelfth.

duque [dúke] *m*. duke.

duquesa [dukésa] *f*. duchess.

duración [duraθjón] *f.* duration, period.

durante [duránte] *prep.* during, for.

durar [durár] *i.* to endure, last, continue.

dureza [duréθa] *f.* hardness. 2 harshness.

duro [dúro] *a.* hard. 2 harsh. 3 hardy. 4 *adv.* hard. 5 *m.* five-peseta piece.

E

e [e] *conj*. and.

ebanista [eβanísta] *m*. cabinet-maker.

ébano [éβano] *m*. ebony.

ebrio [éβrjo] *a*. drunk, intoxicated.

eclesiástico [eklesjástiko] *a*. ecclesiastic(al. 2 *m*. clergyman.

eclipse [eklíβse] *m*. eclipse.

eco [éko] *m*. echo.

economía [ekonomía] *f*. economy. 2 saving, thrift.

económico [ekonómiko] economic. 2 thrifty, saving.

economizar [ekonomiθár] *t*. to economize. 2 to save, spare.

ecuador [ekwaðór] *m*. equator.

echar [etʃár] *t*. to throw, cast. 2 to put in, add. 3 to give off [sparks, etc.]. 4 to dismiss. 5 to pour [wine, etc.]. 6 ~ *un trago*, to take a drink; ~ *a perder*, to spoil; ~ *a pique*, to sink; ~ *de menos*, to miss. 7 *i.-p*. ~ *a correr*, to begin to run. 8 *p*. to lie down. 9 to throw oneself into.

edad [eðáð] *f*. age.

edición [eðiθjón] *f*. 'edition. 2 issue. 3 publication.

edicto [eðíɣto] *m*. edict.

edificar [eðifikár] *t*. to build.

edificio [eðifíθjo] *m*. building.

editor [eðitór] *m*. publisher; editor.

editorial [eðitorjál] *m*. editorial, leading article. 2 *f*. publishing house.

educación [eðukaθjón] *f*. education, training. 2 manners; politeness.

educar [eðukár] *t*. to educate; to train, bring up.

efectivamente [efeɣtíβaménte] *adv*. really. 2 indeed.

efectivo [efeɣtíβo] *a*. effective, real. 2 *m*. cash: *en* ~, in cash.

efecto [eféɣto] *m*. effect, result: *en* ~, in fact, indeed. 2 impression.

efectuar [efeɣtuár] *t*. to carry out. 2 *p*. to take place.

eficacia [efikáθja] *f*. efficiency.

eficaz [efikáθ] *a*. efficient; efficacious.

eficiencia [efiθjénθja] *f*. efficiency.

eficiente [efiθjénte] *a*. efficient.

egoísmo [eɣoízmo] *m*. selfishness.

egoísta [eɣoísta] *a*. selfish.

eje [éxe] *m*. axis. 2 axle, shaft.

ejecución [exekuθjón] *f*. execution; performance, fulfilment.

ejecutar [exekutár] *t*. to execute, fulfil, perform.

ejecutivo [exekutíβo] *a*.-*s*. executive.

ejemplar [exemplár] *a*. exemplary. 2 *m*. pattern. 3 copy.

ejemplo [exémplo] *m*. example: *por* ~, for instance.

ejercer [exerθér] *t*. to exercise. 2 to practise.

ejercicio [exerθíθjo] *m*. exercise, training. 2 MIL. drill.

ejercitar [exerθitár] *t*. practise. 2 *t*.-*p*. to exercise.

ejército [exérθito] *m*. army.

el [el] *def. art. masc. sing*. the.

él [el] *pers. pron. masc. sing*. he; him, it [after prep.].

elaborar [elaβorár] *t*. to elaborate, manufacture.

elección [eleɣθjón] *f*. election. 2 choice. 3 election.

electricidad [eleɣtriθiðáð] *f*. electricity.

electricista [eleɣtriθísta] *m*. electrician; electrical engineer.

eléctrico [eléɣtriko] *a*. electric(al.

elefante [elefánte] *m*. elephant.

elegancia [eleɣánθja] *f.* elegance; smartness.

elegante [eleɣánte] *a.* elegant, smart.

elegir [elexír] *t.* to choose. ¶ CONJUG. like *servir*.

elemental [elementál] *a.* elementary.

elemento [eleménto] *m.* element.

elevación [eleβaθjón] *f.* elevation. 2 height.

elevar [eleβár] *t.* to elevate, raise. 2 *p.* to rise, soar.

eliminación [eliminaθjón] *f.* elimination, removal.

eliminar [eliminár] *t.* to eliminate, remove.

elocuencia [elokwénθja] *f.* eloquence.

elocuente [elokwénte] *a.* eloquent.

elogiar [eloxjár] *t.* to praise.

elogio [elóxjo] *m.* praise, eulogy.

ella [éʎa] *pron.* she; her, it [after prep.].

ello [éʎo] *pron.* it.

ellos, ellas [éʎos, éʎas] *pron.* they; them [after prep.].

emanar [emanár] *i.* to issue, spring.

emancipación [emanθipaθjón] *f.* emancipation.

emanciparse [emanθipár-se] *p.* to free oneself; to become free.

embajada [embaxáða] *f.* embassy. 2 message; errand.

embajador [embaxaðór] *m.* ambassador.

embalar [embalár] *t.* to pack, bale. 2 *i.* to sprint.

embalsamar [embalsamár] *t.* to embalm. 2 to perfume.

embarcación [embarkaθjón] *f.* boat, ship, vessel.

embarcar [embarkár] *t.-i.-p.* to embark.

embargar [embarɣár] *t.* to restrain. 2 to overcome. 3 to seize.

embargo [embárɣo] *m.* seizure. 2 embargo. 3 *sin* ~, nevertheless, however.

embarque [embárke] *m.* shipment.

embelesar [embelesár] *t.* to charm, delight.

embellecer [embeʎeθér] *t.* to embellish, beautify. ¶ CONJUG. like *agradecer*.

embestir [embestír] *t.* to assail, attack. 2 *i.* to rush against. ¶ CONJUG. like *servir*.

emblema [embléma] *m.* emblem, symbol.

emborrachar [emborra-tʃár] *t.* to intoxicate, make drunk. 2 *p.* to get drunk.

emboscada [emboskáða] *f.* ambuscade, ambush.

embriagado [embrjaɣáðo] *a.* intoxicated; drunk.

embriagar [embrjaɣár] *t.* to intoxicate. 2 *p.* to get drunk.

embriaguez [embrjaɣéθ] *f.* intoxication, drunkenness.

embrujar [embruxár] *t.* *t.* to bewitch, enchant.

embuste [embúste] *m.* lie, fib, trick, fraud.

embustero [embustéro] *m.-f.* liar.

emergencia [emerxénθja] *f.* emergency.

emigración [emiɣraθjón] *f.* emigration.

emigrante [emiɣránte] *a.-n.* emigrant.

emigrar [emiɣrár] *i.* to emigrate, migrate.

eminente [eminénte] *a.* eminent, excellent.

emitir [emitír] *t.* to issue. 2 to broadcast.

emoción [emoθjón] *f.* emotion, excitement, thrill.

emocionante [emoθjonán-te] *a.* moving, touching, thrilling, exciting.

emocionar [emoθjonár]

t. to move, touch, thrill. 2 *p.* to be moved.

empacar [empakár] *t.* to pack.

empalizada [empaliθáða] *f.* stockade, palisade.

empañar [empaɲár] *t.* to swaddle. 2 to dim, blur, tarnish.

empapar [empapár] *t.* to soak, drench.

empaquetar [empaketár] *t.* to pack [up].

emparedado [empareðá-ðo] *m.* sandwich.

emparentar [emparentár] *i.* to become related by marriage. ¶ CONJUG. like *acertar*.

empatar [empatár] *t.-i.-p.* to tie, draw.

empate [empáte] *m.* tie, draw.

empeñar [empeɲár] *t.* to pledge; to pawn. 2 to engage. 3 *p.* to get into debt. 4 *empeñarse en,* to insist on; to engage in.

empeño [empéɲo] *m.* pledge. 2 pawn: *casa de empeños,* pawnbroker. 3 insistence.

empeorar [empeorár] *t.-i.-p.* to impair, spoil; grow worse.

emperador [emperaðór] *m.* emperor.

empero [empéro] *conj.* yet, however; but.

empezar [empeθár] *t.-i.* to begin, start. ¶ CONJUG. like *acertar*.

empleado [empleáðo] *m.* employee; clerk.

emplear [empleár] *t.* to employ. 2 to spend, invest [money].

empleo [empléo] *m.* employment, job. 2 use, 3 investment [of money].

empobrecer [empoβreθér] *t.* empoverish. 2 *i.-p.* to become poor. ¶ CONJUG. like *agradecer*.

empolvarse [empolβárse] *p.* to powder one's face.

empollar [empoʎár] *t.* to brood, hatch. 2 to swot up, grind [a subject].

emprender [emprendér] *t.* to undertake; to begin, start out.

empresa [emprésa] *f.* enterprise. 2 firm. 3 management.

empresario [empresárjo] *m.* manager; impresario.

empujar [empuxár] *t.* to push, shove, drive.

empujón [empuxón] *m.* push, shove.

empuñar [empuɲár] *t.* to handle. 2 to clutch, grasp.

en [en] *prep.* in, into.

enamorado [enamoráðo] *a.* in love. 2 *m.-f.* lover.

enamorar [enamorár] *t.* to make love to, court. 2 *p.* to fall in love.

enano [enáno] *a.-m.-f.* dwarf.

encabezamiento [eŋkaβeθamiénto] *m.* heading, headline.

encabezar [eŋkaβeθár] *t.* to head.

encadenar [eŋkaðenár] *t.* to chain. 2 to connect.

encajar [eŋkaxár] *t.* to fit into; to put or force in. 2 to take [a blow]. 3 to be relevant.

encaje [eŋkáxe] *m.* fitting in. 2 socket, groove. 3 lace.

encallecerse [eŋkaʎeθérse] *p.* to become hardened. ¶ CONJUG. like *agradecer*.

encaminar [eŋkaminár] *t.* to direct. 2 *p.* to set out for.

encantador [eŋkantaðór] *a.* charming, delightful.

encantar [eŋkantár] *t.* to enchant, charm.

encanto [eŋkánto] *m.* enchantment. 2 charm, delight.

encaramar [eŋkaramár] *t.* to raise, hoist. 2 *p.* to climb.

encarcelar [eŋkarθelár] *t.* to put in prison.

encarecer [eŋkareθér] *t.* to raise the price of. 2

*t*o emphasize, praise. 3 *p*. to get dearer, rise in price.
¶ CONJUG. like *agradecer*.

encargar [eŋkarɣár] *t*. to entrust. 2 to order. 3 p. ~ *de*, to take charge of.

encargo [eŋkárɣo] *m*. charge. 2 errand. 3 order.

encarnado [eŋkarnáðo] *a*. flesh-coloured. 2 red.

encarnar [eŋkarnár] *t*. to incarnate, embody.

encendedor [enθendeðór] *m*. cigarette-lighter.

encender [enθendér] *t*. to light, set fire to. 2 *p*. to burn. 3 [of war] to break out. ¶ CONJUG. like *entender*.

encendido [enθendíðo] *a*. red, flushed.

encerrar [enθerrár] *t*. to shut in, lock up. 2 to enclose, contain. ¶ CONJUG. like *acertar*.

encima [enθíma] *adv*. on, upon, over, above.

encina [enθína] *f*. evergreen oak, holm oak.

enclavar [enklaβár] *t*. to nail. 2 to set.

encoger [eŋkoxér] *t*. to contract, draw back. 2 *i*.-*p*. to shrink. 3 to shrug [one's shoulders].

encomendar [eŋkomendár] *t*. to commend. ¶ CONJUG. like *acertar*.

encontrar [eŋkontrár] *t*.-*p*. to find; to meet. 2 *p*. to be [in a place]. 3 to feel [ill, well, etc.]. 4 *encontrarse con*, to come across. ¶ CONJUG. like *contar*.

encorvar [eŋkorβár] *t*. to bend, curve. 2 *p*. to stoop.

encubrir [eŋkuβrír] *t*. to conceal, hide, cover.

encuentro [eŋkwéntro] *m*. meeting, encounter.

encuesta [eŋkwésta] *f*. search, inquiry.

enderezar [endereθár] *t*. to straighten. 2 to set upright.

endosar [endosár] *t*. to endorse.

endulzar [endulθár] *t*. to sweeten. 2 to soften.

endurecer [endureθér] *t*.-*p*. to harden. ¶ CONJUG. like *agradecer*.

enemigo [enemíɣo] *a*. enemy, hostile. 3 *m*.-*f*. enemy, foe.

energía [enerxía] *f*. energy: ~ *eléctrica*, electric power.

enérgico [enérxico] *a*. energetic, active, lively.

enero [enéro] *m*. January.

enfadar [emfaðár] t. to annoy, anger. 2 p. to get angry, be cross.

énfasis [émfasis] f. emphasis.

enfermar [emfermár] i to fall ill.

enfermedad [emfermeðáð] f. illness, disease, sickness.

enfermera [emferméra] f. nurse.

enfermizo [emfermíθo] a. sickly, unhealthy.

enfermo [emférmo] a. sick, ill. 2 m.-f. patient.

enfocar [emfokár] t. to focus. 2 to envisage; to approach.

enfrascar [emfranskár] t. to bottle. 2 p. to become absorbed in.

enfrentar [emfrentár] t.-p. to confront, face.

enfrente [emfrénte] adv. in front, opposite.

enfriar [emfriár] t. to cool. 2 p. to cool down. 3 to get cold.

enfurecer [emfureθér] t. to infuriate, enrage. 2 p. to get furious. ¶ CONJUG. like agradecer.

engalanar [eŋgalanár] t. to adorn. 2 p. to dress up.

enganchar [eŋgantʃár] t. to hook. 2 to hitch. 3 RLY. to couple. 4 MIL. to recruit.

engañar [eŋgaɲár] t. to deceive, dupe, cheat. 2 p. to be mistaken.

engaño [eŋgáɲo] m. deceit, fraud. 2 error.

engañoso [eŋgaɲóso] a. deceptive. 2 deceitful.

engarzar [eŋgarθár] t. to link. 2 to set, mount.

engendrar [eŋxendrár] t. to engender, beget. 2 to originate.

engordar [eŋgorðár] t. to fatten. 2 i. to grow fat.

engrandecer [eŋgrandeθér] t. to enlarge. ¶ CONJUG. like agradecer.

engreír [eŋgreír] t. to make conceited. 2 p. to become conceited. ¶ CONJUG. like reír.

enhorabuena [enoraßwéna] f. congratulations: dar la ~ a, to congratulate.

enigma [eníɣma] m. riddle, enigma.

enjambre [eŋxámbre] m. swarm of bees. 2 crowd.

enjaular [eŋxaŭlár] t. to cage, pen in.

enjuagar [eŋxwaɣár] t. to rinse.

enjugar [eŋxuɣár] t. to dry; to wipe.

enlace [enláθe] m. tie,

bond. 2 link. 3 RLY. junction; connection.

enlatar [enlatár] t. to can, tin.

enlazar [enlaθár] t. to lace. 2 to link. 3 p. to marry. 4 to be connected.

enloquecer [enlokeθér] t. to madden, drive mad. 2 i. to go mad or crazy. ¶ CONJUG. like *agradecer*.

enmarañar [emmaraɲár] t. to entangle. 2 p. to get tangled.

enmendar [emmendár] t. to amend [law]. 2 to repair, correct, reform. 3 p. to mend one's ways. ¶ CONJUG. like *acertar*.

enmienda [emmjénda] f. amendment.

enmudecer [emmuðeθér] i. to become dumb. 2 to be silent. ¶ CONJUG. like *agradecer*.

enojar [enoxár] t. to make angry, vex, annoy. 2 p. to get cross.

enojo [enóxo] m. anger, annoyance; rage, trouble.

enorgullecer [enorɣuʎeθér] t. to make proud. 2 p. to become proud. ¶ CONJUG. like *agradecer*.

enorme [enórme] a. enormous, huge.

enredadera [enrreðaðéra] f. creeper. 2 bindweed.

enredar [enrreðár] t. to tangle. 2 to net. 3 to embroil. 4 i. to be mischievous. 5 p. to get entangled.

enredo [enrréðo] m. tangle. 2 plot [of play].

enriquecer [enrrikeθér] t. enrich. 2 p. to become wealthy. ¶ CONJUG. like *agradecer*.

enrollar [enrroʎár] t. to roll up, wind.

ensalada [ensaláða] f. salad.

ensalzar [ensalθár] t. to praise, exalt, extol.

ensanchar [ensantʃár] t.-p. to widen, enlarge. 2 to strech, expand.

ensayar [ensajár] t. to to assay. 2 to try out, test. 3 to rehearse.

ensayo [ensájo] m. assay. 2 rehearsal.

enseñanza [enseɲánθa] f. teaching, education.

enseñar [enseɲár] t. to teach. 2 to train. 3 to show.

ensillar [ensiʎár] t. to saddle.

ensuciar [ensuθjár] t. to to dirty, soil. 2 p. to get dirty.

ensueño [enswéɲo] m. day-dream, illusion

entablar [entaβlár] t. to start. 2 to bring a law-suit. 3 to board [in, up].

entender [entendér] t. to understand. 2 p. to get along well together. ‖ CONJUG. INDIC. Pres.: *entiendo, entiendes, en-tiende;* entendemos, en-tendéis, *entienden.* ‖ SUBJ. Pres.: *entienda, entiendas, entienda;* en-tendamos, entendáis, *en-tiendan.* ‖ IMPER.: *en-tiende, entienda;* enten-damos, entended, *en-tiendan.*

entendimiento [entendi-mjénto] m. understand-ing.

enterar [enterár] t. to inform, acquaint. 2 p. to learn, be informed of; to know.

entereza [enteréθa] f. integrity. 2 firmness.

enternecer [enterneθér] t. to soften. 2 to touch. 3 p. to be moved. ‖ CONJUG. like *agradecer.*

entero [entéro] a. en-tire, whole. 2 honest, upright.

enterrar [enterrár] t. to bury, inter. 2 p. to re-tire, bury oneself. ‖ CONJUG. like *acertar.*

entidad [entiðáð] f. en-tity, organization.

entierro [entjérro] m. burial, funeral.

entonar [entonár] t. to sing in tune, intone.

entonces [entónθes] adv. then: *por ~,* at that time.

entorpecer [entorpeθér] t. to dull, blunt. 2 to obstruct, hinder. ‖ CON-JUG. like *agradecer.*

entrada [entráða] f. en-trance, gate. 2 entry; admission. 3 ticket.

entrambos [entrámbos] a. both.

entraña [entráɲa] f. the innermost part. 2 pl. entrails. 3 heart.

entrar [entrár] i. to enter, go in(to, come in(to, get in(to.

entre [éntre] prep. bet-ween, among, amongst. 2 ~ *tanto,* meanwhile.

entreabrir [entreaβrír] t. to set ajar.

entregar [entreɣár] t. to deliver, hand over. 2 t.-p. to give up, sur-render. 3 p. to gield. 4 to devote oneself to.

entrenador [entrenaðór] m. trainer, coach.

entretanto [entretánto] adv. meanwhile.

entretener [entretenér] t.-p. to delay, detain. 2 to entertain, amuse.

entretenimiento [entretenimjénto] *m*. amusement, pastime.

entrevista [entreβísta] *f*. interview, meeting.

entrevistar [entreβistár] *t*. to interview. 2 *p*. to have an interview with.

entristecer [entristeθér] *t*. to sadden. 2 *p*. to become sad. ¶ CONJUG. like *agradecer*.

entrometido [entrometíðo] *m.-f*. meddler, busybody.

entusiasmar [entusjazmár] *t*. to captivate, excite. 2 *p*. to get excited about.

entusiasmo [entusjázmo] *m*. enthusiam, keenness.

entusiasta [entusjásta] *m.-f*. enthusiast, fan.

enumerar [enumerár] *t*. to enumerate.

envasar [embasár] *t*. to bottle, can.

envase [embáse] *m*. container. 2 bottling.

envejecer [embexeθér] *t*. to make old. 2 *i.-p*. to grow old. ¶ CONJUG. like *agradecer*.

enviar [embjár] *t*. to send, dispatch.

envidia [embíðja] *f*. envy, jealousy.

envidiar [embiðjár] *t*. to envy, covet.

envidioso [embiðjóso] *a.-n*. envious, jealous.

envío [embío] *m*. sending, shipment; dispatch.

envoltura [emboltúra] *f*. envelope, wrapper.

envolver [embolβér] *t*. to cover, envelop, wrap up. 2 to involve. ¶ CONJUG. like *mover*.

epidemia [epiðémja] *f*. epidemic.

epidémico [epiðémiko] *a*. epidemic(al.

episodio [episóðjo] *m*. episode; incident.

epístola [epístola] *f*. epistle, letter.

época [époka] *f*. epoch, time.

equilibrar [ekiliβrár] *t.-p*. to poise, balance.

equilibrio [ekilíβrjo] *m*. balance, poise.

equipaje [ekipáxe] *m*. luggage, baggage. 2 outfit.

equipar [ekipár] *t*. to equip, fit out.

equipo [ekípo] *m*. equipment. 2 squad. 3 SPORT team.

equivalente [ekiβalénte] *a*. equivalent.

equivaler [ekiβalér] *i*. to be equivalent; to be equal.

equivocación [ekiβokaθjón] *f*. mistake, error.

equivocado [ekiβokáðo] *a.* mistaken. 2 wrong.

equivocarse [ekiβokárse] *p.* to be mistaken; to make a mistake; to be wrong.

erguir [eryír] *t.* to raise, erect, lift. 2 *p.* to sit up. ‖ Conjug. Indic. Pres.: *irgo* or *yergo, irgues* or *yergues, irgue* or *yergue;* erguimos, erguís, *irguen* or *yerguen.* | Pret.: erguí, erguiste, *irguió;* erguimos, erguisteis, *irguieron.* ‖ Subj. Pres.: *irga* or *yerga, irgas* or *yergas,* etc. | Imperf.: *irguiera* o *irguiese,* etc. | Fut.: *irguiere, irguieres,* etc. ‖ Imper.: *irgue* or *yergue, irga* or *yerga; irgamos* or *yergamos,* erguid, *irgan* or *yergan.* ‖ P. p.: erguido. ‖ Ger.: *irguiendo.*

erigir [erixír] *t.* to erect, build. 2 to found.

erizar [eriθár] *t.* to bristle. 2 *p.* to stand on end.

erizo [erízo] *m.* hedgehog, porcupine. 2 sea--urchin.

ermita [ermíta] *f.* hermitage.

ermitaño [ermitáɲo] *m.* hermit.

errante [erránte] *a.* errant, wandering, strolling.

errar [errár] *t.* to miss. 2 to wander. 3 *i.-p.* to err. ‖ Conjug. like *acertar.*

erróneo [erróneo] *a.* erroneous, wrong.

error [errór] *m.* error.

erudito [eruðíto] *m.-f.* scholar, learned.

erupción [eruβθjón] *f.* eruption, outbreak. 2 med. rash.

esbelto [ezβélto] *a.* slender, slim, graceful.

esbozar [ezβoθár] *t.* to sketch, outline.

escabroso [eskaβróso] *a.* rough, rugged. 2 harsh. 3 indecent, blue.

escala [eskála] *f.* ladder, step-ladder. 2 port of call.

escalar [eskalár] *t.* to scale, climb.

escalera [eskaléra] *f.* stair, staircase. 2 ladder.

escalón [eskalón] *m.* step, stair; rung.

escama [eskáma] *f.* scale.

escampar [eskampár] *t.* to clear out. 2 *i.* to clear up.

escandalizar [eskandaliθár] *t.* to scandalize.

escándalo [eskándalo] *m.* scandal. 2 noise.

escandaloso [eskandalóso] *a.* scandalous. 2 noisy. 3 shameful.

escapar [eskapár] *i.-p.* to escape; to flee, run away.

escaparate [eskaparáte] *m.* shop-window. 2 show-case.

escape [eskápe] *m.* escape, flight. 2 leak.

escarabajo [eskaraβáxo] *m.* beetle.

escarbar [eskarβár] *t.* to scratch.

escarlata [eskarláta] *a.-f.* scarlet [colour; cloth].

escarpado [eskarpáðo] *a.* *a.* steep; rugged, craggy.

escasamente [eskásaménte] *adv.* scarcely, hardly.

escasear [eskaseár] *t.* to be scarce, fall short.

escasez [eskaséθ] *f.* lack, shortage.

escaso [eskáso] *a.* scarce, scant. 2 short.

escena [esθéna] *f.* stage. 2 scene. 3 scenery.

escenario [esθenárjo] *m.* stage; setting; scene.

esclarecer [esklareθér] *t.* to light up. 2 to clear up. ¶ CONJUG. like *agradecer*.

esclavitud [esklaβitúð] *f.* slavery.

esclavo [eskláβo] *m.-f.* slave.

escoba [eskóβa] *f.* broom.

escoger [eskoxér] *t.* to choose, select, pick out.

escolar [eskolár] *m.* schoolboy, schoolgirl; student. 2 *a.* school: *año ~*, school year.

esconder [eskondér] *t.* to hide, conceal.

escondite [eskondíte] *m.* hiding-place.

escopeta [eskopéta] *f.* shot-gun.

escribir [eskriβír] *t.-i.* to write.

escrito [eskríto] *m.* writing.

escritor [eskritór] *m.-f.* writer, author.

escritorio [eskritórjo] *m.* writing-desk. 2 office.

escritura [eskritúra] *f.* writing; hand-writing. 2 LAW deed.

escrúpulo [eskrúpulo] *m.* scruple. 2 doubt.

escrupuloso [eskrupulóso] *a.* scrupulous; careful.

escuadra [eskwáðra] *f.* fleet. 2 squad. 3 square.

escuadrón [eskwaðrón] *m.* squadron; troop.

escuchar [eskutʃár] *t.* to listen to.

escudero [eskuðéro] *m.* squire.

escudo [eskúdo] *m.* shield, buckler. 2 coat of arms. 3 gold crown [coin].

escudriñar [eskuðriɲár] *t.* to inquire into, search.

escuela [eskwéla] *f.* school.

esculpir [eskulpír] *t.* to sculpture; to engrave.

escultor [eskultór] *m.* sculptor.

escultura [eskultúra] *f.* sculpture.

escupir [eskupír] *i.* to spit.

ese [ése] *dem. a.* that; *pl.* those.

ése [ése] *dem. pron.* that one; *pl.* those.

esencia [esénθja] *f.* essence. 2 perfume.

esencial [esenθjál] *a.* essential.

esfera [esféra] *f.* sphere. 2 rank. 3 dial.

esfinge [esfínxe] *f.* sphinx.

esforzarse [esforθárse] *p.* to try hard, strive.

esfuerzo [esfwérθo] *m.* effort.

esfumarse [esfumárse] *p.* to disappear.

esgrimir [ezɣrimír] *t.* to wield, brandish. 2 *i.* to fence.

eslabón [ezlaβón] *m.* link.

esmaltar [ezmaltár] *t.* to enamel.

esmerado [ezmeráðo] *a.* careful; neat.

esmeralda [ezmerálda] *f.* emerald.

esmero [ezméro] *m.* great care; neatness.

espacio [espáθjo] *m.* space. 2 room. 3 delay.

espacioso [espaθjóso] *a.* spacious, roomy.

espada [espáða] *f.* sword.

espalda [espálda] *f.* back; shoulders.

espantar [espantár] *t.* to frighten, scare. 2 *p.* to be afraid.

espanto [espánto] *m.* fright, dread.

espantoso [espantóso] *a.* frightful, dreadful.

español [espaɲól] *a.* Spanish. 2 *m.-f.* Spaniard.

esparadrapo [esparaðrápo] *m.* stiking plaster.

esparcir [esparθír] *t.-p.* to scatter, spread. 2 *p.* to amuse oneself.

especia [espéθja] *f.* spice.

especial [espeθjál] *a.* especial. 2 special. 3 **-mente** *adv.* especially, specially.

especialidad [espeθjaliðáð] *f.* speciality.

especialista [espeθjalísta] *a.-n.* specialist.

especializar [espeθjaliθár] *i.-p.* to specialize.

especie [espéθje] *f.* kind, sort.

especificar [espeθifikár] *t.* to specify.

específico [espeθífiko] *a.* specific. 2 *m.* patent medecine, specific.

espectacular [espeɣtakulár] *a.* spectacular.

espectáculo [espeɣtákulo] *m.* spectacle; show. 2 scene.

espectador [espeɣtaðór] *m.-f.* spectator. 2 *pl.* audience.

espectro [espéɣtro] *m.* spectre, ghost. 2 spectrum.

espejo [espéxo] *m.* mirror, looking-glass.

esperanza [esperánθa] *f.* hope. 2 expectation.

esperar [esperár] *t.* to hope; to expect. 2 to look forward to. 3 *t.-i.* to await, wait [for].

espeso [espéso] *a.* thick.

espesor [espesór] *m.* thickness.

espetar [espetár] *t.* to spit; to pierce. 2 to read.

espía [espía] *m. f.* spy.

espiar [espiár] *t.* to spy.

espiga [espíɣa] *f.* spike, ear.

espina [espína] *f.* thorn.

espinaca [espináka] *f.* spinach.

espinoso [espinóso] *a.* spiny, thorny. 2 difficult.

espiritismo [espiritízmo] *m.* spiritism, spiritualism.

espiritista [espiritísta] *m.-f.* spiritist, spiritualist.

espiritu [espíritu] *m.* spirit; soul. 2 ghost: *Espíritu Santo,* Holy Ghost. 3 courage.

espiritual [espirituál] *a.- m.* spiritual.

espléndido [espléndiðo] *a.* splendid.

esplendor [esplendór] *m.* splendour.

esplendoroso [esplendoró- so] *a.* splendid.

espolvorear [espolβoreár] *t.* to powder.

esponja [espóŋxa] *f.* sponge.

espontáneamente [espontáneaménte] *adv.* spontaneously.

espontaneidad [espontaneĭðáð] *f.* spontaneity.

espontáneo [espontáneo] *a.* spontaneous.

esposa [espósa] *f.* wife. 2 *pl.* handcuffs.

esposo [espóso] *m.* husband.

espuela [espwéla] *f.* spur.

espuma [espúma] *f.* foam, froth. 2 lather. 3 scum.

esqueje [eskéxe] *m.* cutting, slip.

esqueleto [eskeléto] *m.* skeleton.

esquiar [eskjár] *i.* to ski.

esquimal [eskimál] *a.-n.* Eskimo.

esquina [eskína] *f.* corner.

estabilidad [estaβiliðáð] *f.* stability.

estable [estáβle] *a.* steady; firm; regular.

establecer [estaβleθér] *t.* to establish. 2 to decree. 3 *p.* to settle down. ¶ Conjug. like *agradecer*.

establecimiento [estaβle-θimjénto] *m.* settlement. 2 establishment, shop, store.

establo [estáβlo] *m.* stable.

estaca [estáka] *f.* stake. 2 stick, cudgel.

estación [estaθjón] *f.* season. 2 RLY. station.

estacionar [estaθjonár] *t.* to place. 2 *p.* to park.

estadio [estáðjo] *m.* stadium.

estadista [estaðísta] *m.* statesman.

estadística [estaðístika] *f.* statistics.

estado [estáðo] *m.* state, condition. 2 order, class. 3 POL. state, government. 4 MIL. ~ *mayor*, staff.

estafar [estafár] *t.* to swindle.

estallar [estaʎár] *i.* to burst, explode. 2 to break out.

estambre [estámbre] *m.* worsted. 2 BOT. stamen.

estampa [estámpa] *f.* print, engraving.

estampar [estampár] *t.* to print. 2 to stamp.

estancar [estaŋkár] *t.* to stem, sta(u)nch, hold up or back. 2 *p.* to stagnate.

estancia [estánθja] *f.* stay. 2 living-room. 3 Am.) ranch, farm.

estanco [estáŋko] *m.* tobacconist's.

estanque [estáŋke] *m.* pond, reservoir.

estante [estánte] *m.* shelf.

estar [estár] *i.p.* to be; to stay, stand: ~ *quieto*, to stand still. ¶ Conjug. Indic. Pres.: *estoy, estás, está;* estamos, estáis, *están.* | Pret.: *estuve, estuviste, estuvo, etc.* ‖ Subj. Pres.: *esté, estés, esté;* estemos, estéis, *estén.* | Imperf.: *estuviera, estuvieras, etc.,* or *estuviese, estuvieses, etc.* | Fut.: *estuviere, estuvieres, etc.* ‖ Imper.: *está, esté;* estemos, estad, *es-*

tén. ‖ P. p.: estado.
‖ GER.: estando.

estatua [estátwa] *f.* statue.

estatura [estatúra] *f.* stature, height.

estatuto [estatúto] *m.* statute, regulation.

1) **este** [éste] *m.* east.

2) **este** [éste] *dem. a.* this; *pl.* these.

éste [éste] *dem. pron.* this one; *pl.* these.

estela [estéla] *f.* wake; trail.

estera [estéra] *f.* mat.

estéril [estéril] *a.* sterile, barren.

estiércol [estjérkol] *m.* dung, manure.

estilo [estílo] *m.* style. 2 use.

estima [estíma] *f.* esteem, appreciation.

estimación [estimaθjón] *f.* esteem, regard.

estimar [estimár] *t.* to esteem, hold in regard. 2 to think. 3 to value.

estimular [estimulár] *t.* to stimulate. 2 to incite, encourage.

estimulo [estímulo] *m.* stimulus. 2 encouragement.

estío [estío] *m.* summer.

estirar [estirár] *t.* to stretch, pull out. 2 *p.* to stretch out.

estómago [estómayo] *m.* stomach.

estorbar [estorβár] *t.* to hinder, obstruct. 2 to annoy.

estorbo [estórβo] *m.* hindrance, obstruction, nuisance.

estrago [estráyo] *m.* havoc, ruin, ravage.

estrangular [estrangulár] *t.* to strangle, throttle.

estrechar [estretʃár] *t.* to narrow. 2 to take in. 3 to tighten. 4 ~ *la mano,* to shake hands with.

estrecho [estrétʃo] *a.* narrow. 2 tight. 3 close. 4 *m.* GEOG. strait(s.

estrella [estréʎa] *f.* star.

estrellar [estreʎár] *t.-p.* to smash, shatter.

estremecer [estremeθér] *t.-p.* to shake, shiver, shudder; to thrill. ‖ CONJUG. like *agradecer.*

estrenar [estrenár] *t.* to wear for the first time. to perform [a play] or to show [a film] for the first time.

estreno [estréno] *m.* first use. 2 THEAT. première. 3 début; first performance.

estrépito [estrépito] *m.* noise, din.

estría [estría] *f.* flute, groove.

estribar [estriβár] *i*. to rest on; to lie on.

estribillo [estriβíʎo] *m*. refrain. 2 pet phrase.

estribo [estríβo] *c*. stirrup.

estricto [estríʎto] *a*. strict; severe.

estrofa [estrófa] *f*. strophe, stanza.

estropear [estropeár] *t*. to spoil, ruin, damage. 2 *p*. to get spoiled, ruined.

estructura [estruʎtúra] *f*. structure.

estruendo [estrwéndo] *m*. clangour, crash. 2 uproar.

estrujar [estruxár] *t*. to squeeze, crush.

estuche [estútʃe] *m*. case, sheath, container.

estudiante [estuðjánte] *m*. student.

estudiar [estuðjár] *t*. to study. 2 *i*. to be a student.

estudio [estúðjo] *m*. study. 2 studio. 3 *pl*. learning.

estudioso [estuðjóso] *a*. studious.

estufa [estúfa] *f*. stove, heater: ~ *eléctrica*, electric fire.

estupendo [estupéndo] *a*. wonderful.

estúpido [estúpiðo] *a.-n*. stupid.

etapa [etápa] *f*. stage.

etcétera [etθétera] *f*. etcetera, and so on.

éter [éter] *m*. ether.

eternamente [etérnaménte] *adv*. eternally.

eternidad [eterniðáð] *f*. eternity.

eterno [etérno] *a*. eternal.

etiqueta [etikéta] *f*. label. 2 formality.

eucalipto [eŭkalíβto] *m*. eucalyptus.

eucaristía [eŭkaristía] *f*. Eucharist.

europeo [eŭropéo] *a.-n*. European.

evadir [eβaðír] *t*. to evade, elude. 2 *p*. to escape, break out.

evangélico [eβaŋxéliko] *a*. evangelical.

evangelio [eβaŋxéljo] *m*. gospel.

evaporar [eβaporár] *t.-p*. to evaporate.

eventual [eβentuál] *a*. accidental. 2 **-mente** *adv*. by chance.

evidencia [eβiðénθja] *f*. evidence.

evidente [eβiðénte] *a*. evident, obvious.

evitar [eβitár] *t*. to avoid, elude, shun. 2 to prevent.

evocar [eβokár] *t*. to evoke, call up.

evolución [eβoluθjón] *f.* evolución.

exactamente [esáɣtaménte] *adv.* exactly.

exactitud [esaɣtitúð] *f.* exactness, accuracy.

exacto [esáɣto] *a.* exact, accurate. 2 *adv.* right.

exagerado [eɣsaxeráðo] *a.* exaggerated. 2 excessive.

exaltar [eɣsaltár] *t.* to praise. 2 *p.* to become excited.

examen [eɣsámen] *m.* examination. 2 investigation.

examinar [eɣsaminár] *t.* to examine. 2 to look into. 3 *p.* to sit for an examination.

exceder [esθeðér] *t.* to exceed, surpass, outdo.

excelente [esθelénte] *a.* excellent.

excelso [eɣθélso] *a.* sublime, exalted.

excepción [esθeβθjón] *f.* exception.

excepcional [esθeβθjonál] *a.* exceptional, unusual.

excepto [esθéβto] *adv.* except, save.

exceptuar [esθeβtuár] *t.* to except, leave out.

excesivo [esθesíβo] *a.* excessive, too much.

exceso [esθéso] *m.* excess. 2 intemperance.

excitar [esθitár] *t.* to

excite. 2 *p.* to get excited.

exclamación [esklamaθjón] *f.* exclamation.

exclamar [esklamár] *i.* to exclaim, cry out.

excluir [eskluír] *t.* to exclude. ¶ Conjug. like *huir*.

exclusivamente [esklusíβaménte] *adv.* exclusively.

exclusivo [esklusíβo] *a.* exclusive, sole.

excursión [eskursjón] *f.* excursion, trip, tour.

excusa [eskúsa] *f.* excuse, apology.

exención [eɣsenθjón] *f.* exemption.

exhalar [eɣsalár] *t.* to exhale, breathe forth.

exhibir [eɣsiβír] *t.* to exhibit, show. 2 *p.* to show off.

exigencia [eɣsixénθja] *f.* demand, requirement.

exigir [eɣsixír] *t.* to require, demand.

eximir [eɣsimír] *t.* to free from.

existencia [eɣsisténθja] *f.* existence. 2 life. 3 *pl.* stocks.

existir [eɣsistír] *i.* to exist, be.

éxito [éɣsito] *m.* issue. 2 success.

exótico [eɣsótiko] *a.* exotic.

expansión [espansjón] *f.* expansion. 2 effusion. 3 relaxation.

expedición [espeðiθjón] *f.* expedition. 2 dispatch.

expedir [espeðír] *t.* to issue. 2 to send. 3 to dispatch. ¶ CONJUG. like *servir.*

experiencia [esperjénθja] *f.* experience.

experimentar [esperimentár] *t.* to experiment, try, test. 2 to experience, undergo.

experto [espérto] *a.* skilful. 2 *m.* expert.

expiación [espjaθjón] *f.* expiation.

expirar [espirár] *i.* to expire.

explicación [esplikaθjón] *f.* explanation.

explicar [esplikár] *t.* to explain, lecture on, teach.

explorador [esploraðór] *m. f.* explorer; pioneer 2 boy scout.

explorar [esplorár] *t.* to explore.

explosión [esplosjón] *f.* explosion; outburst.

explotación [esplotaθjón] *f.* exploitation.

explotar [esplotár] *t.* to exploit. 2 to explode.

exponer [esponér] *t.* to explain, state. 2 to expose, show. 3 to exhibit.

exportación [esportaθjón] *f.* exportation, export.

exportar [esportár] *t.* to export.

exposición [esposiθjón] *f.* exposition. 2 exhibition, show.

expresamente [esprésaménte] *adv.* on purpose.

expresar [espresár] *t.-p.* to express.

expresión [espresjón] *f.* expression.

expresivo [espresíβo] *a.* expressive. 2 kind.

expreso [espréso] *a.* expressed. 2 clear. 3 *m.* RLY. express train.

exprimir [esprimír] *t.* to extract, squeeze out.

expuesto [espuésto] *a.* exposed. 2 exhibited. 3 dangerous. 4 liable.

expulsar [espulsár] *t.* to expel, drive out.

expulsión [espulsjón] *f.* ejection, expulsion.

exquisito [eskisíto] *a.* exquisite.

extasiarse [estasjárse] *p.* to be delighted.

éxtasis [éstasis] *m.* ecstasy, rapture.

extender [estendér] *t.* to spread out. 2 to stretch out. ¶ CONJUG. like *entender.*

extensión [estensjón] *f.* extension. 2 range. 3 expanse, stretch.

extenso [esténso] a. extensive, vast, spacious.

exterior [esterjór] a. exterior, outer. 2 foreign. 3 m. outs.de. 4 appearance. 5 **-mente** externally.

exterminar [esterminár] to exterminate.

externo [estérno] a. external. 2 m.-f. day pupil.

extinguir [estingír] t. to extinguish, quench, put out. 2 p. to go out.

extraer [estraér] t. to extract, draw out.

extranjero [estranxéro] a. foreing. 2 m.-f. alien, foreigner: al or en el ~, abroad.

extrañar [estrapár] t. to surprise. 2 (Am.) to miss. 3 p. to be suprised, wonder.

extraño [estráṇo] a. foreign. 2 strange, peculiar.

extraordinario [estraorðinárjo] a. extraordinary, uncommon.

extravagante [estraβaɣánte] a. odd, queer.

extraviar [estraβjár] t. to mislay. 2 p. to stray, get lost.

extremadamente [estremáðaménte] adv. extremely

extremidad [estremiðáð] f. extremity, end, border. 3 pl. extremities.

extremo [estrémo] a. extreme, farthest. 2 excessive.

F

fábrica [fáβrika] *f.* factory, works, plant, mill.

fabricación [faβrikaθjón] *f.* manufacture.

fabricante [faβrikánte] *m.* manufacturer.

fabricar [faβrikár] *t.* to make, manufacture.

fábula [fáβula] *f.* fable.

fácil [fáθil] *a.* easy. 2 **-mente** *adv.* easily.

facilidad [faθiliðáð] *f.* facility; fluency.

facilitar [faθilitár] *t.* to make easy, facilitate.

factor [faγtór] *m.* cause. 2 RLY. luggage clerk. 3 MATH. factor.

factoría [faγtoría] *f.* agency. 2 trading post.

factura [faγtúra] *f.* invoice, bill.

facultad [fakultáð] *f.* faculty. 2 power. 3 abi-lity. 4 *pl.* mental powers.

fachada [fatʃáða] *f.* façade, front. 2 appearance.

faena [faéna] *f.* work, toil. 2 task, job, *chore.

faja [fáxa] *f.* scarf. 2 wrapper. 3 stripe, band.

fajar [faxár] *t.* to band, girdle, wrap up.

falda [fálda] *f.* skirt. 2 lap. 3 foothill, slope.

falso [fálso] *a.* false. 2 untrue. 3 sham. 4 treacherous. 6 counterfeit [money].

falta [fálta] *f.* lack, want, shortage: *a ~ de,* for want of. 2 fault. 3 misdeed. 4 mistake. 5 *hacer ~,* to be necessary.

faltar [faltár] *i*. to be lacking, wanting or missing. 2 to be absent. 3 to offend. 4 to break [one's word].

falto [fálto] *a*. wanting, short.

falla [fáʎa] *f*. fault, failure. 2 break.

fallar [faʎár] *t*. to pass sentence. 2 to trump [at cards]. 3 *i*. to fai., miss.

fallecer [faʎeθér] *i*. to expire, decease, die. ‖ CONJUG. like *agradecer*.

fallecimiento [faʎeθimjénto] *m*. decease, death.

fallo [fáʎo] *m*. decision, judgement.

fama [fáma] *f*. fame, renown. 2 rumour.

familia [famílja] *f*. family. 2 household.

familiar [familjár] *a*. informal. 2 colloquial. 3 *m*. relative.

famoso [famóso] *a*. famous, renowned.

fanático [fanátiko] *a*. fanatic(al. 2 *m.-f*. fanatic, fan, bigot.

fanega [fanéɣa] *f*. grain measure. 2 land measure.

fango [fáŋgo] *m*. mud.

fantasía [fantasía] *f*. fancy, imagination.

fantasma [fantázma] *m*. phantom. 2 ghost.

fantástico [fantástiko] *a*. fantastic, fanciful.

fantoche [fantótʃe] *m*. puppet. 2 coll. ridiculous fellow.

fardo [fárðo] *m*. bundle, bale, burden.

fariseo [fariséo] *m*. pharisee; hypocrite.

farmacéutico [farmaθéŭtiko] *m.-f*. chemist, pharmacist.

farmacia [farmáθja] *f*. pharmacy. 2 chemist's [shop], *drugstore.

faro [fáro] *m*. lighthouse. 2 headlight.

farol [faról] *m*. street lamp, lamp-post.

farsa [fársa] *f*. farce.

fascinar [fasθinár] *t*. to fascinate, charm.

fase [fáse] *f*. phase, aspect, stage.

fastidiar [fastiðjár] *t*. to cloy, sicken, bore. 2 *p*. to become annoyed.

fatal [fatál] *a*. fatal. 2 bad, deadly.

fatalidad [fataliðáð] *f*. fatality. 2 mischance.

fatiga [fatíɣa] *f*. fatigue, weariness. 2 *pl*. hardships.

fatigar [fatiɣár] *t*. to fatigue, weary, tire. 2 *p*. to get tired.

favor [faβór] *m*. help, aid. 2 favo(u)r: *por* ~, please.

favorable [faβoráβle] a. favo(u)rable. 2 advantageous: 3 **-mente** adv. favo(u)rably.

favorecer [faβoreθér] t. to help, aid, favo(u)r. ¶ CONJUG. like agradecer.

favorito [faβorito] a.-n. favo(u)rite.

faz [faθ] f. face, visage.

fe [fe] f. faith: dar ~, to believe. 2 ~ de bautismo, cerfiticate of baptism.

fealdad [fealdáð] f. ugliness, hideousness.

febrero [feβréro] m. February.

febril [feβríl] a. feverish.

fecundo [fekúndo] a. fruitful, fertile.

fecha [fétʃa] f. date. 2 day.

federación [feðeraθjón] federation.

federal [feðerál] a. federal.

felicidad [feliθiðáð] f. happiness. 2 pl. congratulations!

felicitación [feliθitaθjón] f. congratulation.

felicitar [feliθitár] t. to congratulate.

feliz [felíθ] a. happy, lucky. 2 **-mente** adv. happily.

femenino [femeníno] a. femenine.

fenómeno [fenómeno] m. phenomenon. 2 monster, freak.

feo [féo] a. ugly.

feria [férja] f. fair: ~ de muestras, trade exhibition or show.

fermentar [fermentár] i. to ferment.

feroz [feróθ] a: ferocious. 2 wild, fierce, savage.

férreo [férreo] a. ferreous, iron: vía férrea, railway, *railroad. 2 harsh: stern.

ferretería [ferretería] f. hardware. 2 ironmonger's [shop].

ferrocarril [ferrokarríl] m. railway, *railroad.

fértil [fértil] a. fertile.

fertilizar [fertiliθár] t. to fertilize.

ferviente [ferβjénte] a. FERVOROSO.

fervor [ferβór] m. fervour, zeal, warmth.

fervoroso [ferβoróso] a. fervent; devout, zealous.

festejar [festexár] t. to celebrate. 2 to feast.

festejo [festéxo] m. celebration. 2 courting. 3 pl. public rejoincings.

festín [festín] m. feast, banquet.

festival [festiβál] m. festival.

festivo [festíβo] *a.* festive, gay. 2 *día* ~, holiday, 3 witty, humorous.

feudal [feŭðál] *a.* feudal. 2 feudalistic.

feudalismo [feŭðalízmo] *m.* feudalism.

fianza [fiánθa] *f.* bail, security. 2 guarantee.

fiar [fiár] *t.* to answer for. 2 *t.-i.* to sell on credit. 3 *p.* to trust.

fibra [fíβra] *f.* fibre; staple.

ficción [fiɣθjón] *f.* fiction.

ficha [fítʃa] *f.* chip. 2 domino [piece]. 3 filing card.

fidelidad [fiðeliðáð] *f.* fidelity, faithfulness.

fideos [fiðéos] *m. pl.* vermicelli, noodles.

fiebre [fjéβre] *f.* fever. 2 excitement.

fiel [fjél] *a.* faithful. 2 *m.* faithful. 3 pointer. 4 **-mente** *adv.* faithfully.

fiera [fjéra] *f.* wild beast or animal.

fiero [fjéro] *a.* fierce, ferocious. 2 wild [beast].

fiesta [fjésta] *f.* feast, entertainment, party; public rejoicing. 2 holiday. 3 endearment.

figura [fiɣúra] *f.* figure, shape.

figurar [fiɣurár] *t.* to figure, shape. 2 *i.* **to be counted** [among]. 3 *p.* to fancy.

fijamente [fíxaménte] *adv.* fixedly, steadily.

fijar [fixár] *t.* to fix, fasten. 2 to stick. 3 to set. 4 *p.* to settle; to pay attention.

fijo [fíxo] *a.* fixed. 2 firm, steady, set. 3 fast [colour].

fila [fíla] *f.* row, line; file: *en* ~, in a row.

filial [filjál] *f.* branch.

filme [fílme] *m.* film.

filo [fílo] *m.* edge.

filosofía [filosofía] *f.* philosophy.

filósofo [filósofo] *a.* philosophic. 2 *m.-f.* philosopher.

filtrar [filtrár] *t.-i.* to filter. 2 *p.* to leak away.

filtro [fíltro] *m.* filter, strainer.

fin [fin] *m.* end: *poner* ~ *a*, to put an end to; *al* ~, at the end; finally; *por* ~, at last. 2 aim, purpose: *a* ~ *de* [*que*], in order to, to.

final [finál] *a.* final, last. 2 *m.* end. 3 **-mente** *adv.* finally.

finalizar [finaliθár] *t.-i.* to end, finish.

financiero [finanθjéro] *a.* financial. 2 *m.-f.* financier.

finca [fíŋka] *f.* property, land, house, real estate.

fingido [fiŋxíðo] *a.* feigned, sham. 2 false.

fingir [fiŋxír] *t.* to feign, simulate, sham. 2 *p.* to pretend to be.

fino [fíno] *a.* fine. 2 thin. 3 polite. 4 sharp.

firma [fírma] *f.* signature. 2 signing. 3 firm.

firmamento [firmaménto] *m.* sky, firmament.

firmar [firmár] *t.* to sign, subscribe.

firme [fírme] *a.* firm, strong, steady.

firmeza [firméθa] *f.* firmness, steadiness.

fiscal [fiskál] *m.* public prosecutor, *district attorney.

física [físika] *f.* physics.

físico [físiko] *a.* physical. 2 *m.* physicist. 3 looks.

fisonomía [fisonomía] *f.* feature, face.

flaco [fláko] *a.* lean, thin. 2 weak.

flamenco [flaméŋko] *a.-n.* Flemish. 2 Andalusian gypsy [song, etc.]. 3 ORN. flamingo.

flan [flan] *m.* custard tart, cream caramel.

flanco [fláŋko] *m.* flank, side.

flaqueza [flakéθa] *l.* leanness. 2 weakness.

flauta [fláŭta] *f.* flute.

flecha [flétʃa] *f.* arrow.

flexible [fleɣsíβle] *a.* flexible, pliant, supple.

flojo [flóxo] *a.* slack. 2 weak. 3 lax.

flor [flor] *f.* flower, blossom.

florecer [floreθér] *i.* to flower, blossom. ¶ CONJUG. like *agradecer*.

floreciente [floreθjénte] *a.* flourishing, prosperous; thriving.

florero [floréro] *m.* flower vase.

florido [floríðo] *a.* a-bloom, flowery.

flota [flóta] *f.* fleet.

flotante [flotánte] *a.* floating.

flotar [flotár] *i.* to float.

fluido [flwíðo] *a.-m.* fluid. 2 *a.* fluent.

fluir [fluír] *i.* to flow, run. ¶ CONJUG. like *huir*.

fluvial [fluβjál] *a.* fluvial, river.

foca [fóka] *f.* seal.

foco [fóko] *m.* focus, centre. 2 headlight, spotlight.

fogón [foɣón] *m.* hearth. 2 cooking-range.

follaje [foʎáxe] *m.* foliage.

fomentar [fomentár] *t.* to promote, encourage.

fomento [foménto] *m.* fostering; encouragement.

fonda [fónda] *f.* inn.

fondo [fóndo] *m.* bottom. 2 depth. 3 farthest end. 4 background. 5 nature. 6 *s. pl.* funds

fonógrafo [fonóɣrafo] *m.* phonograph.

fontanero [fontanéro] *m.* plumber.

forastero [forastéro] *a.* *a.* foreign. 2 *m.-f.* stranger.

forestal [forestál] *a.* forest [(re)afflorestation].

forma [fórma] *f.* form, shape.

formación [formaθjón] *f.* formation. 2 shape.

formal [formál] *a.* formal. 2 serious.

formalidad [formaliðáð] *f.* seriousness. 3 formality.

formar [formár] *t.* to form, shape.

formidable [formiðáβle] *a.* formidable, fearful.

formón [formón] *m.* chisel.

fórmula [fórmula] *f.* 2 recipe. 3 prescription.

formular [formulár] *t.* to formulate, make out.

foro [fóro] *m.* forum. 2 bar. 3 back-stage.

forrar [forrár] *t.* to line. 2 to cover [a book].

forro [fórro] *m.* lining; book-cover.

fortalecer [fortaleθér] *t.* to strengthen. 2 *p.* to grow strong. ¶ CONJUG. like *agradecer*.

fortaleza [fortaléθa] *f.* fortitude. 2 vigour. 3 fortress.

fortín [fortín] *m.* small fort, bunker.

fortuna [fortúna] *f.* fortune, chance, luck. 2 wealth.

forzado [forθáðo] *a.* forced, constrained. 2 *trabajos forzados,* hard labour.

forzar [forθár] *t.* to force, compel, constrain. 2 to break. 3 to violate. ¶ CONJUG. like *contar*.

forzoso [forθóso] *a.* necessary, unavoidable.

forzudo [forθúðo] *a.* strong, vigorous.

fósforo [fósforo] *m.* phosphorus. 2 match.

fósil [fósil] *a.-m.* fossil.

foso [fóso] *m.* pit. 2 ditch, moat.

foto [fóto] *f.* coll. photo.

fotocopia [fotokópja] *f.* photocopy, print.

fotografía [fotoɣrafía] *f.* photography. 2 photograph.

fotográfico [fotoɣráfiko] *a.* photographic: *máquina fotográfica,* camera.

fotógrafo [fotóɣrafo] *m.* photographer.

fracasar [frakasár] *i.* to fail, be unsuccessful.

fracaso [frakáso] *m.* failure, collapse.

fracción [fraɣθjón] *f.* fraction.

fragancia [fraɣánθja] *f.* fragrance.

fragante [fraɣánte] *a.* fragrant, scented.

frágil [fráxil] *a.* fragile, brittle. 2 frail.

fragmento [fraɣménto] *m.* fragment, piece, bit.

fragua [fráɣwa] *f.* forge.

fraile [fráĭle] *m.* friar.

francés [franθés] *a.* French. 2 *m.* Frenchman. 3 *f.* Frenchwoman.

franco [fráŋko] *a.* frank, open. 2 generous. 3 free. 4 *m.* franc.

franja [fráŋxa] *f.* band; stripe. 2 strip.

franqueza [fraŋkéθa] *f.* frankness.

franquicia [fraŋkíθja] *f.* franchise.

frasco [frásko] *m.* bottle, flask, vial.

frase [fráse] *f.* phrase, sentence.

fraternidad [fraterniðáð] *f.* brotherhood, fraternity.

fray [fraĭ] *m.* brother.

frecuencia [frekwénθja] *f.* frequency: *con* ~, frequently.

frecuentar [frekwentár] *t.* to frequent; to haunt.

frecuente [frekwénte] *a.* frequent. 2 **-mente** *adv.* frequently, often.

fregadero [freɣaðéro] *m.* kitchen sink.

fregar [freɣár] *t.* to rub, scrub. 2 to mop [the floor]; to wash up [dishes]. ¶ CONJUG. like *acertar*.

freír [freír] *t.* to fry. ¶ CONJUG. like *reír*.

frenesí [frenesí] *m.* frenzy. 2 vehemence.

freno [fréno] *m.* bridle. 2 brake. 3 control, restraint.

frente [frénte] *f.* forehead; face: *hacer* ~ *a,* to face, meet. 2 *m.* front: ~ *a,* in front of; *en* ~, opposite.

fresa [frésa] *f.* strawberry.

fresco [frésko] *a.* cool, fresh. 2 cheeky. 3 *m.* cool air: *hacer* ~, to be cool. 4 PAINT. fresco.

frescura [freskúra] *f.* freshness, coolness. 2 cheek.

frialdad [frjalðáð] *f.* coldness.

fricción [friɣθjón] *f.* friction.

frigorífico [friɣorífiko] *a.* refrigerating. 2 *m.* refrigerator.

frijol [fríxol] *m.* kidney bean.

frío [frío] *a.* cold. 2 cool, calm. 3 *m.* cold,

coldness: *hace* ~, it is cold.

frívolo [fríβolo] *a*. frivolous.

frondoso [frondóso] *a*. leafy, luxuriant.

frontera [frontéra] *f*. frontier, border.

frotar [frotár] *t*. to rub, scour, strike.

fruta [frúta] *f*. fruit.

frutal [frutál] *a*. fruit-bearing. 2 *m*. fruit tree.

frutero [frutéro] *m.-f*. fruiterer. 2 *m*. fruit-dish.

fruto [frúto] *m*. fruit.

fuego [fwéγo] *m*. fire.

fuente [fwénte] *f*. spring; fountain. 2 dish.

fuera [fwéra] *adv*. out [of], outside, with-out.

fuerte [fwérte] *a*. strong. 2 healthy. 3 loud [voice]. 4 *m*. fortress. 5 **-mente** *adv*. strongly.

fuerza [fwérθa] *f*. strength, force, power. 2 violence. 3 vigour. 4 *sing.-pl*. MIL. force(s.

fuga [fúγa] *f*. flight, escape. 2 leak.

fugarse [fuγárse] *p*. to flee, escape.

fugaz [fuγáθ] *a*. fugitive.

fulgor [fulγór] *m*. brilliancy, glow.

fumar [fumár] *t.-i*. to smoke.

función [funθjón] *f*. function. 2 show, performance.

funcionamiento [funθjonamjénto] *m*. functioning, working, operation.

funcionar [funθjonár] *i*. to function, work.

funcionario [funθjonárjo] *m*. civil servant, official.

funda [fúnda] *f*. case, sheath, cover.

fundación [fundaθjón] *f*. foundation.

fundador [fundaðór] *m.-f*. founder.

fundamental [fundamentál] *a*. fundamental, essential. 2 **-mente** *adv*. basically.

fundamento [fundaménto] *m*. foundation. 2 ground.

fundar [fundár] *t*. to found, establish, base, ground.

fundición [fundiθjón] *f*. melting. 2 foundry.

fundir [fundír] *t*. to fuse, melt. 2 to found, cast.

funeral [funerál] *a.-m*. funeral. 2 *m. pl*. obsequies.

funerario [funerárjo] *a*. funeral. 2 *f*. undertaker's shop.

funesto [funésto] *a*. fatal, disastrous. 2 sad.

furia [fúrja] *f.* fury, rage, violence. 2 speed.

furioso [furjóso] *a.* furious, angry, raging, frantic.

furor [furór] *m.* fury, rage; frenzy; passion.

fusil [fusíl] *m.* rifle, gun.

fusilar .[fusilár] *t.* to shoot, execute.

fusión [fusjón] *f.* fusion. 2 COM. merger.

fútbol [fúðβol] *m.* football.

futuro [futúro] *a.* future. 2 *m.* future [tense; time].

G

gabán [gaβán] *m*. overcoat, topcoat.

gabinete [gaβinéte] *m*. private room. 2 study. 3 cabinet.

gafas [gáfas] *pl. f*. spectacles, glasses.

gala [gála] *f*. best dress. 2 grace. 3 finery.

galán [galán] *a*. lover. 2 THEAT. leading man.

galante [galánte] *a*. courteous, gallant.

galantería [galantería] *f*. gallantry. 2 compliment. 3 gracefu!ness.

galardón [galarðón] *m*. reward, recompense.

galera [ga.éra] *f*. galley.

galería [galería] *f*. gallery; corridor.

galés [galés] *a*. Welsh. 2 *n* Welshman.

galón [galón] *m*. braiú. 2 MIL. stripe. 3 gallo/l.

galopar [galopár] *i*. to gallop.

galope [galópe] *m*. gallop.

gallardía [gaʎarðía] *f*. elegance. 2 valour.

gallardo [gaʎárðo] *a*. elegant. 2 brave.

gallego [gaʎéɣo] *a.-.* Galician.

galleta [gaʎéta] *f*. biscuit, cooky.

gallina [gaʎína] *f*. hen.

gallinero [gaʎinéro] *m*. hen-house, coop.

gallo [gáʎo] *m*. cock, rooster.

gana [gána] *f*. appetite, desire, will: *tener ganas de*, to wish, feel like; *de buena* ~, willingly; *de mala* ~, reluctantly.

ganadería [ganaðería] *f.* cattle raising, stock-breeding. 2 live-stock.

ganadero [ganaðéro] *a.* cattle raising. 2 *m.-f.* cattle raiser.

ganado [ganáðo] *m.* stock, livestock, cattle.

ganador [ganaðór] *m. f.* winner.

ganancia [ganánθja] *f.* gain, profit.

ganar [ganár] *t.-p.* to gain, earn, win. 2 to beat. 3 *i.* to improve.

gancho [gántʃo] *m.* hook, crook.

gandul [gandúl] *a.* idle. 2 *m.-f.* idler.

ganga [gáŋga] *f.* MIN. gangue. 2 bargain.

ganso [gánso] *m.* goose, gander.

garabato [garaβáto] *m.* hook. 3 *pl.* scrawls.

garaje [garáxe] *m.* garage.

garantía [garantía] *f.* guarantee, pledge, security.

garantizar [garantiθár] *t.* to guarantee. 2 to warrant. 3 to vouch for.

garbanzo [garβánθo] *m.* chick-pea.

garganta [garɣánta] *f.* throat. 2 ravine.

garra [gárra] *f.* paw, claw; talon. 2 fig. clutch.

garrote [garróte] *m.* club. stick, cudgel. 2 garrotte.

garza [gárθa] *f.* heron.

gas [gas] *m.* gas. 2 gas-light.

gasa [gása] *f.* gauze, chiffon.

gaseoso [gaseóso] *a.* gaseous.

gasolina [gasolína] *f.* gasoline, petrol, *gas.

gastar [gastár] *t.* to spend. 2 to use, wear. 3 to waste. 4 *p.* to wear out.

gasto [gásto] *m.* expense. 2 *pl.* expenses, costs.

gato [gáto] *m.* cat, tom-cat. 2 *f.* she-cat: *a gatas,* on all fours. 3 lifting jack.

gaveta [gaβéta] *f.* drawer, till.

gavilán [gaβilán] *m.* sparrow hawk.

gaviota [gaβjóta] *f.* gull, sea-gull.

gemelo [xemélo] *a.-n.* twin. 2 *m. pl.* cuff-links. 3 binoculars.

gemido [xemíðo] *m.* groan, moan.

gemir [xemír] *i.* to moan, groan. ‖ CONJUG. like *servir.*

generación [xeneraθjón] *f.* generation.

general [xenerál] *a*. general: *en* ~, *por lo* ~, in general. 2 common. 3 *m*. MIL. general.

generalidad [xeneraliðáð] *f*. generality; majority.

género [xénero] *m*. kind, sort. 2 race. 3 GRAM. gender. 4 BIOL., LOG. genus. 5 F. ARTS., LIT. genre. 6 COM. cloth, goods.

generoso [xeneróso] *a*. generous, liberal.

genial [xenjál] *a*. brilliant, inspired, of genius.

genio [xénjo] *m*. temper. 2 temperament. 3 genius.

gente [xénte] *f*. people, folk; nation; men.

gentil [xentíl] *a.-n*. gentile. 2 *a*. courteous, graceful.

gentileza [xentiléθa] *m*. grace, charm. 2 politeness.

gentío [xentío] *m*. crowd, throng.

genuino [xenuíno] *a*. genuine, true.

geografía [xeoɣrafía] *f*. geography.

geográfico [xeoɣráfiko] *a*. geographic(al.

geranio [xeránjo] *m*. geranium.

gerente [xerénte] *m·* manager.

germen [xérmen] *m*. germ. 2 origin.

germinar [xerminár] *i* to bud, germinate.

gestión [xestjón] *f*. negotiation, conduct, management.

gestionar [xestjonár] *t*. to take steps to; to manage.

gesto [xésto] *m*. gesture: *hacer gestos a*, to make faces at.

gigante [xiɣánte] *m*. giant. 2 *f*. giantess.

gigantesco [xiɣantésko] *a*. gigantic.

gimnasio [ximnásjo] *m*. gymnasium, gym.

girar [xirár] *i*. to gyrate, revolve, whirl, spin. 2 *t.-i*. to draw.

girasol [xirasól] *m*. BOT. sunflower.

giratorio [xiratórjo] *a*. revolving.

giro [xíro] *m*. revolution, turn. 2 course, trend. 3 COM. draft; ~ *postal*, money order. 4 COM. trade.

gitano [xitáno] *a.-n*. gypsy.

globo [glóβo] *m*. globe, sphere. 2 world. 3 balloon.

gloria [glórja] *f*. glory. 2 heaven. 3 delight.

gloriarse [glorjárse] *p*. to boast of; to glory in.

glorificar [glorifikár] *t*.

to glorify. 2 p. GLORIAR-
SE.

glorioso [glorjóso] a.
glorious.

gobernación [goβerna-
θjón] f. Ministerio de
~, Home Office, °De-
partment of the Inte-
rior.

gobernador [goβernaðór]
m. governor, ruler.

gobernante [goβernánte]
a. governing. 2 m.-f.
governor, ruler.

gobernar [goβernár] t.-
i. to govern, rule. 2 t.
to lead. 3 to steer ‖
CONJUG. like acertar.

gobierno [goβjérno] m.
government, cabinet,
administration. 2 con-
trol, management.

goce [góθe] m. enjoy-
ment, joy.

golfo [gólfo] m. gulf. 2
m.-f. street urchin.

golondrina [golondrína]
f. swallow.

golosina [golosína] f.
delicacy, sweet, titbit.

goloso [golóso] a. sweet-
-toothed.

golpe [gólpe] m. blow,
strike, beat, hit, knock.
coup d'état; de ~, sud-
denly.

golpear [golpeár] t.-i. to
strike, beat, hit, knock.

goma [góma] f. gum,
rubber. 2 eraser.

gordo [górðo] a. fat,
stout. 2 thick.

gorjeo [gorxéo] m. trill,
warble, chirping.

gorra [górra] f. cap,
bonnet.

gorrión [gorrjón] m.
sparrow.

gorro [górro] m. cap.

gota [góta] f. drop. 2
MED. gout.

gotera [gotéra] f. leak,
drip, trickle.

gozar [goθár] t.-i. to
enjoy, have. 2 p. to re-
joice.

gozo [góθo] m. joy,
delight, pleasure.

gozoso [goθóso] a. joyful,
delighted.

grabación [graβaθjón] f.
recording.

grabado [graβáðo] a.
engraved, stamped. 2
m. engraving, print.
picture.

grabar [graβár] t. to
engrave. 2 to record.

gracia [gráθja] f. grace-
fulness. 2 charm. 3
kindness. 4 elegance. 5
joke, wittiness. 6 te-
ner ~, to be funny;
¡gracias!, thank you.

gracioso [graθjóso] a.
graceful, charming. 2
gracious. 3 witty. 4
funny. 5 m.-f. THEAT.
fool.

grado [gráðo] m. step.
2 degree. 3 grade. 4
rank, class.

graduación [graðwaθjón] *f*. graduation, grading. 2 strength. 3 MIL. rank. 4 admission to a degree.

graduar [graðuár] *t*. to graduate. 2 to gauge, measure. 3 *p*. to take a degree.

gráfico [gráfiko] *a*. graphic. 2 lifelike. 3 *f*. diagram.

gramática [gramátika] *f*. grammar.

gramo [grámo] *m*. gramme.

grana [grána] *f*. scarlet colour.

granada [granáða] *f*. BOT. pomegranate. 2 hand-grenade, shell.

gran, grande [gran, gránde] *a*. large, big; great, grand.

grandeza [grandéθa] *f*. bigness. 2 greatness, grandeur.

grandioso [grandjóso] *a*. grand, magnificent.

granero [granéro] *m*. granary, barn.

granizo [graníθo] *m*. hail; hailstorm.

granja [gráŋxa] *f*. farm. 2 dairy.

grano [gráno] *m*. grain. 2 seed. 3 grape, corn. 4 pimple. 5 *ir al* ~, to come to the point.

grasa [grása] *f*. grease, fat, suet.

gratis [grátis] *adv*. gratis, free.

gratitud [gratitúð] *f*. gratitude gratefulness.

grato [gráto] *a*. pleasant.

grave [gráβe] *a*. heavy. 2 grave, weighty, serious. 3 difficult.

gravedad [graβeðáð] *f*. gravity. 2 seriousness.

graznar [graðnár] *i*. to caw. 2 to cackle.

greda [gréða] *f*. clay.

griego [grjéɣo] *a.-n*. Greek.

grieta [grjéta] *f*. crack.

grillo [gríʎo] *m*. cricket. 2 sprout. 3 *pl*. fetters.

gripe [grípe] *f*. flu, influenza.

gris [gris] *a*. grey.

gritar [gritár] *i.-t*. to shout, cry out, scream.

gritería, -o [gritería, -o] *f*. shouting, outcry, uproar.

grito [gríto] *m*. shout; cry, hoot.

grosella [groséʎa] *f*. red currant; gooseberry.

grosero [groséro] *a*. coarse. 2 rude. 3 *m.-f*. boor.

grotesco [grotésko] *a*. grotesque, ridiculous.

grúa [grúa] *f*. crane, derrick.

grueso [grwéso] *a*. thick. 2 fat, stout. 3 big. 4 *m*. bulk. 5 main body. 6 thickness.

gruñir [gruɲír] *i.* to grunt, growl. ¶ CONJUG. like *mullir*.

grupo [grúpo] *m.* group, cluster. 2 set, assembly.

guante [gwánte] *m.* glove.

guapo [gwápo] *a.* handsome, good-looking.

guardar [gwarðár] *t.* to keep, watch over. 2 to lay up, store. 3 to observe. 4 *p.* to keep from.

guardia [gwárðja] *f.* guard: ~ *urbano*, policeman. 2 defense. 3 *estar de* ~, to be on duty.

guardián [gwarðján] *m.-f.* guardian, watchman.

guarida [gwaríða] *f.* haunt, den, lair. 2 shelter.

guarnición [gwarniθjón] *f.* garrison.

guerra [gérra] *f.* war, warfare.

guerrear [gerreár] *i.* to wage war against, fight.

guerrero [gerréro] *m.-f.* warrior, soldier.

guerrillero [gerriʎéro] *m.* guerrilla, partisan.

guía [gía] *m.-f.* guide, leader. 2 guide-book. 3 ~ *de teléfonos*, directory.

guiar [giár] *t.* to guide, lead. 2 to drive, steer. 3 AER. to pilot.

guiñar [giɲár] *t.* to wink, blink.

guión [gión] *m.* hyphen; dash. 2 notes. 3 script.

guirnalda [girnálda] *f.* garland, wreath.

guisante [gisánte] *m.* pea, sweet pea.

guisar [gisár] *t.* to cook.

guitarra [gitárra] *f.* guitar.

gusano [gusáno] *m.* worm; caterpillar. 2 silkworm.

gustar [gustár] *t.* to taste. 2 to please. 3 to like: *me gusta*, I like.

gusto [gústo] *m.* taste. 2 flavour. 3 pleasure: *con mucho* ~, with pleasure.

gustosamente [gustósaménte] *adv.* with pleasure, gladly.

gustoso [gustóso] *a.* tasty. 2 pleasant. 3 glad.

H

haba [áβa] *f.* (broad) bean.

haber [aβér] *t. aux.* to have. 2 (with *de*) to have to, must. 3 *impers.* *hay*, there is, there are. 4 (with *que*) it is necessary. 5 *cinco días ha*, five days ago. ¶ CONJUG. INDIC. Pres.: *he, has, ha* or *hay; hemos* or *habemos*, habéis, *han*. | Imperf.: había, habías, etc. | Pret.: *hube, hubiste,* etc. | Fut.: *habré, habrás,* etc. ‖ COND.: *habría, habrías,* etc. ‖ SUBJ. Pres.: *haya, hayas,* etc. | Imperf.: *hubiera, hubieras,* etc., or *hubiese, hubieses,* etc. | Fut.: *hubiere, hubieres,* etc. ‖ IMPER.: *he, haya; ha-yamos*, habed, *hayan.* ‖ PAST. P.: habido. ‖ GER.: habiendo.

habichuela [aβitʃwéla] *f.* kidney bean, French bean.

hábil [áβil] *a.* skilful, clever. 2 **-mente** *adv.* skilfully.

habilidad [aβiliδáδ] *f.* ability, skill, cleverness.

habilitar [aβilitár] *t.* to enable. 2 to qualify.

habitación [aβitaθión] *f.* room.

habitante [aβitánte] *m.-f.* inhabitant; tenant.

habitar [aβitár] *t.-i.* to inhabit; to dwell, live.

hábito [áβito] *m.* habit, custom. 2 habit [of monk].

habitual [aβituál] *a.* habitual, customary.

hablador [aβlaðór] *a.* talkative. 2 *m.-f.* chatterer.

hablar [aβlár] *i.* to speak [to], talk [to, with].

Hacedor [aθeðór] *m.* Maker.

hacer [aθér] *t.* to make [create, build]. 2 to do [perform, carry out]. 3 3 ~ *bien o mal*, to do it rightly, wrongly; ~ *burla de*, to mock; ~ *caso*, to pay attention; ~ *daño*, to hurt; ~ *pedazos*, to break to pieces; ~ *preguntas*, to ask questions. 4 *i. no hace al caso*, it is irrelevant; ~ *de*, to act as a [chairman]. 5 *p.* to become, grow: *me hice limpiar los zapatos*, I had my shoes cleaned. 6 impers. *hace frío*, it's cold; *hace tres días*, three days ago; *hace un año que no le veo*, it's a year since I saw him; *se hace tarde*, it's getting late. ¶ CONJUG. INDIC. Pres.: *hago*, haces, etc. | Imperf.: hacía, hacías, etc. | Pret.: *hice*, *hiciste*, etc. | Fut.: *haré*, *harás*, etc. ‖ CONJUG.: *haría*, *harías*. ‖ SUBJ. Pres.: *haga*, *hagas*, etc. | Imperf.: *hiciera*, *hi-*

cieras, etc., or *hiciese*, *hicieses*, etc. | Fut.: *hiciere*, *hicieres*, etc. ‖ *haz*, *haga; hagamos*, haced, *hagan*. ‖ PAST. P.: *hecho*. ‖ GER.: haciendo.

hacia [áθja] *prep.* toward(s, to, for: ~ *adelante*, forwards; ~ *atrás*, backwards.

hacienda [aθjénda] *f.* farm. 2 (Am.) ranch. 3 property: ~ *pública*, Treasury, Exchequer.

hacha [átʃa] *f.* axe, hatchet. 2 torch.

hada [áða] *f.* fairy.

halagar [alaɣár] *t.* to flatter, coax, cajole.

halago [aláɣo] *m.* cajolery. 2 flattery.

halagüeño [alaɣwéɲo] *a.* attractive. 2 flattering. 3 promising.

halcón [alkón] *m.* hawk.

hálito [álito] *m.* breath.

hallar [aʎár] *t.* to find, come across, meet with. 2 to find out, discover. 3 to think. 5 *p.* to be [present].

hallazgo [aʎáðɣo] *m.* finding, discovery.

hamaca [amáka] *f.* hammock, swing.

hambre [ámbre] *f.* hunger, starvation, famine: *tener* ~, to be hungry.

hambriento [ambrjénto] *a.* hungry. 2 greedy.

harapo [arápo] *m.* rag, tatter.

harina [arína] *f.* flour, meal, powder.

hartar [artár] *t.* to satiate, glut. 2 to fill up. 3 to tire, sicken. 4 *p.* to become fed up [with].

harto [árto] *a.* satiated. 2 tired, sick; fed up [with].

hasta [ásta] *prep.* till, until; to, as far as; ~ *ahora*, till now; ~ *aquí*, so far; ~ *luego*, goodbye, see you later.

hastío [astío] *m.* disgust. 2 weariness.

hato [áto] *m.* herd; flock 2 gang, band.

hazaña [aθáɲa] *f.* deed, exploit, achievement.

he [e] *adv. heme aquí*, here I am.

hebilla [eβíʎa] *f.* buckle, clasp.

hebra [éβra] *f.* thread. 2 fibre, staple. 3 filament.

hebreo [eβréo] *a.-n.* Hebrew.

hectárea [eɣtárea] *f.* hectare.

hechicero [etʃiθéro] *m.-f.* bewitcher, magician. 3 *m.* sorcerer, wizard. 4 *f.* sorceress, witch.

hecho [étʃo] *p. p.* made, done. 2 grown. 3 ready--made. 4 used. 5 *m.* fact. 6 happening. 7 act, feat.

hechura [etʃúra] *f.* making. 2 form, shape. 3 tailoring.

helada [eláða] *f.* frost.

helado [eláðo] *a.* frozen. 2 frost-bitten. 3 cold. 4 *m.* ice-cream.

helar [elár] *t.* to freeze. 2 to frostbite. ¶ CONJUG. like *acertar*.

hembra [émbra] *f.* female. 2 MEC. nut.

hemisferio [emisférjo] *m.* hemisphere.

henchir [entʃír] *t.* to fill, stuff. 2 to swell. 3 *p.* to be filled. ¶ CONJUG. like *servir*.

hender [endér] *t.-p.* to cleave, split, slit, crack. ¶ CONJUG. like *entender*.

hendidura [endiðúra] *f.* cleft, crevice, crack, slit, slot.

heno [éno] *m.* hay.

heraldo [eráldo] *m.* herald. 2 harbinger.

heredad [ereðáð] *f.* property, estate.

heredar [ereðár] *t.* to inherit.

heredero [ereðéro] *m.-f.* inheritor. 2 *m.* heir. 3 *f.* heiress.

herencia [erénθja] *f.*
f. inheritance. 2 hered-
ity.

herida [eríða] *f.* wound,
injury.

herido [eríðo] *a.* wound-
ed, injured, hurt.

herir [erír] *t.* to wound,
injure, hurt. 2 to of-
fend. 3 to strike, hit.
¶ CONJUG. like *servir.*

hermana [ermána] *f.*
sister: ~ *política*, sister-
-in-law.

hermandad [ermandáð]
f. fraternity, broth-
erhood, sisterhood

hermano [ermáno] *m.*
brother: ~ *político*,
brother-in-law; *primo*
~, cousin german.

hermoso [ermóso] *a.*
beautiful, fair, lovely. 2
handsome, good-looking.

hermosura [ermosúra] *a.*
beauty, fairness.

héroe [éroe] *m.* hero.

heroico [eróĭko] *a.* her-
oic.

heroína [eroína] *f.* heroine. 2 heroin [drug].

heroismo [eroízmo] *m.*
heroism.

herrador [erraðór] *m.*
farrier, horseshoer.

herradura [erraðúra] *f.*
horseshoe.

herramienta [erramjén-
ta] *f.* tool, implement.

herrero [erréro] *m.*
blacksmith, smith.

hervir [erβír] *i.* to boil.
2 to bubble. 3 to swarm.
¶ CONJUG. INDIC. Pres.:
hiervo, hierves, hierve;
hervimos, hervís, *hier-
ven.* | Pret.: herví, her-
viste, *hirvió;* hervimos,
hervisteis, *hirvieron.* ‖
SUBJ. Pres.: *hierva,
hiervas, hierva; hirva-
mos, hirvais, hiervan.* |
Imperf.: *hirviera, hir-
vieras,* etc., or *hirviese,
hirvieses,* etc. | Fut.:
hirviere, hirvieres, etc.
‖ IMPER.: *hierve, hier-
va; hirvamos,* hervid,
hiervan. ‖ PAST. P.:
hervido. ‖ GER.: *hir-
viendo.*

hidalgo [iðálɣo] *m.* nobleman, hidalgo.

hiel [jél] *f.* bile, gall.
2 bitterness, troubles.

hielo [jélo] *m.* ice. 2
frost. 3 coldness.

hierba [jérβa] *f.* grass.

hierro [jérro] *m.* iron.

higado [íɣaðo] *m.* liver.

higiene [ixjéne] *f.* hygiene.

higiénico [ixjéniko] *a.*
sanitary, hygienic.

higo [íɣo] *m.* fig.

hijo [íxo] *m.-f.* child;
m. son; *f.* daughter:
hijo político, son-in-law;
hija política, daughter-
-in-law.

hilandero [ilandéro] *m.-
f.* spinner.

hilar [ilár] *t.* to spin.

hilera [iléra] *f.* file, row.

hilo [ílo] *m.* thread. 2 yarn. 3 wire.

himno [ímno] *m.* hymn: ~ *nacional,* national anthem.

hincapié [iŋkapjé] *m.* *hacer* ~, to insist upon.

hincar [iŋkár] *t.* to drive [in], thrust [in]: ~ *el diente.* to bite. 2 *p.* ~ *de rodillas,* to kneel down.

hinchar [intʃár] *t.* to swell; to blow up, pump up.

hípico [ípiko] *a.* equine, of horses: *concurso* ~, horse-race.

hipnotizar [iβnotiθár] *t.* to hypnotize.

hipócrita [ipókrita] *a.* hypocritical. 2 *m.-f.* hypocrite.

hipódromo [ipóðromo] *m.* race-track, race-course.

hipoteca [ipotéka] *f.* mortgage.

hipótesis [ipótesis] *f.* hypothesis, supposition.

hipotético [ipotétiko] *a.* hypothetic(al.

hispánico [ispániko] *a.* Spanish.

hispanoamericano [ispanoamerikáno] *a.* Spanish-American.

historia [istórja] *f.* history.

historiador [istorjaðór] *m.-f.* historian.

histórico [istóriko] *a.* historic(al.

historieta [istorjéta] *f.* tale, short story.

hito [íto] *a.* fixed: *mirar de* ~ *en* ~, to look fixedly. 2 *m.* landmark. mark.

hocico [oθíko] *m.* snout, muzzle, nose.

hogar [oɣár] *m.* fireplace, hearth. 2 home.

hoguera [oɣéra] *f.* bonfire, fire, blaze.

hoja [óxa] *f.* leaf [of tree, etc.]; blade [of grass, etc.]; petal. 2 sheet [of paper]. 3 foil, pane [of metal]; ~ *de afeitar,* razor blade. 4 shutter.

hojalata [oxaláta] *f.* tin-plate.

¡hola! [óla] *interj.* hello!, hullo!, hey!, I say!

holandés [olandés] *a.* Dutch. 2 *m.* Dutchman.

holgado [olɣáðo] *a.* idle. 2 large, roomy. 3 loose. 4 comfortable.

holgar [olɣár] *i.* to rest. 2 to be idle. 3 to be needless. 4 *p.* to enjoy oneself. 5 *i.-p.* to be glad. ¶ Conjug. like *contar.*

holgazán [olɣaθán] *a.* idle, lazy.

holocausto [olokáusto] *m.* sacrifice.

hollar [oʎár] *t.* to tread on, trample on.

hombre [ómbre] *m.* man [male; human bieng; mankind]. 2 husband.

hombro [ómbro] *m.* shoulder.

homenaje [omenáxe] *m.* homage.

homicida [omiθíða] *a.* homicidal. 2 *m.* murderer.

homogéneo [omoxéneo] *a.* homogeneous.

hondamente [óndaménte] *adv.* deeply.

hondo [óndo] *a.* deep, profound. 2 *m.* depth, bottom.

honesto [onésto] *a.* chaste. 2 honest, decent.

hongo [óŋgo] *m.* fungus, mushroom. 2 bowler [hat].

honor [onór] *m.* honour. 2 dignity, rank.

honorable [onoráβle] *a.* honourable.

honorario [onorárjo] *a.* honorary. 2 *m. pl.* professional fee.

honra [ónrra] *f.* honour, dignity.

honradamente [onrráða-ménte] *adv.* honestly.

honradez [onrraðéθ] *f.* honesty, uprightness.

honrado [onrráðo] *a.* honest, upright, fair, just.

honrar [onrrár] *t.* to honour. 2 *p.* to be proud of.

honroso [onrróso] *a.* honourable.

hora [óra] *f.* hour; time: ¿qué ~ es?, what time is it?

horario [orárjo] *m.* hour-hand. 2 time-table.

horca [órka] *f.* gallows. 2 hay-fork.

horchata [ortʃáta] *f.* orgeat.

horizontal [oriθontál] *a.-f.* horizontal.

horizonte [oriθónte] *m.* horizon.

hormiga [ormíɣa] *f.* ant.

hormigón [ormiɣón] *m.* concrete: ~ armado, reinforced concrete.

hormiguero [ormiɣéro] *m.* ant-hill. 2 swarm of people.

horno [órno] *m.* oven; kiln; alto ~, blast-furnace.

horquilla [orkíʎa] *f.* pitchfork. 2 hairpin. 3 fork. 4 cradle.

horrendo [orréndo] *a.* awful, fearful, dreadful.

horrible [orríβle] *a.* horrible, fearful.

horror [orrór] *m.* horror, fright. 2 grimness.

horroroso [orroróso] *a.* horrible, dreadful. 2 frightful.

hortaliza [ortalíθa] *f.* vegetables, greens.

hortelano [orteláno] *m.* gardener; farmer.

hortensia [orténsja] *f.* hydrangea.

hospedaje [ospeðáxe] *m.* lodging, accomodation.

hospedar [ospeðár] *t.* to lodge, entertain. 2 *p.* to put up [at].

hospital [ospitál] *m.* hospital; infirmary.

hostia [óstja] *f.* Host; wafer.

hostil [ostíl] *a.* hostile.

hostilidad [ostiliðáð] *f.* hostility.

hotel [otél] *m.* hotel.

hoy [oǐ] *adv.* today; now.

hoyo [ójo] *m.* hole. 2 dent.

hoz [oθ] *f.* sickle. 2 ravine.

hueco [wéko] *a.-m.* hollow.

huelga [wélɣa] *f.* strike.

huelguista [welɣísta] *m.-f.* striker.

huella [wéʎa] *f.* tread. 2 print; track, footprint.

huérfano [wérfano] *a.-n.* orphan.

huerta [wérta] *f.* vegetable garden. 2 irrigated region.

huerto [wérto] *m.* orchard. 2 kitchen garden.

hueso [wéso] *m.* bone.

huésped [wéspeð] *m.-f.* guest.

huevo [wéβo] *m.* egg.

huida [uíða] *f.* flight, escape.

huir [uír] *i.* to flee, fly, escape, run away [from]. 2 *t.* to avoid, shun. ‖ CONJUG.: INDIC.: Pres.: *huyo, huyes, huye;* huimos, huis, *huyen.* | Pret:; hui, huiste, *huyó;* huimos, huisteis, *huyeron.* ‖ SUBJ. PRES.: *huya, huyas,* etc. | Imperf.: *huyera, huyeras,* etc., or *huyese, huyeses,* etc. | Fut.: *huyere, huyeres,* etc. ‖ IMPERAT.: *huye, huya; huyamos,* huid, *huyan.* ‖ GER.: *huyendo.*

humanidad [umaniðáð] *f.* humanity. 2 mankind. 3 kindness. 4 corpulence. 5 *pl.* humanities.

humanitario [umanitárjo] *a.* humanitarian.

humano [umáno] *a.* human. 2 humane.

humear [umeár] *i.* to smoke.

humedad [umeðáð] *f.* humidity, moisture, dampness.

humedecer [umeðeθér] *t*. to moisten, wet. ¶ CON-JUG. like *agradecer*.

húmedo [úmeðo] *a*. humid, moist, damp, wet.

humildad [umildáð] *f*. humility, humbleness.

humilde [umílde] *a*. humble. 2 meek. 3 -**mente** *adv*. humbly.

humillación [umiʎaθjón] *f*. humiliation.

humillar [umiʎár] *t*. to humble. 3 to shame. 4

to lower [one's head]. 5 *p*. to humble oneself.

humo [úmo] *m*. smoke. 2 steam, vapour.

humor [umór] *m*. humour, temper, mood: *buen, mal* ~, good, bad humour. 4 wit.

hundir [undír] *t*. to sink. 2 NAUT. to founder. 3 *p*. to sink. 4 to collapse.

huracán [urakán] *h*. hurricane.

I

Ida [íða] *f.* going, departure: *billete de ~ y vuelta*, return ticket.

Idea [iðéa] *f.* idea; notion. 2 purpose. 3 opinion.

Ideal [iðeál] *a.-m.* ideal.

Idear [iðeár] *t.* to conceive, think. 2 to plan, design.

Idéntico [iðéntiko] *a.* identic(al.

Identidad [iðentiðáð] *f.* identity, sameness.

Identificar [iðentifikár] *t.* to identify.

Idilio [iðíljo] *m.* idyll. 2 love relations.

Idioma [iðjóma] *m.* language.

idiota [iðjóta] *a.* silly 2 *m.-f.* idiot.

idolatrar [iðolatrár] *t.-i.* to idolize, worship.

Idolatría [iðolatría] *f.* idolatry.

ídolo [íðolo] *m.* idol.

iglesia [iɣlésja] *f.* church.

ignorancia [iɣnoránθja] *f.* ignorance, illiteracy.

ignorante [iɣnoránte] *a.* ignorant. 2 *m.-f.* ignoramus.

ignorar [iɣnorár] *t.* not to know.

igual [iɣwál] *a.* equal [to]. 2 the same. 3 level, even. 4 *sin ~*, matchless. 5 adv. *~ que*, as well as; *me es ~*, I don't mind.

igualar [iɣwalár] *t.* to equalize. 2 to even, level. 3 to match.

igualdad [iɣwaldáð] *f.* equality, sameness.

igualmente [iɣwálménte]

adv. similarly. 3 likewise, also.

ilegal [ileɣál] *a.* illegal.

ileso [iléso] *a.* unharmed, unhurt.

ilimitado [ilimitáðo] *a.* unlimited, limitless.

iluminar [iluminár] *t.* to light up. 2 to enlighten.

ilusión [ilusjón] *f.* illusion, day-dream.

ilustrado [ilustráðo] *a.* cultured, educated.

ilustrar [ilustrár] *t.* to illustrate. 2 to explain. 3 *p.* to learn.

ilustre [ilústre] *a.* celebrated, illustrious.

imagen [imáxen] *f.* image.

imaginación [imaxinaθjón] *f.* imagination, fancy.

imaginar [imaxinár] *t.* to imagine, fancy. 2 *t.-p.* suppose.

imaginario [imaxinárjo] *a.* imaginative.

imán [imán] *m.* magnet. 2 loadstone.

imbécil [imbéθil] *a.-n.* stupid.

imitación [imitaθjón] *f.* imitation.

imitar [imitár] *t.* to imitate, ape; to follow.

impaciencia [impaθjénθja] *f.* impatience.

impaciente [impaθjénte] *a.* impatient, anxious.

imparcial [imparθjál] *a.* impartial, fair.

impartir [impartír] *t.* to impart, give, convey.

impecable [impekáβle] *a.* faultless.

impedimento [impeðiménto] *m.* impediment, hindrance, obstacle.

impedir [impeðír] *t.* to impede, hinder, prevent. ¶ CONJUG. like *servir*.

impenetrable [impenetráβle] *a.* impenetrable, impervious.

imperar [imperár] *i.* to rule, command, reign. 2 to prevail.

imperativo [imperatíβo] *a.-m.* imperative.

imperdible [imperðíβle] *m.* safety-pin.

impefección [imperfeɣθjón] *f.* imperfection.

imperfecto [imperféɣto] *a.-m.* imperfect.

imperial [imperjál] *a.* imperial.

imperio [impérjo] *m.* empire.

imperioso [imperjóso] *a.* domineering. 2 urgent.

impertinente [impertinénte] *a.* impertinent, impudent.

ímpetu [ímpetu] *m.* impetus, impulse. 2 rush.

impetuoso [impetwóso] *a* impetuous.

impiedad [impjeðáð] *f.* impiety.

impío [impío] *a*. impious.

implacable [implakáβle] *a*. relentless, inexorable.

implantar [implantár] *t*. to implant, establish.

implicar [implikár] *t*. to implicate. 2 to imply.

implorar [implorár] *t*. to implore, entreat, beg.

imponderable [imponderáβle] *a*. imponderable.

imponente [imponénte] *a*. impressive, imposing. 2 grandiose.

imponer [imponér] *t*. to impose. 2 to inspire. 3 to deposit. 4 *p*. to assert oneself. 5 to be necessary. 6 to impose one's authority on.

importación [importaθjón] *f*. importation, imports.

importancia [importánθja] *f*. importance, consequence.

importante [importánte] *a*. important, urgent, serious.

importar [importár] *i*. to be important; to matter. 2 to amount to. 3 to import.

importe [impórte] *m*. amount.

importuno [importúno] *a*. importunate, inopportune annoying.

imposibilitar [imposiβilitár] *t*. to prevent. 2 to disable.

imposible [imposíβle] *a*. impossible. 2 *m*. impossibility.

imposición [imposiθjón] *f*. imposition; tax, burden.

impotente [impoténte] *a*. impotent, powerless.

impregnar [impreɣnár] *t*. to impregnate. 2 *p*. to be pervaded.

imprenta [imprénta] *f*. press; printing office.

imprescindible [impresθindíβle] *a*. indispensable.

impresión [impresjón] *f*. stamp, imprint. 2 footprint. 3 impression.

impresionante [impresjonánte] *a*. impressive.

impresionar [impresjonár] *t*. to impress, affect. 2 to touch. 3 to record sounds. 4 *p*. to be moved.

impreso [impréso] *a*. printed. 2 *m*. printed paper. 3 printed matter.

imprimir [imprimír] *t* to print; to stamp.

impropio [imprópjo] *a* improper. 2 unfitting.

improvisar [improβisár] *t*. to improvise.

improviso [improβíso] *a*. unexpected: *de* ~, suddenly.

impuesto [impwésto] *m*. tax, duty, levy.

impulsar [impulsár] t. to impel. 3 to drive, force.

impulso [impúlso] m. impulse. 2 force, push.

impuro [impúro] a. impure. 2 defiled. 3 lewd.

imputar [imputár] t. to impute to, attribute to.

inagotable [inaɣotáβle] a. inexhaustible.

inalterable [inalteráβle] a. unchangeable. 2 stable, fast.

inaudito [inaŭðíto] a. unheard-of. 2 monstrous.

inauguración [inaŭɣuraθjón] f. inauguration, opening.

inaugurar [inaŭɣurár] t. to inaugurate, open.

incalculable [iŋkalkuláβle] a. incalculable.

incansable [iŋkansáβle] a. untiring, tireless.

incapaz [iŋkapáθ] a. incapable. 2 unable, inefficient.

incendiar [inθendjár] t. to set fire to. 2 p. to catch fire.

incendio [inθénðjo] m. fire. 2 arson.

incentivo [inθentíβo] m. incentive, encouragement.

incertidumbre [inθertiðúmbre] f. uncertainty.

incesante [inθesánte] a. incessant, unceasing.

incidente [inθiðénte] a. incidental. 2 m. incident.

incienso [inθjénso] m. incense.

incierto [inθjérto] a. uncertain.

incitar [inθitár] t. to incite, rouse, urge, spur on.

inclemencia [inkleménθja] f. inclemency. 2 hard weather.

inclinación [iŋklinaθjón] f. slope. 2 liking. 3 bow, nod.

inclinar [iŋklinár] t.-p. to slant, bow. 2 t. to dispose. 3 p. lean, be disposed.

incluir [iŋkluír] t. to include. 2 to enclose. ¶ CONJUG. like *huir*.

inclusive [iŋklusíβe] adv. including.

incluso [iŋklúso] a. included. 2 adv. even, besides.

incógnito [iŋkóɣnito] a.-f. unknown. 3 adv. incognito.

incoloro [iŋkolóro] a. colourless.

incomodar [iŋkomoðár] t. to annoy, trouble. 2 p. to become angry.

incomodidad [iŋkomoðiðáð] f. discomfort.

incómodo [iŋkómoðo] a. inconvenient, uncomfortable, cumbersome.

incomparable [iŋkompa-ráβle] *a.* incomparable.

incompleto [iŋkompléto] *a.* incomplete.

incomprensible [iŋkomprensíβle] *a.* incomprehensible.

inconsciente [iŋkonsθénte] *a.* unconscious. 2 unaware. 3 thoughtless.

inconveniente [iŋkombenjénte] *a.* inconvenient. 2 *m.* drawback.

incorporar [iŋkorporár] *t.* to incorporate. 2 *p.* to sit up. 3 to join.

incredulidad [iŋkreðuliðáð] *f.* incredulity.

incrédulo [iŋkréðulo] *a.* incredulous; 2 *m.-f.* unbeliever.

increíble [iŋkreíβle] *a.* incredible, unbelievable.

incrustar [iŋkrustár] *t.* to incrust. 2 to inlay.

incubadora [iŋkuβadóra] *f.* incubator.

incurrir [iŋkurrír] *i.* to incur. 2 to fall into.

incursión [iŋkursjón] *f.* raid, incursion.

indecente [indeθénte] *a.* obscene, indecent.

indecible [indeθíβle] *a.* unutterable, inexpressible.

indeciso [indeθíso] *a.* undecided. 2 hesitant.

indefenso [indefénso] *a.* defenceless.

indefinidamente [indefiniðaménte] *adv.* indefinitely.

indefinido [indefiníðo] *a.* vague. 2 GRAM. indefinite.

indemnización [indemniθaθjón] *f.* indemnification.

independencia [independénθja] *f.* independence.

independiente [independjénte] *a.* independent.

indicación [indikaθjón] *f.* indication. 2 hint.

indicar [indikár] *t.* to point out, show. 2 to hint.

indicativo [indikatíβo] *a.* indicative.

índice [índiθe] *m.* index, forefinger. 2 sign.

indicio [indíθjo] *m.* sign, token; clue; trace.

indiferencia [indiferénθja] *f.* indifference.

indiferente [indiferénte] *a.* indifferent.

indígena [indíxena] *a.* indigenous. 2 *m.-f.* native.

indigestión [indixestjón] *f.* indigestion.

indignación [indiɣnaθjón] *f.* indignation, anger.

indignar [indiɣnár] *t.* to irritate, anger. 2 *p.* to become indignant.

indigno [indiɣno] *a.* unworthy.

indio [índjo] *a.-n.* Indian. 2 Hindu.

indirecto [indiréyto] *a.* indirect.

indiscutible [indiskutíβle] *a.* unquestionable.

indispensable [indispensáβle] *a.* indispensable.

individual [indiβiðuál] *a.* individual. 2 **-mente** *adv.* individually.

individuo [indiβíðwo] *a.-n.* individual.

índole [índole] *f.* nature. 2 class, kind.

inducir [induθír] *t.* to induce, instigate. ¶ Conjug. like *conducir*.

indudable [induðáβle] *a.* doubtless. 2 **-mente** *adv.* certainly.

indulgencia [indulxénθja] *f.* indulgence, forbearance.

industria [indústrja] *f.* industry.

industrial [industrjál] *a.* industrial. 2 *m.* manufacturer.

inefable [inefáβle] *a.* ineffable, indescribable.

inercia [inérθja] *f.* indolence. 2 inertia.

inesperado [inesperáðo] *a.* unexpected.

inevitable [ineβitáβle] *a.* unavoidable.

inexperto [inespérto] *a.* inexperienced.

inexplicable [inespliká-βle] *a.* inexplicable.

infalible [imfalíβle] *a.* infalible; certain, sure.

infame [imfáme] *a.* hateful, odious, vile.

infancia [imfánθja] *f.* infancy, childhood.

infantería [imfantería] *f.* infantry: ~ *de marina,* marines.

infantil [imfantíl] *a.* infantile. 2 childish.

infección [imfeγθjón] *f.* infection, contagion.

infeccioso [imfeγθjóso] *a.* infectious, contagious.

infectar [imfeγtár] *t.* to infect. 2 *p.* to become infected.

infeliz [imfelíθ] *a.* unhappy, wretched.

inferior [imferjór] *a.-n.* inferior. 2 *a.* lower.

inferioridad [imferjoriðáð] *f.* inferiority.

inferir [imferir] *t.* to infer. 2 to cause, do. ¶ Conjug. like *hervir*.

infernal [imfernál] *a.* hellish, infernal.

infiel [imfjél] *a.* unfaithful. 2 *a.-n.* infidel, pagan.

infierno [imfjérno] *m.* hell, inferno.

infinidad [imfiniðáð] *f.* infinity, great quantity.

infinitafente [imfinita-ménte] *adv.* infinitely.

infinito [imfiníto] *a.* infinite. 2 *m.* infinite space.

inflamación [imflama-θjón] *f.* inflammation.

inflamar [imflamár] *t.-p.* to inflame.

inflar [imflár] *t.* to inflate, blow up. 2 *p.* to swell.

influencia [imfluénθja] *f.* influence.

influir [imfluír] *t.* to influence.

influjo [imflúxo] *m.* influence.

información [imforma-θjón] *f.* information. 2 inquiry.

informar [imformár] *t.* to inform [tell]. 2 *i.* to report. 3 *p.* to inquire, find out.

informe [imfórme] *a.* shapeless. 2 *m.* information, report. 3 *pl.* references.

infortunio [imfortúnjo] *f.* misfortune. 2 mishap.

infundir [imfundír] *t.* to infuse, instill.

ingeniería [inxenjería] *f.* engineering.

ingeniero [inxenjéro] *m.* engineer.

ingenio [inxénjo] *m.* genius; mind, talent. 2 cleverness, wit. 3 machine.

ingenioso [inxenjóso] *a.* clever, ingenious.

ingenuo [inxénwo] *a.* frank, sincere; simple, naïve; ingenuos.

Inglés [inglés] *a.* English. 2 *m.* Englishman. 3 *f.* Englishwoman.

ingratitud [ingratitúð] *f.* ingratitude.

ingrato [ingráto] *a.* ungrateful.

ingrediente [ingreðjénte] *m.* ingredient.

ingresar [ingresár] *i.* to enter; to become a member of; to join. 3 *t.* to deposit [money].

ingreso [ingréso] *m.* entrance. 2 *pl.* income.

inhumano [inumáno] *a.* inhuman, disgusting.

iniciador [iniθjaðór] *a.* initiating. 2 *m.-f.* pioneer.

iniciar [iniθjár] *t.* to begin, start, initiate.

iniciativa [iniθjatíßa] *f.* initiative, enterprise.

inicuo [iníkwo] *a.* iniquitous, wicked.

iniquidad [inikiðáð] *f.* iniquity, wickedness.

injuria [inxúrja] *f.* insult, abuse, offence.

injuriar [inxurjár] *t.* to insult, abuse, offend.

injurioso [inxurjóso] *a.* insulting, injurious.

injustamente [inxústaménte] *adv.* unjustly.

injusticia [inxustíθja] *f.* injustice.

injusto [inxústo] *a.* unjust, unfair.

inmaculado [immakuláðo] a. immaculate, clean.

inmediatamente [immeðjátaménte] adv. immediately.

inmediato [immeðjáto] a. immediate. 2 close [to], next [to].

inmensidad [immensiðáð] f. immensity. 2 great number.

inmenso [imménso] a. immense. 2 vast, huge.

inmóvil [immóßil] a. motionless, fixed. 2 constant.

inmundo [immúndo] a. dirty, filthy.

inmune [immúne] a. immune, free, exempt.

inmutable [immutáßle] a. unchangeable.

innato [innáto] a. innate, inborn.

innecesario [inneθesárjo] a. unnecessary.

innumerable [innumeráßle] a. numberless.

inocencia [inoθénθja] f. f. innocence..

inocente [inoθénte] a.-s. innocent.

inodoro [onoðóro] a. odourless. 2 m. toilet.

inofensivo [inofensíßo] a. harmless, inoffensive.

inolvidable [inolßiðáßle] a. unforgettable.

inquietar [inkjetár] t. to disturb, worry. 2 to vex,

trouble. 3 p. to be anxious.

inquieto [inkjéto] a. restless. 2 worried, anxious.

inquietud [inkjetúð] f. restlessness, anxiety.

inquirir [inkirír] t. to inquire into, search. ¶ Conjug. like *adquirir*.

inscribir [inskrißír] t. to inscribe. 2 p. to register.

inscripción [inskrißθjón] f. inscription. 2 registration.

insecticida [inseɣtiθíða] m. insecticide.

insecto [inséɣto] m. insect.

insensato [insensáto] a. stupid, foolish.

insensible [insensíßle] a. senseless. 2 callous.

insertar [insertár] t. to insert.

insigne [insíɣne] a. famous, eminent.

insignia [insíɣnja] f. badge, emblem. 2 pennant.

insignificante [insiɣnifikánte] a. insignificant.

insinuar [insinuár] t. to insinuate, hint.

insistencia [insisténθja] f. insistence.

insistir [insistír] i. to insist [on, that].

insolente [insolénte] a. impudent, rude.

insoportable [insoportá-βle] *a.* unbearable.

inspección [inspeɣθjón] *f.* inspection, survey.

inspeccionar [inspeɣθjo-nár] *t.* to inspect, oversee, supervise, check.

inspector [inspeɣtór] *m.-f.* inspector, surveyor.

inspiración [inspiraθjón] *f.* inspiration.

inspirar [inspirár] *t.* to inspire, breathe in.

instalación [instalaθjón] *f.* installation. 2 plant.

instalar [instalár] *t.* to set up. 2 *p.* to settle.

instancia [instánθja] *f.* instance, request. 2 application.

instante [instánte] *m.* instant: al ~, immediately.

instar [instár] *t.* to beg, urge. 2 *i.* to be pressing.

instinto [instínto] *m.* instinct; impulse, urge.

institución [instituθjón] *f.* institution.

instituir [instituír] *t.* to establish, found. 2 LAW appoint [as heir]. ¶ CONJUG. like *huir*.

instituto [institúto] *m.* institute. 2 state secondary school.

instrucción [instruɣθjón] *f.* instruction, teaching, learning. 2 MIL. drill. 3 *pl.* orders.

instruir [instruír] *t.* to instruct, teach. 2 MIL. to drill. 3 *p.* to learn. ¶ CONJUG. like *huir*.

instrumento [instruménto] *m.* instrument, tool.

insular [insulár] *a.* insular. 2 *m.-f.* islander.

insultar [insultár] *t.* to insult; to call names.

insulto [insúlto] *m.* insult, affront, outrage.

insuperable [insuperáβle] *a.* unsurpassable.

intacto [intáɣto] *a.* intact, untouched.

integrante [inteɣránte] *a.* integral. 2 *m.-f.* member.

integrar [inteɣrár] *t.* to form, make up.

integridad [inteɣriðáð] *f.* integrity. 2 honesty.

íntegro [ínteɣro] *a.* complete. 2 honest.

intelectual [inteleɣtwál] *a.-n.* intellectual.

inteligencia [intelixénθja] *f.* intelligence, understanding.

inteligente [intelixénte] intelligent.

intención [intenθjón] *f.* intention, purpose, mind.

intensidad [intensiðáð] *f.* intensity.

intensificar [intensifikár] *t.* to intensify.

intenso [inténso] *a.* intense, powerful, strong.

intentar [intentár] *t.* to try, attempt. 2 to intend.

intento [inténto] *m.* intent, purpose. 2 attempt.

intercambio [interkámbjo] *m.* interchange.

interés [interés] *m.* interest, concern.

interesante [interesánte] *a.* interesting.

interesar [interesár] *t.* to interest. 2 to concern. 3 MED. to affect. 4 *i.* to be interesting. 5 *p.* to be necessary. 6 *p.* to be interested.

interino [interíno] *a.* temporary.

interior [interjór] *a.* interior, inside. 2 *m.* inland.

intermedio [interméðjo] *a.* intermediate. 2 *m.* interval.

interminable [interminá-βle] *a.* endless.

internacional [interna-θjonál] *a.* international.

internado [internáðo] *m.* boarding school.

internar [internár] *t.* to intern, put into.

interno [intérno] *a.* internal, interior.

interponer [interponér] *t.* to interpose. 2 *p.* to intervene.

interpretación [interpreta-θjón] *f.* interpretation, explanation.

interpretar [interpretár] *t.* to interpret. 2 THEAT. to play.

intérprete [intérprete] *m.-f.* interpreter.

interrogar [interroɣár] *t.* to interrogate, question.

interrumpir [interrumpír] *t.* to interrupt, break off, block, hold up.

interrupción [interruβ-θjón] *f.* interruption; stoppage, holdup.

intervalo [interβálo] *m.* interval.

intervención [interβen-θjón] *f.* intervention. 2 mediation.

intervenir [interβenír] *i.* to intervene. 2 to intercede. 3 *t.* SURG. to operate upon.

intestino [intestíno] *a.* internal. 2 *m.* intestine(s.

íntimamente [íntimamén-te] *adv.* intimately.

intimar [intimár] *t.* to intimate. 2 *i.-p.* to become intimate.

intimidad [intimiðáð] *f.* intimacy.

íntimo [íntimo] *a.* intimate. 2 private. 3 close.

intranquilo [intraŋkílo] *a.* restless, uneasy.

intrépido [intrépiðo] *a.* intrepid, dauntless.

introducción [introðuy-θjón] *f.* introduction.

introducir [introðuθír] *t.* to introduce. 2 *p.* to get in(to.

inundación [inundaθjón] *f.* inundation, flood.

inundar [inundár] *t.* to inundate, flood.

inútil [inútil] *a.* useless. 2 **-mente** *adv.* uselessly.

invadir [imbaðír] *t.* to invade, overrun.

invasión [imbasjón] *f.* invasion.

invencible [imbenθíβle] *a.* invincible.

inventar [imbentár] *t.* to invent, find out.

invento [imbénto] *m.* invention, discovery.

inventor [imbentór] *m.-f.* inventor.

inversión [imbersjón] *f.* investment.

inverso [imbérso] *a.* inverse, reverse.

invertir [imbertír] *f.* to invert. 2 to spend [time]. 3 COM. to invest. ¶ CONJUG. like *hervir*.

investigación [imbestiɣaθjón] *f.* investigation, research.

investigador [imbestiɣaðór] *m.-f.* investigator, researcher.

investigar [imbestiɣár] *t.* to investigate, do research on.

invicto [imbíyto] *a.* unconquered, unbeaten.

invierno [imbjérno] *m.* winter, wintertime.

invisible [imbisíβle] *a.* invisible.

invitación [imbitaθjón] *f.* invitation.

invitado [imbitáðo] *m.-f.* guest.

invitar [imbitár] *t.* to invite.

invocar [imbokár] *t.* to invoke, call on.

inyección [injeyθjón] *f.* injection.

inyectar [injeytár] *t.* to inject.

ir [ir] *i.* to go: ~ *a caballo,* to ride on horseback; ~ *pie,* to go on foot; *¡vamos!,* come on!, let's go! 2 *p.* to go away. ¶ CONJUG. INDIC. Pres.: *voy, vas, va; vamos, vais, van.* | Imperf.: *iba, ibas,* etc. | Pret.: *fui, fuiste,* etc. | Fut.: *iré, irás,* etc. | COND.: *iría, irías,* etc. ‖ SUBJ. Pres.: *vaya, vayas,* etc. | Imperf.: *fuera, fueras,* etc., or *fuese, fueses,* etc. | Fut.: *fuere, fueres,* etc. ‖ IMPER.: *ve, vaya; vayamos, id, vayan.* ‖ PAST. P.: *ido.* ‖ GER.: *yendo.*

ira [íra] *f.* anger, wrath.

iracundo [irakúndo] *a.* irate, irascible.

irritar [irritár] *t.* to irritate. 2 *p.* to become irritated.

isla [ízla] *f.* island; isle.

israelita [i(z)rraelíta] *a.* Jewish. 2 *m.* Jew. 3 *f.* Jewess.

istmo [ízmo] *m.* isthmus.

italiano [italjáno] *a.-n.* Italian.

itinerario [itinerárjo] *m.* itinerary, route.

izar [iθár] *t.* to hoist; to heave.

izquierdo [iθkjérðo] *a.* left-handed; crooked. 2 *f.* left hand: *a la* ~, to the left. 3 POL. the Left [wing].

J

jabalí [xaβalí] *m.* wild boar.

jabón [xaβón] *m.* soap.

jadeante [xaðeánte] *a.* panting, breathless.

jaguar [xaɣwár] *m.* ZOOL. jaguar.

jalea [xaléa] *f.* jelly.

jamás [xamás] *adv.* never, (not) ever.

jamón [xamón] *m.* ham.

japonés [xaponés] *a.-n.* japanese.

jaqueca [xakéka] *f.* headache.

jarabe [xaráβe] *m.* syrup.

jardín [xarðín] *m.* garden, flower garden.

jardinero [xarðinéro] *m.* gardener.

jarra [xárra] *f.* earthen jar. 2 *en jarras,* with arms akimbo.

jarro [xárro] *m.* jug, pitcher.

jaula [xáula] *f.* cage.

jazmín [xaðmín] *m.* BOT. jasmine.

jefe [xéfe] *m.* chief, head, leader.

jerez [xeréθ] *m.* sherry.

jeringa [xeríŋga] *f.* syringe.

jeringar [xeriŋgár] *t.* to inject. 2 to annoy.

jeroglífico [xeroɣlífiko] *m.* hieroglyph, puzzle.

Jesucristo [xesukrísto] *m.* Jesus Christ.

jilguero [xilɣéro] *m.* linnet, goldfinch.

jinete [xinéte] *m.* horseman, rider.

jira [xíra] *f.* picnic.

jirafa [xiráfa] *f.* giraffe.

jornada [xornáða] *f.*

f. day's journey. 2 working day.

jornal [xornál] *m.* day's wages. 2 day's work.

jornalero [xornaléro] *m.* day-labourer.

joroba [xoróβa] *f.* hump, hunch.

jorobado [xoroβádo] *m.- f.* hunch-back(ed.

jota [xóta] *f.* the letter j. 2 jota [dance].

joven [xóβen] *a.* young. 2 *m.-f.* youth, young man or woman.

joya [xója] *f.* jewel; gem.

joyería [xojería] *f.* jewellery, jeweller's [shop].

judía [xuðía] *f.* Jewess. 2 bean, kidney bean.

judicial [xuðiθjál] *a.* judicial.

judío [xuðío] *a.* Jewish. 2 *m.* Jew, Hebrew.

juego [xwéɣo] *m.* play. 2 game. 3 sport. 4 gambling. 5 set, service: ~ *de té*, tea set. 6 ~ *de palabras*, pun; *hacer* ~, to match; ~ *limpio*, fair play.

jueves [xwéβes] *m.* Thursday.

juez [xweθ] *m.* judge, justice; magistrate.

jugada [xuɣáða] *f.* move. 2 mean trick.

jugador [xuɣaðór] *m.-f.* player. 2 gambler.

jugar [xuɣár] *t.-i.* to play. 2 to gamble. ¶ CONJUG. INDIC. Pres.: *juego, juegas, juega; jugamos, jugáis, juegan.* ‖ SUBJ. Pres.: *juegue, juegues, juegue;* juguemos, juguéis, *jueguen.* ‖ IMPER.: *juega, juegue; juguemos,* jugad, *jueguen.*

jugo [xúɣo] *m.* juice.

jugoso [xuɣóso] *a.* juicy.

juguete [xuɣéte] *m.* toy.

juguetear [xuɣeteár] *i.* to play, romp, sport.

juguetón [xuɣetón] *a.* playful, frolicsome.

juicio [xwíθjo] *m.* judgement, wisdom. 2 LAW trial.

juicioso [xwiθjóso] *a.* judicious, sensible, wise.

julio [xúljo] *m.* July.

junio [xúnjo] *m.* June.

junta [xúnta] *f.* meeting.

juntamente [xúntaménte] *adv.* together.

juntar [xuntár] *t.* to assemble. 2 to gather, lay up, store. 3 to join, unite; to connect.

junto [xúnto] *a.* together. 2 *adv.* near, close: ~ *a,* close to.

juramento [xuraménto] *m.* oath: ~ *falso,* perjury. 2 curse.

jurar [xurár] *t.-i.* to swear: ~ *en falso,* to commit perjury.

jurisdicción [xurizðiɣ-θjón] *f*. jurisdiction.

justamente [xústaménte] *adv*. justly. 2 tightly. 3 just.

justicia [xustíθja] *f*. justice. 2 fairness, right.

justificar [xustifikár] *t*. to justify. 2 to vouch. 3 *p*. to justify one's conduct.

1) **justo** [xústo] *adv*. justly, exactly. 2 closely.

2) **justo** [xústo] *a*. just. 2 righteous. 3 exact. 4 tight.

juvenil [xuβeníl] *a*. youthful.

juventud [xuβentúð] *f*. youth. 2 young people.

juzgado [xuðɣáðo] *m*. law-court, court of justice.

juzgar [xuðɣár] *i*. to judge. 2 to try. 3 to think.

K

kilo [kílo], **kilogramo** [kiloɣrámo] *m*. kilogram, kilogramme, kilo.

kilómetro [kilómetro] *m*. kilometre, kilometer.

kiosko [kjósko] *m*. kiosk.

L

la [la] *def. art. fem. sing.* the. 2 *obj. pron.* her; it; you.

labio [láβjo] *m.* lip.

labor [laβór] *f.* labour, work, task. 2 needlework.

laboratorio [laβoratórjo] *m.* laboratory.

laboriosidad [laβorjosiðáð] *f.* diligence, industry, laboriousness.

laborioso [laβorjóso] *a.* laborious, industrious, diligent.

labrador [laβraðór] *m.-f.* farmer, ploughman.

labranza [laβránθa] *f.* farming, husbandry.

labrar [laβrár] *t.* to work. 2 to plough, till.

labriego [laβrjéyo] *m.-f.* farm labourer, peasant.

lacio [láθjo] *a.* withered. 2 straight, lank.

ladera [laðéra] *f.* slope, hillside.

lado [láðo] *m.* side: *dejar a un* ~, to set aside; *al* ~, near by; *al* ~ *de*, beside; *por un* ~ ... *por otro*, on the one hand ... on the other hand.

ladrar [laðrár] *i.* to bark.

ladrillo [laðríʎo] *m.* brick, tile.

ladrón [laðrón] *m.-f.* thief, robber.

lágrima [láɣrima] *f.* tear. 2 drop.

lagarto [laɣárto] *m.* lizard.

lago [láɣo] *m.* lake.

laguna [laɣúna] *f.* pond, lagoon. 2 blank, gap.

lamentable [lamentáβle] regrettable, pitiful.

lamentar [lamentár] t. to deplore, regret, be sorry for. 2 p. to complain.

lamento [laménto] m. wail, moan, complaint.

lamer [lamér] t. to lick.

lámina [lámina] f. sheet of metal. 2 engraving.

lámpara [lámpara] f. lamp, light. 2 valve, bulb.

lana [lána] f. wool.

lance [lánθe] m. throw, cast. 2 incident, affair. 3 move, turn. 4 second-hand.

lancha [lántʃa] f. launch, boat.

langosta [laŋgósta] f. locust. 2 lobster.

langostino [laŋgostíno] m. prawn, shrimp, cray-fish.

lanudo [lanúðo] a. woolly, fleecy. 2 un-couth.

lanza [lánθa] f. lance, spear. 2 shaft.

lanzar [lanθár] t. to throw, cast, fling, hurl. 2 to launch. 3 p. to rush.

lapicero [lapiθéro] m. pencil.

lápida [lápiða] f. tablet; tombstone; slab.

lápiz [lápiθ] m. pencil.

largar [laryár] t. to let go. 2 to give [a sigh].

3 p. to get out, leave.

1) **largo** [láryo] adv. largely. 2 m. long, length. 3 pasar de ~, to pass by.

2) **largo** [láryo] a. long.

larva [lárβa] f. larva; grub, maggot.

las [las] def. art. f. pl. the. 2 obj. pron. f. pl. them; you [formal].

lástima [lástima] f. pity, grief: ¡qué ~!, what a pity!

lastimar [lastimár] t. to hurt, injure; to offend. 2 p. to get hurt.

lata [láta] f. tin-plate, tin, can: dar la ~, to annoy.

lateral [laterál] a. side [door].

latido [latíðo] m. beat, throb.

latigazo [latiyáθo] m. lash. 2 crack.

látigo [látiyo] m. whip.

latín [latín] m. Latin.

latir [latír] i. to beat, throb.

latitud [latitúð] f. breadth, width. 2 lat-itude.

latón [latón] m. brass.

laurel [laʊrél] m. laurel.

lavabo [laβáβo] m. wash-stand. 2 washroom. 3 lavatory, toilet.

lavadero [laβaðéro] m. washing-place. 2 laundry.

lavamanos [laβamános] *m*. wash-basin.

lavandería [laβandería] *f*. laundry.

lavar [laβár] *t.-i.* to wash; to wash up [dishes, etc.]; to clean. 2 to cleanse.

lazo [láθo] *m*. bow, knot, loop; lasso. 2 tie, bond.

le [le] *pers. pron. m. sing.; direct obj.* him; you [formal]. 2 *indirect obj.* to him, to her, to it; to you [formal].

leal [leál] *a*. loyal, faithful. 2 fair.

lealtad [lealtáð] *f*. loyalty, fidelity.

lección [leɣθjón] *f*. lesson; class; lecture.

lector [leɣtór] *m.-f.* reader. 2 lecturer.

lectura [leɣtúra] *f*. reading: *libro de ~*, reader.

leche [létʃe] *f*. milk.

lechería [letʃería] *f*. dairy.

lechero [letʃéro] *a*. milky. 2 *m*. milkman. 3 *f*. milkmaid.

lecho [létʃo] *m*. bed. 2 river-bed. 3 stratum.

lechón [letʃón] *m*. sucking-pig.

lechuga [letʃúɣa] *f*. lettuce.

lechuza [letʃúθa] *f*. barn-owl.

leer [leér] *t.-i.* to read.

legal [leɣál] *a*. legal, lawful.

legalizar [leɣaliθár] *t*. to legalize, authenticate.

legar [leɣár] *t*. to will, bequeath.

legión [lexjón] *f*. legion.

legislación [lexizlaθjón] *f*. legislation.

legislador [lexizlaðór] *m*. legislator.

legislar [lexizlár] *t*. to legislate, enact laws.

legislatura [lexizlatúra] *f*. legislature. 2 legislative assembly [or body].

legítimo [lexítimo] *a*. legitimate. 2 genuine, real.

legua [léɣwa] *f*. league.

legumbre [leɣúmbre] *f. pl*. vegetables.

lejano [lexáno] *a* distant, remote, far off.

lejos [léxos] *adv*. far, far away, far off.

lema [léma] *m*. motto. 2 slogan.

lengua [léngwa] *f*. tongue. 2 language.

lenguaje [lengwáxe] *m*. language. 2 tongue, speech.

lentamente [léntaménte] *adv*. slowly.

lente [lénte] *m. f*. lens. 2 magnifying glass. 3 *m. pl*. glasses, spectacles.

lento [lénto] *a.* slow.

leña [léɲa] *f.* firewood.

leñador [leɲaðór] *m.* woodcutter, woodman.

león [león] *m.* lion.

leona [leóna] *f.* lioness.

leopardo [leopárðo] *m.* leopard.

lepra [lépra] *f.* leprosy.

leproso [lepróso] *m.-f.* leper.

les [les] *pers. pron. m.-f.* them, to them; you, to you [formal].

lesión [lesjón] *f.* lesion, wound, injury.

lesionar [lesjonár] *t.* to hurt, wound, injure. 2 to damage.

letra [létra] *f.* letter. 2 printing type. 3 handwriting. 4 ~ *mayúscula,* capital letter; ~ *minúscula,* small letter. 5 COM. bill of exchange, draft. 6 *pl.* learning.

letrado [letráðo] *m.-f.* lawyer.

letrero [letréro] *m.* label. 2 sign, placard, poster, notice.

letrina [letrína] *f.* latrine, privy; sewer.

levadura [leβaðúra] *f.* leaven, yeast.

levantamiento [leβantamjénto] *m.* lifting, raising. 3 insurrection, revolt, uprising.

levantar [leβantár] *t.* to raise, lift, hoist. 2 to build. 3 to pick up. 4 to stir. 5 ~ *la mesa,* to clear the table. 6 ~ *acta* to draw up a statement. 7 ~ *la sesión,* to close the meeting. 8 *p.* to rise, get up; to rebel.

leve [léβe] *a.* light. 2 slight, trifling.

ley [leǐ] *f.* law; rule; act, statute.

leyenda [lejénda] *f.* legend, story. 2 inscription.

liberal [liβerál] *a.-n.* liberal; generous.

libertad [liβertáð] *f.* liberty, freedom.

libertador [liβertaðór] *m.-f.* liberator, deliverer.

libertar [liβertár] *t.* to set free, liberate.

libra [líβra] *f.* pound [weight; coin]: ~ *esterlina,* pound sterling.

librar [liβrár] *t.* to free, deliver, save [from danger]. 2 to pass [sentence]. 3 to draw [a bill, etc.]. 4 to give [battle]. 5 *p. librarse de,* to get rid of.

libre [líβre] *a.* free: ~ *albedrío,* free will. 2 vacant. 3 at leisure.

libremente [líβreménte] *adv.* freely.

librería [liβrería] *f.* library; bookcase. 2 bookshop.

libreta [liβréta] *f.* notebook.

libro [líβro] *m*. book.
licencia [liθénθja] *f*. licence, permission. 2 MIL. leave.
licenciado [liθenθjáðo] *m*. EDUC. licenciate, bachellor. 2 lawyer. 3 discharged soldier.
lícito [líθito] *a*. lawful, licit, legal; fair, fust.
licor [likór] *m*. liquor; spirits.
lid [lið] *f*. contest, fight.
líder [líðer] *m*. leader.
lidiar [liðjár] *i*. to fight.
liebre [ljéβre] *f*. hare.
lienzo [ljénθo] *m*. linen cloth. 2 canvas.
liga [líγa] *f*. garter. 2 mixture. 3 league.
ligar [liγár] *t*. to tie, bind. 2 to join, unite.
ligereza [lixeréθa] *f*. lightness. 2 flippancy.
ligero [lixéro] *a*. light. 2 flippant. 3 *adv*. fast.
lila [líla] *f*. lilac.
lima [líma] *f*. file. 2 finish. 3 sweet lime.
limadura [limaðúra] *f*. filing.
limitar [limitár] *t*. to limit. 2 to cut down. 3 *i*. to border on. 4 *p*. to confine oneself to.
límite [límite] *m*. limit. 2 border.
limítrofe [limítrofe] *a*. neighbouring, bordering.
limón [limón] *m*. lemon.

limonada [limonáða] *f*. lemonade; lemon juice.
limosna [limózna] *f*. alms, charity.
limpiabotas [limpjaβótas] *m*. bootblack.
limpiar [limpjár] *t*. to clean, cleanse. 2 to wipe. 3 to clear.
limpieza [limpjéθa] *f*. cleanliness. clean(ing.
limpio [límpjo] *a*. clean. 2 neat, tidy. 3 honest. 4 clear, net. 5 fair [play].
linaje [lináxe] *m*. lineage, race: ~ *humano*. mankind.
lindo [líndo] *a*. pretty, nice.
línea [línea] *f*. line.
lino [líno] *m*. linen; flax.
linterna [lintérna] *f*. lantern, lamp.: ~ *eléctrica*, flashlight, torch.
lío [lío] *m*. bundel, parcel. 2 tangle, mess: *armar un* ~, to raise a rumpus: *¡qué* ~!, what a mess!
liquidación [likiðaθjón] *f*. liquefaction. 2 bargain sale.
liquidar [likiðár] *t*.-*p*. to liquefy. 2 *t*. to liquidate. 3 to murder.
líquido [likiðo] *a*.-*n*. liquid, fluid. 2 net.
lira [líra] *f*. lira. 2 lyre.

lirico [líriko] *a.* lyric(al. 2 *m.-f.* lyric poet.

lirio [lírjo] *m.* lily.

liso [líso] *a.* smooth, flat, even.

lisonja [lisóŋxa] *f.* flattery; compliment.

lisonjero [lisoŋxéro] *a.* flattering; promising.

lista [lísta] *f.* list, catalogue. 2 roll: *pasar* ~, to call the roll.

listo [lísto] *a.* ready. 2 quick. 3 finished. 4 clever.

literario [literárjo] *a.* literary.

literato [literáto] *m.-f.* writer, man-of-letters.

literatura [literatúra] *f.* literature.

litoral [litorál] *a.* coastal. 2 *m.* coast, seaboard.

litro [lítro] *m.* litre.

liviano [liβjáno] *a.* lewd. 2 light; slight. 3 frivolous.

lo [lo] *neut. art.* the. 2 *pers. pron. m. neut.* him; it; you [formal]; *lo que,* what.

lobo [lóβo] *m.* wolf.

lóbrego [lóβreγo] *a.* dark, gloomy, sad.

lóbulo [lóβulo] *m.* lobe.

local [lokál] *a.* local. 2 *m.* place, premises.

localidad [lokaliðáð] *f.* locality. 2 town. 3 seat.

localizar [lokaliθár] *t.* to localize; to locate, place, site.

loco [lóko] *a.* mad, crazy. 2 *m.-f.* madman, madwoman. 3 fool.

locomotora [lokomotóra] *f.* railway engine.

locura [lokúra] *f.* madness, insanity, folly.

locutor [lokutór] *m.* announcer; TV. newscaster, newsreader; presenter.

lodo [lóðo] *m.* mud, mire.

lógico [lóxiko] *a.* logical. 2 *f.* logic.

lograr [loγrár] *t.* to get, achieve, attain, obtain. 2 to succeed [in + *ger.*], manage to.

logro [lóγro] *m.* success, achievement. 2 gain, profit.

loma [lóma] *f.* hilloc.

lombriz [lombríθ] *f.* earthworm.

lomo [lómo] *m.* back. 2 loin. 3 sirloin.

lona [lóna] *f.* canvas, sail-cloth.

longitud [loŋxitúð] *f.* length, longitude.

lontananza [lontanánθa] *f.* background. 2 *en* ~, in the distance.

loor [loór] *m.* praise.

loro [lóro] *m.* parrot.

los [los] *def. art. m. pl.* the. 2 ~ *que,* those, or they who or which. 3

obj. pron. m. pl. them; you [formal].

losa [lósa] *f.* flagstone, slab. 2 gravestone.

lote [lóte] *m.* share, portion. 2 lot.

lotería [lotería] *f.* lottery; raffle.

loza [lóθa] *f.* china, fine earthenware, crockery.

lozanía [loθanía] *f.* luxuriance. 2 bloom, vigour.

lozano [loθáno] *a.* luxuriant. 2 blooming, vigorous.

lucero [luθéro] *m.* morning star, bright star.

lúcido [lúθiðo] *a.* clear, bright.

luciente [luθjénte] *a.* shining, bright.

lucir [luθír] *i.* to shine, glow. 2 *t.* to display. 3 *p.* to show off. 4 to shine, be successful. ‖ CONJUG.: INDIC. Pres.: *luzco,* luces, luce, etc. ‖ SUBJ. Pres.: *luzca, luzcas,* etc. ‖ IMPER.: luce, *luzca; luzcamos,* lucid, *luzcan.*

lucha [lútʃa] *f.* fight. 2 strife, struggle. 3 wrestling.

luchar [lutʃár] *i.* to fight. 2 to strive, struggle. 3 to wrestle.

luego [lwéγo] *adv.* afterwards, next. 2 immediately. 3 later. 4 *desde* ~, of course. 5 *hasta* ~, so long. 6 *conj.* therefore, then.

lugar [luγár] *m.* place: *en primer* ~, firstly. 2 spot. 3 employment. 4 space. 5 *en* ~ *de,* instead of. 6 *dar* ~ *a,* to give rise to. 7 *tener* ~, to take place, happen.

lujo [lúxo] *m.* luxury.

lujoso [luxóso] *a.* luxurious, costly.

lumbre [lúmbre] *f.* fire. 2 light.

luminoso [luminóso] *a.* bright, shining.

luna [lúna] *f.* moon: ~ *de miel,* honeymoon; *estar en la* ~, fig. to be absent-minded. 2 mirror.

lunar [lunár] *a.* lunar. 2 *m.* mole, beauty spot. 3 blemish.

lunes [lúnes] *m.* Monday.

luto [lúto] *m.* mourning: *ir de* ~, to be in mourning. 2 grief.

luz [luθ] *f.* light: ~ *del día,* daylight; *dar a* ~, to give birth to; to publish.

LL

llaga [ʎáɣa] *f.* ulcer, sore; wound.

llama [ʎáma] *f.* flame, blaze. 2 ZOOL. llama.

llamamiento [ʎamamjénto] *m.* call, summons.

llamar [ʎamár] *t.* to call, summon; to name: ~ *por teléfono,* to telephone, call up. 2 *i.* to knock; to ring the bell. 3 *p.* to be called: *me llamo Juan,* my name is John.

llamativo [ʎamatíβo] *a.* showy, flashy, gaudy.

llano [ʎáno] *a.* flat, level, smooth. 2 frank. 3 simple [style]. 4 *m.* plain.

llanto [ʎánto] *m.* crying, weeping, tears.

llanura [ʎanúra] *f.* flatness. 2 plain; prairie.

llave [ʎáβe] *f.* key. 2 cock, faucet. 3 wrench. 4 MUS. clef.

llegada [ʎeɣáða] *f.* arrival, coming.

llegar [ʎeɣár] *i.* to arrive [at; in]; to get at, reach. 2 to come to [an agreement]. 3 to amount to. 4 to get to [know]. 5 *p.* to go to.

llenar [ʎenár] *t.* to fill [up]. 2 to fulfil. 3 *p.* to get crowded.

lleno [ʎéno] *a.* full [of]; filled [with]; crowded [with]. 2 *m.* THEAT. full house.

llevar [ʎeβár] *t.* to carry, convey, take. 2 to wear, have on [a hat]. 3 to lead, guide. 4 to keep [books]. 5

p. to take off. *6* to win [a prize]. *7* ~ *bien,* to get on well with.

llorar [ʎorár] *i.* to weep, cry.

llorón [ʎorón] *a. sauce* ~, weeping willow. *2 m.-f.* crybaby.

llover [ʎoβér] *t.* to rain, shower: ~ *a cántaros,* to rain cats and dogs. ¶ CONJUG. like *mover.*

llovizna [ʎoβíðna] *f.* drizzle.

lluvia [ʎúβja] *f.* rain.

lluvioso [ʎuβjóso] *a.* rainy, wet.

M

M

macarrón [makarrón] *m*. macaroon. 2 *pl*. macaroni.

maceta [maθéta] *f*. flower-pot.

macizo [maθíθo] *a*. massive, solid. 2 *m*. flower-bed. 3 mass. 4 massif.

machacar [matʃakár] *t*. to pound, crush, mash.

machete [matʃéte] *m*. cutlass, cane knife.

macho [mátʃo] *a*. male. 2 *m*. male. 3 he-mule: ~ *cabrio*, he-goat. 4 sledge-hammer.

madera [maðéra] *f*. wood.

madero [maðéro] *m*. log.

madrastra [maðrástra] *f*. stepmother.

madre [máðre] *f*. mother: ~ *patria*, mother country; ~ *política*, mother-in-law.

madreselva [maðresélβa] *f*. honeysuckle.

madrigal [maðriɣál] *m*. madrigal.

madrileño [maðriléno] *a.-n*. Madrilenian.

madrina [maðrína] *f*. godmother. 2 patroness.

madrugada [maðruɣáða] *f*. dawn; early morning.

madrugador [maðruɣaðór] *m*. early-riser.

madrugar [maðruɣár] *i*. to get up early.

madurar [maðurár] *t*. to mature, ripen. 2 to think over.

madurez [maðuréθ] *f*. maturity, ripeness.

maduro [maðúro] *a*. mature, ripe. 2 middle-aged.

maestría [maestría] *f*. mastery, skill.

maestro [maéstro] *a.*
master, main, principal:
obra maestra, master-
piece. 2 *m.* master,
teacher. 3 *f.* (school)-
mistress.

magia [máxja] *f.* magic.

mágico [máxiko] *a.*
magic(al.

magisterio [maxistérjo]
m. teaching, guidance,
mastership. 2 teaching
profession.

magistrado [maxistráðo]
m. magistrate. 2 jus-
tice, judge.

magnate [maɣnáte] *m.*
magnate; tycoon.

magnético [maɣnétiko]
a. magnetic.

magnetófono [maɣnetó-
fono] *m.* tape-recorder.

magnificencia [maɣnifi-
θénθja] *f.* magnificence,
splendour.

magnífico [maɣnífiko] *a.*
magnificent, splendid.

magnitud [maɣnitúð] *f.*
magnitude, greatness;
size.

mago [máɣo] *m.-f.* magician, wizard. 2 m. pl.
los Reyes Magos, the
Magi, the Three Wise
Men.

mahometano [maometá-
no] *a.-s.* Mohammedan.

maíz [maíθ] *m.* maize,
Indian corn.

maizal [maiθál] *m.* In-
dian-corn field.

majadero [maxaðéro] *a.*
silly, stupid. 2 *m.-f.*
dolt, bore.

majar [maxár] *t.* to
pound, grind, crush.

majestad [maxestáð] *f.*
majesty, stateliness.

majestuoso [maxestwóso]
a. majestic, stately.

1) **mal** [mal] *a.* apoco-
pation of MALO. 2 *adv.*
badly, wrongly: ~ *que
le pese,* in spite of him.

2) **mal** [mal] *m.* evil, ill,
harm, wrong: *tomar a
~,* to take ill. 2 illness,
disease.

malcriado [malkriáðo] *a.*
a. ill-bred, coarse.

maldad [maldáð] *f.* wickedness, badness.

maldecir [maldeθír] *t.-i.*
to curse, damn. 2 ~ *de,*
to speak ill of. ¶ Con-
jug. like *decir.*

maldición [maldiθjón] *f.*
curse. 2 curse it!,
damn!

maldito [maldíto] *a.*
accursed, damned. 2
wicked.

malecón [malekón] *m.*
pier, jetty, mole.

malestar [malestár] *m.*
discomfort, uneasiness.

maleta [maléta] *f.* valise,
suit-case: *hacer la ~,*
to pack up.

maleza [maléθa] *f.* underbrush, thicket.

malgastador [malɣasta-
ðór] *a.-n.* spendthrift.

malgastar [malɣastár]
to waste, squander.

malhechor [maletʃór] *m.*
evil-doer, criminal.

malicia [malíθja] *f.* malice. 2 slyness. 3 suspi-
ciousness.

malicioso [maliθjóso] *a.*
malicious, cunning, sly.

maligno [malíɣno] *a.*
malignant, harmful.

malo [málo] *a.* bad, evil,
wicked, vicious. 2 ill,
harmful. 3 naughty,
mischievous. 4 ill, sick:
estar malo, to be ill. 5
lo malo es que ..., the
trouble is that ... 6
interj. *¡malo!*, bad!

malograr [maloɣrár] *t.*
to miss, waste. 2 *p.* to
fail.

malta [málta] *f.* malt.

maltratar [maltratár] *t.*
to abuse, illtreat.

maltrato [maltráto] *m.*
ill-treatment.

malvado [malβáðo] *a.*
wicked. 2 *m.-f.* villain.

malla [máʎa] *f.* mesh;
network. 2 mail.

mamá [mamá] *f.* mum-
my [mother].

mamar [mamár] *t.* to
suck.

mamífero [mamífero] *m.*
mammal.

maná [maná] *m.* manna.

manada [manáða] *f.*
herd, flock. pack, drove.
2 handful.

manantial [manantjál]
m. source, spring.

mancebo [manθéβo] *m.*
youth, young man.

manco [máŋko] *a.-n.* one-
-handed, armless [per-
son].

mancha [mántʃa] *f.*
stain, spot, blot.

manchar [mantʃár] *t.* to
stain, soil; to defile.

mandamiento [manda-
mjénto] *m.* order, com-
mand. 2 LAW writ. 3
commandment.

mandar [mandár] *t.* to
command, order. 2 to
send. 3 *i* to govern.

mandarina [mandarína]
f. tangerine.

mandato [mandáto] *m.*
command, order.

mandíbula [mandíβula]
f. jaw, jaw-bone.

manejar [manexár] *t.* to
manage, handle, wield.

manejo [manéxo] *m.*
handling. 2 manage-
ment. 3 intrigue.

manera [manéra] *f.* manner, mode, fashion: *de
~ que*, so that; *de
ninguna ~*, by no
means; *de todas mane-
ras*, anyhow. 2 way,
means. 3 *pl.* manners,
behaviour.

manga [máŋga] *f.* sleeve.
2 hose-pipe.

mango [mángo] *m.* handle. 2 BOT. mango.

manguera [maŋgéra] *f.* *f.* hose, hosepipe.

maní [maní] *m.* (Am.) peanut.

manía [manía] *f.* frenzy. 2 craze, whim. 3 deslike.

manicomio [manikómjo] *m.* lunatic asylum, mental hospital.

manifestación [manifestaθjón] *f.* manifestation. 2 statement. 3 POL. public demonstration.

manifestar [manifestár] *t.* to manifest, show, reveal. 2 to state, declare. ¶ CONJUG. like *acertar*.

manifiesto [manifjésto] obvious, evident.

maniobra [manjóβra] *f.* manœuvre. 2 RLY. shift.

manjar [maŋxár] *m.* food.

mano [máno] *f.* hand: ~ *de obra*, labourer; *echar una* ~, to lend a hand; *de segunda* ~, second-hand. 2 hand [of clock, etc.]. 3 round [of game].

mansión [mansjón] *f.* stay, sojourn. 2 dwelling.

manso [mánso] *a.* tame. 2 meek, mild. 3 quiet [water].

manta [mánta] *f.* blanket, travelling rug.

manteca [mantéka] *f.* fat; butter; lard.

mantecado [mantekáðo] *m.* butter bun. 2 ice-cream.

mantel [mantél] *m.* table-cloth.

mantener [mantenér] *t.* to maintain, support, keep. 2 to sustain, hold [up]. 3 *p.* to keep, continue.

mantenimiento [mantenimjénto] *m.* maintenance. 2 food; livelihood.

mantequilla [mantekíʎa] *f.* butter.

manto [mánto] *m.* mantle, cloak.

manual [manuál] *a.* manual. 2 *m.* handbook.

manufactura [manufaɣtúra] *f.* manufacture.

manufacturar [manufaɣturár] *t.* to manufacture.

manuscrito [manuskríto] *m.* manuscript.

manzana [manθána] *f.* apple. 2 block of houses.

manzano [manθáno] *m.* apple-tree.

maña [máɲa] *f.* skill, cunning, knack.

mañana [maɲána] *f.* morning, forenoon: *de* ~, early in the morning. 2 morrow. 3 *adv.* to-morrow.

mapa [mápa] *m.* map, chart.

maquillaje [makiʎáxe]
m. make-up.

máquina [mákina] *f.*
machine, engine: ~ *de
afeitar,* safety-razor; ~
de escribir, typewriter;
~ *de vapor,* steam-en-
gine.

maquinaria [makinárja]
machinery.

maquinista [makinísta]
m.-f. machinist. 2 me-
chanic. 3 engineer (US),
engine driver.

mar [mar] *m.* or *f.* sea.

maravilla [maraβíʎa] *f.*
wonder, marvel.

maravilloso [maraβiʎóso]
a. wonderful, marvellous.

marca [márka] *f.* mark,
brand. 2 SPORT record.
3 *de* ~, first-class
quality.

marcar [markár] *t.* to
mark, brand; to stencil.
2 SPORT to score. 3
TELEPH. to dial.

marco [márko] *m.* frame,
case. 2 mark [German
coin].

marcha [mártʃa] *f.*
march. 2 course. 3
running, working. 4 de-
parture. 5 pace. 6 *cam-
bio de marchas,* gear-
shift.

marchar [martʃár] *i.* to
march, walk. 2 to go,
proceed. 3 to work, run.
4 *i.-p.* to leave.

marchitar [martʃitár] *t.-
p.* to wither, fade.

marea [maréa] *f.* tide
[of sea]: ~ *alta, baja,*
high, low tide.

mareado [mareáðo] *a.*
a. nauseated, sick, seasick, carsick, airsick. 2
dizzy, giddy. 3 annoyed.

marear [mareár] *t.* to
sail. 2 to annoy. 3 *p.* to
become nauseated, sick.
4 to get dizzy.

mareo [maréo] *m.* sickness, seasickness. 2 diz-
zines. 3 annoyance.

marfil [marfíl] *m.* ivory.

margarita [marɣaríta]
f. daisy. 2 pearl.

margen [márxen] *m.-f.*
margin. 2 border. 3
bank.

marido [maríðo] *m.* husband.

marina [marína] *f.* sea-
coast. 2 PAINT. sea-scape.
3 ships: ~ *de guerra,*
navy; ~ *mercante,* mer-
chant navy.

marinero [marinéro] *m.*
mariner, sailor.

marino [maríno] *a.* marine: *azul* ~, navy blue.
2 *m.* mariner, sailor.

mariposa [maripósa] *f.*
butterfly.

marítimo [marítimo] *a.*
maritime.

mármol [mármol] *m.*
marble.

maroma [maróma] *f.* rope, tightrope.

marqués [markés] *m.* marquis. 2 *f.* marchioness.

marrano [marráno] *a.* dirty. 2 *m.* pig. 3 *f.* sow.

marrón [marrón] *a.* brown, chestnut.

martes [mártes] *m.* Tuesday.

martillo [martíʎo] *m.* hammer.

martinete [martinéte] *m.* drop hammer.

mártir [mártir] *m.-f.* martyr.

martirio [martírjo] *m.* martyrdom. 2 torture.

marzo [márθo] *m.* March.

mas [mas] *conj.* but.

más [mas] *adv.* more. 2 2 ~ *grande*, bigger. 3 [with definite article] the most, or -est. 4 ~ *bien*, rather; ~ *que*, more than; *por* ~ *que*, however much; *no quiero nada* ~, I don't want anything else. 5 *m.* MATH. plus.

masa [mása] *f.* dough. 2 MAS. mortar. 3 PHYS. mass. 4 ELEC. ground. 5 volume. 6 crowd of pleople; the masses.

mascar [maskár] *t.* to chew. 2 to mumble [words].

máscara [máskara] *f.* mask, disguise; masked person.

mascota [maskóta] *f.* mascot.

masculino [maskulíno] *a.* masculine.

masticar [mastikár] *t.* to chew, masticate.

mástil [mástil] *m.* mast.

mata [máta] *f.* bush. 2 sprig. 3 head of hair.

matador [mataðór] *m.-f.* killer. 2 *m.* BULLF. matador, bullfighter.

matanza [matánθa] *f.* killing. 2 slaughter, butchery.

matar [matár] *t.* to kill, slay, murder. 2 to butcher. 3 to cancel [stamps]. 4 *p.* to commit suicide. 5 to kill one another.

matemáticas [matemátikas] *f. pl.* mathematics.

materia [matérja] *f.* matter. 2 substance, stuff: *primera* ~, raw material. 3 subject.

material [materjál] *a.-n.* material.

maternal [maternál] *a.* motherly, maternal.

matinal [matinál] *a.* early morning.

matiz [matíθ] *m.* hue; shade; nuance; touch.

matorral [matorrál] *m.* bush, thicket, heath.

matrícula [matríkula] *f.* list, roll; registration.

matricular [matrikulár] *t.-p.* to enroll, register. 2 *p.* to sign on for.

matrimonio [matrimónjo] *m.* marriage. 2 married couple.

maullar [mauʎár] *i.* to mew, miaow.

máximo [máɣsimo] *a.* maximum, greatest, top.

mayo [májo] *m.* May.

mayor [majór] *a.* bigger, older. 2 the biggest; the oldest. 3 of age. 4 chief, main. 5 *m.* head. 6 *m. pl.* elders, superiors. 7 ancestors.

mayordomo [majorðómo] *m.* butler, steward.

mayoría [majoría] *m.* majority. 2 full age.

mayorista [majorísta] *m.* wholesaler.

mayormente [majórménte] *adv.* chiefly, principally.

mayúsculo [majúskulo] *a.* large. 3 *f.* capital letter.

mazo [máθo] *m.* mallet.

mazorca [maθórka] *f.* ear of corn.

me [me] *pron.* me.

mecánica [mekánika] *f.* mechanics; mechanism, works.

mecánico [mekániko] *a.* mechanical. 2 *m.* mechanic, engineer.

mecanismo [mekanízmo] *m.* mechanism.

mecanógrafo [mekanóɣrafo] *m.-f.* typist.

mecer [meθér] *t.-p.* rock, swing.

mecha [métʃa] *f.* wick.

medalla [meðáʎa] *f.* medal.

media [méðja] *f.* stocking. 2 MATH. mean.

mediado [meðjáðo] *adv. a mediados de,* about the middle of.

mediano [meðjáno] *a.* middling, moderate. 2 mediocre. 3 average.

medianoche [meðjanótʃe] *f.* midnight.

mediante [meðjánte] *a. Dios ~,* God willing. 2 *adv.* by means of.

mediar [meðjár] *i.* to be at the middle. 2 to intervene. 3 to elapse.

medicina [meðiθína] *f.* medicine.

médico [méðiko] *m.* doctor, physician, surgeon.

medida [meðíða] *f.* measure, measurement. 2 proportion: *a ~ que,* as. 3 step. 4 moderation.

medio [méðjo] *a.* half. 2 middle, mean, average. 3 medium. 4 mid. 5 *adv.* half, partially. 6 *m.* middle, midst. 7 means: *por ~ de,* by means of. 8 environment.

mediodía [meðjoðía] *m.* noon, midday; south.

medir [meðír] *t.* to measure. 2 to scan [verse]. ¶ CONJUG. like *servir.*

meditación [meðitaθjón] *f.* meditation.

meditar [meðitár] *t.-i.* to think over, ponder.

mediterráneo [meðiterráneo] *a.-n.* Mediterranean [Sea].

medrar [meðrár] *i.* to grow, thrive, improve.

medroso [meðróso] *a.* fearful, fainthearted.

médula [méðula] *f.* marrow; pith.

mejicano [mexikáno] *a.-n.* Mexican.

mejilla [mexíʎa] *f.* cheek.

mejor [mexór] *comp.* of *bueno,* better; *superl.* the best. 2 *adv.* rather.

mejorar [mexorár] *t.* to better, improve. 2 *i.-p.* to recover, get better. 4 to clear up.

mejoría [mexoría] *f.* betterment, improvement.

melancolía [melaŋkolía] *f.* melancholy, low spirits.

melancólico [melaŋkóliko] *a.* melancholy, sad.

melena [meléna] *f.* mane. 2 loose hair.

melocotón [melokotón] *m.* peach.

melodía [meloðía] *f.* melody, tune, air.

melódico [melóðiko] *a.* melodic.

melodioso [meloðjóso] *a.* melodious, tuneful.

melón [melón] *m.* BOT. melon.

membrana [membrána] *f.* membrane; web.

memorable [memoráβle] *a.* memorable.

memoria [memórja] *f.* memory: *de ~,* by heart. 2 recollection; remembrance: *hacer ~,* to remind. 3 memoir, record, statement. 4 *pl.* memoirs.

mención [menθjón] *f.* mention.

mencionar [menθjonár] *t.* to mention, cite.

mendigo [mendíɣo] *m.-f.* beggar.

menear [meneár] *t.* to shake, stir. 2 *t.-p.* to wag, move. 3 *p.* to hustle, 4 to be loose.

menester [menestér] *m.* need, want: *ser ~,* to be necessary.

menguar [meŋgwár] *i.* to decrease; to wane. 2 to decay.

menor [menór] *a.* smaller, lesser; younger: *~ de edad,* under age; minor. 3 *m.-f.* minor. 4 *adv. al por ~,* by [at] retail.

menos [ménos] *adv.* less:
al ~, at least; *a* ~
que, unless; *por lo* ~,
at least; *venir a* ~, to
decline. 2 fewer. 3 mi-
nus. 4 to. 5 except.

mensaje [mensáxe] *m.*
message.

mensajero [mensaxéro]
m.-f. messenger. 2 car-
rier [-pigeon].

mensual [menswál] *a.*
monthly, a month.

menta [ménta] *f.* pep-
permint, mint.

mental [mentál] *m.*
mental, intellectual. 2
-mente *adv.* mentally.

mentar [mentár] *t.* to
name, mention. ¶ Con-
JUG. like *acertar*.

mente [ménte] *f.* mind,
intelligence, understand-
ing.

mentir [mentír] *i.* to lie.
¶ CONJUG. like *sentir*.

mentira [mentíra] *f.* lie,
fib, falsehood.

mentiroso [mentiróso] *a.*
lying. 2 *m.-f.* liar.

menú [menú] *m.* menu,
bill of fare.

menudo [menúðo] *a.*
small, minute, tiny. 2
a ~, often.

meramente [méraménte]
adv. merely, purely.

mercader [merkaðér] *m.*
merchant, dealer, trader.

mercado [merkáðo] *m.*
market.

mercancía [merkanθía]
f. goods, merchandise.

mercante [merkánte] *a.*
merchant.

mercantil [merkantíl] *a.*
mencantile, trading.

merced [merθéð] *f.* favour. 2 mercy. 3 *a* ~
de, at the mercy of;
*vuestra (vuesa, su)
Merced*, you, sir; ~ *a*,
thanks to.

mercería [merθería] *f.*
haberdashery, *notions
store.

mercurio [merkúrjo] *m.*
quicksilver, mercury.

merecer [mereθér] *t.-i.*
to deserve. 2 *t.* to be
worth. ¶ CONJUG. like
agradecer.

merecimiento [mereθi-
mjénto] *m.* merit, de-
serts.

merengue [meréŋge] *i.*
meringue.

meridiano [meriðjáno]
a.-n. meridian. 2 *a.*
bright.

meridional [meriðjonál]
a. southern.

merienda [merjénda] *f.*
afternoon snack; tea.

mérito [mérito] *m.* merit,
worth, value.

mermelada [mermeláða]
f. marmalade; jam.

mero [méro] *a.* mere,
simple. 2 *m.* ICHTH.
grouper.

mes [mes] *m.* month.

mesa [mésa] *f.* table: ~ *de noche,* bed-side table.

meseta [meséta] *f.* table--land, plateau.

mesón [mesón] *m.* inn, hostelry.

mesonero [mesonéro] *m.-f.* innkeeper.

mestizo [mestíθo] *a.* mongrel, half-breed.

meta [méta] *f.* SPORT goal. 2 aim, purpose.

metal [metál] *m.* metal.

metálico [metáliko] *a.* metallic. 2 *m.* cash.

meteoro [meteóro] *m.* meteor.

meter [metér] *t.* to put [in], place, insert, introduce [in], get [in]. 2 to make [a noise]. 3 *p.* to get involved in. 4 to interfere. 5 ~ *con,* to quarrel with.

método [métoðo] *m.* method.

métrico [métriko] *a.* metric(al. 2 *f.* prosody.

metro [métro] *m.* metre. 2 underground, tube.

metrópoli [metrópoli] *f.* metropolis, mother country.

mezcla [méθkla] *f.* mixture; blend(ing. 2 MAS. mortar.

mezclar [meθklár] *t.-p.* to mix. 2 *p.* to interfere.

mezquino [meθkíno] *a.* poor. 2 niggardly. 3

short, mean. 4 wretched.

mi [mi] *poss. a.* my.

mí [mi] *pers. pron.* me, myself.

miau [mjáŭ] *m.* mew(-ing, miaow.

mico [míko] *m.* monkey.

microbio [mikróβjo] *m.* microbe.

micrófono [mikrófono] *m.* microphone; mouth-piece.

microscopio [mikroskópjo] *m.* microscope.

miedo [mjéðo] *m.* fear, dread: *tener* ~, to be afraid.

miedoso [mjeðóso] *a.* fearful, fainthearted.

miel [mjél] *f.* honey: *luna de* ~, honey-moon.

miembro [mjémbro] *m.* member, limb. 2 associate.

mientras [mjéntras] *adv.-conj.* while: ~ *tanto,* meanwhile. 2 ~ *que,* while.

miércoles [mjérkoles] *m.* Wednesday.

mies [mjés] *f.* wheat, con, grain. 2 *pl.* corn-fields.

miga [míɣa] *f.* bit. 2 crumb. 3 *pl.* fried crumbs. 4 fig. marrow, substance. 5 *hacer buenas migas con,* to get along well with.

migración [miɣraθjón] *f.* migration.

mil [mil] *a.-m.* thousand.

milagro [miláɣro] *m.* miracle, wonder, marvel.

milagroso [milaɣróso] *a.* miraculous.

milésimo [milésimo] *a.-n.* thousandth.

milicia [miliθja] *f.* art of warfare. 3 militia.

militar [militár] *a.* military. 2 *m.* soldier. 3 *i.* to serve in the army.

milla [míʎa] *f.* mile.

millar [miʎár] *m.* thousand.

millón [miʎón] *m.* million.

millonario [miʎonárjo] -*a.-n.* millionaire.

mimar [mimár] *t.* to spoil, pamper, indulge.

mimbre [mímbre] *m.* osier, wicker, willow.

mimo [mímo] *m.* mime. 2 petting. 3 pampering.

mina [mína] *f.* mine. 2 underground passage.

mineral [minerál] *a.-n.* mineral. 2 *m.* ore.

minero [minéro] *m.* miner. 2 *a.* mining.

miniatura [minjatúra] miniature.

mínimo [mínimo] *a.* least, smallest. 2 *m.* minimum.

ministerio [ministérjo] *m.* ministry, cabinet. 2 ~ *de Asuntos Exteriores,* Foreing Office;

Department of State; ~ de Gobernación, Home Office; *Department of the Interior.

ministro [minístro] *m.* minister.

minoria [minoría] *f.* minority.

minucioso [minuθjóso] *a.* minute, detailed.

minutero [minutéro] *a.* minute hand.

minuto [minúto] *m.* minute.

mio [mío] *poss. a.* my, my own, of mine. 2 *poss. pron.* mine.

mira [míra] *f.* sight. 2 purpose, aim.

mirada [miráða] *f.* look, glance; gaze; stare.

mirador [miraðór] *m.* belvedere. 2 oriel window.

mirar [mirár] *t.* to look at, gaze; to watch. 2 to consider. 3 to face. 4 *¡mira!,* look!, behold!

misa [mísa] *f.* mass.

miserable [miseráβle] *a.* miserable, wretched. 2 miserly.

miseria [misérja] *f.* misery, wretchedness. 2 poverty.

misericordia [miserikórðja] *f.* mercy, pity.

misero [mísero] *a.* miserable, wretched.

misión [misjón] *f.* mission.

misionero [misjonéro]
a.-n. missionary.
mismo [mízmo] *adv.*
right: *ahora* ~, right
now. 2 *así* ~, likewise.
3 *a.* same. 4 myself,
yourself, ourselves, etc.
misterio [mistérjo] *m.*
mystery.
misterioso [misterjóso] *a.*
mysterious.
mitad [mitáð] *f.* half. 2
middle.
mitin [mítin] *m.* meeting.
mixto [místo] *a.* mixed.
2 *m.* match. 3 *tren* ~,
passenger and goods
train.
mobiliario [moβiljárjo]
m. furniture.
mocedad [moθeðáð] *f.*
youth.
moción [moθjón] *f.* motion, movement.
mochila [motʃíla] *f.*
knapsack. 2 haversack.
moda [móða] *f.* fashion,
mode, style: *estar de* ~,
to be in fashion.
modales [moðáɹes] *m. pl.*
manners.
modelar [moðelár] *t.* to
model, mould.
modelo [moðélo] *m.* model, pattern.
moderno [moðérno] *a.*
modern, up-to-date.
modestia [moðéstja] *f.*
modesty.

modesto [moðésto] *a.*
modest, unpretentious.
módico [móðíko] *a.* reasonable, fair, moderate.
modificación [moðifika-
θjón] *f.* modification.
modificar [moðifikár] *t.-*
p. to modify.
modismo [moðízmo] *m.*
idiom.
modo [móðo] *m.* manner,
way: ~ *de ser*, nature;
de cualquier ~, anyway;
de ningún ~, by no
means; *de todos modos*,
at any rate. 2 GRAM.
mood. 3 *pl.* manners.
mofa [mófa] *f.* mockery,
jeer: *hacer* ~ *de*, to
make fun of.
mofar [mofár] *i.-p.* to
mock, jeer, make fun of.
mohíno [moíno] *a.*
moody. 2 black [horse].
moho [móo] *m.* mo(u)ld,
mildew. 2 rust.
mohoso [moóso] *a.*
mo(u)ldy, musty. 2 rusty.
mojado [moxáðo] *a.* wet,
damp, moist.
mojar [moxár] *t.* to wet,
damp. 2 to dip. 3 *p.*
to get wet.
molde [mólde] *m.*
mo(u)ld.
molécula [molékula] *f.*
molecule.
moler [molér] *t.* to
grind, pound. 2 to beat
up. ¶ CONJUG. like
mover.

molestar [molestár] *t.* to vex, upset, trouble, annoy. *2 p.* to bother.

molestia [moléstja] *f.* annoyance, nuisance, trouble.

molesto [molésto] *a.* annoying, troublesome.

molinero [molinéro] *m.* miller.

molino [molíno] *m.* mill.

momentáneamente [momentáneaménte] *adv.* instantly, promptly.

momento [moménto] *m.* moment, instant: *al ~,* at once.

monaguillo [monaɣíʎo] *m.* altar boy, acolyte.

monarca [monárka] *m.* monarch, sovereign.

monarquía [monarkía] *f.* monarchy, kingdom.

monasterio [monastérjo] *m.* monastery.

mondar [mondár] *t.* to trim. *2* to peel.

moneda [monéða] *f.* coin; money; currency.

monedero [monéðero] *m.* money-bag; purse.

monería [monería] *f.* grimace. *2* trifle, gewgaw.

monja [mónxa] *f.* nun, sister.

monje [mónxe] *m.* monk.

mono [móno] *a.* pretty, *cute. *2 m.* ZOOL. ape. *3* overalls.

monopolio [monopóljo] *m.* monopoly.

monótono [monótono] *a.* monotonous.

monstruo [mónstrwo] *m.* monster; freak.

monstruoso [monstruóso] *a.* monstrous, freakish.

montaña [montáɲa] *f.* mountain. *2* highlands.

montañoso [montaɲóso] *a.* mountainous.

montar [montár] *i.-p.* to mount, get on; to stradle. *2 i.* to ride. *3 ~ en cólera,* to fly into a rage. *4 t.* to mount on a horse. *5* to ride [a horse, etc.]. *6* to amount to. *7* to set up [machinery].

monte [mónte] *m.* mount, mountain, hill. *2* woods. *3 ~ de piedad,* public pawnshop.

montículo [montíkulo] *m.* hillock.

montón [montón] *m.* heap, pile. *2* lot, crowd.

monumento [monuménto] *m.* monument, memorial.

moño [móɲo] *m.* chignon, bun [of hair].

morada [moráða] *f.* abode, home. *2* stay.

morado [moráðo] *a.-n.* dark purple.

moral [morál] *a.* moral. *2 f.* morals, morality. *3* [of army] morale.

moralidad [moraliðáð] *f.* morality, morals.

morar [morár] *i.* to live.

morcilla [morθíʎa] *f.* blood sausage.

morder [morðér] *t.* to bite; gnaw. 2 to corode. ¶ CONJUG. like *mover*.

moreno [moréno] *a.* brown, dark.

moribundo [moriβúndo] *m.-f.* moribund, dying person.

morir [morír] *i.* to die. ¶ CONJUG. like *dormir*. | P. p.: *muerto*.

morisco [morísko] *a.* Moorish. 2 *a.-n.* HIST. Morisco.

moro [móro] *a.* Moorish. 2 Moslem. 3 spotted [horse]. 4 *m.* Moor.

morral [morrál] *m.* nosebag. 2 game-bag. 3 knapsack.

morro [mórro] *m.* knob. 2 knoll. 3 thick lips.

mortadela [mortaðéla] *f.* Bologna sausage.

mortal [mortál] *a.-n.* mortal. 2 **-mente** *adv.* mortally, deadly.

mortalidad [mortaliðáð] *f.* mortality.

mortandad [mortandáð] *f.* massacre, butchery, slaughter.

mortero [mortéro] *m.* mortar.

mortificación [mortifika-θjón] *f.* mortification. 2 annoyance.

mortificar [mortifikár] *t.-p.* to mortify. 2 *t.* to annoy, vex.

mosaico [mosáĭko] *a.-m.* mosaic.

mosca [móska] *f.* fly.

mosquitero [moskitéro] *m.* mosquito-net.

mosquito [moskíto] *m.* *m.* mosquito; gnat.

mostrador [mostraðór] *m.* counter.

mostrar [mostrár] *t.* to show, display. 2 to point out. 3 to demonstrate. 4 *p.* to prove to be. ¶ CONJUG. like *contar*.

motivar [motiβár] *t.* to give rise to.

motivo [motíβo] *m.* motive, reason: *con ~ de*, owing to.

motocicleta [motoθikléta] *f.* motor-cycle.

motor [motór] *m.* motor. 2 engine.

mover [moβér] *t.* to move; to stir, shake; to excite. ¶ CONJUG. INDIC. Pres.: *muevo, mueves, mueve;* movemos, movéis, *mueven.* ‖ SUBJ. Pres.: *mueva, muevas, mueva;* movamos, mováis, *muevan.* ‖ IMPER.: *mueve, mueva;* movamos, moved, *muevan.*

móvil [móβil] *a*. movable, mobile. 2 *m*. motive.

movimiento [moβimjénto] *m*. movement, motion. 2 agitation.

mozo [móθo] *a*. young. 2 *m*. young man, lad. 3 waiter, porter.

muchacho [mutʃátʃo] *a*. young [person]. 2 *m*. boy, lad. 3 *f*. girl, lass. 4 maidservant.

muchedumbre [mutʃeðúmbre] *f*. multitude, crowd, throng, mass.

mucho [mútʃo] *adv*. much, a great deal, a lot: *por ~ que*, however much. 2 long, longtime. 3 *a.-pron*. much, plenty of, a good or great deal of, a lot of. 4 *pl*. many, lots of, a large number of.

mudanza [muðánθa] *f*. change. 2 removal. 3 fickleness.

mudar [muðár] *t*. to change. 2 to remove, move. 3 to mo(u)lt. 4 *p*. to change; to move.

mudo [múðo] *n*. dumb, silent.

mueble [mwéβle] *m*. piece of furniture. 2 *pl*. furniture.

mueca [mwéka] *f*. grimace, face(s.

muela [mwéla] *f*. grindstone. 2 molar tooth, grinder.

muelle [mwéʎe] *a*. soft, delicate. 2 *m*. wharf, pier, quay, docks. 3 spring.

muerte [mwérte] *f*. death; murder.

muerto [mwérto] *a*. dead; killed. 2 tired out. 3 faded. 4 *m.-f*. dead person.

muestra [mwéstra] *f*. signboard. 2 sample. 3 pattern. 4 sign.

mugir [muxír] *i*. to low, moo, bellow.

mujer [muxér] *f*. woman. 2 wife.

mula [múla] *f*. she-mule.

mulato [muláto] *a*. brown. 2 *n*. mulatto.

muleta [muléta] *f*. crutch. 2 BULLF. matador's red flag.

mulo [múlo] *m*. mule.

multa [múlta] *f*. fine.

multar [multár] *t*. to fine, penalize.

múltiple ⌈múltiple] *a*. manifold; multiple.

multiplicación [multiplikaθjón] *f*. multiplication.

multiplicar [multiplikár] *t.-p*. to multiply.

múltiplo [múltiplo] *a.-m*. multiple.

multitud [multitúð] *f*. multitude, crowd.

mundano [mundáno] *a.* mundane, wordly.

mundial [mundiál] *a.* world-wide.

mundo [múndo] *m.* world; earth, globe: *todo el ～,* everybody. *2* trunk.

munición [muniθjón] *f.* ammunition, munition.

municipal [muniθipál] *a.* municipal, town. *2 m.* policeman.

municipalidad [muniθipaliδáð] *f.,* **municipio** [muniθípjo] *m.* town council.

muñeca [muɲéka] *f.* ANAT. wrist. *2* doll.

muñeco [muɲéko] *m.* puppet. *2* dummy.

muralla [muráʎa] *f.* wall, rampart.

murciélago [murθjélaɣo] *m.* bat.

murmullo [murmúʎo] *m.* murmur, ripple; whisper; rustle.

murmuración [murmuraθjón] *f.* gossip.

murmurar [murmurár] *i.* to murmur, whisper. *2* to mutter. *3* to rustle. *4* to ripple. *5* to backbite. *6* to gossip.

muro [múro] *m.* wall.

musa [músa] *f.* muse.

muscular [muskulár] *a.* muscular.

músculo [múskulo] *m.* muscle.

museo [muséo] *m.* museum.

musgo [múzɣo] *m.* moss.

música [músika] *f.* music.

músico [músiko] *a.* musical. *2 m.-f.* musician.

muslo [múzlo] *m.* thigh.

mustio [mústjo] *a.* withered, faded. *2* sad.

mutuamente [mútwaménte] *adv.* mutually.

mutuo [mútwo] *a.* mutual, reciprocal.

muy [mwí] *adv.* very, very much.

N

nabo [náβo] *m.* turnip.

nácar [nákar] *m.* mother--of-pearl, nacre.

nacer [naθér] *i.* to be born. 2 to grow, sprout. 3 to spring, flow. 4 to start. ‖ CONJUG. INDIC. Pres.: *nazco, naces,* etc. ‖ SUBJ. Pres.: *nazca, nazcas,* etc. ‖ IMPER.: nace, *nazca; nazcamos,* naced, *nazcan.*

nacido [naθíðo] *a.* born.

naciente [naθjénte] *a.* growing. 2 rising [sun].

nacimiento [naθimjénto] *m.* birth. 2 rising [sun]. 3 source. 4 issue. 5 lineage. 6 crib.

nación [naθjón] *f.* nation; people; by birth.

nacional [naθjonál] *a.* national, people.

nacionalidad [naθjonalíðáð] *f.* nationality. 2 citizenship.

nada [náða] *f.* naught. 2 *indef. pron.* nothing, not anything.

nadar [naðár] *t.* to swim, take a bath, float.

nadie [náðje] *pron.* nobody, no-one.

naranja [naránxa] *f.* orange.

naranjada [naraŋxáða] *f.* orangeade.

naranjo [naráŋxo] *m.* orange-tree.

nardo [nárðo] *m.* spikenard.

nariz [naríθ] *f.* nose; nostril.

narración [narraθjón] *f.* narration, account.

narrar [narrár] *t.* to narrate, tell, recount.

narrativo [narratíβo] *a.* narrative.

nata [náta] *f.* cream.

natación [nataθjón] *f.* swimming.

natal [natál] *a.* natal, native. 2 *m.* birthday.

natalicio [natalíθjo] *m.* birthday.

nativo [natíβo] *a.* native.

natural [naturál] *a.* natural. 2 *a.-n.* native. 3 *m.* nature.

naturaleza [naturaléθa] *f.* nature. 2 temperament. 3 sort, kind. 5 ~ *muerta,* still life.

naturalidad [naturaliðáð] *f.* plainness. 2 ingenuousness.

naturalista [naturalísta] *a.-n.* naturalist.

naturalmente [naturálménte] *adv.* plainly. 2 of course.

naufragar [naŭfraɣár] *i.* NAUT. to sink; to be shipwrecked.

naufragio [naŭfráxjo] *m.* shipwreck.

náufrago [náŭfraɣo] *m.-f.* shipwrecked person.

náutico [náŭtiko] *a.* *a.* nautical, water [sports].

navaja [naβáxa] *f.* pocketknife: ~ *de afeitar,* razor.

naval [naβál] *a.* naval.

nave [náβe] *f.* ship, vessel. 2 ARCH. ~ *lateral,* aisle.

navegable [naβeɣáβle] *a.* navigable.

navegación [naβeɣaθjón] *f.* navigation, sailing.

navegante [naβeɣánte] *m.-f.* navigator.

navegar [naβeɣár] *i.* to navigate, sail, steer.

Navidad [naβiðáð] *f.* Christmas.

naviero [naβjéro] *a.* shipping. 2 *n.* ship-owner.

navío [naβío] *m.* vessel, ship; ~ *de guerra,* warship.

nazareno [naθaréno] *a.-n.* Nazarene. 2 penitent.

nazi [náθi] *a.-n.* Nazi.

neblina [neβlína] *f.* mist, haze, thin fog.

necesariamente [neθesárjaménte] *adv.* necessarily.

necesario [neθesárjo] *a.* necessary, needful.

necesidad [neθesiðáð] *f.* necessity; need, want.

necesitar [neθesitár] *t.* to need, want. 2 to have to.

necio [néθjo] *a.-n.* stupid; silly [person].

néctar [néɣtar] *m.* nectar.

negación [neɣaθjón] *f.* negation, denial, refusal.

negar [neɣár] *t.* to deny. 2 to refuse. ¶ CONJUG. like *acertar*.

negativo [neɣatíβo] *a.-n.* negative.

negligencia [neɣlixénθja] *f.* negligence, carelessness.

negociación [neɣoθjaθjón] *f.* business transaction, negotiation.

negociado [neɣoθjáðo] *m.* department.

negociar [neɣoθjár] *i.* to deal, trade. 2 *t.-i.* to negotiate.

negocio [neɣóθjo] *m.* business, affair. 2 trade; concern. 3 profit, gain.

negro [néɣro] *a.* black; dark. 2 *m.* black. 3 Negro. 4 *f.* Negress.

negruzco [neɣrúθko] *a.* blackish.

nene [néne] *m.* baby; dear, darling.

nervio [nérβjo] *m.* nerve. 2 vigour, strength. 3 sinew.

nervioso [nerβjóso] *a.* nervous, excited. 2 vigorous. 3 sinewy.

neto [néto] *a.* clear. 2 net [weight, etc.].

neumático [neŭmátiko] *m.* tire. 2 *a.* pneumatic.

neutralizar [neŭtraliθár] *t.* to neutralize.

nevada [neβáða] *f.* snowfall, snowstorm.

nevar [neβár] *impers.* to snow. ¶ CONJUG. like *acertar*.

nevera [neβéra] *f.* icebox, refrigerator.

ni [ni] *conj.* ~ ... ~, neither ... nor. 2 ~ *siquiera*, not even.

nido [níðo] *m.* nest. 2 home.

niebla [njéβla] *f.* fog, mist, haze.

nieto [njéto] *m.-f.* grandchild. 2 *m.* grandson 3 *f.* granddaughter.

nieve [njéβe] *f.* snow.

ningun(o [niŋgún(o] *a.* no, not ... any. 2 *indef. pron. m.-f.* none, no one, nobody; neither.

niña [nína] *f.* female child; little girl. 2 ANAT. pupil, apple of the eye.

niñera [ninéra] *f.* nurse, nursemaid.

niñez [ninéθ] *f.* childhood, infancy.

niño [níno] *m.* male child, little boy.

níquel [níkel] *m.* nickel.

níspero [níspero] *m.* medlar.

nivel [niβél] *m.* level: ~ *del mar*, sea level; ~ *de vida*, standard of living; *paso a* ~, level crossing.

no [no] *adv.* no. 2 not; ~ *obstante*, notwithstanding.

noble [nóβle] *a.* noble. 2 *m.-f.* nobleman.

nobleza [noβléθa] *f.* nobility, nobleness.

noción [noθjón] *f.* notion, idea. 2 *pl.* rudiments.

nocivo [noθíβo] *a.* noxious, harmful.

nocturno [noγtúrno] *a.* nocturnal, night.

noche [nótʃe] *f.* night; evening: ~ *buena*, Christmas Eve; ~ *vieja*, New Year's Eve; *buenas noches*, good night; *de* or *por la* ~, at night, by night.

nodriza [noðríθa] *f.* wet-nurse.

nogal [noγál] *m.* walnut.

nómada [nómaða] *a.* nomadic. 2 *a.-m.* nomad.

nombramiento [nombramjénto] *m.* appointment, nomination.

nombrar [nombrár] *t.* to name, nominate, appoint.

nombre [nómbre] *m.* name. 2 GRAM. noun. 3 reputation.

norma [nórma] *f.* pattern, standard, norm.

normal [normál] *a.* normal, standard. 2 *f.* training-college.

norte [nórte] *m.* north. 2 North Pole. 3 guide.

norteamericano [norteamerikáno] *a.-n.* North American; American.

nos [nos] *pron.* [object] us; we [subject].

nosotros [nosótros] *pron.* we; us [object]. 2 ourselves.

nostalgia [nostálxja] *f.* homesickness; longing.

nota [nóta] *f.* note, footnote. 2 fame. 3 COM. account, bill. 4 EDUC. mark, *grade.

notable [notáβle] *a.* notable, remarkable. 2 noticeable. 3 *m.* EDUC. good mark. 4 **-mente** *adv.* remarkably.

notar [notár] *t.* to note, mark. 2 to notice, observe, feel, see.

notario [notárjo] *m.* notary; solicitor.

noticia [notíθja] *f.* news, news item, piece of news.

noticiero [notiθjéro] *m.-f.* reporter.

notificar [notifikár] *t.* to inform.

notorio [notórjo] *a.* evident, obvious.

novato [noβáto] *m.-f.* novice, beginner.

novedad [noβeðáð] *f.* novelty. 2 latest news. 3 *pl.* fancy goods.

novela [noβéla] *f.* novel.

novelista [noβelísta] *m.-f.* novelist.

noveno [noβéno] *a.-m.* ninth.

noventa [noβénta] *a.-m.* ninety.

novia [nóβja] *f.* bride. 2 fiancée; girlfriend.

novicio [noβíθjo] *m.* novice, beginner.

noviembre [noβjémbre] *m.* November.

novillo [noβíʎo] *m.* young bull. 2 *f.* heifer. 3 *hacer novillos*, to play truant.

novio [nóβjo] *m.* bridegroom. 2 fiancé; boyfriend.

nube [núβe] *f.* cloud.

nublado [nuβláðo] *a.* cloudy, overcast.

nuca [núka] *f.* nape of the neck.

núcleo [núkleo] *m.* nucleus. 2 ELECT. core. 3 BOT. kernel; stone [of fruit].

nudillo [nuðíʎo] *m.* knuckle.

nudo [núðo] *m.* knot, noose: ~ *corredizo,* slip knot.2 tie. 3 difficulty. 4 *a.* nude, naked.

nuestro [nwéstro] *a.* our. 2 *pron.* ours.

nueva [nwéβa] *f.* news, tidings. 2 **-mente** *adv.* again.

nueve [nwéβe] *a.-n.* nine.

nuevo [nwéβo] *a.* new. 2 fresh. 3 *adv. de* ~, again, once more.

nuez [nwéθ] *f.* walnut. 2 nut. 3 adam's apple.

nulo [núlo] *a.* LAW null, void. 2 worthless, useless. 3 [game] drawn, tied.

numerador [numeraðór] *m.* numerator.

numerar [numerár] *t.* to numerate. 2 to number.

numérico [numériko] *a.* numerical.

número [número] *m.* ARITH. number. 2 figure. 3 size.

numeroso [numeróso] *a.* numerous; large.

nunca [núŋka] *adv.* never, (not) ever.

nupcial [nuβθjál] *a.* nuptial, bridal, wedding.

nutrición [nutriθjón] *f.* nutrition.

nutrido [nutríðo] *a.* nourished. 2 full.

nutrir [nutrír] *t.* to nourish, feed.

nutritivo [nutritíβo] *a.* nutritious, nourishing.

Ñ

ñame [náme] *m.* yam.
ñapa [nápa] *f.* (Am.) additional amount.
ñonería [nonería], **ñoñez** [nonéz] *f.* silly remark.

ñoño [nóno] *a.* feeble--minded. 2 silly. 3 old-fashioned.

O

o [o] *conj.* or; either ... or ...

oasis [oásis] *a.* oasis.

obedecer [oβeðeθér] *t.-i.* to obey. 2 to respond, yield. ¶ CONJUG. like *agradecer*.

obediencia [oβeðjénθja] *f.* obedience.

obediente [oβeðjénte] *a.* obedient.

obertura [oβertúra] *f.* MUS. overture.

obeso [oβéso] *a.* fat.

obispo [oβíspo] *m.* bishop.

objeción [oβxeθjón] *f.* objection.

objetar [oβxetár] *t.* to object, point out.

objetivo [oβxetíβo] *a.-m.* objective, aim; target.

objeto [oβxéto] *m.* ob-ject. 2 thing. 3 subject. 4 purpose.

oblicuo [oβlíkwo] *a.* *oblique, slanting.

obligación [oβliɣaθión] obligation. 2 duty. 3 COM. bond.

obligar [oβliɣár] *t.* to compel, force, constrain. 2 *p.* to bind oneself.

obligatorio [oβliɣatórjo] *a.* compulsory.

oblongo [oβlóŋgo] *a.* oblong.

obra [óβra] *f.* work. 2 deed: ~ *maestra,* mas-terpiece. 3 THEAT. play. 4 building under cons-truction.

obrar [oβrár] *t.* to work. 2 to build. 3 *i.* to behave.

obrero [oβréro] *a.* work-ing [class]. 2 *m.-f.*

worker, labourer; work-man.

obsceno [oβsθéno] *a.* obscene, indecent.

obscurecer [oskureθér] *t.* to darken. 2 to dim. 3 *impers.* to grow dark. ¶ CONJUG. like *agradecer.*

obscuridad [oskuriðáð] *f.* darkness, gloom.

obscuro [oskúro] *a.* obscure. 2 dark. 3 un-certain.

obsequiar [oβsekjár] *t.* to entertain; ~ *con,* to present with.

obsequio [oβsékjo] *m.* attention, present, gift.

observación [oβserβaθjón] *f.* observation. 2 re-mark.

observador [oβserβaðór] *m.-f.* observer.

observar [oβserβár] *t.* to observe. 2 to notice. 3 to watch,. 4 to re-mark.

obsesión [oβsesjón] *f.* obsession.

obstaculizar [oβstakuli-θár] *t.* to prevent, hinder.

obstáculo [oβstákulo] *m.* obstacle, hindrance.

obstante (no) [oβstánte] *conj.* notwithstanding; nevertheless.

obstinado [oβstináðo] *a.* obstinate, stubborn.

obstinarse [oβstinárse]

p. to persist in, insist on.

obtener [oβtenér] *t.* to attain, obtain, get.

obtuso [oβtúso] *a.* ob-tuse. 2 dull.

obvio [óβjo] *a.* obvious, evident.

ocasión [okasjón] *f.* oc-casion, opportunity, chance. 2 motive.

ocasionar [okasjonár] *t.* to cause, bring about, arouse.

ocaso [okáso] *m.* west. 2 sunset. 3 decline.

ocidental [oɣθiðentál] *a.* western. 2 *m.-f.* west-erner.

occidente [oɣθiðénte] *m.* west.

océano [oθéano] *m.* ocean.

ocio [óθjo] *m.* idleness, leisure.

ocioso [oθjóso] *a.* idle; lazy, at leisure.

octavo [oɣtáβo] *a.-m.* eighth.

octubre [oɣtúβre] *m.* October.

ocultar [okultár] *t.* to conceal, hide.

oculto [okúlto] *a.* hid-den, concealed. 2 se-cret.

ocupación [okupaθjón] *f.* occupation. 2 business.

ocupar [okupár] *t.* to occupy. 2 to employ. 3

to fill [a space]. 4 *p.*
~ *en*, to be busy with.
ocurrencia [okurrénθja]
f. event. 2 witty re-
mark. 3 bright idea.
ocurrir [okurrír] *i.* to
happen. 2 *p.* to occur
to one.
ochenta [otʃénta] *a.-n.*
eighty.
ocho [ótʃo] *a.-n.* eight.
ochocientos [otʃoθjéntos]
a.-n. eight hundred.
odiar [oðjár] *t.* to hate.
odio [óðjo] *m.* hatred,
ill will, dislike.
odioso [oðjóso] *a.* hateful, nasty, unpleasant.
oeste [oéste] *m.* west.
ofender [ofendér] *t.* to
offend, insult. 2 *p.* to
take offence.
ofensa [ofénsa] *f.* offence, insult, slight,
wrong.
ofensivo [ofensíβo] *a.*
offensive, insulting. 2 *f.*
offensive.
oferta [oférta] *f.* offer.
2 COM. *la* ~ *y la de-
manda*, supply and de-
mand.
oficial [ofiθjál] *a.* official. 2 *m.* [skilled]
workman. 3 MIL. officer.
4 [government] official.
5 **-mente** *adv.* officially.
oficina [ofiθína] *f.* office.
oficinista [ofiθinísta] *m.-
f.* office clerk, white-
-collar worker.

oficio [ofíθjo] *m.* profession, job: *de* ~, by
trade. 2 office [duty,
etc.]. 3 official commu-
nication. 4 ECCL. ser-
vice; mass.
oficioso [ofiθjóso] *a.* officious. 2 unofficial. 3
diligent.
ofrecer [ofreθér] *t.* to
offer, present. 2 *p.* to
volunteer. ¶ CONJUG. like
agradecer.
ofrecimiento [ofreθimjén-
to] *m.* offer, offering.
ofrenda [ofrénda] *f.* offering.
ofrendar [ofrendár] *t.* to
offer, give, contribute.
ogro [óɣro] *m.* ogre.
oído [oíðo] *m.* hearing
[sense]; ear [organ].
oir [oír] *t.* to hear; to
listen; to understand. ¶
CONJUG. INDIC. Pres.:
*oigo, oyes, oye; oímos,
oís, oyen.* | Pret.: *oí,
oíste, oyó; oímos, oís-
teis, oyeron.* ‖ SUBJ.
Pres.: *oiga, oigas,* etc.
| Imperf.: *oyera, oye-
ras,* etc., or *oyese, oye-
ses,* etc. | Fut.: *oyere,
oyeres,* etc. ‖ IMPER.:
*oye, oiga; oigamos, oíd,
oigan.* ‖ PAST. P.: *oído.*
‖ GER.: *oyendo.*
ojal [oxál] *m.* buttonhole.
¡ojalá! [oxalá] *interj.*
would God!, God grant!,
I wish!

ojo [óxo] *m.* eye: *en un abrir y cerrar de ojos,* in the twinkling of an eye; *¡ojo!,* beware! 2 hole. 3 span [of a bridge]. 4 well [of stairs]. 5 keyhole.

ola [óla] *f.* wave.

olé [olé] *interj.* bravo!

oleaje [oleáxe] *m.* surge, swell; surf.

oler [olér] *t.-i.* to smell.

olfatear [olfateár] *t.* to smell, scent, sniff. 2 to pry into.

olfato [olfáto] *m.* smell.

olimpíada [olimpíaða] *f.* Olympiad.

olímpico [olímpiko] *a.* Olympic [games]; Olympian.

oliva [olíβa] *f.* olive.

olivo [olíβo] *m.* olive-tree.

olor [olór] *m.* odour, smell: *mal ~,* stink.

oloroso [oloróso] *a.* fragrant, scented.

olvidar [olβiðár] *t.-p.* to forget, leave behind.

olvido [olβíðo] *m.* fogetfulness; omission, oversight; oblivion.

olla [óʎa] *f.* pot, boiler.

omitir [omitír] *t.* to omit, drop, leave out.

omnipotente [omnipoténte] *a.* allmighty, allpowerful, omnipotent.

once [ónθe] *a.-m.* eleven.

onda [ónda] *f.* wave, ripple; scallop.

ondulación [ondulaθjón] *f.* waving; ondulation.

onomástica [onomástika] *f.* one's saint's day.

onza [ónθa] *f.* ounce.

opaco [opáko] *a.* opaque.

opción [opβjón] *f.* choice.

ópera [ópera] *f.* opera.

operación [operaθjón] *f.* operation, transaction.

operador [operaðór] *m.-f.* operator. 2 surgeon. 3 cameraman.

operar [operár] *t.* SURG. to operate upon. 2 *i.* to take effect, work. 3 to handle. 4 *p.* to occur.

operario [operárjo] *m.-f.* workman, worker.

opereta [operéta] *f.* operetta.

opinar [opinár] *i.* to hold an opinion; to think, consider.

opinión [opinjón] *f.* opinion, view, mind.

oponer [oponér] *t.* to oppose; to resist, face. ¶ CONJUG. like *poner.*

oportunidad [oportuniðáð] *f.* opportunity; chance.

oportuno [oportúno] *a.* opportune, suitable.

oposición [oposiθjón] *f.* opposition. 2 *pl.* competitive examination.

opresión [opresjón] *f.* oppression.

oprimir [oprimír] *t.* to press down. 2 to crush. 3 to oppress.

optar [oβtár] *i.* to select, choose. 2 to be a candidate for. 3 to decide on. 4 to apply for.

óptico [óβtiko] *a.* optic(al. 2 *m.* optician. 3 *f.* optics.

optimismo [oβtimízmo] *m.* optimism.

optimista [oβtimísta] *a.* optimistic. 2 *m.-f.* optimist.

opuesto [opwésto] *a.* opposed. 2 opposite. 3 adverse.

opulento [opulénto] *a.* wealthy; opulent, rich.

oración [oraθjón] *f.* speech. 2 prayer. 3 GRAM. sentence.

orador [oraðór] *m.-f.* speaker, orator.

orar [orár] *i.* to pray.

orden [órðen] *m.* order [arrangement; method]. 2 command.

ordenanza [orðenánθa] *f.* ordinance, decree. 2 *m.* MIL. orderly. 3 errand-boy, office boy.

ordenar [orðenár] *t.* to order, arrange. 2 to comand. 3 *p.* ECCL. to take orders.

ordeñar [orðeɲár] *t.* to milk.

ordinario [orðinárjo] *a.* ordinary, usual. 2 common, coarse, vulgar.

oreja [oréxa] *f.* ear.

orgánico [oryániko] *a.* organic.

organismo [oryanízmo] *m.* organism. 2 organization.

organización [oryaniθaθjón] *f.* organization.

organizador [oryaniθaðór] *m.-f.* organizer.

organizar [oryaniθár] *t.* to organize. 2 to set up, start.

órgano [óryano] *m.* organ. 2 means, medium.

orgullo [oryúʎo] *m.* pride, haughtiness.

orgulloso [oryuʎóso] *a.* proud, haughty.

orientación [orjentaθjón] *f.* orientation. 2 bearings; course.

oriental [orjentál] *a.* eastern; oriental.

orientar [orjentár] *t.* to orientate; to direct. 2 *p.* to find one's bearings.

oriente [orjénte] *m.* east.

orificio [orifíθjo] *m.* hole, outlet.

origen [oríxen] *c.* origin. 2 source. 3 native country.

original [orixinál] *a.* original. 2 queer. 3 *m.* original. 4 eccentric. 5

-mente *adv.* originally; eccentrically.

originar [orixinár] *t.* to give rise to. 2 *p.* to arise.

orilla [oríʎa] *f.* border, edge, brink. 2 bank; shore.

oriundo [orjúndo] *a.* native [of].

oro [óro] *m.* gold.

orquesta [orkésta] *f.* orchestra.

orquidea [orkíðea] *f.* orchid.

ortografía [ortoɣrafía] *f.* spelling.

oruga [orúɣa] *f.* caterpillar.

os [os] *pron.* you.

osadía [osaðía] *f.* boldness, daring.

osado [osáðo] *a.* bold, daring.

osar [osár] *i.* to dare, venture.

oscurecer, oscuridad, etc.

[oskur-] = OBSCURECER, OBSCURIDAD.

oso [óso] *m.* bear.

ostentación [ostentaθjón] *f.* ostentation, show.

ostentar [ostentár] *t.* to display, show. 2 to show off.

ostra [óstra] *f.* oyster.

otoño [otóɲo] *m.* autumn, fall.

otorgar [otorɣár] *t.* to grant, give. 2 to award [a prize].

otro [ótro] *a.-pron.* another, other.

ovación [oβaθjón] *f.* ovation, enthusiastic applause.

oval [oβál]; **ovalado** [oβaláðo] *a.* oval.

oveja [oβéxa] *f.* ewe, sheep.

oxígeno [oɣsíxeno] *m.* oxygen.

oyente [oʃénte] *m.-f.* hearer. 2 listener.

P

pabellón [paβeʎón] *m.* pavilion. 2 stack [of rifles]. 3 flag. 4 external ear.

pacer [paθér] *i.-t.* to graze, pasture.

paciencia [paθjénθja] *f.* patience, forbearance.

paciente [paθjénte] *a.-n.* patient.

pacífico [paθífiko] *a.* pacific. 2 calm, peaceful. 3 *a.-n.* Pacific [Ocean].

pacto [páyto] *m.* agreement, covenant, pact.

padecer [paðeθér] *t.-i.* to suffer [from]. ¶ CONJUG. like *agradecer*.

padrastro [paðrástro] *m.* stepfather.

padre [páðre] *m.* father: ~ *político,* father-in-law. 2 *pl.* parents; ancestors.

padrino [paðríno] *m.* godfather. 2 second [at a duel]. 3 protector. 4 ~ *de boda,* best man.

paga [páya] *f.* payment. 2 pay, salary; fee.

pagano [payáno] *a.-n.* heathen, pagan.

pagar [payár] *t.* to pay. 2 to pay for.

página [páxina] *f.* page.

pago [páyo] *m.* payment.

país [país] *m.* country, nation, land, region.

paisaje [païsáxe] *m.* landscape.

paisano [païsáno] *m.-f.* countryman, -woman.

paja [páxa] *f.* straw.

pajar [paxár] *m.* haystack, straw loft.

pájaro [páxaro] *m*. bird: ~ *carpintero*, woodpecker.

paje [páxe] *m*. page.

pala [pála] *f*. shovel. 2 blade. 3 [baker's] peel.

palabra [paláβra] *f*. word [term; speech, remark].

palacio [paláθjo] *m*. palace.

paladar [palaðár] *s*. palate. 2 taste.

palanca [palánka] *m.-f*. lever, crowbar.

palangana [palaŋgána] *f*. washbasin.

palco [pálko] *m*. box.

paleta [paléta] *f*. palette. 2 fire shovel. 3 trowel.

palidecer [paliðeθér] *i*. to turn pale. ¶ CONJUG. like *agradecer*.

palidez [paliðéθ] *f*. paleness, pallor, sickliness.

pálido [páliðo] *a*. pale.

palillo [palíʎo] *m*. toothpick. 2 drumstick. 2 *pl*. castanets.

paliza [palíθa] *f*. beating, thrashing, dressingdown.

palma [pálma] *f*. palm, palm-tree. 2 palm [of the hand]. 3 *pl*. clapping of hands.

palmada [palmáða] *f*. slap, pat: *dar palmadas*, to clap.

palmera [palméra] *f*. palm-tree.

palmo [pálmo] *m*. span.

palo [pálo] *m*. stick. 2 NAUT. mast. 3 suit [at cards]. 4 handle.

paloma [palóma] *f*. dove, pigeon.

palomar [palomár] *m*. dove-cot pigeon loft.

palpar [palpár] *t*. to touch, feel. 2 to grope.

palpitante [palpitánte] *a*. palpitating, throbbing, burning.

palpitar [palpitár] *i*. to beat, throb, palpitate.

palúdico [palúðiko] *a*. malarial; marshy.

pampa [pámpa] *f*. the Pampas.

pámpano [pámpano] *m*. grape-vine leaf.

pan [pan] *m*. bread; loaf.

pana [pána] *f*. velveteen, corduroy. 2 AUTO. break-down.

panadería [panaðería] *f*. bakery, baker's [shop].

panadero [panaðéro] *m*. baker.

panal [panál] *m*. honeycomb.

pandilla [pandíʎa] *f*. gang, band, set, group.

panel [panél] *m*. panel.

pánico [pániko] *a.-m*. panic.

panorama [panoráma] *m*. panorama, vista, view.

pantalón [pantalón] *m.* trousers, pants; slacks.

pantalla [pantáʎa] *f.* lamp-shade. 2 CINEM. screen.

pantano [pantáno] *m.* swamp, marsh.

pantanoso [pantanóso] *a.* marshy, swampy.

pantera [pantéra] *f.* panther.

pañal [paɲál] *m.* swaddling-cloth, baby cloth.

paño [páɲo] *m.* cloth: ~ *de cocina*, dishcloth.

pañuelo [paɲwélo] *m.* handkerchief.

papa [pápa] *m.* Pope. 2 potato.

papá [papá] *m.* papa, dad, daddy.

papel [papél] *m.* paper: ~ *secante*, blotting-paper. 2 THEAT. part, rôle.

papeleta [papeléta] *f.* card, ticket: ~ *de votación*, ballot paper.

paquete [pakéte] *m.* packet, parcel.

par [par] *a.* like, equal. 2 even [number]. 3 *m.* pair, couple.

parabién [paraβjén] *m.* congratulations.

para [pára] *prep.* for, to, in order to: ~ *que*, so that; *¿para qué?*, what for? 2 towards. 3 by, on.

parábola [paráβola] *f.* parable. 2 GEOM. parabola.

paracaídas [parakaíðas] *m.* parachute.

parada [paráða] *f.* stop, halt. 2 parade.

parador [paraðór] *m.* tourist hotel; inn.

paraguas [paráɣwas] *m.* umbrella.

paraíso [paraíso] *m.* paradise, heaven.

paraje [paráxe] *m.* spot, place.

paralelo [paralélo] *a.-n.* parallel.

parálisis [parálisis] *f.* paralysis; palsy.

paralítico [paralítiko] *a.-n.* MED. paralytic, palsied.

paralizar [paraliθár] *t.* to paralyse; to stop.

parar [parár] *t.* to stop. 2 ~ *mientes en*, to consider. 3 *i.-p.* to stop. 4 to put up, lodge.

pararrayos [pararrájos] lightning-conductor.

parásito [parásito] *a.* parasitic. 2 *m.* BIOL. parasite. 3 hanger-on. 4 *pl.* RADIO. strays.

parcela [parθéla] *f.* lot, plot [of land].

parcial [parθjál] *a.* partial. 2 biased.

pardo [párðo] *a.* brown. 2 dark.

1) parecer [pareθér] *m.* opinion, mind. 2 looks.

2) parecer [pareθér] *i.* to appear, show up. *2 impers.* to seem, look like: *según parece,* as it seems. *3 p.* to resemble. ¶ CONJUG. like *agradecer.*

parecido [pareθíðo] *a.* resembling, similar [to], like. *2 bien* ~, good-looking. *3 m.* resemblance.

pared [paréð] *f.* wall.

pareja [paréxa] *f.* pair, couple. *2* partner.

parejo [paréxo] *a.* equal, like.

paréntesis [paréntesis] *m.* parenthesis, bracket.

pariente [parjénte] *m.* relation, relative.

parir [parír] *t.* to give birth to, bring forth, bear.

parlamento [parlaménto] *m.* Parliament.

paro [páro] *m.* stop. *2* strike: ~ *forzoso,* unemployment.

párpado [párpaðo] *m.* eyelid.

parque [párke] *m.* park.

parra [párra] *f.* [climbing] vine, grapevine.

párrafo [párrafo] *m.* paragraph.

parranda [parránda] *f.* revel: *ir de* ~, to go out on a spree.

parte [párte] *f.* part, portion, lot, section:

en ~, partly. *2* share, interest. *3* side: *estar de* ~ *de,* to support. *4* place, region: *por todas partes,* everywhere. *5 de* ~ *de,* on behalf of. *6 por una* ~, ... *por otra* on the one hand, ... on the other hand. *7* official communication. *8 dar* ~, to report.

participación [partiθipaθjón] *f.* share. *2* announcement. *3* COM. copartnership.

participante [partiθipánte] *m.-f.* participant, sharer.

participar [partiθipár] *t.* to notify, inform. *2 i.* to share.

participio [partiθípjo] *m.* participle.

partícula [partíkula] *f.* particle.

particular [partikulár] *a.* particular, peculiar, private. *2* noteworth. *3 m.* private. *4* **-mente** *adv.* particularly; especially.

partida [partíða] *f.* leave. *2* record [in a register]. *3* [birth] certificate. *4* BOOKKEEP. entry, item. *5* COM. shipment. *6* game; match; set. *7* gang.

partidario [partiðárjo] *m.-f.* partisan, follower, supporter.

partido [partíðo] *p. p.* of PARTIR. 2 *m.* party. 3 profit. 4 popularity. 5 SPORT team; game, match. 6 territorial district. 7 match [in marriage].

partir [partír] *t.-p.* to divide, split. 2 *i.* to depart, leave, start.

parto [párto] *m.* childbirth, delivery.

pasada [pasáða] *f.* passage. 2 long stitch. 3 pick. 4 *mala* ~, mean trick.

pasado [pasáðo] *a.* past. 2 last [week, etc.]. 3 spoiled; tainted. 4 ~ *de moda*, out of date. 5 ~ *mañana*, the day after tomorrow. 6 *m.* the past.

pasaje [pasáxe] *m.* passage, way. 2 passengers. 3 fare. 4 lane, alley.

pasajero [pasaxéro] *a.* transient, passing. 2 *m.-f.* passenger.

pasaporte [pasapórte] *m.* passport.

pasar [pasár] *t.* to pass. 2 to go [over, in, by, to]. 3 to walk past. 4 to suffer. 5 to overlook. 6 to spend [time] 7 *pasarlo bien*, to have a good time. 8 *i.* to pass, get through. 9 to come in. 10 ~ *de*, to go beyond. 11 *ir pasando*, to get along. 12 *impers.* to happen: ¿*que pasa?*, what is the matter? 13 *p.* to get spoiled. 14 to exceed. 15 ~ *sin*, to do without.

pasatiempo [pasatjémpo] *m.* pastime, amusement.

pascua [páskwa] *f.* Easter: ~ *de Resurrección* Easter Sunday.

pasear [paseár] *i.-p.* to walk; to take a walk.

paseo [paséo] *m.* walk, ride: *dar un* ~, to go for a walk. 2 promenade.

pasillo [pasíʎo] *m.* corridor, passage; lobby.

pasión [pasjón] *f.* passion.

pasmar [pazmár] *t.* to astonish, amaze. 3 *p.* to be astonished, be amazed.

paso [páso] *m.* step, pace: ~ *a* ~, step by step; *de* ~, by the way; ~ *a nivel*, level crossing; *marcar el* ~, to mark time. 2 passage.

pasta [pásta] *f.* paste. 2 dough.

pastar [pastár] *t.-i.* to graze, pasture.

pastel [pastél] *m.* pie, tart. 2 cake.

pastilla [pastíʎa] *f.* tablet, lozenge; cake [of soap].

pasto [pásto] *m*. pasture, grass, fodder.

pastor [pastór] *m*. shepherd. 2 ECCL. minister.

pastorear [pastoreár] *t*. to shepherd, pasture.

pata [páta] *f*. foot and leg; leg [of table, etc.]: *a cuaro patas,* on all fours; *a* ∼, on foot; *meter la* ∼, to make a blunder; *tener mala* ∼, to have bad luck.

patada [patáða] *f*. kick.

patán [patán] *m*. rustic, churl.

patata [patáta] *f*. potato: *patatas fritas,* chips.

patear [pateár] *t*. to kick. 2 *i*. to stamp the feet.

patente [paténte] *a*. evident. 2 *f*. patent.

paterno [patérno] *a*. paternal; fatherly.

patilla [patíʎa] *f*. side-whiskers.

patín [patín] *m*. skate.

patinar [patinár] *t.-i*. to to skate. 2 *i*. to skid; to slip.

patio [pátjo] *m*. court, yard, courtyard. 2 THEAT. pit.

pato [páto] *m*. duck. 2 drake.

patria [pátrja] *f*. native country: ∼ *chica,* home town.

patriota [patrjóta] *m.-f*. patriot.

patriótico [patrjótiko] *a*. patriotic.

patriotismo [patrjotízmo] *m*. patriotism.

patrón [patrón] *m*. patron. 2 landlord. 3 employer. 4 pattern. 5 standard.

pausa [páusa] *f*. pause. 2 rest; break.

pauta [páuta] *r*. rule, standard. 2 guide lines.

pavo [páβo] *m*. turkey. 2 ∼ *real,* peacock.

pavor [paβór] *m*. fear, fright, dread, terror.

paz [paθ] *f*. peace, peacetime; quiet.

peatón [peatón] *m*. pedestrian.

peca [péka] *f*. freckle, spot.

pecado [pekáðo] *m*. sin.

pecador [pekaðór] *a*. sinful. 2 *m.-f*. sinner.

pecar [pekár] *i*. to sin.

peculiar [pekuljár] *a*. peculiar, characteristic.

pecho [pétʃo] *m*. chest, breast, bosom; heart: *tomar a* ∼, to take to heart.

pedagogía [peðaɣoxía] *f*. pedagogy.

pedagógico [peðaɣóxiko] *a*. pedagogic(al.

pedazo [peðáθo] *m*. piece, bit, portion.

pedido [peðíðo] *m*. COM. order. 2 request, petition.

pedir [peðír] t. to ask [for], beg, request, demand. 2 COM. to order. 3 ~ *prestado*, to borrow. ¶ CONJUG. like *servir*.

pedrada [peðráða] f. f. blow with a stone.

pedregoso [peðreɣóso] a. stony, rocky.

pegar [peɣár] t.-i. to glue, stick. 2 to fasten. 3 to post [bills]. 4 to set [fire]. 4 to hit, slap. 6 p. to stick. 7 to come to blows.

peinar [peınár] t. to comb. 2 p. to comb one's hair, do one's hair.

peine [péıne] m. comb.

pelado [peláðo] a. bald, bare. 2 barren. 3 penniless [person].

pelar [pelár] t. to cut or shave the hair of. 2 to pluck. 3 to peel. 4 p. to get one's hair cut.

peldaño [peldáɲo] m. step, stair; rung.

pelea [peléa] f. fight. 2 quarrel, row, scuffle.

pelear [peleár] i.-p. to fight. 2 to quarrel; to come to blows. 3 i. to battle.

película [pelíkula] f. film, movie.

peligro [pelíɣro] m. danger, peril, risk, hazard.

peligroso [peliɣróso] a. dangerous, risky.

pelo [pélo] m. hair. 2 fur. 3 down [of birds]. 4 *tomar el* ~, to pull the leg.

pelota [pelóta] f. ball; pelota; *en pelotas*, naked.

pelotazo [pelotáθo] m. blow with a ball.

peluca [pelúka] f. wig, peruke.

peludo [pelúðo] a. hairy.

peluquería [pelukería] f. haidresser's [shop]; barber's [shop].

pellejo [peʎéxo] m. skin, hide. 2 wineskin.

pellizcar [peʎiθkár] t. to pinch, nip.

pena [péna] f. penalty, punishment, pain. 2 sorrow. 3 *dar* ~, to arouse pity. 4 *valer la* ~, to be worth while.

penacho [penátʃo] m. tuft, crest.

penal [penál] a. penal. 2 m. penitentiary.

penalidad [penaliðáð] f. trouble, hardship. 2 LAW penalty.

penar [penár] t. to punish. 2 i. to suffer, grieve.

pendencia [pendénθja] f. dispute, quarrel, fight.

pender [pendér] i. to hang, dangle, be pending.

pendiente [pendjénte] a. pending, hanging. 2 depending on. 3 f. slope. 4 m. ear-ring.

pendón [pendón] m. banner, standard.

péndulo [péndulo] m. pendulum.

penetración [penetraθjón] penetration, sharpness. 2 acuteness.

penetrante [penetránte] a. penetrating. 2 piercing; keen; sharp.

penetrar [penetrár] t.-i. to break into. 2 i. to be piercing. 3 to comprehend.

península [península] f. peninsula.

penitencia [peniténθja] f. penance. 2 penitence.

penitenciaría [peniten-θjaría] f. penitentiary, prison.

penoso [penóso] a. painful, distressing. 2 hard.

pensador [pensaðór] m. thinker.

pensamiento [pensamjénto] m. thought. 2 idea. 3 BOT. pansy.

pensar [pensár] t. to think [of, out, over, about]; to consider; to intend. ¶ CONJUG. like *acertar*.

pensativo [pensatíßo] a. pensive, thoughtful.

pensión [pensjón] f. pension. 2 guest-house.

pensionado [pensjonáðo] a. pensioned. 2 m.-f. pensioner. 3 m. boarding school.

pentagrama [pentayráma] m. staff, stave.

penúltimo [penúltimo] a. penultimate, last but one.

peña [péɲa] f. rock,

peñasco [peɲásko] m. large rock, crag.

peón [peón] m. day-labourer; ~ *de albañil*, hodman; ~ *caminero*, road-mender. 2 (Am.) farm hand. 3 pawn [in chess].

peor [peór] a.-adv. worse. 2 the worst.

pepino [pepíno] m. cucumber.

pepita [pepíta] f. pip. 2 MIN. nugget.

pequeñez [pekeɲéθ] f. smallness.

pequeño [pekéɲo] a. little, small. 2 low; short. 3 m.-f. child, kid.

pera [péra] f. pear.

percepción [perθeßθjón] f. perception; notion, idea. 2 collection.

percibir [perθißír] t. to perceive. 2 to collect.

percha [pértʃa] f. perch. 2 clothes-rack, hanger.

perder [perðér] t. to lose: ~ *de vista*, to lose sight of. 2 to ruin, spoil. 3 *p*. to get lost. 4 to be spoiled. ‖ Con-Jug. like *entender*.

perdición [perðiθjón] *f*. perdition, ruin, undoing.

pérdida [pérðiða] *f*. loss: *pérdidas y ganancias*, com. profit and loss. 2 waste [of time].

perdido [perðíðo] *a*. lost. 2 mislaid. 3 wasted.

perdón [perðón] *m*. pardon, forgiveness.

perdonar [perðonár] *t*. to pardon, forgive. 2 to excuse.

perecer [pereθér] *i*. to come to an end, perish, die. ‖ Conjug. like *agradecer*.

peregrinación [pereɣrina-θjón] *f*. pilgrimage.

peregrino [pereɣríno] *a*. strange, rare. 2 wandering. 3 *m*.-*f*. pilgrim.

perejil [perexíl] *m*. parsley.

perenne [perénne] *a*. everlasting, perennial.

pereza [peréθa] *f*. laziness, idleness.

perezoso [pereθóso] *a*. lazy, idle.

perfección [perfeɣθjón] perfection, completion.

perfeccionar [perfeɣθjo-nár] *t*. to perfect; to improve; to complete.

perfectamente [perféɣta-ménte] *adv*. perfectly.

perfecto [perféɣto] *a*. perfect, complete.

perfil [perfíl] *m*. profile. 2 outline.

perfilar [perfilár] *t*. to profile. 2 to outline.

perforar [perforár] *t*. to perforate, drill, pierce.

perfumar [perfumár] *t*. to perfum, scent.

perfume [perfúme] *m*. perfume; scent. 2 fragance.

perfumeria [perfumería] perfume shop.

periódico [perjóðiko] *a*. periodic(al. 2 *m*. journal, newspaper.

periodismo [perjoðízmo] *m*. journalism.

periodista [perjoðísta] *m*.-*f*. journalist.

periodo [períoðo] *m*. period.

perito [períto] *a*. skilful. 2 *m*. expert.

perjudicar [perxuðikár] *t*. to hurt, damage, injure.

perjudicial [perxuðiθjál] *a*. harmful, damaging.

perjuicio [perxwíθjo] *m*. harm, injury, prejudice.

perla [pérla] *f*. pearl.

permanecer [permaneθér] *i*. to remain, stay. 2 to last. ‖ Conjug. like *agradecer*.

permanencia [permanén-θja] *f*. stay, sojourn.

permanente [permanénte] *a.* permanent, lasting. 2 *f.* permanent wave. 3 **-mente** *adv.* permanently.

permiso [permíso] *m.* leave, permit; permission: ~ *de conducir,* driving licence; *con su* ~, by your leave.

permitir [permitír] *t.* to permit, allow, let.

permutar [permutár] *t.* to exchange, barter.

pernil [perníl] *m.* ham.

pero [péro] *conj.* but; yet; except.

perpetuar [perpetuár] *t.* to perpetuate.

perpetuo [perpétwo] *a.* everlasting, perpetual.

perro [pérro] *m.* dog.

persa [pérsa] *a.-n.* Persian.

persecución [persekuθjón] *f.* persuit, hunt, chase.

perseguir [perseɣír] *t.* to pursue, persecute, chase. ¶ CONJUG. like *servir.*

perseverancia [perseβeránɟa] *f.* perseverance; constancy.

perseverante [perseβeránte] *a.* constant, steady.

persiana [persjána] *f.* Venetian blind.

persistente [persisténte] *a.* persistent.

persistir [persistír] *i.* to persist in.

persona [persóna] *f.* person. 2 *pl.* people.

personaje [personáxe] *m.* personage. 2 THEAT. character.

personal [personál] *a.* personal. 2 *m.* staff, personnel. 3 **-mente** *adv.* personally.

personificar [personifikár] *t.* to personify.

perspectiva [perspeɣtíβa] *f.* perspective. 2 prospect, outlook.

persuadir [perswaðír] *t.* to persuade. 2 *p.* to be convinced.

pertenecer [perteneθér] *i.* to belong; to concern. ¶ CONJUG. like *agradecer.*

perteneciente [perteneθiénte] *a.* beloging to.

perturbación [perturβaθjón] *f.* disturbance, uneasiness: ~ *mental,* mental disorder.

perturbado [perturβáðo] *a.* disturbed. 2 insane.

perturbar [perturβár] *t.* to disturb, upset. 2 to confuse.

peruano [peruáno] *a.-n.* Peruvian.

perversidad [perβersiðáð] *f.* perversity, wickedness.

perverso [perβérso] *a.* perverse, wicked, depraved.

pervertir [perβertír] *t.* to pervert, deprave. ¶ CONJUG. like *hervir*.

pesa [pésa] *f.* weight.

pesadilla [pesaðíʎa] *f.* nightmare.

pesado [pesáðo] *a.* heavy, weighty. *2* tiresome, boring. *3* deep [sleep].

pesadumbre [pesaðúmbre] *f.* sorrow, grief, regret.

pésame [pésame] *m.* condolence, expression of sympathy.

1) **pesar** [pesár] *m.* sorrow. *2* regret, grief. *3* *a ~ de*, in spite of.

2) **pesar** [pesár] *t.* to weigh. *2* to consider. *3* *i.* to have weight. *4* to be sorry, regret.

pesca [péska] *f.* fishing. *2* angling. *3* catch of fish.

pescado [peskáðo] *m.* fish. *2* salted codfish.

pescador [peskaðór] *m.* fisher, fisherman: *~ de caña,* angler.

pescar [peskár] *t.* to fish. *2* to angle.

pescuezo [peskwéθo] *m.* neck.

pesebre [peséβre] *m.* crib, manger.

peseta [peséta] *f.* peseta.

pésimo [pésimo] *a.* very bad; worthless, wretched.

peso [péso] *m.* weight: *~ bruto,* gross weight; *~ neto,* net weight. *2* load, burden. *3* peso [monetary unit].

pestaña [pestáɲa] *f.* eyelash.

peste [péste] *f.* pest, plague.

pétalo [pétalo] *m.* petal.

petardo [petárðo] *m.* firecracker, firework.

petición [petiθjón] *f.* petition, request.

petróleo [petróleo] *m.* petroleum, oil.

pez [peθ] *m.* fish. *2* *f.* pitch, tar.

pezuña [peθúɲa] *f.* hoof.

piadoso [pjaðóso] *a.* pious, devout.

pianista [pjanísta] *m.-f.* pianist

piar [pjár] *i.* to peep, chirp, cheep.

picada [pikáða] *f.* peck [of bird]; bite, sting.

picaflor [pikaflór] *m.* humming-bird.

picante [pikánte] *a.* hot, pungent. *2* spicy. *4* biting.

picapedrero [pikapeðréro] stone-cutter.

picar [pikár] *t.* to prick, pierce. *2* BULLF. to goat. *3* [of insects] to bite. *4* to spur [a horse]. *5* to mince. *6* *t.-i.* to itch. *7* AER. to dive. *8* *p.* [of teeth] to begin to decay. *9* [of the sea] to get choppy. *10* to take offense.

pícaro [píkaro] *a.* knav- ish, roguish. 2 sly. 3 *m.-f.* knave, rogue. 4 sly person. 5 *m.* LIT. picaro.

pico [píko] *m.* beak. 2 mouth; eloquence. 3 peak [of a mountain]. 4 pick [tool], pickaxe: *tres pesetas y* ~, three pesetas odd.

picotazo [pikotáθo] *m.* peck [of a bird]. 2 sting [of insects].

pichón [pitʃón] *m.* pig- eon.

pie [pjé] *m.* foot: *a pie,* on foot; *en* ~, stand- ing; *al* ~ *de la letra,* literally. 2 bottom. 3 base, stand. 4 trunk, stalk.

piedad [pjeðáð] *f.* piety.

piedra [pjéðra] *f.* stone.

piel [pjél] *f.* skin. 2 hide, pelt. 3 leather. 4 fur. 5 *m.* ~ *roja,* red- skin.

pierna [pjérna] *f.* leg.

pieza [pjéθa] *f.* piece. 2 game.

pila [píla] *f.* trough. 2 baptismal font. 3 heap. 4 pile.

píldora [píldora] *f.* pill.

piloto [pilóto] *m.* pilot.

pillar [piʎár] *t.* to plunder, catch, grasp.

pillo [píʎo] *m.-f.* rogue, rascal. 2 urchin.

pimienta [pimjénta] *f.* pepper [spice].

pimiento [pimjénto] *m.* [green, red] pepper.

pincel [pinθél] *m.* brush.

pinchar [pintʃár] *t.* to prick, puncture.

ping pong [pimpón] *m.* ping-pong, table-tennis.

pino [píno] *m.* pine, pine-tree.

pintar [pintár] *t.* to paint. 2 to describe. 3 *p.* to make up one's face.

pintor [pintór] *m.* paint- er; house painter.

pintoresco [pintorésko] *a.* picturesque.

pintura [pintúra] *f.* painting.

piña [pípa] *f.* pine cone. 2 ~ *de América,* pine- apple.

pío [pío] *a.* pious.

piojo [pjóxo] *m.* louse.

pipa [pípa] *f.* pipe. 2 cask. 3 pip, seed.

pique [píke] *m.* pique. 2 *irse a* ~, to capsize, sink.

piquete [pikéte] *m.* picket, squad.

pirámide [pirámiðe] *f.* pyramid.

pirata [piráta] *m.* pi- rate.

pisada [pisáða] *f.* foot- step; footprint.

pisar [pisár] *t.* to tread on, step on. 2 to trample under foot.

piscina [pisθína] *f.* swimming-pool.

piso [píso] *m.* floor; storey: ~ *bajo,* ground floor. 2 flat, apartment.

pisotear [pisoteár] *t.* to trample on, tread down.

pista [písta] *f.* trail, trace, scent. 2 clue. 3 SPORT race-track. 4 ring. 5 AER. runway, landing-field.

pistola [pistóla] *f.* pistol.

pitar [pitár] *i.* to blow a whistle; to whistle at; to hiss.

pito [píto] *m.* whistle.

pizarra [piθárra] *f.* slate. 2 blackboard.

pizca [píθka] *f.* bit, jot, whit.

placa [pláka] *f.* plaque. 2 PHOT. plate.

placentero [plaθentéro] *a.* joyful, pleasant, agreeable.

1) **placer** [plaθér] *m.* pleasure. 2 will.

2) **placer** [plaθér] *t.* to please. ‖ CONJUG. INDIC. Pres.: *plazco,* places, place, etc. | Pret.: plació or *plugo;* placieron or *pluguieron.* ‖ SUBJ. Pres.: *plazca, plazcas,* etc. | Imperf.:

placiera or *pluguiera.* | Fut.: placiere or *pluguiere,* etc. ‖ IMPER.: place, *plazca; plazcamos,* placed, *plazcan.*

plácido [pláθiðo] *a.* placid, calm.

plafón [plafón] *m.* soffit.

plaga [pláγa] *f.* plague, pest, scourge.

plan [plan] *m.* plan, project, scheme.

plancha [plántʃa] *f.* plate, sheet. 2 iron [for clothes].

planchado [plantʃáðo] *m.* ironing.

planchar [plantʃár] *t.* to iron, press.

planear [planeár] *t.* to plan, outline. 2 *i.* AER. to glide.

planeta [planéta] *m.* planet.

plano [pláno] *a.* plane. 2 flat, even. 3 *m.* plane. 4 plan [map].

planta [plánta] *f.* plant. 2 sole of the foot. 3 ~ *baja,* ground floor.

plantación [plantaθjón] *f.* planting. 2 plantation.

plantar [plantár] *t.* to plant. 2 to set up, place 3 to jilt. 4 *p.* to stand firm.

plantear [planteár] *t.* to plan, outline. 2 to establish. 3 to state [a problem]; to raise [a question].

piantel [plantél] *m.* nursery; nursery school.

plástico [plástiko] *a.-m.* plastic.

plata [pláta] *f.* silver. 2 money.

plataforma [platafórma] *f.* platform.

platanal [platanál] *m.* banana plantation.

plátano [plátano] *m.* banana.

plateado [plateáðo] *a.* silver-plated. 2 silvery.

plato [pláto] *m.* plate, dish. 2 course [at meals].

playa [plája] *f.* beach, seaside, shore.

plaza [pláθa] *f.* public square. 2 market-place. 3 fortress. 4 seat. 5 job. 6 town, city. 7 ~ *de toros*, bullring.

plazo [pláθo] *m.* term; time-limit: *a plazos*, by instalments.

plegar [pleɣár] *t.* to fold, bend, crease. 2 SEW to gather. 3 *p.* to bend. 4 to yield.

plegaria [pleɣárja] *f.* prayer.

pleito [pléito] *m.* litigation, law-suit. 2 debate.

plenitud [plenitúð] *f.* fullness, completion.

pleno [pléno] *a.* full, complete.

pliego [pljéɣo] *m.* sheet of paper. 2 sealed document. 3 ~ *de condiciones*, specifications.

pliegue [pljéɣe] *m.* fold, crease.

plomo [plómo] *m.* lead. 2 sinker.

pluma [plúma] *f.* feather. 2 [writing] pen, nib.

plumaje [plumáxe] *m.* plumage, feathers.

plural [plurál] *a.-m.* plural.

población [poβlaθjón] *f.* population. 2 city, town.

poblado [poβláðo] *a.* populated. 2 thick. 3 *m.* town.

poblar [poβlár] *t.* to people. 2 to settle. 3 *p.* to become peopled. ¶ CONJUG. like *contar*.

pobre [póβre] *a.* poor. 2 *m.-f.* beggar.

pobreza [poβréθa] *f.* poverty; need; lack.

1) **poco** [póko] *adv.* little, not much: *dentro de* ~, presently; ~ *más o menos*, more or less.

2) **poco** [póko] *a.* little, scanty. 2 *pl.* few.

podar [poðár] *t.* to prune, lop off, trim [off].

1) **poder** [poðér] *m.* power; authority. 2 force, strength, might.

2) **poder** [poðér] *t.-i.*

to be able [to], can, may. 2 *i.* to have power or influence. 3 *impers.* to be possible, may. ‖ CONJUG. INDIC. Pres.: *puedo, puedes, puede; podemos, podéis, pueden.* | Pret.: *pude, pudiste,* etc. | Fut.: *podré, podrás,* etc. ‖ COND.: *podría, podrías,* etc. ‖ SUBJ. Pres.: Pres.: *pueda, puedas, pueda; podamos, podáis, puedan.* | Imperf.: *pudiera, pudieras,* etc., or *pudiese, pudieses,* etc. | Fut.: *pudiere, pudieres,* etc. ‖ IMPER.: *puede, pueda; podamos, poded, puedan.* ‖ GER.: *pudiendo.*

poderio [poðerío] *m.* power, might. 2 jurisdiction. 3 wealth.

poderoso [poðeróso] *a.* powerful, mighty. 2 wealthy.

poema [poéma] *m.* poem.

poesía [poesía] *f.* poetry. 2 poem.

poeta [poéta] *m.* poet.

poético [poétiko] *a.* poetic.

polar [polár] *a.* polar; pole: *estrella* ~, polestar.

policía [poliθía] *m.* policeman, detective. 2 police force: ~ *secreta,* secret police.

policiaco [poliθíako] *a.* [pertaining to the] police. 2 *novela policíaca,* detective story.

polilla [políʎa] *f.* moth.

politécnico [politéɣniko] *a.* polytechnic.

política [polítika] *f.* politics.

político [polítiko] *a.* politic(al. 2 tactful. 3 -in-law: *padre* ~, father-in-law. 4 *m.* politician.

polo [pólo] *m.* pole. 2 SPORTS polo.

polvo [pólβo] *m.* dust. 2 powder.

pólvora [pólβora] *f.* gunpowder.

pollino [poʎíno] *m.-f.* donkey, ass.

pollo [póʎo] *m.* chicken. 2 young man.

pomada [pomáða] *f.* pomade.

pompa [pómpa] *f.* pomp; show: *pompas fúnebres,* funeral. 2 pageant. 3 bubble. 4 pump.

pomposo [pompóso] *a.* pompous [showy]. 2 inflated.

ponderar [ponderár] *t.* to weigh up, consider. 2 to exaggerate. 3 to praise.

poner [ponér] *t.* to place, put, set: ~ *en libertad,* to set free; ~ *en práctica,* to carry out. 2 to lay [eggs]. 3 to render [furious]. *4* ~ *de manifiesto*, to make evident; ~ *de relieve*, to emphasize; ~ *reparos*, to make objections. *5* p. to put on [one's hat]. *6* [of the sun] to set. *7* to become. *8* ~ *a*, to begin to. *9* ~ *al corriente*, to get informed. *10* ~ *de acuerdo*, to agree. *11 ponerse en pie*, to stand up. | CONJUG. INDIC. Pres.: *pongo*, pones, pone, etc. | Pret.: *puse, pusiste, puso*, etc. | Fut.: *pondré, pondrás*, etc. || COND.: *pondría, pondrías*, etc. || SUBJ. Pres.: *ponga, pongas*, etc. | Imperf.: *pusiera, pusieras*, or *pusiese, pusieses*, etc. | Fut.: *pusiere, pusieres*, etc. || IMPER.: *pon, ponga; pongamos*, poned, *pongan*. || PAST. P.: *puesto*.

popa [pópa] *f.* stern; *en* or *a* ~, astern, abaft.

popular [populár] *a.* popular; colloquial.

popularidad [populariðáð] *f.* popularity.

por [por] *prep.* by, for, as, along, around, across, through, from, out of, at, in, on, to, etc.: ~ *la noche*, in the night, by night. *2* ~ *ciento*, per cent; ~ *tanto*, therefore; ~ *más que*, ~ *mucho que*, however much; ¿~ *qué?*, why?; ~ *supuesto*, of course.

porcelana [porθelána] *f.* china, porcelain.

porción [porθjón] *f.* part, share, lot, portion.

pordiosero [porðjoséro] *n.* beggar.

porfiado [porfjáðo] *a.* stubborn, persistent.

porfiar [porfjár] *i.* to insist, persist.

poro [póro] *m.* pore.

poroso [poróso] *a.* porous.

porque [pórke] *conj.* for, because, since.

¿por qué? [porké] *conj.* why?

porqué [porké] *m.* cause, reason; why.

porquería [porkería] *f.* dirt, filth. *2* filthy act or word.

porta(a)viones [portaβjónes] *m.* aircraft carrier.

portada [portáða] *f.* front, façade. *2* frontispiece. *3* PRINT. title page. *4* cover.

portador [portaðór] *m.* carrier, bearer, holder.

portal [portál] *m.* doorway, vestibule. *2* porch, portico, entrance.

portarse [portárse] *p.* behave, act.

portavoz [portaβóθ] *m.* spokesman; mouthpiece.

porte [pórte] *m.* portage, carriage; freight: ~ *pagado*, portage prepaid. 2 behaviour; appearance [of a person].

portero [portéro] *m.* doorkeeper, porter. 2 SPORT goalkeeper.

portugués [portuɣés] *a.-n.* Portuguese.

porvenir [porβenír] *m.* future.

pos (en) [pos] *adv. en* ~ *de*, after; in pursuit of.

posada [posáða] *f.* lodg-ing-house, inn.

posar [posár] *i.* to lodge. 2 to rest. 3 F. ATRS to sit, pose. 4 *i.-p.* [of birds, etc.] to alight, perch. 5 *t.* to lay down. 6 *p.* to settle.

poseedor [poseeðór] *m.* owner, holder.

poseer [poseér] *t.* to possess, own, hold, have. 2 to master. ¶ CONJUG. INDIC. Pret.: poseí, poseíste, poseyó; poseímos, poseísteis, *poseyeron.* ‖ SUBJ. Imperf.: *poseyera, poseyeras,* etc., or *poseyese, poseyeses,* etc. ‖ PAST. P.: poseído or *poseso.* ‖ GER.: *poseyendo.*

posesión [posesjón] *f.* possession, holding.

posibilidad [posiβiliðáθ] *f.* possibility, chance. 2 *pl.* means.

posible [posíβle] *a.* possible: *hacer todo lo* ~, to do one's best.

posición [posiθjón] *f.* position, attitude. 2 situation.

positivo [positíβo] *a.* positive, practical.

posponer [posponér] *t.* to postpone, delay, put off.

postal [postál] *a.* postal. 2 *f.* postcard.

poste [póste] *m.* pillar; post, pole: ~ *indicador,* finger-post.

posteridad [posteriðáθ] *f.* posterity, the coming generations.

posterior [posterjór] *a.* posterior, back, rear. 2 -**mente** *adv.* later on.

postizo [postíθo] *a.* artificial, false. 2 *m.* switch [of hair].

postrar [postrár] *t.* to prostrate, cast down. 2 *p.* to kneel down.

postre [póstre] *a.* POS-TRERO. 2 *m.* dessert. 3 *adv. a la* ~, at last.

postrero [postréro] *a.* last. 2 *m.-f.* last one.

postular [postulár] *t.* to postulate. 2 to beg.

pote [póte] *m.* pot; jug; jar.

potencia [poténθja] *f.* power; faculty, ability; strength. 2 powerful nation.

potencial [potenθjál] *a.-m.* potential. 2 GRAM. conditional [mood].

potente [poténte] *a.* potent, powerful, mighty. 2 strong.

potestad [potestáð] *f.* power, faculty. 2 authority.

potro [pótro] *m.-f.* colt, foal. 2 *m.* horse [for torture]. 3 *f.* filly.

pozo [póθo] *m.* well, pit. 2 shaft.

práctica [práγtika] *f.* practice: *poner en ~,* to put into practice. 2 skill. 3 *pl.* training.

práctico [práγtiko] *a.* practical. 2 skilful. 3 *m.* NAUT. pilot.

pradera [praðéra] *f.* prairie, meadow.

prado [práðo] *f.* field, meadow, lawn.

precaución [prekaŭθjón] *f.* precaution.

precedente [preθeðénte] *a.* preceding. 2 *m.* precedent.

preceder [preθeðér] *t.-i.* to precede, go ahead of.

precepto [preθéβto] *m.* rule; order: *día de ~,* holiday.

preciado [preθjáðo] *a.* valuable, precious. 2 proud.

preciar [preθjár] *t.* to value. 2 *p.* to be proud of, boast.

precio [préθjo] *m.* price, cost, value. 2 worth.

precioso [preθjóso] *a.* precious, valuable, costly. 2 beautiful.

precipicio [preθipíθjo] *m.* precipice, cliff.

precipitado [preθipitáðo] *a.* hasty; head-long.

precipitar [preθipitár] *t.* to throw headlong, hurl, hurry. 2 *p.* to be hasty or rash..

precisamente [preθísaménte] *adv.* precisely, exactly. 2 just.

precisar [preθisár] *t.* to define. 2 to force. 3 *i.* to be necessary; to need.

precisión [preθisjón] *f.* precision, accuracy. 2 necessity.

preciso [preθíso] *a.* precise, accurate; just. 2 necessary.

precoz [prekóθ] *a.* precocious.

precursor [prekursór] *m.* forerunner, harbinger.

predecir [preðeθír] *t.* to foretell, forecast.

predicador [preðikaðór] *m.-f.* preacher.

predicar [preðikár] *t.-i.* to preach.

predicción [preðiɣθjón] *f.* forecast, prediction.

predilección [preðileɣθjón] *f.* preference, liking.

predilecto [preðiléyto] *a.* favourite.

predominar [preðominár] to prevail. 2 to overlook.

prefacio [prefáθjo] *m.* prologue, preface, foreword.

preferencia [preferénθja] *f.* choice, preference.

preferible [preferíβle] *a.* preferable.

preferir [preferír] *t.* to prefer, choose: *yo preferiría ir,* I'd rather go.

pregonar [preɣonár] *t.* to proclaim. 2 to cry. 3 to reveal.

pregunta [preɣúnta] *f.* question, inquiry: *hacer una ~,* to ask a question.

preguntar [preɣuntár] *t.-i.* to ask, inquire. 2 *p.* to wonder.

preguntón [preɣuntón] *a.-n.* inquisitive.

prejuicio [prexwíθjo] *m.* prejudice, bias.

preliminar [preliminár] *a.-m.* preliminary.

preludio [prelúðjo] *m. m.* prelude.

prematuro [prematúro] *a.* premature, untimely.

premiar [premjár] *t.* to reward.

premio [prémjo] *m.* reward. 2 prize, award.

prenda [prénda] *f.* pledge, security, pawn; token, proof. 2 garment.

prender [prendér] *t.* to seize, catch. 2 to attach, pin. 3 to arrest. 4 to set [fire]. 5 *i.* to take root. 6 to catch.

prensa [prénsa] *f.* press; printing press. 2 journalism, daily press.

preocupación [preokupaθjón] *f.* preoccupation. 2 care, concern, worry.

preocupar [preokupár] *t.* to preoccupy. 2 to concern, worry, bother. 3 *p.* worry about.

preparación [preparaθjón] *f.* preparation.

preparar [preparár] *t.* to prepare. 2 *p.* to get ready.

preparativo [preparatíβo] *a.* preparatory. 2 *m. pl.* arrangements.

preposición [preposiθjón] *f.* preposition.

presa [présa] *f.* catch, grip, hold. 2 capture. 3 prize, booty. 4 prey. 5 claw. 6 dam.

prescindir [presθindír] *i.* to dispense with, do without.

presencia [presénθja] *f.* presence.

presenciar [presenθjár] *t.* to be present at, witness.

presentación [presentaθjón] *f.* presentation; coming-out, début. 2 introduction.

presentar [presentár] *t.* to present. 2 to display, show. 3 to introduce. 4 *p.* to appear.

presente [presénte] *a.* present; *hacer* ~, to remind of; *tener* ~, to bear in mind. 2 current [month, etc.]. 3 *a.-m.* GRAM. present. 4 *m.* present, gift.

presentimiento [presentimjénto] *m.* foreboding.

presentir [presentír] *t.* to forebode. ¶ CONJUG. like *hervir*.

preservar [preserβár] *t.* to preserve, guard, keep safe.

presidencia [presiðénθja] *f.* presidency. 2 chairmanship.

presidente [presiðénte] *m.* president. 2 chairman.

presidiario [presiðjárjo] *m.* convict.

presidio [presíðjo] *m.* penitentiary, prison. 2 hard labour.

presidir [presiðír] *t.-i.* to preside over or at, take the chair at, rule.

presión [presjón] *f.* pressure; press, squeeze.

preso [préso] *a.* imprisoned. 2 *m.-f.* prisoner.

préstamo [préstamo] *m.* loan, lending, borrowing.

prestar [prestár] *t.* to lend, loan. 2 to give. 3 to do, render [service, etc.]. 4 to pay [attention]. 5 to take [oath]. 6 *p.* to lend oneself. 7 *se presta a,* it gives rise to.

prestigio [prestíxjo] *m.* prestige; good name.

presto [présto] *adv.* quickly. 2 soon. 3 *a.* prompt, quick. 2 ready.

presumir [presumír] *t.* to presume, conjecture. 2 *i.* to boast.

presupuesto [presupwésto] *a.* presupposed. 2 *m.* budget. 3 estimate.

presuroso [presuróso] *a.* prompt, hasty.

pretender [pretendér] *t.* to pretend to, claim. 3 to try to.

pretendiente [pretendjénte] *m.* claimant. 3 suitor.

pretensión [pretensjón] *f.* claim. 2 aim, object.

pretexto [pretésto] *m.* pretext, excuse, plea.

prevalecer [preβaleθér] *i.* to prevail.

prevención [preβenθjón] f. supply. 2 foresight. 3 dislike. 4 warning. 5 police station.

prevenido [preβeníðo] a. ready. 2 cautious.

prevenir [preβenír] t. to prepare. 2 to forestall. 3 to warn. 4 to prevent. 5 p. to get ready.

prever [preβér] t. to foresee. 2 to forecast.

previo [préβjo] a. previous.

previsión [preβisjón] f. foresight. 2 forecast.

prieto [prjéto] a. tight. 2 mean. 3 dark.

primario [primárjo] a. primary.

primavera [primaβéra] f. spring, springtime.

primaveral [primaβerál] a. springlike, spring.

primero [priméro] adv. first. 2 a. first. 3 early.

primicia(s [primíθja(s] first fruits [efforts, attempts].

primitivo [primitíβo] a. primitive, original, early.

primo [prímo] a. first. 2 raw [material]. 3 m.-f. cousin. 4 simpleton.

primogénito [primoxénito] a.-n. first-born, eldest [son].

primor [primór] m. beauty. 2 skill.

primoroso [primoróso] a. exquisite. 2 skilful, fine.

princesa [prinθésa] f. princess.

principal [prinθipál] a. principal. 2 m. head [of a firm, etc.]. 3 first floor. 4 **-mente** adv. principally, mainly.

príncipe [prínθipe] m. prince.

principiar [prinθipjár] t. to begin.

principio [prinθípjo] m. beginning. 2 principle. 3 pl. principles.

prisa [prísa] f. haste, hurry: tener ~, to be in a hurry.

prisión [prisjón] f. prison, jail; imprisonment.

prisionero [prisjonéro] m.-f. prisoner.

prisma [prízma] m. prism.

privación [priβaθjón] f. want, deprivation, loss.

privado [priβáðo] a. forbidden. 2 private. 3 m. favourite.

privar [priβár] t. to forbid. 2 to prevail.

privilegio [priβiléxjo] m. privilege, grant, exemption.

pro [pro] m.-f. profit: el ~ y el contra, the pros and cons.

proa [próa] f. prow, bow. 2 AER. nose.

pues [pwes] *conj.* because, for, since. 2 then: *así ~*, so then; *~ bien*, well then.

puesta [pwésta] *f.* setting: *~ de sol*, sunset. 2 stake. 3 egg-laying.

puesto [pwésto] *p. p.* of PONER. 2 placed, put. 3 *m.* place, spot. 4 stall, stand. 5 job. 6 MIL. post, station: *~ de socorro*, first-aid station. 7 conj. *~ que*, since, inasmuch as.

púgil [púxil] *m.* boxer, pugilist.

pulga [púlɣa] *f.* flea.

pulgada [pulɣáða] *f.* inch.

pulgar [pulɣár] *m.* thumb.

pulido [pulíðo] *a.* neat, tidy; polished; nice.

pulmón [pulmón] *m.* lung.

pulmonía [pulmonía] *f.* pneumonia.

pulpa [púlpa] *f.* pulp, flesh.

pulpo [púlpo] *m.* octopus.

pulsera [pulséra] *f.* bracelet: *reloj de ~*, wristwatch.

pulso [púlso] *m.* pulse. 2 steadiness of the hand. 3 care.

pulla [púʎa] *f.* quip, cutting remark. 2 witty saying.

punta [púnta] *f.* point. 2 head. 3 nib. 4 top. 5 horn. 6 tine. 7 *está de ~ con*, to be on bad terms with.

puntapié [puntapjé] *m.* kick.

puntero [puntéro] *m.* pointer. 2 chisel.

puntiagudo [puntjaɣúðo] *a.* sharp-pointed.

puntilla [puntíʎa] *f.* lace edging. 2 BULLF. short dagger. 3 *de puntillas*, on tiptoe.

punto [púnto] *m.* point; dot; stop: *~ final*, full stop; *~ y coma*, semicolon; *dos puntos*, colon. 2 SEW. stitch. 3 *géneros de ~*, hosiery. 4 place, spot; *~ de partida*, starting-point; *~ de vista*, point of view.

puntuación [puntwaθjón] punctuation. 2 score. 3 mark(s.

puntual [puntuál] *a.* punctual; exact.

puntualidad [puntwaliðáð] *f.* punctuality.

puñado [puɲáðo] *m.* handful.

puñal [puɲál] *m.* dagger.

puñalada [puɲaláða] *f.* stab, thrust.

puño [púɲo] *m.* fist. 2 cuff. 3 hilt. 4 handle.

pupila [pupíla] *f.* pupil.

pupilo [pupílo] *m.* ward.
2 boarder, inmate.
pupitre [pupítre] *m.* desk.
pureza [puréθa] *f.* purity.
purga [púrɣa] *f.* purgative, purge.

purificar [purifikár] *t.* to purify, cleanse.
puro [púro] *a.* pure, sheer; chaste. 2 *m.* cigar.
púrpura [púrpura] *f.* purple.

Q

que [ke] *rel. pron.* that; which; who; whom. 2 *conj.* that. 3 than. 4 and. 5 *con tal* ~, provided [that]. 6 for, because, since.

qué [ké] *exclam. pron.* how, what [a]. 2 *interr. pron.* what?, which? 3 *¿por* ~?, why?

quebradizo [keβraðíθo] *a.* brittle, fragile.

quebrantar [keβrantár] *t.* to break. 2 to pound, crash. 3 to transgress [a law]. 4 to weaken.

quebrar [keβrár] *t.* to break, crush. 2 *i.* to go bankrupt. ‖ CONJUG. like *acertar*.

quedar [keðár] *t.-p.* to remain, stay, be left.

quehacer [keaθér] *m.* task, job, duties.

queja [kéxa] *f.* complaint.

quejarse [kexárse] *p.* to complain, moan.

quemadura [kemaðúra] *f.* burn; scald, sunburn.

quemar [kemár] *t.* to burn, scald, scorch. 2 *p.* to burn up, get scorched.

querella [keréʎa] *f.* complaint. 2 quarrel.

querer [kerér] *t.* to love [be in love with]. 2 to want, will, wish, desire. 3 ~ *decir*, to mean. 4 *sin* ~, unintentionally. ‖ CONJUG. INDIC. Pres.: *quiero, quieres, quiere; queremos, queréis, quieren.* | Pret.: *quise, quisiste, quiso,* etc. | Fut.: *querré, querrás,* etc. ‖ SUBJ. Pres.: *quiera, quieras, quiera; quera-*

mos, queráis, *quieran.* | Imperf.: *quisiera, quisieras,* etc., or *quisiese, quisieses,* etc. | Fut.: *quisiere, quisieres,* etc. ‖ IMPER.: *quiere, quiera;* queramos, quered, *quieran.*

querido [kerído] *a.* dear, beloved. 2 *m.-f.* lover. 3 *f.* mistress.

querubín [keruβín] *m.* cherub.

queso [késo] *m.* cheese.

quiebra [kjéβra] *f.* break, crack; fissure. 2 failure, bankrupcy.

quien [kjen] *pron.* who, whom.

quienquiera [kjeŋkjéra], *pl.* **quienesquiera** [kjeneskjéra] *pron.* whoever, whomever, whosoever, whomsoever.

quieto [kjéto] *a.* quiet, still, motionless; calm.

quietud [kjetúð] *f.* calmness, stillness, quiet.

quijada [kixáða] *f.* jaw, jawbone.

quimera [kiméra] *f.* chimera. 2 wild fancy.

química [kímika] *f.* chemistry.

químico [kímiko] *a.* chemical. 2 *m.-f.* chemist.

quince [kínθe] *a.-n.* fifteen.

quinientos [kinjéntos] *a.-n.* five hundred.

quinqué [kiŋké] *m.* oil lamp.

quinto [kínto] *a.* fifth. 2 *m.* recruit.

quiosco [kjósko] *m.* kiosk. 2 news-stand, stall.

quiquiriquí [kikirikí] *m.* cock-a-doodle-doo.

quirúrgico [kirúrxiko] *a.* surgical.

quitar [kitár] *t.* to remove, take [away, off, from, out]. 2 to steal, rob of. 3 to clear [the table]. 4 *p.* to move away. 5 to take off [one's clothes, etc.]. 6 *quitarse de encima,* to get rid of.

quizá(s [kiθá(s] *adv.* perhaps, maybe.

R

rábano [rráβano] *m.* radish.

rabia [rráβja] *f.* rabies. 2 rage, fury.

rabioso [rraβjóso] *a.* rabid; mad. 2 furious, angry.

rabo [rráβo] *m.* tail; end: *de cabo a ~*, from beginning to end.

racial [rraθjál] *a.* racial, race.

racimo [rraθímo] *m.* bunch, cluster.

ración [rraθjón] *f.* ration. 2 portion. 3 allowance.

racional [rraθjonál] *a.* rational. 2 reasonable.

racionamiento [rraθjonamjénto] *m.* rationing.

radiante [rraðjánte] *a.* radiant; beaming.

radical [rraðikál] *a.* radical. 2 *m.* root.

radicar [rraðikár] *i.* to take root. 2 *i.* to be, lie.

radio [rráðjo] *m.* radius. 2 radium. 3 spoke. 4 scope. 5 radiogram. 6 *f.* boadcasting. 7 radio, wireless set.

radioyente [rraðjojénte] *m.-f.* radio listener.

ráfaga [rráfaɣa] *f.* gust [wind]. 2 burst [of machine-gun]. 3 flash [light].

raiz [rraíθ] *f.* root.

rajar [rraxár] *t.* to split. 2 to slice [a melon]. 3 *p.* to split. 4 to give up.

rallar [rraʎár] *t.* to grate.

rama [rráma] *f.* branch, bough.

ramaje [rramáxe] *m.* foliage, branches.

ramificarse [rramifikárse] *p.* to branch off.

ramillete [rramiʎéte] *m.* bouquet, nosegal. 2 centrepiece.

ramo [rrámo] *m.* bough, branch. 2 bunch, cluster.

rana [rrána] *f.* frog.

rancio [rránθjo] *a.* rank, ranci̇d, stale. 2 old.

ranchero [rrantʃéro] *m.* mess cook. 2 rancher.

rancho [rrántʃo] *m.* MIL. mess. 2 (Am.) cattle ranch.

rango [ráŋgo] *m.* rank, class, standing.

rapaz [rrapáθ] *a.* rapacious. 2 ORN. of prey. 3 *m.* young boy.

rápidamente [rrápiðaménte] *adv.* quickly.

rapidez [rrapiðéθ] *f.* speed, quickness.

rápido [rrápiðo] *a.* fast, quick, swift.

rapto [rráβto] *m.* ravishment. 2 kidnapping. 3 rapture.

raro [rráro] *a.* rare. 2 scarce: *raras veces,* seldom. 3 odd, queer.

rascar [rraskár] *t.* to scrape, scratch.

rasgar [rrazɣár] *t.* to tear, rend, rip, slash.

rasgo [rrázɣo] *m.* dash, stroke. 2 deed, feat. 3 trait. *4 pl.* features.

raso [rráso] *a.* flat, level. 2 clear. 3 *m.* satin.

raspar [rraspár] *t.* to scrape, erase.

rastrillo [rrastríʎo] *m.* rake.

rata [rráta] *f.* rat.

rato [rráto] *m.* time, while: *al poco ∼,* shortly after.

ratón [rratón] *m.* mouse.

ratonera [rratonéra] *f.* mouse-trap. 2 mouse-hole̞

raudal [rrauðál] *m.* stream, torrent, flood.

raya [rrája] *f.* ray. 2 line. 3 score. *4* stripe. 5 crease 6 parting.

rayar [rrajár] *t.* to draw lines on, line. 2 to scratch. 3 to stripe. *4* to cross out. 5 *i.* ∼ *con* or *en,* to border on.

rayo [rrájo] *m.* ray, beam. 2 lightning. 3 *rayos X,* X-rays.

raza [rráθa] *f.* race, breed: *de pura ∼,* thoroughbred.

razón [rraθón] *f.* reason. 2 right: *tener ∼,* to be right; *no tener ∼,* to be ⸝wrong. 3 account. *4* ∼ *social,* trade name, firm.

razonable [rraθonáβle] *a.* reasonable, sensible. 2 fair.

razonar [rraθonár] *i.* to reason, argue; to talk.

reacción [rreaɣθjón] *f.* reaction; *avión a ∼,* jet.

reaccionar [rreaɣθjonár] *i.* to react, respond to.

reafirmar [rreafirmár] *t.* to reaffirm, reassert.

reajuste [rreaxúste] *m.* *m.* readjustment.

real [rreál] *a.* real. 2 royal. 3 magnificent. *4 m.* real [Spanish coin].

realidad [rrealiðáð] *f*. reality. 2 sincerity 3 *en* ∼, really, in fact.

realista [rrealísta] *a*. realistic. 2 *m*.-*f*. realist.

realización [rrealiθaθjón] *f*. achievement, fulfilment.

realizar [rrealiθár] *t*. to accomplish, carry out, do, fulfill.

realmente [rreálmente] *adv*. really, actually.

reanudar [rreanuðár] *t*. to renew, resume.

reaparecer [rreapareθér] *i*. to reappear, return.

rebaja [rreβáxa] *f*. reduction. 2 rebate, discount.

rebajar [rreβaxár] *t*. to reduce, rebate, discount. 2 to disparage. 3 *p*. to humble oneself.

rebaño [rreβáɲo] *m*. herd, flock, drove.

rebelarse [rreβelárse] *p*. to rebel, revolt, rise.

rebelde [rreβélde] *a*. rebellious. 2 *m*.-*f*. rebel, insurgent.

rebeldía [rreβeldía] *f*. sedition, rebelliousness; defiance.

rebelión [rreβeljón] *f*. rebellion, revolt.

rebosar [rreβosár] *i*.-*p*. to overflow, run over.

rebuscar [rreβuskár] *i*.-*t*. to search carefully for; to search out; to glean.

recelo [rreθélo] *m*. fear, suspicion.

receloso [rreθelóso] *a*. distrustful, suspicious.

recepción [rreθepθjón] *f*. reception, admission.

receptor [rreθeptór] *m*. receiver, television set.

receso [rreθéso] *m*. *recess.

receta [rreθéta] *f*. MED. prescription. 2 recipe.

recetar [rreθetár] *t*. to prescribe.

recibimiento [rreθiβimjénto] *m*. reception; welcome. 2 hall.

recibir [rreθiβír] *t*. to receive. 2 to admit. 3 to meet.

recibo [rreθíβo] *m*. reception, receipt: *acusar* ∼ *de*, to acknowledge receipt of.

recién [rreθjén] *adv*. recently, lately, newly: ∼ *nacido*, new-born: ∼ *llegado*, newcomer.

reciente [rreθjénte) *a*. recent, fresh. 2 **-mente** *adv*. recently, lately, newly.

recinto [rreθínto] *m*. area, enclosure, precinct.

recio [rreθjo] *a*. strong. 2 thick, stout. 3 hard: *hablar* ∼, to speak loudly.

recipiente [rreθipiénte] *m*. vessel, container.

recíproco [rreθíproko] *a*. mutual, reciprocal.

recital [rreθitál] *m*. recital. 2 reading.

recitar [rreθitár] *t*. to recite.

reclamación [rreklamaθjón] *f*. claim, demand. 2 complaint.

reclamar [rreklamár] *t*. to claim, demand. 2 to complain.

reclamo [rreklámo] *m*. decoy bird. 2 enticement. 3 advertisement.

recluir [rrekluír] *t*. to shut up, confine. ¶ Conjug. like *huir*.

reclutamiento [rreklutamjénto] *m*. recruitment, conscription.

recobrar [rrekoβrár] *t*. to recover, retrieve. 2 *p*. to get better.

recoger [rrekoxér] *t*. to gather, collect, pick up, retake. 2 to fetch, get. 3 to give shelter to. 4 *p*. to retire, go home.

recolectar [rrekoleʏtár] *t*. to harvest.

recomendación [rrekomendaθjón] *f*. recomendation: *carta de* ~, letter of introduction.

recomendar [rrekomendár] *t*. to recommend. ¶ Conjug. like *acertar*.

recompensa [rrekompénsa] *f*. reward; compensation.

recompensar [rrekompensár] *t*. to recompense, reward.

reconciliar [rrekonθiljár] *t*. to reconcile. 2 *p*. to become reconciled.

reconocer [rrekonoθér] *t*. to inspect, examine. 2 MIL. to reconnoitre. 3 to recognize, admit, acknowledge. 4 *p*. to know oneself. ¶ Conjug. like *agradecer*.

reconocimiento [rrekonoθimjénto] *m*. inspection. 2 MIL. reconnaissance. 3 survey. 4 acknowledgement. 5 gratitude. 6 MED. check-up.

reconstrucción [rrekonstruʏθjón] *f*. reconstruction.

reconstruir [rrekonstruír] *t*. to rebuild, reconstruct.

récord [rrékor] *m*. record.

recordar [rrekorðár] *t*. to remember, recollect, recall. 2 to remind. ¶ Conjug. like *contar*.

recorrer [rrekorrér] *t*. to go over, walk. 2 to read over.

recorrido [rrekorríðo] *m*. journey, run, course.

recortar [rrekortár] *t*. to cut away, clip, trim. 2 to cut out.

recorte [rrekórte] *m*. cutting(s.

recostar [rrekostár] *t.* to lean. 2 *p.* to lean back, lie down. ¶ CONJUG. like *contar*.

recrear [rrekreár] *t.* to amuse, entertain. 2 to please, delight. 3 *p.* to amuse oneself, take delight.

recreativo [rrekreatíβo] *a.* amusing, entertaining.

recreo [rrekréo] *m.* amusement; break [at school]] 2 playground, play-field, pitch.

rectangular [rreɣtaŋgulár] *a.* right-angled, rectangular.

rectángulo [rreɣtáŋgulo] *m.* rectangle.

rectificar [rreɣtifikár] *t.* to rectify, amend.

rectitud [rreɣtitúð] *f.* uprightness, righteousness.

recto [rréɣto] *a.* straight; right [angle]. 2 just, honest. 3 *f.* straight line.

rector [rreɣtór] *a.* ruling. 2 *m.* principal, head; vice-chancellor. 3 ECCL. parish priest.

recuerdo [rrekwérðo] *m.* remembrance. 2 souvenir. 3 *pl.* regards.

recuperar [rrekuperár] *t.* to recover, retrieve. 2 *p.* to recover oneself.

recurrir [rrekurrír] *i.* to appeal, resort to.

recurso [rrekúrso] *m.* resort. 2 resource. 3 LAW appeal. 4 *pl.* means.

rechazar [rretʃaθár] *t.* to drive back. 2 to reject.

rechinar [rretʃinár] *i.* to creak, grate. 2 [of teeth] to gnash.

red [rreð] *f.* net. 2 network. 3 trap.

redacción [rreðaɣθjón] *f.* wording, redaction. 2 editing. 3 editorial office. 4 editorial staff.

redactar [rreðaɣtár] *t.* to draw up, compose, write, edit.

redactor [rreðaɣtór] *m.-f.* editor, journalist.

redención [rreðenθjón] redemption. 2 ransom.

redentor [rreðentór] *m.-f.* redeemer.

redil [rreðíl] *m.* sheepfold.

redimir [rreðimír] *t.* to redeem. 2 to ransom.

redondear [rreðondeár] *t.* to round off or out [complete].

redondo [rreðóndo] *a.* round.

reducción [rreðuɣθjón] *f.* reduction, decrease.

reducido [rreðuθiðo] *a.* limited, reduced, small.

reducir [rreðuθír] *t.* to reduce, diminish. 2 to convert [into]. 3 to subdue.

reemplazar [rreemplaθár] *t*. to replace [with, by].

refajo [rrefáxo] *m*. underskirt.

referencia [rreferénθja] *f*. account. 2 reference.

referente [rreferénte] *a*. concerning to.

referir [rreferír] *t*. to relate, tell; to report. 2 *p*. ∼ *a*, to refer to. ¶ Conjug. like *hervir*.

refinar [rrefinár] *t*. to refine; to polish.

reflector [rrefleɣtór] *m*. searchlight. 3 floodlight.

reflejar [rreflexár] *t*. to reflect. 2 to show, reveal.

reflejo [rrefléxo] *a*. reflected. 2 GRAM. reflexive. 3 *m*. PHYSIOL. reflex. 4 reflection.

reflexión [rrefleɣsjón] *f*. reflexion. 2 meditation.

reflexionar [rrefleɣsjonár] *t.-i*. to think over, consider.

reflexivo [rrefleɣsíβo] *a*. reflexive.

reforma [rrefórma] *f*. reform. 2 ECCL. Reformation.

reformar [rreformár] *t.- p*. to reform. 2 *t*. to improve, change.

reforzar [rreforθár] *t*. to strengthen. ¶ Conjug. like *contar*.

refrán [rrefrán] *m*. proverb, saying.

refrescante [rrefreskánte] *a*. cooling; refreshing.

refrescar [rrefreskár] *t*. to cool, refresh. 2 *i*. to get cool. 3 *i.-p*. to take the air, have a drink. 4 to cool down.

refresco [rrefrésko] *m*. refreshment. 2 cooling drink. 3 *de* ∼, new, fresh [troops, etc.].

refrigeración [rrefrixeraθjón] *f*. refrigeration. 2 cooling.

refrigerador [rrefrixeraðór] *m*. refrigerator.

refuerzo [rrefwérθo] *m*. reinforcement, strengthening.

refugiar [rrefuxjár] *t*. to shelter. 2 *p*. to take refuge.

refugio [rrefúxjo] *m*. shelter, refuge.

refulgente [rrefulxénte] *a*. shining.

regalar [rreɣalár] *t*. to present, give; to entertain. 2 to flater. 3 *p*. to treat oneself well.

regalo [rreɣálo] *m*. gift, present. 2 comfort.

regañar [rreɣaɲár] *i*. to snarl, rebuke. 2 to quarrel. 3 *t*. to scold.

regaño [rreɣáɲo] *m*. scolding, rebuke.

regar [rreɣár] *t.* to water, irrigate. ¶ CON-JUG.. like *acertar*.

regata [rreɣáta] *f.* boat race, regatta.

regazo [rreɣáθo] *m.* lap.

régimen [rréximen] *m.* regime, rule, system of government. 2 diet.

regimiento [rreximjénto] *m.* regiment.

regio [rréxjo] *a.* royal.

región [rrexjón] *f.* region; area, district.

regional [rrexjonál] *a.* regional; local.

regir [rrexír] *t.* to govern, rule. 2 to manage. 3 *i.* to be in force; to prevail. ¶ CONJUG. like *servir*.

registrar [rrexistrár] *t.* to search, inspect. 2 to register, record.

registro [rrexístro] *m.* search, inspection. 2 register. 3 book-mark.

regla [rréɣla] *f.* rule, norm, precept: *por ~ general*, as a rule. 2 ruler [for lines].

reglamento [rreɣlaménto] *m.* regulations, by-law.

regocijar [rreɣoθixár] *t.-p.* to rejoice, cheer up.

regocijo [rreɣoθíxo] *m.* rejoicing, joy. 2 *pl.* festivities.

regresar [rreɣresár] *i.* to return, come back, go back.

regreso [reɣréso] *m.* return: *estar de ~*, to be back.

1) **regular** [rreɣulár] *a.* 2 satisfactory. 3 middling; so-so; fairly good.

2) **regular** [rreɣulár] *t.* to regulate; to put in order.

rehabilitación [rreaβilita-θjón] *f.* rehabilitation.

rehusar [rreusár] *t.* to refuse, decline.

reina [rréina] *f.* queen.

reinado [rreĭnáðo] *m.* reign.

reinar [rreĭnár] *i.* to reign. 2 to rule, prevail.

reino [rréĭno] *m.* kingdom.

reintegrar [rreĭnteɣrár] *t.* to restore, repay. 2 *p.* to get back.

reír [rreír] *i. - p.* to laugh at. ¶ CONJUG. INDIC. Pres.: *río, ríes, ríe; reímos, reís, ríen.* | Pret.: *reí, reíste, rió; reímos, reísteis, rieron.* ‖ SUBJ. Pres.: *ría, rías,* etc. | Imperf.: *riera, rieras,* etc., or *riese, rieses,* etc. | Fut.: *riere, rieres,* etc. ‖ IMPER.: *ríe, ría; riamos, reíd, rían.* ¶ GER.: riendo.

reiterar [rreĭterár] *t.* to repeat. 2 to reaffirm.

reja [rréxa] *f.* grate, grating, grille. 2 AGR. ploughshare.

relación [rrelaθjón] *f.* relation, account, narrative. 2 reference. 3 list of particulars. 4 *pl.* intercourse. 5 courtship. 6 connections, friends.

relacionar [rrelaθjonár] *t.* to relate, connect. 2 *p.* to be acquainted with or connected with.

relámpago [rrelámpaɣo] *m.* lightning, flash of lightning.

relatar [rrelatár] *t.* to tell, state, report.

relativo [rrelatíβo] *a.-m.* relative.

relato [rreláto] *m.* story, tale, report.

relevar [rreleβár] *t.* to relieve. 2 to release. 3 to remove [from office].

relevo [rreléβo] *m.* MIL. relief. 2 SPORTS relay.

relieve [rreljéβe] *m.* [high, low] relief. 2 *poner de* ~, to emphasize.

religión [rrelixjón] *f.* religion, faith, creed.

religioso [rrelixjóso] *a.* religious. 2 *m.* religious. 3 *f.* nun.

reliquia [rrelíkja] *f.* relic. 2 *pl.* remains.

reloj [rreló(x)] *m.* clock; watch; ~ *de pared*, clock; ~ *de pulsera*, wrist watch; ~ *de sol*, sundial; ~ *despertador*, alarm-clock.

relojero [rreloxéro] *m.* watchmaker.

reluciente [rreluθjénte] bright, shining; glossy.

relucir [rreluθir] *i.* to shine, glisten, gleam.

rellenar [rreʎenár] *t.* to refill. 2 to cram. 3 to stuff [a fowl].

relleno [rreʎéno] *a.* filled up, stuffed. 2 *m.* padding; filling.

remanso [rremánso] *m.* backwater, still water. 2 quiet place.

remar [rremár] *i.* to row.

rematar [rrematár] *t.* to end, finish. 2 to kill. 3 to knock down [at an auction].

remediar [rremeðjár] *t.* to remedy. 2 to help: *no lo puedo* ~, I can't help that.

remedio [rreméðjo] *m.* remedy, cure. 2 help, relief; *sin* ~, hopeless.

remendar [rremendár] *t.* to mend. 2 to patch; to darn. ¶ CONJUG. like *acertar*.

remero [rreméro] *m.-f.* rower, oarsman.

remiendo [rremjéndo] *m.* mend(ing, patch(ing. 2 darn. 3 amendment.

remitir [rremitír] *t.* to remit, send. 2 to forgive.

remo [rrémo] *m.* oar, paddle.

remolacha [rremolátʃa] *f.* beet; beetroot. 2 sugar-beet.

remolino [rremolíno] *m.* whirlwind, eddy, swirl.

remontar [rremontár] *t.* to rouse, beat [game]. 2 to raise. 3 *p.* to go back to. 4 to soar.

remordimiento [rremorði-mjénto] *m.* remorse.

remoto [rremóto] *a.* remote, distant. 2 unlikely.

remover [rremoβér] *i.* to remove. 3 to stir.

renacer [rrenaθér] *i.* to be reborn, revive.

renacimiento [rrenaθi-mjénto] *m.* renewal. 2 (cap.) Renaissance.

rencor [rreŋkór] *m.* ranco(u)r, grudge, spite.

rendición [rrendiθjón] *f.* surrender.

rendido [rrendíðo] *a.* obsequious, submissive. 2 weary, worn out.

rendija [rrendíxa] *f.* chink, crack, crevice.

rendimiento [rrendimjénto] *m.* obsequiousness. 2 yield, output.

rendir [rrendír] *t.* to conquer, subdue. 2 to give up. 3 MIL. to lower [arms, flags]. 4 to pay. 5 to yield, produce. 6 *p.* to surrender. 7 to become tired out. ¶ CONJUG. like *servir*.

renglón [rreŋglón] *m.* line: *a ~ seguido,* right after.

renombre [rrenómbre] *m.* surname. 2 renown, fame.

renovación [rrenoβaθjón] *f.* renewal, renovation.

renovar [rrenoβár] *t.* to renew; to change. ¶ CONJUG. like *contar*.

renta [rrénta] *f.* rent. 2 interest; profit, income. 3 revenue.

rentar [rrentár] *t.* to yield, produce.

renuevo [rrenwéβo] *m.* sprout, shoot. 2 renewal.

renuncia [rrenúnθja] *f.* renouncement, resignation.

renunciar [rrenunθjár] *t.* to renounce, resign. 2 to refuse.

reñido [rreɲíðo] *a.* on bad terms, at variance.

reñir [rreɲír] *i.* to quarrel, fight, come to blows. 2 *t.* to scold. ¶ CONJUG. like *reir*.

reo [rréo] *m.-f.* offender, culprit; defendant.

reorganización [rreorɣa-niθaθjón] *f.* reorganization.

reorganizar [rreorɣani-θár] *t.* to reorganize.

reparación [rreparaθjón] *f.* repair. 2 satisfaction.

reparar [rreparár] *t.* to repair, mend. 2 to notice. 3 to restore [one's strength].

repartir [rrepartír] *t.* to distribute, allot, deliver.

reparto [rrepárto] *m.* distribution. 2 delivery. 3 THEAT. cast.

repasar [rrepasár] *t.* to revise, review. 2 to check; to go over [one's lesson, etc.]. 3 to mend [clothes].

repaso [rrepáso] *m.* revision, review, check.

repente [rrepénte] *m.* sudden impulse. 2 *de* ~, suddenly.

repentino [rrepentíno] *a.* sudden, unexpected.

repertorio [rrepertórjo] *m.* repertory; list.

repetición [rrepetiθjón] *f.* repetition.

repetir [rrepetír] *t.* to repeat. ¶ CONJUG. like *servir.*

repicar [rrepikár] *t.* to chop. 2 to chime; to ring [the bells]; to play [castanets, etc.].

repleto [rrepléto] *a.* full up, filled with.

replicar [rreplikár] *i.* to answer back, reply, retort.

repollo [rrepóʎo] *m.* drumhead cabbage.

reponer [rreponér] *t.* to replace, put back 2 THEAT. to revive. 3 to reply. 4 *p.* to recover.

reportar [rreportár] *t.* to bring. 7 *p.* to control oneself.

reposado [rreposáðo] *a.* calm, quiet.

reposar [rreposár] *i.* to rest; to sleep, lie.

reposo [rrepóso] *m.* rest, repose, relax.

reprender [rreprendér] *t.* to reprimand, rebuke, scold.

represa [rreprésa] *f.* dam, weir; millpond.

representación [rrepresentaθjón] *f.* representation. 2 THEAT. performance.

representante [rrepresentánte] *m.-f.* representative.

representar [rrepresentár] [rrepresentár] *t.* to represent. 2 THEAT. to perform. 3 *p.* to imagine.

representativo [rrepresentatiβo] *a.* representative.

reprimir [rreprimír] *t.* to repress, suppress. 2 *p.* to refrain.

reproche [rreprótʃe] *m*. reproach; reflection.

reproducción [rreproðuyθjón] *f*. reproduction.

reproducir [rreproðuθír] *t.-p*. to reproduce. ¶ CONJUG. like *conducir*.

reptil [rreβtíl] *m*. reptile.

república [rrepúβlika] *f*. republic.

republicano [rrepuβlikáno] *a.-n*. republican.

repudiar [rrepuðjár] *t*. to repudiate, disown.

repugnante [rrepuɣnánte] *a*. repugnant, disgusting.

repugnar [rrepuɣnár] *t*. to disgust, be repugnant to.

reputación [rreputaθjón] *f*. reputation, renown.

requerir [rrekerír] *t*. to intimate. 2 to require; to request. 3 to need. 4 to court. ¶ CONJUG. like *hervir*.

requisito [rrekisíto] *m*. requisite, requirement.

res [rres] *f*. head of cattle, beast.

resaltar [rresaltár] *i*. to jut out. 2 to stand out: *hacer* ~, to emphasize.

resbalar [rrezβalár] *i.-p*. to slip, slide. 2 to skid.

rescatar [rreskatár] *t*. to ransom, rescue.

rescate [rreskáte] *m*. ransom, rescue.

resentirse [rresentírse] *p*. to feel the effects of. 2 to take offence. ¶ CONJUG. like *hervir*.

reserva [rresérβa] *f*. reserve, reservation. 2 reticence: *sin* ~, openly.

reservado [rreserβáðo] *a*. reserved. 2 *m*. private room.

reservar [rreserβár] *t*. to reserve, keep [in], book.

resfriado [rresfriáðo] *m*. cold; chill.

residencia [rresiðénθja] *f*. residence.

residente [rresiðénte] *a.-n*. resident.

residir [rresiðír] *i*. to to reside, live. 2 fig. to consist.

residuo [rresíðwo] *m*. remainder. 2 difference.

resignación [rresiɣnaθjón] *f*. resignation.

resignar [rresiɣnár] *t*. to resign, hand over. 2 to renounce. 3 *p*. to resign oneself.

resistencia [rresisténθja] *f*. resistance. 2 endurance. 3 reluctante.

resistente [rresisténte] *a*. resistant, tough.

resistir [rresistír] *t*. to endure, stand. 2 to resist. *3 i.* to stand up to. *4 p.* to refuse to.

resolución [rresoluθjón] *f.* resolution, decision, courage.

resolver [rresolβér] *t.* to resolve, decide [upon]. 2 to solve. *3 p.* to make up one's mind. ¶ CONJUG. like *mover.*

resonar [rresonár] *t.* to resound; to echo. ¶ CONJUG. like *contar.*

respaldar [rrespaldár] *t.* to endorse. 2 to back, support.

respaldo [rrespáldo] *m.* back. 2 support; help.

respectar [rrespeγtár] *i.* to concern, relate to.

respectivamente [respeγtíβaménte] *adv.* respectively.

respectivo [rrespeγtíβo] *a.* respective.

respecto [rrespéγto] *m.* respect, relation: con ~ *a* or *de,* ~ *a* or *de,* with regard to.

respetable [rrespetáβle] *a.* respectable, worthy.

respetar [rrespetár] *t.* to respect, revere.

respeto [rrespéto] *m.* respect. 2 reverence. 3 *pl.* respects.

respetuoso [rrespetuóso] *a.* respectful.

respiración [rrespiraθjón] *f.* breathing; breath.

respirar [rrespirár] to breathe [in], inhale.

resplandecer [rresplandeθér] *i.* to shine, glitter, glow. 2 to stand out. ¶ CONJUG. like *agradecer.*

resplandeciente [rresplandeθjénte] *a.* bright, shining, glittering, blazing.

resplandor [rresplandór] *m.* splendour, blaze, brilliance.

responder [rrespondér] *t.* to answer, reply. 2 to be responsible for. 3 to answer back.

responsabilidad [rresponsaβiliðáð] *f.* responsibility.

responsable [rresponsáβle] *a.* responsible.

respuesta [rrespwésta] *f.* answer, reply.

resta [rrésta] *f.* subtraction, remainder.

restablecer [rrestaβleθér] *t.* to re-establish, restore. *2 p.* to recover, get better.

restante [rrestánte] *a.* remaining. 2 *m.* remainder, the rest.

restar [rrestár] *t.* to take away, reduce, subtract. *2 i.* to be left.

restaurante [rrestauránte] *m.* restaurant.

restaurar [rrestauɾáɾ] *t.* to restore, recover. 2 to repair.

restituir [rrestituíɾ] *t.* to restore, return, pay back. ¶ CONJUG. like *huir*.

resto [rrésto] *m.* remainder, rest. 2 *pl.* remains.

resucitar [rresuθitáɾ] *t.-i.* to revive, resuscitate.

resueltamente [rresweltaménte] *adv.* resolutely.

resuelto [rreswélto] *a.* resolute, bold. 2 prompt.

resultado [rresultáðo] *m.* result, effect, outcome.

resultar [rresultáɾ] *i.* to result. 2 to turn out to be. 3 to come out [well, badly, etc.].

resumen [rresúmen] *m.* summary: en ~, in short.

resumir [rresumíɾ] *t.* to summarize, sum up.

resurrección [rresurreyθjón] *f.* resurrection, revival.

retar [rretáɾ] *t.* to challenge, defy, dare.

retardar [rretaɾðáɾ] *t.* to retard. 2 to delay.

retener [rretenéɾ] *t.* to retain, keep back.

retirar [rretiɾáɾ] *t.-p.* to retire, withdraw. 2 *t.* to put back or aside. 3 MIL. to retreat.

retiro [rretíɾo] *m.* retirement. 2 withdrawal; ECCL. retreat; seclusion.

reto [rréto] *m.* challenge.

retoño [rretóɲo] *m.* sprout, shoot. 2 fig. child.

retorcer [rretoɾθéɾ] *t.* to twist. 2 to retort. 3 *p.* to writhe. ¶ CONJUG. like *mover*.

retornar [rretoɾnáɾ] *t.* to return. 2 *i.* to come back.

retorno [rretóɾno] *m.* return.

retozar [rretoθáɾ] *i.* to frisk, frolic, romp. 2 to bubble, gambol.

retozo [rretóθo] *m.* gambol, frolic.

retrasado [rretrasáðo] *a.* retarded, backward; underdeveloped.

retrasar [rretrasáɾ] *t.-p.* to defer, delay, put off. 2 *i.-p.* to fall behind. 3 [of clock] to be slow. 4 to be late.

retratar [rretratáɾ] *t.* to portray. 2 to photograph. 3 *p.* to have one's photograph taken.

retrato [rretráto] *m.* portrait. 2 photograph. 3 description.

retroceder [rretroθeðéɾ] *i.* to turn back, fall or go back.

reunión [rreunjón] *f.* reunion. 2 gathering, meeting, party.

reunir [rreŭnír] *t.* to unite, gather. 2 to raise [funds]. 3 *p.* to meet, gather.

revancha [rreβántʃa] *f.* revenge, return [match, fight].

revelación [rreβelaθjón] *f.* revelation. 2 discovery.

revelar [rreβelár] *t.* to reveal. 2 PHOT. to develop.

reventar [rreβentár] *i.-p.* to burst, crack, blow up. 2 *i.* to break. 3 *t.* to weary, annoy. ¶ CONJUG. like *acertar*.

reverdecer [rreβerðeθér] *i.* to revive, grow green again.

reverencia [rreβerénθja] *f.* reverence. 2 bow, curtsy.

reverendo [rreβeréndo] *a.* reverend.

revés [revés] *m.* back, wrong-side. 2 slap [with back of hand]. 3 *al* ~, on the contrary; wrong side out.

revestir [rreβestír] *t.* to clothe, cover.

revisar [rreβisár] *t.* to revise, review, check.

revisión [rreβisjón] *f.* review, revision, check.

revista [rreβísta] *f.* review, inspection. 2 MIL. parade. 3 magazine. 4 THEAT. revue.

revivir [rreβiβír] *i.* to revive, live again.

revocar [rreβokár] *t.* to revoke. 2 MAS. to plaster.

revolcar [rreβolkár] *t.* to knock over. 2 *p.* to wallow. ¶ CONJUG. like *contar*.

revolución [rreβoluθjón] *f.* revolution.

revolucionario [rreβoluθjonárjo] *a.-n.* revolutionary.

revólver [rreβólβer] *m.* pistol, revolver.

revolver [rreβolβér] *t.* to stir. 2 to turn round. 3 *p.* to turn upon. ¶ CONJUG. like *mover*.

revuelta [rreβwélta] *f.* revolt, riot.

rey [rreĭ] *m.* king: *día de Reyes*, Twelfth Night; *los Reyes Magos*, the Three Wise Men.

rezar [rreθár] *t.-i.* to say. 3 *i.* to pray.

rezo [rréθo] *m.* prayer.

riachuelo [rrjatʃwélo] *m.* rivulet, stream, brook.

ribera [rriβéra] *f.* bank. 2 shore.

rico [rríko] *a.* rich, wealthy 2 tasty. 3 sweet [baby].

ridículo [rriðíkulo] *a.* ridiculous, laughable: *poner en* ~, to make a fool of.

riego [rrjéɣo] *m*. irrigation, watering.

rienda [rrjénda] *f*. rein.

riesgo [rrjézɣo] *m*. risk, danger: *correr el ~*, to run the risk.

rifa [rrífa] *f*. raffle.

rifle [rrífle] *m*. rifle.

rigidez [rrixiðéθ] *f*. stiffness. 2 strictness.

rígido [rríxiðo] *a*. stiff. 2 strict.

rigor [rriɣór] *m*. rigo(u)r, severity. 2 strictness.

riguroso [rriɣuróso] *a*. rigorous, severe. 2 strict.

rima [rríma] *f*. rhyme.

rimar [rrimár] *t.-i*. to rhyme.

rincón [rriŋkón] *m*. corner.

riña [rríɲa] *f*. quarrel, fight, argument.

riñón [rriɲón] *m*. kidney.

río [rrío] *m*. river, stream; *a ~ revuelto*, in troubled waters.

riqueza [rrikéθa] *f*. riches, wealth. 2 richness.

risa [rrísa] *f*. laugh, laughter, giggle, titter.

risco [rrísko] *m*. crag, cliff, steep rock.

risueño [rriswéɲo] *a*. smiling, cheerful. 2 hopeful.

ritmo [rríðmo] *m*. rhythm.

rito [rríto] *m*. rite, ceremony.

rival [rriβál] *m.-f*. rival, competitor.

rivalidad [rriβaliðáð] *f*. rivalry, competition.

rizar [rriθár] *t.-p*. to curl [hair]. 2 to ripple [water].

rizo [rríθo] *a*. curly. 2 *m*. curl, ringlet. 3 ripple.

robar [rroβár] *t*. to rob, steal, break into.

roble [rróβle] *m*. oak-tree.

robo [rróβo] *m*. theft, robbery, housebreaking.

robusto [rroβústo] *a*. strong, tough, robust.

roca [rróka] *f*. rock. 2 cliff.

roce [rróθe] *m*. rubbing, friction. 2 light touch. 3 close contact.

rociar [rroθjár] *t*. to sprinkle, spray.

rocío [rroθío] *m*. dew.

rodar [rroðár] *i*. to revolve. 2 to roll. 3 to shoot [a film]. ¶ CONJUG. like *contar*.

rodear [rroðeár] *i*. to go round. 2 *t*. to surround.

rodeo [rroðéo] *m*. surrounding. 2 roundabout way. 3 rodeo. 4 pretext.

rodilla [rroðíʎa] *f*. knee.

roer [rroér] *t*. to gnaw. 2 to eat away. 3 to pick [a bone]. ¶ CONJUG. INDIC. Pres.: roo, roes, etc. | Pret.: roí, roíste, *royó;* roímos, roísteis, *royeron.* ‖ Subj. Pres.: roa, roas, etc. | Imperf.: *royera, royeras,* etc., or *royese, royeses,* etc. | Fut.: *royere, royeres,* etc. ‖ Imper.: roe, roa; *roigamos,* roed, *roigan.* ‖ Past. p.: *roído.* ‖ Ger.: *royendo.*

rogar [rroɣár] *t.* to ask, beg, pray, entreat. ¶ Conjug. like *contar.*

rojizo [rroxíθo] *a.* reddish, ruddy.

rojo [rróxʊ] *a.* red.

rollo [rróʎo] *m.* roll.

romance [rrománθe] *a.* Romance [languages]. 2 *m.* ballad.

románico [rromániko] *a.-n.* Romanesque, Romanic [architecture]. 2 Romance [language].

romano [rrománo] *a.* Roman.

romanticismo [rromantiθízmo] *m.* romanticism.

romántico [rrromántiko] *a.-n.* romantic.

romper [rrompér] *t.-p.* to break, smash. 2 to wear out. ¶ P. p.: *roto.*

ron [rron] *m.* rum.

roncar [rroŋkár] *i.* to snore. 2 to roar [sea].

ronco [rróŋko] *a.* hoarse, harsh.

ronda [rrónda] *f.* night patrol. 2 rounds, beat. 3 round [of drinks].

rondar [rrondár] *i-t.* to patrol. 2 to haunt. 3 to roam the streets. 4 *t.* to court; to serenade.

ropa [rrópa] *f.* clothing, clothes; dress: ~ *blanca,* linen; ~ *interior,* underwear; *a quema* ~, at point-blank.

ropero [rropéro] *m.* wardrobe.

rosa [rrósa] *f.* rose.

rosado [rrosáðo] *a.* rosy, pink.

rosal [rrosál] *m.* rosebush.

rosario [rrosárjo] *m.* rosary.

rosca [rróska] *f.* screw and nut. 2 screw thread.

rostro [rróstro] *m.* face, countenance. 2 beak.

rotación [rrotaθjón] *f.* rotation, turnover.

roto [rróto] *a.* broken. 3 torn.

rótulo [rrótulo] *m.* label. title. 2 sign. 3 poster.

rotura [rrotúra] *f.* breach, opening. 2 crack.

rozar [rroθár] *t.-i.* to touch [lightly].

rubí [rruβí] *m.* ruby.

rubio [rrúβjo] *a.* blond(e, fair, fair-haired.

rudo [rrúðo] *a.* rough, coarse. 2 hard.

rueda [rrwéða] *f.* wheel.

ruedo [rrwéðo] *m.* circle. 2 bullring, arena.

ruego [rrwéɣo] *m.* entreaty, prayer, request.

rugido [rruxíðo] *m.* roar.

rugir [rruxír] *i.* to roar, bellow; to howl [of wind].

ruido [rrwíðo] *m.* noise, sound. 2 report. 3 ado.

ruidoso [rrwiðóso] *a.* noisy.

ruin [rrwín] *a.* mean, base. 2 miserly.

ruina [rrwína] *f.* ruin. 2 *pl.* ruins, remains.

ruiseñor [rrwiseɲór] *m.* nightingale.

rumbo [rrúmbo] *m.* course, direction; *con* ~ *a*, bound for. 2 ostentation.

rumor [rrumór] *m.* murmur; noise. 2 rumour.

rural [rrurál] *a.* rural, rustic, country.

ruso [rrúso] *a.-n.* Russian.

rústico [rrústiko] *a.* rustic. 2 coarse. 3 *en rústica*, paper-backed.

ruta [rrúta] *f.* way, route. 2 course.

S

sábado [sáβaðo] *m.* Saturday; Sabbath.

sábana [sáβana] *f.* bed sheet.

1) **saber** [saβér] *m.* knowledge, learning.

2) **saber** [saβér] *t.* to know; to know how to [write]; to be able to. 2 ~ *a*, to taste of. ‖ CONJUG. INDIC. Pres.: *sé*, *sabes*, *sabe*, etc. | Imperf.: *sabía*, *sabías*, etc. | Pret.: *supe*, *supiste*, etc. | Fut.: *sabré*, *sabrás*, etc. ‖ COND.: *sabría*, *sabrías*, etc. ‖ SUBJ. Pres.: *sepa*, *sepas*, etc. | Imperf.: *supiera*, *supieras*, etc., or *supiese*, *supieses*, etc. | Fut.: *supiere*, *supieres*, etc. ‖ IMPER.: *sabe*, *sepa*; *sepamos*, *sabed*, *sepan*. ‖ PAST. P.: *sabido*. ‖ GER.: *sabiendo*.

sabiduría [saβiðuría] *f.* knowledge, learning. 2 wisdom.

sabio [sáβjo] *a.* learned; wise. 2 *m.-f.* learned person, scholar.

sable [sáβle] *m.* sabre.

sabor [saβór] *m.* taste, flavour, savour.

saborear [saβoreár] *t.* to flavour, savour, relish.

sabroso [saβróso] *a.* savoury, tasty. 2 delightful.

sacar [sakár] *t.* to draw [out], pull out, take out. 2 to get. 3 to solve. 4 to take [a photo]. 5 to make [a copy]. 6 to buy [a ticket]. 7 ~ *a luz*, to publish, print.

8 ~ *a relucir*, to mention.

sacerdote [saθerðóte] *m.* priest.

saciar [saθjár] *t.* to satiate, satisfy.

saco [sáko] *m.* bag; sack. 2 bagful, sackful. 3 (Am.) coat.

sacramento [sakraménto] *m.* sacrament.

sacrificar [sakrifikár] *t.* to sacrifice. 2 to slaughter.

sacrificio [sakrifíθjo] *m.* sacrifice.

sacristán [sacristán] *m.* sexton, verger.

sacudir [sakuðír] *t.* to shake, jerk, jolt. 2 to beat, dust. 3 to deal [a blow]. 4 *p.* to shake off.

saeta [saéta] *f.* arrow. 2 hand [of a watch].

sagaz [saɣáθ] *a.* sagacious, shrewd, clever.

sagrado [saɣráðo] *a.* sacred, holy. 2 *m.* refuge.

sajón [saxón] *a. - n.* Saxon.

sal [sal] *f.* salt. 2 wit.

sala [sála] *f.* drawing-room, living-room. 2 room, hall.

salado [saláðo] *a.* salty. 2 witty; graceful.

salar [salár] *t.* to salt.

salario [salárjo] *m.* wages, salary, pay.

salchicha [saltʃítʃa] *f.* pork sausage.

salida [salíða] *f.* start, departure. 2 excursion. 3 rise. 4 exit, outlet; way out.

saliente [saljénte] *a.* salient, projecting. 2 *m.* jut.

salir [salír] *i.* to go out, come out. 2 to depart, leave, start, set out. 3 to project, stand out. 4 [of a book] to come out. 5 [of the sun] to rise. 6 ~ *bien* [*mal*], to turn out well [badly]. 7 ~ *adelante*, to be succeful. 8 *p.* to leak; to overflow. ¶ CONJUG. INDIC. Pres.: *salgo, sales, sale;* salimos, etc. | Fut.: *saldré, saldrás,* etc. ‖ COND.: *saldría, saldrías,* etc. ‖ SUBJ. Pres.: *salga, salgas,* etc. ‖ IMPER.: *sal, salga; salgamos,* salid, *salgan.*

saliva [salíßa] *f.* saliva, spittle, spit.

salmo [sálmo] *m.* psalm.

salmón [salmón] *m.* salmon.

salón [salón] *m.* drawing-room, lounge. 2 hall: ~ *de baile,* ballroom. 3 saloon.

salpicar [salpikár] *t.* to splash, spatter, sprinkle.

salsa [sálsa] *f.* gravy, sauce.

saltar [saltár] *i.* to spring, jump, hop, skip. 2 ~ *a la vista*, to be self-evident. 3 *t.* to leap.

salto [sálto] *m.* spring, jump, leap, hop, skip: ~ *de agua*, water-fall, falls.

salud [salúð] *f.* health. 2 welfare.

saludable [saluðáβle] *a.* wholesome, healthy.

saludar [saluðár] *t.* to greet, salute, bow to.

saludo [salúðo] *m.* greeting, bow. 2 *pl.* compliments, regards.

salvación [salβaθjón] *f.* salvation. 2 rescue.

salvador [salβaðór] *a.* saving. 2 *m.-f.* saviour; El Salvador [American country].

salvaje [salβáxe] *a.* wild, savage. 2 *m.-f.* savage.

salvar [salβár] *t.* to save, rescue. 2 to overcome. 3 to go over. 4 *p.* to be saved. 5 to escape danger.

salvavidas [salβaβíðas] *m.* lifebelt: *bote* ~, life-boat.

¡salve! [sálβe] *interj.* hail!

salvo [sálβo] *adv.* save, except, but. 2 *a.* saved,

safe: *sano y* ~, safe and sound.

sanar [sanár] *t.-i.* to heal, cure. 2 to get better.

sanatorio [sanatórjo] *m.* sanatorium, nursing home.

sanción [sanθjón] *f.* sanction.

sandalia [sandálja] *f.* sandal.

sangrar [saŋgrár] *t.* to bleed. 2 to drain.

sangriento [saŋgrjénto] *a.* bleeding, bloody. 2 bloodthirsty.

sanguíneo [saŋgíneo] *a.* blood(-red); blood.

sanidad [saniðáð] *f.* soundness, health.

sanitario [sanitárjo] *a.* sanitary, health.

sano [sáno] *a.* healthy, wholesome. 2 sound.

santidad [santiðáð] *f.* sanctity, holiness.

santificar [santifikár] *t.* to sanctify. 2 to hallow.

santiguar [santiɣwár] *t.* to bless. 2 *p.* to cross oneself.

santo [sánto] *a.* holy, blessed, sacred. 2 saintly, godly. 3 *m.-f.* saint. 4 saint's day. 5 ~ *y seña*, password.

santuario [santwárjo] *m.* sanctuary.

sapo [sápo] *m.* toad.

saquear [sakeár] *t.* to sack, pillage, plunder.

sarampión [sarampjón] *m.* measles.

sardina [sarðína] *f.* sardine.

sargento [sarxénto] *m.* sergeant.

sartén [sartén] *f.* frying-pan.

sastre [sástre] *m.* tailor.

Satán [satán], **Satanás** [satanás] *m.* Satan.

satélite [satélite] *m.* satellite.

satisfacción [satisfaɣθjón] *f.* satisfaction; pleasure.

satisfacer [satisfaθér] *t.* to satisfy; to please. 2 to pay.

satisfactorio [satisfaɣtórjo] *a.* satisfactory.

satisfecho [satisfétʃo] *a.* satisfied, pleased.

savia [sáβja] *f.* sap.

saya [sája] *f.* [outer] skirt.

sazón [saθón] *f.* ripeness. 2 taste. 3 *a la* ~, then.

sazonar [saθonár] *t.-p.* to ripen. 2 *t.* to flavour.

se [se] *ref. pron.* himself; herself; itself; yourself, yourselves [formal]; themselves. 2 *obj. pron.* to him, to her, to it, to you [formal], to them. 3 *reciprocal pron.* each other, one another. 4 *passive:* *se dice,* it is said.

secar [sekár] *t.* to dry [up]. 2 *p.* to get dry.

sección [seɣθjón] *f.* section. 2 department.

seco [séko] *a.* dry; bare, arid. 2 withered, dead. 3 lean, thin.

secretaria [sekretaría] *f.* secretary's office.

secretario, ria [sekretárjo, rja] *m.-f.* secretary.

secreto [sekréto] *a.* secret. 2 *m.* secret.

secta [séɣta] *f.* sect.

sector [seɣtór] *m.* sector.

secular [sekulár] *a.* secular. 2 lay.

secundar [sekundár] *t.* to back up, aid, help.

secundario [sekundárjo] *a.* secondary.

sed [seð] *f.* thirst: *tener* ~, to be thirsty. 2 desire.

seda [séða] *f.* silk.

sediento [seðjénto] *a.* thirsty; dry. 2 anxious.

sedimento [seðiménto] *m.* sediment; dregs.

sedoso [seðóso] *a.* silky; silken.

segador [seɣaðór] *m.-f.* harvester, reaper, mower.

segar [seɣár] *t.* AGR. to havest, reap, mow. ‖ CONJUG. like *acertar.*

segmento [seɣménto] *m.* segment.

seguidamente [seɣíðaménte] *adv*. immediately, at once.

seguido [seɣíðo] *p. p.* followed. 2 *a*. continuous; running. 3 straight. 4 adv. *en seguida,* at once, immediately.

seguidor [seɣiðór] *m.-f.* follower.

seguir [seɣír] *t*. to follow. 2 to pursue, chase. 3 to go on [doing something]. 4 *p*. to follow as a consequence. ¶ CONJUG. like *servir*.

según [seɣún] *prep*. according to, as. 2 adv. ~ *y como,* that depends.

segundo [seɣúndo] *a.-m.* second.

seguridad [seɣuriðáð] *f.* security, safety.

seguro [seɣúro] *a*. secure, safe. 2 firm, steady. 3 certain, sure. 4 *m*. COM. insurance. 5 safety-lock. 6 MECH. click, stop.

seis [séɪs] *a.-m.* six.

selección [seleɣθjón] *f.* selection.

seleccionar [seleɣθjonár] *t*. to select, choose, pick.

selecto [seléɣto] *a*. select, choice.

selva [sélβa] *f.* forest; jungle, woods.

sellar [seʎár] *t*. to seal, stamp.

sello [séʎo] *m*. seal. 2 stamp.

semáforo [semáforo] *m*. traffic lights.

semana [semána] *f.* week.

semanal [semanál] *a*. weekly. 2 **-mente** *adv*. weekly.

semanario [semanárjo] *a.-m.* weekly.

semblante [semblánte] *m*. face, countenance, look.

sembrar [sembrár] *t.-i.* to sow. 2 *t*. to scatter. ¶ CONJUG. like *acertar*.

semejante [semexánte] *a*. resembling, similar, like, such. 2 *m*. fellow.

semejanza [semexánθa] *f.* resemblance, likeness.

semejar [semexár] *i.-p.* to resemble, be alike.

semestre [seméstre] *m*. semester.

semilla [semíʎa] *f.* seed.

semillero [semiʎéro] *m*. seed bed, nursery.

senado [senáðo] *m*. Senate.

senador [senaðór] *m*. senator.

sencillamente [senθiʎaménte] *adv*. simply; plainly.

sencillez [senθiʎéθ] *f.* simplicity. 2 plainness.

sencillo [senθíʎo] *a*. simple. 2 plain, natural.

senda [sénda] *f,,* **sende-ro** [sendéro] *m.* path, foot-path, track.

seno [séno] *m.* breast; chest. 2 bosom. 3 womb. 4 lap. 5 GEOG. gulf, bay. 6 MATH. sine. 7 ANAT. sinus.

sensación [sensaθjón] *f.* sensation, feeling.

sensacional [sensaθjonál] *a.* sensational.

sensible [sensíβle] *a.* perceptible. 2 sensitive. 3 regrettable. 4 **-mente** *adv.* perceptibly.

sensual [senswál] *a.* sensual; sexy.

sentar [sentár] *t.* to seat. 2 to set. 3 i. ~ *bien a,* to fit, suit; to agree with. 4 *p.* to sit down. ¶ CONJUG. like *acertar.*

sentencia [senténθja] *f.* judgement, sentence; verdict. 2 proverb, maxim.

sentenciar [sentenθjár] *t.* to sentence, pass judgement, condemn.

sentido [sentíðo] *a.* felt. 2 touchy. 3 *m.* feeling, sense: ~ *común,* common sense. 4 meaning. 5 consciousness: *perder el* ~, to faint. 6 course, direction.

sentimental [sentimentál] *a.* sentimental, emotional.

sentimiento [sentimjénto] *m.* feeling. 2 sorrow, regret.

sentir [sentír] *t.* to feel, perceive; to hear. 2 ~ *frío,* to be cold. 3 to regret, be sorry for. 4 *p.* to feel [well, ill], suffer pain. ¶ CONJUG. like *hervir.*

seña [séna] *f.* sign, token. 2 mark. 3 *pl.* address.

señal [senál] *f.* sign, mark, token. 2 trace. 3 scar.

señalar [senalár] *t.* to mark. 2 to point out. 3 to fix.

señor [senór] *m.* mister, Mr.; sir; gentleman. 2 owner, master; the Lord.

señora [senóra] *f.* Mrs.; madam; lady. 2 landlady, owner, mistress.

señoria [senoría] *f.* lordship, ladyship; noble Sir.

señorita [senoríta] *f.* young lady, miss.

señorito [senoríto] *m.* young gentleman.

separación [separaθjón] *f.* separation. 2 dismissal. 3 removal.

separar [separár] *t.-p.* to separate. 2 *t.* to dismiss. 3 to remove.

septentrional [seβtentrjonál] *a.* northern.

septiembre [seβtjémbre] *m.* September.

séptimo [séβtimo] *a.-n.* seventh.

sepulcro [sepúlkro] *m.* sepulchre. 2 grave, tomb.

sepultar [sepultár] *t.* to bury, inter.

sepultura [sepultúra] *f.* burial; grave, tomb.

sequía [sekía] *f.* drought, dry season.

1) **ser** [ser] *m.* being; essence.

2) **ser** [ser] *v.* to be; to exist. 2 to belong to. 3 to be made of. 4 to come from, be native of. ‖ CONJUG. INDIC. Pres.: *soy, eres, es; somos, sois, son.* | Imperf.: *era, eras,* etc. | Pret.: *fui, fuiste,* etc. ‖ Fut.: *seré serás,* etc. ‖ COND.: *sería, serías,* etc. ‖ SUBJ. Pres.: *sea, seas,* etc. | Imperf.: *fuera, fueras,* etc., or *fuese, fueses,* etc. | Fut.: *fuere, fueres,* etc. ‖ IMPER.: *sé, sea; seamos, sed, sean.* ‖ PAST. P.: *sido.* ‖ GER.: *siendo.*

serenata [serenáta] *f.* serenade.

serenidad [sereniðáð] *f.* calm, calmness, coolnes.

sereno [seréno] *a.* serene. 2 clear, cloudless. 3 calm, cool. 4 sober. 5 *m.* night watchman.

seriamente [sérjaménte] *adv.* seriously.

serie [sérje] *f.* series: *producción en* ~, mass production.

seriedad [serjeðáð] *f.* seriousness. 2 earnestness.

serio [sérjo] *a.* serious. 2 grave, earnest. 3 reliable. 4 *en* ~, seriously.

sermón [sermón] *m.* sermon.

serpiente [serpjénte] *f.* serpent, snake: ~ *de cascabel,* rattle-snake.

serrar [serrár] *t.* to saw. ‖ CONJUG. like *acertar.*

serrucho [serrútʃo] *m.* handsaw.

servicio [serβíθjo] *m.* service. 2 duty. 3 servants. 4 favour, good [ill] turn. 5 use. 6 service [set of dishes, etc.].

servilleta [serβiʎéta] *f.* napkin, serviette.

servir [serβír] *i.-t.* to serve, be useful. 2 ~ *de,* to act as, be used as; ~ *para,* to be good [used] for. 3 to wait upon [a customer]. 4 *p.* to serve or help oneself: *servirse de,* to make use of; *sírvase hacerlo,* please, do it. ‖ CONJUG. INDIC. Pres.: *sirvo, sirves, sirve; ser-*

vimos, servís, *sirven.* |
Pret.: serví, serviste,
sirvió; servimos, servis-
teis, *sirvieron.* ‖ Subj.
Pres.: *sirva, sirvas,* etc.
| Imperf.: *sirviera, sir-
vieras,* etc., or *sirviese,
sirvieses,* etc. | Fut.:
sirviere, sirvieres, etc. ‖
Imper.: *sirve, sirva;
sirvamos,* servid, *sirvan.*
‖ Ger.: *sirviendo.*

sesenta [sesénta] *a.-m.*
sixty.

sesión [sesjón] *f.* session; meeting. 2 show.

seso [séso] *m.* brain. 2
talent.

seta [séta] *f.* mushroom.

setenta [seténta] *a.-m.*
seventy.

severidad [seßeriðáð] *f.*
severity, harshness.

severo [seßéro] *a.* severe,
rigid, harsh.

sexo [séɣso] *m.* sex.

sexto [sésto] *a.-n.* sixth.

sexual [seɣswál] *a.*
sexual; sex.

si [si] *conj.* if; whether:
~ *bien,* although.

si [si] *adv.* yes; indeed,
certainly. 2 *ref. pron.*
himself, herself, itself,
oneself, themselves; yourself, yourselves [for-
mal]: *entre* ~, each
other.

siembra [sjémbra] *f.*
sowing [time].

siempre [sjémpre] *adv.*
always, ever: *para* ~,
forever, for good; ~
que, whenever; provid-
ed that.

sien [sjén] *f.* temple.

sierra [sjérra] *f.* saw. 2
mountain range.

siervo [sjérßo] *m.-f.*
serf; slave.

siesta [sjésta] *f.* afternoon nap, siesta.

siete [sjéte] *a.-m.* seven.

siglo [síɣlo] *m.* century.

significación [siɣnifika-
θjón] *f.,* **significado** [siɣ-
nifikáðo] *m.* meaning.

significar [siɣnifikár] *t.*
to signify; to mean; to
make known. 2 to have
importance. 3 *p.* to be-
come known [as].

significativo [siɣnifikatí-
ßo] *a.* significant.

signo [síɣno] *m.* sign,
mark; symbol.

siguiente [siɣjénte] *a.*
following, next.

sílaba [sílaßa] *f.* syllable.

silbar [silßár] *i.* to
whistle; to hiss.

silbido [silßíðo] *m.* whistle, whistling; hissing.

silencio [silénθjo] *m.* silence, quiet, hush.

silencioso [silenθjóso] *a.*
silent, quiet; soundless,
noiseless.

silvestre [silβéstre] *a.* wild; rustic, rural.

silla [síʎa] *f.* chair; seat; ~ *de montar,* saddle.

simbolizar [simboliθár] *t.* to symbolize, represent, stand for.

símbolo [símbolo] *m.* symbol.

simiente [simjénte] *f.* seed.

similar [similár] *a.* similar, like.

simpatía [simpatía] *f.* liking, charm, attractiveness. 2 sympathy.

simpático [simpátiko] *a.* pleasant, nice, charming.

simpatizante [simpatiθánte] *a.* supporting. 2 *m.-f.* supporter.

simpatizar [simpatiθár] *i.* to like; to have a liking for, get on [well together].

simple [símple] *a.* simple. 2 innocent. 3 silly. 4 **-mente** *adv.* simply.

simular [simulár] *t.* to simulate, feign, sham.

sin [sin] *prep.* without: ~ *embargo,* nevertheless.

sinceramente [sinθéraménte] *adv.* sincerely.

sinceridad [sinθeriðáð] *f.* sincerity.

sincero [sinθéro] *a.* sincere.

sindicato [sindikáto] *m.* syndicate. 2 trade(s) union, *labor union.

sinfonía [simfonía] *f.* symphony.

sinfónico [simfóniko] *a.* symphonic.

singular [siŋgulár] *a.* singular; single. 2 extraordinary. 3 odd.

siniestro [sinjéstro] *a.* left, left-hand. 2 sinister. 3 *m.* disaster. 4 *f.* left hand.

sinnúmero [sinnúmero] *m.* endless number.

sino [sinó] *conj.* but: *no sólo...* ~ *(también),* not only... but (also).

sino [síno] *m.* fate.

sinónimo [sinónimo] *a.* synonymous. 2 *m.* synonym.

síntesis [síntesis] *f.* synthesis.

síntoma [síntoma] *m.* symptom; sign.

sintonizar [sintoniθár] *t.-i.* to tune in [on].

sinvergüenza [simberɣwénθa] *a.* brazen, barefaced. 2 *m.-f.* rascal, scoundrel.

siquiera [sikjéra] *conj.* although. 2 *adv.* at least. 3 *ni* ~, not even.

sirena [siréna] *f.* siren, mermaid. 2 hooter.

sirvienta [sirβjénta] *f.* maidservant, maid.

sirviente [sirβjénte] *m.* manservant, servant.

sistema [sistéma] *m.* system; method.

sitiar [sitjár] *t.* to besiege, surround.

sitio [sítjo] *m.* place, spot. 2 seat, room. 3 site. 4 MIL. siege.

situación [sitwaθjón] *f.* situation, position.

situar [sitwár] *t.* to place, put, set, locate, situate, site. 2 *p.* to be placed.

so [so] *prep.* under.

soberanía [soβeranía] *f.* sovereignty.

soberano [soβeráno] *a.-n.* sovereign.

soberbia [soβérβja] *f.* arrogance, pride, haughtiness.

soberbio [soβérβjo] *a.* arrogant, proud, haughty.

soborno [soβórno] *m.* bribery, bribe.

sobra [sóβra] *f.* excess, surplus: *de ~*, in excess.

sobrar [soβrár] *i.* to be left over, exceed, surpass. 2 to be superfluous.

sobre [sóβre] *prep.* on, upon. 2 over; above: *~ todo*, above all. 3 *m.* envelope.

sobrecoger [soβrekoxér] *t.* to startle, take by

surprise. 2 *p.* to be startled.

sobrellevar [soβreʎeβár] *t.* to bear, endure.

sobrenatural [soβrenaturál] *a.* supernatural.

sobrepasar [soβrepasár] *t.* to exceed. 2 *p.* to go too far.

sobresaliente [soβresaljénte] *a.* outstanding. 2 *m.* distinction, first class [mark].

sobresalir [soβresalír] *i.* to stand out, project, jut out.

sobretodo [soβretóðo] *m.* overcoat.

sobrevenir [soβreβenír] *i.* to happen, come up.

sobrevivir [soβreβiβír] *i.* to survive. 2 *~ a,* to outlive.

sobrina [soβrína] *f.* niece.

sobrino [soβríno] *m.* nephew.

social [soθjál] *a.* social, friendly.

socialista [soθjalísta] *a.-n.* socialist.

sociedad [soθjeðáð] *f.* society. 2 company, corporation.

socio [sóθjo] *m.-f.* associate; member. 2 partner.

socorrer [sokorrér] *t.* to help, aid, succour.

socorro [sokórro] *m.* help, aid, assistance; relief.

soda [sóða] *f.* soda (-water).

sofá [sofá] *m.* sofa, settee.

sofocar [sofokár] *t.* to choke, suffocate, smother. 2 to stifle. 3 *p.* to blush.

soga [sóɣa] *f.* rope, halter, cord.

sol [sol] *m.* sun; sunshine: *hace* ~ it is sunny.

solamente [sólaménte] *adv.* only, solely.

solar [solár] *a.* solar. 2 *m.* ground, plot.

solaz [soláθ] *m.* comfort, relief, relaxation.

soldado [soldáðo] *m.* soldier.

soledad [soleðáð] *f.* solitude, loneliness.

solemne [solémne] *a.* solemn, impressive.

solemnidad [solemniðáð] *f.* solemnity. 2 *pl.* formalities.

soler [solér] *i.* translate the present of SOLER by *usually: suele venir el lunes,* he usually comes on Monday. | Imperf.: used to: *solía venir el lunes,* he used to come on Monday. ¶ CONJUG. like *mover.*

solicitar [soliθitár] *t.* to ask for, apply for.

solícito [solíθito] *a.* solicitous, diligent, careful.

solicitud [soliθitúð] *f.* solicitude. 2 application.

solidaridad [soliðariðáð] *f.* solidarity.

solidez [soliðéθ] *f.* strength, solidity.

sólido [sóliðo] *a.* firm, strong, solid.

solitario [solitárjo] *a.* solitary, lone, lonely. 2 secluded. 3 *m.* solitaire [diamond; game].

solo [sólo] *a.* alone; by himself, itself, etc. 2 lone, lonely. 3 only, sole. 4 *m.* MUS. solo.

sólo [sólo] *adv.* only, solely.

soltar [soltár] *t.* to unfasten, loosen. 2 to let out, set free, release. 3 to let go. 4 coll. to give [a blow]. 5 *p.* to get loose; get free. ¶ CONJUG. like *contar.*

soltero [soltéro] *a.* single. 2 *m.* bachelor, single man.

solución [soluθjón] *f.* solution, outcome, break.

solucionar [soluθjonár] *t.* to solve. 2 to resolve.

sollozar [soʎoθár] *i.* to sob.

sollozo [soʎóθo] *m.* sob.

sombra [sómbra] *f.* shade; shadow.

sombrero [sombréro] *m.* hat: ~ *de copa,* top hat; ~ *hongo,* bowler [hat].

sombrilla [sombríʎa] *f.* parasol, sunshade

sombrio [sombrío] *a.* gloomy, dark; sad, dismal.

someter [sometér] *t.* to submit, subject, subdue. 2 *p.* to submit.

son [son] *m.* sound; tune.

sonámbulo [sonámbulo] *a.-n.* sleep-walker.

sonar [sonár] *t.-i.* to sound, ring. 2 *i.* to strike: ~ *a,* to seem like. 3 *p.* to blow one's nose. ¶ Conjug. like *contar.*

sonata [sonáta] *f.* sonata.

soneto [sonéto] *m.* sonnet.

sonido [sonído] *m.* sound.

sonoro [sonóro] *a.* sonorous: *banda sonora,* sound track.

sonreir(se [sonrreír(se] *i.-p.* to smile.

sonriente [sonrrjénte] *a.* smiling.

sonrisa [sonrrísa] *f.* smile.

sonrosado [sonrrosáðo] *a.* rosy, pink.

soñador [soɲaðór] *a.* dreaming. 2 *m. - f.* dreamer.

soñar [soɲár] *t.-i.* to dream [of]. ¶ Conjug. like *contar.*

soñoliento [soɲoljénto] *a.* sleepy.

sopa [sópa] *f.* soup.

soplar [soplár] *i.* to blow.

soplo [sóplo] *m.* blowing. 2 breath, puff of wind.

soportar [soportár] *t.* to bear, endure, tolerate.

soprano [sopráno] *m.-f.* soprano.

sordo [sórðo] *a.* deaf. 2 dull, low. 3 *m.-f.* deaf person.

sorprendente [sorprendénte] *a.* surprising.

sorprender [sorprendér] *t.* to surprise, astonish. 2 *p.* to be surprised.

sorpresa [sorprésa] *f.* surprise.

sorteo [sortéo] *m.* drawing lots; raffle; toss.

sortija [sortíxa] *f.* finger ring.

sosegar [soseɣár] *t.* to calm, quiet. 2 *p.* to quiet down. ¶ Conjug. like *acertar.*

soso [sóso] *a.* tasteless. 2 dull, uninteresting.

sospecha [sospétʃa] *f.* suspicion, mistrust.

sospechar [sospetʃár] *t.* to suspect, mistrust.

sospechoso [sospetʃóso] *a.* suspicious. 2 *m.-f.* suspect.

sostén [sostén] *m.* support. 2 prop. 3 brassière, bra.

sostener [sostenér] *t.* to support, hold up. 2 to maintain.

sostenimiento [sosteni-mjénto] *m*. support. 2 maintenance.

sótano [sótano] *m*. basement; cellar; vault.

soviético [soβjétiko] *a*. soviet.

su [su] *poss. a*. his, her, its, their; 2nd. pers. [formal] your.

suave [swáβe] *a*. soft, smooth. 2 mild.

suavidad [swaβiðáð] *f*. softness, smoothness. 2 mildness.

subasta [suβásta] *f*. auction.

súbdito [súβðito] *m.-f*. subject; citizen.

subir [suβír] *i*. to go up, come up, rise, climb. 2 *t*. to raise, bring up.

súbito [súβito] *a*. sudden: *de* ∼, suddenly.

subjuntivo [suβxuntíβo] *a.-m*. subjunctive.

sublevar [suβleβár] *t*. to incite to rebellion. 2 *i*. to rebel, rise, revolt.

sublime [suβlíme] *a*. sublime, noble.

submarino [suβmaríno] *a.-m*. submarine.

subordinar [suβorðinár] *t*. to subordinate, subject.

subrayar [suβrrajár] *t*. to underline.

subsistencia [suβsistén-θja] *f*. subsistence. 2 *pl*. provisions.

subsistir [suβsistír] *i*. to subsist. 2 to last. 3 to live on.

substancia [sustánθja] *f*. substance, essence. 2 juice.

substantivo [sustantíβo] *a*. substantive. 2 *m*. GRAM. noun.

substituir [sustitwír] *t*. to substitute. replace. ¶ CONJUG. like *huir*.

substituto [sustitúto] *m.-f*. substitute.

substraer [sustraér] *t*. to steal. 2 *p*. to elude.

subterráneo [suβterrá-neo] *a*. subterranean, underground.

suceder [suθeðér] *i*. ∼ *a*, to succeed. 2 to follow. 3 *impers*. to happen.

sucesivamente [suθesíβa-ménte] *adv*. successive-ly: *y así* ∼, and so on.

sucesivo [suθesíβo] *a*. successive, consecutive. 2 *en lo* ∼, hereafter.

suceso [suθéso] *m*. event, happening. 2 incident.

sucesor [suθesór] *m.-f*. successor; heir, heiress.

suciedad [suθjeðáð] *f*. dirt, filth, grime.

sucio [súθjo] *a*. dirty, filthy, grimy; obscene.

sucumbir [sukumbír] *i*. to succumb to, yield to. 2 to perish, die.

sucursal [sukursál] *a.-f.* branch.

sudar [suðár] *i.* to perspire; to sweat.

sudor [suðór] *m.* perspiration; sweat; toil.

sueco [swéko] *a.* Swedish. 2 *m.-f.* Swede.

suegra [swéyra] *f.* mother-in-law.

suegro [swéyro] *m.* father-in-law.

suela [swéla] *f.* sole.

sueldo [swéldo] *m.* salary, pay.

suelo [swélo] *m.* ground, floor, pavement. 2 soil.

suelto [swélto] *a.* loose, free, detached.

sueño [swéɲo] *m.* sleep. 2 dream.

suerte [swérte] *f.* chance; fortune, fate. 2 luck. 3 sort. 4 *de* ~ *que,* so that; *tener* ~, to be lucky.

suficiente [sufiθjénte] *a.* sufficient, enough. 2 able. 3 **-mente** *adv.* sufficiently.

sufragio [sufráxjo] *m.* suffrage. 2 help, aid. 3 vote.

sufrimiento [sufrimjénto] *m.* suffering. 2 endurance.

sufrir [sufrír] *t.* to suffer, endure. 2 to allow. 3 to undergo [an operation, etc.].

sugerir [suxerír] *t.* to suggest, hint. ¶ CONJUG. like *hervir*.

sugestión [suxestjón] *f.* suggestion, hint.

suicida [swiθíða] *a.* suicidal. 2 *m.-f.* suicide.

suicidarse [swiθiðárse] *p.* to commit suicide.

suicidio [swiθíðjo] *m.* suicide.

suizo [swíθo] *a.-n.* Swiss.

sujetar [suxetár] *t.* to subject, subdue. 2 to hold. 3 to fasten. 4 *p.* to subject oneself to.

sujeto [suxéto] *a.* subject; liable. 2 fastened. 3 *m.* GRAM. subject. 4 individual. 5 subject, matter.

suma [súma] *f.* sum, amount: *en* ~, in short. 2 **-mente** *adv.* extremely.

sumar [sumár] *t.* to add up, amount to. 2 *p.* ~ *a,* to join [in]

sumergir [sumerxír] *t.-p.* to submerge, sink.

suministrar [suministrár] *t.* to provide with, supply with, give.

suministro [sumínistro] *m.* supply, furnishing, provision.

sumir [sumír] *t.-p.* to sink, plunge.

sumiso [sumíso] *a.* submissive, obedient.

sumo [súmo] *a.* very great: *a lo* ~, at most.

suntuoso [suntwóso] *a.* gorgeous, luxurious.

superar [superár] *t.* to surpass, exceed. 2 to overcome.

superficial [superfiθjál] *a.* superficial; shallow.

superficie [superfíθje] *f.* surface. 2 area.

superior [superjór] *a.* superior. 2 upper. 3 *m.* director, head.

superioridad [superjoriðáð] *f.* superiority, excellence.

superstición [superstiθjón] *f.* superstition.

supersticioso [superstiθjóso] *a.* superstitious.

suplente [suplénte] *m.-f.* substitute, deputy.

súplica [súplika] *f.* entreaty, request, prayer.

suplicar [suplikár] *t.* to entreat, pray, beg.

suplicio [suplíθio] *m.* torture. 2 suffering, pain.

suplir [suplír] *t.* to make up for. 2 to replace.

suponer [suponér] *t.* to suppose, assume.

suposición [suposiθjón] *f.* supposition, assumption, surmise.

supremo [suprémo] *a.* supreme.

suprimir [suprimír] *t.* to suppress, cut out.

supuesto [supwésto] *a.* supposed, assumed. 2

dar por ~, to take for granted; *por* ~, of course. 3 *m.* supposition.

sur [sur] *m.* south.

surcar [surkár] *t.* to furrow. 2 to cut through [the water].

surco [súrko] *m.* furrow, groove. 2 track [of ship].

surgir [surxír] *i.* to spurt, spring. 2 to appear, arise, come up.

surtir [surtír] *t.* to supply. 2 ~ *efecto,* to work.

susceptible [su(s)θeβtíβle] *a.* susceptible, liable. 2 touchy.

suscitar [su(s)θitár] *t.* to raise. 2 *p.* to rise, start.

suscribir [suskriβír] *t.* to sign. 2 *p.* to subscribe to.

suspender [suspendér] *t.* to hang up. 2 to stop; to delay. 2 to fail [in an examination].

suspensión [suspensjón] *f.* postponement, delay.

suspenso [suspénso] *a.* hanging. 2 astonished. 3 *m.* failing mark.

suspirar [suspirár] *i.* to sigh. 2 to long for.

suspiro [suspíro] *m.* sigh.

sustentar [sustentár] *t.* to sustain, support, feed. 2 to hold up.

sustento [susténto] *m.* sustenance. *2* food. *3* support. *4* livelihood.

sustitución [sustituθjón] *f.* substitution, replacement.

sustituir [sustituír] = SUBSTITUIR.

sústo [sústo] *m.* fright, scare.

susurrar [susurrár] *i.-t.* to whisper. *2 i.* to murmur; to rustle.

sutil [sutíl] *a.* subtle. *2* thin.

suyo .[sújo] *poss. a.* his, her, its, one's, their; your [formal]. *2 poss. pron.* his, hers, its, one's, theirs; yours [formal].

T

tabaco [taβáko] *m.* tobaco; cigarettes, cigar.

taberna [taβérna] *f.* tavern; bar, pub.

tabernáculo [taβernákulo] *m.* tabernacle.

tabla [táβla] *f.* board. 2 plank. 3 table. 4 *pl.* draw [at chess, etc.]. 5 THEAT. stage.

tablero [taβléro] *m.* board. 2 panel. 3 timber. 4 chessboard. 5 counter [of shop].

taburete [taβuréte] *m.* stool.

taco [táko] *m.* stopper, plug. 2 billiard-cue. 3 swear word, curse.

tacón [takón] *m.* heel.

táctica [táytika] *f.* tactics.

tacto [táyto] *m.* tact, finesse. 2 feel, touch.

tachuela [tatʃwéla] *f.* tack, tintack.

tajo [táxo] *m.* cut. 2 steep cliff. 3 cutting edge.

tal [tal] *a.* such, such a: ~ *vez*, perhaps; *un* ~ *Pérez*, a certain Pérez; ~ *como*, just as; *con* ~ *que*, provided that; *¿qué* ~?, how are you?

tala [tála] *f.* felling.

talento [talénto] *m.* talent; ability, gift.

talón [talón] *m.* heel. 2 voucher.

talla [táʎa] *f.* carving. 2 size; height, stature.

tallar [taʎár] *t.* to carve. 2 to cut [jewels].

talle [táʎe] *m.* figure. 2 waist.

taller [taʎér] *m*. workshop, mill, factory.

tallo [táʎo] *m*. stem. 2 shoot, stalk.

tamaño [tamáɲo] *a*. so big, so small. 2 *m*. size.

también [tambjén] *adv*. also, too, as well.

tambor [tambór] *m*. drum. 2 drummer.

tampoco [tampóko] *adv*. neither, not ... either; nor.

tan [tan] *adv*. so, as, such. 2 ⁓ *sólo*, only.

tanque [táŋke] *m*. water tank. 2 MIL. tank.

tanto [tánto] *a.-pron.- adv*. so much, as much. 2 *pl*. so many, as many. 3 *m*. certain amount. 4 ⁓ *por ciento*, percentage; ⁓ *como*, as well as; ⁓ ... *como*, both ... and; *entre* or *mientras* ⁓, meanwhile; *por lo* ⁓, therefore.

tapa [tápa] *f*. lid, cover. 2 snack, delicacy.

tapar [tapár] *t*. to cover. 2 to stop up. 3 to conceal. 4 to wrap up.

tapiz [tapíθ] *m*. tapestry.

tapizar [tapiθár] *t*. to upholster.

tapón [tapón] *m*. stopper, cork.

taquigrafía [takiɣafía] *f*. shorthand, stenography.

taquígrafo [takíɣrafo] *m*. stenographer.

taquilla [takíʎa] *f*. booking-office; box-office.

tardanza [tarðánθa] *f*. *f*. delay; slowness.

tardar [tarðár] *i.-p*. to delay; to be late.

tarde [tárðe] *adv*. late. 2 *f*. afternoon; evening.

tardío [tarðío] *a*. late, slow.

tarea [taréa] *f*. task,

tarifa [tarífa] *f*. tariff. 2 price list, rate, fare.

tarjeta [tarxéta] *f*. card: ⁓ *postal*, postcard.

tarro [tárro] *m*. earthen jar; pot.

tasa [tása] *f*. measure; standard; rate. 2 ceiling price.

taxi [táɣsi] *m*. taxi, taxicab, cab.

taza [táθa] *f*. cup, cupful. 2 bowl; basin.

te [te] *pron*. [to] you, yourself.

té [te] *m*. tea. 2 tea-party.

teatro [teátro] *m*. theatre. 2 stage, scene; play-house.

técnico [téɣniko] *a*. technical. 2 *m*. technician.

techar [tetʃár] *t*. to roof; to thatch.

techo [tétʃo] *m*. ceiling; roof.

teja [téxa] *f*. tile, slate.

tejado [texáðo] *m*. roof.

tejedor [texeðór] *m.-f*. weaver.

tejer [texér] *t.* to weave.

tejido [texíðo] *a.* woven. 2 *m.* fabric, textile.

tela [téla] *f.* cloth, fabric. 2 canvas.

telar [telár] *m.* loom.

telaraña [telaráŋa] *f.* cobweb, spider's web.

telefonear [telefoneár] *i.-t.* to telephone, ring up, phone up, call up.

telefonista [telefonísta] *m.-f.* operator.

teléfono [teléfono] *m.* telephone, phone.

telegrafiar [teleɣrafjár] *i.-t.* to wire, telegraph.

telegráfico [teleɣráfiko] *a.* telegraphic, telegraph.

telegrafista [teleɣrafísta] *m.* telegraphist.

telégrafo [teléɣrafo] *m.* telegraph.

telegrama [teleɣráma] telegram, wire.

televisión [teleβisjón] *f.* television.

televisor [teleβisór] *m.* television set.

telón [telón] *m.* curtain.

tema [téma] *m.* theme, subject, topic.

temblar [temblár] *i.* to tremble, quake, shake.

temblor [temblór] *m.* tremble. ~ *de tierra*, earthquake.

tembloroso [tembloróso] *a.* shaking, trembling.

temer [temér] *t.-i.* to fear, dread; to be afraid of.

temerario [temerárjo] *a.* rash, bold, rash, reckless, hasty.

temeroso [temeróso] *a.* fearful, afraid.

temible [temíβle] *a.* dreadful, frigtful.

temor [temór] *m.* dread, fear.

temperamento [temperaménto] *m.* temperament, nature, disposition.

temperatura [temperatúra] *f.* temperature.

tempestad [tempestáð] *f.* storm.

tempestuoso [tempestwóso] *a.* stormy.

templado [templáðo] *a.* temperate. 2 lukewarm.

templar [templár] *t.* to temper, moderate. 2 to warm slightly.

templo [témplo] *m.* temple, church, chapel.

temporada [temporáða] *f.* period of time. 2 season.

temporal [temporál] *a.* temporary; worldly. 2 *m.* gale, storm. 3 **-mente** *adv.* temporarily.

temprano [tempráno] *a.* early; premature. 2 *adv.* early.

tenaz [tenáθ] *a.* tenacious, dogged, stubborn.

tendencia [tendénθja] *f.* tendency, trend.

tender [tendér] *t.* to spread [out], stretch out. 2 to hang up [to dry]. 3 to lay [a cable, etc.]; to build [a bridge]. 4 *i.* to have a tendency to. 5 *p.* to stretch oneself out, lie down. ¶ Conjug. like *entender*.

tendero [tendéro] *m.-f.* shopkeeper; retailer.

tenebroso [teneβróso] *a.* dark; gloomy, dismal.

tenedor [teneðór] *m.* fork. 2 holder: ~ *de libros*, book-keeper.

tener [tenér] *t.* to have; possess, own; to hold, keep. 2 ~ *hambre*, to be hungry; ~ *sed*, to be thirsty; ~ *sueño*, to be sleepy; *tengo diez años*, I am ten years old; ~ *calor*, to be hot; ~ *frío*, to be cold; *tiene usted razón*, you are right. 3 aux. *tengo que estudiar*, I have to study; I must study. ¶ Conjug. Indic. Pres.: *tengo, tienes, tiene*; tenemos, tenéis, *tienen*. | Pret.: *tuve, tuviste*, etc. | Fut.: *tendré*, *tendrás*, etc. ‖ Cond.: *tendría, tendrías*, etc. | Subj. Pres.: *tenga, tengas*, etc. | Imperf.: *tu-viera, tuvieras*, etc., or *tuviese, tuvieses*, etc. | Fut. *tuviere, tuvieres*, etc. ‖ Imper.: *ten, tenga; tengamos*, tened, *tengan*.

teniente [tenjénte] *m.* lieutenant.

tenis [ténis] *m.* tennis.

tenor [tenór] *m.* tenor.

tensión [tensjón] *f.* tension, strain. 2 MECH. stress.

tentación [tentaθjón] *f.* temptation.

tentador [tentaðór] *a.* tempting. 2 *m.-f.* tempter.

tentar [tentár] *t.* to feel, touch. 2 to try. 3 to tempt.

tenue [ténwe] *a.* thin, slender.

teñir [teɲír] *t.* to dye, tinge.

teoría [teoría] *f.* theory.

tercer(o [terθér(o] *a.-n.* third.

tercio [térθjo] *a.-n.* third [part]. 2 *m.* regiment.

terciopelo [terθjopélo] *m.* velvet.

terminación [termina-θjón] *f.* termination, end, ending.

terminal [terminál] *a.-f.* terminal. 2 *f.* terminus.

terminar [terminár] *t.* to end, close, finish. 2 *i.* to be over.

término [término] *m.* end. 2 boundery. 3 aim. 4 word.

termo [térmo] *m.* thermos [bottle, flask].

termómetro [termómetro] *m.* thermometer.

ternera [ternéra] *f.* female calf, heifer. 2 veal.

ternero [ternéro] *m.* calf, bull calf.

ternura [ternúra] *f.* tendernes, fondness.

terrado [terráðo] *m.*, **terraza** [terráθa] *f.* terrace. 2 flat roof.

terremoto [terremóto] *m.* earthquake, seism.

terrenal [terrenál] *a.* earthly, worldly.

terreno [terréno] *a.* worldly. 2 *m.* plot, piece of ground, land.

terrestre [terréstre] *a.* terrestrial; earthly; land.

terrible [terríβle] *a.* terrible, frightful. 2 **-mente** *adv.* terribly.

territorial [territorjál] *a.* territorial.

territorio [territórjo] *m.* territory, region.

terrón [terrón] *m.* clod. 2 lump [of sugar, etc.].

terror [terrór] *m.* terror, fright.

terruño [terrúɲo] *m.* native soil; clod; plot.

terso [térso] *a.* polished, clear, smooth.

tertulia [tertúlja] *f.* gathering, meeting of friends.

tesis [tésis] *f.* thesis.

tesorero [tesoréro] *m.-f.* treasurer.

tesoro [tesóro] *m.* treasure.

testamento [testaménto] *m.* testament, will.

testificar [testifikár] *t.* to attest, give evidence.

testigo [testíɣo] *m.-f.* witness.

testimonio [testimónjo] *m.* testimony, evidence.

tétanos [tétanos] *m.* tetanus.

texto [tésto] *m.* text.

tez [teθ] *f.* complexion.

ti [ti] *pers. pron.* you.

tía [tía] *f.* aunt.

tibio [tíβjo] *a.* lukewarm. 2 cool, indifferent.

tiburón [tiβurón] *m.* shark.

tiempo [tjémpo] *m.* time; epoch. 2 weather. 3 GRAM. tense.

tienda [tjénda] *f.* shop, *store. 2 tent.

tierno [tjérno] *a.* tender; loving. 2 fresh [bread].

tierra [tjérra] *f.* earth; land; ground. 2 country. 3 soil. 4 dust.

tieso [tjéso] *a.* stiff, rigid. 2 tight, taut.

tiesto [tjésto] *m.* flower-pot.

tifus [tífus] *m.* typhus.

tigre [tíɣre] *m.* tiger; (Am.) jaguar. 2 *f.* tigress.

tijera [tixéra] *f.* scissors, shears: *silla de* ~, folding chair.

tilín [tilín] *m.* ting-a-ling: *hacer* ~, to please.

timbre [tímbre] *m.* stamp, seal. 2 bell: *tocar el* ~, to ring the bell.

tímido [tímiðo] *a.* timid, shy.

timón [timón] *m.* rudder; helm.

tina [tína] *f.* large jar.

tinaja [tináxa] *f.* large earthen jar.

tiniebla [tinjéβla] *f.* darkness. 2 *pl.* night; hell.

tino [tíno] *m.* skill; knack. 2 tact.

tinta [tínta] *f.* ink.

tinte [tínte] *m.* dyeing. 2 paint.

tintero [tintéro] *m.* inkstand, ink-pot.

tío [tío] *m.* uncle.

típico [típiko] *a.* typical.

tiple [típle] *m.-f.* soprano, treble.

tipo [típo] *m.* type. 2 build [of a person]. 3 guy.

tira [tíra] *f.* narrow strip; strap.

tirador [tiraðór] *m.-f.* thrower. 2 marksman. 3 *m.* bell-pull. 4 handle, knob. 5 catapult.

tiranía [tiranía] *f.* tyranny.

tirano [tiráno] *a.* tyrannical. 2 *m.-f.* tyrant.

tirar [tirár] *to* throw, cast, fling. 2 to fire [a shot]. 3 to draw, stretch. 4 to knock down, pull down. 5 to waste [money]. 6 *i.* to attract. 7 to last, endure. 8 to shoot at; to aim at. 9 to pull [at; on]. 10 *p.* to rush, throw oneself. 11 to jump. 12 to lie down.

tiro [tíro] *m.* throw. 2 shot. 3 report. 4 team. 5 draft, draught [of a chimney].

tirón [tirón] *m.* pull, jerk, tug.

tiroteo [tirotéo] *m.* firing, shooting.

títere [títere] *m.* puppet, marionette. 2 *pl.* puppet-show.

1) **titular** [titulár] *a.* titular. 2 *m.-f.* holder. 3 *m. pl.* headlines.

2) **titular** [titulár] *t.* to title, entitle, call.

título [título] *m.* title. 2 heading. 3 diplome. 4 qualification.

tiza [tíθa] *f.* chalk.

toalla [toáʎa] *f.* towel.

tocadiscos [tokaðískos] *m*. record-player.

tocador [tokaðór] *m*. dressing-table. 2 dressing-room. 3 *jabón de* ~, toilet soap.

tocar [tokár] *t*. to touch, feel [with hands]. 2 to to play [the piano]; to ring [a bell]; to beat [a drum]. 3 to blow [the horn]. 4 to win [lottery]. 5 ~ *a muerto*, to toll. 6 to move. 7 *i*. to be one's turn. 8 to call [at a port]. 9 *p*. to touch each other 10 to cover one's head.

tocino [toθíno] *m*. bacon; salt pork.

todavía [toðaβía] *adv*. still, even, yet. 2 nevertheless.

todo [tóðo] *a*. all, every, each, entire, whole. 2 *m.-f*. a whole. 3 *adv*. entirely. 4 *ante* ~, first of all; *con* ~, however; *sobre* ~, above all.

todopoderoso [toðopoðeróso] *a*. almighty.

tolerancia [toleránθja] *f*. tolerance.

tolerar [tolerár] *t*. to tolerate. 2 to bear. 3 to overlook.

tomar [tomár] *t*. to take. 2 to seize, catch. 3 to have [a meal, a drink, etc.]. 4 ~ *el pelo*, to

pull one's leg; ~ *a mal*, to take it amiss; ~ *las de Villadiego*, to take to one's heels.

tomate [tomáte] *m*. tomato.

tonada [tonáða] *f*. tune, song, air.

tonelada [toneláða] *f*. ton.

tono [tóno] *m*. tone; tune. 2 pitch. 3 vigour. 4 accent. 5 *darse* ~, to put on airs; *de buen* or *mal* ~, fashionable, or vulgar.

tontada [tontáða], **tontería** [tontería] *f*. silliness, stupidity. 2 nonsense.

tonto [tónto] *a*. silly, stupid. 2 *m.-f*. dolt.

topar [topár] *t*. to run into, bump into. 2 *t.-i.-p*. ~ *con*, to come across.

topo [tópo] *m*. mole.

toque [tóke] *m*. touch. 2 blow. 3 sound; ringing [of a bell]; beat [of a drum]. 4 trial. 5 *piedra de* ~, touchstone; ~ *de queda*, curfew.

torbellino [torβeлíno] *m*. whirlwind. 2 rush, bustle.

torcer [torθér] *t*. to twist, wrench, bend, crook. 2 *i*. to turn to [the right, etc.]. 3 *p*.

to become twisted, bent. 4 ～ *el tobillo*, to sprain one's ankle. ¶ CONJUG. like *mover*.

torear [toreár] *i.-t.* to fight bulls.

toreo [toréo] *m.* bullfighting.

torero [toréro] *m.-f.* bullfighter.

tormenta [torménta] *f.* storm, tempest.

tormento [torménto] *m.* torment, pain. 2 torture.

tormentoso [tormentóso] *a.* stormy.

torneo [tornéo] *m.* tournament; competition.

tornillo [torníʎo] *m.* screw. 2 clamp. 3 vice.

torno [tórno] *m.* winch. 2 lathe. 3 potter's wheel. 4 *en* ～, around.

toro [tóro] *m.* bull. 2 *pl.* bullfight.

toronja [torónxa] *f.* grapefruit.

torpe [tórpe] *a.* awkward, clumsy. 2 lewd. 3 **-mente** *adv.* awkwardly.

torpedo [torpéðo] *m.* torpedo.

torre [tórre] *f.* tower. 2 turret. 3 country-house. 4 CHESS rook, castle.

torrente [torrénte] *m.* torrent, stream.

tórrido [tórriðo] *a.* torrid.

torta [tórta] *f.* cake, pie. 2 slap.

tortilla [tortíʎa] *f.* omelet. 2 (Am.) pancake.

tortuga [tortúɣa] *f.* tortoise; turtle.

tortuoso [tortwóso] *a.* tortuous, winding, twisting. 2 crooked.

tortura [tortúra] *f.* torture, torment; grief.

tos [tos] *f.* cough.

tosco [tósko] *a.* rough, coarse. 2 rude, uncouth.

toser [tosér] *i.* to cough.

tostada [tostáða] *f.* toast, piece of toast.

tostar [tostár] *t.* to toast; to roast. 2 to tan, sunburn.

total [totál] *a.* total. 2 *m.* total, sum. 3 *adv.* in short.

totalmente [totálménte] *adv.* wholly, altogether.

toxina [toɣsína] *f.* toxin.

traba [tráβa] *f.* bond, clasp. 2 shackle. 3 obstacle.

trabajador [traβaxaðór] *a.* hard-working. 2 *m.-f.* worker.

trabajar [traβaxár] *i.* to work, labour, toil. 2 to till the soil.

trabajo [traβáxo] *m.* work, labour, toil. 2 task, job.

trabar [traβár] *t.* to bind, clasp, catch. 2 to

hobble. 3 to join [battle]; to strike up [friendship]; to begin [conversation]. 5 p. to to stammer.

trabuco [traβúko] m. blunderbuss.

tractor [traɣtór] m. tractor.

tradición [traðiθjón] f. tradition.

tradicional [traðiθjonál] a. traditional. 2 **-mente** adv. traditionally.

traducción [traðuɣθjón] f. translation.

traducir [traðuθír] t. to translate [into; from].

traer [traér] t. to bring. 2 to draw, attract. 3 to bring over. 4 to make, keep. 5 ~ entre manos, to be engaged in. ¶ CONJUG. INDIC. Pres.: traigo, traes, trae, etc. | Pret.: traje, trajiste, etc. | Fut.: traeré, traerás, etc. ‖ COND.: traería, traerías, etc. ‖ SUBJ. Pres.: traiga, traigas, etc. | Imperf.: trajera, trajeras, etc., or trajese, trajeses, etc. | Fut.: trajere, trajeres, etc. ‖ IMPER.: trae, traiga; traigamos, traed, traigan. | PAST. P.: traído. ‖ GER.: trayendo.

tráfico [tráfiko] m. traffic; trade, business.

tragar [traɣár] t.-p. to swallow [up]; to gulp down: ~ el anzuelo, to be taken in.

tragedia [traxéðja] f. tragedy.

trágico [tráxiko] a. tragic(al. 2 m. tragedian.

trago [tráɣo] m. drink draught, gulp: echar un ~, to have a drink. 2 mishap.

traición [traiθjón] f. treason; treachery; betrayal.

traicionar [traiθjonár] t. to betray.

traicionero [traiθjonéro] a. treacherous.

traidor [traiðór] a. treacherous. 2 m. traitor. 3 f. traitress.

traje [tráxe] m. suit [for men]; dress [for women]; clothes [in general]; [historical] costume; gown [for women; judges, etc.]; ~ de baño, bathing-suit; ~de etiqueta, full dress; ~ de luces, bullfighter's costume.

trámite [trámite] m. step, procedure, formality.

tramo [trámo] m. stretch. 2 flight of stairs.

trampa [trámpa] f. trap; snare. 2 trapdoor. 4 trick.

tramposo [trampóso] *a.* deceitful, tricky. 2 *m.-f.* swindler.

tranca [tráŋka] *f.* club, truncheon. 2 crossbar.

trance [tránθe] *m.* predicament, critical moment: *en ~ de muerte,* at the point of death; *a todo ~,* at any risk.

tranquilidad [traŋkiliðáð] *f.* tranquillity, quiet, peace.

tranquilizar [traŋkiliθár] *t.* to appease, calm down.

tranquilo [traŋkilo] *a.* calm, quiet, peaceful.

transcurrir [tra(n)skurrír] *i.* to pass, elapse.

transcurso [tra(n)skúrso] *m.* course [of time].

transeúnte [transeúnte] *a.-n.* transient. 2 *m.-f.* passer-by; pedestrian.

transferir [tra(n)sferír] *t.* to transfer. ¶ CONJUG. like *hervir.*

transformación [tra(n)sformaθjón] *f.* transformation.

transformar [tra(n)sformár] *t.* to transform. 2 *p.* to change.

transición [transiθjón] *f.* transition.

transitar [transitár] *i.* to pass, go, walk.

tránsito [tránsito] *m.* passage, crossing. 2 traffic.

transmisión [tra(n)zmisjón] *f.* transmission

transmitir [tra(n)zmitír] *t.* to transmit. 2 to broadcast.

transparente [tra(n)sparénte] *a.* transparent. 2 translucent.

transportar [tra(n)sportár] *t.* to transport, carry, convey. 2 *p.* to be enraptured.

transporte [tra(n)spórte] *m.* transportation, transport, carriage.

tranvía [trambía] *m.* tramway, tram; *streetcar.

trapo [trápo] *m.* rag. 2 *pl.* clothes, dresses.

tras [tras] *prep.* after, behind.

trasero [traséro] *a.* back, hind, rear. 2 *m.* coll. rump, buttocks.

trasladar [trazlaðár] *t.* to move, remove. 2 to adjourn. 3 *p.* to move from ... to.

traspasar [traspasár] *t.* to cross over. 2 to pass trough, pierce. 3 to go too far. 4 to transfer [a business]. 5 to transgress [a law].

trasto [trásto] *m.* piece of furniture. 3 tools.

trastornar [trastornár] *t.* to upset, overturn, turn upside down.

trastorno [trastórno] *m.* upset. 2 riot. 3 trouble.

tratado [tratáðo] *m.* treaty. 2 treatise.

tratamiento [tratamjénto] *m.* treatment. 2 title.

tratar [tratár] *t.* to treat [a pers. well]. 2 to deal with [people]. 3 to call [someone a liar]. 4 to address [as *tú*]. 5 i. ~ *de* [*with infinitive*], to try, attempt. 6 ~ *en*, to deal, trade in. 7 *p.* to live [well]. 8 to be on good terms. 9 *se trata de*, it is a question of. 10 ¿*de qué se trata?*, what is all about?

trato [tráto] *m.* treatment. 2 behaviour. 3 agreement. 4 negotiation. 5 relationship.

través [traβés] *m.* bias. 2 *a* ~ *de*, through, across; *al* or *de* ~, slantwise, crosswise.

travesia [traβesía] *f.* cross-roads. 2 passage, crossing [the sea].

travesura [traβesúra] *f.* mischief, prank; trick.

travieso [traβjéso] *a.* mischievous, naughty.

trayecto [trajéɣto] *m.* stretch, way. 2 journey.

traza [tráθa] *f.* sketch, plan. 2 appearance, aspect.

trazar [traθár] *t.* to draw, sketch. 2 to lay out.

trece [tréθe] *a.-m.* thirteen.

trecho [trétʃo] *m.* distance, stretch.

tregua [tréɣwa] *f.* truce, respite.

treinta [tréĩnta] *a.-m.* thirty.

tremendo [treméndo] *a.* imposing. 2 huge, tremendous.

tren [tren] *m.* train.

trenza [trénθa] *f.* braid, plait, pigtail.

trepar [trepár] *i.-t.* to climb [up], clamber up, scale.

tres [tres] *a.-m.* three.

triángulo [triáŋgulo] *m.* triangle.

tribu [tríβu] *f.* tribe.

tribulación [triβulaθjón] *f.* tribulation, trouble.

tribuna [triβúna] *f.* tribune, platform. 2 grand-stand.

tribunal [triβunál] *m.* court of justice. 2 examining board.

tributar [triβutár] *t.* to pay [homage, respect].

tributo [triβúto] *m.* tribute, tax.

trigal [triɣál] *m.* wheat field.

trigo [tríɣo] *m*. wheat.

trigueño [triɣéɲo] *a*. olive-skinned, dark.

trimestre [triméstre] *m*. quarter. 2 term.

trinar [trinár] *i*. to trill; to warble, chirp.

trinchar [trintʃár] *t*. to carve, slice, cut up.

trineo [trinéo] *m*. sleigh, sledge, sled.

trino [tríno] *a*. trine. 2 *m*. trill.

trío [trío] *m*. trio.

tripa [trípa] *f*. gut, bowels; intestine.

triple [tríple] *a.-m*. triple, treble, three times.

tripulación [tripulaθjón] *f*. crew.

tripulante [tripulánte] *m*. member of the crew.

triste [tríste] *a*. sad. 2 gloomy. 3 sorrowful. 4 **-mente** *adv*. sadly.

tristeza [tristéθa] *f*. sadness, melancholy. 2 sorrow, misery, gloom.

triunfador [trjumfaðór] *m.-f*. triumpher, victor.

triunfal [trjumfál] *a*. triumphal, triumphant. victor, winner.

triunfante [trjumfánte] *a*. triumphant. 2 *m*. victor.

triunfar [trjumfár] *i*. to triumph, win.

triunfo [trjúmfo] *m*. triumph, win, victory. 2 trump [at cards].

trocar [trokár] *t*. to exchange, barter. 2 to mix up.

trofeo [troféo] *m*. trophy; victory.

trompa [trómpa] *f*. horn. 2 trunk [of elephant].

trompeta [trompéta] *f*. trumpet; bugle. 2 *m*. trumpeter.

trompo [trómpo] *m*. spinning-top.

tronar [tronár] *i*. to thunder, rumble.

tronco [tróŋko] *m*. trunk; log; stem. 2 team [of horses]. 3 stock.

tronchar [trontʃár] *t*. to break off, lop off. 2 *p*. ~ *de risa*, to burst with laughing.

trono [tróno] *m*. throne.

tropa [trópa] *f*. troop; army, soldiers.

tropel [tropél] *f*. crowd, mob, throng: *en* ~, in disorder.

tropezar [tropeθár] *i*. to trip, stumble. 2 to come across. 3 to come up against [a difficulty].

tropezón [tropeθón] *m*. trip, stumble.

tropical [tropikál] *a*. tropical, tropic.

trópico [trópiko] *m*. tropic.

trozo [tróθo] *m*. piece, bit, chunk. 2 passage.

truco [trúko] *m*. trick.

trucha [trútʃa] *f*. trout.

trueno [trwéno] *m*. thunder, thunderclap.

trueque [trwéke] *m*. exchange.

truhán [truán] *a.-n*. rogue, scoundrel.

tú [tu] *pron*. you; thou.

tu [tu], *pl*. **tus** [tus] *poss. a*. your; thy.

tubérculo [tuβérkulo] *m*. tuber, potato; tubercle.

tuberculosis [tuβerkulósis] *f*. tuberculosis, consumption.

tuberculoso [tuβerkulóso] *a*. tuberculous. 2 *a.-n*. consumptive.

tubería [tuβería] *f*. piping, pipes; pipe-line.

tubo [túβo] *m*. tube, pipe.

tuerto [twérto] *a*. one-eyed. 2 *m*. wrong, injury.

tulipa [tulípa] *f*. glass lampshade.

tulipán [tulipán] *m*. tulip.

tumba [túmba] *f*. tomb, grave.

tumbar [tumbár] *t*. to fell, knock down. 2 *p*. to lie down.

tumor [tumór] *m*. tumour, growth.

tumulto [tumúlto] *m*. tumult, riot, uproar.

túnel [túnel] *m*. tunnel.

túnica [túnika] *f*. tunic.

tupido [tupíðo] *a*. dense, thick.

turba [túrβa] *f*. crowd, mob, throng, swarm.

turbar [turβár] *t*. to disturb, upset, trouble. 2 *p*. to get embarrassed.

turbio [túrβjo] *a*. muddy. 2 troubled.

turco [túrko] *a*. Turkish. 2 *m.-f*. Turk.

turismo [turízmo] *m*. tourism. 2 touring car.

turista [turísta] *m.-f*. tourist, sightseer.

turno [túrno] *m*. turn. 2 shift.

turrón [turrón] *m*. nougat.

tuyo [túʃo] *poss. pron*. yours. 2 *poss. a*. your.

U

u [u] *conj.* [resplaces o before a word beginning with *o* or *ho*] or.

ubre [úβre] *f.* udder, teat.

ufano [ufáno] *a.* proud, conceited. 2 cheerful.

últimaménte [últimaménte] *adv.* finally, lastly. 2 recently.

ultimar [ultimár] *t.* to end, finish, complete.

último [último] *a.* last, final; latest. 2 por ~, lastly, at last.

ultraje [ultráxe] *m.* insult, offence, outrage.

umbral [umbrál] *m.* threshold.

un [un] *indef. art.* a. an. 2 *pl.* some, any.

unánime [unánime] *a.* unanimous.

unción [unθjón] *f.* unction; anointing.

undécimo [undéθimo] *a.-m.* eleventh.

ungir [uŋxír] *t.* to anoint, put ointment on.

ungüento [uŋgwénto] *m.* ointment, unguent.

unidad [uniðáð] *f.* unity. 2 unit.

unido [uníðo] *a.* united.

unificación [unifikaθjón] *f.* unification.

uniformar [uniformár] *t.* to uniform, standardize.

uniforme [unifórme] *a.-m.* uniform.

unigénito [unixénito] *a.* only-begotten.

unión [unjón] *f.* union. 2 concord.

unir [unír] *t.* to join, unite. 2 to connect.

unisono [unísono] *a.* unison: *al* ～, altogether, in unison.

universal [uniβersál] *a.* universal, world-wide.

universidad [uniβersiðáð] *f.* university.

universitario [uniβersitárjo] *a.* university [professor, student].

universo [uniβérso] *m.* universe, world.

uno [úno] *a.* one. *2 pl.* a few, some.

untar [untár] *t.* to anoint, grease, smear.

uña [úɲa] *f.* nail, finger-nail, toenail. *2* claw; hoof.

urbanidad [urβaniðáð] *f.* politeness, manners.

urbanización [urβaniθaθjón] *f.* urbanization; city planning.

urbano [urβáno] *a.* urban. *2* courteous, polite. *3 m.* town policeman.

urbe [úrβe] *f.* large city.

urgencia [urxénθja] *f.* urgency. *2* emergency.

urgente [urxénte] *a.* urgent, pressing *2* **-mente** *adv.* urgently.

urgir [urxír] *i.* to press, be urgent.

usar [usár] *t.* to use. *2* to wear. *3 t.-i.* to be accustomed to. *4 p.* to be in use.

uso [úso] *m.* use, employment; wear, wear and tear. *2* usage, fashion.

usted [ustéð] *pers. pron.* you.

utensilio [utensíljo] *m.* implement, tool; utensil.

útil [útil] *a.* useful, profitable. *2* effective. *3 m. pl.* tools, implements.

utilidad [utiliðáð *f.* utility, usefulness. *2* profit.

utilizar [utiliθár] *t.* to utilize, use, make use of.

uva [úβa] *f.* grape.

V

vaca [báka] *f.* cow. 2 beef [meat].

vacación [bakaθjón] *f. sing-pl.* vacation, holidays.

vacante [bakánte] *a.* vacant, empty. 2 *f.* vacancy, post. 3 vacation.

vaciar [baθjár] *t.* to empty; to pour out. 2 to cast.

vacilar [baθilár] *i.* to hesitate, flicker. 2 to waver.

vacío [baθío] *a.* empty, void. 2 *m.* void; PHYS. vacuum. 3 blank.

vacuna [bakúna] *f.* vaccine.

vagar [baɣár] *i.* to wander, roam, rover, loiter. 2 to be idle.

vago [báɣo] *a.* roving, errant. 2 vague. 3 *m.* loafer, tramp.

vagón [baɣón] *m.* wagon, carriage, coach.

vaina [báina] *f.* sheath, scabbard. 2 pod.

vainilla [bainíʎa] *f.* vanilla.

vaivén [baiβén] *m.* oscillation. 2 swinging; rocking.

vajilla [baxíʎa] *f.* table service. 2 crockery: ~ *de porcelana*, chinaware.

valer [balér] *i.* to be worth, cost, amount to. 2 to deserve; to be equal to: *vale la pena verlo*, it is worth while seeing. ¶ CONJUG. INDIC. Pres.: *valgo*, vales, vale, etc. | Fut.: *valdré*, *valdrás*, etc. ‖ SUBJ. Pres.:

valga, valgas, etc. ‖
IMPER.: *val* or *vale, valga; valgamos,* valed, *valgan.*

valeroso [baleróso] *a.* courageous, brave.

valiente [baljénte] *a.* valiant, brave. 2 fig. fine. 3 **-mente** *adv.* bravely.

valioso [baljóso] *a.* expensive, valuable, costly.

valor [balór] *m.* value, worth, price. 2 courage. 3 validity. 4 *pl.* bonds.

vals [bals] *m.* waltz.

valla [báʎa] *f.* fence, stockade, barrier. 2 obstacle.

valle [báʎe] *m.* valley, vale, dale.

vanidad [baniðáð] *f.* vanity, conceit.

vanidoso [baniðóso] *a.* vain, conceited.

vano [báno] *a.* vain, useless. 2 *m.* ARCH. opening. 3 *en* ~, in vain.

vapor [bapór] *m.* vapo(u)r; steam. 2 steamship.

vaquería [bakería] *f.* herd of cows. 2 dairy.

vaquero [bakéro] *m.-f.* cow-herd, cowboy.

vara [bára] *f.* stick, rod. 2 wand [of office].

variable [barjáβle] *a.* changeable.

variación [barjaθjón] *f.* variation, change.

variado [barjáðo] *a.* varied. 2 variegated.

variar [barjár] *t.-i.* to vary, change.

variedad [barjeðáð] *f.* variety.

vario [bárjo] *a.* various, different. 2 *pl.* some, several.

varón [barón] *m.* male; man.

vasallo [basáʎo] *m.-f.* vassal, liegeman.

vasija [basíxa] *f.* vessel, jar; container, recipient.

vaso [báso] *m.* glass, tumbler. 2 vessel.

vástago [bástaɣo] *m.* shoot; scion, offspring. 2 MAC. rod, stem.

vasto [básto] *a.* vast, huge, immense.

vate [báte] *m.* bard, poet.

vecindad [beθindáð] *f.,* **vecindario** [beθindárjo] *m.* neighbourhood; neighbours, residents.

vecino [beθíno] *a.* nearby, neighbouring, next [to]. 2 *m.-f.* neighbour. 3 tenant; inhabitant.

vedar [beðár] *t.* to prohibit, forbid. 2 to impede, prevent.

vega [béɣa] *f.* fertile lowland. 2 (Cu.) tobacco plantation.

vegetación [bexetaθjón] *f.* vegetation; growth.

vegetal [bexetál] *m.* plant, vegetable.

vehemente [beeménte] *a.* vehement, passionate.

vehículo [beíkulo] *m.* vehicle; carrier.

veinte [béínte] *a.-m.* twenty.

vejez [bexéθ] *f.* old age.

vela [béla] *f.* wakefulness. 2 candle. 3 sail: *hacerse a la ~,* to set sail.

velada [beláða] *f.* evening party.

velar [belár] *i.* to watch. 2 ~ *por,* to look after. 3 *t.* to hide.

velero [beléro] *m.* sailing ship. 2 glider.

veleta [beléta] *f.* weathercock.

velo [bélo] *m.* veil.

velocidad [beloθiðáð] *f.* speed, velocity.

veloz [belóθ] *a.* fast, speedy, quick, swift.

vello [béʎo] *m.* down.

velludo [beʎúðo] *a.* downy, hairy, shaggy.

vena [béna] *f.* vein. 2 MIN. seam. 3 poetical inspiration.

vencedor [benθeðór] *m.-f.* conqueror; victor; winner.

vencer [benθér] *t.* to defeat, beat. 2 to con-

quer, subdue. 3 *i.* to win. 4 COM. to fall due.

venda [bénda] *f.* bandage.

vendar [bendár] *t.* to bandage. 2 to blindfold.

vendaval [bendaβál] *m.* strong wind; gale.

vendedor [bendeðór] *m.-f.* seller.

vender [bendér] *t.* to sell: *se vende,* for sale. 2 to betray.

veneno [benéno] *m.* poison, venom.

venenoso [benenóso] *a.* poisonous, venomous.

venerable [beneráβle] *a.* venerable.

venerar [benerár] *t.* to worship, venerate, revere.

venezolano [beneθoláno] *a.-n.* Venezuelan.

venganza [bengánθa] *f.* vengeance, revenge.

vengar [bengár] *t.* to avenge. 2 *p.* to take revenge, retaliate.

venial [benjál] *a.* venial, excusable.

venida [beníða] *f.* coming, arrival. 2 return.

venidero [beniðéro] *a.* future, coming.

venir [benír] *i.* to come. 2 ~ *a las manos,* to come to blows; ~ *al caso,* to be relevant; ~

a menos, to decay, decline; ~ *bien* [*mal*], [not] to fit, suit; ~ *en conocimiento,* to come to know; ~ *abajo,* to collapse, fall down. ¶ CONJUG. INDIC. Pres.: *vengo, vienes, viene; venimos, venís, vienen.* | Pret.: *vine, viniste,* etc. | Fut.: *vendré, vendrás,* etc. ‖ SUBJ. Pres.: *venga, vengas,* etc. | Imperf.: *viniera, vinieras,* etc., or *viniese, vinieses,* etc. | Fut.: *viniere, vinieres,* etc. ‖ IMPER.: *ven, venga; vengamos, venid, vengan.* ‖ PAST. P.: venido. ‖ GER.: *viniendo.*

venta [bénta] *f.* sale: *en* ~, for sale. 2 roadside inn.

ventaja [bentáxa] *f.* advantage. 2 gain, profit.

ventana [bentána] *f.* window.

ventilación [bentilaθjón] *f.* ventilation, draught.

ventilador [bentilaðór] *m.* ventilator, fan.

ventilar [bentilár] *t.* to air, ventilate. 2 to discuss.

ventorrillo [bentorríʎo], **ventorro** [bentórro] *m.* small inn.

ventura [bentúra] *f.* happiness. 2 luck. 3 *por*

~, by chance; *a la* ~, at random.

venturoso [benturóso] *a.* happy, lucky.

ver [ber] *t.* to see. 2 to look [at]. 3 *i.* ~ *de,* to try to. 4 *p.* to be obvious. ¶ CONJUG. INDIC. Pres.: veo, ves, ve, etc. | Imperf.: veía, veías, etc. | Pret.: vi, viste, etc. | Fut.: veré, verás, etc. ‖ COND.: vería, verías, etc. ‖ SUBJ. Pres.: vea, veas, etc. | Imperf.: viera, vieras, etc., or viese, vieses, etc. ‖ Fut.: viere, vieres, etc. ‖ IMPER.: ve, vea, etc. ‖ PAST. P.: visto. ‖ GER.: viendo.

veranear [beraneár] *i.* to spend the summer [holiday].

veraneo [beranéo] *m.* summer holiday.

verano [beráno] *m.* summer.

veraz [beráθ] *a.* truthful, veracious.

verbal [berβál] *a.* verbal, oral.

verbena [berβéna] *f.* BOT. verbena. 2 night festival.

verbigracia [berβiɣráθja] *adv.* for example.

verbo [bérβo] *m.* verb.

verdad [berðáð] *f.* truth: *en* ~, in truth, really.

verdaderamente [berðaðéraménte] *adv*. truly, really; indeed.

verdadero [berðaðéro] *a*. true. 2 real. 3 truthful.

verde [bérðe] *a*. green [colour]; verdant; unripe; obscene: *poner ~*, to abuse; *viejo ~*, gay, merry old man. 2 *m*. grass; foliage.

verdor [berðór] *m*. verdure, greenness.

verdoso [berðóso] *a*. greenish.

verdugo [berðúɣo] *m*. hangman, executioner.

verdura [berðúra] *f*. greenness. 2 *sing* & *pl*. vegetables.

vereda [beréða] *f*. path.

veredicto [bereðíɣto] *m*. verdict.

vergel [berxél] *m*. flower and fruit garden.

vergonzoso [berɣonθóso] *a*. shameful, disgraceful. 2 bashful, shy.

vergüenza [berɣwénθa] *f*. shame; bashfulness: *tener* or *sentir ~*, to be ashamed.

verídico [beríðiko] *a*. truthful. 2 true: *es ~*, it is a fact.

verificar [berifikár] *t*. to verify. 2 to prove. 3 to carry out. 4 *p*. to take place, happen.

verja [bérxa] *f*. grating, grille; railing(s; iron gate.

versión [bersjón] *f*. translation.

verso [bérso] *m*. verse, poem. 2 line.

verter [bertér] *t*. to pour. 2 to spill. 3 to empty. 4 *i*. to run, flow. 5 *p*. to flow. ¶ CONJUG. like *entender*.

vertical [bertikál] *a*. vertical; upright.

vertiginoso [bertixinóso] *a*. dizzy, giddy.

vértigo [bértiɣo] *m*. dizziness, giddiness.

vespertino [bespertíno] *a*. evening.

vestíbulo [bestíβulo] *m*. vestibule, hall, lobby.

vestido [bestíðo] *m*. dress, clothes, costume, suit.

vestidura [bestiðúra] *f*. clothing, apparel. 2 *pl*. ECCL. vestments.

vestir [bestír] *t*. to clothe, dress. 2 to cover. 3 to cloak. 4 *i*. to dress. 5 *p*. to get dressed. ¶ CONJUG. like *servir*.

vestuario [bestwárjo] *m*. clothes. 2 wardrobe; dressing-room.

veterano [beteráno] *a.-n*. veteran.

veterinario [beterinárjo] *m*. veterinary surgeon.

veto [béto] *m*. veto.

vez [beθ] *f*. turn: *a su ~*, in turn. 2 time: *a*

la ~, at one time; *alguna* ~, sometimes; [in questions] ever; *a veces*, sometimes; *muchas veces*, often; *otra* ~, again; *pocas veces*, seldom; *tal* ~, perhaps; *en* ~ *de*, instead of; *dos veces*, twice

via [bía] *f.* road, way, street: ~ *aérea*, airway; ~ *pública*, thoroughfare. 2 manner.

viajar [bjaxár] *i.* to travel, journey, tour.

viaje [biáxe] *m.* travel, journey, voyage, trip; tour.

viajero [bjaxéro] *m.-f.* traveller; passenger.

vianda [bjánda] *f.* food.

víbora [bíβora] *f.* viper.

vibración [biβraθjón] *f.* vibration, shaking.

vibrar [biβrár] *t.* to vibrate; to throb, shake; to trill. 2 *i.* to quiver.

vicepresidente [biθepresiδénte] *m.-f.* vice-president.

vicio [bíθjo] *m.* vice.

vicioso [biθjóso] *a.* vicious. 2 depraved.

vicisitud [biθisitúδ] *f.* vicissitude. 2 *pl.* ups and downs.

víctima [bíɣtima] *f.* victim.

victoria [biɣtórja] *f.* victory, triumph.

victorioso [biɣtorjóso] *a.* victorious, triumphant.

vid [biδ] *f.* vine, grapevine.

vida [bíδa] *f.* life. 2 liveliness. 3 living, livelihood.

vidriera [biδrjéra] *f.* stained glass window, glass door.

vidrio [bíδrjo] *m.* glass; glass pane [of a window].

viejo [bjéxo] *a.* old [antique]. 2 *m.* old man.

viento [bjénto] *m.* wind.

vientre [bjéntre] *m.* belly; womb; abdomen.

viernes [bjérnes] *m.* Friday.

viga [bíɣa] *f.* beam, girder, rafter.

vigente [bixénte] *a.* in force, valid; prevailing.

vigilancia [bixilánθja] *f.* vigilance, watchfulness.

vigilante [bixilánte] *a.* watchful. 2 *m.* night watchman, caretaker.

vigilar [bixilár] *t.-i.* to watch over, look after.

vigilia [bixílja] *f.* wakefulness; eve; fast; guard.

vigor [biɣór] *m.* vigo(u)r, strength: *en* ~, in force.

vigoroso [biɣoróso] *a.* vigorous, strong, tough.

Y

y [i] *conj*. and.

ya [ja] *adv*. already. 2 now. 3 at once. 4 *¡~ lo creo!*, yes, of course! 5 conj. *ya ... ya*, now ... now. 6 *~ que*, since, as.

yacer [jaθér] *i*. to lie.

yacimiento [jaθimjénto] *m*. bed, deposit: *~ de petróleo*, oilfield.

yanki [jáŋki] *a.-m*. Yankee.

yarda [járða] *f*. yard.

yegua [jéɣwa] *f*. mare.

yema [jéma] *f*. bud. 2 yolk [of egg]. 3 tip of the finger.

yerba [jérβa] *f*. grass.

yerno [jérno] *m*. son-in--law.

yeso [jéso] *m*. gypsum. 2 plaster. 3 chalk.

yo [jo] *pron*. I.

yola [jóla] *f*. yawl.

yuca [júka] *f*. yucca.

yugo [júɣo] *m*. yoke.

yunque [júŋke] *m*. anvil.

Z

zafra [θáfra] *f.* olive-oil can; sugar-making season.

zagal [θaɣál] *m.* lad, youth, boy. 2 *f.* girl, lass.

zambo [θámbo] *a.* knock-kneed.

zambullir [θambuʎír] *t.-p.* to dive, duck, plunge into.

zanahoria [θanaórja] *f.* carrot.

zancudo [θaŋkúðo] *a.* long-legged. 2 *f.* wading bird.

zángano [θáŋgano] *m.* drone. 2 loafer.

zanja [θáɲxa] *f.* ditch, trench, drainage channel.

zapatería [θapatería] *f.* shoemaking. 2 shoe shop.

zapatero [θapatéro] *m.* shoemaker, cobbler.

zapato [θapáto] *m.* shoe.

zar [θár] *m.* czar, tsar.

zarcillo [θarθíʎo] *m.* ear-ring. 2 BOT. tendril.

zarpar [θarpár] *i.* to set sail, get under way.

zarzuela [θarθwéla] *f.* Spanish musical comedy.

zinc [θiŋ] *m.* zinc.

zona [θóna] *f.* zone, belt, district, area.

zoológico [θoolóxiko] *a.* *a.* zoologic(al: *parque* ~, zoo.

zootecnia [θootéɣnja] *f.* zootechny.

zorro [θórro] *a.* cunning [person]. 2 *m.* fox. 3 *f.* vixen.

zozobra [θoθóβra] *f.* worry, anxiety.

zozobrar [θoθoβrár] *i.* NAUT. to founder, capsize, sink. 2 to worry, be anxious.

zueco [θwéko] *m.* clog.

zumbador [θumbaðór] *m.* buzzer. 2 hummingbird.

zumbar [θumbár] *i.* to hum, buzz.

zumbido [θumbíðo] *m.* buzz(ing, hum(ming.